HISTOIRE DE L'INSURRECTION

DES

OULAD-SIDI-ECH-CHIKH

(SUD ALGÉRIEN)

DE 1864 A 1880

DU MÊME AUTEUR

Sous Presse

NOS SOLDATS DANS LE DÉSERT. Journal d'une Expédition aux limites du Sahra algérien (Seconde édition).

BOU-FARIK. Une page de l'histoire de la Colonisation algérienne (Seconde édition).

LES SAINTS DE L'ISLAM. Légendes hagiologiques et croyances musulmanes algériennes. — II⁰ partie : Les Saints du Sahra.

BLIDA. Récits selon la Légende, la Tradition et l'Histoire.

HISTOIRE DE L'INSURRECTION

DES

OULAD-SIDI-ECH-CHIKH

(SUD ALGÉRIEN)

DE 1864 A 1880

Par le Colonel C. TRUMELET

OFFICIER DE L'INSTRUCTION PUBLIQUE
MEMBRE DE LA SOCIÉTÉ DES GENS DE LETTRES, ETC.

SECONDE PARTIE

« *Sed Metello jam antea experimentis cognitum erat genus Numidarum infidum, ingenio mobili, novarum rerum avidum.* »

« Mais Metellus connaissait déjà, par expérience, la perfidie des Numides, la mobilité de leur caractère, et leur amour pour le changement. »

SALLUSTE. — *Guerre de Jugurtha*, XLVI.

ALGER
ADOLPHE JOURDAN, LIBRAIRE-ÉDITEUR
4, PLACE DU GOUVERNEMENT, 4

1884

ÉTUDES SUR LES RÉGIONS SAHARIENNES

HISTOIRE DE L'INSURRECTION
DANS LE SUD
DE LA PROVINCE D'ALGER
DE 1864 A 1869

SECONDE PARTIE

> « Les Lacedemoniens sacrifioient aux Muses,
> « entrants en battaille, à fin que leurs gestes
> « feussent bien et dignement escripts, estimants
> « que ce feust une faveur divine et non com-
> « mune que les belles actions trouvassent des
> « tesmoings qui leur sceussent donner vie et
> « mémoire. »
> (Michel de MONTAIGNE, livre II, chap. XVI des *Essais*.)

I

Situation du Sud algérien après les opérations du printemps. — Les colonnes de la province d'Oran ramenées vers le Tell. — Opinion du commandant de cette province sur la situation des rebelles dans son commandement. — État réel des forces insurrectionnelles. — Tentative du marabouth Mohammed-ould-Hamza sur Frenda. — Le but du chef de l'insurrection. — Mouvement de la colonne Péchot sur Frenda. — Les forces des insurgés sur l'ouad Souf-Sellem. — Mauvaises dispositions des tribus telliennes de l'est de la province d'Oran. — Situation politique de la province d'Alger, et mauvais esprit de ses populations sahriennes. — Les causes générales et particulières de la continuation du mouvement insurrectionnel. — Nos illusions relativement aux indigènes musulmans. — Quelle doit être notre ligne de conduite à leur égard. — Quelques mots sur le rôle attribué aux officiers chargés de l'administration des indigènes musulmans.

Nous avons arrêté la première partie de ce travail au 1ᵉʳ juillet 1864 : la révolte des Flita et des tribus de l'ouad Rihou avait été écrasée, et les rebelles avaient sollicité et obtenu l'aman aux conditions fixées par le Gouverneur général intérimaire, le général de Martimprey ; la colonne Jusuf a été dissoute le 30 juin, et les divers éléments qui la composaient ont été dirigés, le 1er juillet, sur les places ou postes qui leur ont été affectés. Après avoir saccagé le ksar d'El-Abiodh-Sidi-Ech-Chikh, la capitale des rebelles, le foyer de l'insurrection, le général Deligny, commandant la province d'Oran, croyant en avoir fini, — pour le moment du moins, — avec la révolte, s'est replié sur Saïda en passant par Géryville. Dans le but de protéger les Thrafi ralliés, et de défendre l'accès de leur pays aux Harar insoumis, il a établi ses troupes, pour y prendre leurs quartiers d'été, sur le plateau d'Aïn-el-Hadjar, à 9 kilomètres au sud de Saïda. Le général considère comme arrêté, écrit-il au Gouverneur général, le mouvement insurrectionnel du Sud, et il croit n'avoir plus à compter qu'avec des tribus honteuses de leur inconduite, effrayées de leurs fautes et accablées de misère. « Si elles ne reviennent pas d'elles-mêmes, ajoute-t-il, nous serons en mesure, en automne, de les y contraindre par la force. Actuellement, cela nous est matériellement impossible..... Les Oulad-Chaïb (de la province d'Alger) sont réduits à boire à Maleh (rivière salée) ; c'est la seule eau qu'on leur ait laissée en partage. »

Nous pensons que le commandant de la province d'Oran, officier général d'une grande valeur et d'un mérite incontestable, et qui connaissait son Sud de la province d'Oran bien mieux certainement que la place du Gouvernement à Alger, lui dont le nom était légendaire dans notre Sahra occidental pour en avoir énergiquement poursuivi ou combattu, depuis vingt ans, les inconstantes et mobiles populations, nous pensons, disons-nous, que le général *Deli*, ainsi que le nomment les Arabes, n'était pas aussi convaincu qu'il voulait le paraître d'avoir réduit les rebelles de son commandement, et que le vaillant général exprimait là bien plutôt un désir qu'une réalité. Pour ce qui est de la honte et du remords qui, selon lui, dévoraient ces tribus, nous ne sommes pas très sûr qu'ils fussent bien intenses ou bien cuisants. Et pourquoi, en effet, en eussent-elles été autant affectées ? Elles n'avaient guère eu, malheureusement, que des succès à enregistrer dès le début de l'insurrection : elles avaient détruit, le 8 avril, la colonne Beauprêtre à Aouïnet-Bou-Bekr ; huit jours après, le 16, les Oulad-Châïb mettaient en fuite, après lui avoir tué 1 officier et 14 spahis, l'escadron qui était en observation à Thaguin ; elles nous avaient tué, le 26 du même mois, à l'affaire d'Aïn-el-Katha, 77 hommes, dont 3 officiers, de notre cavalerie. Ce fatal mois d'avril, on le voit, nous coûtait cher, et le fait d'avoir mis le feu à des ksour qui ne brûlent pas ne nous semble compenser que d'une manière tout-à-fait insuffisante la perte des 200 braves soldats qui, en moins de trois semaines, tombèrent sous les balles des rebelles.

Nous le disons bien haut, nous ne nous sentons aucun goût pour la critique, et nous aimerions bien mieux avoir à louer qu'à blâmer ; mais nous sommes l'histoire, et l'honnêteté de l'historien c'est la vérité.

En résumé, à la fin de la campagne du printemps, les forces insurrectionnelles étaient à peu près intactes, et il ne fallait pas être un bien grand sorcier pour prédire qu'à la suite de leurs étonnants succès du mois d'avril, elles augmenteraient rapidement, surtout si nous leur laissions le champ libre en nous retirant vers le Tell pour y laisser passer les chaleurs de l'été. Il était évident que ces Sahriens — qui étaient là dans leur élément — profiteraient de cette élévation de la température, qui nous est si pénible à nous gens du Nord, pour nous attirer dans le Sahra, et y voir fondre nos colonnes sous les ardeurs d'un soleil trop chaleureusement implacable. Ils espéraient, si nous osions nous aventurer dans le Sud, nous voir nous immobiliser dans nos postes avancés, ou nous traîner péniblement, lourdement d'eaux en eaux, leur laissant impunément toute facilité de travailler et de gagner à la cause de l'insurrection les tribus indécises, dont la fidélité était plus que chancelante, et le marabouth tenait d'autant plus à ce que ces tribus passassent sous ses drapeaux, que leur défection lui permettait de refaire ses approvisionnements au moyen de l'apport du contenu de leurs silos. Il est vrai de dire que, de ce côté, la province de l'Ouest n'avait pas grand'chose à perdre ; car tout son Sud marchait avec le marabouth depuis le commencement de l'insurrection.

Pour ce qui était des Oulad-Châïb, que le général disait réduits à ne s'abreuver que d'eau salée, nous pensons que ce ne pouvait être de leur part qu'une affaire de goût ; car nous ne voyons pas comment on aurait pu s'y prendre pour les empêcher de boire là où bon leur semblait, puisque, à l'exception de quelques troupes laissées dans nos postes avancés de Laghouath ou de Géryville, lesquelles n'étaient point assez fortes pour s'aventurer à plus d'une journée de marche de leurs magasins, il n'y avait pas un soldat dans tout le reste du Sud.

La tranquillité du Sahra de la province d'Oran n'était donc rien moins qu'assurée ; tout portait à croire, au contraire, que ce n'était là qu'une trêve, que le chef de l'insurrection ne tarderait pas à rompre, le temps de remonter du Sud avec ses forces, qui n'avaient point, nous le répétons, été sensiblement entamées.

Pour bien fixer la situation du marabouth Sid Mohammed-ould-Hamza, qu'une dépêche du général Deligny, datée du 20 juin, annonçait être en fuite, nous ne pouvons mieux faire que de répéter ce que nous disions à ce sujet dans la première partie de cet ouvrage :

« Comme le disait la dépêche du général, le marabouth était
» bien *en fuite*, si l'on tient absolument à se servir de cette ex-
» pression plus pittoresque qu'elle n'est exacte ; mais il était
» suivi par les cavaliers des Mekhadma, des Châanba, des Oulad-
» Sidi-Ech-Chikh et de plusieurs douars des Harar. Nous ne
» demandons pas mieux que d'appeler cette disparition une
» fuite, une dispersion, une déroute même, puisque cela paraît
» satisfaire notre amour-propre ; mais, pour les Arabes, ce n'était
» là qu'une retraite, ainsi que nous le verrons plus tard. Sans
» doute, chez eux, ce mouvement ne s'exécute point avec cet
» ordre qu'y mettent quelquefois les armées européennes ; mais
» c'est précisément ce désordre qui fait leur force, et qui, lorsque
» nous avons la mauvaise inspiration de les poursuivre, amène
» ce stérile et infaillible résultat que nous ne savons plus où les
» prendre, et que les lames de nos intrépides cavaliers français
» ne trouvent plus que le vide à sabrer. Nous le répétons, la
» fuite d'un goum ne saurait avoir, aux yeux des indigènes que
» nous avons à combattre, l'importance que nous attachons à
» cette manière de se retirer ; c'est, au contraire, un des prin-

» cipes de la tactique de ce peuple, qu'il faut se hâter de fuir —
» c'est-à-dire s'éloigner — quand on ne se sent pas le plus fort.
» Il est vrai que, le lendemain, on peut très bien retrouver
» devant soi ce même ennemi qu'on avait mis en fuite ou en
» déroute la veille, et qu'on croyait anéanti, ou, tout au moins,
» à tous les diables. »

Le commandant de la province d'Oran savait cela avant nous, et bien mieux que nous, et on nous étonnerait fort si l'on nous affirmait qu'il comptât beaucoup sur l'inaction, pour cause de température, du jeune et ardent marabouth et de son oncle, l'opiniâtre et haineux Sid El-Ala. Du reste, cette illusion, si elle existait réellement, ne devait pas tarder à s'évanouir. En effet, dès le 12 juillet, le marabouth attaquait Frenda à la tête de 2,000 hommes, tant fantassins que cavaliers. Il était tout naturellement repoussé ; mais son intention n'était point, vraisemblablement, de s'emparer de ce poste, bien qu'il ne fût défendu, à ce moment, que par des forces indigènes aux ordres de l'agha Sid Ahmed-ould-El-Kadhy ; il voulait prouver tout simplement que son intention n'était pas de s'endormir sur ses lauriers, et qu'il n'était nullement disposé à attendre, pour notre commodité, la fin des chaleurs, et une température qui nous convînt davantage, pour reprendre ses opérations. Ces Barbares se soucient fort peu des traditions, et ne paraissent point se douter le moins du monde qu'autrefois, du temps de nos guerres de plaisance, on n'aurait consenti, ni pour or, ni pour argent, à outrager ainsi les convenances en entrant en campagne avant l'apparition des roses.

Le but du marabouth, ou plutôt de son oncle, Sid El-Ala, qui le dirigeait, était surtout d'agir sur les tribus des Hauts-Plateaux qui nous étaient restées fidèles, et d'entraîner de nouveau les fractions des Harar qui, après l'avoir suivi à la suite de l'affaire Beauprêtre, étaient revenues à nous et nous avaient fait leur soumission. Quelques tribus — les Oulad-Ben-Affan entre autres — du Seressou se disposaient à rejoindre Sid Mohammed-ould-Hamza ; mais, prises en flagrant délit de défection, elles furent attaquées et razées impitoyablement par le kaïd des Beni-Median.

Il va sans dire que la portion des Harar qui nous était restée soumise ne s'était pas fait longtemps prier pour se réunir, — à quelques douars près — au gros de la tribu, qui marchait avec les Oulad-Hamza depuis le commencement de l'insurrection.

A la première nouvelle de l'incursion de Sid Mohammed-ould-Hamza, le colonel Péchot s'était porté sans retard sur Frenda avec une colonne forte de 1,200 hommes d'infanterie, 150 chevaux et 2 obusiers. Aussi, le marabouth qui, disait-on, devait recommencer, le lendemain 13 juillet, son attaque sur ce poste, avait-il renoncé au projet qu'on lui attribuait, selon nous, si gratuitement.

Les tribus de l'aghalik de Frenda tenaient assez bien ; dès l'apparition du marabouth sur son territoire, Sid Ahmed-ould-El-Kadhy était monté à cheval pour ramener dans le devoir celles qui étaient disposées à s'en écarter, et pour faciliter la rentrée dans le Tell de quelques douars des Harar qui paraissaient ne pas se soucier de s'enfoncer de nouveau dans le Sud à la suite de Sid Mohammed. Il faut bien d'ailleurs que les Harar insurgés conservent quelques relations avec leur pays, et nous ne nous expliquons pas autrement cet accès de fidélité dont paraît pris subitement ce petit groupe d'indigènes, quand la tribu presque en entier a fait défection et marche avec le jeune et fougueux marabouth des Oulad-Sidi-Ech-Chikh.

Le colonel Péchot, qui était rentré, le 15 juillet, à Tiharet après s'être porté sur Frenda, faisait connaître que les forces des rebelles s'étaient retirées sur l'ouad Souf-Sellem, d'où elles menaçaient l'importante tribu des Oulad-Khelif.

On disait aussi que l'agha Ed-Din-ben-Yahya, du Djebel-el-Eumour, avait eu plusieurs engagements avec sa couarde et flasque population, laquelle, cédant aux menaces du marabouth, se disposait de nouveau à faire défection.

En présence de cette nouvelle incursion du chef des rebelles, à qui d'ailleurs on a abandonné les Hauts-Plateaux et le Sahra, le général commandant la division d'Oran comprend qu'il ne pourra laisser à ses troupes le repos qu'il comptait leur donner, et qu'il lui faudra se résoudre à reprendre, même pendant les chaleurs torrides de l'été, la série des marches et contre-marches qui constituent à peu près toutes les opérations de guerre dans les régions sahriennes.

La situation de la province d'Oran est donc loin, nous le voyons, d'être satisfaisante ; le vent de la rébellion a soufflé non-seulement sur le Sahra, mais encore sur les populations du Tell, dont l'esprit est des plus mauvais depuis quelques mois.

Il est démontré aujourd'hui que toutes les tribus des subdivisions de Mâskara, de Mostaghanem et d'Oran ont fourni des contingents aux Flita révoltés. Le cercle de Saïda se ressent également de ce fâcheux état de choses : en général, les tribus n'obéissent pas, ou elles obéissent mal ; les populations sont d'ailleurs partout très travaillées ; en un mot, l'ébranlement est général, le mal profond, et tout porte à croire que l'apaisement sera long et difficile à faire.

Pourtant, la soumission des Flita et des populations de l'ouad Rihou, si malmenés dans le courant du mois de juin, paraît être tout-à-fait sérieuse ; avec cette mobilité de caractère qui distingue les Kabils aussi bien que les Arabes, lesquels, à l'exemple du fier Sicambre, brûlent, le lendemain, avec un enthousiasme candide, les dieux qu'ils ont adorés la veille, surtout quand ces divinités sont battues, les Flita, disons-nous, se sont mis à traquer impitoyablement le marabouth Sid Abd-El-Aziz, celui qui avait remplacé Sid El-Azreg quand il fut tué, et ce fut à ce point que l'infortuné sultan préféra se rendre — le 15 juillet — au chef de l'annexe de Zamora, que de risquer de tomber entre les mains de ses anciens sujets.

Nous devons dire que la situation politique de la province d'Alger ne valait guère mieux que celle de sa voisine de l'Ouest. Bien qu'elle fût presque intacte, et qu'elle n'eût fourni encore qu'une seule tribu — les Oulad-Châib — à l'insurrection, il n'en était pas moins vrai que l'esprit des populations de son Sud était détestable ; tout portait à croire qu'elles n'auraient pas besoin d'être vivement ou bien longtemps sollicitées pour embrasser la cause du marabouth. Les esprits et les cœurs étaient tournés de ce côté, et il fallait leur donner satisfaction. Du reste, de nombreux émissaires de Sid Mohammed parcouraient ces tribus et y soufflaient le vent de la révolte, et leur parole y était d'autant mieux accueillie, qu'elle répondait aux vœux, aux aspirations de ces populations, et que le terrain était tout préparé pour recevoir la semence.

Et il était d'autant plus présumable que l'action du marabouth se porterait sur la province d'Alger, qu'il n'avait plus personne à entraîner dans le sud de celle d'Oran, et que la région centrale de l'Algérie sahrienne comptait parmi ses tribus nomades un grand nombre d'affiliés à l'ordre religieux de Sidi Ech-Chikh. Le marabouth trouvait d'ailleurs d'utiles et précieux auxiliaires dans la tribu des Oulad-Châïb, laquelle, nous nous le rappelons, appartenait à la province d'Alger, et faisait cause commune avec Sid Mohammed-ould-Hamza depuis le 16 avril, c'est-à-dire depuis la malheureuse affaire de Thaguin. On disait d'ailleurs cette tribu disposée à tenter un coup de main sur les tribus du cercle de Boghar pour les décider à la défection, et leur en faciliter les moyens.

Il y avait donc lieu de prendre, sans aucun retard, dans la province d'Alger, les mesures qu'exigeaient les circonstances.

Les causes de cette nouvelle levée de boucliers sont multiples ; elles sont générales ou particulières. La principale, c'est que nous sommes l'ennemi, l'instrument du châtiment, et puis, comme dans tous les soulèvements possibles, on y trouve des mécontents, des intrigants, des ambitieux, des puissants tombés ou écartés du pouvoir ne pouvant se faire à l'obscurité et espérant le ressaisir sous un autre drapeau ; l'amoindrissement de la situation des grands au profit des gens de zaouïa ; notre tendance à réprimer les tentatives d'indépendance des grands seigneurs sahriens, et à les ramener à la loi commune en sapant les vieilles habitudes féodales ; le besoin pour certains chefs indigènes de refaire des situations financières très compromises par le recours aux usuriers ; l'application, un peu brutale quelquefois, de la loi française à des chefs indigènes pour des faits qualifiés crimes ou délits par notre Code, et qui, aux yeux des Arabes, ne sont que de la razia, c'est-à-dire de la guerre en réduction. Il est incontestable que, même pour certains peuples qui se prétendent civilisés, la guerre n'est pas autre chose que de la razia en grand, et que son objet est de dépouiller le prochain soit de quelque portion de son territoire, soit de ses valeurs monnayées. Parmi les causes de la révolte, nous trouvons encore les suivantes : l'occasion, l'amour de la poudre et des aventures, la passion du butin ; il faut faire aussi entrer en ligne de compte l'impossibilité de la résistance, l'entrainement, la contagion de l'exemple, la communauté d'origine et de foi religieuse (1), la cause de l'islam à défendre, et surtout, dans le

---

(1) Nous voulons citer un fait, venant à l'appui de notre dire relativement à la vivacité et à l'énergie de ce sentiment chez les Arabes des Hauts-Plateaux. L'un de nos meilleurs et des plus intelligents fonctionnaires indigènes, le kaïd Kouïder-ben-Ahmed, des Oulad-Ayad, nous disait, en janvier 1870, à notre camp d'Aïn-Toukria, alors que nous étions commandant supérieur du cercle de Tniyet-el-Ahd :
« C'est ici, mon commandant, que, le 23 août 1864, quatre cents cavaliers des Bou-Aïch et des Sabri, nos voisins, profitant de l'absence du colonel Dumont, qui s'était porté, avec une partie de sa colonne, sur Sebaïn-Aïn, où Ben-Sidi-Hamza avait établi ses campements, vinrent attaquer le camp, à la garde duquel il n'était resté que quelques compagnies d'infanterie. Je montai à cheval, et je les attaquai, à mon tour, à la tête de deux cents cavaliers de ma tribu. Avec l'aide de Dieu, — qui a voulu qu'il en fût ainsi, — je parvins à leur tuer du monde et à les repousser. Vous savez combien je vous suis dévoué? Vous savez aussi que je ne vous ai jamais marchandé mes services, de jour comme de nuit, par le chaud comme par le froid, et j'aurais été un ingrat en agissant autrement ; car, de moi, qui n'étais rien, vous avez fait quelque chose ; vous m'avez donné la *heurma* (les honneurs, la considération) et comblé de bienfaits. Eh bien ! malgré tout cela, — je vous le dis franchement, — ce jour-là, mon cœur n'était pas avec vous ; il était avec ceux que ma reconnaissance, mon devoir m'ordonnaient de combattre ; j'éprouvais — tout en leur envoyant des coups de fusil — une envie irrésistible de faire cause commune avec eux et de passer au marabouth ; je me sentais entraîné vers eux — que je connaissais tous — malgré moi, et s'ils eussent tenu plus longtemps, je ne réponds pas que je n'eusse succombé à la tentation. Que voulez-vous? c'étaient nos frères, des gens — les Bou-Aïch surtout — avec lesquels nous étions en relations de tous les jours, et puis c'étaient des musulmans !... Enfin, ce qui me console d'avoir fait mon devoir, c'est qu'ils n'étaient pas dans la voie droite, puisqu'ils n'ont pas réussi. »
Nous pourrions multiplier les exemples de hauts fonctionnaires indigènes qui, bien que très dévoués à notre cause, et nous ayant servi fidèlement dans la campagne du printemps, et qui, convaincus

cas dont il s'agit, des sympathies irrésistibles pour les descendants de Sidi Ech-Chikh (1), c'est-à-dire du plus grand saint de

---

qu'en faisant défection, leurs tribus allaient au-devant de la misère et de la défaite, ne voulurent cependant pas séparer leur cause de celle de leurs administrés, et passèrent avec eux sous les drapeaux du marabouth. Nous citerons, entre autres, l'ancien agha de l'importante tribu des Bou-Aïch, Sid Sliman-ben-Eth-Thahar, qui, après avoir fourni son goum et sa réquisition de moyens de transport à la colonne Jusuf, avec laquelle il marchait lui-même pendant les opérations du printemps, faisait cependant défection avec sa tribu au mois d'août, bien qu'il ne doutât pas un seul instant, ainsi qu'il nous l'a avoué à nous-même, que sa tribu et lui ne fussent obligés, avant trois mois, de venir solliciter notre aman. « Je ne pouvais pas, nous » disait-il, voir partir ma tribu sans la suivre. C'eût été au-dessus de » mes forces. »

(1) Nous voulons donner une idée de l'influence religieuse dont jouissent les descendants de Sidi Ech-Chikh, et de la sorte de fétichisme dont ils sont l'objet parmi les populations de notre Sahra oranais. C'était en 1853 ; le colonel Durrieu, commandant la subdivision de Máskara, qui avait reçu la mission de démanteler Aïn-Madhi, venait d'en recevoir le contre-ordre, et se dirigeait sur le poste de Géryville, qui était en construction. Le colonel qui, suivi de son escorte, avait un peu devancé sa colonne, n'était plus qu'à deux ou trois kilomètres du ksar de Stiten. Le khalifa Sid Hamza, qui s'était attardé en route, marchait à 300 ou 400 mètres derrière nous. Un homme et une femme, Sliténiens sans doute, et qui, selon toute apparence, avaient eu vent du passage du descendant de Sidi Ech-Chikh, l'attendaient assis sur le bord du chemin que suivait le colonel. Mais le regard fouillant l'espace du côté par lequel devait arriver le khalifa, ils ne firent pas plus attention au colonel que s'il n'eût jamais existé. Outré d'un pareil manque de respect à l'égard du commandant de la subdivision, le mekhazni Mahmoud lança son cheval sur ces mal-appris qui étaient restés assis, et se mit à les fouailler d'importance avec le fouet de sa bride, en les traitant, en même temps, de chiens fils de chiens, de porcs, de grossiers, n'ayant aucune idée ni des convenances, ni des règles les plus élémentaires de la civilité. Les deux époux se levèrent, non pas pour échapper au fouet du trop zélé mekhazni, dont ils ne se préoccupaient pas plus que du commandant de la subdivision, mais parce qu'ils avaient aperçu l'objet de leur adoration, le marabouth Sid Hamza, le descendant direct et vénéré de Sidi Ech-Chikh, et le possesseur de la *baraka*, ou influence auprès de Dieu. Le visage rayonnant de béatitude, les mains tremblantes dirigées vers le marabouth, le bienheureux couple se précipitait avec délire au-devant de lui, en répétant

notre Sahra algérien, amour que ses *khoddam*, ou frères de son ordre, poussent jusqu'au fétichisme. Et puis enfin, qui est-ce qui dit que Sid Mohammed-ould-Hamza n'est point l'homme que Dieu a choisi pour être l'instrument de leur délivrance ? Parmi ceux qui passaient au marabouth, on rencontrait aussi quelques spécimens de ces spéculateurs qui comptaient, plus tard, nous vendre leur soumission, de ces habiles qui savent que, suivant en cela les préceptes de notre Évangile, — *le pécheur repentant*, — nous avons toujours mieux traité les gens qui nous revenaient après avoir fait défection, que ceux qui nous étaient restés fidèles et qui avaient combattu sous notre drapeau, bien heureux encore — ces hommes du devoir — quand nous ne les avons pas sacrifiés à ces trafiquants de soumission dont nous parlons.

En faisant défection, certaines tribus échappaient — momentanément, du moins, — au paiement de la contribution de guerre à laquelle elles avaient été imposées à la suite de la campagne du printemps ; elles évitaient, en outre, la réquisition de leurs animaux de transport pour les besoins des colonnes ayant à opérer dans le Sud algérien.

D'ailleurs, il faut bien nous faire à cette idée, et nous la graver profondément dans l'intellect : toutes les fois que les indigènes rencontreront un chef présentant quelque surface — et ce n'est même pas indispensable — qui les appellera à la révolte, ils le suivront, quelles que soient les forces dont nous pourrons disposer, et cela parce que leur désir le plus ardent, le plus opiniâtrement nourri, le plus constant, le plus inémoussable est de nous voir repasser la mer, parce qu'ils attendent, qu'ils espèrent ce moment de toute la force de leurs aspirations, parce qu'ils ne

---

cette invocation : « O Sidi Hamza ! ô Sidi Hamza ! » Pour ces pieux Stiténiens, les coups de fouet — que le colonel fit cesser dès qu'il s'en aperçut — du mekhazni Mahmoud s'étaient sans doute transformés en caresses ; car le rayonnement de leurs visages indiquait tout autre impression que celle de la douleur. Sid Hamza ayant pris le trot pour rejoindre le colonel, ces deux martyrs de leur foi — ils n'étaient plus de la première jeunesse — ne purent même réussir à saisir au passage le pan du bernous du marabouth pour y déposer de leurs lèvres frémissantes un pieux baiser, qu'ils furent réduits à lui envoyer en effigie.

doutent pas que ce moment de notre retraite n'arrive un jour ou l'autre, quand Dieu trouvera que leur châtiment est suffisant, et qu'il jugera bon de leur rendre cette portion de la terre de l'islam que nous occupons, parce qu'enfin il n'y a rien de commun entre eux et nous, malgré le demi-siècle de notre occupation. Nous le répétons, en nous faisant bien à cette idée, nous ne serons plus exposés à ces effrois dont nous sommes saisis, et à ces cris de surprise que nous jetons quand on nous signale quelque révolte, ou l'apparition de quelque cherif. « Comment, nous écrions-nous au comble de la stupéfaction, mais ils ne sont donc pas encore soumis ces Arabes?... Pourquoi ne repousse-t-on pas cette vilaine engeance dans le désert ? Il nous semble que ce serait bien facile et bien simple, si l'on voulait une bonne fois s'en donner la peine !... » Et quelle que soit la distance qui sépare Alger du foyer de la rébellion, ou du point où le cherif a été signalé, on ne se trouve plus du tout en sécurité dans l'ancienne capitale de la Régence, et on y fait ses paquets. Il nous a été donné d'être le témoin, dans certaines villes de l'intérieur, de singulières et bien honteuses paniques. Et tout cela parce que nous ne savons absolument rien des choses de l'Algérie, et que nous n'avons aucune idée de ce qui s'y passe. Ce n'est point la faute pourtant de ceux qui, sans autre encouragement que celui qu'ils puisent en eux-mêmes, font tous leurs efforts pour les vulgariser.

Eh bien ! oui ; retenez-donc bien ceci : il y aura des cherifs — vrais ou faux — en Algérie tant qu'il y restera des musulmans — c'est-à-dire des naïfs ou des croyants — pour les suivre. Nous ajouterons, pour les personnes nerveuses ou qui ont l'effroi facile, que ce sera sans péril pour notre domination, à la condition, nous le répétons, que nous soyons toujours forts et vigilants, et que nous ne donnions point aux cherifs le temps de mûrir et de s'arrondir.

Bien que sans cohésion et sans homogénéité, la société musulmane, répandue sur toute la surface de l'Afrique et de l'Asie, n'en est pas moins extrêmement puissante; et si tous ces îlots de populations mahométanes ne sont point reliés par le lien de la nationalité politique, ils le sont, et très solidement, par celui de la nationalité religieuse ; et La Mekke est la capitale du monde musulman. C'est là que les peuples du Koran viennent se retremper non-seulement religieusement, mais encore politiquement. La Mekke est une officine à agitateurs, une usine à cherifs ; c'est là que les fanatiques se font affilier à l'ordre du désordre ; c'est là le foyer de l'islam, et d'où rayonne sur le monde musulman cette grande clarté qui va éclairer dans leurs recoins les plus obscurs toutes les parties de cette immensité ; et c'est précisément cette diffusion, cet éparpillement des éléments islamites qui fait leur force, en ce sens qu'ils font sentir leur influence et leur action partout à la fois, et qu'ils ont ainsi de solides bases d'opérations, des points d'appui bien assis qui leur permettent de maintenir et d'étendre leur action d'une manière continue, incessante. Aussi, la lutte entre la croix et le croissant, entre le progrès et le *stabilisme*, entre le mouvement et l'immobilisme, n'est-elle point près de cesser, bien qu'elle se fasse déjà vieille, et qu'elle ait dépassé ses douze cents ans. Par suite, ce ne sera donc qu'une série de trêves qui auront de plus ou moins de durée, et les populations islamites algériennes seront d'autant plus difficilement vaincues et soumises, — celles du Sahra surtout, — que nous sommes, par rapport à elles, dans cette singulière et dangereuse situation d'assiégés dans une place dont trois faces sur quatre présenteraient des brèches praticables. Nous ne sommes, en effet, les maîtres que du côté de la mer.

Il faut donc vivre avec notre mal, mal qui, bien que presque inguérissable, n'est point de nature cependant à déterminer notre mort, à la condition pourtant, nous le répétons, que nous soyons vigilants, forts et toujours prêts. C'est à ce prix seulement que notre domination sera assurée, et que nous maintiendrons — malgré quelques secousses que nous pourrons rendre inoffensives — la tranquillité et la sécurité, ces éléments indispensables de la colonisation, dans un pays où nous avons enfoui déjà presque autant d'hommes que d'écus, et qui, en compensation, est destiné infailliblement à devenir, un jour, le déversoir du trop-plein non-seulement de la France, mais encore des nations méditerranéennes de l'Europe ; car c'est vraisemblablement là la destinée réservée à l'Afrique septentrionale.

Il est donc bien entendu que l'indigène musulman sera

toujours l'ennemi, et l'ennemi irréconciliable, — nous parlons ici de la généralité et non point de l'exception ; — donc, pas de fausse sécurité pour ne point avoir le mécompte des surprises ; ne nous laissons jamais endormir par la longue durée de la trêve, et surtout pas de ces cris de paon que nous jetons aux échos à chaque tentative de révolte des indigènes. Avec la meilleure volonté possible, nous ne pouvons donner satisfaction aux aspirations, aux exigences des indigènes musulmans, puisqu'elles consistent dans le fait de nous voir repasser la mer et de leur faire la place nette. Nous voyons donc bien que nous n'avons pas à compter sur une paix définitive avec des gens pour lesquels nous ne pouvons absolument rien.

Nous parlons beaucoup d'assimilation au sud de la Méditerranée. Pour notre compte, nous croyons que, si elle avait été possible, elle serait déjà, nous ne dirons pas faite, mais tout au moins fort avancée; car il n'est point de peuple qui possède au même degré que nous les qualités assimilatives, et cela tient surtout à cette disposition — que nous partageons d'ailleurs avec ces filles qui n'ont jamais dit : non ! — de nous livrer avec une facilité déplorable, de donner notre cœur et ses accessoires au premier venu, et de faire toujours les avances, sans nous inquiéter même de la façon dont elles seront reçues. Or, — il faut bien qu'on le sache, — nous n'avons pas fait un pas dans le cœur des indigènes, — ils n'ont d'ailleurs qu'une vague idée de cet organe, — depuis un demi-siècle que nous occupons leur pays ; et cette révélation nous étonnera d'autant plus, que nous nous figurons avec une adorable candeur que nous sommes les bienfaiteurs de leur race, et aux petits soins pour eux. « Les ingrats ! disons-nous ; mais enfin que veulent-ils donc de plus ?... Nous leur avons apporté la civilisation, — moins les moyens de s'en servir, - et le bien-être, — qu'ils ne connaissent guère que de réputation ; — nous avons partagé leurs terres avec eux quand nous aurions pu tout leur prendre, puisque, selon leur propre loi, la terre appartient au vainqueur ; nous les admettons généreusement à payer les trois quarts de l'impôt, — et à notre profit ; — nous leur faisons l'honneur — depuis que nous les avons conquis — de les recevoir dans nos rangs pour aller combattre nos ennemis partout où nous montrons nos drapeaux, voire même leurs amis et coreligionnaires ; pas de belle fête de la poudre à laquelle ils ne soient invités, et où ils ne laissent bon nombre des leurs ; nous consentons à ce qu'ils nous fournissent leurs bras pour nos travaux agricoles, et nous poussons la faiblesse jusqu'à les en rémunérer, et cela quand les Romains ne donnaient pas seulement un *as* pour cette besogne à leurs ancêtres ; il est vrai qu'en revanche, ils ne leur ménageaient pas les coups de bâton. Dieu sait si, ainsi que nous le leur avons promis en 1830, nous respectons leur religion, et surtout leurs établissements religieux. Sans doute, ce n'est ni une mosquée, ni le tombeau d'un saint marabouth, ni même un cimetière qui nous gênent, quand nous avons à percer une rue ou à ouvrir une route de terre ou de fer ; mais, puisqu'ils peuvent prier leur Dieu partout, ils n'ont pas besoin, ce nous semble, de mosquées ; quant aux ossements des saints et de ceux qui ne le sont pas, certainement nous n'en faisons pas des reliques ; mais, en définitive, nous n'opérons pas autrement chez nous... Que veulent-ils donc de plus, ces exigeants indigènes ?... Il faut avouer que, s'ils ne nous portent pas dans leur cœur après tout ce que nous faisons pour eux, c'est qu'ils sont d'une ingratitude de la plus profonde noirceur. »

Eh bien ! non ! malgré tout cela, malgré notre excessive bonté, notre magnanimité, notre générosité, voire même notre amabilité à l'égard des indigènes, nous ne les avons pourtant pas encore conquis, — moralement, bien entendu, — et il y a cependant un demi-siècle que nous travaillons à faire leur conquête, — par les moyens que nous rappelons plus haut ; — jusqu'à présent, ils se sont montrés réfractaires à notre affection. C'est décidément à y renoncer ; et c'est le parti que, du reste, nous avons pris — sauf quelques *humanitaristes* de profession — depuis longtemps déjà ; car nous sommes loin d'être une nation patiente, et capable d'attendre indéfiniment un résultat qui se dérobe toujours, quand on croit à tout instant mettre la main dessus.

Pour avoir la clef de cette situation, il n'est pas inutile de remarquer que nos civilisations ne sont point contemporaines, et que trop de distance les sépare pour pouvoir espérer, quelle que soit la vivacité de l'allure que prenne celle des indigènes musulmans, qu'elle arrive jamais à rejoindre la nôtre, qui a pour véhicule la vapeur et l'électricité. Ce n'est pas une raison, parce que quelques fils de Mores se sont englués au miel de notre civilisation, pour que nous croyions qu'ils nous sont entièrement acquis et que nous en avons fait des civilisés. Grattez la couche de vernis qu'ils se sont appliquée sur la peau, et vous n'aurez pas besoin d'aller bien loin pour retrouver le barbare. Nous n'avons réussi qu'à en faire des métis, quelque chose d'informe, d'hybride : ce ne sont pas des Français, et ce ne sont plus des Arabes ou des Kabyls. D'ailleurs, cette catégorie de mahométans — qui pisse debout et qui s'enivre — n'est plus dangereuse ; car ces mordeurs au progrès sont devenus trop conservateurs pour risquer jamais leur peau de citadin dans les aventures du *djehad*.

En exprimant cette opinion, nous savons que nous faisons tomber bien des illusions ; il serait évidemment plus commode de n'avoir dans les indigènes musulmans que des gens avec lesquels nous puissions vivre la main dans la main, comme de bons et francs amis, ou de ne sentir autour de nous que des résignés qui auraient pris définitivement leur parti de nous avoir pour maîtres de leur pays ; — nous parlons surtout ici des Kabils, lesquels forment près des trois quarts de la population indigène du Tell ; — mais c'est précisément la chose à laquelle il leur sera, de longtemps encore, impossible de se faire ; ils n'ignorent pas d'ailleurs que les tendances, le but du chrétien est de les noyer dans le flot de la marée européenne, flot qui monte lentement, il est vrai, mais qui cependant monte toujours, et que, fatalement, il ne laissera pas un pouce de terrain dans la plaine aux montagnards, lesquels, par le fait de ces envahissements successifs, ne trouveront plus de refuge que sur les pitons rocheux de leurs montagnes ; car, au fur et à mesure que cette population européenne, qui s'accroîtra par la multiplication et l'immigration, envahira les plaines et les vallées, les populations kabiles seront obligées de leur céder le terrain, et il arrivera certainement un jour — pas demain cependant — où les montagnards indigènes seront réduits à ne plus être que les khammâs des Européens.

Il est bien entendu que, jusqu'à ce que la submersion soit complète, — et nous ne parlons ici que du Tell, — les indigènes musulmans se révolteront toutes les fois qu'ils en auront l'occasion, quelle que soit d'ailleurs l'activité de notre surveillance. Toujours, sous un prétexte ou sous un autre, ils saisiront avec bonheur l'occasion de secouer un joug qui, malgré l'amabilité et la douceur de notre administration, leur sera toujours odieux, joug, nous le répétons, que le Tout-Puissant, prétendent-ils, leur a imposé comme châtiment, avec la consolante promesse, toutefois, d'y mettre fin quand il jugera qu'il a suffisamment duré. Et ils ont tellement soif de voir arriver ce moment tant désiré, que le premier pédiculeux qui se présente en s'annonçant comme le Mohammed-ben-Abd-Allah promis, est toujours certain d'être accueilli à bras ouverts, et d'être suivi par un paquet plus ou moins sérieux de ces malheureux et naïfs croyants, et si ce *moula sda* ne réussit pas, — ce qui arrive fréquemment, — ses crédules adeptes se borneront à dire en soupirant : « Allons, il paraît que ce n'était pas encore le bon ! »

Mais, nous le redisons, si nous le voulons bien, ces soulèvements, — qui ne peuvent jamais être que locaux ou partiels — avorteront toujours si nous ne leur laissons point le temps de se propager par la contagion, quelles que soient même les fautes que nous pourrions commettre, parce que, en définitive, l'avenir est à ceux qui marchent, et que la civilisation aura toujours le dernier mot sur la barbarie, eût-elle à subir tous les désastres possibles ; et ce qui ne serait pour elle que des à-coups et des retards, serait la ruine et la mort pour ceux qui essayeraient de résister, ou qui chercheraient à arrêter le mouvement qui pousse les sociétés modernes en avant. Il est indéniable que la civilisation tue les vertus ou les qualités guerrières, et il est incontestable que les peuples pauvres ou incivilisés sont bien plus aptes aux choses de la guerre que les civilisés ; mais ceux-ci rachètent leur infériorité en qualités viriles par leur homogénéité, leurs puissantes ressources, et la supériorité de leurs moyens d'action.

Tout nous sépare donc des indigènes musulmans de l'Algérie, et jamais, pareils en cela à cette ligne droite que les géomètres nomment asymptote, et quels que soient nos efforts pour nous en rapprocher, nous ne parviendrons à nous rencontrer, excepté pourtant, de temps en temps, sur le champ de la lutte.

Nous venons de démontrer que ce ne sont pas les causes de révolte qui manquent aux indigènes musulmans, et qu'ils n'ont que l'embarras du choix : il est donc bien inutile, selon nous, de faire les complices des révoltés, en les posant en fomentateurs d'insurrections, les officiers chargés — sous les ordres de leurs commandants de cercles ou de subdivisions — de la rude et difficile tâche d'administrer les populations indigènes. Au premier abord, on ne voit pas bien l'intérêt qu'ils pourraient avoir à provoquer une aventure où le plus clair de leur bénéfice serait de risquer leur peau, à laquelle, nous le voulons bien, ils ne tiennent pas plus qu'il ne convient à des gens de leur profession, mais enfin dont ils ne sont pas plus pressés de se défaire que le commun des mortels, les occasions ne leur manquant pas d'ailleurs d'en faire un meilleur emploi ; puis, en définitive, s'ils ne sont pas plus braves, peut-être, que la plupart de ceux qui les accusent, il faut bien admettre pourtant qu'ils ne sont pas plus bêtes que la bonne moyenne de leurs contemporains. C'est pour cela qu'il est aussi agaçant qu'énervant, chaque fois qu'un pouilleux en a réuni une douzaine d'autres sous la loque de la guerre sainte, d'entendre répéter à satiété autour de soi : « Il n'est pas besoin de chercher bien loin pour trouver l'auteur de la révolte ; il est hors de doute et clair comme le jour que c'est le bureau arabe..... C'est toujours la même chose depuis 1830..... Et la preuve que les malheureux Arabes n'avaient aucune envie de se soulever, et qu'on les a poussés à tuer le kaïd que nous leur avions donné, c'est qu'ils avaient labouré, beaucoup plus même que l'année dernière.... Vous voyez donc bien !.... »

Comme c'est de la calomnie, le propos prend l'express, et, en un rien de temps, il a parcouru toute l'Algérie, et c'est d'autant plus odieux, que ceux qui lancent ces idiotes accusations dans le domaine public savent très bien qu'empêchés par les règles de la discipline, les officiers accusés ne peuvent point se défendre, et que l'impunité est acquise à leurs injurieuses insinuations.

Nous n'avons pas la mission de défendre les officiers des Affaires indigènes, — lesquels d'ailleurs sont d'autant moins accusables qu'ils n'ont ni initiative, ni responsabilité ; — mais les fonctions que nous avons exercées en Algérie nous ont permis de les voir de près, et d'apprécier la valeur des services de ces indispensables — pour longtemps encore — auxiliaires du commandement.

Un autre reproche que nous avons fréquemment entendu adresser aux officiers employés dans le service des Affaires indigènes, et auquel leurs adversaires paraissent attacher une grande valeur, est le suivant : « Nous voulons bien admettre — c'est bien de la bonté — que les officiers des bureaux arabes ne provoquent pas les insurrections ; mais ce que nous digérons difficilement c'est qu'ils ne les préviennent pas. » Il serait on ne peut plus facile à ces officiers de répondre à ce reproche que le propre des conspirateurs n'est, dans aucun pays, d'opérer en pleine lumière et sous le nez de ceux dont ils méditent le renversement, ou mieux que cela, pas plus que d'aller crier sur les toits qu'ils se proposent de se révolter tel jour et à telle heure, et que si, en France et ailleurs, avec une police nombreuse et diaboliquement organisée, on ne parvient pas toujours à déjouer les projets des adversaires du gouvernement établi, comment veut-on qu'en Algérie, où l'on est obligé de confier la police intérieure des tribus à des agents indigènes qui, le plus souvent, — et cela se comprend, — sont les complices des conspirateurs, comment veut-on, disons-nous, qu'avec des moyens aussi imparfaits, on arrive toujours à prévenir ou à empêcher des tentatives qui, le plus souvent, se produisent spontanément ? Allons, soyons de bon compte : ces officiers sont bien pardonnables quand ils ne réussissent pas, malgré leur vigilance, à prévenir la révolte ou le soulèvement de quelque partie du pays dont ils ont la surveillance. Nous reconnaissons avec leurs adversaires — nous ne voulons pas dire leurs ennemis — qu'ils ne préviennent pas les rébellions qui éclatent ; mais on ne peut pas inférer de là qu'ils ne réussissent pas quelquefois à étouffer quelques-uns de ces soulèvements dans leur germe. De ceux-ci, oncques n'est question, car le bruit n'en dépasse jamais les bureaux du commandement.

Nous ne pourrions leur recommander qu'une chose, c'est d'opérer, quand une révolte s'est déclarée spontanément, autrement que celui dont le feu prend aux rideaux de son lit, et qui, en cherchant à l'éteindre lui-même au lieu d'appeler les pompiers, permet au sinistre de prendre de l'extension, et de devenir souvent un incendie sérieux pouvant être funeste à l'incendié. En opérant autrement que l'imprudent dont nous parlons, l'officier des Affaires indigènes ne risquera pas sa tête, et la promptitude de la répression empêchera le mal de s'étendre, et de prendre une importance qui aurait pour conséquence d'exiger de plus puissants moyens d'action pour en avoir raison.

Nous sommes bien aise d'avoir trouvé l'occasion de dire, une bonne fois pour toutes, notre sentiment sur une calomnie âgée d'un demi-siècle bientôt, et qu'il est temps, ce nous semble, d'enterrer définitivement et sans miséricorde.

Après avoir énuméré les causes générales des insurrections indigènes en Algérie, — lesquelles étaient, pour ainsi dire, incessantes dans les Kabilies du temps de la domination des Turcs, — nous voulons indiquer succinctement celles qui ont été particulières à la rébellion dont nous nous occupons. Parmi ces dernières, nous ferons ressortir le prestige d'une famille religieuse, qui avait osé se mesurer avec nous, et non sans succès, ainsi que nous l'avons dit plus haut ; plusieurs tribus sahriennes de la province d'Alger, et des plus puissantes, très attachées à la maison de Sidi Ech-Chikh, c'est-à-dire, aux Oulad-Hamza, les descendants de ce saint vénéré ; le jeune Mohammed-ould-Hamza, devenu un sérieux centre d'attraction, et que trois succès en quinze jours ont considérablement grandi ; presque toutes les tribus de la province d'Oran et une de celle d'Alger passées sous ses drapeaux. Dans ces conditions, on le comprend, l'entraînement devait être irrésistible, et, en effet, ce fut à ce point que toutes les tribus qu'a pu approcher le jeune marabouth, même celles qui s'étaient montrées les plus fidèles à notre cause, ainsi que quelques individualités combattant depuis longtemps dans nos rangs, et nous ayant donné mille preuves de leur attachement, ne purent cependant résister à l'entraînement. Chez ces derniers, l'intérêt personnel et le devoir avaient cédé le pas à l'inclination et aux croyances religieuses.

Il faut bien le dire, si, dans la première phase de l'insurrection, la province d'Alger a fourni peu de contingents à l'insurrection, si les Oulad-Châib, qui, par leur origine, avaient des attaches plus intimes avec les Oulad-Sidi-Ech-Chikh, ont été à peu près les seuls qui aient embrassé la cause de Sid Mohammed-ould-Hamza, c'est que l'occasion favorable avait manqué aux autres ; car toutes les tribus transtelliennes pactisaient de cœur avec les rebelles ; et ce n'est guère qu'à la prompte apparition, dans leurs parages, des colonnes expéditionnaires, qui, en même temps qu'elles tenaient le marabouth à distance, empêchaient la défection des tribus, qu'il convient d'attribuer le retard qu'elles ont mis à abandonner leur territoire, et à aller rejoindre, avec tous leurs biens, le chef de l'insurrection.

Dans cette seconde phase, dont nous allons faire l'historique, nous verrons les choses se passer autrement, et cela parce que l'ennemi aura pu pénétrer au milieu de nos populations, et, à défaut de forces françaises suffisantes pour s'y opposer, enlever d'abord les tribus nomades des Hauts-Plateaux, lesquelles étaient, nous le répétons, préparées à ce mouvement, et, plus tard, toutes celles qui appartiennent à la région des oasis, et qui cédèrent sans résistance à la même influence, ou subirent le même entraînement.

Il nous a paru utile, pour l'intelligence des faits que nous allons rapporter, d'entrer dans les considérations qui précèdent, lesquelles donneront aux lecteurs, à qui les choses algériennes ne sont pas familières, les éclaircissements nécessaires pour que rien ne leur reste obscur dans notre récit.

II

La nécessité pour le marabouth de reprendre l'offensive et de continuer la lutte. — Les causes de sa démonstration sur le Tell. — Parallèle entre la cavalerie française en Algérie et celle des Sahriens. — Organisation de la résistance dans la province d'Alger. — Formation de deux colonnes d'observation. — Elles sont portées sur Chellala et sur Aïn-Toukria. — Le cercle de Boghar couvert par les Arbaâ établis à Thaguin. — Les premiers mouvements des deux colonnes. — La colonne Archinard portée sur Ksar-Charef. — Défection des Arbaâ. — Formation d'une troisième colonne à Boghar pour couvrir le Tell. — Défection des tribus du cercle de Boghar. — Sac et incendie des caravansérails de la route de Laghouath. — Assassinat de MM. d'Esguilles et Pollard et des Européens du caravansérail d'Aïn-el-Oucera. — La colonne Archinard va s'établir à Djelfa. — Opération combinée sur Sebaïn-Aïn. — Attaque du camp d'Aïn-Toukria par les Bou-Aïch. — Le général Jusuf prend la direction des opérations. — Formation d'une colonne d'observation dans l'Ouanseris. — Situation de l'insurrection à la fin d'août.

Nous venons de voir que la situation expectante que comptaient prendre les commandants des provinces d'Alger et d'Oran n'avait point été de longue durée, et que le marabouth Sid Mohammed-ould-Hamza était remonté vers le Tell sur les talons des colonnes de la division de l'Ouest. C'est que, bien que refoulé au delà d'El-Abiodh-Sidi-Ech-Chikh par le général Deligny, Sid Mohammed n'avait point pour cela renoncé à la lutte, qui, d'ailleurs, l'avait laissé presque intact, et dans la continuation de laquelle il n'avait pas grand'chose à perdre. Son oncle, Sid El-Ala, l'instigateur principal de la rébellion et le guide de ses neveux, était, du reste, bien éloigné de désespérer du succès final ; pour réussir, pensait-il, il ne fallait que de la patience et de l'audace. Que pouvait-il, après tout, demander de plus ? Tous les contingents de nos tribus sahriennes de la province d'Oran marchaient sous les drapeaux du chef de l'insurrection ; le Sud de la province d'Alger était entamé, et il n'y avait point à douter que toutes les tribus de cette région ne suivissent l'exemple de leurs voisines de l'Ouest dès que le marabouth paraîtrait au milieu d'elles, et qu'elles sentiraient directement et immédiatement son influence. Continuer la lutte était d'ailleurs une nécessité si les nombreux contingents et les populations qui les suivaient ne voulaient mourir de faim et de soif. En effet, pendant la saison d'été, l'extrême Sud n'est point habitable, et gens et troupeaux sont obligés de venir boire sur les sources des Hauts-Plateaux ou du Tell ; d'un autre côté, les approvisionnements en grains des rebelles étaient à peu près épuisés, et il fallait absolument aller vider les silos qu'ils avaient laissés dans le Nord, et surtout entraîner dans la révolte les tribus de la province d'Alger, afin de profiter de l'apport de leurs grains, de reconstituer ainsi leurs moyens de vivre, et de poursuivre la campagne que les Oulad-Hamza avaient si heureusement commencée.

Pour décider son neveu, Sid El-Ala ajoutait que les chaleurs de l'été, qui étaient sans influence aucune sur leurs adhérents, puisqu'ils opéraient dans leur pays, ne pouvaient être, au contraire, que défavorables aux troupes françaises. Tout était donc pour le mieux, et jamais l'occasion ne s'était présentée si belle de poursuivre une œuvre qui pût être à ce degré agréable au Dieu unique, et profitable à celui qu'il en avait chargé si visiblement.

Le jeune marabouth ne doutait plus dès lors qu'il ne fût l'homme marqué par le Tout-Puissant pour accomplir ses desseins ; aussi ne voulut-il point tarder davantage à prendre l'offensive. A cet effet, il portait ses campements vers le Nord ; il marchait en avant, et il essayait de pénétrer dans le Tell de Frenda et de Tiharet, où l'appelaient des tribus sympathiques à sa cause. Par cette pointe, qui ne manquait pas d'une certaine audace, bien qu'elle ne présentât rien de particulièrement dangereux, puisque Frenda n'avait que des forces indigènes à lui opposer, le marabouth atteignit cependant son but, qui n'était évidemment point de s'emparer de cette *dechera* (village), mais bien de décider la défection des tribus du Seressou, acquises à sa cause, et de faciliter leur émigration. Nous avons vu plus haut que les Oulad-Bou-Affan, à qui, du reste, cela n'avait pas réussi, s'étaient empressés de répondre à l'appel du maraboûth ; mais que, pris en flagrant délit d'abandon de leur territoire, ils avaient été rasés aussi radicalement que possible par le kaïd des Beni-Median.

Le projet qu'on prêtait au maraboûth de pénétrer dans le Tell ne pouvait avoir été imaginé que par la peur, ou par l'ignorance des conditions dans lesquelles se meuvent les Sahriens. Sid Mohammed-ould-Hamza savait fort bien que le Tell n'est point un terrain favorable à l'action de la cavalerie, laquelle constitue la principale force des nomades ; à lui — il ne l'ignorait pas — il fallait les grands espaces ouverts de toutes parts, où sa fluide cavalerie pût, pour ainsi dire, disparaître par évaporation quand il n'y avait pas chance de succès. Dans le Sahra, nous le répétons, il était là sur son terrain, terrain où il nous était difficile de le suivre, surtout par les chaleurs torrides de l'été, et où il pouvait nous braver impunément, nous, les lourds, les pesants, nous, les esclaves de nos besoins de civilisés, et qui sommes presque incapables de nous mouvoir sans traîner à notre suite des montagnes d'impedimenta en bagages et approvisionnements de toute nature. Dans ces conditions, la partie n'est plus égale, et nous avons beau organiser des biscuit-villes et des colonnes légères, — qui ne le sont que relativement, — nous sommes à court d'haleine après quatre journées de marche, — ce qui suppose l'emport de huit jours de vivres, — et quand nous arrivons haletants, rendus, exténués sur le point où nous avions la prétention de joindre ces cavaliers-salamandres dont le feu est l'élément, ils sont déjà loin, et nous n'y trouvons plus que leurs déjections.

La cavalerie sahrienne est toujours absolument maîtresse de ses mouvements ; comme nous ignorons toujours où elle est, et qu'elle sait toujours où nous sommes, elle nous attaque à son heure, quand elle le veut, et sans que, dans aucun cas, il puisse jamais en résulter un bien grand dommage pour elle. Du reste, le rôle de ces merveilleux cavaliers n'est point de combattre nos

colonnes en bataille rangée, mais bien de leur faire une guerre
de chicane, de les harceler, de profiter de leurs fautes, de rôder
autour d'elles comme des oiseaux de proie, en décrivant des
spirales qui les éloignent ou les rapprochent de celles qu'ils con-
voitent. La tactique de cette cavalerie est encore de venir provoquer la nôtre, de chercher à lasser sa patience et à la décider
à la charger. Si nos cavaliers — et cela ne s'est vu que trop souvent — se laissent prendre à ce stratagème, il y a grand'chance
pour qu'ils soient entraînés plus loin que la prudence ne le
permettrait; car, certainement, ils *s'emballeront* neuf fois sur
dix, et alors il arrivera ce qui est arrivé si souvent, et, en
particulier, le 26 avril dernier (1), à la malheureuse affaire
d'Aïn-el-Katha : ils ne reviendront plus; car, quelque brave,
quelque intrépide même que soit notre cavalerie française,
— et, certes, nous apprécions trop sa valeur pour en mé-
dire, — elle n'est point organisée, il faut avoir le courage de le
reconnaître, pour lutter avantageusement avec la cavalerie des
Sahriens, laquelle, d'ailleurs, ne l'attend jamais en ligne, et cela
s'explique facilement : d'abord, les trois-quarts des hommes parmi lesquels se recrutent nos cavaliers n'ont jamais mis le derrière sur une selle avant leur arrivée au corps; — il est bien
entendu que nous ne parlons pas des officiers, lesquels ne le cè-
dent en rien à ceux des autres nations en matière d'équitation;
— c'est donc une étude toute nouvelle pour la plupart de nos
conscrits, et ils sont âgés de vingt et un ans au moins; il est déjà
bien tard pour commencer à s'occuper d'un exercice qui, outre
des aptitudes toutes spéciales, exige de l'intelligence et de la
hardiesse. Après avoir passé péniblement par toutes ses classes,
le conscrit est déclaré et réputé cavalier, et, dès lors, quelle que
soit sa force, appelé à en faire le métier dans toutes les circonstances de guerre. Son régiment — chasseurs ou hussards — est
envoyé en Afrique, et désigné pour faire une expédition dans le
Sud; notre *cavalier* va donc se trouver en présence des Bédouins,
et son cœur s'en réjouit; car il est Français, c'est-à-dire, brave

---

(1) Nous rappelons que ces *Notes* ont été rédigées au jour le jour
pendant la période historique à laquelle elles se rapportent.

et belliqueux. Son escadron va charger ; les sabres s'agitent impatients dans leurs fourreaux ; ils ont soif de sang ; les chevaux piaffent et aspirent, les naseaux dans les cieux et la lèvre supérieure retroussée, le parfum enivrant qu'exhalent les buveuses d'air du désert ; car tous les Nomades montent des juments, et les chevaux de notre cavalerie algérienne n'ont point été honteusement dépourvus de leurs avantages physiques. Jugez si ces ardents désirent la rencontre ! Mais leur ardeur a un modérateur : une charge de bête de somme, qui les engloutit sous un capharnaüm de bric-à-brac qui leur pend de tous côtés, et qui leur bat les flancs en rhythmant leur marche de bruits de bidons, de marmites, de quarts, etc., moins harmonieux pourtant que le son des clochettes suspendues au cou des mules espagnoles. Toute cette ferblanterie est accrochée en batterie de cuisine à une selle lourde, disgracieuse, incommode, et on ne peut mieux réussie pour déterminer des blessures partout où elle porte.

Enfin, la charge a sonné : grâce à l'ardeur de l'homme, multipliée par celle de la bête, l'allure est frénétique et vertigineuse dès le commencement, et l'on sent bientôt que

« Le moins maître des deux n'est pas celui qu'on panse ; »

les mouvements du cavalier se désordonnent ; il est loin de ne plus faire qu'un avec sa monture, et son unique préoccupation est de se maintenir sur son dos ; il entrevoit déjà toute l'horreur de sa situation ; car il sait que, s'il tombe, il est perdu, et cette perspective n'est pas faite pour lui remettre le cœur à sa place, ni lui rendre ses étriers qu'il a perdus, et qui, en martelant les flancs du cheval avec furie, précipitent encore son allure. Ah ! il est bien question de sabrer les Bédouins en ce moment ! Du reste, la bête n'obéit plus depuis longtemps déjà à une main de la bride affolée, et plus elle approche de l'objet de sa passion, moins elle s'occupe de ce qu'elle a sur le dos, si ce n'est pour s'ingénier à s'en débarrasser. C'est dans ces conditions qu'un grand nombre de nos centaures d'un an — et quelquefois moins — abordent la première cavalerie du monde, des gens qui naissent, vivent et meurent à cheval, et pour lesquels il n'est jamais de bêtes rétives, des gens pourvus, en outre, du véritable harnachement de guerre, et qui manœuvrent debout sur leurs étriers, la bride aux dents ou fixée au *guerbous* (pommeau de la selle), et qui sont aussi solides, aussi souples, aussi à leur aise sur le dos de leurs montures qu'ils le seraient sur le sol.

Nous laissons au lecteur le soin de déduire la conséquence d'une pareille infériorité.

En traçant ce tableau comparatif de la situation de notre cavalerie vis-à-vis de celle des Arabes du Sahra, nous n'avons eu d'autre but que celui de démontrer combien un commandant de colonne doit être prudent et réservé dans l'emploi de ses escadrons ; il faut surtout qu'il ait assez de fermeté pour résister aux sollicitations et à l'ardeur — plus noble que sage et réfléchie — des commandants de sa cavalerie française. S'il trouve l'occasion favorable de faire charger ou poursuivre des partis de cavaliers arabes, qu'il confie cette mission à ses spahis ou à ses goums ; au moins, — s'il tient compte de ce conseil, — la partie sera égale, et nous n'aurons plus à déplorer ces opérations désastreuses qui nous ont coûté tant de têtes depuis 1830, ni à refaire de ces terribles et sottes écoles qui sont aussi douloureuses pour nos cœurs que pour notre amour-propre militaire.

Mais revenons au marabouth.

Après sa pointe sur Frenda, Sid Mohammed-ould-Hamza s'était retiré sur l'ouad Souf-Sellem, menaçant les tribus du Seressou (1) et des Hauts-Plateaux de la province d'Alger. Cette subite incursion jeta l'effroi parmi celles de ces tribus qui, trop près de notre main, ne pouvaient guère songer à faire défection. Ces populations se retirèrent précipitamment vers le nord, et s'établirent dans le cercle de Tniyet-el-Ahd et dans le djebel Ouanseris (2). Quelques tribus de Boghar vinrent chercher un

---

(1) Vaste plateau s'étendant du sud de l'Ouanseris jusqu'au djebel-el-Eumour.

(2) *Ouancherich*, selon Ibn-Khaldoun. Ce massif est désigné par quelques géographes franco-algériens sous la dénomination de « Ouarensenis ». Les indigènes lettrés du pays prononcent et écrivent « Ouanseris ». Nous ferons comme eux ; car nous n'avons au-

refuge dans les montagnes qui avoisinent ce poste avancé. L'inquiétude était partout, et de nombreux agents secrets faisaient tous leurs efforts pour la propager et l'entretenir.

Il était donc urgent d'organiser la résistance, en attendant qu'on fût en mesure, dans la province d'Alger, de prendre l'offensive : au nord, les goums du cercle de Tniyet-el-Ahd sont portés sur le Nahr-Ouacel, ou Haut-Chelif, et y forment une longue ligne de défense sur la rive gauche de ce fleuve (1) ; à l'est, le cercle de Boghar est couvert par l'importante tribu des Arbaâ, qui a été installée sur les eaux de Thaguin, et sur la fidélité de laquelle on a cru pouvoir compter ; auprès des Arbaâ sont quelques tribus du Djebel-el-Eumour, de la province d'Oran, que la crainte du marabouth tient éloignées de leur pays. Ces dispositions paraissent suffisantes pour parer aux premières entreprises de Sid Mohammed-ould-Hamza, et elles l'eussent été, en effet, si, dans les temps de troubles, il était jamais permis de faire bien sérieusement fonds sur la fidélité des Arabes ; et, dans les circonstances dont nous parlons, il était d'autant plus regrettable de n'avoir que des goums abandonnés à eux-mêmes à opposer aux contingents du marabouth, que cette situation lui permettait de se mettre en relation avec eux, et d'exercer directement son influence sur des populations qui ne demandaient pas mieux que de se laisser entraîner. Du reste, ne se sentant pas soutenues par nos colonnes, ces tribus ne présentaient plus aucune consistance, et il était présumable que, dès qu'elles en trouveraient l'occasion, elles prendraient une détermination dans le sens de leurs sympathies et de leurs aspirations.

Deux colonnes étaient, en même temps, rapidement organisées. Il ne pouvait être question de les faire entrer en opérations avant que le marabouth n'eût plus clairement indiqué ses projets ; leur

---

cun respect pour ce qu'on appelle l'*usage*, lequel n'est pas autre chose que la loi des ignorants, et nous ne tenons nullement à nous faire leur complice.

(1) Le Chelif est bien un fleuve, puisqu'il se jette dans la mer ; mais, dans la saison d'été, la partie supérieure de ce cours d'eau est souvent à sec.

rôle ne devait être tout d'abord que d'observation et de soutien. Chacune d'elles était forte de 1,800 hommes environ.

La première de ces colonnes, qui se rassemblait à Médéa les 12 et 13 juillet, et qui était placée sous les ordres du colonel Archinard, du 1er de Tirailleurs algériens, se composait de trois bataillons d'infanterie (36e et 77e d'infanterie et 1er de Tirailleurs algériens), de trois escadrons de cavalerie (deux escadrons du 3e de hussards et un escadron du 1er de spahis), et d'une demi-section d'artillerie de montagne. Cette colonne devait se porter sur Chellala, à la limite sud du cercle de Boghar, et prendre la dénomination de *Colonne d'observation de Chellala*.

La seconde colonne, qui se réunissait à Tniyet-el-Ahd le 16 juillet, se portait, le 20, sous le commandement du colonel Dumont, du 42e d'infanterie, sur Aïn-Toukria, à une journée de marche au sud du chef-lieu du cercle.

Dès son arrivée à Aïn-Toukria, cette colonne dégage le pays, et détermine un léger mouvement de retraite du marabouth, lequel abandonne les bords du Nahr-Ouacel pour se porter sur d'autres eaux.

La colonne Archinard quittait Médéa le 14 juillet, et arrivait le 16 sous Ksar-El-Bokhari, où elle séjournait le 17.

Elle se mettait en marche le 18 sur Bou-Keuzzoul, sous les ardeurs torrides d'un soleil de feu. Ce fut une rude journée — une journée d'épreuves — pour les soldats non acclimatés du 36e et du 77e d'infanterie. Encouragés et soutenus par l'exemple des tirailleurs algériens, auxquels ils ne voulaient point paraître inférieurs, ces braves jeunes gens arrivèrent néanmoins au bivouac de Bou-Keuzzoul sans laisser personne des leurs en arrière.

La journée du 19 fut plus chaude encore, plus énervante que celle de la veille; mais des cavaliers du goum, à qui le commandant de la colonne avait fait appel, prirent en croupe ceux de nos fantassins auxquels leur état de faiblesse n'aurait pas permis de garder leur rang. La colonne Archinard dressait ses tentes, ce jour-là, à Chàbounia.

Elle bivouaquait, le lendemain 20, à Bel-Kheïthar.

Enfin, le 21, elle arrivait à Chellala, sa destination, et s'y installait.

Dès six heures du matin, la température s'élève à 36° centigrades, pour atteindre et conserver, jusqu'à quatre heures de l'après-midi, de 45° à 50°.

Nous avons décrit le ksar neuf de Chellala dans la première partie de cet ouvrage.

Ainsi qu'il fallait s'y attendre, le rôle d'observation des deux colonnes ne pouvait être de longue durée : elles furent bientôt, en effet, obligées d'opérer un mouvement en avant. La raison qui nécessitait celui de la colonne de Chellala était la suivante : l'importante tribu des Arbaâ, à qui les riches eaux et les plantureux pâturages de Thaguin — nous l'avons dit plus haut — avaient été affectés après la campagne du printemps, n'avait pas tardé à être en désaccord avec les gens du Djebel-el-Eumour, qui s'y étaient réfugiés, sous la conduite de leur agha, avec tous leurs biens, dans la crainte d'une excursion du maraboulh dans leur montagne. Sous le prétexte de ce dissentiment, qui datait de loin, les Arbaâ feignirent de ne pas se sentir suffisamment protégés, et parurent redouter l'enlèvement d'une partie de leurs fractions. D'un autre côté, les Oulad-Naïl donnaient déjà quelques inquiétudes. Il parut donc utile de porter la colonne Archinard sur Ksar-Charef en passant par Thaguin, où elle séjournerait si son commandant le reconnaissait nécessaire.

La colonne Archinard quitte Chellala le 28 juillet, et va bivouaquer, sans eau, sur le ravin de Bou-Chaouat, où les Arbaâ avaient fait apporter, dans des *greb* (outres), 12,000 litres d'eau, qui furent suffisants pour les besoins de la colonne.

Le lendemain, 29, cette colonne arrivait à Thaguin, où se trouvait réunie une importante agglomération de populations sahriennes ; la rive droite de l'ouad est jalonnée d'une longue ligne rousse de tentes dont l'une des extrémités va se perdre à l'horizon. Les gens du Djebel-el-Eumour sont campés là avec leur agha, Ed-Din-ben-Yahya ; il n'est resté dans leur montagne que les bergers et les khammas (1). Les tribus des Arbaâ sont groupées là par douars, et leurs goums ont été placés sous les or-

---

(1) Serviteurs agricoles ; dans le Tell, laboureurs au 1/5.

dres d'Ould-ben-Aouda-ben-Ahmed, dit Bou-Diça (1), ancien agha révoqué des Oulad-Mokhtar, et qui avait été investi de ce commandement — bien qu'il fût étranger aux Arbaâ — en récompense des services qu'il avait rendus à la colonne Jusuf pendant l'expédition du printemps. C'était, sans contredit, un solide et remarquable cavalier ; mais il ne pouvait jouir d'aucune influence sur les goums des tribus de cette importante confédération sahrienne.

Ainsi que nous l'avons dit plus haut, les forces indigènes réunies à Thaguin avaient pour mission de garder la frontière ouest de la province d'Alger, tout au moins jusqu'à ce que les colonnes fussent organisées, et qu'elles eussent pu les relever.

A la sollicitation de l'agha Ed-Din, qui a été prévenu que le marabouth Sid Mohammed-ould-Hamza, à la tête de ses contingents, marchait sur Thaguin pour y attaquer, dans la matinée du lendemain, les Arbaâ et les gens du Djebel-el-Eumour, le colonel Archinard croit devoir rester sur le point menacé pendant la journée du 30.

Cette nouvelle ne s'étant point confirmée, et la présence de la colonne ayant, sans doute, fait avorter les projets du marabouth (2), la colonne Archinard va camper, le 31, à Hammiet-el-R'arbia, sur la Sebkhat-Zar'ez, après avoir prolongé sa grande halte sur la Dhayet-es-Souaga jusqu'à quatre heures de l'après-midi pour y attendre des nouvelles de Thaguin.

La colonne arrive à Ksar-Charef, sa destination, le 1er août,

---

(1) Un décret du 25 juillet courant l'avait nommé chevalier de la Légion d'honneur. Bien que cette distinction récompensât surtout les services qu'avait rendus antérieurement l'ex-agha Bou-Diça, elle fut néanmoins considérée comme exagérée, surtout après sa condamnation toute récente par la Commission disciplinaire de la subdivision de Médéa. Il est vrai de dire que l'année de détention qu'il subissait dans un pénitencier indigène avait été réduite à six mois au commencement de 1864. Nous reparlerons plus loin de ce singulier personnage.

(2) Il est entendu que, bien que nous citions le marabouth Mohammed-ould-Hamza, la direction des opérations n'en était pas moins laissée à son oncle, Sid El-Ala, à cause de la jeunesse et de l'inexpérience de son neveu, qui, d'ailleurs, l'accompagnait presque toujours dans ses mouvements. Il lui arrivera pourtant d'opérer seul.

et s'y établit à proximité de l'eau et de la forêt. La position de Ksar-Charef réunit toutes les conditions d'une bonne installation d'été, surtout lorsqu'elle doit être de quelque durée ; elle présentait, en outre, l'avantage d'être à portée des Arbaâ, lesquels, bien qu'à une forte journée de marche, pouvaient néanmoins, en cas d'attaque du maraboulh, venir se placer sous la protection de la colonne, et celui d'être au milieu des Oulad-Naïl de la province d'Alger, lesquels, fortement travaillés par les agents de Sid Mohammed, montraient déjà des dispositions qui ne présageaient rien de bon pour l'avenir. Outre sa salubrité, le point de Charef avait ses communications faciles avec Djelfa, ce qui n'était pas indifférent au point de vue des ravitaillements de son camp.

On ne pouvait reprocher à cette position que d'être trop éloignée du Tell, et de laisser sans appui et abandonnées à elles-mêmes les tribus du cercle de Boghar, dont la route de Laghouath traverse le territoire. Aïn-el-Oucera eût certainement mieux convenu dans cette circonstance ; mais ce point de campement présente le grand inconvénient de ne point être habitable pendant la saison des chaleurs.

La colonne Dumont recevait, en même temps, l'ordre de se porter plus à l'ouest pour couvrir l'Ouanseris. Ce mouvement était déterminé par de nouvelles démonstrations des rebelles sur l'aghalik de Frenda. Mais n'ayant point trouvé, dans cette direction, de point réunissant les conditions qu'exige un camp d'observation, les gens du maraboulh paraissant avoir renoncé à un mouvement offensif de ce côté, et les tribus de l'Ouanseris se sentant capables de défendre leur pays, ou, tout au moins, d'y faire bonne garde, le colonel Dumont revint à Tniyet-el-Ahd pour aller prendre, le 1er août, son installation définitive à Aïn-Toukria.

Quelques marabouths des Abaziz — gens de Charef — essaient, mais vainement, sur les tirailleurs algériens de la colonne Archinard des tentatives d'embauchage pour le compte de Sid Mohammed-ould-Hamza. Ces tirailleurs livrent eux-mêmes ces fanatiques au commandant de la colonne.

Mais un événement tout à fait imprévu vint mettre le feu aux poudres, et hâter la défection des tribus sahriennes du cercle de Boghar. Les Arbaâ, bien qu'ils appartinssent au cercle de Laghouath, et que leurs terres de parcours fussent au sud de l'ouad-el-Djedi, avaient reçu, avons-nous dit, en apanage, à la suite de l'expédition du printemps, les riches campements de Thaguin qu'avaient abandonnés les Oulad-Chaïb, lorsque, le 16 avril, ils passèrent au marabouth. Il y avait donc tout lieu de penser que cette récompense resserrerait les liens de fidélité rattachant ce groupe de tribus à notre cause, et que, dès lors, on pouvait compter sur ces Sahriens d'une manière à peu près absolue, et l'on était d'autant plus fondé à juger ainsi que, depuis douze ans, leurs contingents s'étaient toujours montrés à notre égard d'utiles et précieux auxiliaires. Mais, cette fois encore, notre confiance devait être trompée.

Le 6 août, Sid El-Ala — ainsi que l'avait annoncé l'agha Ed-Din au colonel Archinard — se montrait sur les campements de Thaguin à la tête de 1,500 cavaliers, et demandait leur soumission aux Arbaâ et aux Ahl-el-Eumour, lesquels, au lieu de le combattre, s'empressaient d'embrasser sa cause; et, pour prouver, sans doute, la sincérité de leur détermination, ils ne trouvaient rien de mieux que de tomber, avec les rebelles, sur les gens du Djebel-el-Eumour restés fidèles, qu'ils aidaient à razer aussi radicalement que possible. L'agha Ed-Din est dépouillé; ses biens sont livrés au pillage; ses femmes sont insultées, outragées; ne pouvant songer à combattre dans de telles conditions, et en présence d'une telle disproportion de forces, le malheureux agha est obligé de fuir presque seul, et il n'échappe qu'à grand'-peine à la poursuite de ses ennemis. Il était parvenu pourtant à gagner le ksar Sidi-Bou-Zid.

Le lendemain 7, Sid El-Ala, suivi de ses nouveaux adhérents, se reportait dans l'ouest, poussant devant lui le produit de sa razia sur les gens du Djebel-el-Eumour.

Il est évident que la majorité des Arbaâ et des Ahl-el-Eumour étaient de connivence avec Sid El-Ala, et que leur soumission était chose convenue entre eux et le lieutenant du marabouth; car ils étaient en nombre suffisant pour le combattre avantageusement, et d'ailleurs il n'aurait point risqué cette aventure s'il eût su rencontrer quelque résistance. On prétend que tous n'étaient pas d'accord pour faire défection, qu'il y eut quelque hésitation, et qu'ils ne passèrent dans le camp ennemi que par groupes ; or, comme les défectionnaires étaient en majorité, la minorité dut suivre le mouvement sous peine de se voir razer par les infidèles. Les choses ont dû très probablement, en effet, se passer ainsi.

Quant à la raison de cette grave défection, nous pouvons la rattacher aux causes générales que nous avons énumérées plus haut ; mais indépendamment de l'entraînement auquel cédèrent, quelques jours après, avec tant d'ensemble les tribus du cercle de Boghar, nous pensons que les Arbaâ et les Ahl-el-Eumour préférèrent passer sans combat sous les drapeaux du marabouth, afin d'éviter l'effusion du sang, — du leur, — et de ne point courir le risque de pertes plus ou moins sérieuses, résultat inévitable de toute lutte entre tribus ennemies. Ils évitaient également de marcher avec nos colonnes, et de nous fournir leur réquisition en moyens de transport, et leurs goums pendant la durée des opérations qui allaient infailliblement commencer sous peu de jours, c'est-à-dire dès que nos colonnes seraient formées, et que la marche de l'insurrection se serait mieux dessinée.

Cette défection était un fait des plus graves, en ce sens qu'elle était d'un fâcheux exemple, qu'elle découvrait les tribus du cercle de Boghar, qu'elle permettait au marabouth de se mettre directement en relation avec elles, et qu'elle augmentait d'autant les forces dont disposait le chef de l'insurrection. Il n'y avait donc pas de temps à perdre pour entrer en campagne.

La création d'une troisième colonne fut donc décidée. Cette colonne, dont la mission était de couvrir le Tell de Boghar, devait se composer de trois bataillons d'infanterie, de deux escadrons de cavalerie qui bientôt seraient portés à cinq, d'une section de montagne, à laquelle il serait joint, un peu plus tard, une section de campagne. Mais les divers éléments entrant dans la composition de cette colonne devant être tirés de divers points de la province, elle ne pouvait être définitivement constituée sous Boghar que le 14 août.

Cet état de choses était d'autant plus fâcheux qu'on sentait que la fidélité des tribus de Boghar, activement travaillées par les agents du marabouth, ne tenait plus qu'à un fil, et que le mouvement de la colonne en formation sous Ksar-El-Bokhari devait infailliblement précipiter la défection de ces populations, lesquelles, à ce moment, ne se sentaient ni maintenues, ni soutenues par des forces françaises. Il était clair que, laissées ainsi à la discrétion du marabouth, et l'Ouest leur étant complètement ouvert, les tribus ayant leur campement entre Boghar et les Rochers-de-Sel étaient absolument maîtresses d'exécuter leur mouvement d'émigration quand elles en jugeraient le moment favorable.

Nous avons dit plus haut que le commandement des goums des Arbaâ avait été confié à l'ex-agha Bou-Diça; il était évident que, du moment où la majorité de ces nomades avait résolu de passer aux insurgés, ce n'était pas son influence, qui était à peu près nulle, qui eût pu les ramener — en eût-il eu l'intention — dans la voie du devoir, et à une appréciation plus saine de leurs intérêts. Tout porte donc à croire que, dans cette circonstance, la conduite de Bou-Diça fut plus qu'équivoque, et qu'il pactisa avec les rebelles. Ce qu'il y a de certain, c'est qu'au courant, depuis quelques jours, des projets du marabouth, non-seulement il ne fit rien pour s'opposer à leur exécution, mais il n'en donna aucun avis au commandant de la colonne campée à Charef, c'est-à-dire à quelques heures de Thaguin. Ce n'est que le 8 août, à six heures du soir, — deux jours après l'affaire, — que, suivi d'une vingtaine de cavaliers, il se présentait à la tente du colonel Archinard, et lui donnait la nouvelle de l'attaque dont avaient été l'objet, de la part de Sid El-Ala, les tribus campées à Thaguin. D'après la version de ce personnage, les Arbaâ et les gens du Djebel-el-Eumour auraient fait, sans combattre, leur soumission à l'agitateur. Quant à lui, il se serait battu aux côtés de l'agha Ed-Din jusqu'au moment où, sentant l'inutilité d'une lutte si disproportionnée, il s'était vu contraint de prendre la fuite.

Le retard qu'avait mis Bou-Diça à faire connaître au colonel Archinard un événement de cette importance, fit naître dans l'esprit de cet officier supérieur des soupçons sur la fidélité de cet indigène, soupçons que son attitude embarrassée ne fut pas de nature à dissiper. Dans quelques jours, du reste, la conduite de Bou-Dîça ne laissera plus aucun doute sur le rôle qu'il dut jouer dans la défection des Arbaâ et des Ahl-el-Eumour.

Sentant qu'il n'avait pas convaincu le colonel Archinard de la pureté de ses actes, et craignant, sans doute, qu'il ne vînt à l'idée du commandant de la colonne de Charef de le faire arrêter, Bou-Dîça manifesta l'intention de se rendre immédiatement à Laghouath auprès du commandant supérieur de ce poste avancé, le chef de bataillon Thomassin, dont il était, disait-il, particulièrement connu. Le colonel Archinard n'ayant mis aucune opposition à l'exécution de ce projet, Bou-Dîça remonta à cheval, et, au lieu de se rendre à Laghouath, il se dirigea sur les campements des Oulad-Mokhtar, tribu à laquelle il appartenait, pour en préparer la défection. Et tout porte à croire que c'est là la seule raison qui l'a empêché de passer au marabouth en même temps que les Arbaâ et les gens du Djebel-el-Eumour.

Le colonel Archinard, qui est loin d'être fixé sur ce qui s'est passé le 6 août à Thaguin, et qui a appris que l'agha Ed-Din s'est retiré à Ksar-Sidi-Bou-Zid, invite ce chef de la montagne des Eumour à venir lui donner des explications sur sa conduite, et des renseignements sur les faits qui se sont produits pendant cette journée. Répondant à cet appel, l'agha Ed-Din-ben-Yahya se présentait, le 12, au commandant de la colonne de Charef.

Mais nous allons entrer dans la période aiguë de l'insurrection ; la défection des Arbaâ et des Ahl-el-Eumour a été décisive ; elle est le signal de la débâcle générale. Dans la province d'Alger, qui, jusqu'à présent, n'avait fourni à l'insurrection qu'une seule tribu, les Oulad-Chaïb, tout va se disloquer et s'effondrer à la fois : toutes les populations méridionales du cercle de Boghar, gagnées à la cause du marabouth, vont abandonner leurs territoires avec leurs biens et leurs troupeaux, et faire le vide entre ce poste de la ligne de ceinture du Tell, et le caravansérail de Gueltet-es-Sthel, et cette émigration laissera derrière elle une traînée de ruines et de sang. En effet, les fils télégraphiques sont rompus, les poteaux sont renversés, les caravansérails sont pillés, saccagés et incendiés ; celui d'Aïn-el-Oucera est livré aux rebelles par les spahis chargés de sa défense ; ses habitants sont massacrés, et son mobilier devient la proie des flammes; les voyageurs rencontrés sur la route sont assassinés et dépouillés. Ces mornes solitudes des Hauts-Plateaux sont éclairées par les reflets sinistres des flammes allumées par la barbarie ; c'est encore une des convulsions du monde de l'islam aux prises avec le monde de la chrétienté, et, malheureusement, ce ne sera pas la dernière ; car, bien que terrassé, le monstre n'en est pas moins encore plein de force et de vie et fermement résolu à lutter.

Comme nous l'avons dit plus haut, la marche en avant de la colonne en formation sous le Ksar-El-Bokhari, mouvement qui pouvait commencer le 14 ou le 15 août ou plus tard, hâta l'émigration des tribus de Boghar, lesquelles, d'ailleurs, très au courant de ce détail, faisaient ostensiblement et sans trop se presser, depuis la défection des Arbaâ, leurs préparatifs de départ. Le 13 août fut donc fixé, comme dernier terme, pour la mise en marche vers le sud-ouest des populations insurgées. En effet, ce jour-là, les Rahman commencent leur mouvement dès le matin ; ils sont suivis de près par les Oulad-Mokhtar de l'est et de l'ouest, les Zenakhra, les Mouïadat et les Bou-Aïch, et c'est tellement l'imminence de la mise en marche de la colonne de Bokhari qui précipite l'émigration de ces tribus, qu'elles laissent en meules et même sur pied, les maigres récoltes en orge et en blé qu'elles font sur les Hauts-Plateaux.

Mais un certain nombre de cavaliers des tribus défectionnaires, — le rebut de ces tribus, — ne voulant point perdre une si belle occasion de piller, voler et assassiner impunément des Chrétiens, se formèrent en bandes de coupeurs de route, et se chargèrent d'exploiter la ligne des caravansérails entre Boghar et Djelfa. Ce sont ces bandits qui dépouillèrent et massacrèrent le marquis d'Esguilles et M. Mollard, ce dernier frère de l'Inspecteur des Postes d'Alger.

Bien que cette dramatique affaire soit restée entourée d'un certain mystère, et que les cadavres des victimes n'aient pu être retrouvés, nous voulons cependant dire un mot de la terrible fin de ces deux infortunés. Nous n'avons pour nous guider que la version la plus accréditée et les déclarations du tirailleur algérien qui avait été mis à leur disposition pour leur servir de guide et d'interprète.

Nous nous rappelons sans doute qu'à la fin de l'expédition du printemps, le général Jusuf avait frappé d'une contribution de guerre de 320,000 francs les Oulad-Ahmed-Rcheïga, les Oulad-Sidi-Aïça-es-Souagui, et les Oulad-Sidi-Aïça-el-Oureg, tribus qui, sans embrasser ouvertement la cause du marabouth, avaient cependant, au début de l'insurrection, montré un mauvais vouloir très caractérisé, et ne nous avaient fourni ni leurs goums, ni leurs moyens de transport. Une somme de 94,000 francs devait également être payée par les tribus qui avaient pillé et incendié le nouveau village indigène de Chellala.

Or, ces sommes devaient être versées dans un délai de huit jours entre les mains du Receveur des Contributions de Boghar. Pour réunir une somme aussi importante, les tribus frappées étaient obligées de vendre une partie de leurs troupeaux. MM. d'Esguilles et Mollard crurent l'occasion favorable pour faire le commerce des moutons, dont allaient être largement approvisionnés les marchés du Sud, et particulièrement celui de Djelfa. Ils se mirent en route pour cette localité dans les premiers jours du mois d'août. Ils se rendirent au camp de Charef pour y prendre quelques renseignements auprès du commandant de la colonne. C'était après la défection des Arbaâ et des Ahl-el-Eumour ; la sécurité du Sud était devenue des plus douteuses ; on savait d'ailleurs que les tribus du cercle de Boghar ne tarderaient point à suivre cet exemple, et que les Oulad-Naïl branlaient fortement dans le manche. Le moment n'était donc rien moins qu'opportun pour se livrer à des transactions sur les moutons ou sur les laines. Aussi le colonel Archinard conseilla-t-il aux deux négociants de retourner sans retard à Djelfa et d'y attendre les évènements. Ils se rendirent aux raisons du colonel, et ils partirent, sous la protection d'une escorte, pour cette localité, où ils arrivèrent le même jour. Ceci devait se passer vers le 11 août. Mais, au lieu de s'arrêter à Djelfa, en attendant l'arrivée de la colonne de Boghar, ainsi que le colonel Archinard leur en avait donné le conseil, MM. d'Esguilles et Mollard, qui, sans doute, crurent pouvoir regagner le Tell avant que les tribus du cercle de Boghar dont ils devaient traverser le territoire eussent prononcé leur mouvement d'émigration, se mirent en route le 12, toujours accompagnés de leur tirailleur-interprète, et durent aller coucher à Mesran ou à Guellet-es-Sthol.

Les 20,000 francs en or qui devaient leur servir aux achats de bétail qui avaient été l'objet de leur voyage dans le Sud étaient restés intacts ; cette somme avait été placée dans une de leurs cantines. Il est inutile de faire remarquer que, dans les conditions où se trouvaient ces deux infortunés négociants, cette importante proie était tout au moins fort aventurée; car, nous le répétons, la région qu'ils parcouraient ne présentait plus, depuis la défection des Arbaâ, la moindre sécurité, et cela indépendamment du mauvais esprit des tribus de Boghar. Ils continuèrent leur route le 13, et se dirigèrent sur Aïn-el-Oucera, qu'ils allaient atteindre, lorsqu'ils furent tout à coup rencontrés par un groupe de ces coupeurs de route dont nous avons parlé plus haut, et qui s'étaient donné la mission d'écumer cette partie du pays des Rahman. Ces cavaliers, qui, sans doute, avaient senti l'odeur du butin, fondirent sur les voyageurs en les couchant en joue. Dans l'espoir de sauver leur vie, les malheureux leur distribuèrent l'or qui était dans leurs cantines; mais ce sacrifice ne suffisant pas pour satisfaire leur insatiable cupidité, ils les dépouillèrent de tous leurs vêtements, et les laissèrent absolument nus au milieu des solitudes sahriennes. Le tirailleur, — selon sa version du moins, — après avoir été roué de coups, avait réussi à s'échapper des mains de ces affreux brigands.

Comme le pays était sillonné, depuis le matin, de ces groupes de cavaliers en chasse du Chrétien, MM. d'Esguilles et Mollard se jetèrent à droite de la route et se blottirent dans un ravin en attendant la nuit.

Ils étaient alors à 55 kilomètres environ de Bokhari. A la chute du jour, ils reprirent leur marche, qui leur fut d'autant plus pénible qu'ils étaient obligés de marcher nu-pieds dans les cailloux et à travers les plantes épineuses dont est tapissé le sol de cette région des Hauts-Plateaux. A la pointe du jour du 14 août, la fatalité voulut qu'il fussent aperçus, entre Bou-Kouzzoul et Aïn-es-Sebâ, par un groupe de cavaliers des Zenakhra qui, ayant reconnu des Européens dans les deux hommes que le hasard jetait sur leur chemin, et la légèreté de leur équipage ne leur permettant d'en tirer aucun profit, les tirèrent au vol et les tuèrent en passant à leur hauteur. C'est ainsi que finirent et qu'allèrent audevant de la mort deux malheureux qui ne s'étaient faits marchands de bétail que par occasion. Quant au tirailleur-interprète, dont la conduite, dans cette affaire, n'avait pas présenté toute la clarté désirable, il avait pu réussir à gagner Boghar, où une enquête — qui fut, croyons-nous, sans résultat — avait été ouverte contre lui.

Malgré les recherches les plus actives et les plus minutieuses, les cadavres de MM. d'Esguilles et Mollard ne purent être retrouvés.

Cette lugubre et sanglante aventure, jointe à la défection des tribus de Boghar et à l'incendie des caravansérails, jeta la consternation jusque dans Alger, où, selon la coutume, ces tristes et sombres événements apparurent sous les couleurs d'un désastre pouvant avoir pour effet de mettre notre domination en péril dans le pays. Tout cela était, évidemment, on ne peut plus grave ; mais, enfin, la tranquillité régnait dans le Tell, et c'était là le principal.

Nous l'avons dit plus haut, les caravansérails de Bou-Kouzzoul, d'Aïn-el-Oucera et de Guellet-es-Sthel avaient été pillés, saccagés et incendiés dans la nuit du 13 ou 14 août. Dans le premier de ces établissements, le gardien (M. Galtier) et sa famille avaient pu gagner Bokhari sans encombre ; mais celui d'Aïn-el-Oucera avait été le théâtre de scènes barbares et de sauvages tueries. Nous voulons d'ailleurs en donner une idée en retraçant sommairement les détails du drame dont les sombres péripéties se déroulèrent dans ce caravansérail pendant la nuit du 13 au 14 août.

Trois cavaliers du 1er de spahis avaient été détachés dans cet établissement pour y faire le service de la correspondance. Ces indigènes se nommaient Mohammed-ben-El-Amri, Abd-el-Kader-ben-Eth-Thaïor, et Ferhat-ben-Er-Rabah ; ce jour-là, Ben-El-Amri était parti, vers six heures du soir, pour aller toucher la solde du détachement à la zmala de Moudjébeur.

Outre les deux spahis qui restaient, le caravansérail abritait, cette nuit-là, sept Français : Mathelin, neveu du gardien, sa sœur Alexandrine, Borel, le fiancé de cette dernière, Grimaud et Mathias, domestiques de l'établissement, et les voituriers Lasbax et Vivier, qui y étaient de passage.

Après avoir employé la journée à jouer, habitants et passagers se retirèrent et allèrent se coucher.

Vers minuit, ils furent réveillés par des Arabes qui, du dehors, appelaient les spahis ; ils s'annonçaient comme courriers du général commandant la subdivision et demandaient à entrer. Les Européens ne voulurent pas y consentir ; mais ils ouvrirent le guichet au spahis Ferhat-ben Er-Rabah, qui sortit, et qui s'entretint près d'une demi-heure avec les gens qui se disaient des courriers. Or Grimaud, qui comprenait un peu la langue arabe, les avait entendus s'informer auprès du spahis du nombre d'Européens que renfermait le caravansérail, et s'ils étaient armés. Grimaud fit alors cette réflexion à Borel : « Nous allons être assassinés cette nuit... ne nous couchons pas. » Le spahis Ferhat se fit ouvrir pour rentrer, et les malheureux et imprudents Européens se retirèrent de nouveau dans leurs chambres.

Une heure après, des Arabes frappèrent une seconde fois et demandèrent à entrer. Malgré l'insistance de Ferhat, Borel s'opposa à ce que la porte leur fût ouverte. Le spahis se le tint pour dit ; mais il murmura entre ses dents : « Attends un peu, tout à l'heure nous te ferons bien ouvrir, » et il continua à s'entretenir à voix basse, par dessous la porte, avec les gens du dehors. Les deux spahis restèrent dans la cour, et ils se mirent à chanter d'une voix nasillarde quelque r'nia (chanson) triste comme un chant de mort.

Vers deux heures du matin, un grand bruit se fit entendre au dehors ; son intensité annonçait qu'il y avait foule aux abords du caravansérail ; quelques coups de feu qui se firent entendre mêlèrent à ce brouhaha les notes sourdes de fusils chargés jusqu'à la gueule. Prévoyant qu'ils allaient avoir une lutte à soutenir, les Européens se réunirent dans la cuisine pour se concerter sur le meilleur parti à prendre. Ils étaient sept, — y compris Mlle Mathelin, — et ils n'avaient que deux fusils et deux révolvers. Ce n'était point là un armement bien formidable ; aussi Mathelin engagea-t-il Grimaud à aller demander un fusil aux spahis. Eu égard aux mauvaises dispositions non dissimulées de ces indigènes, cette demande pouvait sembler passablement naïve. Quoi qu'il en soit, Grimaud suivit le conseil de Mathelin, et il se dirigeait en courant vers le spahis Ferhat, lorsque, arrivé au milieu de la cour, il reçut en pleine poitrine un coup de feu qui l'étendit sur le sol. Le malheureux Grimaud, se traînant péniblement sur les mains, vint expirer dans la cuisine après avoir porté d'une voix éteinte cette sanglante accusation contre le spahis Ferhat-ben-Er-Rabah : « Je suis mort !... Le spahis m'a tué !... »

Presque aussitôt, un second coup de feu se faisait entendre dans la cour du caravansérail, et Mathelin tombait à son tour pour ne plus se relever, et en jetant à Borel cette recommandation suprême : « Sauvez ma sœur !... Sauvez-la !... »

C'est alors qu'aidé par Borel, son fiancé, Mlle Mathelin parvint, à la faveur de l'obscurité, à franchir le mur d'enceinte du caravansérail ; mais elle tombait presque aussitôt entre les mains des rebelles, qui, après lui avoir fait subir tous les outrages, l'emmenèrent prisonnière vers les campements du marabouth Sid Mohammed-ould-Hamza, qui la traîna à sa suite pendant les quelques mois que dura sa captivité.

Quant à Borel et aux voituriers Lasbax et Vivier, qui avaient pu également franchir la muraille d'enceinte du caravansérail avant l'invasion de cet établissement par les insurgés, ils avaient réussi à leur échapper, et à gagner heureusement le poste de Boghar. Moins heureux que ses compagnons, Mathias avait été frappé mortellement à quelques pas du caravansérail.

Maîtres d'Aïn-el-Oucera, les spahis en ouvrirent les portes aux Rahman insurgés, lesquels faisant irruption comme des furieux dans l'intérieur de l'établissement, se mirent à saccager, à détruire, à briser tout ce qu'il renfermait, puis, lorsqu'ils eurent chargé sur leurs chevaux et mulets tout ce qu'ils pouvaient emporter des approvisionnements, ils mirent le feu au mobilier et à tout ce qui était combustible. Ils abandonnèrent ensuite ce lieu de désolation, et ils se dirigèrent sur les campements du marabouth.

Aussi, quand, le 1er septembre, c'est-à-dire quinze jours après que s'étaient passées ces scènes de sauvagerie, la colonne du commandant Lumel vint bivouaquer sur ce point, l'intérieur du caravansérail d'Aïn-el-Oucera présentait-il le spectacle le plus hideux qu'on pût imaginer : la grande porte d'entrée brûlée, la cour encombrée de débris de toute nature, orge, paille, laine, fragments de meubles, de boiseries carbonisés, lambeaux de vêtements, carreaux cassés, tessons de bouteilles, de verres et de vaisselle, papiers et linges maculés de sang ; les murailles léchées et noircies par la flamme, et s'en allant en pellicules squameuses comme si elles eussent été affectées d'une maladie de peau ; les fenêtres pendant boiteuses et carbonisées à leurs gonds ; les intérieurs enfumés, surtout ceux de droite ; dans la cuisine, l'empreinte d'une main sanglante — celle de Grimaud — sur la muraille, et paraissant demander des vengeurs, puis le corps de ce malheureux qui, se traînant sur les mains, est venu mourir là, percé de coups de feu ; le cadavre est parcheminé, momifié par l'effet de l'incendie ; sur la face ouest, les restes de Mathelin, le bras droit passant sous la porte entre-bâillée, et rongé jusqu'à l'os par les vautours : la tige de fer d'un moulin à café lui traverse la tête d'une oreille à l'autre. C'est plus que de la destruction, c'est de la rage, de la fureur à son paroxysme : tout ce qui est bois est brûlé, tout ce qui est fer est brisé et tordu ; on sent la haine de race, la soif du sang, le fanatisme implacable dans ce hideux fouillis de cadavres et de débris.

Le corps en putréfaction de Mathias, dévoré et déchiqueté par le bec et les ongles des rapaces, est étendu à quelques pas de la porte du caravansérail.

A 500 mètres au sud de cet établissement, sur la route de Laghouath, une voiture du Génie, des cantines vides au nom du capitaine Rougevin, un cadavre percé de coups de feu et horriblement mutilé, indiquent que l'un des actes de cette sanglante tragédie s'est déroulé sur ce point. En effet, le capitaine du Génie

Rougevin, ignorant ce qui s'était passé pendant la nuit du 13 au 14 août au caravansérail d'Aïn-el-Oucera, où il devait coucher, remontait vers le Tell, accompagné d'un sapeur conduisant une voiture du Génie. Assailli inopinément, vers dix heures du matin, à 500 mètres du gîte, par un parti de cavaliers — de ceux probablement qui avaient fait le sac de cet établissement — se présentant par l'ouest, le sapeur-conducteur fit feu de sa carabine ; mais il tombait bientôt sous les balles des rebelles. Le capitaine Rougevin qui, fort heureusement pour lui, se trouvait avec un guide arabe, à quelques centaines de mètres en arrière de la voiture, n'échappa que par miracle au sort de son sapeur-conducteur : poursuivi pendant plus d'une heure par les mêmes cavaliers, qui l'avaient aperçu, il ne dut son salut qu'à la vitesse de son cheval.

C'est ainsi que les tribus du cercle de Boghar, les Rahman en particulier, signalèrent leur défection. Le lendemain, 15 août, le pays qu'occupent ces tribus était absolument vide de ses populations. Nous sommes heureux de dire que les caravansérails qui jalonnent la route de Laghouath, entre Boghar et Djelfa, avaient été évacués assez à temps par leurs gardiens, et que les rebelles ne purent assouvir leur rage que sur le matériel que renfermaient ces établissements.

Le général Doëns, commandant la subdivision de Médéa, se portait, de sa personne, dans la journée du 14, sur El-Bokhari, où il arrivait le 16 ; il y prenait le commandement de la colonne qui venait d'être formée sur ce point, et qui y était nécessairement immobilisée jusqu'à ce qu'une autre colonne pût l'y remplacer lorsqu'elle se porterait en avant. Il fallait, en effet, fermer les portes du Tell aux rebelles, et maintenir dans l'obéissance les tribus voisines de la ligne de ceinture, lesquelles n'étaient que trop disposées à suivre le fatal exemple que venaient de leur donner celles qui campent à leur sud. Pour le moment, nous le répétons, il n'y a pas un soldat entre Boghar et Djelfa.

Le commandant de la colonne de Charef n'apprenait que dans la matinée du 16 les graves évènements des 13 et 14 août. Du reste, par suite de la rupture du fil télégraphique, et de la difficulté d'expédier des courriers à travers le pays abandonné par les tribus de Boghar, sillonné dès lors par les coupeurs de route, le colonel Archinard était, ainsi que les postes de Djelfa et de Laghouath, sans communications avec le Tell.

Le contre-coup de ces désordres ne se fit aucunement ressentir dans la province d'Oran ; les troupes établies sur les Hauts-Plateaux ferment l'accès du Tell aux rebelles, empêchent ainsi toute communication entre les tribus telliennes et le marabouth, et maintiennent dans le devoir les populations qui ont leurs campements entre le Tell et la région des Chotth.

Dans la province de Constantine, le calme règne partout. Les fractions des tribus de la Kabilie orientale qui, à deux reprises différentes, avaient menacé le bordj Ez-Zeralda, près de Milo, ont envoyé leurs représentants à Constantine pour protester de leur désir de rentrer dans le devoir.

La persistance des renseignements dénonçant la possibilité d'une attaque sur Djelfa, la nécessité de surveiller de plus près la tribu des Oulad-Naïl, dont la fidélité commence à être sérieusement ébranlée, le besoin, enfin, d'assurer la sécurité de nos convois de ravitaillement ; ces raisons réunies déterminent le colonel Archinard à porter, de Charef, sa colonne sur Djelfa.

Le colonel lève son camp le 19, et va bivouaquer à Aïn-Bab-Msaoud ; le lendemain, 20, il dressait ses tentes sous Djelfa, où sa présence venait rassurer la population européenne établie autour de ce bordj. Quelques travaux de défense exécutés par la colonne Archinard achèvent de mettre le village européen à l'abri d'un coup de main.

Les tribus des Oulad-Naïl sont activement travaillées par les émissaires du marabouth Sid Mohammed-ould-Hamza, ou de son oncle Sid El-Ala, l'âme de l'insurrection. Les efforts de ces agents ont déjà porté leurs fruits ; car l'esprit des populations naïliennes devient de plus en plus mauvais ; on sent que leur fidélité ne tient plus qu'à un fil, et que c'est l'influence seule de leur bach-agha, Sid Cherif-ben-El-Ahreuch, qui en empêche la rupture.

On apprenait, à cette même date du 20 août, que le fameux Bou-Dica, dont la conduite, dans l'affaire du 6, à Thaguin, ainsi que nous l'avons dit plus haut, avait paru si douteuse au commandant de la colonne de Charef, avait décidément fait défection, et qu'après avoir rejoint sa tribu, les Oulad-Mokhtar, il était passé avec elle au marabouth, entraînant derrière lui le vieux Ben-Aouda-el-Mokhtari, son père, qui succombera, dans le camp des rebelles, sous le poids des fatigues et des misères qu'entraîneront les marches et contre-marches nécessitées par les mouvements offensifs de nos colonnes.

Pour le moment, les tribus dissidentes de la province d'Alger se tiennent dans les environs de Bel-Kheithar et de l'Oureg; elles souffrent déjà du manque d'eau et de pâturages. Elles envoient, pendant la nuit, des goums qui achèvent de vider les silos qu'elles ont abandonnés en quittant leurs territoires. Du reste, elles sont là en toute sécurité, nos colonnes n'étant point encore en mesure de les en déloger.

C'est ainsi que, le 19 août, des Zenakhra-Maoucha en assez grand nombre se sont avancés assez près de Boghar pour qu'une partie de la garnison de ce poste ait dû se porter contre eux. Après avoir échangé quelques coups de fusil avec nos goums, ces cavaliers se sont retirés à l'approche de nos troupes. Ce sont ces insurgés qui, revenant ainsi sur leurs campements abandonnés, rendent impossibles les communications entre Boghar et Djelfa. En effet, aucun courrier n'ose s'aventurer entre ces deux postes, dont la route est sillonnée soit par des rôdeurs, soit par des chercheurs d'aventures.

Il est clair que c'est le besoin de vivre qui retient — elles et leurs troupeaux — ces tribus sur les eaux et les maigres pâturages des Hauts-Plateaux; c'est la faim qui aiguise leur audace et les oblige à se rapprocher du Tell; le besoin de refaire leurs approvisionnements les pousse vers les tribus voisines de la ligne de ceinture pour les entraîner dans la défection, et en tirer des grains. C'est dans ce but qu'un mouvement vient d'être tenté par les gens de Sid Mohammed-ould-Hamza entre Tiharet et Tniyet-el-Ahd. Les populations du sud de ces deux cercles se trouvent menacées, d'un côté, par les rebelles de Boghar qui se rendent dans l'ouest, et de l'autre, par les Sahri, qui viennent de faire défection, ces populations, disons-nous, se retirent vers le nord.

La colonne Dumont, campée à Aïn-Toukria, parvient, par quelques mouvements, à faire échouer ces tentatives partielles. Mais les choses devenaient bientôt plus sérieuses : le colonel apprenait, le 20 août, que le marabouth en personne, à la tête de contingents qu'on disait très nombreux, était venu établir ses campements sur les eaux de Sebaïn-Aïn, et que ses gens, avec l'audace que leur donnait la faim, avaient enlevé des grains jusque chez les Beni-Leni et les Beni-Maïda, c'est-à-dire à une marche à l'ouest de son camp d'Aïn-Toukria.

La hardiesse de cette pointe avait jeté l'alarme parmi les tribus qui ont leurs campements entre Tniyet el-Ahd et Tiharet, et il était temps de mettre un terme à cette fâcheuse situation et à ces bravades du marabouth, lesquelles finissaient par nous faire taxer d'impuissance, et par donner aux tribus menacées des doutes sur l'efficacité de notre protection.

C'est alors que le colonel Péchot sortait de Tiharet, le 21 août, avec sa colonne, et se portait sur Sebaïn-Aïn ; son goum était commandé par l'agha Ben-Aouda. Se sentant soutenu par la cavalerie régulière de la colonne, le goum, bien lancé par l'agha, entama assez résolument l'action avec les rebelles. Après un engagement qui n'avait, de la part du marabouth, d'autre but que de couvrir sa *tokla* (convoi), les insurgés se retiraient vers le Sud Est avec d'importants approvisionnements en grains.

La colonne Dumont s'était portée également de Toukria dans la direction de Sebaïn-Aïn. Le colonel, qui savait devoir y rencontrer la colonne Péchot, espérait pouvoir combiner avec lui une opération quelconque. Mais un violent et brûlant vent du sud ayant ralenti la marche de sa colonne, les deux chefs ne purent se rencontrer, et l'occasion fut manquée. Du reste, il y avait d'autant moins à s'en désespérer, que la combinaison projetée n'aurait point sensiblement modifié le résultat qui avait été obtenu par les goums du colonel Péchot.

La présence de la colonne Dumont était d'ailleurs indispensable à Aïn-Toukria : en effet, le 23, pendant sa marche sur Sebaïn-Aïn, le camp établi sur le premier de ces points, et à la garde duquel on n'avait laissé que la valeur de deux compagnies, avait été assez vigoureusement attaqué par quelques centaines de cavaliers des Bou-Aïch, dont l'intention était de vider des silos appartenant aux Oulad-Ayad, leurs voisins, et d'entraîner, en même temps, dans la défection les fractions méridionales de cette importante tribu. Mais Kouïder-ben-Ahmed, son kaïd, était monté à cheval avec 200 cavaliers de son goum, et avait repoussé, en lui faisant éprouver des pertes sérieuses, les Bou-Aïch rebelles, qu'il menait battant assez loin du camp (1).

Mais les affaires de la province d'Alger allaient entrer dans une phase plus active : le général Jusuf arrivait de sa personne à El-Bokhari le 25 août, et y prenait le commandement des troupes réunies sur ce point, et la direction des opérations dans sa division. Il faisait construire, le 27, une redoute en terre sous ce ksar ; cet ouvrage, qui défendait la route, servait en même temps à déposer les approvisionnements devant servir aux distributions journalières.

Les tribus du Nahr-Ouacel dont le marabouth avait vidé les silos à Sebaïn-Aïn, s'étaient réfugiées dans le massif de l'Ouanseris ; celles de l'ouad El-Ardjem supérieur, campées au sud de cette montagne, sont elles-mêmes menacées, à leur tour, par Sid El-Ala, et obligées de se retirer derrière les mêmes obstacles. Trop éloignée pour exercer une action efficace de ce côté, la colonne de Toukria ne pouvait être d'aucun secours aux populations que nous devions protéger ; sa présence était d'ailleurs de toute nécessité sur le point qu'elle occupait pour surveiller et défendre cette porte du Tell sur les Hauts-Plateaux ; il devenait donc urgent de donner aux tribus de l'Ouanseris une protection toute spéciale et qui leur fût propre. On décida, en conséquence, la formation d'une quatrième colonne, qui se composerait de deux bataillons d'infanterie, des spahis d'Orléansville, et d'une demi-section de montagne. Le commandement en fut donné au lieutenant colonel Cerez, du 2e de Tirailleurs algériens. La présence de cette colonne, dont tous les éléments sont réunis le 3 septembre, rassure immédiatement le pays, et, comme les

---

(1) C'est à cette affaire que fait allusion la note que nous avons donnée plus haut, relativement au kaïd Kouïder-ben-Ahmed, des Oulad-Ayad.

rebelles ont repris le chemin du Sud, elle peut dès lors s'installer sans inconvénient au bordj des Beni-Indel.

Dans les derniers jours du mois d'août, la situation de l'insurrection est la suivante : dans la province d'Alger, le marabouth, qui a cessé ses tentatives sur le Tell, a établi ses campements sur les lignes d'eau de l'ouad Souf-Sellem, de l'ouad el-Oureg, de Chabounia, de Serguin, de Thaguin, etc. Toutes les tribus transtelliennes de la subdivision de Médéa sont en complète insurrection, à l'exception de celles des Oulad-Naïl et du cercle de Laghouath, et encore faut-il en défalquer les Arbaâ, qui ont fait défection le 6 août. Les dispositions de celles qui n'ont point encore embrassé la cause des Oulad-Hamza ne sont malheureusement point douteuses, et si les Oulad-Naïl n'ont point commencé leur mouvement d'émigration, il faut l'attribuer à la présence de la colonne Archinard à Djelfa, et au reste d'influence de leur bach-agha, Sid Cherif-ben-El-Ahreuch, qui nous est tout dévoué.

Le cercle de Tniyet-el-Ahd, à l'ouest de la province d'Alger, et qui n'a, du reste, que peu de Sud, commence à ressentir les effets de la contagion insurrectionnelle. Placées entre deux cercles défectionnaires, ceux de Boghar et de Tiharet, les tribus du Nahr-Ouacel ne peuvent manquer de suivre l'exemple de leurs voisines, avec lesquelles elles sont d'ailleurs en relations constantes et en communauté d'idées. La colonne d'Aïn-Toukria les maintient encore dans le devoir ; mais il est à craindre que ce ne soit pas pour longtemps.

La subdivision d'Aumale, à l'est de la province d'Alger, et qui n'a guère que 25 lieues de Sud, donne également des inquiétudes sérieuses pour ses tribus sahriennes, dont la fidélité est plus que chancelante.

Il est incontestable que la situation de la province d'Alger est grave partout, et qu'il y a urgence d'entrer en opérations, chaque jour de retard ne pouvant qu'ajouter à la force du mouvement insurrectionnel.

Dans la province d'Oran, les tribus insurgées ont presque toutes leurs campements derrière le Nadhor, sur les eaux d'Aïn-el-Ouceukh, d'Aïn-er-Regaï, et d'Aïn-es-Sûcifa, au sud de Tiharet et de Saïda. Depuis la pointe de Sid El-Ala sur Frenda, leurs goums n'ont tenté aucun coup de main sur le Tell, où les populations restent calmes sous la protection ou la menace des colonnes.

La province de Constantine n'a point encore été touchée par l'insurrection : sa distance du foyer de la rébellion, et le peu d'influence qu'y exercent les Oulad-Hamza, la garantissent, en quelque sorte, contre la contagion insurrectionnelle.

III

Ravitaillement de la colonne Archinard et du poste de Djelfa. — La colonne d'escorte du convoi donne la sépulture aux victimes de la tuerie du caravansérail d'Aïn-el-Oucera et de ses abords. — Les rebelles attaquent le convoi dans le défilé de Gueltet-es-Sthol ; ils sont repoussés. — La colonne de Boghar rencontre à Aïn-Malakoff la colonne de Djelfa, à laquelle elle remet son convoi. — Situation des tribus défectionnaires du cercle de Boghar. — Opérations dans le Nadhor de Tiharet. — Attaque de la colonne de Bou-Sâada par les Oulad-Madhi. — Combinaisons pour les premières opérations dans la province d'Alger. — Marche de concentration sur Chellala. — La colonne Archinard est attaquée par les rebelles sur l'Oglet-ez-Zâfran. — Le sous-lieutenant Wyndham est blessé mortellement par l'ex-agha Bou-Diça — Incendie, par les insurgés, de la bergerie de Tâdmit et du caravansérail de Sidi-Makhlouf. — La colonne Archinard rallie la colonne Jusuf à Chellala. — Choix de Serguin pour l'établissement d'un biscuit-ville. — Les colonnes Jusuf et Archinard se portent sur ce point. — Elles y sont rejointes par la colonne Liébert.

Depuis le 12 août, toutes les communications entre Boghar et Djelfa ont été interrompues; il était donc temps de songer à ravitailler nos postes du Sud et la colonne Archinard, qui vivait sur les magasins de Djelfa depuis le commencement du mois d'août, et qui avait mis ce poste à bout de ses approvisionnements, lesquels, comme ceux de Laghouath, avaient été faits pour six mois, mais pour la garnison normale du poste seulement. Or, dans les mauvaises conditions où se trouvait le sud des provinces d'Alger et d'Oran, cette mission de ravitaillement ne pouvait être confiée qu'à une colonne solidement constituée ;

car il fallait prévoir le cas où, embarrassée d'un immense convoi, elle pourrait se trouver en présence de forces très supérieures. Cette tâche difficile incombait tout naturellement aux troupes réunies sous Boghar.

L'organisation de ce convoi avait été d'autant plus lente que, par suite de la défection des tribus du Sud, lesquelles fournissent habituellement les convoyeurs et les moyens de transport nécessaires pour faire les ravitaillements, ou pour marcher avec les colonnes expéditionnaires, il fallut tirer du Tell toutes nos bêtes de somme et leurs conducteurs, et ce ne fut qu'à grand'peine qu'on parvint à réunir 1,000 mulets et 300 chameaux. La subdivision d'Aumale dut contribuer à cette fourniture pour une très large part. Il est clair que cette lourde réquisition — bien que payée — n'était point de nature à réchauffer beaucoup l'enthousiasme des tribus du Tell pour notre cause. Les ressources de provenance indigène étant tout à fait insuffisantes, on fut obligé d'y adjoindre, pour les compléter, quatorze prolonges des services militaires, et douze charrettes du commerce louées à un prix excessif, et dont une partie devait être chargée de tonnelets d'eau, au cas où, dans cette saison, on n'en trouverait point aux bivouacs de Bou-Keuzzoul, d'Aïn-el-Oucera, de Guel-tel-es-Sthol et de Hadjeur-el-Meleh (Rochers de Sel).

Le chargement du convoi se composait de : dix jours de vivres pour la colonne d'escorte, aller et retour, dix jours pour l'effectif de la colonne Archinard, et deux mois pour la garnison de Djelfa.

La colonne d'escorte de ce convoi, forte de 1,800 hommes environ, se composait d'un fort bataillon du 1er de Zouaves, d'un demi-bataillon de Chasseurs à pied, d'un demi-bataillon du 1er de Tirailleurs algériens, d'un demi-escadron du 1er de Chasseurs d'Afrique, d'un demi-escadron du 1er de Spahis, d'une section de montagne, et des services accessoires. Le commandement en fut donné au chef de bataillon Lumel, du 1er de Zouaves.

La colonne Lumel, dont le départ avait été fixé au 29 août, devait se rencontrer à Aïn-Malakoff (1), le 1er septembre, avec la

---

(1) Cette source artésienne, dont le nom arabe est *Aïn-el-Kharza*,

colonne Archinard, laquelle avait reçu l'ordre de partir de Djelfa le 31 août, pour arriver le lendemain sur le point convenu, et y prendre le convoi que lui amenait la colonne de Boghar.

Le mouvement en avant de la colonne Lumel allait réduire à peu de monde la garnison de Boghar et l'effectif des troupes réunies sous Bokhari. Le général Jusuf y pourvoyait en laissant à la défense du premier de ces postes un détachement d'isolés, la compagnie de Fusiliers de Discipline, et les fanfares des Zouaves et des Chasseurs à pied, lesquelles ont été armées avec les fusils des hommes à l'hôpital. Quant au poste provisoire de Bokhari, il était défendu par un détachement de malingres de tous les corps de la colonne, 100 condamnés aux Travaux publics qui ont été armés, et une section d'artillerie de campagne. Enfin, il restait à Boghar deux escadrons de cavalerie ; en outre, quelques détachements étaient attendus d'Alger.

La colonne Lumel se mit en marche, avec son convoi, le 29 août au matin, et alla bivouaquer à Bou-Keuzzoul ; le lendemain, 30, elle couchait à Aïn-el-Oucera. L'état dans lequel se trouvait ce caravansérail, dont nous avons cherché plus haut à rendre l'aspect, émotionna douloureusement la colonne Lumel. Les actes de sauvagerie dont il avait été le théâtre dans la nuit du 13 au 14 août, et dont nos soldats avaient les résultats sous les yeux, leur mirent la rage au cœur ; aussi se promirent-ils d'en tirer une éclatante vengeance si les rebelles leur tombaient sous la main. Le commandant Lumel fit recueillir les débris informes des cadavres de Mathelin, Grimaud et Mathias, et une sépulture chrétienne leur fut donnée à quelques pas de l'entrée du caravansérail, au pied des deux seuls arbres existant alors à Aïn-el-Oucera. Une croix de bois marqua la dernière demeure de ces martyrs du fanatisme musulman.

La colonne Lumel se remit en route le lendemain 31 ; elle

---

a été baptisée, en 1863, de l'appellation de « *Aïn-Malakoff* » en l'honneur du vainqueur de Sébastopol, alors Gouverneur général, par le lieutenant-colonel Suzzoni, qui, à cette époque, était commandant supérieur du cercle de Laghouath.

rencontrait, à 500 mètres du bivouac qu'elle venait de quitter, les restes du cadavre horriblement mutilé du sapeur-conducteur qui accompagnait le capitaine du Génie Rougevin. La prolonge est restée à l'endroit même où le malheureux sapeur l'a arrêtée pour riposter de sa carabine au feu du parti de cavaliers qui l'assaillait : il est tombé près de la roue de derrière de gauche ; le corps, criblé de coups de feu, atteste l'énergie avec laquelle il s'est défendu ; aussi, ses féroces adversaires lui ont-ils fait payer sa résistance en le hachant à coups de sabre, — le sien, probablement ; — l'infortuné sapeur est méconnaissable : les chairs de la tête ont été rongées par les chacals ou les hyènes, et ses yeux ont été fouillés par les oiseaux de proie. Ces tristes débris sont inhumés sur le bord de la route ; un tas de pierres en marque la place.

La colonne continue sa route et arrive, sans autre incident, au caravansérail de Gueltet-es-Sthol, devant lequel elle dresse ses tentes.

Vers la fin du jour, des groupes de cavaliers ennemis viennent tirailler dans la direction du camp, mais en se tenant à distance. Les grand'gardes ont l'ordre de ne point répondre à cette innocente provocation, laquelle n'a, évidemment, d'autre but que de connaître, par la riposte des sentinelles, l'emplacement des petits postes. A la nuit close, de grands feux de halfa et de jujubier sauvage sont allumés sur les hauteurs qui commandent au nord le caravansérail, et qui sont le prolongement du Djebel Ouket. Cet incendie est l'indication télégraphique par laquelle les rebelles, selon leur habitude, signalent au loin la présence d'une colonne. Après une heure de cette inoffensive tiraillerie, les cavaliers cessent leur feu, et la nuit s'achève dans le calme le plus complet.

Le lendemain, 1er septembre, au moment où la colonne se mettait en mouvement pour quitter son bivouac, 3 ou 400 cavaliers profitent de la disposition du terrain pour faire une démonstration sur la droite du convoi au moment où, sortant du défilé, il débouchait dans la plaine. Le feu des Zouaves, qui sont en flanqueurs de ce côté, et quelques obus habilement envoyés, suffisent pour décider la retraite de ces cavaliers, qui paient leur agression de cinq des leurs mis hors de combat, et de deux chevaux tués.

A partir de la sortie de la gorge de Guellet-es-Sthol, et jusqu'à sa destination, la colonne Lumel ne fut plus inquiétée. Elle arrivait à huit heures du matin à Aïn-Malakoff, et y dressait ses tentes.

La colonne Archinard paraissait quelque temps après sur le même point, et prenait en charge le convoi que lui amenait de Boghar la colonne Lumel, laquelle faisait séjour, le 2 septembre, sur les eaux d'Aïn-Malakoff.

Le colonel Archinard rétrogradait le 2 sur Djelfa, où il rentrait le 3, n'ayant éprouvé d'autres difficultés que celles provenant de la crue de l'ouad El-Malah, grossi par les pluies torrentielles de la veille.

La colonne Lumel quitte Aïn-Malakoff le 3 septembre pour revenir sur Boghar, où elle rentre le 6 sans avoir aperçu de nouveau l'ennemi.

A cette date, les tribus défectionnaires du cercle de Boghar sont campées sur les eaux d'Es-Souagui, d'El-Frithiça, de Bel-Kheithar et de Smir. Leurs goums parcourent le pays entre Bou-Keuzzoul et Guellet-es-Sthol ; ils s'avancent jusque dans le Zar'ez, où ils sont attirés par les silos de grains qu'ont abandonnés les Oulad-Naïl, bien que leur défection ne soit pas encore effective.

Nous avons dit plus haut que les tribus insurgées de la province d'Oran se tenaient au sud du Nadhor de Tiharet, sur les eaux d'Aïn-el-Guethifa, d'Aïn-el-Ouceukh et d'Aïn-er-Regaï, dans le pays des Harar. Il était temps de leur enlever cette ressource en les en délogeant. A cet effet, et pour arriver à ce résultat, le général Martineau et le colonel Péchot combinent un mouvement auquel doit coopérer le général Liébert, qui a pris, le 5 septembre, le commandement de la colonne d'Aïn-Toukria. Les trois colonnes exécutent, ce même jour, une marche convergente sur les campements des rebelles, dont une partie se réfugiait dans le Djebel En-Nadhor dès qu'elle apprenait la mise en mouvement dans sa direction des deux premières de ces colonnes. Quoi qu'il en soit, les Oulad-Mensour, les marabouths des Ouled-Khelif, qui avaient amené les contingents ennemis dans le Tell, une fraction des Harar, et la majeure partie des dissidents du cercle d'Ammi-Mouça furent atteints le 6 septembre, et radicalement rasés : leurs troupeaux, leurs tentes, 400 de leurs femmes et enfants sont restés entre les mains des troupes. Près de 500 insurgés, réfugiés dans la partie la plus difficile de la montagne, ont été cernés par les deux colonnes, et, après une résistance assez vive, dans laquelle ils firent des pertes sensibles, ils furent obligés de se rendre à discrétion. De notre côté, nous n'eûmes que trois hommes tués, — un tirailleur algérien et deux cavaliers des Hachem, — et trois blessés, — un zouave et deux cavaliers des Zdama.

La coopération de la colonne Liébert au mouvement combiné des colonnes Martineau et Péchot n'avait point été tout à fait inefficace. En effet, pendant que cette dernière, passant par le nord, allait fouiller le Nadhor, et que celle du général Martineau, se dirigeant sur Aïn-el-Ouceukh, se rabattait sur l'ouad Souf-Sellem pour prendre les insurgés entre elle et la colonne Péchot, le général Liébert se portait lui-même dans cette dernière direction afin de tomber sur les tribus qui tenteraient de s'échapper vers le nord-est.

Pour l'exécution de ce projet, le général Liébert avait quitté Aïn-Toukria le 6 septembre, laissant son camp sous la garde de trois compagnies d'infanterie ; il arrivait le 8 aux têtes de l'ouad Souf-Sellem, à Dar-Ben-Chorab, sans rencontrer un seul rebelle. Avec une partie de sa colonne, — six compagnies d'élite, sa cavalerie et une pièce de montagne, — il poussait, le 9 septembre, une reconnaissance sur Goudjila, et ses goums, lancés en avant jusqu'à l'ouad Kosni, avaient pu constater que le pays était complètement abandonné par les rebelles jusqu'au delà de cette rivière. Cette marche avait eu pour effet de rassurer les populations du Tell de Tniyet-el-Ahd, celles surtout qui avaient abandonné leurs campements des Hauts-Plateaux, et qui, certaines que le danger s'était éloigné, s'empressèrent de venir les reprendre.

Le général Liébert était rentré à son camp d'Aïn-Toukria le 11 pour y prendre les vivres nécessaires pour l'exécution de son mouvement sur Chellala, où il doit rallier la colonne du général Jusuf et celle du colonel Archinard.

Le goum de l'agha de Frenda, Sid Ahmed-ould-El-Kadhy, qui avait marché avec la colonne Martineau, avait fait un butin considérable. Pour protéger la route que suivait l'agha, en retour sur Frenda avec ses prises, le général Deligny poussait, le 6, une reconnaissance de 200 chevaux sur Aïn-el-Guethifa, à la pointe est du Chotth-ech-Chergui. Le général arrivait, le même jour, à Aïn-el-Medriça.

Le marabouth avait pris l'ouad Sidi-En-Naceur, dans le pays des Harar, pour base d'opération ; il rayonnait de ce point dans toutes les directions soit pour se ravitailler, soit pour gagner des partisans à sa cause. Les Harar et les gens du Djebel El-Eumour, qui étaient restés dans la montagne, avaient de nouveau fait défection. Les Thrafi s'étaient empressés tout naturellement de suivre leur exemple, à l'exception pourtant de quelques individualités que l'intérêt personnel maintenait dans la fidélité. Les Oulad-Zaïad, qui appartiennent au groupe des Thrafi, ou Hameyan-ech-Cheraga, interceptaient les communications entre Saïda et Géryville, et cet état de chose ne pouvait être modifié que par l'arrivée des colonnes dans ces parages.

Dans le courant du mois d'août, une bande de 4 à 500 maraudeurs avaient essayé d'enlever quelques troupeaux autour du poste de Géryville ; mais les cavaliers du Bureau arabe, soutenus par une sortie de la garnison, les obligèrent de renoncer à cette entreprise.

La province de Constantine qui, jusqu'ici, était restée intacte, et n'avait point ressenti les effets de la contagion insurrectionnelle, allait, à son tour, subir l'entraînement auquel avaient obéi les provinces d'Oran et d'Alger, et essayer de passer sous les drapeaux du marabouth. Prêtant l'oreille aux bruits répandus par les émissaires de Sid Mohammed-ould-Hamza, bruits qui annonçaient sa venue prochaine dans le Hodhna, quelques fractions des Oulad-Madhi, du cercle de Bou-Sâada, avaient pris, depuis quelques jours, une attitude des plus douteuses. On sut que ces mauvaises dispositions étaient le résultat des menées occultes de Sid El-Fodhil, l'ancien khodja de Sid Sliman-ould-

Hamza, et qui, aujourd'hui, remplissait les mêmes fonctions auprès de Sid Mohammed, dont il était le conseiller intime. Sid El-Fodhil était originaire des Oulad-Madhi, et c'était là la raison de l'influence dont il jouissait auprès de ses contribules.

Le 8 septembre, après avoir accueilli par un refus formel d'obéissance les ordres donnés par l'autorité locale, les fractions des Oulad-Madhi se mirent en état d'hostilité ouverte en attaquant la colonne placée en observation dans le cercle de Bou-Saâda. Cette agression, qui ne leur réussit pas, leur coûta un nombre assez élevé de tués et de blessés. De notre côté, quatorze hommes reçurent des blessures plus ou moins graves.

Dès le lendemain de cette affaire, la division s'était mise parmi les Oulad-Madhi insurgés, dont une bonne partie s'était rapprochée de Bou-Saâda pour y faire sa soumission, et se placer sous la protection de la colonne.

Après son ravitaillement du 1er septembre par la colonne Lumel, la colonne Archinard était approvisionnée en vivres jusqu'au 20 de ce mois. Il est évident que son séjour sous Djelfa aurait exigé un second ravitaillement, et qu'un nouveau convoi eût empêché toute action offensive de la part de la colonne de Boghar en la réduisant à des forces absolument insuffisantes ; c'était, en outre, lui donner un rôle tout à fait secondaire dans les opérations, bien qu'elle fut sous les ordres directs du général commandant la province. Il ne fallait point non plus s'exagérer outre mesure l'influence exercée par la colonne Archinard sur les tribus des Oulad-Naïl ; il est évident que ce n'était pas elle qui pouvait arrêter la défection de ces nomades, dans l'hypothèse que ce projet fût réellement dans leurs desseins. Il n'y avait donc aucun intérêt à immobiliser cette colonne à Djelfa, village européen qui, du reste, nous l'avons dit, avait été mis à l'abri d'un coup de main. Il valait mieux, incontestablement, qu'elle se rapprochât du Tell, afin d'être prête à toute éventualité au moment où les colonnes allaient entrer dans une période d'opérations décidément active.

Il était important de compléter, dans la province d'Alger, le mouvement commencé dans celle d'Oran par les colonnes qui venaient d'opérer dans les environs du Djebel En-Nadhor, et de rejeter dans le Sud les tribus insurgées campées, comme en pleine paix, sur les pâturages et les eaux de l'ouad Eth-Thaguin, et de l'ouad El-Ourek jusqu'à Chàbounia, c'est-à-dire à une forte journée de Boghar seulement. Le général Jusuf crut donc possible, en faisant remonter dans la direction de ces eaux la colonne Archinard, en dirigeant à sa rencontre la colonne de Boghar, et en donnant rendez-vous dans ces parages à celle d'Aïn-Toukria, le commandant de la province d'Alger, disons-nous, espérait donc pouvoir sinon resserrer les rebelles de son commandement entre ces trois colonnes, tout au moins les obliger à se jeter dans le Sud, où les eaux et les pâturages se faisaient extrêmement rares dans cette saison.

Cette combinaison, qui plaçait le général Jusuf au centre du pays insurgé et abandonné, lui permettait de se porter rapidement sur tel ou tel point de la circonférence où sa présence serait reconnue nécessaire. Son projet était de constituer un biscuit-ville à Chellala, village indigène situé à 22 lieues au sud de Boghar, et d'en faire, en même temps, sa première base d'opérations.

Le colonel Archinard quitte Djelfa le 8 septembre pour se porter, ainsi qu'il en a reçu l'ordre, sur Chellala par Thaguin.

Le général Jusuf se met en mouvement le 9 septembre avec la colonne de Boghar, dont il prend le commandement, et se dirige de Bokhari sur Chellala, point où doivent le rallier, nous l'avons dit, les colonnes Archinard et Liébert. Le général Jusuf passait par les bivouacs suivants : El-Esnam, Chàbounia, Bel-Kheithar. Le commandant de la province d'Alger avait pris avec lui quinze jours de vivres pour les besoins de ses colonnes. C'était là tout ce que lui permettaient d'emporter les moyens de transport dont il disposait, moyens qui lui avaient été fournis par les tribus du Tell de son commandement.

Le mouvement de concentration des trois colonnes sur Chellala ne pouvait présenter quelque chance de succès qu'à la condition qu'il serait exécuté en temps opportun, c'est-à-dire à la date précise qui avait été fixée; malheureusement, il ne put en être ainsi, et, par suite, l'occasion était manquée. Ainsi, la colonne Archinard ne fut en mesure de quitter Djelfa que le 8 septembre, sa présence dans le pays des Oulad-Naïl y étant nécessaire jusqu'au moment de la réunion des divers éléments entrant dans la formation d'une colonne qui s'organisait à Bou-Sâada. La colonne Liébert, qui avait été appelée à opérer dans l'ouest, n'avait pu quitter Aïn-Toukria que le 13. Bien que le retard de ces deux colonnes ne fut que de vingt-quatre heures, cela avait suffi aux populations insurgées pour qu'elles pussent prendre sur nos colonnes une avance qu'il ne nous était plus possible de regagner. Du reste, le mouvement de retraite de ces tribus avait été précipité par la reprise des opérations dans la province d'Oran, et les rebelles, qui n'avaient absolument rien à gagner à attendre nos colonnes, s'étaient dirigés en toute hâte sur Zenina et El-Beïdha, ksour du Djebel El-Eumour.

La colonne Jusuf, nous le répétons, s'est mise en marche sur Chellala, poussant devant elle les coureurs des rebelles, lesquels sillonnent la plaine qui se développe au sud de Boghar, et elle arrive le 12 au matin à Chellala sans autre incident.

Cette colonne était forte de 2,600 hommes, dont trois bataillons d'infanterie, — Chasseurs à pied, Zouaves et Tirailleurs, — trois escadrons de Hussards, un escadron de Chasseurs d'Afrique, un détachement de Spahis, une section d'artillerie de campagne avec ses voitures, une section de montagne, et tous les accessoires, ambulance, services administratifs, etc.

Le colonel Archinard, avec un convoi chargé de vingt jours de vivres, était allé bivouaquer, le 8 septembre, jour de son départ de Djelfa, sous le caravansérail des Rochers-de-Sel. Il quittait ce point, le 9, avec le projet de gagner le bivouac de Hamiet-el-R'arbia ; mais il rencontra, sur la route d'Aïn-Malakoff des ensablements si nombreux et d'un parcours si difficile, que ses voitures de roulage ne purent parvenir à les franchir qu'après des efforts inouïs. Il était déjà trois heures de l'après-midi, et la colonne avait encore quatre lieues à parcourir pour gagner le point où elle devait bivouaquer. En présence de ces difficultés qui renaissaient à chaque pas, force fut au colonel Archinard, qui renonçait à atteindre Hamiet-el-R'arbia, d'aller camper dans des *nebak* (dunes) sur les puits d'Oglet-ez-Zâfran. Vers cinq heures, le camp était à peine établi, que des coups de fusil se faisaient entendre en avant de la première face. Les ondulations sablonneuses qui entouraient le bivouac ne permettant pas de juger de l'importance numérique des assaillants, le colonel Archinard prescrivit au sous-lieutenant Micaelli, du 1er de Tirailleurs algériens, son officier d'ordonnance, de se porter sur-le-champ, avec quelques cavaliers du goum des Oulad-Naïl dans la direction des rebelles. Cette reconnaissance est accueillie par un feu assez nourri qui dénonce la présence d'un parti ennemi assez nombreux. Pendant que le goum des Ouled-Naïl, retardait, par sa contenance, l'attaque générale des insoumis, le sous-lieutenant Micaelli faisait connaître au commandant de la colonne que, bien que le *djich* des insurgés fut en grande partie dissimulé derrière les dunes, il devait être, selon toute probabilité, d'un effectif assez sérieux. Le colonel ordonnait aussitôt à la cavalerie régulière, commandée par le lieutenant-colonel Collot, du 3me de Hussards, de dégager et de soutenir les gens du goum et surtout les *mekhaznia* (1), qui étaient aux prises avec les rebelles ; il prévenait, en même temps, cet officier supérieur qu'à tout événement, deux demi-bataillons d'infanterie en échelons le suivraient de près.

En un clin d'œil, hussards et spahis étaient à cheval, et, malgré les fatigues d'une longue et pénible journée, ils filaient au grand trot et avec beaucoup d'ardeur. Le lieutenant-colonel Collot déploya l'escadron de spahis pour soutenir les Mekhaznia, se réservant de le faire charger en fourrageurs, ou de renforcer la ligne formée par les cavaliers du goum. Ces derniers, qui étaient très peu nombreux, mais qui, se sentant appuyés, tenaient assez solidement, eussent été infailliblement coupés sans l'extrême entrain avec lequel les spahis, qui avaient sur le cœur l'affront de Thaguin, se précipitèrent sur les rebelles. En un instant, le combat était engagé à brûle-pourpoint.

Déjà bon nombre de cavaliers ennemis avaient roulé sanglants sur le sable des dunes, quand les hussards, impatients de pren-

---

(1) Les gens du Makhzen. Ce sont les spahis et les cavaliers des tribus qui sont employés auprès du commandement et des officiers des Affaires Indigènes.

dre part à la lutte, se jetèrent, à leur tour, sur les rebelles, et leur firent tourner bride. Hussards et spahis les menèrent dès lors battant et le sabre aux reins plus loin que la prudence ne l'eût permis ; mais, démoralisé sans doute par l'ardeur de l'attaque, l'ennemi ne tenta aucun retour offensif et se dispersa dans toutes les directions.

Le demi-bataillon du 36e d'Infanterie et celui du 1er de Tirailleurs algériens, qui avaient formé les échelons de soutien et de retraite, rentrèrent au camp à la nuit sans avoir eu à tirer un coup de fusil.

Ce combat de cavalerie nous avait coûté un tué et six blessés, parmi lesquels le sous-lieutenant Wyndham, du 1er de Spahis, deux maréchaux-des-logis indigènes, un spahis français et deux spahis indigènes. Les deux maréchaux-des-logis et le spahis français succombèrent dans la soirée. Quant au sous-lieutenant Wyndham, il mourut de ses blessures le 13 septembre.

Les pertes de l'ennemi avaient dû être bien supérieures aux nôtres ; mais l'arrivée de la nuit n'avait pas permis de les estimer, même approximativement. Quelques chevaux tués ou grièvement blessés restés sur le terrain, d'autres qui suivaient le goum ennemi sans cavaliers, prouvaient l'importance des pertes des rebelles.

Ce serait le fameux Bou-Diça (1), fort reconnaissable d'ail-

---

(1) Ould-ben-Aouda-ben-Ahmed, plus connu sous le nom de *Bou-Diça*, dont nous avons parlé plus haut, était le fils du non moins fameux Ben-Aouda-el-Mokhtari, qui fut chikh des Oulad-Mokhtar en 1835, et qui joua un certain rôle à cette époque. Nous renvoyons à la 1re partie de cet ouvrage (pages 44 et suivantes) pour les détails concernant ce personnage. Son fils Bou-Diça devint plus tard agha des Oulad-Mokhtar ; mais, en 1863, une razia de chameaux faite en pleine paix par ses gens sur un de ses voisins, lequel prit mal ces façons un peu trop féodales, — nous le voulons bien, — mais parfaitement traditionnelles dans le Sahra, et s'en plaignit à l'autorité française, qui, obéissant à nous ne savons quelle pression, crut devoir faire traduire cet agha sahrien, comme un simple khammas, devant la Commission disciplinaire de la subdivision de Médéa, dont les membres, tout neufs, pour la plupart, en Algérie, et peu au courant des mœurs des Nomades, traitèrent le cas de Bou-Diça comme s'il se fût agi du vol d'une paire de vaches sur le marché de Poissy, c'est-à-dire sans tenir le moindre compte des us et coutumes de ces

leurs à son bernous fauve, qui aurait frappé mortellement le sous-lieutenant Wyndham, lequel, du reste, a attesté le fait avant de mourir. Voici comment les choses se seraient passées : cet officier, qui avait reconnu Bou-Diça, son ancien administré, parmi les rebelles, et qui voulait avoir l'honneur de lui faire expier sa trahison, se précipita à sa rencontre le revolver au poing. Bou-Diça, qui, de son côté, se plaignait d'avoir été très sévèrement traité par le sous-lieutenant Wyndham lorsque celui-ci était employé aux Affaires indigènes de Boghar, épargna la moitié du chemin à son adversaire, et fondit sur lui, debout sur ses étriers, la bride aux dents, la crosse du fusil à l'épaule. Les deux antagonistes tirèrent l'un sur l'autre à portée de pistolet et se manquèrent ; la balle de l'officier avait troué le bernous de l'ex-agha, dont il avait évité le projectile en se penchant sur l'encolure de son cheval. Après s'être traversés pour reprendre du

---

grands seigneurs sahriens, et le condamnèrent à un an de détention dans un pénitencier indigène. Il était, en même temps, révoqué de ses fonctions d'agha, punition qui, peut-être, eût été suffisante comme premier avertissement. Bou-Diça fut gracié du restant de sa peine au bout de six mois, c'est-à-dire quelque temps avant la défection des Oulad-Hamza. Le général Jusuf, qui comptait utiliser cet ex-agha dans la conduite du goum, lui confia, à plusieurs reprises, pendant l'expédition du printemps, des missions et des reconnaissances périlleuses exigeant beaucoup de courage et d'aptitudes spéciales ; admirable cavalier, *farès* de grande valeur, Bou-Diça s'acquitta à merveille des services de guerre dont l'avait chargé le général. Cependant, il est fort probable que ce grand seigneur, cet homme de *grande tente*, jouissant d'une influence séculaire sur l'importante tribu des Oulad-Mokhtar, cet homme à qui l'on avait fait subir sa peine au pénitencier de Lalla-Aouda, confondu avec la lie de la population indigène, n'avait point oublié le traitement honteux qui lui avait été infligé. Aussi, dut-il être très facile au marabouth de le gagner à sa cause avec la tribu des Oulad-Mokhtar, sur laquelle il n'avait point perdu d'ailleurs une parcelle de son autorité.

Nous reviendrons plus loin sur ce personnage, qui n'avait gagné à notre contact que l'amour immodéré de l'absinthe et des autres spiritueux de la civilisation. Aussi, espérait-on qu'il se dégoûterait bien vite de l'existence austère des Sahriens, et que sa passion pour la liqueur verte ne tarderait pas à lui souffler le conseil de faire sa soumission, et de nous demander l'aman.

champ, les deux cavaliers se chargèrent de nouveau. Cette fois, Bou-Diça avait saisi son pistolet ; le combat allait donc continuer à armes égales, et il ne pouvait se terminer que par la mort de l'un des deux champions. L'officier tira trop tôt, et manqua Bou-Diça, qui lui envoya une balle dans le ventre presque à bout portant, et disparut.

Le sous-lieutenant Wyndham avait eu d'ailleurs affaire à forte partie ; car Bou-Diça était un très habile tireur et un merveilleux cavalier.

Quant aux spahis qui furent mis hors de combat dans cette rencontre, ils en accusèrent énergiquement des déserteurs du corps qui avaient conservé leurs bernous rouges, et que les nôtres, dans la mêlée, avaient cru appartenir à l'escadron. Trompés par ces infidèles à notre cause qu'ils supposaient, comme eux, à la poursuite des rebelles, et dont, par suite, ils ne se méfiaient pas, ils les suivirent plus loin qu'il ne convenait ; tout à coup, les déserteurs firent volte-face, et tirèrent à bout portant sur leurs anciens camarades, dont trois, nous le répétons, succombèrent dans la soirée.

Le lendemain, 10 septembre, le colonel Archinard quittait son camp d'Oglet-ez-Zâfran à cinq heures du matin. Pendant sa marche, la colonne était suivie de loin par les goums des rebelles, qui se contentèrent de l'observer sans l'inquiéter. Elle faisait sa grande halte à Hamlet-el-R'arbia, d'où elle emportait l'eau nécessaire pour son bivouac. Le soir, elle dressait ses tentes à Es-Souaga.

La colonne apprenait en route l'incendie, par les insurgés, de la bergerie de Tadmit appartenant à l'État, et du caravansérail de Sidi-Makhlouf. Le colonel recevait, en même temps, une dépêche par laquelle le général Jusuf l'informait qu'il était à Chébounia, en marche sur Chellala.

Le 11, le colonel Archinard levait son camp d'Es-Souaga. A six kilomètres de ce point, un goum assez nombreux de Rhaman et de Zenakhra rebelles était signalé sur la gauche de la colonne. Ce parti espérait, sans doute, en raison de l'extrême chaleur du jour et des difficultés du terrain, trouver le convoi allongé et des hommes en arrière. Trompé dans son attente, l'ennemi se décida à ouvrir le feu sur la colonne, mais à une trop grande distance pour qu'il fût bien dangereux. Ayant aperçu, à 1,200 mètres environ, des groupes de cavaliers qui paraissaient former la réserve de la ligne de tirailleurs des rebelles, le colonel Archinard leur envoya quelques obus qui, arrivant en plein dans ces groupes, y causèrent évidemment quelques pertes; car ils disparurent aussitôt, et les tirailleurs les suivirent de près.

Pendant ce temps, la colonne continuait sa marche sans se hâter. Vers onze heures, elle arrivait en vue des eaux de Thaguin. Les collines qui les dominent au sud se couvrirent tout à coup de nombreux cavaliers qui, paraissant vouloir en défendre l'approche, ouvrirent un feu assez nourri, mais peu efficace, sur le demi-bataillon du 1er de Tirailleurs qui formait la colonne de gauche (1). Le colonel fit aussitôt couronner ces collines par ce demi-bataillon, qui en avait promptement délogé les rebelles. La rapidité et l'énergie de ce mouvement fit définitivement lâcher pied aux rebelles, qui restèrent exposés, sur un espace de 300 mètres, au feu de toute la ligne. Une douzaine d'obus lancés fort habilement sur les fuyards produisirent aussi, au milieu de leurs chevaux, un excellent effet.

La colonne reprit son ordre de marche, et, quelques instants après, elle dressait ses tentes sur les hauteurs qui commandent, au nord, l'Aïn-Thaguin. On pouvait apercevoir, de ce point, les rebelles fuyant dans la direction de Djelfa.

Cet engagement n'avait coûté ni un tué ni un blessé à la colonne. Les pertes des rebelles avaient dû être assez sensibles si l'on en jugeait par le nombre de chevaux errant au loin sans cavaliers.

La colonne Archinard rallia, le 12 septembre, la colonne Jusuf à Chellala, après une marche de treize lieues sous une température accablante.

Le village indigène de Chellala (2) avait subi le sort des caravansérails de la route de Laghouath. Les maisons, construites

---

(1) Nous rappelons ici que, dans les plaines sahriennes, l'ordre de marche, de combat et de campement est habituellement le carré.

(2) Le pays où se déroule la seconde phase de l'insurrection étant à peu près le même que celui qui avait servi de théâtre à la première, on trouvera sa description et les détails qui s'y rapportent dans la première partie de ce travail.

à l'européenne depuis un an seulement, avaient été saccagées et livrées aux flammes.

Les deux colonnes séjournèrent à Chellala le 13.

Le général Jusuf, nous l'avons dit plus haut, avait eu l'intention, en se dirigeant sur Chellala, d'en faire sa première base d'opérations, et d'y établir un biscuit-ville ; mais ce ksar ayant été, pour ainsi dire, ruiné, et aucune de ses constructions ne pouvant recevoir l'affectation qu'il avait projeté de lui donner ; d'un autre côté, la position de Serguin lui ayant paru répondre mieux aux conditions de la situation, le général Jusuf décida que les trois colonnes réunies se transporteraient sur ce point, éloigné de Chellala de 8 kilomètres seulement, et que là serait établi le biscuit-ville devant recevoir les approvisionnements des colonnes expéditionnaires, du moins tant qu'elles auraient à opérer dans le rayon de cet établissement. Du reste, nous l'avons dit déjà, avec la mobilité des Sahriens, la base d'opérations d'une colonne est toujours son dernier bivouac.

Les deux colonnes se mirent en route le 14 pour se rendre à leur nouvelle destination ; elles y arrivaient après deux heures de marche, et dressaient leurs tentes autour de Dar-Djelloul (1), maison de commandement placée dans une situation dominante, centrale et de facile défense, convenable, sous tous les rapports, pour y constituer un dépôt provisoire d'approvisionnements. Le bivouac de Serguin ou de Dar-Djelloul est, en outre, très riche en pâturages et en eaux.

La colonne Liébert arrive à Chellala le 14 septembre ; elle ne trouve que le vide sur son parcours depuis Aïn-Toukria, son point de départ. Elle rejoint, le même jour, dans la soirée, les colonnes Jusuf et Archinard, parties le matin pour Serguin.

Le général Ducrot, mis à la disposition du Gouverneur général de l'Algérie, était désigné, le 14 septembre, pour prendre le commandement de la subdivision de Médéa.

---

(1) Cet établissement a pris son nom du kaïd des Oulad-Chaïb, Djelloul-ben-Msaoud, lequel, on se le rappelle, avait été tué, le 10 avril, par son agha En-Naïmi-ould-El-Djedid, qui faisait défection, après ce meurtre, en entraînant sa tribu.

IV

La colonne Archinard dirigée de Serguin sur Bokhari pour y prendre un convoi de vivres. — Les convois et les moyens de transport. — Les colonnes Jusuf et Liébert se dirigent sur El-Beïdha. — Elles abandonnent la direction d'El-Beïdha pour prendre celle de Zenina. — Les populations rebelles ont décampé et se sont portées dans la direction de Tadjmout. — Le maréchal de Mac-Mahon est nommé gouverneur général de l'Algérie en remplacement du maréchal Pelissier. — Sa proclamation aux Indigènes arabes et kabiles. — La colonne Jusuf se dirige sur Tadjmout, où l'attend, prétend-on, le marabouth pour engager le combat. — Le général Jusuf porte sa colonne sous Laghouath pour s'y ravitailler. — Une colonne légère revient sur Tadjmout, où a reparu le marabouth. — Escarmouche entre les goums de la colonne et les rebelles. — La colonne reprend son camp sous Laghouath. — Le général Jusuf se porte sur Djelfa. — La colonne Liébert est chargée de l'évacuation du dépôt de Dar-Djelloul. — Arrivée à Djelfa du convoi escorté par la colonne Archinard. — Troubles dans le Zouar'a (province de Constantine). — Arrestation des meneurs. — Combat chez les Arbaoun. — Défection des tribus du nord de la subdivision d'Aumale et du cercle de Bou-Sâada. — Ces tribus sont battues à Tniyet-er-Rih et sur l'oued Dermel. — Elles se réfugient dans le Djebel-Es-Sahri et dans les montagnes au sud du Zar'ez oriental.

Disséminés dans le sud des provinces d'Alger et d'Oran, et changeant fréquemment de campements, les rebelles étaient devenus presque introuvables, et l'on n'en avait guère de nouvelles que lorsqu'ils apparaissaient en rôdeurs autour des colonnes. Il était donc devenu très difficile de se procurer des renseignements exacts sur les positions qu'ils occupaient. Quant à leurs projets, ils n'en faisaient jamais à longue échéance, et chaque jour, pour ainsi dire, amenait le sien.

L'intention du maraboulh — il ne pouvait en avoir d'autre — était de fatiguer nos colonnes, de les harasser, de les harceler sans cesse, de leur enlever tout repos, de profiter de toutes nos fautes, de toutes nos imprudences ; il espérait ainsi voir fondre et diminuer nos forces peu à peu par l'effet des marches, des privations, et sous l'influence d'une température énervante, des plus débilitantes, et, en fin de compte, nous lasser, nous dégoûter, nous rendre le Sahra inhabitable, et nous décider à l'évacuer ou à le lui donner en apanage, ou tout au moins à lui faire une grande situation dans le Sud des provinces d'Oran et d'Alger. C'était évidemment là une ambition exagérée, car enfin les tribus qu'il avait entraînées dans la défection ne pouvaient se contenter longtemps de l'existence qu'il leur faisait ; elles nous reviendraient infailliblement, parce qu'elles ne tenaient nullement à échanger la région des fourrages et des belles eaux contre celle des sables, de l'aridité et des eaux salées. Seulement, quand elles viendront nous demander notre pardon, elles auront été visitées par la misère, qui leur aura enlevé leurs biens et leurs troupeaux ; un grand nombre des leurs auront succombé, les guerriers par l'effet de notre feu, les vieillards et les enfants par celui des fatigues et des marches incessantes pour échapper à notre poursuite. Voilà ce que ces imprudentes tribus auront gagné à suivre le drapeau d'un ambitieux qui, certainement, n'a rien de commun avec le *Moula Sâa* qu'elles attendent, et elles ne peuvent tarder à s'en apercevoir, ce qui ne les empêchera pas de se laisser prendre plus d'une fois encore à cet espoir toujours déçu et cependant toujours renaissant, mirage trompeur comme celui de leur Sahra, et qui, fatalement, doit les conduire à la ruine et à la mort, à moins qu'elles ne prennent le parti désespéré d'échapper aux termes de ce dilemme, en abandonnant leurs territoires pour se retirer dans les pays de l'Islam qui sont à l'est et à l'ouest de nos possessions algériennes.

Quoi qu'il en soit, on ne pouvait tarder à avoir des nouvelles de l'ennemi, lequel n'avait pu prendre que la direction du Sud ; et en suivant les lignes d'eaux de cette région ou en y poussant des reconnaissances, on ne pouvait manquer de retrouver les traces des rebelles.

C'est dans ce but que le général Jusuf se décide à se porter en avant et à s'avancer dans le sud jusqu'à El-Beidha, à la pointe nord du Djebel-El-Eumour, avec sa colonne et celle du général Liébert. Les approvisionnements de Dar-Djelloul permettaient aux deux colonnes de visiter ce point et de revenir sur leurs pas sans inconvénients. Pendant ce temps, la colonne Archinard devait aller chercher un fort convoi de vivres à Bokhari, et l'amener à Serguin pour le retour sur cette position des colonnes Jusuf et Liébert.

La colonne Archinard laissera, sur son effectif, 250 hommes du 77ᵉ d'infanterie à Serguin pour la garde du biscuit-ville de Dar-Djelloul ; la colonne Jusuf y ajoutera ses malingres, de façon à laisser à cet établissement une force suffisante pour sa défense. Le commandant de la division d'Alger emmènera avec lui toute la cavalerie, laquelle se compose de six escadrons, dont il donne le commandement au colonel Margueritte, du 1ᵉʳ de Chasseurs d'Afrique.

La colonne Jusuf sera forte alors de 2,800 hommes et de 730 chevaux et mulets.

Les Zouaves du 1ᵉʳ régiment sont formés en deux bataillons, combinaison qui donne au commandant de la colonne quatre bataillons d'infanterie, nombre favorable pour marcher et camper en carré.

La colonne Liébert est forte de 1,760 hommes, 250 chevaux et 140 mulets. Elle se compose de : deux bataillons d'infanterie (42ᵉ et 87ᵉ régiment), deux escadrons de cavalerie (1ᵉʳ de Chasseurs d'Afrique et 1ᵉʳ de Spahis), une section de montagne et les services accessoires.

Bien que sous le commandement général du commandant de la Division, les deux colonnes conserveront néanmoins leur autonomie. Cette disposition leur donnera plus de mobilité, et permettra, au besoin, de faire un détachement constitué pouvant opérer seul.

La colonne Archinard quittait Serguin le 15 septembre au matin, et se dirigeait sur Bokhari pour y prendre un convoi de vivres à destination du biscuit-ville de Dar-Djelloul.

Cette colonne va commencer cette série de convois légendaires qui sont restés, dans le Sahra, comme des modèles du genre. En effet, c'est au milieu de difficultés inouïes que se sont accomplies ces gigantesques entreprises, lesquelles exigeaient, de la part des troupes qui en étaient chargées, un grand courage, un moral solide, une patience indomptable, une abnégation entière; car cette mission n'avait rien de brillant, et n'était point de celles qui conviennent à notre tempérament. A défaut d'animaux de transport, — les tribus défectionnaires avaient emmené les leurs, — il fallut louer dans le commerce des véhicules de toutes les espèces, de tous les modèles, charrettes, prolonges, fourragères, jardinières, et il s'agissait de faire parcourir à ces moyens d'une perfection douteuse un pays sans routes, hérissé de dunes de sable irrésistantes, ou creusé de ravines ou de gerçures taillées à pic, ou bien embroussaillé de buissons et d'arbustes épineux; aussi, à chaque pas, l'escorte doit-elle s'arrêter pour laisser à la pioche le temps de faire son œuvre soit pour combler une excavation, soit pour aplanir un obstacle, et ces temps d'arrêt de tous les instants se font sous les ardeurs d'un soleil de feu, et en présence d'une nuée de rôdeurs guettant les traînards pour en faire leur proie, et les débarrasser de leurs têtes. Et à cette allure, pendant l'été, par suite des détours incessants, il faudra une journée de douze ou quatorze heures pour franchir la distance entre deux bivouacs, c'est-à-dire pour exécuter une marche de sept à huit lieues. Puis, plus tard, lorsque arrivera la saison des pluies, c'est quinze jours qu'il faudra au général Ducrot pour faire franchir cinq étapes à son convoi de voitures, c'est-à-dire pour se rendre de Bokhari à Djelfa.

Dès que la colonne Archinard fut en route, le commandant Charles, du 77ᵉ d'infanterie, laissé avec deux de ses compagnies à la garde de Dar-Djelloul, employa son monde à la construction d'une redoute en maçonnerie sur un petit plateau portant le ksar ruiné d'Aïn-el-Khadhra.

Les colonnes Jusuf et Liébert se mettent en marche, le 15 septembre, dans la direction d'El-Beïdha et en passant par Thaguin. Les *chouaf* et les coureurs des rebelles rôdent autour des colonnes et les surveillent; mais toutes les recommandations ont été faites : on marchera aussi serré que possible ; d'ailleurs, l'ordre en carré, qui, entre autres avantages, fait d'une colonne un ensemble compacte et sans profondeur, parfaitement dans la main de son chef, permet de se passer de ces grosses arrière-gardes qui, le plus souvent, n'arrivent au bivouac qu'à la nuit. La cavalerie marche sur l'un des flancs, celui qui est menacé ; le goum éclaire la marche au loin, en avant.

Les deux colonnes dressent leurs tentes à El-Maïa, au nord de Thaguin.

Le 16, elles campent sur les puits d'El-Djelila.

De ce point, le général Jusuf envoie des éclaireurs dans toutes les directions pour avoir des nouvelles de l'ennemi ; les rapports de ses *chouaf* lui donnent la presque certitude que le marabouth Mohammed-ould-Hamza, avec une partie de ses contingents, a gagné Aflou, ksar ruiné du Djebel-El-Eumour, pays dont la défection est complète. Les rebelles du cercle de Boghar sont dans les parages de Zenina, dont la population défend, dit-on, contre eux le ksar de ce nom. Quant aux Oulad-Naïl, ils tiennent encore pour nous ; mais leur fidélité est de plus en plus chancelante.

Le général Jusuf pense qu'il ne serait pas sans intérêt de débloquer Zenina, et songe un instant à organiser une colonne légère qui, par une marche de nuit, pourrait tomber sur les populations insurgées qui ont leurs campements autour de ce ksar.

Le général Jusuf savait mieux que personne combien il est difficile de surprendre les Arabes, lesquels s'éclairent à merveille, et savent toujours où sont nos colonnes. Mais il espérait qu'embarrassés de leurs familles, de leurs biens, de leurs troupeaux, toutes choses qui les alourdissaient énormément, il ne lui serait pas impossible, après avoir battu les contingents qui les défendent, de faire du butin sur ces transfuges, et de châtier ainsi leur défection. Ce genre d'opérations n'a chance de réussir que par l'emploi de moyens indigènes soutenus d'assez près par nos troupes. En un mot, pour faire la guerre avec quelque succès dans le Sahra, il faut opposer aux Nomades les Nomades eux-mêmes. Malheureusement, les quelques hommes de goum qui marchaient avec nous appartenaient aux tribus du Tell, et il est incontestable qu'ils n'ont point la valeur des cavaliers du Sud ;

en outre, ils ne possèdent point une connaissance suffisante des régions qu'habitent ces derniers.

Quoi qu'il en soit, le général Jusuf abandonne, le 17, la direction d'El-Beïdha pour prendre celle de Zenina. Les deux colonnes s'ébranlent à trois heures du matin ; mais leur marche est ralentie par un obstacle sur lequel on n'avait pas compté : la Dhayet-er-Radjelan a été submergée par une récente pluie d'orage, et présente, sur une largeur de 800 mètres, une couche de vase épaisse, grasse et gluante, que les colonnes ont toutes les peines du monde à traverser. Cet obstacle fatigue tellement les troupes et les animaux de transport, que le général Jusuf se voit dans la nécessité de poser son camp à El-Guelouach, c'est-à-dire à près de trois lieues en-deçà de Zenina, où il avait, nous l'avons dit, projeté de camper.

Ce fâcheux retard eut pour conséquence de donner le temps aux populations rebelles qui campaient autour de Zenina de mettre entre elles et la colonne une distance suffisante pour qu'elles n'aient plus à craindre d'en être atteintes, de quelque temps du moins.

Le lendemain, 18, la colonne Jusuf arrivait devant le ksar de Zenina; mais les contingents insurgés ne l'y avaient pas attendue.

Le général eut un instant l'intention de lancer une colonne légère aux trousses des rebelles ; mais il y renonça lorsqu'il eut appris, par ses limiers, que les dernières tribus étaient déjà à deux journées de marche de Zenina ; du reste, il devenait d'autant plus difficile au général de se faire éclairer, que quelques-uns des *chouaf* qu'il avait jetés sur leurs traces avaient été reconnus et pendus par les insoumis ; ces exécutions sommaires n'étaient point de nature, en effet, à exalter le zèle des éclaireurs ; aussi, leur enthousiasme et leur intrépidité en furent-ils sensiblement refroidis.

La masse des tribus révoltées avait marché toute la nuit et toute la journée précédente dans la direction de Tadjmout, jalonnant la route de ses troupeaux décimés par la soif et la fatigue, et dont, les jours suivants, la colonne rencontra de nombreux débris.

Le général Jusuf, qui, depuis vingt ans, faisait la guerre aux

Sahriens, et qui connaissait aussi bien ses adversaires que la région qu'ils habitent, avait compris de suite que la tactique du marabouth était de faire toujours le vide devant lui, et d'arriver ainsi, si le général tombait dans l'erreur de le poursuivre, à éreinter ses troupes et à les mettre sur les dents, résultat qui, la saison aidant, n'eût pas été bien long à se produire. Mais le général savait parfaitement qu'il y aurait folie, à une colonne composée exclusivement d'éléments français, à se lancer à la poursuite — nous ne dirons pas des contingents arabes — mais même des populations indigènes, tout embarrassées qu'elles pussent être de femmes, d'enfants, de vieillards et de troupeaux. On ne peut, en effet, arrêter et traquer avec quelque succès ces émigrations des Sahriens que par des moyens identiques aux leurs, c'est-à-dire par des goums appartenant aux tribus du Sud, et encore faut-il qu'ils soient soutenus ou appuyés à distance par des colonnes légères extrêmement mobiles. Aucun avantage sérieux n'a été obtenu et ne s'obtiendra autrement.

Dans le cas dont nous nous occupons, il y avait deux manières d'opérer : la première était, après avoir ravitaillé largement les postes de Djelfa et de Laghouath, dans la province d'Alger, de faire rétrograder les colonnes sur les postes de la ligne de ceinture du Tell, et d'en défendre l'accès au marabouth, ce qui ne présentait aucune difficulté, eu égard surtout à la répugnance qu'éprouvent les Sahriens à s'engager dans les montagnes de cette région. Cela valait infiniment mieux que de s'agiter péniblement dans le vide, d'exténuer ainsi nos hommes et nos chevaux, et de se livrer à de coûteux et fatigants ravitaillements, devenus d'autant plus difficiles que, nous le répétons, les tribus qui nous fournissaient habituellement nos moyens de transport et leur réquisition, avaient fait défection et étaient passées au marabouth. Nous laissions ainsi les rebelles épuiser leurs approvisionnements — ce qui ne pouvait être bien long, car il ne restait plus beaucoup de silos à vider entre le Tell et Laghouath, — et leurs troupeaux mourir de soif sur les r'dir desséchés du Sahra. La misère obligeait infailliblement ces populations à nous demander l'aman au bout de deux ou trois mois, et ce résultat eût été obtenu sans dépenses, sans fatigues pour nos colonnes, et sans coup férir.

Le second moyen consistait à échelonner de petites colonnes mobiles solidement et légèrement constituées entre le Tell et les postes avancés du Sahra, afin de fermer cette région aux rebelles qui l'avaient abandonnée, et en dehors de laquelle leur manquent les moyens d'existence aussi bien pour eux que pour leurs troupeaux. Ces colonnes auraient eu pour mission de rechercher les silos des tribus défectionnaires et d'achever de les vider, d'enlever le boire et le manger à leurs chevaux et à leurs troupeaux en s'installant sur les eaux principales et sur les pâturages, et, en changeant fréquemment de bivouac, de ne leur laisser aucun repos en les refoulant de source en source, de r'dir en r'dir, de les menacer incessamment par des mouvements combinés; de leur rendre enfin, à force de chicane, toute la région des Hauts-Plateaux impraticable, et de les maintenir ainsi dans les sables qui sont au sud de Laghouath et de Géryville. Et il est d'autant plus facile d'opérer ainsi aujourd'hui, que nous connaissons aussi bien que les Nomades les lignes d'eau qui sillonnent notre Sahra, et qui sont les routes obligées de cette région.

Cette seconde façon de traiter les populations rebelles présentait cet avantage de les amener plus promptement à composition et de mieux répondre aux besoins du tempérament français, lequel s'accommode volontiers de la fatigue et de la misère, pourvu qu'il y ait de la poudre, et quelque gloire au bout.

Manquant, par suite de la défection des tribus des Hauts-Plateaux, des moyens indigènes permettant l'emploi de cette seconde manière, et n'ayant à sa disposition qu'un goum insuffisant et d'une fidélité douteuse, le général Jusuf renonce — pour le moment, du moins, — à atteindre l'ennemi. Il est une considération qui le préoccupe davantage : c'est l'attitude des Oulad-Naïl. Aussi le général se propose-t-il de se porter sans retard au milieu de ces tribus dont la fidélité est plus que chancelante. Le bach-agha de cet important groupe de tribus, Sid Chorif-ben-El-Ahrouch, est dans le camp du général; il vient lui exprimer, accompagné de quelques-uns de ses kaïds, tout son dévouement à notre cause; mais son langage est plein de réticences; ils laissent deviner, lui et les siens, bien qu'ils s'efforcent de montrer une assurance qui n'est que sur leurs lèvres, que leurs tribus ne leur inspirent qu'une confiance médiocre, et qu'elles ne tarderont pas à leur glisser entre les mains.

Le général Jusuf pense que sa présence au milieu de ces populations pourra les raffermir dans le devoir, et retarder le mouvement d'émigration qu'elles paraissent avoir résolu. Le danger est surtout dans la proximité des rebelles, et dans l'influence que peuvent exercer sur les Oulad-Naïl les émissaires du marabouth, lesquels font une propagande des plus actives au milieu de populations qui ne sont que trop disposées à se laisser entraîner.

Le général Jusuf avait donc résolu de se diriger lentement sur Djelfa, c'est-à-dire en passant par Charef, afin de ne pas trop s'éloigner des parages occupés par les rebelles, et de pouvoir, si la fortune lui en fournissait l'occasion, tenter sur eux quelque entreprise. Mais des renseignements qui lui parviennent à Zentna, où il fait séjour, dans la nuit du 19 au 20 septembre, le décident à modifier ses projets, à laisser de côté, pour le moment, Djelfa et les Oulad-Naïl, et à prendre une autre direction.

Nous dirons plus loin les causes de cette modification au plan qu'avait arrêté le général.

Le maréchal de Mac-Mahon, nommé gouverneur général de l'Algérie par décret du 1er septembre, débarquait à Alger le 10 du même mois; il remplace le maréchal Pélissier, décédé le 22 mai dernier. En prenant possession de son gouvernement, le nouveau Gouverneur adressait aux populations européennes et indigènes une proclamation dans laquelle il disait :

« Indigènes Arabes et Kabils ! je ne suis pas un étranger pour vous ; vous me connaissez depuis longtemps ; vous savez que j'ai toujours été bienveillant pour les hommes qui cherchent le bien, ferme et sévère pour les fauteurs de désordre. Dans tous les rapports que j'ai eus avec vous, j'ai toujours cherché à suivre l'inspiration de l'équité et de la justice. Vous me retrouverez toujours le même à votre égard.

« Quelques tribus, égarées par les conseils perfides de quelques hommes ambitieux, ont prêté l'oreille à l'esprit du mal et de la révolte. Elles n'ont pourtant aucun motif sérieux de plainte contre le gouvernement français, qui respecte leur religion, et qui, sous l'inspiration de leur générosité et de la haute justice de l'Empereur, a consacré, d'une manière irrévocable, *le droit des indigènes à la propriété de leur territoire.* Comment a-t-on pu abuser de leur crédulité au point de leur faire espérer qu'ils pourraient résister à la France ? Ceux de leurs frères qui ont combattu avec nous en Crimée, en Italie, au Mexique, ne leur ont-ils pas dit ce qu'était la France, quels étaient sa puissance et le prestige de ses armes partout où ses soldats se sont montrés ? Ne leur ont-ils pas dit que, sur un signe de l'Empereur, la France peut réunir 800,000 soldats prêts à venger les actes de trahison envers elle ?

« Les tribus n'auront à s'en prendre qu'à elles du châtiment qui va les atteindre, si elles persistent plus longtemps dans leur aveuglement. »

L'intention de cette proclamation n'était pas mauvaise certainement ; mais son rédacteur paraissait peu au courant des choses de l'Algérie. En effet, c'est aux indigènes du Tell — qui ne sont pas en cause — qu'il semble s'adresser, tandis que ce sont ceux du Sahra qui sont en insurrection. Qu'importe aux Nomades la consécration irrévocable de leur droit à la propriété de leurs territoires ? Cela leur est bien égal à eux qui n'ont que des terrains de parcours dont la colonisation n'a que faire, et qu'elle ne convoite pas. De même lorsque, pour frapper leur imagination, et leur donner une idée de la puissance de la France, on leur demande si *leurs frères* qui ont combattu avec nous en Crimée, en Italie, au Mexique, ne leur ont pas dit ce qu'était notre pays, on oubliait que ce n'est pas dans le Sahra que se recrutent nos régiments de Tirailleurs, les seuls, parmi les corps indigènes, qui aient fait la guerre dont on parle ici. De sorte que les cavaliers des tribus du Sud pouvaient très bien n'avoir aucune idée de cette puissance qu'ils n'ont point été à même de constater. Ce que les rebelles n'ignoraient pas, c'est que la France ne manque pas de soldats ; mais ils savaient cela lorsque Sid Sliman-ould-Hamza leva l'étendard de la révolte, et ce détail ne les a pourtant pas arrêtés, et il devait en être ainsi ; car, pour les Arabes-Algériens, le nombre ne fait absolument rien à l'affaire, attendu que, lorsque le Dieu unique le jugera à propos, il nous fera repasser la mer, ou nous anéantira sans s'inquiéter le moins du monde si nous sommes 800,000 ou plus.

Quant au châtiment terrible dont on menace les révoltés, et qui va les atteindre s'ils persistent dans leur aveuglement, nous savions bien que nous n'étions point en état de le leur infliger par l'effet de nos armes, et que nous serions bien heureux de leur accorder notre pardon lorsque la faim et la soif les obligeraient à venir nous le demander.

En définitive, cette proclamation — qui, fort probablement, ne parvint pas à ceux qu'elle visait — ne modifia nullement la situation, et l'insurrection suivait son cours comme si de rien n'était ; l'apparition de ce document sembla même marquer une nouvelle période d'intensité ; en effet, au lieu d'amener les rebelles à résipiscence, nous verrons plus loin qu'il aura eu ce résultat de les rendre plus arrogants, plus téméraires, plus fanatiques, et de gagner à leur cause toutes les tribus des Oulad-Naïl.

Mais revenons à Zenina.

Dans la nuit du 19 au 20 septembre, le bruit courut dans le camp, et il parvint aux oreilles du général Jusuf, que, si les rebelles s'étaient retirés avec tant de précipitation devant lui, c'est que l'intention de Sid El-Ala était de choisir son heure et son champ de bataille. On ajoutait que ce dernier avait appelé à lui son neveu le marabouth, qui était alors à Aflou, et que celui-ci se portait en toute hâte sur Tadjmout avec l'intention d'y attaquer le général Jusuf s'il osait paraître sur ce point.

Ces bruits n'étaient pas absolument dénués de fondement ; le marabouth arrivait, en effet, et ralliait son oncle Sid El-Ala ; mais on lui faisait réellement trop d'honneur en lui supposant l'intention de combattre le général. Malgré son audace, Sid El-Ala était trop prudent pour s'attaquer à un homme qui n'en était plus à ses débuts dans les opérations militaires ayant le Sahra pour théâtre ; il n'ignorait pas — car le nom de Jusuf était légendaire dans toute l'Algérie depuis vingt-cinq ans — que le *djeninar Ioucef*, malgré la fougue et l'audacieuse témérité dont il avait donné tant de preuves depuis trente-quatre ans qu'il servait la France, n'était pas de ces inhabiles conducteurs d'hommes donnant étourdiment dans tous les pièges qui leur sont tendus, et qui se font battre par un ennemi mal armé, point du tout organisé, dépourvu de toute science militaire, et dont toute la tactique réside dans le désordre et dans une fuite opportune.

La cause déterminante de l'appel pressant fait au jeune maraboulh par Sid El-Ala ne résidait certainement point, nous le répétons, dans l'intention de ce dernier de se rencontrer avec le général Jusuf ; elle était uniquement dans la crainte de le voir tomber sur les populations qu'il avait entraînées dans la révolte, et qui allaient infailliblement être rejetées dans une région des plus pauvres en eaux, et des plus mal pourvues en plantes fourragères du Sud. C'était donc, ainsi que nous le verrons plus loin, pour la protection des tribus insoumises que Sid El-Ala avait réuni les contingents des rebelles aux environs de Tadjmout, et pour chercher à les maintenir le plus longtemps possible sur les pâturages de la zone arrosée par les eaux qui descendent du Djebel-El-Eumour.

Le général Jusuf n'ignorait pas cela, et il savait parfaitement à quoi s'en tenir relativement aux prétendues provocations de Sid El-Ala. Quoi qu'il en soit, et pour que sa colonne qui, déjà fatiguée de piétiner péniblement dans la halfa, désirait ardemment les compensations du combat, fût elle-même bien convaincue qu'il n'était point dans les projets du maraboulh d'attaquer la colonne, le général Jusuf, bien que sa présence fût des plus utiles au milieu des Oulad-Naïl, changea néanmoins sa direction, et, pour épargner à Sid Mohammed-ould-Hamza la moitié du chemin, il marcha directement sur Tadjmout, où l'on prétendait que ce chef des rebelles voulait lui livrer bataille.

La colonne Jusuf quittait Zenina le 20 septembre et allait bivouaquer à Mr'Irès.

Le 21, elle venait coucher à El-Hadjeb, bivouac situé à quelques kilomètres de Tadjmout, sans avoir rencontré autre chose sur sa route que les traces toutes fraîches de nombreux troupeaux ayant suivi récemment la même direction.

Une démonstration avait été faite par les rebelles sur Tadjmout; mais, à l'exemple de Zenina, ce ksar avait résisté et s'était défendu. Quant à l'ennemi, au lieu d'attendre la colonne, ainsi qu'on s'était efforcé de lui en prêter l'intention, il avait complétement disparu de ces parages par les routes du Sud, et en prenant comme direction principale celle d'Aïn-Madhi. L'approche de la colonne Jusuf avait suffi pour déterminer cette retraite.

La colonne alla camper, le 22, sous Tadjmout.

Le général — et nous en avons dit la raison plus haut — ne pouvait songer à poursuivre le marabouth; la situation de ses approvisionnements ne lui permettait pas, d'ailleurs, de s'enfoncer davantage dans le Sud. Cependant, pour donner toutes facilités à Sid El-Ala d'exécuter son projet d'attaque, le général manœuvra pendant deux jours autour de Tadjmout; le 23, il prenait son bivouac sur l'ouad Mzi, à 4 kilomètres du ksar aux abords duquel le chef des rebelles devait engager la lutte; mais ce dernier n'ayant point reparu, le général se décida à se porter sur Laghouath, dans le but d'y prendre les vivres qui lui étaient nécessaires pour se rendre au-devant du convoi que le colonel Archinard amenait à Djelfa. Le général arrivait à Laghouath le 24, et y faisait séjour le 25.

Mais ayant appris, dans la journée, par ses éclaireurs, que Sid Mohammed avait reparu à Tadjmout et qu'il l'y attendait, le général organise sans retard une colonne légère, dans la composition de laquelle il entre un bataillon de marche formé de trois compagnies de Zouaves et de pareil nombre de compagnies de Tirailleurs, et il remet de nouveau le cap, le 26, sur ce ksar. Vers deux heures, un millier de cavaliers arabes, qui, depuis quelque temps déjà, suivent ou longent la colonne, se tenant toutefois hors de portée, semblent épier le moment opportun pour tenter quelque entreprise sur le convoi; ils entament le feu, mais de trop loin pour qu'il soit dangereux. Le général ordonne à ses goums d'escarmoucher avec eux pour les attirer plus à sa portée; mais après une heure de cette tiraillerie inoffensive, les rebelles disparaissent et le pays est vide de nouveau.

La colonne légère campe à Recheg, sur l'ouad Mzi, où elle séjourne le 27.

Le lendemain, 28, elle reprenait son camp sous Laghouath. Cette nouvelle tentative du chef des rebelles démontrait suffisamment qu'il n'avait d'autre intention que celle de couvrir les tribus insoumises qui marchaient avec lui et qu'il sentait menacées, ou bien encore de décider le général à lancer sa cavalerie régulière à sa poursuite. Il est clair que, si la volonté de Sid Mohammed eût été réellement d'engager une action sérieuse, il eût poussé la démonstration plus à fond ; mais, nous le répétons, il ne pouvait avoir l'outrecuidance de se croire de force à *manger* une colonne française commandée par le général Jusuf, lequel n'était point assez naïf pour *s'emballer* à la poursuite des cavaliers de son commandement qui avaient fait défection. Si le goum qu'il avait amené du Tell eût été assez nombreux pour être opposé avec quelque chance de succès à la cavalerie du maraboath, il est probable qu'il n'eût pas hésité à le lancer, appuyé par une colonne légère, sur celle des rebelles, ne fût-ce que pour le compromettre davantage vis-à-vis d'eux. Mais le général ne disposait guère que de 2 ou 300 cavaliers qui, à ce moment de la période insurrectionnelle, manquaient tout à fait de zèle pour notre cause, et dont le contact avec les insurgés n'était point sans danger pour leur fidélité, et puis, disons-le, le Sahra ne valait rien pour ces nostalgiques du Tell, lesquels y avaient laissé leurs familles et leurs biens sans savoir quand ils verraient la fin de cette campagne qui, pour eux, était dénuée de toute espèce d'intérêt.

Mais, nous le répétons, Sid Mohammed n'était pas du tout tenté de s'attaquer à la colonne Jusuf. Comme son frère, Sid Sliman, le jeune maraboath préférait des entreprises moins dangereuses et surtout moins aventureuses, des affaires comme celle d'Aouïnet-Bou-Bekr, par exemple : il est vrai qu'on ne retrouve pas souvent de pareilles aubaines. Dans tous les cas, la colonne pouvait avoir toute confiance en son général ; car la brillante réputation du héros légendaire de la Kasba de Bône, de la prise de la Zmala de l'Émir, et de mille autres actions de guerre des plus chevaleresquement audacieuses, devait l'élever au-dessus de tout soupçon de prudence exagérée. Et le rappel de la merveilleuse valeur du général Jusuf — nous avons le regret de le dire — n'est pas ici hors de propos; car, en insistant sur ce point, nous allons au-devant de l'inconcevable reproche que quelques mauvais esprits n'avaient pas craint de lancer déloyalement dans la circulation, celui d'avoir volontairement laissé échapper l'occasion de battre le marabouth, lequel lui avait offert le combat. Encore un peu, et l'on aurait insinué — et nous ne jurerions pas que ce n'eût été fait — que le général avait eu peur et de qui, grand Dieu?... des Arabes!... Quelle pitié!... *Jusuf* et *peur* — et on le savait bien — sont certainement deux mots qui hurlent de se trouver accouplés, et il ne nous serait jamais venu à l'idée que, voulant diffamer le général, on irait choisir dans l'arsenal des calomnies celle d'être accessible à la crainte.

Nous comprenons jusqu'à un certain point — pour l'avoir éprouvé nous-même — que les agaçantes, énervantes, irritantes marches et contre-marches sous un soleil torride et par une température de bouche de four, et cela sans les dédommagements du combat, ait fini par donner sur les nerfs à certains officiers de la colonne, et par leur oblitérer le sens commun à ce point de leur faire attribuer à la peur ce qui, de la part du général, n'était que de la sagesse et de la sollicitude pour ses troupes; mais ce que nous comprenons moins, c'est la persistance de cette calomnie, et surtout l'accueil qui lui fut fait en haut lieu, ainsi que nous le verrons plus tard.

Nous ajouterons que, si le commandant de la colonne d'Alger avait paru, dans le principe, vouloir poursuivre, avec son infanterie, l'insaisissable marabouth, ce n'était certes point parce qu'il avait l'espoir de l'atteindre; non, mais il savait d'expérience que l'immobilité tue les colonnes françaises beaucoup plus vite et plus sûrement que les balles de l'ennemi. Aussi, se mouvait-il sur une ligne circulaire passant par les points de Charef, Zenina, Tadjmout, Laghouath et Djelfa, sans autre résultat, d'ailleurs, que de maintenir les Oulad-Naïl, et de tracasser et harceler les populations insurgées qui buvaient sur les eaux de ces parages, et qui, naturellement, reprenaient leurs campements dès que le général les avait dépassés. Il ne se faisait point cette illusion de croire que c'était là une besogne bien efficace et bien décisive ; mais, nous le répétons, il voulait donner une sorte de satisfaction à ses troupes, et sacrifiant ainsi à ce préjugé algérien qui établit en principe qu'on ne peut se dispenser, sans se déshonorer, de poursuivre un ennemi qui est à votre portée, quelles que dussent être d'ailleurs les conséquences de cette manœuvre, et quand bien même on serait certain d'arriver sans coup férir — avec quelque patience — au résultat cherché, celui d'amener cet ennemi à composition.

Mais il a toujours été de bon goût, en Algérie, de prendre parti pour les commandants de colonnes battus mais brillants, contre ceux qui se contentaient de vaincre sans combattre. Que n'a-t-on pas dit de nos très remarquables et très habiles généraux des dernières années de la lutte avec l'Émir El-Hadj-Abd-el-Kader; de ceux qui faisaient la guerre avec les jambes de leurs soldats, et qui se montraient, ainsi que le dit Saint-Simon à propos de Vauban, « les plus avares ménagers de la vie de leurs hommes » ? A-t-on suffisamment prétendu que, s'ils ne prenaient pas Abd-el-Kader, c'est qu'*ils ne voulaient pas le prendre !* A force de l'entendre répéter, les vaudevillistes avaient fini, comme tout le monde, par en être convaincus, et à ce point d'introduire cette facétie — qui eut un succès fou — dans une farce des *Variétés* ou d'ailleurs ; et l'honnête raison dont on arguait pour justifier cette trahison des intérêts français en Algérie, était — on le croyait alors — que la prise de l'émir aurait mis fin à la guerre dans nos possessions de l'Afrique septentrionale, et la paix c'était la mort de l'avancement et des autres récompenses dans l'armée d'Algérie.

Il faut bien qu'on le sache, on ne prend pas un chef arabe ; il se rend à son heure, — s'il y trouve son intérêt, — lorsqu'il en a assez. Quand il n'a pas confiance en nous, et lorsqu'il croit qu'il ne nous a pas suffisamment combattus pour que nous lui fassions des rentes, il s'échappe, et s'en va attendre chez nos voisins de l'Est ou de l'Ouest des jours meilleurs ou une occasion plus favorable. Et ce serait donner, s'il n'en était ainsi, tous les avantages aux civilisés, lesquels ont déjà, avec l'ordre et la discipline, toutes les ressources imaginables, et un armement d'une admirable précision. Pour équilibrer entre tous les animaux les garanties de conservation, le Créateur a donné à chacun d'eux des moyens de se défendre, ou d'échapper à des ennemis mieux partagés sous le rapport de leurs instruments ou appareils de destruction.

Il fallait donc que Sid Mohammed-ould-Hamza en prît son parti ; il ne devait pas compter recommencer avec le général Jusuf sa ruse du 26 avril dernier, laquelle nous avait coûté, nous le répétons, 17 tués et 35 blessés de notre cavalerie régulière. Le vaillant général avait trop souvent conduit des escadrons à la charge, des escadrons de la meilleure cavalerie du monde, — nous voulons parler des anciens Chasseurs d'Afrique, — pour avoir appris combien il est difficile de limiter une charge ; il savait que le tempérament de nos cavaliers était absolument réfractaire à tout mouvement de retraite, et que leur fougue chevaleresque, multipliée par l'enivrement que donnent l'allure vertigineuse des combattants, l'amour de la gloire, le mépris de l'ennemi, les bruits du combat et l'odeur de la poudre, ces puissants stimulants, leur fait perdre toute prudence et négliger toute précaution ; car la cavalerie française n'entend rien aux ruses des Numides : l'ennemi est devant elle ; elle marche droit sur lui sans se préoccuper des embuscades qu'il a pu lui tendre, pas plus que de la forme du terrain sur lequel l'entraîne son adversaire. Le général sait aussi que, dans ce cas, chefs et soldats sont toujours du même avis et d'accord sur la question, et que le plus ardent désir d'un capitaine-commandant est de donner le premier coup de sabre de son escadron. Que de fois n'avons-nous pas entendu ces bouillants officiers s'écrier, avant la charge, devant le front de leur troupe : « Celui qui me fera l'injure de me dépasser, je lui coupe la figure en zigzag ! » Et c'est précisément parce que la plupart de ces vaillants cavaliers avaient laissé leurs os sur les champs de bataille de Crimée, d'Italie et du Mexique, que les escadrons de cette belle troupe ne se composaient plus guère que de jeunes gens qui avaient bien tout le feu sacré, toutes les traditions, toute la bravoure de leurs aînés, mais pas encore cette assiette qui est la confiance et la force de l'homme de cheval. Le général savait tout cela, et ce sont là les raisons pour lesquelles il ne voulait pas les lancer inconsidérément sur ces magnifiques et rapides cavaliers des Nomades, montés sur leurs merveilleuses filles du vent, et aussi à leur aise sur le dos de leurs montures qu'ils le sont en terre ferme. Et il fallait bien croire que la colonne Jusuf, avec son calme, indice de la force, avec l'ordre sévère qu'elle mettait dans tous ses mouvements, en imposait quelque peu au marabouth et à ceux qui suivaient sa fortune, puisque, contrairement à ce qui s'était passé dans la province d'Oran pendant l'expédition du printemps, le chef de l'insurrection n'avait point encore osé l'attaquer sérieusement, bien qu'il disposât, à ce moment, de nombreux contingents, c'est-à-dire de toute la cavalerie des Hauts-Plateaux et du Sahra — moins les Oulad-Naïl — de la province d'Alger et de celle d'Oran.

Dans l'armée française, et nos ennemis en ont toujours largement profité, il n'est rien de plus difficile à pratiquer pour un chef que cette vertu militaire qu'on appelle une sage prudence. Et c'est d'autant plus fâcheux, qu'autour de nous la chevalerie est morte ; depuis longtemps déjà, la science l'a tuée.

Puisque nous en sommes sur cette question de la guerre sourde et déloyale qui fut faite, à cette époque, à l'ancien commandant de la Division d'Alger, disons-en notre sentiment tout entier.

Quelques-uns prétendaient — car chacun expliquait à sa manière ce qu'on appelait son inaction en présence des provocations des rebelles — que le général Jusuf ménageait les Arabes, et qu'il n'y avait là rien de bien étonnant puisque son origine était commune avec la leur. Nous pouvons répondre à cette imputation — car nous ne voulons point laisser prendre à la calomnie la force et la tenacité de la légende — qu'aucun officier français, même parmi ceux qu'on cite pour leur extrême sévérité, ne se montra moins indulgent que lui à l'égard de ses prétendus compatriotes ou coreligionnaires, quand il jugeait qu'il y avait lieu de frapper et de faire un exemple. Nous ajouterons qu'au cours de la campagne du printemps, le général avait fait preuve d'une rigueur excessive envers eux, particulièrement lors du pillage, par les goums et les convoyeurs de sa colonne, du ksar de Tadjrouna, où il avait fait passer par les armes les principaux meneurs de cette expédition contre des céréales qui étaient destinées à pourvoir aux besoins de ses troupes. Nous avons, d'ailleurs, parlé de cette affaire dans la première partie de cet ouvrage. Il est vrai, ainsi que nous l'avons dit déjà à ce propos, que, dans les conditions où nous nous trouvions alors vis-à-vis des indigènes, qui, à plusieurs reprises, avaient manifesté des velléités non équivoques d'indiscipline et de mauvais vouloir, toute faiblesse de la part du général eût entraîné infailliblement la défection et la trahison de ces auxiliaires dont la fidélité manquait de solidité, et dont l'attitude était devenue absolument intolérable.

La terrible leçon qu'il inflige, pendant ces mêmes opérations du printemps, à la mauvaise population du Ksar-Ben-Hammad, qui avait incendié et détruit la *dechera* (village) de Chellala, et fait main basse sur les troupeaux de ses habitants, venait prouver une fois de plus que le général n'était pas toujours tendre pour ceux qu'on l'accusait de ménager.

Malheureusement — et nous regrettons de le dire — toutes ces insinuations, ces calomnies avaient pris leur source, pendant la campagne du printemps, dans l'entourage du général, parmi ceux dont le devoir militaire eût été, au contraire, de le défendre envers et contre tous; car ils avaient sa pensée et connaissaient ses principes relativement à la conduite des opérations militaires dans le Sahra; ils auraient dû, dès lors, s'attacher à éclairer les ignorants et ceux qui manquaient d'expérience dans les choses algériennes; il n'y avait rien à faire pour les malveillants de parti pris. Au lieu de cela, on faisait au général une guerre sourde, acharnée depuis le commencement des opérations du printemps; on prenait à tâche de contrecarrer ses projets; on ridiculisait ses décisions, et cela derrière lui, mais devant les troupes; on lui jetait, à tout bout de champ, le règlement dans les jambes; tout ce qu'il ordonnait était antiréglementaire, prétendait-on, ou bien « cela ne se faisait pas ainsi... Il n'avait pas le droit de faire cela.... » Invoquer à tout instant le règlement en campagne, et surtout dans un pays où rien n'est prévu, où tout se fait au jour le jour et, pour ainsi dire, d'occasion, c'était de la haute bouffonnerie. Ils savaient bien, ces puritains de l'administration, que les règles sont faites pour le temps de paix, quand rien ne vient troubler leur exécution ; mais qu'une fois en présence de l'ennemi, la règle est remplacée par les expédients; on fait comme on peut. On arrangera cela en rentrant, après la guerre ; *on fera cadrer*. C'est l'affaire des commissions de liquidation qu'on organise après chaque campagne. A ce moment seulement, on peut invoquer la règle ; elle a sa valeur ; car elle permet de débrouiller le chaos qui s'est produit pendant la période anormale qui maintenait toutes grandes ouvertes les portes du temple de Janus. Ces bâtons dans les roues, ces objections continuelles de la part de ces hypocrites de la règle avaient fini par agacer, irriter le général au dernier des points, et, ma foi, il était arrivé à bout de patience et de longanimité. En définitive, ces calomnies ont fait leur chemin, et elles ont eu, pour l'infortuné général, les conséquences les plus funestes ; car elles l'ont tué.

Mais revenons à la colonne Jusuf, que nous avons laissée à Laghouath.

La question des vivres était toujours la préoccupation du général ; c'était elle particulièrement qui le retenait dans une zone relativement restreinte, et qui l'empêchait de donner plus de rayon à ses opérations, surtout avec des forces aussi numériquement importantes que l'étaient les siennes, forces qu'il ne pouvait ni réduire, ni diviser tant que le gros de celles du marabouth stationnerait dans le pays. Il lui était également impossible de séjourner sous Laghouath, dans l'ignorance du moment où il serait en mesure de pouvoir faire ravitailler ce poste avancé ; il ne voulait pas non plus risquer de l'affamer en vivant sur ses approvisionnements.

Le général Jusuf décide donc qu'il se portera sur Djelfa, au centre du pays des Oulad-Naïl, pour y attendre le convoi qu'escorte la colonne Archinard, et que le général doit faire arriver sur ce point. Cette résolution présente l'avantage de maintenir ces tribus dans le devoir, ou tout au moins de retarder leur désection; elle rapproche la colonne Jusuf du convoi attendu et, par suite, permet au général de se conformer sans délai à l'ordre du Gouverneur, qui lui prescrit de se porter dans la province de Constantine, pour combiner une opération sur la limite orientale de sa division avec le commandant de la colonne de Bou-Sâada.

La colonne Jusuf quittait donc Laghouath le 20 septembre, et arrivait à Djelfa le 8 octobre.

La colonne Liébert, qui opérait avec celle du général Jusuf, se séparait de celle-ci, le 1er octobre, à Sidi-Makhlouf, et se dirigeait sur Dar-Djelloul pour en ramener à Djelfa les approvisionnements et faire l'évacuation de ce dépôt, devenu sans utilité pour la suite des opérations.

Pendant son trajet entre les points de Laghouath et de Djelfa, la colonne Jusuf avait été suivie à distance par les *chouaf* des rebelles, lesquels apparaissaient de temps à autre sur les flancs de la colonne. Cette démonstration indiquait clairement que — ce à quoi il fallait s'attendre — les insurgés remontaient aussi vers le Nord.

La colonne Archinard, escortant un formidable convoi de 1,200 bêtes de somme et de 83 prolonges ou voitures de roulage (1),

---

(1) Il y aurait de l'ingratitude à passer sous silence le rare dévoûment, la constance, la ténacité, l'énergie et la merveilleuse habileté dont fit preuve, dans cette conduite des convois à travers le Sahra, l'intrépide Juan Mas, de la ferme-auberge de Mesran, établissement situé à un kilomètre au nord du *banc de sable* qui traverse la route de Laghouath. Connaissant son Sud, où il est établi depuis longues années, sur le bout du doigt, Juan Mas, ce valeureux pionnier, nous rendit les plus grands services pendant la partie de la campagne comprenant les mois d'août, septembre, octobre et novembre; il dirigea les convois de voitures entre Boghar et Djelfa, c'est-à-dire à travers des terrains impossibles, avec une entente parfaite de ce genre d'opérations, et tous, grâce à la bonne direction qu'il sut leur donner, arrivèrent, non sans peine, mais tout au moins sans encombre à destination.

Le colonel Archinard, chargé, à plusieurs reprises, de l'escorte de ces convois, faisait le plus grand cas de ce brave et vigoureux Espagnol, lequel n'avait pas hésité à défendre seul, perdu au milieu du désert, sa maison de Mesran, attaquée, le 14 août, par les coupeurs de routes des tribus défectionnaires, et n'avait pas craint, après les

quittait Bokhari le 25 septembre et prenait la direction du biscuit-ville de Dar-Djelloul, où elle arrivait le 29. Après avoir laissé un détachement du 1er de Zouaves à la garde de ce poste, la colonne continuait, le 1er octobre, son mouvement sur Djelfa, où elle était rendue le 4 du même mois, c'est-à-dire le lendemain de l'arrivée de la colonne Jusuf sur ce point.

Bien que l'affaire dont nous allons parler paraisse sans relation directe avec la rébellion des Oulad-Hamza, nous voulons cependant en dire quelques mots.

Dans le courant du mois de mars dernier, c'est-à-dire peu de temps avant la levée de boucliers de Sid Sliman-ould-Hamza, une bande de 5 ou 600 Kabils appartenant aux tribus du Zouar'a, des Arrès, des Oulad-Askeur et des Beni-Ftah, de la province de Constantine, s'était ruée subitement et sans motif apparent sur le bordj Zer'aïa, résidence du kaïd du Zouar'a. Cette bande était conduite par le nommé Moulaÿ-Mohammed, mokaddem des khouan de Sidi Mohammed-ben-Abd-er-Rahman. Le bordj est pillé pendant l'absence du kaïd, et les assaillants se retirent sans faire autrement acte d'hostilité. La raison de cette retraite était que les grands personnages qui devaient prendre la direction du mouvement ne s'étaient point montrés.

A la suite de cette tentative avortée, les meneurs furent cependant arrêtés. C'étaient Sid Bou-Lekhas-ben-Azz-ed-Din, kaïd des Mouïa, Sid El-Hadj-Ben-Azz-ed-Din, kaïd des Beni-Ider, et le chikh El-Hadj-Bou-Akkaz, lequel se préparait à quitter Constantine, où il était interné, pour aller soulever son chikhat. Bou-Akkaz fut dirigé sur Pau, et les Beni-Azz-ed-Din sur Corte (Corse) avec trente-cinq des leurs.

Les choses en étaient là quand, le 25 septembre, le général Périgot, qui commandait la province de Constantine, se porta avec une colonne dans le Zouar'a et le Ferdjioua pour y régler

---

avoir repoussés, de se mettre à leur poursuite sans autre arme qu'un sabre de cavalerie. Juan Nas fut blessé à la jambe dans cette affaire qui, en même temps qu'elle donne une idée de son indomptable valeur, lui fait encore le plus grand honneur.

les affaires, et y procéder à une réorganisation rendue nécessaire par suite de l'internement en France du chikh Bou-Akkaz. Or, dans la nuit du 25 au 26 septembre, quelques partisans du régime déchu ou renversé vinrent tirer sur le camp. Le lendemain, 26, au départ de la colonne, des contingents kabils attaquèrent son flanc droit et l'avant-garde, comme protestation, sans doute, du nouvel état de choses. Le général Périgot arrêta sa colonne, et la fit camper à Merigoun, sur les bords de l'ouad El-Kebir du Babour. Quatre bataillons sont lancés sur les Arbaoun, fraction chez laquelle avaient eu lieu les démonstrations hostiles. Cette fraction paya son agression de la perte de quinze des siens. Cette affaire mit fin à l'agitation dans cette partie de la province de Constantine.

Depuis la défection des tribus du cercle de Boghar, la fidélité de celles du sud de la subdivision d'Aumale et du cercle de Bou-Sâada était fortement ébranlée. Dans les derniers jours de septembre, ces tribus firent décidément défection, entraînant dans la révolte une grande partie des Oulad-Naïl de l'Est. La province de Constantine était dès lors entamée, et il était à craindre, si l'on ne prenait de promptes et énergiques mesures, que, par l'effet de la contagion, le mal ne s'étendît et ne se communiquât à tout le sud de la province de l'Est. Mais, en prévision de la défection des populations de cette région, une colonne, dont le commandement était donné au colonel Lepoittevin de la Croix, du 3e de Tirailleurs algériens, avait été organisée à Bou-Sâada. Pris en flagrant délit d'émigration, ces rebelles furent battus, le 30 septembre, à Tniyet-er-Rih, par la colonne du premier de ces postes. Le colonel De la Croix se mit à leur poursuite, et leur fit essuyer de nouveau, sur l'ouad Dermel, un échec des plus sérieux. Le commandant de la colonne évaluait leurs pertes à 150 tués et 200 blessés ; 44 cadavres avaient été abandonnés sur le terrain. Le drapeau du chef de l'insurrection fut enlevé par les Spahis du 3e régiment. Quant à la colonne, elle comptait 13 tués et 10 blessés.

A la suite de ce combat, la marche de l'insurrection était sérieusement enrayée dans la province de Constantine. Les populations battues s'étaient réfugiées partie dans le Djebel Es-Sahri, partie dans les montagnes qui sont au sud du Zar'ez oriental, d'où la colonne de Bou-Sâada, comme nous le verrons plus tard, ne tardera pas de les débusquer.

Mais il est temps que nous nous portions dans la province d'Oran, où nous allons voir se dérouler de nouveau les sombres péripéties d'un drame bien plus terrible encore que celui de l'anéantissement de la poignée d'hommes de Beauprêtre, ce héros des Kabilies, drame d'autant plus pénible à raconter qu'on ne retrouve là aucune des conditions qui rendent excusable le commandant de la colonne d'Aouïnet-Bou-Bekr, lequel, d'ailleurs, a payé de sa vie son excès de confiance dans les forces indigènes qui marchaient avec lui, et son défaut de connaissance du pays où il opérait et des populations qu'il pouvait avoir à combattre.

V

Situation de l'insurrection pendant l'été 1864 dans la province d'Oran.
— Emplacements des colonnes d'observation. — Le marabouth Sid
Mohammed-ould-Hamza et son oncle Sid El-Ala repassent de la
province d'Alger dans celle d'Oran. — Ils sont signalés sur le
Chotth-ech-Chergui. — Le général Jolivet porte sa colonne de Tafraoua à El-Kheïdher et marche au marabouth. — Désastre sur
les puits d'El-Beïdha. — Les débris de la colonne se mettent en
retraite sur Saïda. — Nouveau désastre à El-Kheïdher. — Le général Deligny a repris l'offensive ; il opère dans le cercle de Géryville.

Nous avons vu qu'après ces quelques tentatives d'enlèvement, dans le courant de juillet, sur les tribus de la partie des Hauts-Plateaux qui s'étend entre Saïda et Tniyet-el-Ahd, le marabouth s'était retiré, avec ses contingents, sur les eaux qui sont au sud de l'oued Souf-Sellem et du Nahr-Ouacel. On s'était borné, dans les deux provinces d'Alger et d'Oran, à porter des colonnes d'observation sur la ligne de ceinture du Tell pour en défendre les débouchés. La colonne de Frenda était commandée par le lieutenant-colonel de Colomb, et celle de Tafraoua — bivouac situé à 28 kilomètres au sud du poste de Saïda — par le général Jolivet.

Le général Deligny ayant résolu d'attendre la fin des chaleurs et de ne reprendre les opérations qu'en automne, on laissa les populations insurgées séjourner tranquillement, pendant la saison estivale, sur les eaux des plateaux. De temps à autre, sans doute pour s'entretenir la main, les contingents faisaient quelques démonstrations sur les passages du Tell ; mais cela ne pouvait avoir rien de sérieux.

Le jeune marabouth Sid Mohammed-ould-Hamza et son oncle Sid El-Ala ne restaient cependant point inactifs, et, ne pouvant rien sur le Tell d'Oran, ils s'étaient rabattus sur le sud de la province d'Alger, dont ils travaillaient vigoureusement les tribus soit par eux, soit par leurs nombreux émissaires. Nous avons vu comment ils y avaient réussi, tout d'abord, par la défection, le 6 août, des Arbaâ et des gens du Djebel-El-Eumour campés à Thaguin, puis, quelques jours après, par le passage sous le drapeau de l'insurrection des tribus du cercle de Boghar. Ce résultat obtenu, le marabouth et Sid El-Ala se portèrent sur le pays des Oulad-Naïl, dans le courant de septembre, pour déterminer la défection des fractions qui composent cette importante agglomération, tribus dont la fidélité était des plus ébranlées, et que la présence de la colonne Jusuf retenait seule dans le devoir.

Les choses en étaient là lorsque, tout à coup, désespérant du succès dans la province d'Alger, l'actif Sid El-Ala, ne voulant point borner son rôle à la protection des tribus défectionnaires du cercle de Boghar, apparut, vers la fin de septembre, sur le Chotth-ech-Chergui, tentant d'attirer à lui ou d'enlever les dernières tribus qui n'avaient point encore embrassé sa cause, c'est-à-dire les Rzaïna, les Djâfra et les Beni-Mathar, lesquels étaient trop exposés à subir l'influence de l'agitateur pour nous conserver longtemps leur fidélité.

Pour mieux couvrir ces tribus, qui avaient leurs campements dans les environs du Chotth, le général Jolivet se porta de Tafraoua sur El-Kheidher, ksar ruiné situé au sommet d'une colline isolée sur la rive nord de la sebkha, où il construisit une redoute en pierres sèches au moyen des matériaux provenant des anciennes habitations. Ce point, qui est riche en eaux, a reçu, à plusieurs reprises, notamment en 1849 et en 1852, l'affectation que lui rendait le général Jolivet.

Le 28 septembre, à deux heures de l'après-midi, le général apprenait, par le rapport d'une reconnaissance, que les contingents de Sid El-Ala avaient traversé le Chotth et débouché sur les plateaux par la vallée d'El-Maï, et qu'ils occupaient Sfid et Aïn-el-Beïdha, points distants l'un de l'autre de 6 à 7 kilomètres, et d'environ 32 kilomètres au nord d'El-Kheidher. Pour être fixé sur le point exact où se trouvait le marabouth avec le gros de ses forces, le général, qui, sans doute, n'avait qu'une confiance très limitée dans les éclaireurs qu'il avait lancés de prime abord, envoya des cavaliers de son goum aux renseignements dans plusieurs directions ; mais la plupart de ces cavaliers ne reparurent pas, ce qui signifiait clairement que le marabouth n'était pas loin, et qu'ils avaient profité de l'occasion que leur fournissait le général de passer plus facilement sous les drapeaux de l'insurrection.

Le lendemain, 29, le général était informé que, décidément, Sid El-Ala était de sa personne sur les eaux de Sfid, c'est-à-dire sur ses communications, et il se disposait à aller l'y attaquer, lorsque, vers cinq heures du soir, on lui faisait connaître que Sid El-Ala avait quitté Sfid vers dix heures du matin, se dirigeant sur les puits de Bedrous, point situé à 25 kilomètres environ du camp d'El-Kheidher. Sur la foi de ce dernier renseignement, le général résolut de se porter sans retard sur l'Oglet-Bedrous pour y *surprendre* Sid El-Ala, et arrêter, par la même occasion, l'émigration des dernières tribus qui nous étaient restées fidèles pour — tout porte à le croire — que nous les laissions passer l'été sur leurs campements.

Pour tenter cette *surprise*, le général organisa une colonne légère composée du 10e bataillon de Chasseurs à pied, d'un bataillon du 17e d'infanterie, de la section d'artillerie, et des 3e et 4e escadrons du 11e de Chasseurs à cheval ; 40 cavaliers du goum devaient éclairer la colonne.

Le général laissa à la garde du camp d'El-Kheidher un bataillon du 17e d'infanterie et les hommes fatigués ou malingres. Le camp fut placé sous les ordres du commandant Bressoles — du 10e de Chasseurs à pied — blessé d'un coup de pied de cheval, et, par suite, dans l'impossibilité de prendre le commandement de son bataillon. La colonne — l'infanterie sans sacs — se mit en marche le 29 septembre à six heures et demie du soir.

Le général se dirigea sur Bedrous en longeant la rive sud du Chotth. Arrivé sur les puits de ce bivouac, vers une heure du matin, il put constater qu'il n'y avait pas trace d'insurgés ; mais ayant aperçu des feux nombreux au nord du Chotth, le général ne douta pas un seul instant que ce ne fussent ceux des campements de Sid El-Ala, et, toujours poursuivi par cette idée de surprendre le chef de l'insurrection, il tournait à gauche et engageait sa colonne dans les boues de la sebkha, et il était tellement impatient de faire la capture de Sid El-Ala, qu'il n'avait point fait faire de halte à sa troupe, laquelle pourtant avait déjà vingt-cinq kilomètres dans les jambes, et qu'il avait négligé de faire renouveler l'eau des bidons aux puits de Bedrous, précaution qui était d'autant plus indiquée qu'il ignorait où le conduirait l'aventure qu'il avait entreprise, et quand il retrouverait de l'eau.

La colonne traversa péniblement les vases gluantes du Chotth, et, au lieu des campements de Sid El-Ala, elle ne trouva, sur la rive nord de la sebkha, que ceux des Rzaïna, tribu, nous l'avons dit, qui n'avait point fait encore ostensiblement défection. Le général l'envoya camper sous la protection de la redoute d'El-Kheidher pour la soustraire aux séductions ou aux violences du marabouth, — précaution un peu tardive, — et cette mesure encore devait nous être funeste le lendemain.

Trompé dans son espoir de surprendre le marabouth, le général, qui, paraît-il, n'avait pas encore abandonné tout à fait cette idée, remonta vers le nord en prenant la direction d'El-Kerch, où il pensait, sans doute, trouver de l'eau. La colonne n'arriva sur ce point que vers huit heures du matin. Une partie des rebelles y avaient passé la nuit. Le général pouvait, en effet, apercevoir au loin un goum ennemi, qu'il prit pour l'arrière-garde du marabouth, et qui poussait devant lui, dans la direction de l'est, les nombreux troupeaux des rebelles. Il eut un instant la pensée de se mettre aux trousses de ce goum ; mais celui-ci avait bientôt disparu. Comme sa direction était opposée à celle que suivait la colonne, le général renonça à cette poursuite.

Il n'y avait plus à douter dès lors — en supposant que le général ait pu conserver quelque illusion de ce côté — que sa marche n'eût été signalée, et qu'elle se faisait en présence de l'ennemi. C'était le cas ou jamais de prendre toutes les précautions exigées pour une marche s'exécutant dans ces conditions.

On se demande aussi pourquoi, après avoir constaté que Sid El-Ala n'était ni à Bedrous, ni sur la rive nord du Chotth, où l'avaient attiré des feux qui, fort probablement, signalaient à l'ennemi la mise en mouvement de sa colonne, on se demande, disons-nous, pourquoi le général, dont les troupes avaient déjà parcouru 30 kilomètres au moins, ne reprenait pas la direction d'El-Kheidher, au lieu de s'engager, sans but déterminé, dans un pays qui lui était absolument inconnu, ainsi qu'à ceux, paraît-il, qui, dans son État-major, avaient pour mission et pour devoir de l'éclairer (1).

Il n'y avait pas d'eau à El-Kerch, et le point de campement le plus rapproché était Aïn el-Beïdha, que le kaïd des Mâalif dit au général être distant d'El-Kerch de trois heures de marche. Sur la foi de ce renseignement *arabe*, il continua sa marche — il ne pouvait plus faire autrement — vers les eaux tant désirées de l'Aïn-el-Beïdha.

Or, ce jour-là, la chaleur était accablante; le vent du désert soufflait avec une violence extrême, soulevant des nuages de sable brûlant et desséchant les gosiers. Depuis longtemps, la ration d'eau emportée dans les petits bidons, au départ d'El-Kheidher, était épuisée, et les hommes souffraient déjà toutes les tortures de la soif. La colonne, qui marchait depuis quatorze heures, semait son parcours de nombreux traînards; les compagnies s'allongeaient d'une façon inquiétante; la voix des officiers commençait à devenir impuissante pour faire serrer, et l'arrière-garde, voyant ses efforts pour faire rejoindre stérilisés, passait outre, abandonnant nos malheureux fantassins au milieu de ces régions désertiques, qui, bientôt, allaient être sillonnées par un ennemi fanatisé férocement implacable.

---

(1) Il était d'autant plus sage de reprendre la route d'El-Kheidher que le point d'Aïn-el-Beïdha, le seul qui lui était signalé devant lui comme ayant de l'eau, ne figurait pas sur les cartes dont on disposait à cette époque, et que, dès lors, le général était obligé de s'en rapporter aux renseignements des Arabes, pour lesquels le temps n'est rien, et qui n'ont qu'une idée extrêmement vague de l'appréciation des distances : « Ils arriveront, s'il plaît à Dieu ! disent-ils, quand ils seront au terme de leur voyage. » Leur système de mesure du temps est aussi extrêmement large : ils comptent d'une prière à l'autre, et leur estimation, dans le Sud surtout, est toujours établie sur la durée d'un trajet fait à cheval.

On marchait déjà depuis trois heures, — les trois heures du kaïd des Mâalif, — et pourtant on n'apercevait pas encore les hauteurs au pied desquelles devait se trouver l'Aïn-el-Beïdha, la source promise. Et cependant, le général n'avait pas lieu d'en être étonné ; car il ne lui était pas permis d'ignorer que l'Aïn-el-Beïdha, où, pendant sa longue station d'été à Tafraoua, il avait fréquemment envoyé sa cavalerie pour faire de la halfa, était très près de ce point de campement, et, par conséquent, très loin de la rive nord du Chotth. Il était d'ailleurs de son devoir le plus strict d'explorer au loin, pendant son séjour à Tafraoua, le pays qu'il avait devant lui, et dans lequel il pouvait être appelé à opérer ou à combattre.

Pour justifier sa marche vers le nord, le général invoque, dans un rapport officiel dont le principal mérite n'est peut-être pas la clarté, la nécessité de protéger un convoi qui était destiné à sa colonne, et qui devait partir de Saïda le 29 septembre pour venir coucher à Timettas le même jour. Mais alors on s'explique malaisément pourquoi le général, si son intention est d'aller au-devant de ce convoi, prend précisément une direction tout à fait opposée le soir même du 29, et cela sous le prétexte de surprendre le marabouth, qui, justement, était établi à Sfid, c'est-à-dire sur le chemin même que devait parcourir le convoi attendu, lequel, bien certainement, il se proposait d'enlever, et il est évident que les renseignements qui faisaient connaître au général que Sid El-Ala avait quitté Sfid pour se retirer sur Bedrous, n'avaient d'autre but que de lui donner le change, et de l'envoyer dans une direction tout à fait opposée afin de laisser entière liberté de manœuvre au chef des rebelles, et lui permettre ainsi d'avoir plus facilement raison de l'escorte de ce convoi, laquelle avait été composée d'autant moins fortement qu'on ignorait le retour du marabouth dans la province d'Oran.

Il ressort de tout ceci que le général était tombé dans le piège avec une facilité qui témoignait tout au moins chez lui d'une médiocre habitude de la guerre dans le Sahra, et d'un mépris inconcevable des mesures de précaution et de sûreté les plus élémentaires.

En définitive, le général va chercher au sud un ennemi qui

est à cheval sur ses communications avec Saïda, c'est-à-dire à 26 kilomètres de son camp d'El-Kheidher; il s'en rapporte aveuglément à des renseignements de provenance arabe, qu'il reçoit une heure avant la mise en marche de sa colonne, et qu'il ne fait pas contrôler, pour changer de direction et en prendre une qui lui enlève toute possibilité d'apporter son aide, en temps opportun, à l'escorte du convoi qui lui était destiné. Enfin, dans les malheureuses journées des 29 et 30 septembre, les fautes s'accumulent les unes sur les autres, et il semble écrit que cette malheureuse colonne est fatalement vouée à la destruction.

Vers onze heures du matin, la tête de la colonne arrivait en vue des hauteurs qui dominent Aïn-el-Beïdha; il y avait seize heures qu'elle marchait. Quelques éclaireurs rentraient à ce moment; ils ne signalaient l'ennemi nulle part. On les croit sur parole; la sécurité est dès lors complète; on ne réfléchit pas que, quoi qu'en disent les *chouaf*, la marche de la colonne est éventée depuis la veille, et que l'ennemi ne peut être bien loin, puisqu'on a aperçu à El-Kerch un goum des rebelles qu'on a cru être l'arrière-garde du marabouth.

On marche toujours; mais ces malheureuses montagnes semblent s'éloigner à mesure qu'on en approche, et c'est à leur pied qu'est le salut, l'eau. En attendant, l'horrible vent du désert souffle impitoyablement, et son haleine brûlante a desséché jusqu'à la dernière goutte de l'eau que contenaient les bidons; le sable qu'il soulève pénètre dans les yeux, dans les narines, dans la bouche, dans les oreilles; des trombes livides qui ont leur sommet dans un ciel roux tournoient sur elles-mêmes, et courent dans le nord avec une rapidité extrême en décoiffant les malheureux fantassins qu'elles rencontrent sur leur parcours. Au fait, à quoi bon des casquettes pour ceux qui, bientôt, n'auront plus de têtes? Un soleil blafard et dérayonné roule dans les cieux comme un disque d'argent terni. La colonne s'égrène à chaque pas comme un chapelet brisé; à tout instant, c'est un homme qui tombe; les officiers insistent un peu pour l'engager à se relever; mais l'homme, épuisé de fatigue et mourant de soif, ne bouge pas; puis, pour se mettre d'accord avec sa conscience, l'officier se dit : « Les muletiers du convoi le ramasseront », et il passe ; car, pour son compte, il est logé à peu près à la même enseigne que son subordonné ; comme lui, il y a dix-huit heures qu'il est en route, et il n'est pas de fer. A force de marcher, la colonne s'allonge de plus en plus d'une effrayante queue de traînards qui rampe dans cette immensité ; il y a de ces points noirs jusqu'à l'horizon, huit à dix kilomètres, et cela sans compter ceux qui sont tombés et qu'on ne voit plus. Le convoi a passé, mais comme les trois ou quatre paires de cacolets qui marchent à l'arrière-garde ne peuvent prendre que six ou huit hommes, et que les places sont prises depuis longtemps, le Train, qui ne peut rien pour les tombés, ne s'en inquiète plus : « Ils rejoindront plus tard comme ils pourront. »

Quant au général, il marche toujours en avant de la colonne, et sans se retourner ; il ne l'ose pas, sans doute ; son regard est fixé sur les hauteurs d'Aïn-el-Beïdha, qu'il dévore des yeux et qu'il voudrait avoir le don de pouvoir amener à lui. Peut-être commence-t-il à comprendre toute l'horreur de sa situation ? Peut-être sent-il sur sa tête tout le poids de sa responsabilité ? Bien qu'il ait toujours les yeux obstinément fixés sur le Nord, il se pourrait pourtant qu'il se doutât un peu de ce qui se passe au Sud, derrière lui. Il va tenter un effort, et cet effort ne lui réussira pas : il ordonne au chef des Affaires arabes d'envoyer une partie de son goum, avec des peaux de bouc, sur les puits d'El-Beïdha pour en rapporter de l'eau. Pendant ce temps, l'autre partie du goum se portera à l'arrière-garde pour relever les hommes tombés de fatigue et les prendre en croupe. Cette importante mission est confiée à Ali-ould-Khaled-ben-El-Khomsi, le frère du kaïd des Haçasna-ech-Cheraga, et sur lequel il croyait pouvoir compter. Ali-ould-Khaled était suivi de 25 cavaliers de cette tribu.

A une heure, le général n'était plus qu'à 4 kilomètres des puits ; impatient d'arriver, il prend les devants avec la cavalerie pour tracer le camp, et sans laisser d'ordres précis au chef de bataillon Louis, qui commandait l'infanterie. Il a été prescrit aux bagages de suivre le général ; mais, comme ils se trouvaient assez loin en arrière de la colonne, les conducteurs du Train ont hâté l'allure de leurs mulets, manœuvre qui n'était pas faite pour remettre de l'ordre dans le convoi. Ils rejoignirent le gros de la colonne, déjà considérablement réduit et sans cohésion, et le dépassèrent en augmentant le désordre au fur et à mesure qu'ils avançaient. Enfin, ils finirent par former une longue traînée isolée entre le général et la tête de la colonne d'infanterie, laquelle, malgré des haltes fréquentes, ne réussissait pas à reprendre le contact entre ses subdivisions, et encore moins à faire rejoindre les malheureux fantassins qui étaient restés en arrière, braves gens qui se sentaient complètement abandonnés, et qui avaient perdu tout espoir d'être secourus depuis que le Train avait filé en avant.

A son arrivée sur les eaux, le général fit remplir les bidons et les envoya à l'infanterie par l'un des deux escadrons de Chasseurs, qui lui conduisait en même temps en main, pour monter les hommes les plus fatigués, les chevaux de l'autre escadron, resté à pied sur le terrain du bivouac.

L'escadron qui allait vers l'infanterie était à peine en route que quelques cavaliers parurent sur les crêtes. Le général envoya un spahis pour les reconnaître; mais avant qu'il les eût joints, toutes les hauteurs qui avoisinaient l'emplacement du camp se couvraient de fantassins, pendant que des cavaliers sans nombre, sortant des gorges, des ravins, des plis de terrain, débouchaient tumultueusement dans la plaine en poussant de grands cris. Au milieu d'eux flottait le drapeau du marabouth. En un clin d'œil, le général et les Chasseurs démontés sont enveloppés, et les communications avec la colonne entièrement coupées.

Le groupe qui entourait le général se composait de son aide-de-camp, de son chef des Affaires arabes, de l'agha Abd-el-Kader-ben-Daoud, de 10 officiers et de 80 cavaliers du 11e de Chasseurs, d'une dizaine de spahis et de quelques cavaliers du goum, le tout formant un total de 104 combattants. Il est à supposer que les cavaliers des Haçasna qui avaient été envoyés à l'eau, ainsi que ceux qui, sous la conduite d'Ali-ben-El-Khomsi, s'étaient portés en arrière pour relever les hommes fatigués avaient passé au marabouth; ce qu'il y a de certain c'est qu'ils ne reparurent plus.

Le général disposa sa petite troupe en carré sur les faces du camp qui avait été tracé, et reçut l'attaque, laquelle fut extrêmement vive d'abord, mais qui finit bientôt par mollir en présence de l'énergique résistance de cette poignée de braves qui, pendant près d'une heure, tint tête, en rase campagne, à des masses ennemies augmentant d'instant en instant, et qui s'ébranlèrent, à cinq reprises différentes, avec des cris furieux, pour aborder le carré et vider leurs fusils sur ce petit groupe de combattants, lequel semblait destiné à devenir infailliblement la proie de cette cohue hurlante avide de sang et de butin.

Mais, apercevant le convoi qui marchait à la débandade et dans le plus grand désordre, voyant cette longue traînée de fantassins dont la queue semblait au delà de l'horizon, Sid El-Ala comprit qu'il aurait bien meilleur marché de ces bandes incapables de se défendre, et qu'il y trouverait bien plus de profit. En effet, abandonnant l'attaque du groupe que commandait le général, les cavaliers rebelles se jetèrent sur les bagages et les enlevèrent en un clin d'œil, puis, longeant les flancs de la colonne d'infanterie hors de la portée de ses armes, ils allèrent massacrer les traînards jusqu'à 10 ou 12 kilomètres en arrière. Ces malheureux fantassins, harassés, mourant de faim et de soif, ignorant ce qui s'était passé à Aïn-el-Beïdha, incapables de distinguer un cavalier ennemi d'un cavalier ami, se laissaient approcher sans défiance par des gens qui leur offraient de l'eau et du secours, et étaient traîtreusement égorgés avant d'avoir eu seulement l'idée de se défendre. C'est ainsi que 110 hommes du 10e de Chasseurs à pied et 40 du 17e d'infanterie trouvèrent la mort dans cette désastreuse affaire, et cela sans avoir eu la satisfaction de tirer un seul coup de fusil.

Après un succès pareil, et qui lui avait coûté si peu, Sid El-Ala, voulant imiter les glorieuses coutumes des vainqueurs dans les armées européennes, orna la cravate de son drapeau des épaulettes et décorations qu'il trouva dans les cantines de quelques officiers.

Gorgés de sang et de butin, les rebelles se retirèrent peu à peu et en prenant leur temps ; car ils savaient bien qu'ils n'avaient rien à redouter d'une colonne qui, harassée et démoralisée, se trouvait dans l'impossibilité absolue de prendre l'offensive.

Il y avait eu, pourtant, pendant cette funeste attaque des insurgés, de nombreux traits individuels de dévouement et d'héroïsme. Quelques hommes de cœur, qui n'avaient point perdu la tête, se défendirent vaillamment, et ne craignirent point de s'attarder en arrière de la colonne pour réunir et grouper en petits paquets quelques malheureux à bout de forces qui, sans cette disposition, étaient voués à une mort certaine, qu'ils attendaient, d'ailleurs, avec résignation, et comme devant être le terme de leurs souffrances.

C'est ainsi que le lieutenant *David*, du 10e bataillon de Chasseurs à pied, rallia bon nombre de traînards, les réunit en un fort peloton, et, après avoir soutenu plusieurs attaques en formant le carré, parvint à rejoindre le camp à huit heures du soir.

Le sergent-fourrier *Bolle*, du même bataillon, est parvenu à réunir et à grouper dix-huit hommes qui s'étaient égarés, et, en se défendant vigoureusement avec son petit détachement, a pu rallier le gros de la colonne.

Le lieutenant *d'Albertini*, du 17e d'infanterie, s'est tenu constamment sur les derrières de la colonne, ralliant les hommes isolés, et parvenant, tout en combattant, à leur faire rejoindre la colonne.

Le sergent *Berlire* et le sergent-fourrier *Belleraux* ont mis tous leurs efforts à soutenir, à encourager et à grouper des isolés, qu'ils purent ainsi ramener au camp.

Des Chasseurs à cheval du 11e régiment, *Essartier* et *Dubourg* entre autres, dégagèrent et sauvèrent des soldats d'infanterie aux prises avec plusieurs Arabes.

Le capitaine *Brécard*, du 11e de Chasseurs à cheval, a été prévenir la colonne d'infanterie, en traversant les bandes ennemies, de la situation critique dans laquelle se trouvaient le général et l'escadron de cavalerie au camp d'Aïn-el-Beïdha.

Enfin, le caporal *Welsch*, du 10e de Chasseurs à pied, a été blessé d'un coup de feu et haché de coups de yatagan en luttant corps à corps avec plusieurs rebelles.

Nous pourrions multiplier nos citations ; car les actions héroïques furent nombreuses dans cette funeste journée, sans compter celles qui restèrent ignorées.

A huit heures du soir, c'est-à-dire après vingt-six heures de marche et un parcours de 60 kilomètres, avec la faim, la soif, et une température accablante, tout ce qui avait pu gagner le camp était rentré. Les restes des autres jalonnaient sanglants la route qu'avait suivie la colonne. Les vivres des chacals et des oiseaux de proie étaient assurés pour longtemps.

Sid El-Ala et ses bandes campèrent à deux ou trois kilomètres de la colonne, entre Aïn-el-Beïdha et Sfid. Le chef de l'insurrection n'avait évidemment pas renoncé à enlever le convoi, qu'il savait devoir arriver le lendemain à Timetlas, en supposant qu'il mît deux jours pour parcourir les 28 kilomètres qui séparent ce bivouac de Saïda ; mais il paraît qu'on eut connaissance, au point de départ, dans la nuit du 30 septembre au 1er octobre, du désastre de la veille, et qu'on l'arrêta à Aïn-el-Hadjar ; ce fut fort heureux pour son escorte ; car elle eût donné en plein dans les contingents de Sid El-Ala, que, sans doute, elle ne s'attendait pas à rencontrer.

Ayant appris, pendant la nuit, que le marabouth Sid Mohammed-ould-Hamza et son lieutenant Sid El-Ala avaient campé si près de lui, le général l'alla reconnaître, à la pointe du jour, avec sa cavalerie. Les goums des rebelles étaient déjà en mouvement dans la direction de Sfid, direction qui n'indiquait pas qu'ils redoutassent beaucoup la colonne. « Comme la veille, dit le général dans son rapport officiel, Si Lalla
» *n'attendit pas mon attaque*, et il s'éloigna rapidement.
» Je devais me porter le même jour sur Timetlas, où le
» convoi arrivait le lendemain ; — il devait y arriver le 29,
» jour fixé d'abord pour son départ de Saïda. — Je ne pouvais
» poursuivre l'ennemi sans fatiguer ma troupe outre mesure ; je
» me contentai de faire tirer sur les groupes les plus considé-
» rables quelques obus qui accélérèrent leur retraite. »

La colonne quittait péniblement Aïn-el-Beïdha dans la journée du 1er octobre, et non, bien certainement, sans jeter un regard de regret sur ces plaines désolées, où elle abandonnait à la férocité arabe, avec les cadavres des siens, des camarades qui, peut-être, vivaient encore, et que la cavalerie — qui était intacte — eût pu sauver, s'il était venu à la pensée du général de lui faire explorer, dans la matinée du 1ᵉʳ octobre, le chemin suivi la veille par la colonne. Cela eût valu tout autant que de chercher à courir après Sid El-Ala, dont les contingents, ivres de leur succès, emportaient, avec nos bagages, une centaine de têtes de nos soldats, hideux trophée à l'aide duquel Sid El-Ala allait achever de mettre le feu au cœur des Croyants, et déterminer la défection de quelques tribus sahriennes dont la fidélité était plus que chancelante. « On conviendra que ce n'était pas la peine d'être « les premiers soldats du monde (1), — disions-nous modeste-« ment, — pour obtenir de pareils résultats. »

Le 2 octobre, la colonne du Sud arrivait à Aïn-el-Hadjar désemparée, sans bagages, et dans un état moral qu'expliquait suffisamment l'horrible tuerie du 29 septembre.

Nous ne voulons pas trop insister sur cette désastreuse affaire; cependant, nous ne pouvons nous empêcher de faire remarquer que la colonne du Sud de la province d'Oran a été conduite au mépris des principes les plus élémentaires de la guerre en général, et de celle d'Afrique en particulier. D'abord, le but de l'expédition était d'un intérêt plus que contestable, et la singulière prétention du général de surprendre Sid El-Ala dans ses campements, indiquait de sa part une médiocre connaissance du genre d'ennemi auquel il avait affaire, et du pays qui servit de théâtre à cette sombre aventure. D'un autre côté, aucune précaution prise, aucune éventualité prévue, aucune sollicitude pour sa troupe ; ignorance absolue du pays à parcourir, et du point où l'on pourra camper; ordre de marche des plus défectueux ; car, dans les steppes sahriens, où l'on peut être subitement et à tout instant attaqué par la cavalerie, il n'est que le carré, lequel, nous l'avons déjà dit, a le précieux avantage d'être l'ordre de marche, de combat et de campement, avec le convoi au centre, la cavalerie régulière sur les flancs et en arrière, et les goums en éclaireurs le plus loin possible en avant. L'ordre en carré pré-

---

(1) Nous l'étions encore à l'époque où ces lignes ont été écrites.

sente encore cet avantage de ne point donner de profondeur aux colonnes, de ne point faire courir la gauche quand la droite marche au pas de route, et, par suite, d'éviter cette queue interminable de traînards qui jalonnent, à perte de vue quelquefois, les routes parcourues par des troupes marchant dans l'ordre en colonne. En outre, celui qui commande a toujours sa troupe dans la main, et peut rapidement faire parvenir ses ordres à toutes les parties du carré.

Si le commandant de la colonne du Sud eût adopté cet ordre de marche, qui est dans les traditions de l'armée d'Afrique opérant dans le Sahra, il n'eût pas eu cette queue de traînards, qui, d'après un témoin oculaire, se développait sur une longueur de dix à douze kilomètres. Dans le Sud, une troupe doit toujours se considérer comme étant en présence de l'ennemi, et prendre, dès lors, les précautions de marche et de sûreté que, à défaut de règlements, devrait indiquer suffisamment le simple bon sens.

Le commandant de la colonne du Sud nous paraît appartenir à cette catégorie d'officiers qui ne regardent jamais derrière eux. Ils marchent imperturbablement en tête de leur troupe, et il leur semble que c'est à ce qu'ils croient sans doute une témérité que se bornent leurs devoirs.

Le général dit, dans son rapport officiel : « On ne voyait plus l'ennemi.... L'ennemi avait disparu et ne se montrait nulle part. » La conséquence à tirer de cette disparition, c'est qu'il n'existait plus. C'était pourtant le cas de marcher serré, et non en chapelet ; car la cavalerie saharienne n'attaque généralement pas une troupe marchant en bon ordre. Ce n'était point non plus l'affaire du général d'aller tracer son camp, surtout en emmenant sa cavalerie, c'est-à-dire les moyens d'éclairer son infanterie. On s'explique aisément, pourtant, le but de cette mesure : c'était de faire porter de l'eau à sa troupe, qui mourait de soif, et les chevaux en main devaient servir à monter les malheureux soldats qui étaient à bout de forces. Certes, cette disposition était toute indiquée en temps ordinaire ; mais, en présence de l'ennemi, elle devenait de la dernière imprudence.

En résumé, nous admettons sans réserve, avec tous ceux qui

le connaissent et qui l'ont vu à l'œuvre, que le commandant de la colonne du Sud est on ne peut plus brillant dans le combat, qu'il est un vaillant et intrépide soldat ; mais nous sommes obligé de reconnaître — quoiqu'il nous en coûte — que, comme meneur d'hommes, son habileté professionnelle a laissé beaucoup à désirer dans la triste circonstance dont nous venons de retracer les sanglantes et terribles péripéties.

Nous avons dit plus haut que, dans la nuit du 29 au 30 septembre, le général avait ordonné aux Rzaïna, qu'il trouvait au nord du Chotth, et dont, par une fatale méprise, il avait pris les feux pour ceux des campements de Sid El-Ala, de se porter sans retard sous El-Kheidher, et d'y dresser leurs tentes sous la protection de la redoute. Les Rzaïna exécutèrent ce mouvement dès le lendemain 30 au matin ; mais, ayant appris, dans la nuit de ce jour, le désastre de la colonne du Sud, ils levèrent le masque et firent ostensiblement leurs préparatifs d'émigration et de défection.

Le chef de bataillon Bressoles, du 10e de Chasseurs à pied, qui commandait les troupes laissées dans la redoute, voulut s'opposer au départ des Rzaïna. A cet effet, il envoya, le 1er octobre, une compagnie du 17e d'infanterie en avant de leurs campements, force qui eût pu être suffisante — sinon pour empêcher la défection des Rzaïna, du moins pour ne pas être entamée, — si cette compagnie n'eût pas été maladroitement divisée en deux sections opérant séparément, et ne pouvant ni se soutenir, ni se prêter réciproquement aucun secours. Surexcités au delà de toute expression par le succès si inattendu de Sid El-Ala, les Rzaïna, qui étaient acquis à la cause du marabouth depuis longtemps déjà, et qui comptaient un grand nombre de fusils, attaquèrent vigoureusement chacune des deux sections, et les anéantirent jusqu'à leur dernier homme. C'est ainsi que la garnison de la redoute d'El-Kheidher prit sa part du désastre éprouvé par la malheureuse colonne à laquelle elle appartenait.

La colonne Jolivet rentrait à Saïda le 3 octobre. La colonne de Frenda ayant été dissoute, le colonel de Colomb venait prendre le commandement de son malheureux régiment, le 17e d'infanterie, si rudement éprouvé dans les funestes journées du 30 septembre et du 1er octobre.

Quant à la redoute d'El-Kheidher, elle ne fut évacuée que dans la seconde quinzaine d'octobre. Nous nous rappelons que le général Jolivet y avait laissé vingt jours de vivres de toute nature pour l'effectif des troupes qui devaient en former la garnison.

Le général Deligny avait repris l'offensive dans les derniers jours de septembre ; il opérait dans le cercle de Géryville avec une colonne fortement et solidement constituée. Il avait déjà, dans les premiers jours d'octobre, obtenu quelques soumissions de fractions isolées, celle, entre autres, d'une fraction des marabouths des Harar.

Mais reprenons la suite des évènements qui se sont produits dans la province d'Alger depuis le 3 octobre, date de l'arrivée de la colonne Jusuf à Djelfa.

VI

État de l'insurrection dans le sud-ouest de la province de Constantine. — Les rebelles de cette province établis dans les gorges de l'ouad Medjeddel. — Le général Jusuf reçoit l'ordre de combiner une action avec le commandant de la colonne de Bou-Sâada, et de fermer aux rebelles les débouchés du Medjeddel sur l'ouest. — Arrivée à Djelfa du convoi de ravitaillement du colonel Archinard. — Évacuation du biscuit-ville de Dar-Djelloul. — La colonne Jusuf se porte sur l'ouad-Medjeddel. — Battus dans deux combats, les rebelles de la province de Constantine pénètrent dans celle d'Alger par les gorges de Gaïga. — Ordre au colonel Guiomar de constituer une colonne, à Djelfa, et de se porter à leur rencontre. — Avis donné au général Liébert de la direction des rebelles. — Organisation d'une colonne, dont le commandement est donné au colonel Margueritte, pour être lancée sur l'émigration. — Affaire d'El-Atheuf-el-Mekam ou Aïn-Malakoff. — Le général Jusuf rejoint les trois colonnes à Aïn-Malakoff, et rentre avec elles à Djelfa. — La colonne Liébert rappelée dans le Tell. — Escarmouches autour de Djelfa. — Défection des Oulad-Naïl. — Mort du bach-agha des Oulad-Naïl, Sid Cherif-ben-El-Ahreuch.

—

Depuis le départ de Boghar de la colonne Jusuf, nous l'avons dit, la plus grande partie des tribus du cercle de Bou-Sâada — les Oulad-Madhi et les Sahri de l'Est, entre autres, — quelques-unes de celles de la subdivision d'Aumale qui confinent aux tribus de Boghar, s'étaient mises en insurrection ; mais, loin du marabouth, séparées des tribus dissidentes par les Oulad-Naïl — qui tenaient encore — par la colonne Jusuf, laquelle opérait dans ces parages, elles ne pouvaient songer à rejoindre Sid Mohammed-ould-Hamza, pour le moment du moins. Ces tribus composaient donc un groupe insurrectionnel séparé, et elles s'étaient réunies, en attendant que le maraboulh se rapprochât d'elles, dans les gorges si difficiles de l'ouad Medjeddel, où elles se croyaient inattaquables.

La colonne de Bou-Sâada (province de Constantine), commandée par le colonel Lepoittevin de la Croix, du 3ᵉ de Tirailleurs algériens, qui venait d'être renforcée, reçut l'ordre d'attaquer ces rebelles dans leurs positions. Mais pour en finir plus promptement avec eux, et dans le but de leur fermer toute retraite vers l'Ouest, le Gouverneur général prescrivit au général Jusuf de se porter, avec sa colonne, aux débouchés des gorges du Medjeddel, et d'y pénétrer en combinant son attaque avec celle du colonel de la Croix.

L'arrivée du général Jusuf, le 30 octobre, à Djelfa, lui permettait d'être à temps au rendez-vous que lui avait proposé le commandant de la colonne de Bou-Sâada, à la condition toutefois que les vivres dont il avait besoin ne se fissent pas attendre. La prévoyance du colonel Archinard, chargé de l'escorte du convoi attendu, vint enlever cette préoccupation au commandant de la division d'Alger.

En effet, parti le 15 septembre pour aller en ravitaillement à Boghar, le colonel Archinard était de retour à Serguin, le 20, avec un fort convoi, qui, en outre des bêtes de somme, ne comprenait pas moins de quatre-vingts voitures de roulage. Les instructions du général Jusuf prescrivaient au colonel de lui amener ce convoi jusqu'à Djelfa ; mais ce dernier ayant fait ressortir aux yeux du général les difficultés résultant du nombre et de la nature de ses moyens de transport, le commandant de la division d'Alger avait décidé que le colonel Archinard attendrait à Serguin la colonne Liébert, qu'il envoyait à sa rencontre, ces troupes ne lui étant pas indispensables pour l'opération projetée de l'ouad Medjeddel ; d'ailleurs, des ordres venus d'Alger invitaient le général à faire remonter le plus tôt possible cette colonne vers le Nord pour maintenir la tranquillité du Tell.

Aucun indice inquiétant n'existait dans les cercles de Médéa et de Tniyet-el-Ahd ; mais celui de Bou-Sâada était en pleine rébellion, et le sud de la subdivision d'Aumale était des plus menaçants ; il y avait donc urgence à se tenir partout sur ses gardes.

La colonne Liébert se sépare de celle du général Jusuf, le 1er octobre, pour prendre, par une route plus à l'ouest, la direction de Serguin. Avant son départ, le général Jusuf lui échangeait son escadron du 1er de Chasseurs d'Afrique contre deux escadrons du 3e de Hussards présentant un effectif plus fort. Le colonel Margueritte avait ainsi sous sa main deux escadrons de son régiment.

Se conformant aux ordres qui lui avaient été donnés, le colonel Archinard était parti de Serguin, le 1er octobre, avec son convoi ; il était, le 4 au soir, à Djelfa, sans avoir éprouvé d'autres difficultés que celles résultant du grand nombre de ses voitures dans un pays sans routes tracées et bosselé de dunes de sable, et de la traversée de la *sebkha* Zar'ez, bien qu'un bon guide du pays se fût chargé de diriger la colonne par un gué suffisamment consistant, même pour les voitures lourdement chargées.

Le convoi Archinard avait permis de rehausser les approvisionnements des magasins du poste de Djelfa à un taux suffisant, pour permettre de tenter ultérieurement une expédition de quelque durée dans le sud de la province d'Alger, ou de concourir à toute opération sur la frontière ouest de la province de Constantine. Il devenait donc inutile de conserver le biscuitville de Dar-Djelloul, qui paralysait sans avantage une fraction mieux à sa place dans la colonne. Aussi, le général Liébert avait-il été chargé, le 1er octobre, avant de quitter définitivement la colonne Jusuf, de continuer sa route jusqu'à Serguin, pour y prendre tout ce qui y restait des approvisionnements du dépôt de Dar-Djelloul, qu'il devait ramener, avec sa garnison, sur Djelfa, où il avait l'ordre de rentrer le 9 ou le 10 octobre. Là, il reprendrait toutes les voitures venues de Boghar, et il les utiliserait pour faire une évacuation des malingres et des malades qui étaient hors d'état de suivre plus longtemps la marche des colonnes.

Depuis longtemps déjà, le général Jusuf s'était mis en relations avec le colonel Lepoittevin de la Croix, qui, nous l'avons dit, commandait la colonne de Bou-Saada ; mais les communications entre eux étaient extrêmement difficiles, par suite de la surveillance incessante qu'exerçaient sur les passages dans les montagues les *chouaf* des rebelles. Le général Jusuf parvint cependant à faire connaître au colonel de la Croix qu'il partirait de Djelfa le 5 octobre, et que, le 6, il serait sur l'Aïn-el-Kahla, à l'entrée du défilé de l'ouad Medjeddel, prêt à combiner avec lui les mouvements qu'il aurait à lui proposer.

Le général Jusuf constitue sans retard une colonne solide et vigoureuse, dont il choisit les éléments parmi les troupes qu'il a sous la main, laissant à la garde de Djelfa les hommes qui ont le plus besoin de repos. Cette colonne était forte de 3,200 hommes et 1,750 chevaux. Elle se composait de : un bataillon de Chasseurs à pied, un de Zouaves, un de Tirailleurs algériens, un bataillon mixte des 36e et 77e d'infanterie, de deux escadrons de Chasseurs d'Afrique, de trois escadrons de Hussards, d'un escadron de Spahis, de deux sections d'artillerie de montagne, et des services administratifs.

La section d'artillerie de campagne resta à Djelfa, où elle devait servir, d'ailleurs, à l'armement du bordj.

Les divers détachements ne faisant pas partie de la colonne Jusuf, et qui étaient désignés pour rester à Djelfa, furent réunis et placés sous le commandement du colonel Guiomar, du 77e d'infanterie.

La colonne Jusuf se mit en route, le 5 octobre, dans la direction du nord-est ; elle emportait dix jours de vivres, quatre dans le sac des hommes, et six sur les animaux de transport.

Nous devons dire que les nouvelles qu'avait reçues le général Jusuf du colonel de la Croix dataient déjà de quelques jours, de sorte qu'il ignorait si la situation ne s'était pas modifiée ; il avait résolu néanmoins de se porter sur le point qu'il avait indiqué au commandant de la colonne de Bou-Saada. Mais au moment où il venait de donner le signal du départ, le général recevait une dépêche du colonel, lui annonçant que les tribus rebelles avaient subi déjà deux échecs sérieux, l'un, le 30 septembre, à Tniyet-er-Rih, et l'autre, le 2 octobre, sur l'ouad Dermel. A la suite de cette double défaite, les insurgés avaient été rejetés vers les débouchés ouest de l'ouad Medjeddel, d'où le colonel de la Croix se proposait de les talonner et de les pousser vers la colonne du général Jusuf, qu'il priait de descendre dans les gorges par l'Aïn-el-Kahla. Le général confirmait sa marche au commandant de la colonne de Bou-Sâada, et l'informait de nouveau de son arrivée, le lendemain 6, sur les eaux de cette source.

A cinq heures du soir, la colonne s'arrêtait sur un vaste plateau, et dressait ses tentes à Haci-el-Aoud.

Le lendemain 6, la colonne continuait sa marche dans la même direction que la veille. Vers sept heures du matin, des cavaliers du goum amenaient au général deux Arabes complétement nus : ce sont deux courriers que lui a expédiés le colonel de la Croix pour le renseigner sur la direction suivie par l'émigration rebelle. Surpris en chemin par des coupeurs de route, qui les ont dépouillés, ces courriers n'ont pu arriver la veille, ainsi qu'ils le devaient et qu'ils l'avaient, dirent-ils, espéré. Ils informent le général que les tribus rebelles, soupçonnant sans doute ses intentions, avaient pris le parti de sortir des gorges de Gaïga par le nord, et qu'elles devaient dessiner, en ce moment, leur mouvement vers l'ouest, en longeant la rive sud du Zar'ez oriental.

Malgré la probabilité de ce renseignement, le général ne crut pas devoir cependant, sur la foi d'un avis qui lui parvenait verbalement par de si étranges courriers, modifier la combinaison qu'il avait arrêtée avec le colonel de la Croix, et avant que cet officier supérieur lui eût fait savoir d'une façon plus certaine qu'il n'avait plus besoin de son concours. En définitive, ce renseignement pouvait être de provenance ennemie, et n'avoir d'autre but que de l'éloigner du point par lequel les tribus rebelles avaient l'intention de déboucher dans la plaine. Le général se décida donc à suivre la direction convenue jusqu'à ce qu'il eût reçu avis contraire de la part du colonel de la Croix.

Quoi qu'il en soit, le général Jusuf se hâta de prescrire au colonel Guiomar de constituer, sans retard, une colonne avec tout ce qu'il pourrait réunir de bons marcheurs parmi les hommes laissés à Djelfa, d'y joindre la section d'artillerie de campagne, et de se tenir prêt à exécuter, au premier signal, une marche forcée dans la direction qui lui serait indiquée ultérieurement.

Le général reçut, étant en marche, la confirmation des nouvelles qui lui avaient été apportées, le matin, par les deux indigènes dépouillés, lesquels étaient bien réellement des courriers du colonel de la Croix.

La marche du général Jusuf dans l'Est étant devenue dès lors sans utilité, il ne lui restait plus qu'à faire demi-tour, et à prendre les mesures que comportaient les circonstances. A une heure, la colonne s'engage dans le Djebel Es-Sahri, pays très boisé et haché de ravins, et va camper à Meliliah. Les insurgés ont, en effet, évacué les gorges de l'ouad Medjeddel.

Dans la soirée, les coureurs que le général a envoyés aux nouvelles viennent lui rendre compte de leur mission : ils ont aperçu l'émigration ; elle emporte un grand nombre de blessés ; elle fuit néanmoins très rapidement dans la direction du Zar'ez oriental dont, à l'heure qu'il est, ajoutent-ils, elle doit traverser les sables.

Nous avons dit plus haut que le général avait prescrit au colonel Guiomar, resté à Djelfa, de se tenir prêt à se porter dans la direction qui lui serait indiquée. Fixé sur celle des tribus rebelles, il expédiait au colonel l'ordre de se mettre en route sur-le-champ, et de se porter, en forçant sa marche, sur Aïn-Malakoff, où, en se hâtant, il pourrait arriver avant les émigrants, lesquels ne pouvaient manquer d'y passer pour y boire et y faire de l'eau.

Dans la pensée que la colonne Liébert ne devait pas tarder à paraître dans ces parages, puisqu'elle avait pour instructions d'être de retour à Djelfa, le 9 ou le 10 au plus tard, le général Jusuf prescrivit au commandant de cette annexe d'expédier sans retard, et par des cavaliers sûrs, une dépêche faisant connaître au général Liébert la marche suivie par les rebelles de la province de Constantine, et la probabilité de leur passage à Aïn-Malakoff ; il l'informait, en même temps, du départ de la colonne Guiomar pour cette même destination.

Ces dispositions prises, le général Jusuf organisait, à la tombée de la nuit, une colonne légère qu'il plaçait sous les ordres du colonel Margueritte, du 1er de Chasseurs d'Afrique. Cette colonne, qui devait partir à une heure du matin, le lendemain 7 octobre, et prendre également sa direction sur Aïn-Malakoff, se composait de quatre compagnies du 1er de Zouaves, d'un peloton de 120 Tirailleurs algériens du 1er régiment, de trois escadrons du 1er de Chasseurs de France, et de deux pièces de montagne. A l'heure fixée, cette petite colonne se mettait en marche, et s'engageait dans des chemins atroces, des torrents desséchés, des ravins embroussaillés, des cailloux roulants, difficultés que la nuit venait encore aggraver davantage. Après avoir franchi des obstacles qui se reproduisaient à chaque pas, la colonne sortait enfin, à la pointe du jour, du massif inextricable du Djebel Es-Sahri-ech-Chergui, et débouchait dans la plaine. Après un repos de quelques minutes pour remettre de l'ordre dans sa colonne, le colonel Margueritte prenait ses dispositions de marche, et continuait sa route.

La température est bientôt accablante, et l'infanterie enfonce jusqu'aux genoux dans les dunes de sable brûlant. Le commandant de la colonne ordonne une halte, vers dix heures du matin, pour faire le café ; mais tout à coup le bruit du canon se fait entendre au loin. La colonne se remet en marche aussitôt dans la direction de cette canonnade. Elle arrivait à quatre heures et demie à Aïn-Malakoff, où elle trouvait les colonnes Liébert et Guiomar pleines de joie de leur succès : elles avaient, en effet, rencontré l'émigration, s'étaient jetées sur elle, et l'avaient razée et dispersée, après lui avoir fait subir ou éprouver des pertes très sérieuses.

Disons quelques mots de la glorieuse part que prit la colonne Guiomar dans l'affaire d'*El-Atheuf-el-Mekam*, que la légende désigne sous le nom d'*Aïn-Malakoff*, à cause de la proximité de ce dernier point du théâtre de la lutte.

Nous avons dit plus haut que, dans la matinée du 6 octobre, le général Jusuf avait expédié un courrier au colonel Guiomar pour lui prescrire de se mettre en marche avec tout ce qu'il avait d'hommes disponibles, et de se diriger vers le puits de Malakoff, où, selon toutes probabilités, devaient passer les tribus rejetées dans l'Ouest par le colonel de la Croix. Le même jour, à cinq heures du soir, le colonel Guiomar quittait Djelfa pour exécuter l'ordre qu'il venait de recevoir. A minuit, sa petite colonne dressait ses tentes aux Rochers-de-Sel.

Le lendemain 7, la colonne se remettait en marche à trois heures et demie du matin, et filait dans le nord-ouest, où elle prenait sa direction. En débouchant dans la plaine, les troupes du colonel Guiomar apercevaient des feux que, d'abord, elles crurent être ceux d'une colonne française opérant dans cette région. Au jour, ces feux disparurent; les ondulations du terrain avaient d'ailleurs fait perdre de vue la cause qui les produisait. On découvrait, quelque temps après, vers six heures, à hauteur de Mesran, mais à une distance de trois ou quatre kilomètres de ce point, une immense colonne serpentant au pied des montagnes des Oulad Si-Mehammed, et paraissant se diriger sur Aïn-Malakoff; elle approche en soulevant sur son passage un épais nuage de poussière. Il n'y a plus à en douter : ce sont bien les tribus révoltées du cercle de Bou-Sâada et du sud de la subdivision d'Aumale, qui se dirigent vers l'ouest dans l'espoir de se réunir aux contingents du marabouth, et que cherche la colonne Guiomar.

On allait camper ; mais il n'y a pas de temps à perdre ; il ne faut point laisser échapper cette émigration en flagrant délit de défection, qui, bien qu'embarrassée de ses femmes, de ses enfants, de ses blessés et de ses troupeaux, n'en fuit pas moins avec une très grande rapidité. La colonne se dirige pendant quelque temps parallèlement à celle des rebelles, puis faisant un à-droite, elle se porte sur son flanc gauche. Les Tirailleurs algériens sont désignés pour soutenir l'artillerie, dont ils suivent les mouvements; le colonel la fait approcher à bonne portée de l'émigration ; les Tirailleurs l'accompagnent au pas de course, l'espace de deux kilomètres. Arrivée en un point favorable, l'artillerie fait feu en donnant de ses deux pièces de campagne. Son tir, habilement dirigé, jette le désordre et sème la mort dans cette foule qui s'arrête, se pelotonne, et finit par tournoyer sur elle-même dans la plus grande confusion. Un Spahis traverse à fond de train cette masse en désarroi, et vient prévenir le colonel Guiomar de l'arrivée par le nord de la colonne du général Liébert sur le théâtre de l'action : elle barre le passage à l'ennemi, avec lequel sa cavalerie vient d'avoir un engagement sérieux.

L'émigration se sent dès lors prise entre les deux colonnes ; elle tente de rebrousser chemin, et de reprendre la direction de ses montagnes ; les chameliers et les conducteurs de troupeaux crient, poussent leurs bêtes et les frappent pour accélérer leur allure ; mais le colonel Guiomar a compris l'intention des rebelles, et sans s'inquiéter des démonstrations que font leurs contingents sur sa droite, il lance ses goums sur le flanc gauche de l'émigration avec ordre de la ramener sous son feu. Les Tirailleurs algériens sont aux prises avec les gens du convoi. C'est à cet instant que le général Liébert faisait annoncer au colonel Guiomar son arrivée sur le terrain de la lutte, à laquelle il devait prendre d'ailleurs une part décisive, ainsi que nous allons le dire plus loin.

Le général Liébert avait reçu, le 7, à cinq heures du matin, près de Gueltet-es-Stbol, le courrier qui lui avait été expédié par l'ordre du général Jusuf ; il formait sur-le-champ une colonne légère, qu'il composait d'un bataillon d'infanterie, de sa cavalerie, de son artillerie et des goums, et prenait sa direction au sud sur la pointe est du Zar'ez-el-R'arbi. A neuf heures, il entendait le canon de la colonne Guiomar, et se portait dans sa direction avec sa cavalerie et le goum. A dix heures, il apercevait devant lui l'émigration, dont les premiers flots atteignaient à ce moment le pied des hauteurs qui dominent El-Mekam, et bien que son infanterie soit encore à six kilomètres en arrière, le général n'hésite pas à attaquer : il lance sans retard la cavalerie au milieu de ces masses mouvantes, tournoyantes, hurlantes de cavaliers, d'hommes de pied, de chameaux chargés de butin, et de troupeaux bêlants. Devant cette trombe de Hussards, de Spahis et de Cavaliers du goum, les contingents rebelles affolés ne savent plus où donner de la tête ; chacun, sans se préoccuper de l'intérêt général, a couru à la défense de sa famille, de son bien. Le désordre est à son comble dans cette cohue qui, écrasée par les obus du colonel Guiomar, et vigoureusement attaquée par la cavalerie du général Liébert, cherche à se diviser en tronçons pour prendre la direction du Djebel-Kheïdher et s'y mettre à l'abri de cet ouragan de fer et de feu. Quelques groupes réussissent péniblement à gagner la montagne ; mais le gros de l'émigration est rejeté dans l'Est, c'est-à-dire sur le cercle de Bou-Sâada qu'elle venait de quitter, et où l'attendait la colonne de la Croix.

A une heure de l'après-midi, les colonnes Liébert et Guiomar, qui avaient fait jonction, se dirigeaient vers Aïn-Malakoff, poussant devant elles de nombreux troupeaux de moutons, et des chameaux chargés d'un butin considérable. L'effroi avait été tel parmi les rebelles, qu'une multitude d'enfants — dont beaucoup à la mamelle — furent abandonnés par leurs mères sur le chemin par lequel s'était enfuie l'émigration. Nos soldats en ramassèrent une trentaine ; les autres étaient morts de misère ou écrasés sous les pieds des fuyards.

Nous avions eu déjà l'occasion de remarquer, à l'affaire du Ksar-Ben-Hammad, la facilité avec laquelle les mères arabes abandonnent leurs enfants sur le terrain de la lutte. Est-ce parce qu'elles nous savent humains, et qu'elles ont eu fréquemment la preuve du soin extrême avec lequel nos soldats les recueillaient? Le fait que nous constatons est tellement hors nature chez les mères, que nous serions porté à croire qu'elles comptent sur nous pour prendre soin de ces pauvres petits délaissés.

Vers trois heures de l'après-midi, et après quinze heures de marche dans un pays des plus difficiles, la petite colonne Margueritte arrivait, à son tour, sur le terrain de l'action, et la poussière soulevée par sa marche indiquait aux rebelles qu'ils étaient encore menacés de ce côté. Bien que tardive, sa présence n'en contribua pas moins à rendre le succès plus complet.

Cette brillante affaire, qui fit le plus grand honneur aux colonnes Liébert et Guiomar, nous avait coûté deux officiers tués et deux blessés ; quelques-uns de nos cavaliers avaient également été mis hors de combat. Les uns et les autres appartenaient à la cavalerie du général Liébert, et particulièrement au 3e de Hussards.

Les mouvements prescrits par le général Jusuf avaient donc eu un plein succès ; les trois colonnes Liébert, Guiomar et Margueritte, bien que partant de points tout-à-fait opposés, avaient pu concourir à l'action, ou assurer la réussite de l'opération qui, entamée à sept heures du matin, ne se terminait qu'à une heure de l'après-midi.

Cette belle journée nous reposait un peu des massacres du 30 septembre et du 1ᵉʳ octobre.

Mais revenons à la colonne Jusuf que nous avons laissée dans les gorges du Djebel Es-Sahri.

Nous avons vu qu'en raison de la difficulté du terrain qu'il avait à parcourir, de la force numérique de sa colonne et de ses nombreux chameaux chargés, lesquels devaient franchir les affreuses gorges de Gaïga, le général Jusuf n'avait pu espérer joindre en temps opportun l'émigration des rebelles de la province de Constantine, que le colonel de la Croix avait poussée sur les baïonnettes des colonnes de la province d'Alger, précieuse et rare aubaine dont le retard — volontaire ou involontaire — des courriers du commandant de la colonne de Bou-Sâada avait failli compromettre entièrement le succès; nous avons vu, répétons-nous, que, non content de donner ses ordres pour faire concourir à l'action commune les colonnes Liébert et Guiomar, le général Jusuf s'était hâté de faire un détachement tiré de sa colonne pour jeter un élément de plus sur les traces des rebelles, troupe qui, bien que n'ayant pas eu à combattre, avait cependant joué un rôle qui n'avait pas été sans efficacité. Tout était donc pour le mieux.

Avec le reste de sa colonne, le général Jusuf quittait son bivouac de Meliliah, le 7 octobre à quatre heures du matin, et prenait une direction ouest qui devait le conduire à Aïn-Malakoff. A huit heures le général débouchait de sa personne dans la plaine qui s'ouvre sur le Zar'ez occidental, en laissant sur sa droite les Sebâ-Rous ; mais telles étaient les difficultés des gorges de Gaïga, qu'à une heure de l'après-midi, le convoi de chameaux n'avait pas encore achevé de franchir cet affreux défilé. Des derniers versants du Djebel Es-Sahri, on pouvait distinguer au loin la petite colonne Margueritte se dirigeant d'abord au nord-ouest, puis vers l'ouest, le canon du colonel Guiomar lui ayant donné sa véritable direction.

Pendant que la colonne Jusuf faisait sa dernière halte, il arrivait à toute bride au général un courrier expédié par le colonel Margueritte; il était porteur d'un billet daté de dix heures du matin, et contenant ces mots : « J'entends le canon du côté d'Aïn-Malakoff ; je m'y porte avec tout mon monde. »

La colonne se remettait en marche à midi, et elle dressait ses tentes, à six heures du soir, à Debdaba, au milieu des sables. Le général faisait creuser au pied des dunes des puits de 1m50 de profondeur, qui donnaient assez d'eau pour les besoins de sa colonne.

Vers neuf heures du soir, le général Jusuf faisait communiquer aux corps et détachements une note ainsi conçue :

« Le général est heureux de communiquer à la colonne un rapport succinct du colonel Margueritte contenant les renseignements suivants : Grand succès ! Les insurgés, pris entre les colonnes Liébert, Guiomar et la mienne, ont été razés près d'Aïn-Malakoff. Le général Liébert a eu le plus dur de la besogne : deux officiers de Hussards tués, deux blessés. Les Oulad-Madhi et les Oulad-Ameur ont laissé entre nos mains de nombreux troupeaux de chameaux, moutons et bœufs. J'estime, à première vue, à 2,000 chameaux, 800 bœufs et 20,000 moutons l'importance de cette razia. »

Le soir du 7, les trois colonnes Liébert, Guiomar et Margueritte dressaient leurs tentes sur les eaux d'Aïn-Malakoff.

Ce combat, qui prit le nom d'*Aïn-Malakoff*, fut livré en réalité sur un point nommé *El-Atheuf-el-Mekam*. C'est ainsi, d'ailleurs, que le désignent les gens du pays.

Le lendemain, 8, la colonne Jusuf se remettait en marche, faisant lever sur son passage un grand nombre de petits troupeaux de moutons, qui s'étaient réfugiés dans les dunes pendant la fuite de l'émigration. A trois heures, le général Jusuf posait son camp à Aïn-Malakoff, auprès de ceux des colonnes Liébert et Guiomar établis sur ce point depuis la veille.

L'effet produit par le combat d'El-Atheuf-el-Mekam fut si foudroyant, que les Oulad-Madhi, et les tribus qu'ils avaient entraînées dans leur défection, retournèrent sur leurs pas et se rendirent auprès du colonel de la Croix pour lui faire leur soumission. Quelques tentes seulement, qui avaient réussi à s'échapper, allèrent rejoindre le marabouth dans la province de l'Ouest.

Plusieurs tribus de la subdivision d'Aumale, les Slamat, les Oulad-Abd-Allah et les Oulad-Sidi-Aïça, s'étaient jointes aux rebelles des cercles de Bou-Sâada, et avaient pris part aux combats du 30 septembre à Tniyet-er-Rih, et du 2 octobre sur l'ouad Dermel. Ces tribus se soumirent également, et, à partir de ce moment, la paix fut rétablie dans la subdivision d'Aumale.

Le 9 octobre, les colonnes Jusuf, Liébert et Guiomar reprirent la direction de Djelfa, où elles arrivèrent le lendemain 10, après avoir bivouaqué à Zmila.

Les troupes assistaient, en arrivant à Djelfa, aux obsèques du lieutenant de Moncey, du 3e de Hussards, tué au combat d'El-Atheuf-el-Mekam.

Dans la journée du 10, le général Jusuf adressait à ses troupes l'ordre du jour suivant :

« Soldats de la colonne du Sud de la province d'Alger !

» De longues fatigues essuyées à la poursuite d'un ennemi insaisissable qui, jusqu'au désert, a fait le vide devant nous, viennent d'être récompensées par le succès.

« Refoulées d'abord, à la suite d'un brillant combat dont tout l'honneur revient à la colonne de la Croix, de la province de Constantine, de nombreuses tribus avaient concentré leur résistance dans les gorges si difficiles du Medjeddel; mais, à votre approche, et devant un mouvement combiné qui devait les prendre entre vos feux et ceux de la colonne de la Croix, elles n'osèrent résister et cherchèrent à se jeter dans l'Ouest, à la rencontre du chef de l'insurrection. Nos marches les ont poussées là où il vous a été possible de les cerner. Trois colonnes, la petite colonne Guiomar, partie de nuit en toute hâte de Djelfa, la colonne Liébert, qui a pu arriver d'une manière opportune, la petite colonne Margueritte, qui a fait une marche de quinze lieues, la nuit, dans des gorges presque impraticables, le jour, dans des sables difficilement franchissables, trois colonnes, dis-je, ont pu tomber, presque à heure fixe, sur ces masses nombreuses et surprises.

« Attaqué vigoureusement et avec une ardeur qui, chez vous, ne faillit jamais, l'ennemi, vivement repoussé, a dû bientôt fuir en abandonnant entre nos mains des dépouilles considérables.

» Ce succès aura, je l'espère, un grand retentissement parmi les tribus insurgées ; il exaltera votre courage, et vous rendra plus faciles à supporter les privations et les fatigues que vous avez encore à endurer.

» Chacun de vous a bien fait son devoir ; recevez-en mes félicitations ! »

La défaite des tribus révoltées du Hodhna et du sud de la subdivision d'Aumale ne tardait pas à porter ses fruits : elles s'empressaient de solliciter l'aman du commandant de la colonne de Bou-Sâada, qui le leur accordait provisoirement, et leur fixait le point de Temsa, à proximité de sa colonne, pour terrain de campement. Les tribus d'Aumale avaient été autorisées à reprendre leurs territoires. L'ordre était donc rétabli définitivement de ce côté, et les colonnes de l'ouest de la province de Constantine, devenues disponibles, allaient pouvoir, à leur tour, prêter leur concours à celles de la province d'Alger. Le colonel Seroka, dont la colonne opérait également dans le cercle de Bou-Sâada, avait repris le chemin de la subdivision de Batna.

Le succès d'El-Atheuf-el-Mokam avait eu aussi pour résultat de rendre au général Jusuf sa liberté d'action, et de lui permettre de descendre dans le Sud, où l'appelaient des instructions que venait de lui adresser le Gouverneur général, lequel l'invitait à faire le possible pour arriver à combiner ses mouvements avec ceux du général commandant la province d'Oran, région que le marabouth, ainsi que nous l'avons vu plus haut, avait reprise pour théâtre de ses opérations.

Le général Jusuf s'occupa donc, sans retard, de la préparation des marches et opérations qu'il allait entreprendre ; ses approvisionnements en vivres étaient suffisants pour lui permettre de s'avancer dans le Sud à une bonne distance de ses magasins. Le général était d'ailleurs avisé qu'un fort convoi, qui se chargeait à Boghar, devait lui être expédié prochainement, et qu'en outre, le Gouverneur général avait prescrit aux colonnes de la province de Constantine, devenues disponibles, de le ravitailler par Bou-Sâada.

Nous avons dit plus haut que la colonne Liébert, à la suite de l'incursion de Sid El-Ala sur les Hauts-Plateaux de la province d'Oran, avait été rappelée dans le Tell, mais qu'avant de l'autoriser à effectuer son mouvement, le général Jusuf l'avait chargée de faire l'évacuation du poste de Serguin devenu sans utilité, retard qui d'ailleurs avait eu cet excellent résultat de permettre au général Liébert de prendre une part des plus actives dans l'affaire d'El-Atheuf-el-Mekam. En présence de nouveaux ordres émanant du Gouvernement général, il n'était plus possible de différer le départ de la colonne Liébert pour Aïn-Toukria, position importante de la ligne de ceinture du Tell, et que cette colonne avait déjà occupée. Le général Jusuf profita de cette occasion pour réexpédier sur Boghar les nombreuses voitures ayant servi aux ravitaillements opérés par les colonnes Liébert et Archinard, et pour faire l'évacuation sur ce poste, des malades et malingres incapables de continuer la campagne.

Cet immense convoi quitte Djelfa le 11 octobre, et arrive le 16, sans accident, à Boghar, où la colonne dépose ses impédimenta, puis elle poursuit son chemin sur Aïn-Toukria, où elle s'établit le 20 du même mois pour y reprendre sa mission d'observation.

Mais la marche que la colonne Jusuf venait de faire dans l'Est avait laissé, abandonnées à elles-mêmes, les tribus des Oulad-Naïl, dont la défection était d'ailleurs depuis longtemps imminente. Le jeune marabouth, pendant que son oncle Sid El-Ala opérait dans la province d'Oran, était remonté vers le Nord, suivi de contingents appartenant aux Oulad-Sidi-Ech-Chikh et aux tribus insoumises du cercle de Boghar. L'absence momentanée de la colonne Jusuf avait permis à Sid Mohammed-ould-Hamza de se mettre en relations directes avec les Oulad-Naïl, et de décider leur défection. Cette colonne était à peine à une journée de marche de Djelfa, que les premières tribus — les plus proches de ce poste — quittaient leurs territoires pour émigrer dans l'Ouest. Comme celles du cercle de Boghar, elles ne voulurent point porter leur foi au marabouth sans semer sur leur passage l'incendie et les ruines. C'est ainsi que les caravansérails entre Laghouath et Djelfa furent saccagés et livrés aux flammes, comme l'avaient été, dans la nuit du 13 au 14 août, ceux de ces établissements qui jalonnaient la route entre ce dernier point et Boghar. Il va sans dire que les communications entre Djelfa et Laghouath avaient été coupées immédiatement. De cette importante agglomération des Oulad-Naïl, le bach-agha Sid Cherif-ben-El-Ahrouch et deux de ses kaïds — actuellement dans le camp du général — étaient seuls restés fidèles à notre cause.

Sid Mohammed-ould-Hamza, nous le répétons, avec 200 cavaliers des Oulad-Sidi-Ech-Chikh, — sa garde, — les contingents de Boghar, les fractions des Oulad-Naïl, qui l'avaient déjà rejoint, les fantassins des ksour et du Djebel El-Eumour, s'était porté sur les abondantes eaux de Tadmit, point où s'élevait la bergerie-modèle du Gouvernement. Les bandes de la province d'Alger, qui suivaient ses drapeaux, occupèrent les campements suivants : les contingents et les populations de Boghar et des Oulad-Naïl autour de Tadmit, de Ksar-Zenina et de Ksar-Charef; les tentes des Arbaâ étaient sur l'ouad Mzi ; celles des Oulad-Chaïb, des Harazlia, des Oulad-Yakoub et une partie des Saïd-Atba se dressaient autour de Tadjmout, pendant que leurs goums étaient avec le marabouth. Les Mekhalif, du cercle de Laghouath, qui jusqu'ici, étaient restés fidèles, s'étaient divisés en deux partis, dont l'un s'était jeté dans l'insurrection, pendant que l'autre essayait de résister dans ses montagnes, où il s'était réfugié. Laghouath et Djelfa étaient bloqués, et il n'était plus possible de sortir de leur enceinte. Le bruit courait même que les insurgés avaient l'intention d'attaquer ce dernier poste, qui, d'ailleurs, ne courait aucun danger ; car le village européen, qui est assis au pied du bordj, avait été mis en état de défense au moyen d'un retranchement flanqué de blockhaus, qui le mettait à l'abri d'un coup de main. Du reste, la population civile de Djelfa se montrait très disposée à concourir, avec la troupe, à la défense de ses biens et de ses foyers.

Sans doute, le retour des colonnes à Djelfa, le 10, avait rendu quelque sécurité au pays, mais dans un rayon très restreint ; dès le lendemain 11, c'est-à-dire après le départ de la colonne Liébert, les insurgés rôdaient par groupes autour du poste, et battaient la campagne au loin à la recherche de quelque aventure, ou de quelque occasion de faire du butin. Dans la soirée du même jour, un parti de 3 à 400 cavaliers pousse jusqu'en vue du camp. Le général lui fait tendre une embuscade de nuit par deux compagnies de Tirailleurs algériens ; mais ces cavaliers ne reparaissent plus.

Le 12, vers quatre heures de l'après-midi, quelques cavaliers ennemis se montrent sur les hauteurs qui dominent Djelfa à l'ouest ; le goum se porte à leur rencontre, et tiraille avec ce *parti de Sarrasins*, — ainsi qu'en souvenir des Croisades, nous désignions les Nomades. — Les crêtes sont bientôt couvertes de cavaliers rebelles qu'attire le bruit de la mousqueterie ; mais la nuit met fin des deux côtés à cette tiraillerie insignifiante et sans résultat. Vers huit heures, les vedettes qui ont été placées sur la route de Charef font prévenir le général qu'un fort parti ennemi s'est embusqué dans la forêt de Sen-el-Leba, que traverse cette route. Un bataillon de Tirailleurs algériens allait reconnaître le point où l'ennemi avait été signalé ; mais, à son arrivée, il avait déjà décampé.

On apprenait, le 13 au matin, qu'un *djich* (parti rebelle), avait attaqué et razé, la veille, une tribu du Djebel Es-Sahri restée neutre, et qu'il passait à proximité du camp avec le produit de sa razia. Le général Jusuf monte à cheval sur-le-champ avec sa cavalerie régulière et ses goums, qui, soutenus par deux bataillons d'infanterie et une section d'artillerie de montagne, se mettent aux trousses des rebelles, les atteignent, et, après un combat de quelques instants, les forcent à leur abandonner le produit de leur razia.

Le même jour, à midi, une partie de la colonne Jusuf prenait de nouveau les armes pour aller renforcer, sur la route de Bou-Sâada, une reconnaissance dirigée par le colonel Margueritte, dont la colonne s'était trouvée en face d'une émigration considérable d'Oulad-Naïl cherchant à gagner le Sud. Informé de cette circonstance, le général Jusuf se mettait en marche, et suivait la route de Bou-Sâada, qu'il quittait une heure après pour se diriger, sur sa droite, vers une immense colonne de poussière qu'il croyait soulevée par la marche de la reconnaissance du colonel Margueritte. A trois heures, le général apprenait qu'il était dans les traces de nombreux contingents ennemis, qui étaient accourus pour protéger l'émigration de quelques fractions des Oulad-Naïl ; mais les rebelles avaient trop d'avance sur la colonne pour qu'elle pût espérer les atteindre ; d'ailleurs, la journée était trop avancée, et, en outre, les hommes étaient partis sans tentes et sans vivres ; il fallait donc absolument renoncer à la poursuite de l'ennemi, poursuite qui, dans tous les cas, ne présentait pas la moindre chance de succès. Le général se bornait à lui envoyer quelques obus qui n'avaient d'autre effet que de précipiter sa marche davantage. A trois heures, la colonne rentrait au camp.

Mais pendant l'absence de la colonne Jusuf, un parti ennemi tournait le camp de Djelfa, et venait tirer jusques sur les avant-postes. Au premier coup de fusil, le bach-agha des Oulad-Naïl, Sid Cherif ben El-Ahreuch, qui, débordé par le mouvement insurrectionnel, s'était réfugié dans notre camp, Sid Cherif, disons-nous, monte à cheval avec ceux des siens qui lui sont restés fidèles, et se met à la poursuite des assaillants, que quelques salves d'artillerie avaient dispersés. Peu d'instants après, on rapportait au camp les cadavres du malheureux bach-agha (1),

---

(1) Sid Cherif-ben-El-Ahreuch était originaire de la fraction des Oulad-Dhïa, tribu des Oulad-Naïl, et issu d'une ancienne famille de marabouths. Sa naissance, son intelligence, sa valeur personnelle lui avaient donné de bonne heure une grande influence sur cette grande confédération. Aussi, lorsque, en 1843, le camp d'El-Hadj El-Arbi, khalifa d'Abd-el-Kader, fut enlevé par les Ahl-Laghouath et les Arbaâ, et le lieutenant de l'Émir, ainsi que nous l'avons dit dans la première partie de cet ouvrage, attaqué et tué par eux dans Ksir-El-Haïran, où il s'était réfugié, Sid Cherif, qui était parvenu à maintenir les Oulad-Naïl, fut fait khalifa du Sud à la place d'El-Hadj El-Arbi.

Sid Cherif suivit Abd-el-Kader dans le Djerdjera en 1845, puis ensuite dans l'Ouest. Fidèle à son maître jusqu'à la fin, ce ne fut qu'en 1847 que Sid Cherif-ben-El-Ahreuch nous fit sa soumission,

et de l'intrépide kaïd Kaddour, son parent. Tous deux avaient été frappés mortellement par des rebelles des Oulad-Naïl. La France perdait en Sid Cherif, dans cette fatale journée du 13 octobre, l'un de ses plus braves et de ses plus fidèles serviteurs. Il était remplacé, quelque temps après, par son frère, Sid Bel-Kacem-ben-El-Areuch.

Le général Jusuf continua, pendant la journée du 14, ses préparatifs pour marcher vers le Sud. Sa colonne, réorganisée, et dans laquelle il faisait entrer les éléments de celle du colonel Archinard, était forte de 4,350 hommes, 830 chevaux et 276 mu-

---

en même temps que l'Émir se remettait entre les mains du général de Lamoricière. Il fut successivement interné à Médéa, à Boghar, puis chez le bach-agha du Tithri, Ben-Yahya-ben-Aïça, qui s'était porté garant de sa parole.

En 1849, Sid Cherif fut nommé agha des Oulad-Naïl.

En 1850, lorsque Naceur-ben-Ech-Chohra fit défection, Sid Cherif, chargé de le poursuivre, fit, à la tête de son goum, une pointe audacieuse jusqu'à El-Guerara (ville du Mzab), puis il tomba sur les Harazlia et sur les Hadjadj, auxquels il fit subir des pertes relativement considérables.

En 1851, une nouvelle razia sur les Arbaâ dissidents lui fit rendre sa position et le titre de khalifa. Son audacieuse intrépidité dans ces courses lointaines et périlleuses lui valait, en même temps, la croix de chevalier de la Légion d'honneur.

A la fin de 1852, il fut installé par le général Jusuf dans le bordj de Djelfa, dont la construction venait d'être terminée.

La nécessité de relier le poste avancé de Laghouath avec le Tell amena la création, en 1853, d'un centre de commandement à Djelfa; Sid Cherif reçut alors le titre de bach-agha des Oulad-Naïl. Il eut depuis à agir à diverses reprises, avec son goum, contre l'ancien chef des Arbaâ, Naceur-ben-Ech-Chohra.

Depuis cette époque, Sid Cherif-ben-El-Ahreuch n'a cessé de seconder de son dévouement et de son intelligence les commandants supérieurs de Laghouath.

Nous avons vu que, dès le début de l'insurrection, Sid Cherif avait combattu avec énergie les mauvaises dispositions des Oulad-Naïl. En résumé, il avait réussi à maintenir les populations de son aghalik dans l'obéissance; mais l'esprit de révolte ayant tout à fait aveuglé les Oulad-Naïl, Sid Cherif fut totalement débordé, et sa double influence d'homme de guerre et de religion fut méconnue à ce point par ses administrés, qu'ils tournèrent contre lui les armes avec lesquelles ils l'avaient si souvent défendu.

lets. Elle comprenait : cinq bataillons d'infanterie (Chasseurs à pied, Infanterie de ligne, Zouaves et Tirailleurs), cinq escadrons de cavalerie (Chasseurs d'Afrique et Hussards), deux sections d'artillerie de montagne, un détachement du Génie, et une forte ambulance.

Ses moyens de transports, constitués en quatre compagnies auxiliaires du Train, comprenaient 2,300 animaux (1,600 chevaux et 700 mulets ou chevaux de bât).

Cette colonne comptait, en outre, 300 hommes de goum appartenant aux tribus du Tell.

Malgré la défectuosité de son outillage, le général pouvait emporter quinze jours de vivres, dont quatre dans le sac des hommes.

Le général Jusuf était prêt à partir dès le 14 octobre ; mais un temps pluvieux et des brouillards intenses, régnant depuis la veille, l'obligèrent à retarder son départ jusqu'au lendemain.

Mais retournons dans la province d'Oran, où, comme on devait s'y attendre, de graves événements se sont produits à la suite de la triste affaire d'Aïn-el-Beïdha.

VII

Sid El-Ala gagne à sa cause les tribus des Hauts-Plateaux de l'Ouest, et menace le Tell du cercle de Dhaïa. — La colonne Jolivet se réorganise, et se porte à Titenyahia pour fermer ce débouché du Tell aux rebelles. — Rencontre du général Jolivet et des contingents de Sid El-Ala, en retour de la pointe de ce dernier sur Sidi-Ali-ben-Youb. — Combat de Titenyahia. — Sid El-Ala replonge dans le Sud. — La colonne Jolivet se porte dans la direction de Sidi-Ali-ben-Youb. — Rentrée de cette colonne à Saïda. — Évacuation de la redoute d'El-Kheidher. — Le général Deligny opère dans le cercle de Géryville. — La colonne Jusuf se dirige sur Tadzmit, où la présence du marabouth lui a été signalée. — Fausses démonstrations de la part des rebelles. — Premières demandes d'aman. — Les populations rebelles sont successivement chassées des eaux et des pâturages de la vallée de l'ouad Mzi. — Les tribus rebelles de Boghar font des propositions de soumission. — Désagrégation des forces du marabouth. — Le calme se refait dans les provinces de Constantine et d'Alger. — La colonne Jusuf se porte sur Laghouath pour s'y ravitailler. — Coup de main sur les Oulad Sidi-Aïça-el-Adeb. — Situation politique des trois provinces à la fin d'octobre 1864.

Nous avons laissé Sid El-Ala se dirigeant dans l'Ouest, le 1er octobre, à la suite de la malheureuse affaire des puits d'El-Beïdha. D'un autre côté, la colonne Jolivet était rentrée, le 3, à Saïda pour s'y refaire et s'y reconstituer. Mais elle y était à peine depuis quelques jours, que l'on apprenait que le lieutenant et le conseil du jeune marabouth Mohammed-ould-Hamza, enflé de son dernier succès, avait achevé de gagner à sa cause les populations encore indécises des Hauts-Plateaux de l'Ouest, et qu'il menaçait le Tell de Dhaïa avec des forces importantes et dont l'exagération décuplait encore le nombre.

Le Tell d'Oran pouvait évidemment se considérer comme menacé du jour où Sid El-Ala avait fait son apparition au nord du Chotth Ech-Chergui, et surtout après la désastreuse affaire d'Aïn-el-Beïdha, et il était présumable qu'il ne manquerait pas d'exploiter son succès et qu'il ne s'en tiendrait pas là. Il était donc urgent de faire exécuter sans retard aux colonnes campées à proximité des postes de la ligne de ceinture du Tell un mouvement d'appui vers l'ouest, afin de couvrir les débouchés de la Mekerra qui donnent accès dans le Tell de Dhaïa, et qu'on avait négligé de faire garder par des forces régulières. On avait compté, nous le voulons bien, sur la tribu des Beni-Mathar, qui, jusque-là, nous était restée fidèle ; mais en admettant même que cette importante fraction résistât aux tentatives de séduction de Sid El-Ala, — ce qui était plus que douteux après l'affaire du 30 septembre, — elle eût été impuissante, n'étant point soutenue à proximité par une colonne française, à barrer le passage aux goums de Sid El-Ala.

Des ordres de mouvement avaient donc été donnés, dès les premiers jours d'octobre, aux colonnes de l'Est de la province d'Oran ; elles devaient obliquer à droite pour aller combler le vide que laisserait la colonne Jolivet, ou de Saïda, lorsqu'elle se serait portée sur la trouée de Dhaïa. Mais cette colonne, si terriblement éprouvée, avait besoin de se refaire et de reprendre un peu de son aplomb. Il fallait qu'elle reconstituât son matériel, du moins en effets et objets de première nécessité. Nous nous rappelons qu'elle avait fait l'expédition d'El-Beïdha en colonne légère, et que ses sacs étaient restés dans la redoute d'El-Kheidher, sous la garde d'un bataillon du 17e d'infanterie et des malingres de la colonne, forces qui étaient restées sous les ordres du commandant Bressoles, du 10e de Chasseurs à pied.

La colonne Jolivet ne fut donc prête à se mettre en route que le 7 octobre. Elle se composait du 10e bataillon de Chasseurs à pied, d'un bataillon de marche du 17e d'infanterie, de deux escadrons du 11e de Chasseurs à cheval, d'une section d'artillerie, et de quelques cavaliers des Djafra. Elle se porta vers l'ouest, en longeant, au sud, la route de ceinture du Tell ; elle atteignait, le 10, le bivouac de Titenyahia, et dressait ses tentes sur l'ouad Es-Sabah, l'une des têtes de l'ouad Mekerra, à l'entrée du Tell, et dans le voisinage des premières croupes boisées.

Le lendemain 11, elle venait de lever son camp, et elle avait pris sa direction vers le nord, lorsque, tout-à-coup, elle est assaillie par de nombreux cavaliers qui remontaient le cours de la Mekerra dans le but évident de regagner le Sud.

Le général Jolivet prit sur-le-champ ses dispositions pour se défendre contre cet ennemi qui lui tombait de nouveau sur les bras, et dont il ignorait absolument la proximité. Il sut bientôt qu'il avait affaire aux goums de Sid El-Ala, lesquels étaient en retour de la pointe audacieuse qu'ils avaient poussée jusqu'à Sidi-Ali-ben-Youb, village européen situé sur la Mekerra, et à six lieues au sud de la ville de Sidi-Bel-Abbes. Malgré la disproportion des forces qu'il avait à opposer à celles des insurgés, le général Jolivet, heureux de trouver l'occasion de prendre la revanche de son insuccès d'El-Beïdha, attaqua, à son tour, Sid El-Ala avec une ardeur et une vigueur extrêmes : le 10e bataillon de Chasseurs à pied et le bataillon du 17e d'infanterie, sous les ordres du colonel de Colomb, firent payer cher aux rebelles les pertes qu'ils leur avaient fait subir dans cette fatale journée du 30 septembre. Après avoir mis en fuite les contingents du marabouth, notre infanterie s'accrocha comme le feu grégeois aux fantassins ennemis, plus faciles à joindre que les cavaliers, et leur fit subir des pertes très sérieuses.

Après un brillant combat, qui n'avait pas duré moins de deux heures, les contingents de Sid El-Ala, estimés à 2,000 cavaliers, et à 1,000 ou 1,200 fantassins à dos de chameaux, furent rejetés définitivement dans le Sud, abandonnant de nombreux cadavres sur le champ de la lutte.

Nos pertes se réduisaient à 1 tué et à 17 blessés.

Le colonel de Colomb est cité par le général Jolivet, — qui s'était montré très habile et très vigoureux dans cette affaire, — comme ayant particulièrement contribué au succès de la journée.

La colonne, qui — on ne sait trop pourquoi — avait repris sa marche vers le nord, alla bivouaquer à El-Açaïba. Sid El-Ala s'était mis en retraite dans la direction du Djebel El-Beguira.

Nous avons dit plus haut que les contingents de Sid El-Ala étaient en retour de leur incursion sur l'ouad Mekerra quand ils donnèrent dans la colonne Jolivet. Voici ce qui s'était passé : sollicité par les Belar', les Beni-Mathar et les autres tribus des Ahl Angad-ech-Choraga, Sid El-Ala n'hésita pas à répondre à leur appel et à tenter une opération qui ne manquait pas d'audace, mais qu'en définitive, notre négligence lui rendait facile et peu périlleuse. Longeant l'ouad Mekerra, qu'il avait pris à sa source, il lui avait été possible, en l'absence de toute colonne française à proximité, de descendre ce cours d'eau, avec ses contingents et ses nouveaux adhérents, jusqu'à Sidi-Ali-ben-Youb, centre européen, situé, nous l'avons dit, à six lieues au sud de la ville de Sidi-Bel-Abbas. Après avoir pillé, dévasté et incendié tout à son aise, et avec le concours des gens du pays, ce malheureux village, Sid El-Ala remonta, chargé de butin, le cours de la Mekerra, et c'est au retour de cette expédition qu'il rencontra, près de Titenyahia, la colonne Jolivet, qui lui livra le combat dont nous avons parlé plus haut.

La dévastation et l'incendie de Sidi-Ali-ben-Youb présentaient d'autant moins de difficultés à l'ennemi, que ce village était ouvert ; il n'avait pu avoir raison du caravansérail, défendu d'abord par ses murailles, et par quelques soldats et la population du village, qui y avait cherché un refuge. Six colons, qui refusèrent de se retirer dans cet établissement, payèrent de leur tête leur excès de confiance ou leur entêtement.

Cette incursion si imprévue de Sid El-Ala avait répandu la terreur dans toute la subdivision de Sidi-Bel-Abbas, surtout dans les villages européens de cette zone, que ne défend même point contre les voleurs la moindre enceinte ou le retranchement le plus élémentaire.

Nous dirons, à ce propos, que c'est encore là une de nos erreurs que celle des villages ouverts en Algérie ; c'est la conséquence de notre sotte et incorrigible confiance dans les populations arabes ou kabiles, au milieu desquelles est noyé l'élément européen. « A quoi bon nous renfermer entre quatre murs dans lesquels nous étoufferons? entendons-nous répéter souvent en temps de paix. Nous ne craignons pas les indigènes ; et puis, d'ailleurs, ne sont-ils pas définitivement soumis?... Donc, il ne peut plus y avoir d'insurrection... Du reste, s'ils avaient jamais la témérité de nous attaquer, ils sauraient bien vite à qui ils ont affaire... »

Tout cela est bel et bon ; mais qu'un jour les indigènes deviennent insolents, — c'est là l'indice d'une insurrection à l'état latent, d'une révolte qui n'est encore que dans les esprits, — oh ! alors, si les matamores dont nous parlons viennent à rencontrer sur leur route un pédiculeux à l'air quelque peu menaçant, il n'y a pas de « *Toi, Sidi, bono !* » qu'on ne lui prodigue ; tout le répertoire *sabir* des amabilités européennes y passera, et l'on bourre de poignées de mains et de tapes amicales sur l'épaule, le Bédouin qu'en temps calme ou ordinaire on bourrait de coups de pied dans le derrière, et qu'on injuriait de la façon la plus grossière. Puis l'insurrection éclate ; les villages ouverts sont attaqués soudainement, et sans qu'on ait pu prendre la moindre mesure de défense, sans qu'on ait le moindre réduit pour abriter les vieillards, les femmes et les enfants ; alors commence l'égorgement, qui est suivi de près par le pillage, la dévastation, l'incendie. Quand tout est fini, et lorsque l'insurrection a été réprimée, on jure qu'on ne s'y laissera plus prendre ; on ne parle plus alors que de fortifications, d'enceintes bastionnées ; chaque colon veut transformer sa maison en un fort inexpugnable ; on va se mettre à la besogne sans retard, parce qu'en définitive, se répète-t-on, on ne sait pas ce qui peut arriver, et qu'on est payé pour n'avoir en ces gueux d'Arabes qu'une confiance médiocre et très limitée. On est plein d'ardeur ; mais cet enthousiasme est bientôt soumis à l'action d'un réfrigérant avec lequel on n'avait pas compté, la question d'argent. Il faut attendre ; car il est de toute nécessité que les choses se fassent régulièrement, administrativement, et cela demande beaucoup, énormément de papier. On ne peut rien faire d'ailleurs sans que les fonds soient votés, et il est probable qu'en présence de l'indigence de la caisse destinée à recevoir les fonds à affecter aux travaux de colonisation, on y regardera à deux fois avant de s'engager dans une pareille dépense. L'affaire traîne indéfiniment ; elle entre dans la période de sommeil, et l'on se rendort sur l'oreiller de la sécurité jusqu'à ce qu'un nouveau massacre vienne remettre la question sur le tapis, laquelle passe exactement par les mêmes phases qu'elle avait traversées la première fois. Et tout porte à croire que, de longtemps encore, on ne se départira de cette méthode si française d'atermoiement et de temporisation, laquelle donne de si consolants résultats.

Il est incontestable, que, lancé comme il l'était, Sid El-Ala pouvait se porter, en descendant la vallée de la Mekerra, dans la riche et plantureuse plaine du Sig, et la ravager aussi facilement qu'il l'avait fait du pays qui est au sud de Sidi-Bel-Abbas. L'effroi qu'il avait répandu sur son passage, la panique qui en avait été la conséquence, aussi bien parmi les indigènes que chez les Européens, lui laissaient toute liberté de manœuvre, ainsi que cela se passe d'ailleurs dans toutes les affaires de surprise. Sans doute, il n'aurait pas fallu que Sid El-Ala s'attardât dans ce pays si mouvementé et si peuplé du Tell, et qu'il laissât aux populations le temps de se remettre et de se reconnaître; mais néanmoins, en parcourant comme une trombe de feu les régions envahies, il pouvait faire beaucoup de mal.

Il est fort heureux pour nous que ces marabouths n'aient jamais été vigoureux qu'à demi, par à-coups, et puis ces Oulad-Sidi-Ech-Chikh ne connaissaient pas le Tell, et, comme nous l'avons dit plus haut, les Sahriens le redoutent à l'excès. Ces régions montagneuses qui, à chaque pas, peuvent cacher un piège, une embûche, ne leur disent rien qui vaille. On n'y voit pas à deux pas devant soi; on est emprisonné entre les flancs de ces hautes montagnes, qui se dressent soudainement autour de vous comme les murailles d'un cachot; on y étouffe; on n'y voit le ciel, au-dessus de sa tête, que par des échappées, par lambeaux. A chaque instant, c'est un obstacle, une barrière, — roches ou rivière; — on s'y perd. Sans doute, quand les gens du pays sont à vous, quand les débouchés sont laissés tout grands ouverts, quand votre retraite est assurée, quand on sait que les lourdes colonnes *roumiennes* sont à deux ou trois journées de marche, on peut risquer l'aventure; mais c'est bon pour une fois.

Dans l'affaire qui nous occupe, il est vraisemblable que les

Beni-Mathar, qui tenaient les clefs de la vallée de la Mekerra, et que les Oulad-Balar', qui étaient les maîtres de la partie supérieure de ce cours d'eau, étaient acquis à Sid El-Ala, et qu'ils n'attendaient que son apparition aux portes du pays pour lui en faciliter l'entrée. S'il en eût été autrement, jamais ce chef rebelle, quelque audacieux qu'il pût être, n'eût franchi les défilés de Titenyahia ; car les Arabes ne sont point des gens de combinaisons bien compliquées ; ils ne voient pas bien loin devant eux ; ils n'ont aucune suite, aucune constance dans les idées. Ce sont les gens du coup de temps, de l'occasion ; ils la saisissent souvent quand elle passe à leur portée ; mais ils sont incapables de la prévoir, et surtout de la faire naître.

Quoiqu'il en soit, dans cette incursion de Sid El-Ala, coup de main qui eût suffi pour illustrer un général français, on est obligé de reconnaître à ce chef des rebelles une certaine valeur militaire, un instinct de la guerre peu commun et une rare habileté à profiter de nos fautes ; on admettra sans conteste qu'il n'était point sans qualités guerrières, surtout si l'on tient compte de cette considération que son opération, à lui, l'homme des grands espaces, avait les gorges du Tell pour théâtre. On ne peut nier que cet homme de quarante-cinq ans, dans toute la force de l'âge, n'eût ce qu'il faut pour réussir, surtout comme entraîneur d'hommes : vigueur physique, grand courage personnel, du coup d'œil, de l'audace et de la résolution. Nous ajouterons que ces qualités étaient soutenues et alimentées, chez cet ardent marabouth, chez ce descendant de l'illustre et saint cherif Sidi Ech-Chikh, par un fanatisme n'admettant aucun compromis, et par une ambition sans bornes. C'est lui qui, inféodé au vieux parti religieux de la Zaouïa, lequel nous a toujours été hostile, a vraisemblablement fait empoisonner son neveu, le bach-agha Sid Abou-Beker-ould-Hamza, qui nous était tout dévoué, et qu'il désespérait d'entraîner dans un mouvement insurrectionnel. Débarrassé de cet obstacle à ses vues, Sid El-Ala eut meilleur marché du frère et successeur de sa victime, Sid Sliman-ould-Hamza (1), espèce de sanglier têtu,

---

(1) Nous nous rappelons que le bach-agha Sid Sliman-ould-

fanatique et violent, entièrement entre les mains des Abid (1) Sidi Ech-Chikh, et parfaitement préparé à la rébellion. Aussi ce dernier n'avait-il pas tardé, cédant aux conseils de son oncle, à lever l'étendard de la révolte.

Mais les qualités d'homme de guerre de Sid El-Ala étaient mitigées, nous le répétons, par une grande étroitesse d'esprit et par une incapacité notoire de combiner, de préparer des opérations de quelque suite et d'une certaine durée. Il profitait de toutes les chances sans jamais les avoir provoquées. Ainsi, dans cette affaire de Sidi-Ali-ben-Youb, il eût pu, avec un but plus élevé que celui de détruire et de faire la guerre au butin, gagner à sa cause — ce qui n'était pas difficile — toutes les tribus telliennes dont il traversait le territoire, et soulever sur son passage les populations indigènes, lesquelles sont toujours prêtes à secouer notre joug et à suivre un chérif, quel qu'il soit, et sans lui demander la preuve de son authenticité. Eh bien ! au lieu de poursuivre la conquête des tribus telliennes en les jetant sur la colonie, Sid El-Ala laisse ses contingents — nous n'ignorons pas qu'il ne lui était pas toujours facile de tenir son monde — razer les populations indigènes dont il lui était si aisé de se faire des alliés. Fort heureusement cette pensée ne lui vint pas ; car il eût pu faire beaucoup de mal aux colons européens, lesquels n'étaient nullement préparés à recevoir l'attaque d'un ennemi qu'on croyait bien loin dans le Sud, et dont on n'avait d'ailleurs qu'une très vague idée. Du reste, nous le répétons,

---

Hamza fut tué, le 8 avril 1864, à l'affaire d'Aoutnet-bou-Beker, où l'infanterie de la petite colonne Beauprêtre fut entièrement détruite.

(1) L'illustre Sidi Ech-Chikh, qui vivait au XVII° siècle de notre ère, avait fondé une Zaouïa à El-Abiodh, et cet établissement religieux avait pris de suite une grande importance. Craignant sans doute que ses enfants, dans lesquels il n'avait qu'une médiocre confiance, n'en détournassent les revenus à leur profit, au lieu de les employer en œuvres pieuses et en aumônes, il en donna l'administration à des esclaves nègres *(Abid)* qu'il affranchit. Les revenus de cette Zaouïa, qui est fort riche, bien que les descendants de ces Nègres consacrent à toute autre chose qu'à des œuvres pies ou charitables les offrandes des serviteurs religieux du saint et vénéré marabouth, étaient encore, il y a quelques années, de 70 à 80,000 fr.

Sid El-Ala redoutait le Tell qui, pour lui et pour ses goums sahriens, était l'inconnu, et il avait hâte de retrouver les grands espaces et la liberté de ses mouvements.

Mais il s'agissait de rassurer les populations européennes et indigènes de la vallée de la Mekerra ; on crut ne pouvoir mieux le faire qu'en leur montrant des troupes françaises. C'était un peu tard ; mais c'est là la seule façon raisonnable d'expliquer le mouvement de la colonne Jolivet vers le nord. Ce général se porte donc sur Sidi-Ali-ben-Youb en longeant les ouad Merioua et Tefellis, lesquels ne prennent le nom de Mekerra qu'à hauteur du gué de Bou-Khenifis. Une autre colonne, aux ordres du général Lacretelle, arrivait également bientôt sur ce point, et continuait sa marche dans la direction de Ras-el-Ma en remontant la vallée jusqu'aux sources de la Mekerra. Après avoir séjourné le 14 octobre sur les ruines de Sidi-Ali-ben-Youb, la colonne Jolivet se dirigeait sur Dhaïa, où elle arrivait le 16, et se rencontrait avec la colonne de cavalerie du général Legrand, laquelle était forte de dix à douze escadrons. Le 17, le général Jolivet reprenait la direction de Saïda, qu'il gagnait par la route de ceinture du Tell, et où elle rentrait le 20.

La colonne Legrand avait quitté Dhaïa en même temps que le général Jolivet : sa mission était de faire l'évacuation de la redoute d'El-Kheidher, sur le Chotth-ech-Chergui, où — nous nous le rappelons — ce dernier général avait laissé, le 29 septembre, sous les ordres du commandant Bressoles, un bataillon du 17e de ligne, les malingres de la colonne, les sacs de son infanterie et des approvisionnements. Cette évacuation s'était faite sans coup férir, et la colonne Legrand arrivait à Saïda le 21 octobre.

Quant à Sid El-Ala, il était allé camper, chargé de butin, d'abord à Beguira, disait-on, puis ensuite à Aïn-Tagouraïa, au sud-est de Dhaïa, où il avait fait enlever, par un de ses goums, quelques troupeaux des Djafra laissés imprudemment sur les Hauts-Plateaux. Appuyés par la colonne Péchot, qui était venue boucher la trouée de Saïda après le départ de la colonne Jolivet pour l'ouest, les Djafra avaient pu reprendre, après un combat assez vif, une partie des troupeaux qui leur avaient été enlevés.

Après avoir fait conduire en lieu de sûreté le produit de ses razias dans le Nord, Sid El-Ala allait camper sur les puits d'El-Hammam, dans le sud de Dhaÿa, puis, de là, à Sidi-Khelifa, sur la rive nord du Chotth. Mais le besoin de se ravitailler avait obligé le général Deligny, en opérations du côté de Stiten, à revenir sur le poste de Géryville ; il apprenait en y arrivant que Sid El-Ala avait campé, le 20 octobre, à Sidi-Khelifa et qu'il y avait passé la nuit. Le commandant de la province d'Oran se portait dans cette direction par une marche de nuit qu'il opérait du 21 au 22 ; mais ayant appris, en route, par ses coureurs, que les tentes de Sid El-Ala, réunies à celles des Oulad-Sidi-Ech-Chikh, se trouvaient dans les environs de Brizina, il avait pensé avec raison que le chef des rebelles serait frappé bien plus sensiblement si nous parvenions à surprendre ces tentes, et il s'était hâté de prescrire au général Martineau de se porter sur ce point. Quant à lui, il avait renoncé à l'opération on ne peut plus incertaine d'atteindre ce lieutenant du maraboutth.

Quoi qu'il en soit, ayant appris que le général Deligny marchait dans sa direction, Sid El-Ala qui, sans doute, ne se souciait pas de le rencontrer, s'était empressé de se rejeter dans le sud-ouest.

Nous avons dit plus haut que le général commandant la province d'Oran s'était porté dans le Sud vers les premiers jours de septembre, et que, le 5 de ce mois, il était à Aïn-Medriça, d'où il avait poussé sur Aïn-el-Guethifa, à la pointe est du Chotth-ech-Chergui, une reconnaissance de 200 chevaux pour protéger la route par laquelle revenait l'agha de Frenda, avec les prises qu'il avait faites sur les tribus insurgées qui se tenaient au sud du Djebel En-Nadhor, du cercle de Tiharet. Le général s'était porté ensuite dans les parages de Géryville pour y opérer contre les Makna : il y avait reçu la soumission des Ahl-Stiten, et le 10 octobre, une fraction des maraboutths des Harar était venue lui demander l'aman.

L'extrême Sud de la province de Constantine était écumé par des bandes de Châanba et de Touareg qui cherchaient fortune dans ces parages. Le kaïd de Touggourt, Sid Ali-Bey, faisait connaître, à la date du 10 octobre, qu'il avait rencontré, combattu et repoussé un parti de ces pillards montés sur des mehari (dromadaires de selle). Il est inutile d'ajouter que la cause de la guerre sainte était absolument étrangère aux exploits de ces coupeurs de routes.

Mais revenons à la colonne Jusuf, que nous avons laissée à Djelfa, sur le point de se mettre en mouvement dans la direction de Tadzmit, où la présence du marabouth lui avait été signalée.

L'intention du général Jusuf était d'agir directement contre le marabouth, et la longue ligne qu'occupaient ses contingents entre Ksar-Charef et Tadzmit lui permettait de se diriger indifféremment sur l'un ou l'autre de ces points. Il avait d'abord fait choix de la première de ces directions, laquelle présentait cet avantage, en poussant le mouvement jusqu'à Znina, de tourner la position des rebelles, de leur couper la ligne des eaux et des pâturages du nord et de les rejeter soit dans le sud, soit dans l'ouest sur la colonne du commandant de la province d'Oran, que le général Jusuf supposait devoir opérer, à ce moment, à l'ouest du Djebel El-Eumour.

Mais, le 15 octobre, au moment du départ, après une nuit d'orage et de pluie à torrents, les montagnes boisées du Sen-el-Leba, qui s'étendent de Djelfa jusques Charef, et dans lesquelles la route traverse un long et difficile défilé, ces montagnes, disons-nous, étaient enveloppées d'un épais brouillard qui ne permettait point de voir à deux pas devant soi, et le sol, détrempé par les eaux, était devenu glissant et d'un parcours impossible. Il est évident que le général ne pouvait, dans ces conditions et avec son énorme convoi, s'aventurer dans cette direction. Il dut donc y renoncer et prendre la route de Tadzmit, laquelle lui donnait la chance — assez problématique d'ailleurs — de séparer en deux tronçons les forces des rebelles.

C'est alors que va commencer cette série de marches et de contre-marches à la suite du marabouth, et dont le but est de lui enlever le boire et le manger en le dépostant successivement des lignes d'eaux et de pâturages, et de réduire à la misère, en ne leur laissant ni repos, ni trêve, les populations insurgées, dont les troupeaux, épuisés de fatigue et mal nourris, vont dépérir et se fondre en peu de jours.

Pour conserver son prestige aux yeux de ses crédules adhérents, le jeune marabouth — Sid El-Ala était encore dans l'Ouest, — faisait répandre le bruit que son intention était d'attaquer la colonne Jusuf, et que l'objet de sa manœuvre était de l'attirer sur un terrain à sa convenance, c'est-à-dire favorable à l'action de sa nombreuse cavalerie. Il espérait ainsi faire prendre patience à ses contingents, en attendant le coup décisif qui devait les débarrasser de la colonne.

Le général Jusuf se met en mouvement le 15 octobre, et va coucher sur l'ouad Es-Sedeur; il campe le 16 à Youï, et le 17 à Tadzmit. Toutes les hauteurs environnantes sont couvertes des postes des rebelles. Leurs vedettes se profilent nettement et avec des proportions exagérées sur l'azur du ciel. La nuit se passe sans aucune démonstration de la part de l'ennemi. Le 18, la colonne continue sa marche dans le sud-ouest en suivant une direction parallèle à celle du Djebel El-Azreg. Elle dresse ses tentes sur un point sans eau nommé Bou-Mr'iref.

Le 19, quelques instants avant le départ de la colonne, une quinzaine de cavaliers des Rahman se présentent à la grand'-garde de le face qui est occupée par les Tirailleurs algériens, et demandent à être présentés au général pour solliciter, au nom de leur tribu, l'aman et le pardon.

La colonne se met en marche dans la direction de Tadjmout. Au moment où sa tête franchit le lit desséché d'un torrent, 3 ou 400 cavaliers restés sur l'autre rive pour protéger les derrières d'une émigration, cherchent à ralentir la marche de nos troupes. Deux compagnies du 12e de Chasseurs à pied, portées en avant, les décident à prendre la fuite. De nombreux cavaliers surgissent bientôt de toutes parts, et amorcent une démonstration qui n'a d'autre but que de donner le temps aux populations rebelles qui étaient venues boire à Tadjmout avec leurs troupeaux, de mettre plus de distance entre elles et la colonne.

Pendant la grande halte, qui se fait à El-Oglat, les goums de l'ennemi viennent de nouveau, mais hors de portée, tirer sur la colonne. Le général fait porter ses tirailleurs en avant avec une section d'Artillerie. Son but est de prouver au marabouth qu'il est prêt à accepter le combat, et qu'il attend son attaque. Sid Mohammed-ould-Hamza le savait bien; mais quelques mauvais esprits affectaient d'en douter dans la colonne. Voyant que le jeune marabouth répond mal à cette invitation, le général lance en avant le goum du bach-agha Ben-Yahia, lequel essaie d'engager la lutte avec les rebelles, qui sont certainement en nombre; car ils ont déployé devant la colonne deux rideaux successifs de cavaliers dont l'effectif peut être estimé à 12 ou 1,500 chevaux. Mais dès qu'ils sentent nos goums à portée, ils se hâtent de disparaître.

Après avoir achevé sa grande halte, la colonne reprenait sa marche et sa direction.

Vers quatre heures du soir, la colonne arrivait à l'extrémité d'un plateau qui domine la vallée de l'ouad Mzi, et découvrait distinctement de ce point une immense émigration qui filait dans le sud-est. Nos troupes pouvaient se convaincre dès lors que la démonstration des goums rebelles n'avait eu d'autre but que de chercher à attirer hors de la protection de l'infanterie notre cavalerie régulière, et surtout de donner aux populations insurgées le temps de prendre du large et d'échapper à notre poursuite. Or, comme nous n'avions aucun intérêt à les empêcher de s'enfoncer dans les régions arides et inclémentes du Sahra, puisque cette situation devait nous les ramener plus tôt, il devenait tout-à-fait inutile de courir après elles, et de modifier une tactique qui nous permettait d'atteindre sans peine et sans efforts le résultat cherché. A six heures, la colonne s'arrêtait sur l'Aïn-el-Haouadjeb, à quatre kilomètres de Tadjmout, et y dressait ses tentes.

Le 20 octobre, la colonne descendait les dernières pentes du Djebel El-Azreg, laissant le ksar de Tadjmout sur sa droite. A une heure, elle arrivait sur les bords de l'ouad Mzi, que les pluies des jours précédents avaient considérablement grossi et rendu inguéable. Cette circonstance obligeait le général Jusuf à camper sur sa rive gauche. Les rebelles y étaient arrivés assez à temps la veille pour pouvoir en effectuer le passage. Deux ou trois cents cavaliers ennemis s'étaient embusqués sur la rive droite, couverts par d'épais bouquets de tamarix, pour défendre le passage de la rivière au cas où la colonne eût voulu le tenter. Ce jour-là, une compagnie de Zouaves et une compagnie de Chasseurs à pied, déployées dans des parties embroussaillées non submergées de l'ouad Mzi, fusillent les cavaliers insurgés et les délogent de leurs embuscades. Un groupe assez considérable de rebelles, qui assistaient de loin et en curieux à la lutte engagée entre les deux compagnies et les insoumis, furent désagréablement arrachés à l'intérêt de ce spectacle par un obus habilement envoyé, qui dispersa en un clin d'œil tous ceux de ces curieux qui n'avaient pas été atteints.

Vers six heures du soir, l'ennemi plaçait ses vedettes le long de la rive droite de l'ouad Mzi.

Cependant, la colonne avait déjà recueilli les fruits de l'habile tactique de son général : d'abord les insurgés n'avaient pu se retirer assez rapidement devant elle pour lui échapper, et la plupart des contingents de Boghar qui se trouvaient dans les parages de Charef et de Znina, avaient été coupés de leur ligne de retraite sur le Sud et séparés, par suite, du gros des forces insurrectionnelles. Aussi, dès le 10 octobre, tous les principaux et notables des Bou-Aïch, des Zenakhra, des Maoucha, des Abadlia, des Mouïadat, des Oulad Sidi-Aïça-es-Souagui et des Rahman, étaient-ils dans le camp du général Jusuf, lui faisant leurs offres de soumission. Ils étaient, disaient-ils, à bout de patience, de ressources et de forces, et ils ne voulaient pas attendre que leur ruine fût complète pour tenter auprès de lui une démarche que leur eût imposée fatalement, tôt ou tard, la nécessité.

C'étaient les premiers qui revenaient à nous. Le général Jusuf pensa que, pour encourager les soumissions, il était d'une bonne politique de se montrer clément à leur égard. Il leur accorda l'aman, mais sous la condition qu'ils remonteraient sur le champ vers le Nord, et qu'ils resteraient dans leur pays. Le général ne leur laissa point ignorer toutefois que son aman n'était que provisoire, et qu'avant d'être définitif, il fallait qu'il reçût la sanction du Gouverneur général. Il ajoutait que ce pardon ne pouvait concerner que ceux d'entre eux qui n'avaient point de crimes à leur charge.

A la même date, les Oulad-Mokhtar-ech-Cheraga, qui avaient abandonné leurs campements, et s'étaient jetés dans le Djebel Es-Sahri pour faire cause commune avec les Oulad-Naïl, allaient solliciter à Boghar l'autorisation de rentrer dans leur pays.

Le premier coup, nous le répétons, était porté à l'insurrection. D'ailleurs, les nombreuses populations que traînait à sa suite le marabouth étaient dans le plus grand désarroi : repoussées des parages où elles pouvaient trouver l'eau et les pâturages, obligées de fuir à marches forcées, semant leurs troupeaux sur tous les chemins ; leurs chameaux périssant à chaque pas ; les petits ne pouvant suivre leurs mères ; maintenues dans les régions sahariennes — où tout manque — dans une saison où les tribus du Sud viennent réclamer l'hospitalité du Tell ; ces populations, à bout de silos, fatiguées et souffrant de tous les maux ; les femmes, les enfants, les vieillards exténués ; enfin, la misère, mortelle au fanatisme comme elle l'est à l'amour, ayant dissipé les ivresses de l'enthousiasme et de l'entraînement ; d'un autre côté, pas le moindre succès — dans la province d'Alger, — pas le moindre progrès à enregistrer au compte de ce jeune et ardent marabouth, qui s'était fait sa part, et qui ne rêvait pas moins que d'être le maître du Sahra, comme nous étions, disait-il, les maîtres du Tell ; en outre, le terrible et audacieux Sid El-Ala lui-même, qui avait fait trembler les tribus des Hauts-Plateaux, était resté impuissant dans le Sud de la province centrale : il n'en fallait pas tant pour jeter le découragement parmi ceux que le marabouth avait entraînés ou poussés dans la guerre sainte. En effet, grâce à l'habileté et à la sage prudence du général Jusuf, et à sa science de la guerre dans le Sahra, le chef des rebelles n'était point parvenu à lui couper une tête qu'on pût montrer en trophée pour réchauffer le zèle sensiblement attiédi de ceux qui avaient, de gré ou de force, suivi les étendards du nouveau sultan. Aussi, le repentir, les regrets, les déceptions, n'avaient-ils point tardé à envahir cette cohue famélique et pédiculeuse, à laquelle on enlevait le boire et le manger pour elle et pour ce qui lui restait de ses troupeaux. Il est hors de doute que, si ces tribus l'avaient osé, depuis longtemps déjà elles fussent venues nous demander notre pardon ; mais les violents et les compromis par des crimes de droit commun les retenaient malgré elles sous les drapeaux du marabouth.

C'est là, évidemment, la véritable manière de faire la guerre dans le Sahra : s'établir successivement sur les eaux et les pâturages, et prendre les tribus par la faim, par la soif, et par l'abreuvoir de leurs troupeaux. On peut éviter ainsi de brûler une seule cartouche. En effet, le proverbe arabe dit : « Dans le Sahra, loin de notre pain et près de notre soif. »

Il est certain que c'est le Tell qui fournit le blé aux Sahriens, et que, pendant quatre ou cinq mois de l'année, ils sont obligés de venir paître leurs troupeaux sur les eaux et les pâturages des régions telliennes du sud. Nous savons bien aussi que ce mode de faire la guerre que nous préconisons n'est ni dans nos goûts, ni dans notre tempérament, et que là où il n'y a ni poudre ni sang, — nous l'avons dit, il y a longtemps, pour la première fois, — il ne saurait y avoir de gloire ; nous savons que nous n'appelons pas ça de la guerre, que c'est de la corvée, et pas autre chose, et qu'enfin « nous ne mesurons notre gloire qu'au chiffre de nos morts, » — pas même de ceux de l'ennemi. — Tout cela est fort beau, fort chevaleresque, assurément, en ce sens que cela prouve un superbe mépris de la mort ; et nous ne voulons point dissimuler que nous-même nous nous sommes longtemps laissé prendre à cette exagération d'un noble et bon sentiment, laquelle, en définitive, n'est qu'un mirage trompeur, un fantôme, de la gloire, si vous voulez, mais de la gloire vide et ruineuse, du gaspillage un peu niais, — qu'on me pardonne ce blasphème ! — Ce qu'il y a de positif, c'est que nous n'entendons rien à l'économie humaine. Que de fois n'avons-nous pas entendu dire par nos camarades, après une affaire où nous avions plus de tués et de blessés que l'ennemi, — circonstance qui, avant l'emploi des armes à longue portée, était malheureusement la règle : — « C'est une très belle affaire pour un tel ; il a eu tant de tués et tant de blessés. » Il n'y était jamais question de ceux de l'ennemi ; il est vrai de dire que la constatation en était fréquemment difficile, les indigènes, quand on leur en laisse le temps, ayant pour principe d'enlever leurs morts et leurs blessés.

Espérons que, plus tard, — quand nous aurons reçu quelque bonne leçon (1), — nous finirons par comprendre que c'est là un métier de dupes, et qu'il y a, en définitive, beaucoup plus de gloire — et partant plus de profit — à être les vainqueurs que les vaincus, et que nous avons tout ce qu'il faut pour nous tenir et nous maintenir dans la première de ces catégories.

Aujourd'hui, — et plus nous irons, plus il en sera ainsi, — le chevaleresque est un anachronisme, et il est d'autant plus dangereux pour nous, que nous sommes à peu près la seule des nations qui le pratiquions encore. On en est autour de nous à la période du positivisme. Quoi qu'il puisse nous en coûter d'abandonner ainsi nos traditions, nous pensons cependant qu'il y a urgence à les mettre de côté, et à être résolûment de notre époque.

Le 21 octobre, dès que l'ouad Mzi permit à la colonne de le traverser, le général Jusuf continuait sa route vers le sud, en suivant la marche de l'émigration, qu'il poussait imperturbablement devant lui. La colonne suivit les ondulations du Ras-el-Haouïtha, chaînon isolé s'allongeant en arête dans la plaine, et courant du nord-est au sud-ouest. La colonne fait sa grande halte dans une dhaïa où l'émigration a couché la veille et l'avant-veille, et d'où elle semble s'être divisée en éventail dans les directions sud, sud-est, sud-ouest. A cinq heures, la colonne dressait ses tentes sous les murs du ksar El-Haouïtha.

Le 22, la colonne continuait sa marche dans la direction du sud ; elle rencontre de nouveau les traces de l'émigration qu'elle talonne : celles des gens à chameaux et à moutons sont dirigées vers le sud-ouest, et celles des gens à bœufs du côté du sud-est. Il est évident que ces divers tronçons cherchent à gagner l'ouad Zergoun, l'ouad Mehaïguen et l'ouad En-Nsa.

A dix heures, la colonne arrivait sur la verte dhaïa de l'ouad Msâad ; elle y faisait sa grande halte, et buvait sur ses deux r'dir, pleins à déborder. Elle se remettait en marche à midi,

---

(1) Nous rappelons que cette partie de notre livre a été rédigée en 1865, sur des notes prises au jour le jour en 1864.

en appuyant fortement vers l'est, et campait à quatre heures sur le r'dir vaseux de la dhaïa de Thin-Safoun.

Le général lance son goum en reconnaissance dans les traces de l'émigration ; il a pu constater qu'elle s'est fractionnée, en raison du peu de ressources que lui présentait la région dans laquelle elle avait été rejetée, en une foule de petits groupes dont la poursuite devenait dès lors sans intérêt ; car il était évident que, réduites à cette dure extrémité, les masses rebelles ne pouvaient manquer, à bout d'approvisionnements, de se détacher peu à peu du marabouth, et de venir bientôt solliciter leur pardon et la faveur de rentrer dans leur pays.

Les éclaireurs du général lui apprennent, en même temps, que le marabouth, avec ses contingents et les Oulad-Châïb, et ce qu'il lui restait des Oulad-Mokhtar et des Rahman, s'était rabattu sur l'ouad Zergoun, pendant que les Arbaâ et les Oulad-Naïl avaient gagné l'ouad En-Nsa.

Dans cette soirée du 22, trois tribus des Oulad-Naïl : les Oulad-Oumm-Hani, les Oulad-Si-Ahmed et les Oulad-Sidi-Younès, avaient envoyé faire au général des offres de soumission. Ces tribus, que suivaient de près leurs délégués, s'étaient mises en route pour venir implorer leur pardon. Mais le marabouth, qui avait eu vent de cette démarche, s'était hâté de lancer sur leurs traces un de ses goums qui, après une courte lutte avec les cavaliers de ces tribus, les avait rejetées sur l'ouad Zergoun.

Ce commencement de désagrégation des forces du marabouth démontrait d'une manière évidente l'inutilité de pousser la poursuite plus au sud. Il eût été dangereux, au contraire, de s'éloigner des environs de Laghouath, et de laisser sans soutien les tribus qui venaient faire leur soumission, et qui avaient été autorisées à se réinstaller sur leurs territoires, au nord de ce poste avancé. Il est aisé à comprendre que, si le général Jusuf eût continué sa poursuite jusque sur l'ouad Zergoun, le marabouth n'eût pas manqué — rien ne s'y opposait — de remonter vers le nord pour tomber sur les tribus qui étaient rentrées à le devoir, et les punir d'avoir abandonné sa cause. Il suffit au général de croiser aux abords de sa base d'opérations, — Laghouath ou Djelfa, — pour en défendre l'approche aux rebelles, les maintenir dans un pays sans ressources, et faciliter la soumission des tribus des cercles de Boghar et de Laghouath qui désiraient solliciter notre aman.

Les troupes, que huit jours de marches rapides avaient quelque peu fatiguées, éprouvaient d'ailleurs le besoin de prendre du repos ; d'un autre côté, la nécessité de se ravitailler exigeait qu'elles retournassent sur leurs magasins. Le général décide donc que sa colonne séjournera le 23 à Thin-Safoun, et que, le lendemain 24, elle prendra la direction de Laghouath pour s'y réapprovisionner.

A cette date, le calme règne dans tout le Tell de la province d'Alger. Sachant le marabouth Sid Mohammed-ould-Hamza et son oncle Sid El-Ala rejetés dans le Sud, les populations du cercle de Tniyet-el-Ahd, qui avaient été quelque peu ébranlées à la suite de l'incursion de ce dernier dans le Tell de la subdivision de Sidi-Bel-Abbas, avaient repris leurs campements d'hiver, et s'étaient mises sérieusement à leurs labours. Du reste, la colonne Liébert, qui était établie à Aïn-Toukria depuis le 19 octobre, assurait pleinement la sécurité des populations du sud de la subdivision de Miliana.

En même temps qu'il fait connaître au général Jusuf, à la date du 24 octobre, qu'il sera le 26 à Laghouath avec un convoi de vivres, et qu'il se mettra à sa disposition, le colonel Lepoittevin de la Croix l'informe que l'esprit de soumission est revenu dans les tribus de Bou-Sâada (province de Constantine), et qu'il tend à se répandre parmi celles des Oulad-Naïl de l'Est. Il ajoute que les tribus qui ont été battues au combat d'El-Atheuf-el-Mekam (Aïn-Malakoff) le 7 octobre, et qui lui ont fait leur soumission, ont presque entièrement rempli les conditions qui leur ont été dictées, et payé leur contribution de guerre.

D'un autre côté, le colonel Seroka, qui avait eu pour mission d'agir contre les Oulad-Aïça, du cercle de Bou-Sâada, annonce qu'il avait vu, le 24 de ce mois, se grouper autour de son camp d'Aïn-Er-Rich, plus de 800 tentes de cette tribu, laquelle, pour donner la preuve de la sincérité de sa soumission, lui avait offert spontanément de fournir des moyens de transport à sa colonne.

La pacification du sud-ouest de la province de Constantine

était dès lors un fait accompli, et les forces du colonel de la Croix, devenues disponibles, pouvaient être mises sans inconvénient à la disposition du commandant de la division d'Alger. Le Gouverneur général avait d'ailleurs donné des ordres dans ce sens.

Le 24 octobre, la colonne Jusuf prend la direction de Laghouath, et va camper sur la dhaïa de l'ouad Bel-Aroug. Le lendemain 25, elle dressait ses tentes sur un r'dir du même ouad, et à 12 kilomètres de son point de départ. Enfin, le 26, elle arrivait à Laghouath, et établissait son camp au nord de cette oasis.

Un convoi de 120,000 rations, venant de Bou-Sâada sous l'escorte du colonel de la Croix, arrivait à Laghouath le 26 octobre. Cette colonne posait son camp auprès de celle du général Jusuf, sous les jardins de dattiers de ce poste avancé. Les deux colonnes séjournaient sur ce point les 27 et 28 octobre.

Une partie des Oulad-Naïl de l'Ouest, nous l'avons vu plus haut, avait fait ouvertement défection, et était allée rejoindre le marabouth. Ainsi avaient opéré les Oulad-Sidi-Younès, les Oulad-Si-Ahmed, les Oulad-Sidi-Yahya-ben-Salem, les Reggad, les Oulad-Khenata, etc. D'autres tribus, les Oulad-El-R'ouini, les Oulad-Dhya, les Abaziz, etc., étaient restées dans leur pays, et, sans être absolument hostiles, ne montraient pas moins le plus mauvais vouloir à exécuter les ordres du commandement ; en un mot, elles n'obéissaient que peu ou point.

Cette situation ne pouvait cependant s'éterniser. Aussi, le général prescrivit-il au commandant de l'annexe de Djelfa, le capitaine Gibon, de leur enjoindre de se présenter à lui dans le plus bref délai, et de les mettre en demeure de lui prêter leur aide contre les Oulad-Sidi-Aïça-el-Adeb, qui, réfugiés dans les montagnes abruptes qui commandent Gueltet-es-Sthol, interceptaient les communications, pillaient et assassinaient nos courriers. Bien que tous n'aient pas répondu à son appel, le capitaine Gibon n'hésita point cependant à aller demander leur soumission à ces Oulad-Sidi-Aïça, qui paraissaient convaincus que nous ne pourrions les atteindre.

Le commandant de Djelfa organisa une petite colonne composée des Oulad-El-R'ouini, des Sahri, et de quelques cavaliers du Makhzen aux ordres de leur kaïd, et surprit la tribu rebelle, à laquelle il fit éprouver des pertes très sensibles, et qui accepta les conditions qui lui furent imposées. Toutes les tribus douteuses des Oulad-Naïl qui étaient restées sur place se hâtèrent de suivre l'exemple des Oulad-Sidi-Aïça-el-Adeb, et de rentrer dans le devoir.

En même temps que le général recevait la nouvelle de la réussite de l'opération dont il avait confié l'exécution au capitaine Gibon, il était informé que les tribus du cercle de Boghar qui lui avaient fait leur soumission sur l'ouad Mzi, étaient réinstallées sur leurs territoires.

Les Oulad-Mokhtar-ech-Cheraga avaient envoyé à Boghar huit des notables de la tribu, avec le kaïd Ali-ben-Abd-er-Rahman, pour y faire leur soumission.

Toute la région comprise entre Djelfa et Boghar était dès lors pacifiée, et les communications avec le Tell allaient pouvoir être rétablies et définitivement assurées.

Nous avons dit plus haut qu'au moment de se porter sur Sidi-Khalifa, ksar ruiné de la rive nord du Chotth-ech-Chergui, où la présence de Sid El-Ala venait de lui être signalée, le général Deligny avait appris par ses éclaireurs que la *daïra* (1) de ce chef de l'insurrection, réunie aux tentes des Oulad Sidi-Ech-Chikh, était établie près du ksar de Brizina, et qu'il avait ordonné au général Martineau-Deschesnez de se porter sur ce point pour chercher à la surprendre. Cette opération, comme il fallait s'y attendre, n'avait pas réussi ; la marche de la colonne avait été éventée avant même qu'elle arrivât sur l'Aïn-Sâdana, située à 18 kilomètres de Brizina. En approchant du premier de ces points, le 18 octobre, le général Martineau avait pu apercevoir, sur les hauteurs rocheuses qui sont à droite du Kheneg-el-Ar'oura, des populations nombreuses qui fuyaient devant lui ; il avait marché contre elles avec une colonne légère ; mais elles

---

(1) Campement d'un chef, où se trouvent réunis sa famille, ses serviteurs, ses clients et ses troupeaux.

s'étaient réfugiées — comme elles le font toujours en pareille circonstance — dans les R'iran-el-Baroud (1) (Grottes de la Poudre), qui sont situées sur le versant sud de l'arête rocheuse dans laquelle est taillée la *Chegga* (fente, crevasse), et le général n'avait pas jugé utile d'aller les y chercher. L'ennemi avait perdu quelques hommes dans cette affaire, et le goum y avait fait du butin. De notre côté, nous avions eu deux Tirailleurs algériens tués et sept blessés, dont un officier. Deux cavaliers du goum avaient été tués et deux autres blessés.

Comme il était devenu dès lors sans utilité de poursuivre la *daïra* de Sid El-Ala, qui s'était enfoncée dans l'ouest, le général Martineau était revenu sur Sadana, et il avait repris le chemin de Géryville, où le général Deligny lui donnait de nouveaux ordres.

Dans la province de Constantine, le colonel Seroka, après avoir reçu la soumission des Oulad-Aïça, du cercle de Bou-Sâada, s'était établi à El-Ouaâr, sur l'ouad Itel. Cette position présentait l'avantage de couvrir les pâturages des tribus nomades de la province de l'Est, et de permettre au commandant de la colonne de se mettre facilement en relations avec Touggourt, où les forces dont disposait le kaïd Sid Ali-Bey venaient d'être augmentées de 200 cavaliers de choix.

Telle était, à la fin d'octobre 1864, la situation politique dans les trois provinces.

---

(1) L'existence de ces grottes, qu'aucun Chrétien n'avait visitées avant nous, nous fut révélée, en novembre 1854, par le khalifa Sid Hamza, alors que nous étions en expédition avec le général Durrieu, commandant la subdivision de Mascara. Ces grottes, au nombre de quatre, sont vastes, spacieuses, et forment des galeries naturelles à colonnes déchiquetées de stalactites. Elles sont désignées sous le nom de *Grottes de la poudre* à cause du nitre ou salpêtre que les indigènes y recueillent en grande quantité pour la fabrication de leur poudre.

VIII

Le général Jusuf entre en relations avec le commandant de la province d'Oran. — Il décide qu'il se portera à proximité du Djebel El-Eumour pour pouvoir y pénétrer de concert avec le général Deligny. — Panique des tribus du sud du cercle de Tniyet-el-Ahd. — La colonne Liébert se porte, pour les protéger, sur la position d'Aïn-es-Sfah. — La colonne Jusuf va camper à Aïn-Madhi. — Elle pénètre dans le Djebel El-Eumour par le défilé d'Er-Reddad. — La colonne Jusuf se portant sur Taouïala, est arrêtée par une crue subite de l'ouad El-Megatel. — Soumission du Djebel El-Eumour. — Évacuation de ce pays et retour de la colonne sur Aïn-Madhi. — La colonne va camper sur la rive gauche de l'ouad Mzi. — De nombreuses tentes demandent l'aman. — La colonne va s'établir à Ras El-Aïoun, puis, plus tard, à Er-Reg, pour y recevoir les soumissions. — Le général Jusuf se dirige sur Tadjrouna, où se trouvent réunies les colonnes Deligny et Martineau. — La colonne Jusuf rentre à Laghouath. — Le général Deligny se porte sur l'ouad Zergoun, qu'il trouve évacué par les rebelles. — Difficultés de parcours que rencontre le convoi amené à Djelfa par le général Ducrot. — Expédition du général Ducrot sur les Oulad-Brahim-Sahri. — Le général Deligny reçoit, sur l'ouad Zergoun, la soumission d'une grande partie des Harar et d'autres tribus de son commandement.

—

Depuis longtemps déjà, le Gouverneur général avait prescrit au général Jusuf de se mettre en relations avec le général Deligny, afin de pouvoir combiner leurs opérations. Jusqu'ici, tous les efforts tentés par le commandant de la province d'Alger pour arriver à ce résultat avaient été infructueux, c'est-à-dire que toutes ses dépêches étaient restées sans réponse, soit que le commandant de la province d'Oran fût occupé ailleurs, ou qu'il ne crût pas cette combinaison urgente, soit qu'il pensât qu'il suffisait à sa tâche pour avoir raison du marabouth, et le rejeter dans l'extrême Sud ou dans le Marok ; quoi qu'il en soit de ces hypothèses, nous le répétons, les tentatives du général Jusuf n'avaient point abouti. Pourtant, cet officier général recevait, le 21 octobre, de son collègue de la province de l'Ouest, une dépêche lui annonçant qu'après avoir longé le Djebel El-Eumour sans y pénétrer, il était rentré sur ses magasins de Géryville ; il ajoutait qu'il se disposait à remonter jusqu'à Saïda pour s'y ravitailler, et que, par suite, il n'était point encore en mesure de combiner son action avec la sienne.

Mais les instructions qu'avait reçues le général Jusuf du Gouvernement général étaient si précises, qu'il ne crut pas possible de se dispenser d'y obtempérer et d'en retarder plus longtemps l'exécution. Il y avait évidemment lieu de supposer que le général Deligny avait reçu des ordres analogues à ceux du commandant de la province d'Alger, ordres qui, dans la pensée de celui-ci, devaient ramener infailliblement son collègue dans le Djebel El-Eumour. Le général Jusuf avait donc décidé qu'il se dirigerait à l'avance sur ce massif, afin d'être prêt à tout événement, et disposé à entrer sans retard en action dès que paraîtrait dans ces parages le commandant de la colonne d'Oran.

Il y a, en effet, un intérêt capital à pénétrer dans le Djebel El-Eumour, qui est complétement en rébellion depuis la défection de ses contingents, le 6 août, à Thaguin, et qui pouvait, au besoin, servir de refuge et de réduit aux rebelles de la province d'Oran, et permettre au maraboutb, en y abritant les populations insurgées, et en le débarrassant — au moins momentanément — du soin de les protéger contre nos coups, de reparaître sur nos derrières, et de faire quelque tentative sur nos tribus nouvellement soumises et réinstallées sur leurs territoires. Le Gouverneur général insistait d'ailleurs vivement pour qu'on en finît promptement avec ce foyer d'insurrection.

Le général Jusuf décida donc qu'il se porterait sur Aïn-Madhi, afin d'être prêt à envahir le Djebel par le sud-est, pendant que le général Deligny y pénétrerait par l'ouest.

Les journées des 27 et 28 octobre sont employées par le général Jusuf à préparer cette opération. Un grand nombre de ses animaux de transport, chevaux et mulets, sont fatigués, blessés, et, par suite, indisponibilisés; son matériel, — bâts, ustensiles et objets de campement — est dans le plus mauvais état. D'un autre côté, le poste de Laghouath ne présente que des ressources insignifiantes pour les réparations. C'est surtout dans ces conditions que se révèle l'ingéniosité du soldat français, sa science du débrouillage, laquelle consiste à faire quelque chose avec rien, et à créer sans éléments de création. Enfin, après deux jours et deux nuits d'une besogne inouïe, la colonne avait reconstitué un outillage, — très imparfait, il est vrai, — permettant de mobiliser 2,032 animaux de transport, dont 1,700 dromadaires, et d'emporter cinq jours de vivres, lesquels, joints à pareille quantité que les hommes devaient emporter dans le sac, alignaient la colonne à dix jours de vivres de toute nature.

L'habillement et la chaussure de l'infanterie laissaient également beaucoup à désirer; les combinaisons les plus imprévues fournirent à nos merveilleux troupiers les moyens de se vêtir et de se chausser. Il est clair que l'uniformité eut fort à en souffrir; mais là n'était pas la question : il fallait marcher, et là, encore une fois, le règlement était mis de côté. Ce qu'il y a de remarquable, c'est que toutes ces misères n'enlèvent rien à la gaîté de nos soldats, d'abord, parce qu'ils ont la santé, et parce qu'ils savent que leur général, s'il a exigé d'eux parfois de vigoureux efforts, ne leur a jamais marchandé ni sa sollicitude, ni ses soins.

Mais avant de nous mettre en marche avec la colonne Jusuf, voyons ce qui se passe sur la ligne de ceinture du Tell de l'ouest de sa province.

Bien que le marabouth et la plupart de ses partisans eussent été rejetés dans l'extrême Sud, les tribus du Tell n'étaient cependant pas complétement rassurées. Des nouvelles, répandues perfidement parmi les Beni-Lent, les Oulad-Amar et les Oulad-Oradj, du cercle de Tniyet-el-Ahd, annonçaient comme prochaine l'apparition du marabouth ou de son oncle Sid El-Ala. Ces tribus, dont les campements sont sur la rive droite du Nahr-Ouacel, sont prises de panique et se retirent précipitamment vers le nord. Pour les rassurer, la colonne Liébert, qui, depuis le 19 de ce mois, est établie à Aïn-Toukria, appuie à l'ouest et va prendre position dans la vallée de Ticemsil, chez les Beni-Maïda. Elle se met en mouvement le 29 octobre, et s'arrête à Aïn-es-Sfah, position bonne et commode, où elle s'établit, et où elle restera en observation jusqu'au 21 novembre prochain.

La colonne Jusuf quitte Laghouath le 24 octobre : elle va reprendre ses marches fatigantes, pénibles, dans la halfa, dans les sables, dans les rochers, dans le lit rocailleux des torrents, par un soleil accablant, par un froid pénétrant, par des pluies diluviennes, par des ouragans de sable et de grêle, par des journées sans eau ou d'inondation, par toutes les misères enfin de notre glorieuse profession, et tout cela dans l'espoir de pouvoir joindre une bonne fois un ennemi hargneux, harcelant, agaçant, qui refuse toujours le combat, ou qui s'évanouit comme un fantôme quand il semble qu'il n'y a plus qu'à étendre la main pour le saisir. Mais rien ne lassera nos bonnes et excellentes troupes ; elles ont la foi, et la foi enfante des miracles ; elles ont aussi cette force morale, cette trempe solide qui fait supporter sans se plaindre les privations, les fatigues et le mal-être, et cette indomptable valeur qui fait triompher des obstacles et des impossibilités.

La colonne s'est dirigée sur Aïn-Madhi, mais en passant par El-Haouïtha. En ne prenant point la route directe, et en appuyant un peu au sud, le général donnait le change à l'ennemi, qui, en effet, se croyant menacé vers Tadjrouna, où le maraboulh, ne se sentant plus poursuivi, avait pris ses campements avec une partie de ses contingents, s'était hâté de replier ses tentes, et de dessiner définitivement son mouvement de retraite sur l'ouad Zergoun.

La colonne traverse le Kheneg El-Djenn, et va camper sur les r'dir de Meneggueth, entre les collines rocheuses qu'elle vient de couper et le Djebel El-Milok.

Le lendemain, 30, la colonne marche parallèlement au Djebel Methlouâ, et va prendre son bivouac sous le ksar El-Haouïtha.

Suivant toujours une direction ouest, la colonne s'engage, le 31, dans le lit de l'ouad Dhahrna, débouche bientôt sur le Kaf El-Haouïtha, et dresse ses tentes sur l'ouad Mokhated.

Le 1er novembre, le général Jusuf va établir son bivouac sous le ksar Aïn-Madhi.

Nous l'avons dit, cet officier général avait cherché, à diverses reprises, au moyen des courriers de l'agha du Djebel El-Eumour, Ed-Din-ben-Yahya, qui était dans son camp depuis la fin de septembre, à établir des communications avec le général Deligny ; mais soit mauvais vouloir, soit la crainte de tomber entre les mains des rebelles, ces courriers n'étaient jamais parvenus à traverser le pays. Enfin, le 2 novembre, le commandant de la province d'Alger recevait de son collègue de celle d'Oran, une dépêche par laquelle ce dernier lui annonçait qu'il était encore à El-Kheidher, sur le Chotth Ech-Chergui, et qu'il lui était de toute impossibilité d'arriver assez à temps pour opérer, de concert avec lui, sur le Djebel El-Eumour ; mais il ajoutait qu'il allait mettre à sa disposition le général Martineau, qui manœuvrait alors du côté de Brizina ; toutefois, cet officier général était obligé de passer par Géryville pour s'y réapprovisionner de quinze jours de vivres ; il se rendrait ensuite de ce point à Taouïala, cette capitale du Djebel El-Eumour, et le lieu de résidence de l'agha.

En présence de tous ces retards, qui se justifiaient plus ou moins sérieusement, le général Jusuf, qui lui-même n'avait plus à le 2 novembre — que dix jours de vivres, prit le parti hardi de s'engager seul dans cet inextricable massif du Djebel El-Eumour, où toutes les populations étaient rentrées depuis leur défection du 6 août sur l'Aïn-Thaguin. Il décida qu'il pénétrerait dans la montagne par le défilé d'Er-Reddad, — celui par lequel il avait envahi ce pays pendant son expédition du printemps, — défilé que nous connaissons, et dont nous avons décrit les difficultés dans la première partie de cet ouvrage, long couloir inflanquable de 7 à 8 kilomètres de longueur ; mais ne pouvant songer à s'enfoncer dans le Djebel avec son convoi de chameaux, le général réduisit ses approvisionnements à sept jours, dont deux seraient chargés à dos de mulets, et cinq portés par les hommes. Ces sept jours de vivres devaient le conduire jusqu'au 10. Il se pouvait qu'à cette date, la colonne Martineau eût fait sa jonction avec la sienne ; dans tous les cas, il comptait savoir assez à temps s'il pouvait compter sur elle.

Le général Jusuf employa la journée du 2 novembre à se constituer en colonne légère, et à établir un biscuit-ville dans un grand bâtiment clos de murs, situé à proximité d'Aïn-Madhi, et connu sous le nom de haouch du kaïd Rian. Cet établissement, très défendable contre des moyens arabes, reçut le surplus des vivres, les malingres, les animaux de transport, et fut confié à la garde de 200 hommes d'infanterie.

On comprendra aisément pourquoi le général Jusuf paraissait tenir au concours des troupes d'Oran pour envahir le Djebel El-Eumour, si l'on n'a point oublié que ce massif faisait partie du commandement de la province de l'Ouest.

La colonne quittait son bivouac d'Aïn-Madhi le 3 novembre, six heures du matin ; à huit heures, elle commençait son ascension dans les gorges d'Er-Reddad ; à midi, elle avait atteint les plateaux supérieurs. Atterrées par la hardiesse de cette marche, les populations rebelles s'enfuirent devant la colonne Jusuf, sans même que leurs guerriers songeassent à défendre l'accès de leurs montagnes, ce qui pourtant était chose facile ; car ce défilé serait certainement inexpugnable si quelques hommes déterminés tenaient les hauteurs qui le commandent et l'étreignent sur tout son parcours. A quelque distance de Foum Er-Reddad, — la bouche du défilé, — s'élève, sur la rive gauche du torrent, un piton presque inaccessible et dominant tout le pays : c'est le Mergueb intâa Aïn-Madhi. Le général fait occuper cette position par deux compagnies de Tirailleurs algériens approvisionnées à cinq jours de vivres, auxquels il fait ajouter quelques moutons. En tenant cette position, que les gens du Djebel El-Eumour pourraient songer à occuper, ce détachement était suffisant pour assurer la retraite de la colonne, au cas où elle serait obligée de l'opérer de ce côté. Il était prescrit à ces deux compagnies de rester sur ce point jusqu'au retour de la colonne, ou jusqu'à épuisement de ses vivres si — ce qu'il fallait prévoir — elle l'effectuait par une autre direction ; dans ce dernier cas, le détachement rentrerait à Aïn-Madhi sans attendre de nouvelles instructions.

Les deux compagnies de Tirailleurs allèrent donc prendre leur position sur le sommet du Mergueb (observatoire). Un vent épouvantable, qui y souffla tout le jour et toute la nuit, ne faisait pas précisément de ce poste un lieu bien enchanteur. Juchés sur ce piton, les officiers de Tirailleurs, qui n'ont d'autre tente que celle du soldat, trouvent par fortune, à son sommet, les ruines d'un ancien ksar, qu'ils font déblayer pour s'abriter tant bien que mal entre ses murailles de pierres sèches.

La colonne, qui avait continué sa marche en remontant l'ouad Er-Redad, y fut accueillie par un violent orage qui, en quelques instants, l'avait transformé en un torrent large et profond. L'arrière-garde faillit même être surprise par l'inondation que détermina la crue subite du cours d'eau ; mais gens et bêtes parvinrent, malgré de grandes difficultés, à se réfugier sur l'une de ses berges, où ils attendirent l'écoulement des eaux.

La colonne dressait ses tentes sans opposition devant le ksar El-R'icha. Elle était arrivée au cœur du pays sans coup férir ; aussi recueillait-elle sans plus tarder les fruits de son audace : dès le lendemain 4, les gens de ce ksar et de celui de Taouïala, les Oulad Iakoub-er-Rabaa, les Oulad Mimoun et les Adjalat, se présentèrent au général pour lui faire leurs offres de soumission.

Le même jour, le général Martineau informait le commandant de la province d'Alger qu'il serait à Taouïala le 9, et qu'il pourrait lui céder deux ou trois jours de vivres.

Le général Jusuf se dirige, le 5 novembre, sur le ksar de Taouïala ; mais un orage de grêle et d'eau glacée, plus violent encore que celui de la veille, et qui avait grossi considérablement l'un des affluents de droite de l'ouad Hamouïda, vint lui barrer le chemin au moment où il allait engager ses troupes dans le lit de ce cours d'eau, ordinairement à sec. La colonne est obligée, dès lors, de s'arrêter et de poser son camp sur les bords de l'ouad El-Megatel, à 3 lieues en deçà du bivouac projeté. La température s'était sensiblement abaissée jusqu'à 2° au-dessus de zéro.

L'effroi qu'avait produit sur les populations du Djebel El-Eumour la brusque et foudroyante irruption de la colonne Jusuf dans leurs montagnes, incursion qui y avait paralysé toute idée de résistance, amenait suppliantes à son camp de l'ouad El-Megatel les tribus de l'ouest du Djebel qui ne lui avaient point encore fait leur soumission. Toutes les tribus et tous les ksour du Djebel, à l'exception de quelques individualités trop compromises pour espérer notre pardon, étaient dès lors rentrées dans le devoir. L'agha Ed-Din-ben-Yahya, qui, nous l'avons dit, était dans le camp du général Jusuf depuis la fin de septembre, avait été réinstallé chez lui et rétabli dans son autorité : il allait s'occuper de réorganiser et de reconstituer le pays, fortement bouleversé depuis quelques mois.

La soumission du Djebel El-Eumour rendait dès lors la jonction des colonnes Jusuf et Martineau sans objet. Le commandant de la province d'Alger avait fait reconnaître par tous ses administrés l'autorité de l'agha Ed-Din, et il le laissait maître de la situation. Les tribus s'étaient engagées à grouper leurs campements sur les points indiqués par leur agha, et à lui amener leurs contingents. Le chef du Djebel El-Eumour et les siens étaient d'ailleurs si pleins de confiance, qu'ils faisaient immédiatement venir de Djelfa et de Laghouath leurs familles et leurs troupeaux : c'était là la meilleure preuve que l'agha comptait sur la sincérité de la soumission de ses montagnards. Quant à la réorganisation de l'aghalik, le général Jusuf en laissait naturellement le soin au commandant de la province d'Oran, dont relevait, nous l'avons dit, le Djebel El-Eumour.

En définitive, c'était la seconde fois, en quelque mois, que l'apparition du général Jusuf déterminait la soumission de ce massif, dont l'accès ne serait rien moins que facile si les habitants voulaient se donner la peine d'en défendre les débouchés.

Au reste, le général Jusuf dut d'autant plus se féliciter de n'avoir point poussé jusque à Taouïala, qu'il apprenait, le lendemain 6, que le général Martineau avait été obligé de changer sa direction, — sans doute à cause du débordement des torrents, — et qu'au lieu de se porter sur Taouïala, ainsi que cela était convenu, il s'était dirigé sur le Kheneg El-Meleh.

N'ayant plus aucune raison pour s'attarder dans les montagnes inhospitalières des Ahl El-Eumour, et la situation de ses vivres le rappelant d'ailleurs sur ses magasins, le général Jusuf résolut de reprendre le chemin d'Aïn-Madhi. Il prononçait son mouvement de retraite le 6, et allait prendre son bivouac sur l'ouad El-Mouïlah.

Dans la soirée de ce jour, un courrier avait été expédié au détachement de Tirailleurs laissé en position sur les hauteurs sibériennes du Mergueb : ordre lui était donné de se replier sur Aïn-Madhi dans la matinée du 7, si toutefois il n'avait pas aperçu, dans cette soirée du 6, les feux de la colonne Jusuf.

Le général avait pris, en effet, une autre direction pour revenir sur son biscuit-ville d'Aïn-Madhi, où il arrivait le 9 novembre au soir.

La matinée du 8 fut extrêmement froide, et les troupes en souffrirent beaucoup. Le manque absolu de bois dans les environs d'Aïn-Madhi obligeait le général à ordonner la distribution à ses troupes de caisses à biscuit vides, au moyen desquelles elles purent faire du feu et se réchauffer un peu. Après les ardeurs de l'été, nos braves soldats étaient soumis aux rigueurs glaciales de l'hiver. A huit heures, la colonne levait son camp, et allait dresser ses tentes sur la rive gauche de l'ouad Mzi, au-dessous de Tadjmout, vers l'extrémité nord du Kaf El-Haouïtha.

Dans la soirée du 8, 1,600 tentes appartenant aux tribus insurgées du cercle de Boghar ont envoyé des délégués au général Jusuf pour en solliciter l'aman, et l'autorisation de rentrer sur leurs territoires. Les Abaziz, fraction importante des Oulad-Naïl, de l'annexe de Djelfa, se pressaient devant la tente du général pour en obtenir la même faveur.

20 tentes des Oulad-Khelif, du cercle de Tiharet (province d'Oran), sont rentrées dans leur pays avec les populations du cercle de Boghar.

Après avoir fait, le 9, sa grande halte au pied du Djebel El-Milok, la colonne s'engage dans les sables de l'ouad Mzi, et va s'établir à Ras El-Aïoun, à 2 kilomètres au nord-est de Laghouath, où l'attendent de nombreuses demandes d'aman.

Le mouvement des soumissions s'accentue également dans la province d'Oran : le général Deligny écrivait d'El-Kheidber, à la date du 6 novembre, que diverses tribus de son commandement ont fait auprès de lui des démarches pour en obtenir l'aman. Il avait déjà, à cette date, réinstallé les Oulad Sidi-Khelifa sur leur territoire. Les Beni-Mathar étaient en mouvement pour rentrer : trente de leurs principaux cavaliers étaient au camp du général, où allaient arriver les gens des Angad, lesquels ont fait aussi leur soumission.

L'agha Ed-Din avait écrit au général Deligny qu'il l'attendait pour réorganiser les Djebel-El-Eumour. Les derniers rebelles de la tribu des Oulad Iakoub-er-Rabaâ sollicitaient l'aman. Tout le Djebel était dès lors rentré dans le devoir.

La colonne Jusuf séjourne, le 10, à Ras-el-Aïoun. Le même jour, la colonne De la Croix arrivait à Laghouath, escortant un deuxième convoi de 120,000 rations, dont une partie était destinée au ravitaillement des colonnes Deligny et Martineau, lesquelles étaient plus gênées encore que la colonne d'Alger pour ce qui concernait les moyens de transport, et qui, loin de leur base d'opérations, avaient besoin que la province du Centre leur vînt en aide. Le général Jusuf fait préparer 55,000 rations de vivres de toute nature, et les expédie, le 11, sur Aïn-Madhi, où le général Martineau doit venir les prendre. Bien que la sécurité du pays à parcourir ne fût pas douteuse, le général Jusuf jugea pourtant prudent de faire escorter ce convoi par deux bataillons d'infanterie, un escadron de cavalerie et une section de montagne, qu'il mit sous le commandement du colonel Guiomar, lequel, sa mission accomplie, rentrait, le 14, sans avoir été inquiété. Du reste, on disait le marabouth toujours campé sur l'ouad Zergoun avec les contingents qui lui étaient restés fidèles.

Le général Martineau, venant de Géryville, était arrivé, le 11 novembre, à Aïn-Madhi, pour y prendre le convoi que lui amenait, le 12, le colonel Guiomar. Cet officier général faisait connaître, à cette date, que la grande et importante tribu des Harar, de la province d'Oran, avait abandonné la cause du marabouth, et qu'elle était en marche sur Tadjrouna pour venir solliciter l'aman du commandant de cette province, lequel était attendu le 14 sur ce point. On peut constater que toutes les tribus qui, aujourd'hui, viennent faire leur soumission, se trouvent dans la plus grande misère, par suite des déplacements continuels qu'elles ont eu à subir pour échapper à nos colonnes.

L'agha Ed-Din a rejoint le général Martineau le 11, à Aïn-Madhi, avec ses contingents, lesquels s'étaient empressés de répondre à son appel.

Le général Deligny, parti d'El-Kheider, le 7, avec des approvisionnements considérables, était, le 11, à Géryville, se dirigeant sur Aouïnet-Bou-Bekr et le Djebel-Makna. Il compte arriver le 14 à Tadjrouna, point de concentration assigné par le Gouverneur général aux troupes destinées à opérer dans le Sud.

Sur les instances du consul général chargé d'affaires de France à Tanger, l'empereur du Marok a donné, le 10 novembre, des ordres pour l'internement de Sid Ech-Chikh-ben-Eth-Thaïyeb, chef des Oulad Sidi-Ech-Chikh de l'Ouest, qui, réfugié dans ses États, n'a cessé, depuis longues années, de prendre part à tous les troubles qui se sont produits sur notre frontière de l'Ouest.

Ce personnage aurait désiré établir ses tentes dans les environs d'Oudjda, afin de conserver ses relations avec l'Algérie, et particulièrement avec les Oulad Sidi-Ech-Chikh du cercle de Géryville, auxquels il appartient (1). L'autorisation qu'il demandait lui a été refusée, et le gouvernement marokain lui a assigné près de Fas (Fez) un point sur lequel devra s'établir sa famille, et où elle pourra être surveillée activement.

Quatre des fils de Sid Ech-Chikh-ben-Eth-Thaïyeb, Sliman-ben-Sid-Ech-Chikh, Mohammed-ben-Eth-Thahar, El-Hadj Ech-Chikh et Sliman-ben-Ahmed, ainsi que quatre de leurs serviteurs, sont retenus en otage par l'empereur du Marok. Un cinquième fils a été arrêté par les soins du kaïd d'Oudjda.

Les quatre premiers se sont présentés chez le consul de France à Rabath, accompagnés de Sid El-Bargach, ministre des Affaires étrangères du Sultan, pour lui donner l'assurance qu'ils ne pouvaient être nos ennemis ; car le Sultan leur avait dit : « N'être pas l'ami de la France, c'est être l'ennemi de l'empereur du Marok. »

---

(1) Sid Ech-Chikh-ben-Eth-Thaïyeb, le chef des Oulad Sidi-Ech-Chikh-el-R'eraba, a été pendant de longues années l'ennemi des Oulad-Hamza, les chefs des Oulad Sidi-Ech-Chikh-ech-Cheraga. Depuis 1864, il y a eu rapprochement entre ces deux familles.

Le manque de bois et de fourrages à proximité de Laghouath oblige le général Jusuf à se porter, le 11, avec sa colonne, diminuée de la portion faisant l'escorte du convoi destiné à la colonne Martineau, à la tête du pays connu sous le nom de Blad Er-Reg, point situé sur la rive gauche de l'ouad Djedi, près de Ksar El-Haïran. La colonne dresse ses tentes sur un terrain épaissement embroussaillé; mais l'insalubrité de ce point, entouré de marécages, contraint le commandant de la colonne à porter son camp, le lendemain 12, à 2 kilomètres plus à l'est. C'est là où le général Jusuf a fixé le rendez-vous qui lui a été demandé par les Oulad-Naïl, les Arbaâ, une partie des Oulad-Mokhtar, et par les fractions des tribus défectionnaires de la province d'Alger qui n'avaient point encore fait leur soumission.

Bien que les tribus dissidentes eussent été exactes au rendez-vous qui leur avait été assigné, le général Jusuf dut cependant rester jusqu'au 15 novembre dans son camp d'Er-Reg, pour permettre aux tentes les plus éloignées dans le Sud de remonter jusqu'à lui, et pour protéger leur retour dans leur pays. Toutes les tribus rentrantes étaient dans la plus complète misère, et leur désir d'échapper à Sid Mohammed-ould-Hamza était tel, qu'elles eussent accepté avec enthousiasme toutes les conditions que le général eût voulu leur imposer.

Le commandant de la province d'Alger donna l'aman à ces populations; mais il en exclut naturellement les individualités qui s'étaient personnellement compromises soit par des crimes de droit commun, soit par un rôle prépondérant dans la rébellion. Ce pardon sous condition ne leur garantissait momentanément que la vie sauve, sans enlever aucunement le droit de poursuite contre les entraîneurs ou criminels devant les tribunaux militaires. Il était bien entendu qu'une contribution de guerre serait imposée à chacune des tribus défectionnaires. Nous le répétons, toutes ces populations acceptèrent ces conditions avec reconnaissance et comme un bienfait.

Les tribus du cercle de Boghar qui ont fait leur soumission, le 21 octobre, au général Jusuf, sont aujourd'hui complètement rétablies sur leurs territoires; mais, répéterons-nous, dans des conditions bien différentes de celles où elles se trouvaient lorsqu'elles se sont jetées dans les aventures de l'insurrection : une grande partie de leurs troupeaux ont péri dans le Sud, où, plus d'une fois, ils ont manqué d'eau et de pâturages ; les approvisionnements qu'elles avaient préparés pour l'hiver ont disparu ; leurs silos, remplis de grains, ont été vidés, et il faudra à ces malheureuses populations plusieurs années pour réparer ces pertes désastreuses.

Des femmes, des enfants, des vieillards en grand nombre sont morts de misère et de fatigue dans les marches pénibles qu'ils ont faites en fuyant devant nos colonnes ; des familles ont perdu leurs chefs et leurs principaux membres dans les combats et les razias.

Les rudes leçons qu'ont reçues ces populations, et cela même sans avoir été atteintes par nos colonnes, leur serviront, nous n'osons point dire pour l'avenir, mais au moins pour quelques années, jusqu'à la prochaine occasion, enfin. Chaque jour, de nouveaux malheurs atteignent les quelques groupes qui retardent leur soumission, et qui cherchent, en s'enfonçant davantage dans le Sud, à se soustraire à notre autorité ou à se dérober à l'action de nos colonnes. Nous ajouterons que, dans la plupart des petites agglomérations que forme cette misérable émigration, règnent la discorde et la mésintelligence : des querelles, des rixes se produisent chaque jour, et le sang coule pour des intérêts tout à fait étrangers à la guerre sainte ou plutôt à la cause du marabouth. En pays arabe, l'insuccès et la désespérance amènent toujours, d'ailleurs, ce résultat.

Nous avons dit plus haut que l'ex-agha Bou-Diça, de la tribu des Oulad-Mokhtar, avait été fait chevalier de la Légion d'Honneur, par décret du 25 juillet, pour les services qu'il nous avait rendus pendant les opérations du printemps. Nous avons vu qu'à la suite de la défection des Arbaâ et des gens du Djebel El-Eumour, il était rentré dans sa tribu pour y préparer son émigration et le passage de ses contingents sous les drapeaux du marabouth ; nous l'avons vu, à l'affaire du 9 septembre, sur l'Oglet-ez-Zâfran, diriger un parti de rebelles, et attaquer la colonne Archinard, combat dans lequel Bou-Diça blessa mortellement le sous-lieutenant Wyndham, du 1er de Spahis ; pour ces causes, sa nomination dans la Légion d'Honneur est annulée par un décret du 15 octobre.

Nous rectifierons ici, à ce propos, un bruit qui, à cette époque, courut avec assez de persistance dans la province d'Alger : on y prétendait que Bou-Diça avait, en signe de mépris, attaché sa décoration à la queue de son cheval. Nous dirons qu'il lui eût été d'autant plus difficile d'accomplir ce grossier sacrilège, que le glorieux insigne ne lui était point encore parvenu lorsque, le 13 août, il fit sa défection avec sa tribu.

La tranquillité la plus complète règne dans le sud de la province de Constantine. Le colonel Seroka, établi à Moula-el-Adhom, couvre les pâturages des tribus sahriennes contre les tentatives des Chânba, des Mekhadma, et autres coureurs de l'extrême Sud. Les tribus de Msâad (Oulad-Naïl) se sont décidées à demander l'aman à cet officier supérieur.

Pourtant, quelques désordres se sont produits dans le Babor (Kabilie) de la subdivision de Sethif. Nous devons dire, tout d'abord, qu'ils n'ont aucune relation avec l'insurrection sahrienne. Le 14 novembre, les Oulad-Salah ont attaqué le bordj du kaïd Amar-ou-Bâouch. Les Beni-Mraï, déjà compromis, ont fait cause commune avec eux. Des mesures ont été prises pour mettre un terme à cette agitation qui, nous le répétons, est toute locale. Néanmoins, les ouvriers employés à Châbet-el-Akhra sont rentrés à Sethif, et les compagnies de Tirailleurs algériens sont revenues à Takitount.

Des instructions venant d'Alger, en même temps qu'elles informaient le général Jusuf de l'arrivée prochaine du général Doligay à Tadjrouna, l'invitaient à se porter à sa rencontre. Pour concilier cette nécessité avec l'utilité incontestable de sa présence à Es-Rog, le commandant de la province d'Alger avait eu d'abord l'intention de scinder sa colonne en deux parties, de se porter de sa personne dans l'Est pour châtier les tribus de Msâad, qui tardaient à lui apporter leur soumission, et d'envoyer une colonne légère, qu'aurait commandée le colonel Marguerite, au-devant de la colonne d'Oran. Mais les évènements vinrent modifier ses projets : d'abord, les rebelles de la province d'Alger étaient rentrés dans l'obéissance plus promptement qu'il n'était permis de s'y attendre ; en effet, la crainte de retomber entre les mains du marabouth poussait activement leur marche vers le Nord. D'un autre côté, les tribus que voulait atteindre le général aux environs de Msâad avaient fui dans la province de Constantine, et, comme nous l'avons dit plus haut, étaient allées offrir leur soumission au colonel Seroka, dans son camp de Moula-el-Adhom. En outre, les dépêches du général Deligny au commandant de la province d'Alger lui montraient ses colonnes en souffrance et son convoi dans le plus grand désarroi. Toutes ces causes décidèrent le général Jusuf à se porter lui-même du côté de son collègue de la province de l'Ouest, pour lui donner l'assistance de ses vivres et de ses moyens de transport, et lui offrir, comme il l'avait déjà fait maintes fois, son active coopération.

Après avoir séjourné à Er-Reg du 11 au 14 novembre, le général Jusuf rentre à Laghouath le 15 pour donner une nouvelle organisation à sa colonne, et préparer les quinze jours de vivres qu'il attendait avec impatience et qu'il devait conduire à Tadjrouna.

L'importante question des approvisionnements, qui faisait toujours l'objet des préoccupations du général Jusuf, l'obligeait à prendre les mesures suivantes : il venait d'apprendre que le mauvais temps et les boues de Bou-Keuzzoul présentaient des difficultés inouïes au passage du formidable convoi que lui amenait le général Ducrot, lequel lui faisait entrevoir la probabilité d'un retard assez prolongé dans son arrivée à destination. Pour ne point affamer Laghouath, et pouvoir cependant maintenir sa colonne dans le Sud, où sa présence était indispensable, le général se décida à la scinder et à en renvoyer une partie dans le Nord. Il réduisit à 2,000 hommes, à 550 chevaux et à 180 mulets du train l'effectif qu'il conservait avec lui. Une seconde colonne, composée du surplus de la sienne, fut placée sous le commandement du colonel Archinard. Cette combinaison portait presque au double la durée des vivres du général Jusuf.

D'un autre côté, le colonel De la Croix avait fait charger, à Djelfa, 500 quintaux d'orge sur ses chameaux, qu'il expédiait d'urgence sur Laghouath. La présence de la colonne de Bou-

Sâada n'étant plus, de ce moment, indispensable dans la province d'Alger, le général Jusuf autorisait le colonel De la Croix à rentrer dans la province de Constantine.

Le colonel Archinard quittait Laghouath le 16 novembre, et se dirigeait sur Djelfa, évacuant sur ce poste les malingres qui n'étaient point en état de continuer la campagne, ainsi que les animaux de transport rendus indisponibles par suite de blessures graves et de maladies. Le colonel Archinard recevait, en même temps, l'ordre de remonter dans le Nord jusqu'à sa rencontre avec le convoi qu'escortait le général Ducrot, et qui était en détresse dans les boues de Bou-Keuzzoul. Il devait aussi mettre de petites garnisons dans les caravansérails abandonnés, afin que le général pût y remiser les voitures de son convoi qui resteraient en arrière et y abriter les denrées.

La colonne Jusuf s'ébranlait, le 16, dans la direction de Tadjrouna, où devaient arriver, ce même jour, les colonnes Deligny et Martineau. Le commandant de la province d'Alger emportait quinze jours de vivres, dont onze sur les chevaux et quatre dans le sac des hommes. Le général dressait ses tentes au Kheneg.

Quatre cents cavaliers des Arbaâ et des Oulad-Naïl, nouvellement soumis, marchent avec la colonne.

Le général poursuit sa marche sur Tadjrouna ; il campe, le 17, sur l'ouad Mouïlah, le 18, à El-Mr'ader-Hourïa ; il arrivait, le 19, à Tadjrouna, où se trouvaient réunies, ainsi que nous le disons plus haut, les colonnes de la province d'Oran. Le général Deligny avait eu à vaincre les plus graves difficultés pendant sa marche, laquelle s'effectua au milieu de terrains défoncés par les pluies et par les neiges. Ses animaux de transport avaient aussi beaucoup souffert.

Les instructions du Gouverneur général prescrivaient aux commandants des provinces d'Alger et d'Oran de combiner leurs opérations, de manière à ne laisser ni repos ni trêve à l'ennemi, lequel avait encore avec lui, sur l'ouad Zergoun, des populations compactes appartenant à la seconde de ces provinces ; mais, après s'être rendu un compte exact de la situation, les deux généraux avaient reconnu qu'il leur était impossible de songer à pénétrer dans cette vallée qui, bien que le paradis du Sahra, d'après le dire des indigènes, n'en était pas moins devenue inhabitable par suite du long séjour qu'y avaient fait les nombreuses populations rebelles suivies de leurs troupeaux. Ainsi, tous les r'dir y avaient été épuisés, et les pluies, qui n'étaient point encore tombées dans cette région, ne leur avaient pas rendu leurs eaux hibernales. D'un autre côté, les plantes fourragères du Sud y avaient été dévorées jusqu'à la racine, et les nouvelles pousses devaient se faire attendre jusqu'au printemps. Il était même plus que probable qu'en présence de cette situation, les contingents qui marchaient encore avec le marabouth avaient dû abandonner les parages de l'ouad Zergoun pour aller chercher, plus au sud, sur l'ouad En-Nsa, par exemple, des régions plus hospitalières. Dans tous les cas, les colonnes d'Oran devaient suffire à leur tâche, le rôle de celles d'Alger devant se borner, pour le moment du moins, à fermer les routes du Nord au marabouth et à ses adhérents.

Nous ajouterons que les colonnes d'Oran n'avaient de vivres que jusqu'au 9 décembre ; elles avaient compté sur les 100,000 rations que devait leur apporter le général Jusuf ; mais le retard considérable éprouvé par le convoi Ducrot, qui n'était point encore arrivé à Djelfa, n'avait pas permis au commandant de la province d'Alger de se conformer à cette partie de ses instructions. Il n'était pas même possible au général Deligny de donner suite à son projet de séjour et de marches dans la vallée du Zergoun ; car il ne lui fallait rien moins que dix-huit jours de vivres pour les opérations qu'il avait méditées, et pour son retour sur ses magasins de Géryville. Il fut reconnu que l'aide le plus efficace que pût prêter la colonne d'Alger à celles d'Oran consistait dans la cession à ces dernières de ses vivres et de ses moyens de transport, ceux de ces moyens dont elles disposaient étant absolument insuffisants et dans le plus misérable état.

La présence de la colonne Jusuf étant dès lors devenue inutile à Tadjrouna, elle reprend, le 20 novembre, la route de Laghouath, où elle rentre le 23.

En même temps que le général Jusuf quittait Tadjrouna, le général Deligny, avec le nouvel équipage de chameaux qui lui avait été cédé, prenait la direction de l'ouad Zergoun. Il n'avait pas tardé à reconnaître que les prévisions du général Jusuf, relativement aux ressources que pouvait présenter cette vallée, étaient parfaitement fondées. En effet, dès le premier jour, le commandant de la province d'Oran s'était vu dans l'obligation de laisser une partie de ses troupes en arrière, les beaux r'dir de cette plantureuse vallée n'étant plus que de la vase piétinée par les troupeaux et souillée de leurs déjections. Du reste, comme l'avait présumé le général Jusuf, les rebelles qui restaient attachés à la fortune du maraboûth avaient abandonné l'ouad Zergoun, et s'étaient portés plus au sud ou dans l'ouest.

A son retour à Laghouat, le général Jusuf apprenait qu'il y avait tumulte dans le Mzab. Cette confédération, qui n'avait pas toujours gardé une attitude bien franche et bien correcte à notre égard depuis le commencement de l'insurrection, était menacée de complications intestines sérieuses : R'ardaïa, la capitale du Mzab, avait été attaquée par trois des ksour du sud de cette agglomération politique, Melika, Bou-Noura et El-Atheuf, les moins importantes de la confédération, mais soutenues par les Châanba-Berazga de Metlili, les Harazlia, les Oulad-Younès et une partie des Oulad-Salah, qu'ils avaient pris à leur solde. Ce parti ennemi avait, en outre, manifesté l'intention de se porter sur Berrian, autre ksar du Mzab, mais situé en dehors de l'ouad.

Sur leur demande, le général Jusuf autorise les habitants de ce dernier ksar à recruter un goum de 200 chevaux des Arbad et du Mekhalif, qui leur sont attachés par des intérêts communs. Ces tribus, nouvellement rentrées dans le devoir, ne demandaient pas mieux d'ailleurs que de prêter leur aide à leurs alliés ; mais le mouvement des ksour confédérés n'ayant point tardé à perdre de sa gravité, le concours de nos goums avait cessé en même temps d'être nécessaire aux gens de Berrian.

Les Châanba, les Harazlia et d'autres contingents, répondant à l'appel de Sid El-Ala, s'étaient dirigés sur l'Aouad Zergoun, en apparence pour résister à la colonne Deligny, mais bien plutôt, en réalité, pour s'opposer par la violence à la désagrégation des forces insurrectionnelles, que tous les bruits signalaient comme imminente.

Le 22 novembre, dans la soirée, le général Jusuf recevait l'avis que la partie du convoi — depuis si longtemps attendu — qu'escortait le général Ducrot, avait atteint Djelfa, où le reste ne devait pas tarder d'arriver.

Ce convoi, qui avait été destiné, dans le principe, à ravitailler les colonnes Jusuf et Deligny, ainsi que les garnisons de Djelfa et de Laghouath, avait été préparé dans des proportions considérables : il se composait de 250,000 rations de vivres de toute nature, de farine, d'orge, de ballots d'effets pour tous les corps, d'approvisionnements de toute espèce pour le campement, les ambulances, et enfin de ravitaillements pour les populations européennes et indigènes renfermées dans les deux postes que nous venons de citer. Il ne comprenait pas moins de 135 voitures.

Le général Ducrot, commandant la subdivision de Médéa, avait pris lui-même le commandement de l'escorte, laquelle se composait de deux bataillons du 37e d'infanterie, de deux escadrons du 4e de Chasseurs de France, et de plusieurs détachements destinés aux différents corps opérant dans le Sud.

Le départ de Boghar de ce convoi, qui, d'abord, devait avoir lieu le 5 novembre, fut forcément retardé par les pluies torrentielles des premiers jours du mois, de sorte que, lorsqu'on put commencer le mouvement, la route était dans un tel état d'inviabilité, qu'il ne fut possible d'avancer qu'avec la plus extrême lenteur. Les troupes et les condamnés aux Travaux publics de la place de Boghar travaillaient sans relâche à réparer les mauvais pas. On employa jusqu'à trente chevaux pour dégager les voitures, souvent embourbées jusqu'au moyeu. Grâce à l'énergie persistante que déploya le général Ducrot dans cette circonstance, et à sa vigueur habituelle, les difficultés, sans cesse renaissantes, furent successivement vaincues. La plupart des voitures durent être cent fois déchargées pour pouvoir être mises en mouvement, et leur chargement, transporté par petites portions à dos d'animaux, était replacé, le mauvais pas franchi, sur la voiture qu'on avait allégée. Tout fut utilisé, dans cette énervante opération, pour avoir raison des obstacles qui surgissaient à chaque pas, et qui allaient sans cesse se multipliant : mulets du Train et du l'Artillerie, chevaux de bât de la cavalerie, mulets de bagages des officiers ; 500 chameaux, qui devaient être employés dans ce convoi, furent bientôt, par suite des fatigues auxquelles on les soumit, réduits au nombre de 280.

Ce ne fut que le 20 seulement que cette ingrate besogne put être terminée, et que les deux étapes de Boghar à Bou-Kcuzzoul, et de ce dernier point à Aïn-Oucera, purent être franchies. Le convoi fut alors réorganisé, et le reste de la route se fit sans difficultés. Toutefois, il ne put arriver à Laghouath que les 28 et 29 novembre.

Le général Ducrot s'était arrêté de sa personne à Djelfa, et pour ne pas renvoyer dans le Sud les troupes fatiguées qu'y avait amenées, le 21, le colonel Archinard, le commandant de la subdivision de Médéa avait fait continuer l'escorte de son convoi par les deux bataillons du 37ᵉ de ligne et un escadron du 4ᵉ de Chasseurs de France, qu'il mit sous les ordres du colonel de la Blanchetée, commandant de ce régiment d'infanterie.

Mais les tribus qui campent dans les montagnes à l'est de Gueltet-es-Sthel, bien que n'ayant pas émigré, n'avaient cependant point cessé de pactiser avec les rebelles, et de se maintenir, vis-à-vis de l'autorité française, dans un état d'insoumission se manifestant par une désobéissance persistante à ses ordres, et par des actes incessants d'hostilité. En outre, d'autres tribus des Oulad-Naïl, se croyant à l'abri de nos coups dans la montagne, tentaient de nous résister encore, et ne paraissaient nullement disposées à suivre l'exemple des autres tribus Naïliennes, lesquelles étaient rentrées dans le devoir. Le général Jusuf, qui, occupé ailleurs, avait été obligé de remettre à plus tard le châtiment qu'il leur réservait, jugea que le moment était arrivé de les ramener par la force au sentiment de l'obéissance et de la soumission.

La présence du général Ducrot à Djelfa, avec tout ce qui lui restait de l'escorte de son convoi, avec la colonne Archinard, et la cavalerie de la colonne de Bou-Sâada, qui venait de faire un convoi d'orge sur Laghouath; toutes ces forces, disons-nous, bien qu'hétérogènes, permettaient, surtout commandées par un officier général de la valeur du commandant de la subdivision de Médéa, de tenter, avec toutes chances de succès, un coup de main sur ces incorrigibles tribus, dont la plus coupable était celle des Sahri-Oulad-Brahim. Ces rebelles s'étaient réfugiés dans les montagnes qui sont au nord-est de la Sebkha Zar'ez de l'ouest, d'où ils avaient bravé impunément jusqu'ici notre autorité. On avait d'ailleurs bien des griefs à reprocher à cette tribu, qui avait toujours passé pour l'une des plus difficiles à administrer de la subdivision de Médéa. Elle s'était, en outre, ouvertement compromise, dans le courant du mois de septembre, en fournissant 200 fusils aux insurgés des cercles de Bou-Sâada et d'Aumale, et en prenant part ainsi au combat du 30 de ce mois sur l'ouad Dermel. Plus récemment encore, les Sahri-Oulad-Brahim avaient fourni 50 fusils aux Oulad-Sidi-Aïça-el-Adeb, lors du coup de main du capitaine Gibon sur cette tribu.

Il fut donc décidé que le général Ducrot, qui était rappelé dans le Tell, serait chargé de l'exécution de cette opération.

Après une sérieuse étude de la situation de cette tribu, de ses ressources en hommes armés, et de sa ligne de retraite, le général Ducrot arrêta les dispositions suivantes : une petite colonne, composée de quatre compagnies d'élite du 37e d'infanterie, de 150 Zouaves du 1er régiment, de deux escadrons du 4e de Chasseurs de France, et de trois escadrons du 3e de Chasseurs d'Afrique appartenant à la colonne de Bou-Sâada; ces forces, disons-nous, furent placées sous le commandement du colonel Archinard, qui reçut l'ordre de quitter Djelfa le 26 novembre, et d'aller coucher à l'entrée du défilé de Gaïga.

Cette colonne devait s'engager, le lendemain 27, à une heure de l'après-midi, dans cette difficile gorge de Gaïga, de façon à déboucher dans la plaine qui est en arrière à la tombée du jour, et se diriger ensuite, par une marche de nuit, sur Raïan-ech-Chergui, Aïn-el-Hammam, et Aïn-et-Terch. Cette marche de nuit devait être réglée de telle sorte que la colonne Archinard arrivât sur ce dernier point avant le jour. Quant à la cavalerie, elle devait être échelonnée entre Aïn-el-Hammam et Aïn-et-Terch, afin de pouvoir surveiller tous les débouchés dans la plaine qui se développe au nord du Zar'ez oriental. L'infanterie avait pour mission de gravir les pentes sud du Djebel Es-Sahri, en prenant pour objectif la gâda de Mekhaoula, qui était le centre du refuge habituel et le réduit des insurgés.

Avec ce qui lui restait de troupes, — fractions de tous les corps que lui avait versées le colonel Archinard, avec le convoi de 300 malades ou malingres dont il devait achever l'évacuation sur Boghar, avec un escadron du 3e de Hussards et 40 Spahis du 1er régiment, — le général Ducrot partait de Djelfa le 25 novembre et arrivait le 27 à Gueltet-es-Sthol. Il laissait sur ce point ses malades et ses impédiments, et il organisait une colonne de 500 hommes formée des éléments valides qu'il avait avec lui, colonne qui se composait de quatre pelotons du 1er de Zouaves, trois du 1er de Tirailleurs algériens, un peloton du 12e de Chasseurs à pied, et un autre du 77e d'Infanterie; il y adjoignit l'escadron du 3e de Hussards et le peloton du 1er de Spahis. Les détachements d'Infanterie furent placés sous les ordres du commandant Isnard, du 77e d'Infanterie.

Le succès de cette expédition était surtout dans le secret et dans la rapidité de son exécution : il s'agissait, en effet, de surprendre une tribu que la conscience de ses méfaits devait nécessairement tenir en éveil, et qui ne pouvait douter que, tôt ou tard, l'heure du châtiment devait sonner pour elle ; il fallait aller chercher à 14 lieues dans les montagnes des gens qui épiaient tous nos mouvements, et qui ont la mobilité de l'oiseau. Aussi, le général Ducrot fait-il distribuer des chevaux ou mulets aux officiers non montés, et à la troupe un mulet pour deux hommes, qui le montaient alternativement.

A deux heures du soir, la petite colonne prenait la route du Nord, traversait le col du Djebel El-Khreidher, puis, faisant à droite, se prolongeait dans l'est parallèlement au Sebâa-Rous ; elle s'engageait, quelque temps après, dans la montagne par des sentiers impossibles et d'une difficulté de parcours inouïe. Si la nuit, qui est fort sombre, a l'avantage de dérober la marche de la colonne, elle n'a point du tout celui de la faciliter. Pourtant elle se continue avec un entrain extrême jusqu'à la pointe du jour. A ce moment, — 28 novembre, — une dernière halte se fait en silence masquée par un pli de terrain qui cache les troupes à l'ennemi. La colonne est sur les terres des Oulad-

Brahim-Sahri, la tribu contre laquelle est dirigée cette expédition.

Les détachements sont formés en colonne par pelotons, puis on se remet en mouvement. Au bout d'une demi-heure de marche, la colonne gravissait une éminence en pente douce, et débouchait tout-à-coup sur un vaste plateau couvert de grandes tentes rousses rayées de noir. Ce sont les *nezla* (1) des Sahri-Oulad-Brahim. L'éveil est donné, mais il est trop tard pour les rebelles. Une confusion extrême règne dans les douars; c'est, autour de ces tentes, un mouvement, un pêle-mêle, un tournoiement de bêtes et gens; ce sont des aboiements, des cris de femmes affolées et de pleurs d'enfants, des appels réitérés, des bruits et un désordre inexprimables dans lesquels on sent la terreur, l'effroi, la crainte du châtiment. Les plus compromis ont sauté sur leurs chevaux et cherchent à fuir; mais ils n'iront pas loin; car tous les débouchés sont gardés. D'autres voudraient bien en faire autant; mais il leur en coûte, on le comprend, d'abandonner leurs richesses, leurs biens, leurs familles. Les gens du goum ont commencé leur œuvre : ils tirent quelques coups de fusil pour augmenter la peur et la confusion au milieu de cette foule ahurie, et ils en profitent pour se livrer au pillage avec une ardeur toute sahrienne.

Entouré de son peloton d'escorte, le général Ducrot s'est fait amener l'un des cheikh de la tribu, et lui dicte ses conditions.

L'infanterie attend, l'arme au pied, que les gens du goum aient rassemblé les troupeaux; on les aperçoit bientôt poussant devant eux environ 20,000 têtes de bétail. Chaque espèce jette son cri : les bœufs mugissent, les chèvres chevrottent, les moutons bêlent. C'est un vacarme assourdissant. Une douzaine de rebelles, qui ont essayé de défendre leur bien, ont été tués par les gens du goum. Le châtiment infligé à ces insurgés ayant paru suffisant au général Ducrot, il ordonne de cesser le pillage, et cela au grand regret du goum, qui trouve cet ordre un peu prématuré. Après avoir donné quelque repos à ses troupes, le

---

(1) Douars de Nomades.

général redescendait dans la plaine et venait dresser ses tentes sur l'ouad El-Hammam.

Cette rencontre inattendue des *nezla* avait retardé le mouvement du général Ducrot sur la gâda de Mekhaoüla, qu'il avait donnée pour objectif au colonel Archinard ; mais il apprenait bientôt que cet officier supérieur, qui manœuvrait au sud de l'attaque principale, était parvenu sur le point déterminé, et qu'il y avait eu un plein succès. En effet, cette seconde colonne réussissait également à surprendre les rebelles ; ceux-ci, après avoir essayé de se défendre, avaient été promptement réduits à demander l'aman après une perte d'une quinzaine des leurs. La colonne Archinard avait eu deux mekhaznî blessés, dont un mortellement, et deux chevaux tués. Elle ramenait aussi de nombreux troupeaux. Après être redescendue dans la plaine, elle allait camper à Bordj El-Hammam.

Le lendemain 29, le colonel Archinard quittait son bivouac pour aller rendre compte de sa mission de la veille au général Ducrot, qu'il rencontrait au moment où il levait son camp pour remonter vers le Nord.

Cette opération, qui avait été parfaitement combinée et vigoureusement menée par le général Ducrot, auquel le colonel Archinard avait prêté un concours énergique et intelligent, avait eu pour résultat de déterminer la soumission complète de toutes les tribus qui, réfugiées dans le Djebel Es-Sahri, y bravaient impunément, depuis quelques mois, notre autorité.

La colonne Archinard reprenait, le même jour, la route de Djelfa. La cavalerie de Bou-Sâada, qui avait coopéré à l'expédition contre les Oulad-Brahim-Sahri, était dirigée sur ce dernier poste pour reprendre sa place dans la colonne De la Croix.

Nous avons dit plus haut qu'à la suite de sa rencontre, le 10 novembre, à Tadjrouna, avec le général Jusuf, le commandant de la province d'Oran s'était porté dans la vallée de l'ouad Zergoun, d'où il avait refoulé dans le sud les contingents rebelles qui s'y étaient attardés. Le 27, le général Deligny recevait la soumission de la plus grande partie des Harar et d'autres tribus insurgées de son commandement.

De son côté, la cavalerie du général Legrand avait atteint, le

29 novembre, à Sab-Ahmed-Arrouel, la queue de l'émigration des Oulad En-Nhar, lesquels étaient soutenus par les Maïa. Cette colonne leur avait enlevé des armes, des chevaux et un troupeau assez considérable. Tandis que cette affaire ne nous coûtait que trois blessés, les rebelles subissaient des pertes assez sensibles.

Le calme règne toujours dans la province de Constantine. Après avoir quitté Moula-el-Adhom, où il manquait d'eau, le colonel Seroka s'était porté à Djioua. Il continuait à couvrir la partie du Sahra oriental la plus exposée aux incursions des Harazlia et des Chaanba, ces pillards de l'extrême Sud algérien.

Nous avons rapporté plus haut que des désordres s'étaient produits, le 14 novembre, dans le Babor de la subdivision de Sethif, et que les Oulad-Salah et les Beni-Mraï avaient attaqué le bordj du kaïd Amar-ou-Bdouch. Malgré les mesures qui avaient été prises, ces insurgés persistèrent dans leur rébellion, et ils poussèrent l'audace jusqu'à attaquer, le 24 novembre, le poste de Takitount, dont le feu leur fit éprouver des pertes assez sérieuses. En présence de l'inutilité de leurs efforts, ils avaient fini par comprendre qu'ils n'avaient aucun intérêt à continuer une lutte dans des conditions aussi désavantageuses ; ils s'étaient donc résignés à rentrer dans le devoir, et à nous demander l'aman, lequel leur fut accordé, sous des conditions assez dures, le 27 novembre, par le commandant de la province de Constantine. A cette date, les contingents Kabils étaient déjà rentrés dans leurs montagnes.

Nous le répétons, cette agitation était toute locale, et sans relation aucune avec l'insurrection des Oulad Sidi-Ech-Chikh.

IX

État des affaires dans la province d'Alger à la fin de novembre 1864. — Une colonne de 1,500 hommes est reconnue suffisante pour y maintenir la situation. — Le commandement de cette colonne mobile est donné au colonel Margueritte. — Le général Jusuf remonte dans le Nord avec le reste des troupes de sa colonne. — Deux colonnes d'observation sont établies, l'une à Aïn-el-Oucera, l'autre à Tniyet-el-Ahd. — Résultats des opérations des colonnes de la province d'Alger. — Deux mots sur le général Jusuf. — Le général et ses troupes regagnent le Tell. — La colonne Margueritte ravitaille la colonne Deligny à Tadjrouna. — Expédition du général Deligny sur l'ouad Zergoun. — Il obtient la soumission de plusieurs tribus rebelles de son commandement. — Marches de la colonne Margueritte.

L'expédition du général Ducrot contre les Sahri-Oulad-Brahim était l'heureux couronnement des marches et opérations exécutées, depuis le mois d'août, dans la province d'Alger. Toutes les populations qui avaient pris part à l'insurrection, c'est-à-dire toutes nos tribus du Sud, étaient rentrées dans le devoir, et avaient regagné leurs territoires. Notre autorité était de nouveau reconnue de la ligne de ceinture du Tell jusqu'au-delà du poste de Laghouath. Toutefois, il restait à réorganiser le pays, qui avait été si profondément troublé. Bien qu'administrative, cette besogne, n'en avait pas moins besoin d'être appuyée par la présence des troupes ; les tribus nouvellement soumises tenaient essentiellement d'ailleurs à se sentir couvertes et protégées. On ne pouvait donc songer encore à faire rentrer dans le Tell les colonnes expéditionnaires ; tout ce qu'il était possible de faire, pour le moment, c'était d'alléger les colonnes de leurs hommes fatigués, de leurs malingres, et de ne conserver que ceux qui étaient en état de continuer la campagne, et de fournir les marches que pouvaient nécessiter les éventualités ; il fallait surtout tenir le maraboulh en respect, et être toujours prêt à parer aux incursions qu'il pourrait être tenté de faire en pays soumis.

Sans doute, le maraboulh, depuis la soumission de nos tribus, avait vu se réduire considérablement les forces dont il disposait ; mais il lui restait cependant assez de monde parmi les tribus de l'ouest de la province d'Oran, lesquelles sont, pour la plupart, attachées d'une manière particulière aux descendants de Sidi Ech-Chikh, pour songer à tenter quelque nouvelle aventure dans notre Nord, ne fut-ce que pour se venger des populations qui avaient abandonné sa cause. Sid Mohammed-ould-Hamza avait été rejeté dans le sud de la province d'Oran, et il avait devant lui la colonne de cette division ; il n'était donc pas supposable qu'il essayât de risquer — pour le moment du moins — un mouvement offensif sur la province d'Alger, où les tribus qui avaient suivi ses drapeaux étaient tout disposées à lui résister, et dont l'état de misère auquel il les avaient réduites ne lui permettait plus d'ailleurs d'en rien tirer ou attendre. Une colonne de 12 à 1,500 hommes seulement paraissait donc devoir suffire pour répondre à tous les besoins.

Telle fut d'ailleurs l'appréciation du Gouverneur général, qui prescrivit au général Jusuf de former et de laisser une colonne légère à Laghouath, et d'en donner le commandement au colonel Margueritte, que sa valeur militaire, son long séjour comme commandant supérieur dans le pays, et son existence passée au milieu des populations indigènes, parmi lesquelles son nom était légendaire, désignaient d'une manière toute particulière pour remplir cette importante mission. Cette colonne, forte de 1,500 hommes environ, se composait de trois bataillons d'infanterie, — Zouaves, Chasseurs à pied, Tirailleurs algériens, — de deux escadrons de Chasseurs d'Afrique, et d'une section d'Artillerie de montagne. Son rôle était l'observation ou l'action, selon les circonstances ; elle devait, en outre, faire les ravitaillements qui lui seraient demandés par les commandants des colonnes de la province d'Oran, voire même concourir à leurs opérations, à la condition toutefois de ne pas trop s'éloigner du sud de la province d'Alger, et de ne point la laisser découvert ; car il importait surtout d'assurer la tranquillité des tribus qui étaient rentrées dans le devoir, de les protéger contre les tentatives du marabouth, et, en même temps, de les contraindre, au besoin, à remplir les obligations de l'aman qui leur avait été accordé.

La colonne Marguerite était constituée le 29 novembre ; elle restait campée à Ras-el-Aïoun, à 2 kilomètres au nord de Laghouath.

Le 30, le général Jusuf prenait, avec les autres troupes, la route de Djelfa, et allait camper à Sidi-Makhlouf ; il dressait ses tentes le 1er décembre à Aïn-el-Ibel, et arrivait le 2 à Djelfa, où le colonel Archinard, qui y rentrait le même jour, lui remettait les prisonniers et otages provenant de l'expédition du général Ducrot sur les Sahri-Oulad-Brahim, et 2,000 moutons, résultat de la razia opérée sur la même tribu.

Après avoir séjourné jusqu'au 4 décembre à Djelfa, où il avait réorganisé les tribus des Oulad-Naïl, le général Jusuf, qui s'était fait suivre de la colonne Archinard, allait camper successivement le 5, aux Rochers-de-Sel, le 6 à Gueltet-es-Sthol, et, le 7, à Aïn-Oucera. Pendant que le général séjournait les 8 et 9 sur ce point, le colonel Archinard poursuivait sa route sur Médéa, où il arrivait le 10, et reprenait le commandement de son régiment — le 1er de Tirailleurs algériens — après huit mois d'expédition.

L'insurrection n'était évidemment pas terminée ; le marabouth avait encore avec lui de nombreux contingents qui s'étaient joints aux Oulad-Sidi-Ech-Chikh, et son oncle, Sid El-Ala, tenait l'extrême Sud avec les Châanba et les Harazlia. De la province d'Alger, il ne restait attachée à la cause du chef de l'insurrection que la tribu des Oulad-Chaïb, qui avait fait défection le 16 avril, après avoir tué son kaïd, Sid Djelloul-ben-Msaoud, et attaqué l'escadron du 1er de Spahis qui était en observation à Thaguin (1). A cette tribu s'étaient jointes quelques individualités de toutes les tribus des cercles de Boghar et de Laghouath, — particulière-

---

(1) Nous renvoyons le lecteur à la première partie de cet ouvrage, où nous avons fait *in extenso* le récit de cette malheureuse affaire.

ment des Oulad-Mokthar, — qui s'étaient compromises d'une façon toute particulière, et qui avaient à redouter notre sévérité.

La mission active de nos troupes dans la province d'Alger paraissait donc terminée ; mais il restait à préparer la réorganisation politique et administrative du pays, à étudier le taux de la contribution de guerre et des amendes à imposer ou à infliger, selon le degré de leur culpabilité, soit aux tribus défectionnaires, soit aux fonctionnaires indigènes qui avaient été les meneurs ou les entraîneurs des populations dont l'administration leur avait été confiée, et qui avaient, en partie, employé contre nous une influence et un pouvoir qu'ils tenaient de l'autorité française. Au reste, après une commotion aussi violente et encore toute récente, il eût été plus qu'imprudent, et surtout très impolitique, de ne point conserver sous notre main les moyens de parer instantanément aux éventualités qui pouvaient se produire dans notre Sud, eu égard à la mobilité d'esprit des populations sahariennes. Sans doute, dans ce mouvement insurrectionnel, il y avait beaucoup à pardonner ; il fallait y faire la part de l'entraînement, examiner si c'était la force ou la bonne volonté qui en avait été la cause déterminante. Il convenait peut-être aussi de tenir compte des conditions toutes particulières dans lesquelles se trouve le peuple arabe, et ne point trop lui en vouloir de ce que ce n'est pas de notre côté qu'il cherche son libérateur ou son rédempteur. On devait s'attendre aussi aux intrigues, aux compétitions, aux agitations que ne pouvaient manquer de soulever, de produire les ambitions personnelles, tant que les commandements indigènes ne seraient point reconstitués.

Il fut donc décidé que des colonnes dites d'*observation* resteraient prêtes à reprendre la campagne au premier signal. L'une, serait établie à Aïn-el-Oucera, au centre des tribus du cercle de Boghar, l'autre, l'ancienne colonne Liébert, continuerait à stationner à Tniyet-el-Ahd.

La première, celle d'Aïn-el-Oucera, fut composée d'abord des troupes revenues de Laghouath, lesquelles furent successivement remplacées par des détachements tirés du Tell qui n'avaient point encore fait expédition. Constituée à l'effectif de 1,800 hommes, cette colonne fut placée sous les ordres du colonel Arnaudeau, du 34° d'infanterie.

La colonne Liébert, qui, depuis le 28 novembre, occupait la position de Frenda, fut rappelée à Tniyet-el-Ahd. Les troupes dont elle se composait furent relevées successivement et placées ensuite sous les ordres du colonel d'Aubeterre, du 37° d'infanterie. Le général Liébert, qui la commandait depuis le 5 septembre, rentrait à Miliana, chef-lieu de sa subdivision.

La formation de ces colonnes qui, à moins d'événements imprévus, doivent rester stationnaires, termine la série des marches qu'a nécessitées la seconde phase de l'insurrection. La colonne mobile de Laghouath continuera seule à remplir le rôle actif qui avait été assigné à celle du général Jusuf.

En résumé, si cette seconde partie des opérations n'a point été signalée par des faits d'armes retentissants autres que celui d'El-Atheuf-el-Mekem (Aïn-Malakoff), elle n'en a pas moins été fertile en résultats importants : d'abord, les colonnes dirigées par le général Jusuf ou par ses lieutenants ont empêché la contagion insurrectionnelle avec la province de Constantine; ensuite, elles ont rendu de sérieux services à la province d'Oran — le foyer de l'insurrection — par leur invasion si opportune du Djebel El-Eumour, qu'elles ont rendu soumis, deux fois en quelques mois, au commandant de la province de l'Ouest ; elles ont aussi, en ne leur laissant ni repos, ni trêve, et en leur enlevant les fourrages et les eaux, réduit les tribus défectionnaires de la province d'Alger à la plus affreuse misère, situation qui les a contraintes — et sans coup férir — à implorer l'aman et la faveur de rentrer sur leurs territoires, et à solliciter l'accès du Tell, cette mère des Sahriens. Ces colonnes ont donné à ces populations, si faciles à entraîner, une sévère leçon qui, si elles ne les maintient point dans l'avenir, rendra tout au moins la génération actuelle moins docile aux conseils de nos ennemis, et aux suggestions des fauteurs de troubles et de désordre; car les marches incessantes, impitoyables de nos troupes, en ne leur laissant point un moment de répit, en les poussant implacablement devant elles, et en les rejetant dans les régions inhospitalières de l'extrême Sud, les vouaient à une ruine certaine par la perte de leurs troupeaux, et à tous les maux qui s'abattent sur les grandes agglomérations dont la misère a résolu de faire sa proie. En effet, les gras et beaux troupeaux, si bien en laine et en chair avant la défection de ces populations, diminuent chaque jour tués par la faim et par la soif, et toutes les routes suivies par l'émigration sont jalonnées de leurs carcasses desséchées. C'est là un important résultat ; car, les frapper dans leurs biens, laisse dans l'esprit des Arabes des traces plus durables, des souvenirs plus vivaces, plus terribles, que la perte de quelques centaines de leurs guerriers morts dans la guerre sainte. Ils ont pu se convaincre aussi que le désert n'est plus un abri pour eux, et que nous pouvons les y atteindre même par les chaleurs torrides de l'été. Nous ajouterons que la lourde contribution de guerre à laquelle ils ont été imposés assurait la ruine — pour quelques années du moins — de ces inconstantes et irréconciliables populations.

Si ces succès furent achetés par de grandes fatigues pour nos troupes, dont les marches incessantes n'étaient interrompues que par les besoins des ravitaillements, au moins ne coûtèrent-elles, pour ainsi dire, pas une goutte de sang à nos admirables soldats, lesquels, dans la province d'Alger, ne laissèrent point aux mains de l'ennemi un seul képy dont il pût faire un trophée. Du reste, il faut bien le dire, les colonnes montrèrent, sous cette température de feu, par ces marches et contre-marches — souvent incompréhensibles pour elles — dans le pays du sable et de la halfa, dans ces régions sans eau et sans ombre, par le froid glacial de l'hiver, et sans moyens de chauffage, par ces boues indépêtrables qui arrêtaient les convois, par ces nuits diluviennes qui, d'un ravin desséché, faisaient instantanément un torrent qu'il fallait traverser avec de l'eau jusqu'à la ceinture, par ces longues et fatigantes étapes dans les terrains rocailleux qu'il fallait parcourir les pieds empaquetés dans des chaussures plus ingénieuses que résistantes, avec ces uniformes en loques rapetassés avec plus d'art que d'étoffe, et illustrés par un ravaudage des plus fantaisistes et des plus imprévus. Mais grâce à leur indomptable énergie et à leur excellent esprit, grâce surtout à l'incessante sollicitude de leur chef, dont la plus instante préoccupation était d'alléger leurs misères, et de leur épargner les privations qui n'étaient point inévitables, nos soldats parvinrent à mener à bien cette œuvre d'autant plus difficile qu'elle était dépourvue de tout stimulant.

Jamais, à aucune époque de l'histoire de la guerre algérienne, les ravitaillements n'avaient présenté de semblables difficultés ; plusieurs fois, elles ont été presque surhumaines ; ainsi, par exemple, le convoi amené de Boghar à Djelfa par l'énergique général Ducrot est resté légendaire dans la province d'Alger. Quoi qu'il en soit, et malgré les obstacles sans nombre et sans cesse renaissants qui s'opposaient à la marche des convois, les vivres n'ont cependant jamais manqué au soldat, aussi loin même que les besoins de la poursuite entraînaient nos colonnes. En effet, là où les rebelles manquaient de vivres, d'eau et de pâturages pour leurs troupeaux, nos convois, remarquablement échelonnés, nous pourvoyaient largement de ce qui était nécessaire à la vie, à la marche et au combat.

Aussi dirons-nous — et on l'a vu, du reste — que les opérations du général Jusuf dans le Sud de sa province en 1864, ont été conduites de la façon la plus remarquable, eu égard surtout aux difficultés de toute nature qu'il eut à vaincre ou à surmonter, tant sous le rapport des rigueurs torrides ou glaciales de la température, que sous celui du manque presque absolu des moyens de transport utilisables dans les expéditions sahariennes ; nous voulons parler des chameaux. Le général a déployé, pendant les quatre mois d'été et d'automne qu'ont durés ses opérations dans le Sud de son commandement, toutes les ressources de son intelligence active, de sa parfaite connaissance de la guerre dans les régions désertiques, et du caractère et de la manière de combattre des Nomades. Ces opérations — qui closent sa vie militaire — ont été conduites avec une sage prudence, sans recherche du brillant, de ce faux brillant qui ne nous présente jamais d'autre résultat que des morts à regretter sans profit pour notre cause, tout au contraire. Nous avons d'ailleurs pu comparer, au cours de ce récit, les avantages de la méthode employée par le général Jusuf, avec celle dont ont fait usage quelques commandants de colonnes plus braves qu'expérimentés de la province d'Oran. D'un côté, le succès sans effusion de sang ; de l'autre, l'insuccès et des désastres.

Nous ne voulons pas rechercher si le général Jusuf était aussi peu administrateur qu'on le lui a reproché ; mais ce que nous savons, et tous ceux qui ont expéditionné sous ses ordres ne l'ignorent pas plus que nous, c'est que peu d'officiers généraux, ou commandants de colonnes, montrèrent plus de sollicitude que lui pour le bien-être et les intérêts du soldat, — dont il était adoré, — et pour amoindrir les misères inhérentes à la guerre dans des régions sans ressources, et où il faut tout emporter avec soi, voire même l'eau. Jamais, avec lui, sa troupe n'a attendu sa ration de vivres ou sa solde, et, très souvent, le mouton de razia est venu augmenter sensiblement la maigre gamelle du soldat. Pour notre compte, nous préférons cette administration — tout incorrecte qu'elle puisse être — à celle — plus réglementaire — qui laisse le soldat mourir de faim et de soif.

Nous ajouterons, pour en finir, que le général Jusuf, qui ne se ménageait pas, avait laissé sa santé dans cette difficile et pénible expédition. La façon dont on l'accueillit en haut lieu à son retour du Sud, qu'il venait de pacifier, acheva ce que les fatigues et les tracasseries avaient commencé. Nous reviendrons plus loin sur ce triste sujet, le jour où le paquebot de France rapportera son cadavre à Alger, et, nous avons le regret de le dire, ce jour sera proche.

Après avoir présidé à l'organisation de la colonne d'Aïn-el-Oucera pendant les journées des 8 et 9 décembre, et avoir fait connaître aux tribus du cercle de Boghar les conditions de l'aman qui leur avait été accordé, le général Jusuf reprenait, le 10, avec les troupes qui regagnaient le Tell, la route de Bokhari, où il arrivait le lendemain 11. Le 14, il rentrait à Alger, après quatre-vingt-quinze jours d'expédition, dont soixante-dix de marche, pendant lesquels sa colonne avait parcouru 1,537 kilomètres.

Mais la colonne mobile, mise aux ordres de l'actif et énergique colonel Margueritte, ne devait point s'endormir sous les palmiers de la verte oasis de Laghouath : dès le 3 décembre, tous les corps qui la composaient étaient approvisionnés en vivres et en munitions.

Le 5, elle se mettait en marche dans la direction du sudouest : sa mission était le ravitaillement, à Tadjrouna, de la colonne Deligny, qui rentrait d'une expédition de quinze jours dans les parages de l'ouad Zergoun. Après avoir fait sa grande halte au Kheneg-el-Djenn, la colonne Marguerillc allait camper dans la Dhaïet-el-Aguel, sur un beau r'dir entouré de térébinthes séculaires.

Elle faisait sa grande halte, le 6, devant El-Haouïtha, et allait prendre son bivouac sur les puits de l'ouad Guemen. Le 7, elle arrivait à Tadjrouna, où l'attendait la colonne Deligny.

Cet officier général s'était porté, en descendant l'ouad Zergoun, jusqu'au r'dir de Thir-el-Habchi, poussant devant lui des populations dont une partie se jetait sur sa droite, et une autre sur sa gauche, tandis que des tentes des Oulad-Chaïb, des Bou-Aïch et des Oulad-Mokhtar, du cercle de Boghar, ainsi que des gens des Oulad-Madhi de Bou-Saada, essayaient de fuir vers le sud ; mais, désespérant d'échapper à la colonne qui les talonnait, ces tentes — qui étaient des plus compromises — s'étaient vues réduites à demander l'aman. Elles avaient été dirigées sans retard sur leur pays.

En revenant sur ses pas, le général Deligny recevait, à Mecherà-ez-Zebara, la soumission des populations qui s'étaient jetées, devant sa poursuite, dans l'est et dans l'ouest ; elles se composaient de la majeure partie des Harar et des Oulad-Khelif, du cercle de Tiharet, et enfin des Adjalat, du Djebel El-Eumour.

Le général avait pris des mesures pour rapatrier ces retardataires sur leurs campements. Les gens des Oulad-Iakoub, qui, chassés de l'ouad Zergoun, paraissaient tout d'abord vouloir chercher un refuge dans le bassin d'El-Louo, se décidèrent à revenir sur leurs pas et à demander l'aman.

La rentrée des dernières fractions dissidentes des Adjalat achevait de reconstituer le Djebel El-Eumour. Le commandant de la province d'Oran s'était d'ailleurs porté au cœur du massif, à El-Khadhra, pour réorganiser ce pays si bouleversé. Cette opération terminée, le général était retourné sur Tadjrouna pour y prendre le ravitaillement que lui amenait la colonne Marguerille.

En résumé, le mouvement du général Deligny sur l'ouad Zorgoun, dont les pluies avaient rempli les r'dir, avait eu cet important résultat de forcer à la soumission les derniers dissidents du cercle de Boghar, lesquels étaient rentrés sur leurs territoires. Du reste, ainsi que nous l'avons dit plus haut, le général Jusuf avait réuni ces insoumis à Djelfa et à Aïn-el-Oucera, et leur avait fait connaître les conditions de l'aman qui, sauf ratification du Gouvernement général, leur était accordé.

Les quelques douars des Oulad-Naïl et des Arbâa, qui s'étaient réfugiés dans le Sud-Est, avaient été rencontrés, près de Ngouça, par des goums des Oulad-Zekri, du cercle de Biskra, qui les avaient razés impitoyablement. A la suite de cette aventure, les fuyards s'étaient décidés à demander l'aman et à reprendre le chemin de leur pays.

En arrivant à Dzioua, le colonel Seroka avait reçu une députation des Oulad-Aïça, fraction des Oulad-Naïl. Ce *midad* (1) avait été renvoyé au général commandant la province d'Alger, à qui il appartenait de régler les conditions de l'aman.

A la date du 8 décembre, le kaïd de Touggourt, venu au camp du colonel Seroka, donnait des nouvelles satisfaisantes de son commandement.

Sa mission terminée, la colonne Margueritte quittait Tadjrouna le 8, et prenait une direction nord-ouest. Elle allait camper sur le vaste et beau r'dir d'El-Mekhebour.

Laissant Aïn-Madhi sur sa gauche, la colonne dressait ses tentes, le 9, sur le plateau d'El-Mekhedeur-El-R'orab. Le 10 décembre, elle s'établissait à Er-Rcheg, où elle séjournait jusqu'au 17, y faisant du bois pour les besoins de la manutention de Leghouath.

Le 12, quelques groupes appartenant aux Oulad-Naïl et aux Arbâa, groupes qui, par suite de leur éloignement dans le Sud, n'avaient pu se présenter plus tôt, vinrent faire leur soumission au colonel Margueritte, qui les autorisait à rentrer dans leur pays.

La colonne reprenait son campement sous Leghouath le 18

---

(1) Réunion, députation, conférence.

décembre. Elle se remettait en marche, le 19, dans la direction de Ksir-el-Haïran, et dressait ses tentes dans une dhaïa desséchée : l'équipage d'eau (tonnelets à dos de chameaux) permettait de faire une distribution de ce liquide aux troupes de la colonne. Le 20, elle bivouaquait sur un plateau pierreux, à 500 mètres de Ksir-el-Haïran, point sur lequel elle devait rester plusieurs jours pour recevoir la soumission des quelques rebelles retardataires qui s'étaient réfugiés dans l'extrême Sud.

La plaine de l'ouad El-Aroug est couverte de douars appartenant à diverses fractions des Arbaâ.

La colonne lève son camp de Ksir-el-Haïran, le 26, pour rentrer à Laghouath, où elle arrive le lendemain 27. Elle en repartait le 28, et bivouaquait sur les puits du Kheneg. Le 29, elle campait à Dhaïet-en-Nemeur ; le 30, elle allait coucher à l'ouad Koïba et buvait à ses puits, sur lesquels elle faisait séjour le 31.

Devenue sans objet, la colonne d'observation de l'Ouanseris, commandée par le lieutenant-colonel Cerez, et qui avait été établie, le 3 septembre, au bordj des Beni-Indel pour protéger le pays contre les incursions du marabouth, cette colonne, disons-nous, est dissoute le 1er janvier 1865, et ses éléments regagnent leurs garnisons respectives. Cette troupe, qui était en même temps de soutien et de réserve, avait eu à faire, le 18 septembre, sur l'ouad El-Ardjem, près de l'Aïn-Indel, une démonstration qui, d'ailleurs, avait suffi pour déjouer les tentatives des rebelles, et pour leur ôter toute velléité d'envahir le territoire des tribus qui habitent au sud du massif de l'Ouanseris.

La colonne Margueritte va camper, le 1er janvier 1865, sur les puits de Ras-el-Msâad ; le 2, à El-Guecâa ; elle fait sa grande halte, le 3, à El-Menia, sur l'ouad Zergoun ; elle dressait ses tentes, à deux heures, à Mekob-el-Meguerchi, au confluent de l'ouad de ce nom et de l'ouad El-Menia.

Un vent violent et glacial souffle sur le camp pendant la nuit du 3 au 4, et renverse les tentes. Le Djebel El-Eumour est couvert de neige.

Le 4, la colonne fait sa grande halte au milieu des *gour* (1), et

---

(1) *Gour*, au singulier, *gara*, espèce de mamelon à squelette ro-

va camper sur une dhaïa desséchée. La tempête continue, et la violence du vent ne permet pas de dresser les tentes.

Le 5, la colonne se dirige sur l'Oglet-Ben-Debban. À dix heures, elle découvrait, sur sa gauche, une émigration considérable filant dans la direction de Tadjrouna. Ce sont des nezla du cercle de Laghouath qui, ayant abandonné la cause du marabouth, rentrent dans leur pays après avoir obtenu l'aman. Sid Mohammed-ould-Hamza est à leur poursuite avec 4 ou 500 cavaliers, et il va les atteindre; mais il a aperçu la colonne; il tourne bride brusquement, s'enfonce dans l'ouest et disparaît.

La colonne Marguerilte remonte vers le Nord, le 6, pour protéger la retraite des nezla que poursuivait le marabouth; elle campe sur la rive gauche de l'ouad El-Meguerchi, dont les r'dir ont de l'eau en abondance. Le 7, elle bivouaque sur les flaques d'eau de l'ouad Melsen, et, le 8, sous El-Maïa. Ce ksar est complétement désert: razés successivement par les colonnes Jusuf et Deligny, ses habitants ont abandonné leurs demeures et se sont enfuis. Le 9, laissant Tadjrouna sur sa gauche, la colonne pose son camp à Ras-Ben-Maïa; elle est, le 10, sur le r'dir de Mektel-El-Djilali, où elle séjourne le 11 et le 12 janvier.

Les résultats de cette marche active de la colonne Marguerilte n'étaient pas sans importance: toutes les fractions rebelles des Oulad-Naïl étaient rentrées dans le devoir; quelques tribus de la province d'Oran, les Thouafir et les Oulad-Iakoub entre autres, avaient demandé l'aman; le marabouth était rejeté dans l'extrême Sud, au-delà de l'ouad Zergoun; le goum avait fait une razia de soixante-dix troupeaux de moutons (1), dont deux appartenaient à Sid Kaddour-ould-Hamza, le frère cadet du marabouth Sid Mohammed; nos cavaliers indigènes avaient pris, en outre, des troupeaux de bœufs, des tentes, des tapis, et ils avaient tué ou blessé aux rebelles un certain nombre des leurs.

La colonne allait bivouaquer, le 13, près du Kheneg, à 5 ki-

---

cheux qui se dresse à pic dans les plaines sahariennes, et dont le sommet, qui atteint quelquefois 60 mètres d'élévation, se termine par une large plate-forme.

(1) Le troupeau de moutons est ordinairement de 100 têtes.

lomètres des puits, et elle reprenait, le 14, son emplacement de Ras-el-Aïoun, où elle séjourne jusqu'au 19. Elle se préparait, pendant ce temps, à une expédition qui, selon toutes probabilités, ne devait pas avoir moins d'une vingtaine de jours de durée ; elle opèrera dans la direction de Brizina, de concert avec la colonne de Géryville. Le commandant de la colonne mobile profitait de ce séjour pour remettre les chameaux en chair ; ils sont envoyés sur les pâturages de Metlili, au nord de Laghouath.

La colonne se remettait en marche le 20 janvier, et allait camper à Dhaïet-el-Ma ; elle dressait ses tentes, le 21, à Dhaïet-Thin-Safoun, le 22, sur le r'dir de Mektel-El-Djilani, le 23, à El-Gueçaa, et le 24, sur l'ouad El-Menia, dans le lit de sable duquel elle creusait ses puits.

Le goum, sous les ordres de Ben-Naceur, est envoyé, le 25, en reconnaissance dans l'Ouest. La colonne attendra son retour dans son bivouac d'El-Menia.

La colonne est employée au forage d'un grand nombre de puits, opération consistant à déblayer le sable sous lequel coulent les eaux de l'ouad, à une profondeur de 1 mètre 50 environ. Deux cents hommes du 16e de Chasseurs à pied creusent, d'après les indications du colonel Margueritte, deux puits d'un très large diamètre qui permettaient d'abreuver les chevaux jusqu'au 20 janvier.

La reconnaissance rentre le 28 ; elle a poussé une pointe audacieuse dans la direction de Metlili, oasis située au sud du pays des Beni-Mzab. Cette course du goum n'a point été infructueuse ; car, ayant rencontré les troupeaux du marabouth, nos cavaliers avaient pu les razer tout à leur aise, et sans que les bergers osassent s'y opposer sérieusement.

Le *guebli* (vent du Sud) soulève, pendant les journées des 28 et 29, d'immenses colonnes de sable qui tournoient en trombes dans l'espace, et qui ont pour résultat de combler les puits et de rendre le bivouac d'El-Menia inhabitable. La colonne lève son camp le 30, et va coucher sur la route d'El-Maïa. Ce campement étant dépourvu d'eau, on y distribue celle restant dans les tonnelets de l'équipage.

La colonne mobile arrive, le 31 janvier, devant le ksar El-

Maïa, et y dresse ses tentes. Elle séjourne sur ce point jusqu'au
5 février, attendant des nouvelles des colonnes de la province
d'Oran, qui se sont portées du côté d'El-Abiodh-Sidi-Ech-Chikh,
et qui pourraient avoir besoin de son concours.

Sans nouvelles du général Deligny, qui, probablement, s'est
enfoncé dans l'Ouest à la suite du marabouth, le colonel Marguerite lève son camp d'El-Maïa le 5 février, et prend une direction nord-est; il passe devant Tadjrouna, et va faire son bivouac *à sec* à Ras-Ben-Noumi. L'équipage de chameaux fournit
l'eau à la colonne, laquelle campe, le 6, sur le r'dir de Mektel-el-Djilali. Elle couche, le 7, sur la dhaïa de l'ouad Koïba, et
elle y séjourne, le 8, pour y faire du bois destiné à l'approvisionnement du poste avancé de Laghouath. La colonne bivouaque, le 9, à Kheneg-el-Djenn ; elle arrivait à Laghouath le
10, et posait son camp sous les murs de cette place, où elle séjournait jusqu'au 15 février.

Mais retournons dans la province d'Oran, où viennent de se
passer de graves événements. Cette fois, heureusement, c'est un
succès que nous avons à enregistrer, succès qui, une fois de
plus, vient donner raison à notre théorie sur l'emploi de la cavalerie indigène ; car il a été obtenu sans le concours — immédiat, du moins, — des forces françaises, dont le rôle, dans cette
circonstance, s'est borné au soutien — plus moral qu'effectif —
des g'oums engagés.

X

Situation de l'insurrection dans la province d'Oran au commencement de 1865. — Le général s'établit à Géryville, où il prépare ses opérations d'hiver. — Il y reçoit la soumission des tribus voisines de ce poste. — Menacé par les colonnes Deligny et Margueritte, le marabouth, suivi de ses contingents, se réfugie dans le Djebel Tismert. — Le général Deligny se porte, par une marche rapide, sur les campements des rebelles, qui se retirent et vont prendre position entre l'ouad El-R'arbi et l'ouad En-Namous. — Physionomie du pays et de l'oasis de Benoud. — Le général prend les devants avec les goums et trois escadrons de cavalerie régulière. — Il surprend la defra du marabouth et les campements des rebelles. — Combat de Garet-Sidi-Ech-Chikh. — Le marabouth y est blessé mortellement. — Les contingents rebelles sont battus et razés par nos goums. — Soumission de quelques tribus. — Mort de Sid Mohammed-ould-Hamza chez les Oulad-Zyad. — Son jeune frère, Sid Ahmed-ould-Hamza, lui succède. — Sid El-Ala est battu, au sud d'Ouargla, par les goums de la subdivision de Batna. — En apprenant la mort de son neveu, Sid El-Ala accourt dans l'Ouest. — Le général Deligny revient sur Géryville, où il organise une colonne mobile qu'il place sous les ordres du colonel de Colomb. — Marches et opérations de la colonne Margueritte dans la province d'Alger. — Reprise des hostilités dans la province d'Oran.

Ainsi que nous l'avons dit dans le chapitre précédent, au commencement de l'année 1865, la province d'Alger était tout entière rentrée dans le devoir, à l'exception pourtant des Oulad-Chaïb et de quelques individualités trop compromises pour pouvoir espérer notre pardon.

L'insurrection avait été rejetée dans la province d'Oran, où l'apaisement était loin d'être fait; ainsi, le cercle de Géryville, presque en entier, était encore en insurrection, sauf une portion des Oulad-Yâkoub ez-Zerara, des Ahl-Stiten et des Oulad-Sidi-En-Naceur. Les autres tribus et la moitié des Oulad-Yâkoub sont groupées autour de Sid Mohammed-ould-Hamza, qui les considère et les traite comme ses fidèles, et qui en a composé son makhzen.

Quant aux Thrafi, ils ont fui dans l'extrême Ouest, et se sont serrés autour du chef des Oulad-Sidi Ech-Chikh-el-R'craba, Sid Ech-Chikh-ben-Eth-Thaïyeb. Après avoir entraîné, par ses conseils, les Oulad-Sidi-Ech-Chikh-ech-Cheraga dans la rébellion, cet astucieux marabouth s'abstenait prudemment d'y prendre part ; son but, d'ailleurs, était d'user les Oulad-Hamza, ses rivaux.

Les choses en étaient là quand le général Deligny vint s'établir à Géryville, d'où il rayonnait pour assurer la soumission des tribus voisines de ce poste. Il y préparait, en même temps, son expédition d'hiver.

Pendant son séjour à Géryville, le commandant de la province d'Oran recevait la soumission des Mokna, des Oulad-Sidi-Tifour et du ksar de Brizina, et leur accordait l'aman. Il était ordonné aux deux tribus d'aller camper au nord de Bou-Alam, s'appuyant, à l'ouest, aux Ahl-Sitten, et, à l'est, aux populations du Djebel El-Eumour, ainsi qu'à la fraction soumise des Oulad-Yâkoub-ez-Zerara. Les Oulad-Sidi-En-Naceur avaient leurs campements au nord-ouest.

La raison de ces mesures était de garder l'est de Géryville, et de garantir ce poste contre l'éventualité de tentatives d'investissement de l'ennemi. Ces dispositions du général Deligny, en même temps qu'elles assuraient la sécurité du chef-lieu du cercle, mettaient les rebelles dans une situation assez critique : obligés qu'ils sont de rester groupés presque en totalité à l'est de l'ouad Seggar, sur les eaux d'El-Allega et du Hacl-Bou-Zeïd, ils se trouvent menacés par la colonne Marguerille, laquelle, avec son extrême mobilité et l'activité intelligente de son chef, peut facilement pousser jusqu'à Kert, fondre inopinément sur leurs campements, et les mettre dans le plus grand désarroi. C'est à cette crainte qu'avaient cédé les Oulad-Sidi-Tifour, les Mokna et le Ksar-Brizina, lesquels, restés isolés et en l'air par suite du mouvement précipité du marabouth dans l'Ouest, s'étaient trouvés dans la nécessité de se soumettre et de demander l'aman plus tôt qu'ils n'eussent désiré, sans doute, en arriver à cette pénible extrémité.

Sous la menace des colonnes Deligny et Marguerille, Sid Mohammed-ould-Hamza s'était réfugié dans le Djebel Tismert, au sud des ksour des Oulad-Sidi-Ech-Chikh, entraînant à sa suite, et loin de leur pays, des tribus dont la plupart étaient fatiguées de le suivre ; il est vrai de dire que, le danger passé, le maraboulh reprenait son ascendant sur elles, et que ces populations se serraient de nouveau autour de lui. Son indomptable énergie, son influence religieuse leur rendaient sans peine l'espoir du succès, leur faisaient oublier leurs fatigues, leurs misères, leur ruine, et elles ne songeaient plus dès lors à se soumettre et à nous demander notre pardon.

Les rebelles restèrent ainsi groupés au sud d'El-Abiodh-Sidi-Ech-Chikh jusqu'au moment où ils apprirent la mise en mouvement de la colonne Deligny. Le commandant de la province d'Oran avait, en effet, quitté Géryville le 27 janvier, et s'était dirigé vers le sud-ouest. Craignant de le voir déboucher par El-Abiodh, les dissidents appuyèrent à l'ouest, et s'établirent sur l'ouad El-R'arbi et sur l'ouad En-Namous, où ils paraissaient se croire hors de notre atteinte, bien que l'ancien commandant supérieur du cercle de Géryville, M. de Colomb, leur eût démontré, à différentes reprises, combien cette croyance était mal fondée.

Le maraboulh était campé, de sa personne, au pied de Garet-Sidi-Ech-Chikh, près des ksour de Benoud, à 35 lieues sud-ouest d'El-Abiodh-Sidi-Ech-Chikh. Les campements des rebelles, dont les douars se développaient sur une étendue de plus de 10 kilomètres, couvraient celui de Sid Mohammed-ould-Hamza. Ils conservèrent cette disposition jusqu'au moment où ils apprirent le départ de Géryville de la colonne Deligny. Le général avait, en effet, ainsi que nous l'avons dit, quitté ce poste avancé le 27 janvier, prenant une direction sud-ouest.

Croyant, nous le répétons, le voir déboucher par El-Abiodh-Sidi-Ech-Chikh, les rebelles avaient appuyé légèrement à l'ouest, et s'étaient portés à une journée de marche de l'ouad El-R'arbi, c'est-à-dire entre ce cours d'eau et l'ouad En-Namous, position dans laquelle ils semblaient être persuadés qu'ils étaient à l'abri de nos coups.

Il ne sera peut-être pas sans intérêt de donner une idée du pays qui va servir de théâtre à l'une de nos plus importantes actions de guerre entre forces indigènes, affaire qu'une habile politique avait préparée, et qui n'était possible qu'avec cette sorte d'éléments.

L'ouad El-R'arbi, ou plutôt son principal affluent, naît entre le ksar ruiné de Sidi-El-Hadj-Ben-Amour, au sud de Géryville, et Aïn-El-Kerma ; il passe par les ksour des Arbâoual et ceux d'El-Abiodh-Sidi-Ech-Chikh ; à la hauteur de ces derniers, il s'infléchit vers le sud-ouest, longe le Djebel Tismert, rencontre le ksar ruiné d'El-Kharoua, et plonge droit dans le sud, après avoir reçu l'ouad Bou-Semr'oun vers le Djerf-Sidi-Bou-Hass, escarpements où il prend le nom d'ouad El-R'arbi.

C'est en ce point que s'ouvre le pays du fusil et de la peur (Blad-el-Mekahal, Blad-el-Khouf).

Des montagnes ardues, arides et tourmentées qui le dominent, débouchent par des kheneg (étranglements), c'est-à-dire par des coupures étroites, l'ouad Seggar à l'est, l'ouad En-Namous et l'ouad Meçaoura à l'ouest, torrents impétueux au moment des grandes pluies, longues et larges traînées de sable et de cailloux brûlants quand les eaux se sont écoulées, ou lorsqu'elles ont été bues par le sol.

Ces grandes artères portent à la partie du Sahra qui est en deçà des Areg, un peu de cette vie éphémère que, pour leur compte, semblent répudier les coteaux et les ravins arides et rocailleux d'où elles descendent tumultueusement. En effet, les herbages qui poussent spontanément sur le passage de ces eaux n'ont point de vieillesse, et le soleil qui les a fait naître les tue dès qu'ils ont reçu la vie et la lumière.

Généralement, ces grandes gouttières versent leurs eaux hivernales, quand elles ont pu arriver jusque-là, dans des dhaya, qui forment de fraîches oasis d'où s'élèvent de magnifiques térébinthes.

Le ksar ruiné de Benoud, où s'est établi le jeune marabouth, est un lieu de délices au milieu des désolations du désert : c'est une espèce d'anse formée par les berges élevées de l'ouad El-R'arbi, lequel tourne brusquement en cet endroit, et court pendant 5 ou 6 kilomètres de l'ouest à l'est pour reprendre ensuite sa direction nord-sud. Les vents du nord et de l'est, le vent du sud, ce terrible *guebli*, chargé des sables brûlants qu'il a dérobés en passant aux dunes voisines, n'y ont point accès ; le vent d'ouest seul, tamisé par les tamarix de la rivière, y porte un peu de cette fraîcheur dont il s'est imprégné en traversant les brumes de l'Océan atlantique. Quelques bouquets de gigantesques palmiers, des puits d'eau fraîche, une riche végétation complètent ce ravissant Éden saharien, qu'on apprécie d'autant mieux qu'on a été plus longtemps sevré de ces jouissances paradisiaques. Aussi, quel sentiment de bien-être n'éprouve-t-on pas quand, après avoir subi les chaudes et énervantes caresses du vent du désert, on dresse ses tentes, abrité par les hautes berges du cours d'eau, sous les arceaux formés par les palmiers, lesquels sont impénétrables aux rayons du soleil.

Benoud est encore une ruine des Beni-Amer, cette tribu légendaire de l'ouest de notre Sahra : on y remarque trois ksour, deux sur les berges, et un autre à quelque distance, sur le sommet d'une gara taillée à pic. Ce dernier ksar, également ruiné, se nomme El-Merfoud (l'élevé). Quelques familles des Oulad-Sidi-Ech-Chikh, qui viennent tous les ans y faire la récolte des dattes, entretiennent deux ou trois maisons et le mur d'enceinte de celui de ces ksour qui est le plus voisin des palmiers. Ces familles peuvent trouver là un abri sûr contre tout ennemi qui viendrait de l'Ouest. Un puits, creusé dans l'enceinte, à une profondeur de 15 mètres environ, leur permettrait de tenir assez longtemps pour lasser la patience des pirates du désert, approvisionnés seulement pour une incursion rapide et de peu de durée.

Les puits qui sont sous les palmiers, dans le lit de la rivière, ont 4 mèt. 20 de profondeur ; l'eau en est légèrement saumâtre ; mais elle est d'une fraîcheur et d'une limpidité extrêmes.

Benoud et ses environs sont, par excellence, la région de l'*aroui*, le mouflon à manchettes. Les *Gour en-Nehas* — les Plateaux de Cuivre — sont les gîtes préférés de ces ovidés, lesquels se tiennent sur les sommets les plus escarpés et ne descendent que très rarement dans la plaine (1).

Nous le répétons, le général Deligny avait quitté Géryville le 27 janvier, et avait piqué droit dans le sud-sud-ouest avec sa colonne légère, composée des meilleurs éléments des troupes campées sous ce poste (deux bataillons d'infanterie aux ordres du colonel de Colomb, et trois escadrons de cavalerie commandés par le chef d'escadrons de Galliffet). Avec ces forces régulières, marchaient 800 chevaux des goums de la province d'Oran, parmi lesquels figuraient ceux des Harar, nouvellement soumis, et que commandait le chef de cette puissante tribu saharienne, Sid El-Hadj-Kaddour-ben-Es-Sahraoui, qui était devenu, pour des raisons toutes particulières (2), l'ennemi acharné de son ami de la veille, Sid Mohammed-ould-Hamza.

Fixé par ses *chouaf* sur les points occupés par les rebelles, le général Deligny entreprit de les surprendre en se portant, par une marche rapide, sur leurs campements. Sans doute, Sid Mohammed avait eu connaissance de la mise en mouvement de la colonne de Géryville ; mais comme il la savait alourdie par de l'infanterie et par un convoi important, il comptait avoir tout le temps de s'enfoncer dans l'Ouest, et de mettre ainsi à l'abri de ses coups les populations qui suivaient encore sa fortune.

Il est évident que le commandant de la colonne d'Oran, qui connaissait les parages où il opérait, n'avait point la prétention de joindre les rebelles avec toutes les forces dont il disposait. Aussi, se décida-t-il à prendre les devants avec ses 800 chevaux de goums et ses trois escadrons de cavalerie régulière. L'infanterie devait suivre le mouvement, à distance nécessairement, mais en forçant sa marche de façon à se rapprocher le plus possible de la cavalerie.

---

(1) Capitaine DE COLOMB, commandant supérieur du cercle de Géryville (*Exploration des Ksour et du Sahra de la Province d'Oran*, 1857)

(2) L'une des femmes de l'agha du Djebel El-Eumour, Ed-Din-ben-Yahya, parente d'El-Hadj-Kaddour, aurait été insultée, dit-on, par le marabouth, lors de son incursion dans cette montagne au mois d'août 1864.

Nous avons dit plus haut que les rebelles croyaient voir la colonne déboucher par El-Abiodh-Sidi-Ech-Chikh ; mais le général Deligny, qui se savait surveillé de ce côté, avait pris la détermination de pousser sur les campements des insurgés par une direction opposée à celle par laquelle il était attendu. Le 4 février, à dix heures du matin, l'avant-garde de la colonne, composée de cavaliers du goum, et conduite par le chef des Harar, Sid El-Hadj-Kaddour-ben-Es-Sahraoui, débouchait à Garet-Sidi-Ech-Chikh, où étaient campées celles des forces des rebelles qui avaient pour mission de couvrir le douar de Sid Mohammed-ould-Hamza, lequel avait dressé ses tentes, nous l'avons dit, près de l'oasis de Benoud.

Sid El-Hadj-Kaddour fondit impétueusement sur les campements des insoumis, les traversa, en les culbutant, comme une trombe de fer et de feu, et, guidé par la haine, il piqua droit, l'œil étincelant, sur la daïra du chef de l'insurrection. Sid Ben-El-Hadj-Kaddour, le fils d'El-Hadj-Es-Sahraoui, et Sid Ben-Hadhri, l'aîné des fils de Sid Ahmed-ould-El-Kadhy, l'agha de Frenda, suivent de près le chef des Harar. Mais Sid Mohammed-ould-Hamza leur épargne la moitié du chemin : debout sur ses étriers, les bernous rejetés sur l'épaule droite, le fusil haut, il lance son cheval, — une noble bête, — qui se précipite par bonds au-devant de la nuée roulante des assaillants. Le lieu de la rencontre, le point où se trouvent les forces opposées, est *Oudian ez-Zenboudj*. On sent cette odeur de fer qui est particulière à la cavalerie arabe ; celle de la poudre monte bientôt à la tête des cavaliers et les enivre ; les crépitations de la fusillade se perdent dans ces espaces sans fin : les détonations sont sourdes, et pareilles à une toux de poitrinaire, et l'on ne se douterait point qu'on frappe la poudre, n'étaient les nuages floconneux qui flottent dans l'air poussés par la mêlée. Sid Mohammed-ould-Hamza, disons-nous, avec la magnifique audace de ses vingt ans, avec la conscience de la force que lui donne, à lui, le chef de la maison de Sidi Ech-Chikh, la puissance religieuse qui est attachée, depuis plus de trois siècles, au nom de son illustre et saint ancêtre, avec la sombre colère que lui fait monter du cœur à la tête ce qu'il appelle la trahison de Sid El-Hadj-Kaddour-ben-Es-

Sahraoui, un marabouth comme lui, qui n'a pas honte de se faire l'auxiliaire des Chrétiens, et d'inonder de ses cavaliers, vrais éperviers de carnage, une terre toute remplie du souvenir de l'*ouali* le plus vénéré du Sahra occidental ; le jeune et brillant marabouth, bouillant de rage, et impatient de châtier le crime de son ennemi, a pris la tête [de la charge, et, suivi des Oulad-Sidi-Ech-Chikh, ses fidèles cavaliers, il fond impétueusement sur les assaillants, dont il abat plusieurs de son fusil.

Mais c'est à lui personnellement qu'on a le marabouth des Harar ; il a soif de son sang ; son fils, Ben-El-Hadj-Kaddour, et le jeune Bel-Hadhri, l'aîné de l'agha-marabouth de Frenda, sont à ses côtés, et veulent, comme lui, la vie de Sid Mohammed-ould-Hamza ; ils l'entourent et l'assaillent à la fois. Le jeune marabouth leur fait tête : il blesse Ben-Hadhri, qui tourne autour de lui comme une bête fauve ; il ne peut recharger son arme, et ses pistolets sont vides : c'est à coups de crosse de fusil qu'il se défend dès lors contre ces trois adversaires acharnés à sa perte : il les traite de chiens fils de chiens, de traîtres à la cause sainte ; il leur jette à la face toutes les injures, toutes les malédictions. Son arme tourne au-dessus de leurs têtes comme tourne la meule du trépas ; mais ses ennemis, surtout les deux jeunes gens, sont d'habiles et vigoureux cavaliers ; ils évitent ses formidables coups, et sa massue ne rencontre que le vide.

La partie était trop inégale pour se prolonger davantage : une balle lui brise l'épaule ; une autre le frappe à la tête ; une troisième, tirée à bout portant, lui traverse la poitrine. Il tombe sanglant sous le ventre de son cheval ; mais ses cavaliers parviennent à l'emporter, mortellement atteint, hors du champ du combat.

La lutte prend dès lors des proportions inouïes, et tout-à-fait inusitées dans les conflits entre Arabes : les partisans du marabouth jurent par Dieu qu'ils le vengeront. La mêlée devient furieuse ; bientôt il pleut du sang ; les rebelles se précipitent en désespérés au milieu des assaillants. Il y a quelque chose de sinistre dans ces sables qui restent muets sous les pieds des chevaux roulant cette tempête humaine, laquelle, sur son passage, tigre de flaques rouges les fauves solitudes où elle se meut. Les chevaux, qu'enivrent la poudre et les bruits de la mêlée, sont à l'unisson de leurs cavaliers : l'œil en feu, les naseaux tout grands ouverts, les oreilles droites et menaçantes, ils partagent leur fougue et leur rage ; leurs entrailles bondissent et grondent dans leurs flancs.

Les cadavres des deux partis sont gisants confondus sur le passage de l'ouragan : des selles se vident à chaque instant, et des chevaux errent effarés et sans maîtres autour du champ du combat.

Mais la chute du maraboutlı — qu'on croyait mort — ayant donné une nouvelle énergie à la résistance, il fallut bientôt engager toutes les réserves des goums, lesquelles, par un vigoureux et suprême effort, achevèrent la défaite des partisans du maraboutlı, qui durent céder le terrain en abandonnant leurs tentes restées debout, leurs bagages et leurs troupeaux.

Jamais, depuis le commencement de la campagne, les goums n'avaient déployé autant d'entrain, et montré pareil acharnement dans les combats contre leurs coreligionnaires. Il est vrai de dire que nos goums étaient las de cet état de guerre qui durait depuis près d'un an, et qu'ils pensaient y mettre fin par la mort du chef de l'insurrection.

Les pertes des deux côtés avaient été énormes ; les nôtres s'élevaient au chiffre de cinquante cavaliers tués et de dix-sept blessés, et à une quarantaine de chevaux tués ou fourbus. On estime que celles des rebelles ont dû être supérieures aux nôtres.

Le butin a été immense, et nos goums eurent l'amer regret de manquer de moyens de transport suffisants pour emporter le tout ; ils en laissèrent sur le terrain de quoi charger des centaines de chameaux. Les chevaux eux-mêmes ployaient sous le faix des dépouilles de l'ennemi.

Dans sa dépêche datée de Benoud le 4 février, c'est-à-dire le jour même du combat, le général Deligny dit ceci : « Les goums ne faiblissant pas, je résistai à la tentation d'engager ma cavalerie régulière, convaincu que j'étais que le succès acquerrait une importance politique plus grande si je l'obtenais par l'emploi seul des Arabes. D'ailleurs, j'étais à douze lieues de toutes ressources, à huit lieues de l'eau, et la journée s'avançait. »

Le général avait agi d'autant plus sagement dans cette circonstance, que les indigènes devaient suffire à la tâche, et que ce n'est pas l'appoint de nos trois escadrons qui eût modifié la situation. Nos goums n'avaient besoin d'ailleurs ni de stimulant, ni d'appui ; car, dans cette journée, ils combattaient pour leur propre cause, celle de la haine que nourrissait Sid El-Hadj-Kaddour-ould-Es-Sahraoui contre le marabouth, particularité à laquelle il convenait d'ajouter la lassitude de l'état de guerre, qui les ruinait, et qui, depuis un an, leur enlevait tout repos, toute tranquillité. Ce serait, en effet, s'illusionner d'une singulière façon que d'attribuer au désir de faire nos affaires dans le Sud l'acharnement qu'ont montré nos goums dans le combat du 4 février ; il s'agissait bien de nous dans cette tuerie !

Quoi qu'il en soit, nous le répétons, le général Deligny a tiré parti très habilement de la division existant entre le chef des Harar et le marabouth Sid Mohammed-ould-Hamza ; car il est évident qu'une opération de ce genre ne pouvait être tentée avec quelque chance de succès que par des forces indigènes, composées surtout de goums appartenant à la région du Sud, et connaissant bien le pays.

Dans ce combat, que nos goums n'hésitèrent point à livrer, bien que leurs admirables montures eussent trente-six heures de marche dans les jambes, que le terrain fût des plus difficiles, et qu'il fallût déloger l'ennemi de plusieurs positions presque inaccessibles à la cavalerie, le général cite, comme s'étant particulièrement distingués, Sid El-Hadj-Kaddour-ben-Es-Sahraoui, le fils de ce dernier, et celui de Sid Ahmed-ould-El-Kadhy, le jeune et brillant Bel-Hadhri. Le général se loue beaucoup aussi de l'entrain des goums, que dirigeait le commandant Dastugue, Directeur des Affaires arabes de la province d'Oran, secondé par le capitaine Pan-Lacroix, chef du Bureau arabe d'Oran.

Il serait assez difficile de préciser de quel fusil venait la balle qui a déterminé la glorieuse fin de Sid Mohammed-ould-Hamza ; tout ce qu'on en sait, c'est que le fils d'El-Hadj-Kaddour et celui de Sid Ahmed-ould-El-Kadhy se disputèrent l'honneur de lui avoir porté le coup mortel.

Cette belle journée avait été rude pour tout le monde ; car le combat n'avait pas duré moins de cinq heures, de dix heures du matin à trois heures de l'après-midi, et nous avons dit plus haut que la lutte avait été entamée après trente-six heures de marche.

Le général alla camper à Benoud, où il séjourna pendant quelque temps : il ramassait, chemin faisant, des tribus, des douars, des tentes, qu'il rapatriait. Le reste des populations qui avaient échappé à nos goums, était en fuite, dispersé, errant dans les sables.

Le général commandant la province d'Oran terminait sa dépêche au Gouverneur général par cette sorte de prévision qui, malheureusement, ne se réalisa pas : « Si les débuts de l'insurrection ont coûté la vie à Sid Sliman-ould-Hamza, tout porte à croire que la mort (1) de son frère et successeur, Sid Mohammed, en marquera la fin. »

Le combat de Garet-Sidi-Ech-Chikh eut pour résultat de ramener à nous le reste des tentes des Oulad-Yakoub qui étaient encore en insurrection, et quelques fractions importantes des El-Ar'ouath-Ksal. On pouvait conclure de ce fait que la division se mettait parmi les révoltés, et que leur désorganisation était prochaine; ils furent, en effet, pendant quelques jours, comme affolés de terreur, et ne sachant à quel parti s'arrêter. Cet état de choses dura jusqu'au moment où l'on perdit tout espoir de sauver les jours du jeune marabouth; lorsqu'il fut reconnu que c'en était fait de lui, les Oulad-Zyad, très dévoués aux Oulad-Hamza et à la maison de Sidi Ech-Chikh, leur saint ancêtre, et ne voyant en lui qu'un martyr de la guerre sainte, le transportèrent pieusement dans leur tribu, où il mourut le 22 du mois de février, âgé de vingt ans environ.

Cet acte des Oulad-Zyad indiquait clairement qu'ils étaient loin de considérer comme perdue la cause des Oulad-Hamza, et qu'ils croyaient à la possibilité de continuer la lutte; aussi, s'empressèrent-ils de reconnaître pour chef et pour son succes-

---

(1) Sid Mohammed-ould-Hamza ne mourut de sa blessure que le 22 février, c'est-à-dire dix-huit jours après le combat d'*Oudian ez-Zenboudj*, qui est connu officiellement sous la dénomination de *la journée de Garet-Sidi-Ech-Chikh*.

seur, le jeune frère du maraboulh, Sid Ahmed-ould-Hamza. En relevant ainsi le drapeau de l'insurrection, tombé pour la seconde fois dans le sang des fils de Sid Hamza, les Oulad-Zyad et les Oulad-Sidi-Ech-Chikh-ech-Cheraga reprirent de leur ascendant, qui s'était singulièrement affaibli, sur les forces insurrectionnelles qui, dans l'Ouest, marchaient sous la bannière des Hamza, populations dont les ressources étaient loin d'être épuisées, et dont les goums étaient encore nombreux et unis ; aussi, dans leurs rangs, le danger passé, ne fut-il plus question de soumission ou de demande d'aman.

Pendant que les événements que nous venons de raconter se passaient dans l'Ouest, Sid El-Ala, qui manquait absolument de ce que l'on a appelé *le nerf de la guerre*, était allé battre monnaie au Mzab et dans son ancien aghalik d'Ouargla. Le colonel Seroka, commandant la subdivision de Batna, avait, précisément à la même époque, organisé à El-Hadjira des contingents indigènes, cavaliers et fantassins, pour tenter un coup de main sur les Châanba dissidents, campés au sud d'Ouargla. L'opération avait eu un plein succès : goums et fantassins avaient razé non-seulement les Châanba, mais encore une partie des Mekhadma ; ils leur avaient enlevé 2,200 chameaux, et un grand nombre de tentes avec ce qu'elles contenaient en butin.

Ces forces indigènes revenaient sur El-Hadjira, lorsque, le 10 février, à hauteur du Haci-Bou-Rouba, point situé à douze lieues sud d'Ouargla, elles rencontraient Sid El-Ala et Ben-Naceur-ben-Chohra, l'ancien chef des Arbaâ, à la tête d'un assez fort parti de Châanba et de Mekhadma. Nos goums n'hésitèrent pas à engager l'action : ils fondirent sur les rebelles, les culbutèrent, et leur firent éprouver des pertes sérieuses en tués et en blessés, tandis qu'eux-mêmes n'avaient qu'un tué et onze blessés.

Cet audacieux coup de main faisait le plus grand honneur à Sid Eth-Thaïyeb-ben-Harz-Allah, kaïd des Oulad-Zekri, à Sid El-Mihoub-ben-Chenouf, kaïd des Beni-Bou-Sliman, et à Sid Ismaïl, parent du kaïd de Touggourt, et chef des khiala de ce ksar.

Le mouvement vers Ouargla de Sid Bou-El-Akhras-ben-Gana,

neveu du Cheikh-el-Arab, avec le goum des Nomades, avait contribué, dans une certaine mesure, au succès de cette opération.

Après cette affaire, Sid El-Ala, qui venait d'apprendre la mort de son neveu, était revenu en toute hâte vers l'Ouest dans l'espoir d'en recueillir la succession, ou, tout au moins, de reprendre la direction des affaires de l'insurrection. Avant qu'il quittât la région sud, les populations d'Ouargla et de Metlili, qui comptent parmi elles de nombreux *khoddam* (serviteurs religieux, affiliés) de Sidi Ech-Chikh, lui avaient fait leur soumission.

De leur côté, les Thrafi se tenaient à l'écart, et n'avaient point voulu continuer à servir la cause du nouveau chef de l'insurrection; ils campaient aux environs de Figuig. Se croyant menacés par une colonne française, qui avait fait un mouvement dans leur direction, et fidèles, d'ailleurs, à la politique d'abstention de Sid Ech-Chikh-ben-Eth-Thaïyeb, ils étaient remontés vers le nord, tout en appuyant en même temps sur l'ouest.

La mort de Sid Mohammed ayant paru au général Deligny devoir terminer la campagne d'hiver dans la province d'Oran, cet officier général quitte Benoud et regagne Géryville, où il constitue une colonne mobile composée de deux bataillons du 17e d'infanterie (colonel de Colomb), du 1er bataillon d'Infanterie légère d'Afrique (commandant Duhoussel), et de deux escadrons du 1er de Hussards (commandant de Galliffet), colonne qu'il place sous les ordres du colonel de Colomb, officier supérieur de grand mérite, et qui, ayant exercé, pendant de longues années, le commandement supérieur du cercle de Géryville, connaissait admirablement les chefs du parti insurrectionnel, et le terrain sur lequel il pouvait être appelé à opérer. Ces forces ont pour mission de s'opposer à toute tentative des rebelles sur le Tell, ou contre les populations soumises du Sud, auxquelles il assigne des campements autour de Géryville, et qu'il groupe sur les pâturages les plus à proximité de ce poste avancé. Grâce au bon choix de ces positions, et à la promptitude avec laquelle les tribus nouvellement soumises y furent réparties, il ne surgit aucune difficulté de ce côté, et elles purent jouir enfin de quelque tranquillité.

Ayant pourvu, par la constitution de cette colonne, aux exigences de la situation, le général Deligny, qui pouvait croire, comme il le dit dans son rapport sur l'importante affaire du 4 février, l'insurrection terminée par la mort de son chef, était remonté vers le Nord, et avait regagné Oran, le siége de son commandement. Nous verrons plus loin que, contrairement aux prévisions du commandant de la province, la mort de Sid Mohammed-ould-Hamza n'amena qu'une suspension d'hostilités, une trêve de courte durée.

Nous en profiterons pour reprendre le récit des marches et opérations effectuées, par la colonne mobile de la province d'Alger, autour et au sud du poste de Laghouath.

Nous avons laissé la colonne Margueritte campée sous les murs de Laghouath, où elle était arrivée le 10 février. Elle apprenait, dans la soirée de ce jour, que le chef de l'insurrection avait été blessé mortellement, le 4 de ce même mois, dans un combat que lui avaient livré nos goums à Garet-Sidi-Ech-Chikh, dans l'ouest de l'ouad El-R'arbi.

Après avoir séjourné sous Laghouath jusqu'au 15 février, la colonne se remettait en marche le 16 dans la direction d'El-Açafia, qu'elle dépassait, et allait camper à deux kilomètres au-delà de ce ksar, sur l'ouad qui arrose l'oasis.

Le commandant supérieur du cercle de Laghouath, l'énergique chef de bataillon Thomassin, du 1er de Tirailleurs algériens, accompagne le colonel Margueritte pour régler quelques affaires de sa compétence avec les tribus campées à Msâad.

Le 17, la colonne remonte le cours de l'ouad El-Açafia, traverse les montagnes, et suit dès lors la route directe de Msâad. Elle va dresser ses tentes à Et-Teïla, sur l'ouad de ce nom.

Elle bivouaque, le 18, sur un plateau dominant l'ouad Msâad, à deux kilomètres de l'oasis du même nom. Ce cours d'eau passe successivement au pied de trois ksour, distants l'un de l'autre d'environ 600 mètres, Msâad, Demmed et Hommeïdha.

La colonne séjourne près de Msâad les 19 et 20 février.

Le 21, elle bivouaque sur l'ouad El-Mergueb, près des ruines de l'ancien ksar de ce nom.

Les troupes séjournent sur ce point le 22. Le froid y est excessif: glace dans le lit de l'ouad,

Après avoir traversé le Djebel El-Mergueb, la colonne va prendre, le 23, son bivouac sous les murs du caravansérail de Sidi-Makhlouf.

Sa tournée terminée, elle rentre, le 24 février, dans son camp de Laghouath, où elle s'installe dans des conditions d'un séjour de quelque durée sur ce point.

La colonne Margueritte passe, en effet, le mois de mars dans son camp sous Laghouath, sans être appelée à opérer aucun mouvement.

Mais laissons cette colonne assurer, par sa présence, la sécurité du Sud de la province d'Alger, et voyons ce qui se passe dans celle de la province d'Oran, où la trêve, comme nous l'avions prévu, n'a pas tardé à être rompue.

Sid Mohammed ould-Hamza, nous l'avons dit, était mort des blessures qu'il avait reçues, le 4 février, dans le combat d'Oudian-ez-Zenboudj, et c'était son frère, Sid Ahmed-ould-Hamza, l'héritier reconnu de la *baraka*, c'est-à-dire de l'influence religieuse, qui relevait le drapeau de l'insurrection, arraché par la mort des mains de Sliman et de Mohammed-ould-Hamza. Sid Ahmed n'a que douze ans à peine; mais son oncle Sid El-Ala, qui est encore l'âme de cette révolte, soutiendra et guidera son troisième neveu, dans l'espoir qu'une balle française ou arabe viendra l'en débarrasser, ainsi que du dernier enfant de Sid Hamza, son frère, et lui permettra d'hériter, à son tour, le pouvoir religieux attribué au chef de la maison de son saint ancêtre, Sidi Ech-Chikh.

Dans les premiers jours de mars, l'insurrection parut vouloir relever la tête : El-Abiodh-Sidi-Ech-Chikh, cette Mekka du Sahra algérien, était redevenue le foyer de l'agitation et de l'intrigue. C'était là que les insurgés prenaient leur mot d'ordre; c'était dans ce sanctuaire du fanatisme que s'organisait cette prétendue guerre sainte dont Sid El-Ala était le fougueux apôtre et le vigoureux soldat. Il devenait dès lors urgent de prendre des mesures pour arrêter la contagion, et de prouver à l'agitateur qu'il ne nous avait pas encore lassés.

Nous continuerons, dans le chapitre suivant, le récit des faits qui se déroulèrent dans le sud de la province de l'Ouest à la suite de la reprise des hostilités.

XI

Les forces insurrectionnelles se reconstituent et se groupent autour du maraboulh mourant. — Il fait jurer, en présence de sa mère, aux principaux de ses adhérents, qu'ils vengeront la mort de Sid Sliman et la sienne, et qu'ils soutiendront son jeune frère et successeur Sid Ahmed-ould-Hamza. — Retour de Sid El-Ala de sa mission dans le Sud. — Mouvement des rebelles vers le Nord. — Sid Ahmed-et-Tedjini à Bou-Semr'oun. — Tentative d'assassinat sur la personne de Sid Mohammed-ben-Rian. — Mise en mouvement de la colonne de Géryville. — Combat de Kheneg-Souez. — La colonne se dirige sur El-Abiodh-Sidi-Ech-Chikh. — Combat de l'ouad Dir'em. — La colonne se dirige sur Chellala. — Combat de Chellalat-el-Gueblia. — Combat entre Chellala et Aïn-Tazina. — Rentrée de la colonne à Géryville. — Mouvements de la colonne mobile de Laghouath. — Le général Jusuf est appelé au commandement d'une division en France. — Sa mort. — Sa dépouille mortelle est rapportée en Algérie.

En même temps que la nouvelle certaine de la mort de Sid Mohammed-ould-Hamza parvenait à Géryville, le colonel de Colomb, commandant la colonne mobile, apprenait, par une autre voie, que les populations du Sud-Ouest de ce poste, affolées de terreur, et dispersées dans le Sahra par l'apparition subite de la colonne du général Deligny au milieu de leurs campements, et par son séjour prolongé à Benoud, étaient parvenues cependant à se reconstituer, et qu'elles s'étaient réunies autour de la famille du maraboulh Sid Mohammed-ould-Hamza quelques jours avant qu'il ne succombât. Le chef de l'insurrection, qui survécut seize jours à ses blessures, avait pu rassembler, en effet, autour de la couche où il agonisait, les personnages les plus influents des Oulad-Zyad, El-Ar'ouath-Ksal, et des diverses fractions qui suivaient sa fortune; il leur avait fait jurer, devant sa mère, qui était aussi celle de Sid Sliman — tué par Beauprêtre — et de Sid Ahmed-ould-Hamza, de venger la mort du premier et la sienne, et de soutenir le second, son jeune frère, qui doit être aussi son successeur à la tête des forces insurrectionnelles.

Les tribus ou fractions de tribus groupées autour de la Zaouïa de Sidi Ech-Chikh, qui jurèrent fidélité au successeur de Sid Mohammed-ould-Hamza, sont les suivantes :

Les Oulad-Zyad,
Les Rzaïna,
Une fraction des Rahman (province d'Alger),
Une fraction des Oulad-Châïb (province d'Alger), avec leur chef Naïmi-ould-El-Djedid,
Une fraction des Oulad-Naïl (province d'Alger),
Une fraction des Harar, avec l'ex-kaïd Safi,
Une fraction des Akerma (Thraïï), les Ferah,
Une fraction des Akerma (Thraïï), les Oulad-Bou-Douaïa,
Les Rzeïgat (El-Ar'ouath-Ksal),
Les Oulad-Moumen (El-Ar'ouath-Ksal),
Les Gueraridj (El-Ar'ouath-Ksal),
Cinq ou six familles des Ahl-Stiten, avec l'ex-kaïd Ahmed-bou-Bekr,
Cinq ou six familles des Ahl-Oufakel, avec l'ex-kaïd Yahya-ben-Zidan.

Le commandant de la colonne de Géryville savait aussi que Sid El-Ala avait échoué dans ses tentatives d'entraînement sur Ouargla et Mellili, oasis dont les populations s'étaient bornées à l'accompagner de leurs vœux, et à lui faire une sorte de soumission qui ne les engageaient que tant qu'il serait en vue de leurs ksour. Il n'avait pas été plus heureux auprès des Beni-Mzab, chez lesquels il venait refaire la caisse de l'insurrection, très basse alors, et qui avait besoin de se remplir si les rebelles voulaient continuer la guerre. Sid El-Ala avait été, en outre, ainsi que nous l'avons dit dans le chapitre précédent, rencontré au sud d'Ouargla par les goums du colonel Seroka, et suffisamment battu pour ne point s'attarder davantage dans des régions où il venait chercher tout autre chose que des horions. Rappelé d'ailleurs dans l'Ouest par la mort de son neveu, il avait rejoint à Hacl-Bou-Zid, son frère Sid Ez-Zoubir, qui, jusque-là, s'était tenu à l'écart; il était remonté avec lui vers le Nord, et avait établi ses campements de manière à boire les eaux de Kert, d'El-Allaga et de Sidi-El-Hadj-ed-Din.

Les deux frères avaient réuni autour d'eux toute la tribu des Oulad-Sidi-Ech-Chikh, à l'exception de la Zaouïa, qui était campée avec le jeune Sid Ahmed-ould-Hamza. Ils ont également avec eux :

Les Ahl-Feteït (habitants de Sidi-El-Hadj-ed-Din),
Les Oulad-Aïça (fraction des Ar'ouath-Ksal),
Les Oulad-Allouch (fraction des Châanba-Berazga de Metlili,
Les Nekhadma, avec leurs chefs Guenan et Naccur-ben-Nas,
Les Châanba-bou-Rouba,
Les Châanba-Mouadhi.

L'ex-agha Bou-Diça, des Oulad-Mokhtar de Boghar, et Ben-Naccur-ben-Chohra, l'infatigable rebelle des Arbaâ (Laghouath), avec Sid El-Ala et Sid Ez-Zoubir, les oncles, nous le savons, de Sid Ahmed-ould-Hamza.

Le colonel de Colomb avait pu acquérir la certitude, dans les premiers jours de mars, que le jeune chef de l'insurrection et son entourage, ayant repris confiance, quittaient les eaux et les pâturages de l'ouad El-R'arbi, et remontaient insensiblement vers le nord, en appuyant à l'est, de manière à se relier à Sid El-Ala. Pendant que les Zaouïa, la Rzeïgat, les Rahman, etc., s'étendaient vers El-Abiodh-Sidi-Ech-Chikh, les Oulad-Zyad, les Oulad-Moumen et les Harar de Safi suivaient les vallées de Bou-Semr'oun et des Chellala, et se rapprochaient des Arbaouat, en occupant les eaux et les pâturages de Tazina, de l'ouad Dir'em, de Guettet-el-Hammam, de Douïs et de Mouïlah.

Bientôt toutes les communications du commandant de la colonne de Géryville avec les ksour furent interceptées; il resta même sans nouvelles du marabouth d'Aïn-Madhi, Sid Ahmed-et-Tedjini, que le général commandant la province d'Oran avait laissé à Bou-Semr'oun dans le but de ramener dans le devoir les Oulad-Zyad, ses serviteurs religieux.

Les négociations entamées, dans cette circonstance, avec Sid Mohammed-ben-Eth-Thaïyeb et les Thrafi, négociations dont Sid Ahmed-et-Tedjini avait été, jusque-là, le principal et le plus utile intermédiaire, furent aussi forcément suspendues.

Une tentative d'assassinat inspirée, sans aucun doute, par les Oulad-Sidi-Ech-Chikh, fut essayée à Bou-Semr'oun sur la personne de Sid Mohammed-ben-Rian, fils du mokaddem de l'ordre des Tedjana, que le général commandant la province avait investi du commandement des cinq ksour de l'Ouest. L'assassin, un vieux cherif à demi fou, d'Arbâ-el-Foukani, prétendit que son crime lui avait été inspiré par Mâamar-ben-Ioucef, kaïd des Arbaouat, essayant ainsi de perdre et de déconsidérer à nos yeux un homme à qui son dévouement à notre cause avait attiré toutes les haines de l'insurrection.

Sid Ahmed-et-Tedjini ne se sentant plus en sûreté derrière les murs de Bou-Semr'oun, où il se croyait exposé aux poignards des Oulad-Sidi-Ech-Chikh, et où, d'ailleurs, ses serviteurs religieux les plus dévoués lui refusaient leur appui, le marabouth d'Aïn-Madhi, disons-nous, demandait constamment des secours. En moins de huit jours, six des *rekkas* (1) employés pour communiquer avec lui et avec les kaïds des autres ksour, avaient été égorgés par les rebelles; le kaïd nouvellement nommé du ksar El-R'arbi d'El-Abiodh-Sidi-Ech-Chikh, dépouillé et bâtonné par l'ordre de Sid Ahmed-ould-Hamza, était mourant. Le kaïd des Arbaouat tenait bon derrière ses murailles, mais il laissait forcément ses parents racheter, pour ainsi dire, sa vie en offrant son cheval au marabouth.

Les choses en étaient là lorsque, le 23 mars, le colonel de Colomb apprenait de source certaine que Sid El-Ala réunissait les contingents rebelles à El-Itima, et que les gens des tribus qui entourent Sid Ahmed se rassemblaient sur l'ouad El-Gouletta, au-dessus des Arbaouat, avec un mois de vivres.

Le colonel avait conclu, des renseignements contradictoires qui lui étaient parvenus, et avec son expérience de la guerre dans ce pays, que l'intention des rebelles était de tenter un grand

---

(1) Courrier ou messager à pied dans le Sahra.

coup dans le Nord, pour inaugurer brillamment le commandement du jeune chef qu'ils venaient de se donner; que Sid El-Ala avait résolu de se jeter à l'Est sur les Arbaâ, s'il les trouvait en prise, ou de se porter sur les campements d'Ed-Din-ben-Yahya, des Oulad-Yâkoub et des Harar; enfin, que le goum réuni à El-Gouleïla par Sid Ahmed devait rallier Sid El-Ala à Sidi-Ahmed-bel-Abbas.

Le commandant de la colonne de Géryville écrivit au colonel Margueritte, commandant celle de Laghouath, à Ed-Din-ben-Yahya, l'agha du Djebel El-Eumour, et à Sid El-Hadj Kaddour-ould-Es-Sahraoui, le chef des Harar, pour les informer des projets présumés des Oulad-Sidi-Ech-Chikh, et il porta sa colonne, munie de dix-huit jours de vivres, à Aïn-Sidi-Amar, par le versant nord des Guenaïa. De là, cet officier supérieur pouvait directement faire reconnaître tous les passages par ses éclaireurs, et il lui était facile de surveiller et de contrarier tous les mouvements de l'ennemi, s'il tentait de monter vers le Nord, par le bassin de l'ouad Sidi-En-Naceur, la route la plus directe et la plus commode.

Parti le 25 mars de Géryville, le colonel de Colomb arrivait, le lendemain 26, sur l'Aïn-Sidi-Amar. Ses *chouaf* (éclaireurs) poussèrent des reconnaissances jusqu'aux ksour d'El-Maïa et de Tadjrouna, et même au delà des cols d'El-Ouaça, de Safsaf, de Tacina, au sud et à l'est de Géryville. Ces éclaireurs rentrèrent sans avoir trouvé trace de l'ennemi.

Le 28 mars, des renseignements, venus d'El-R'açoul et des Arbaoual, firent craindre au colonel qu'il n'entrât dans les projets du chef de l'insurrection de se porter directement dans le bassin du Chothth-ech-Chergui, par El-Khedheur et Tismoulin, pour envahir par l'ouest les campements des Harar et des Oulad-Yâkoub, pendant que Sid El-Ala attaquerait à l'est, avec ses fantassins des Chânba, ceux de l'agha Ed-Din-ben-Yahya. Il lui parut alors que le seul moyen de s'opposer à une agression qui, certainement, eût jeté du trouble parmi nos tribus soumises, et produit une grande émotion jusque dans le Tell de la province d'Oran, était de tenter une diversion en marchant lui-même sur les campements des rebelles.

En descendant vers le sud par Es-Sbouâ, El-R'açoul et Cheriâa, le colonel de Colomb menaçait les populations campées au-dessous de Sidi-El-Hadj-Ed-Din, et celles qui s'étaient établies autour d'El Abiodh-Sidi-Ech-Chikh et des Arbaouat. Il prit cependant la résolution de se porter directement sur le premier de ces points, où se trouvaient à ce moment les plus gros campements. En opérant ainsi, il avait la certitude de détourner à temps les contingents de Sid Ahmed, et même ceux de Sid El-Ala, de leurs projets d'agression sur le Nord; il courait également la chance, s'il parvenait à leur dérober sa marche, de surprendre et d'enlever la Zaouïa ainsi que les populations qui campaient autour d'elle.

La colonne se mit en marche le 29; elle arrivait le 31 à Cheriâa, sans qu'aucun indice pût faire supposer que l'ennemi eût éventé son mouvement. Le soir même de ce jour, le colonel envoyait 50 cavaliers en reconnaissance, leur recommandant de rallier la colonne au Kheneg-Souez, où elle devait arriver le lendemain vers cinq heures du soir.

Le colonel quittait Cheriâa le 1er avril à dix heures du matin, après avoir fait boire les animaux, et distribuer deux jours de viande cuite aux hommes pour leur éviter le besoin d'allumer du feu au bivouac de Souez. Le bataillon de Zouaves marchait sans sacs : il devait reprendre sa marche, pendant la nuit, avec les cavaliers réguliers et le goum, si les rapports des éclaireurs signalaient les campements des insurgés sur les points où le commandant de la colonne espérait les trouver.

A cinq heures du soir, la colonne entrait dans le Kheneg-Souez, que le colonel avait l'intention de dépasser avant d'établir son camp, lorsqu'il fut prévenu qu'un goum nombreux marchait dans ses traces, menaçant ses derrières.

Le commandant de la colonne prend aussitôt avec lui le bataillon de Zouaves, l'Artillerie, les deux escadrons de Hussards, et ce qui lui restait de son goum, et il prescrivait au commandant Louis, du 17e d'Infanterie, de marcher, avec deux compagnies de son bataillon, un peu en arrière de lui, en longeant à mi-côte les collines rocheuses dans lesquelles s'ouvre le défilé de Souez, de manière à former un échelon entre la gauche de la ligne et le convoi, lequel, gardé par le reste des troupes, aux ordres du commandant Duhousset, devait suivre, à bonne distance, la portion principale.

La colonne se trouva bientôt en présence d'un millier de cavaliers, au milieu desquels flottait le drapeau vert des Oulad-Sidi-Ech-Chikh, et le colonel reconnut sans peine qu'il avait affaire au goum rassemblé aux Arbaouat par Sid Ahmed-ould-Hamza. Tout d'abord, les rebelles s'avancèrent sur nos troupes avec assez de résolution ; car le commandant de la colonne ne leur présentait que les deux escadrons de cavalerie régulière et le goum ; en arrière marchaient massés les Zouaves et l'Artillerie. Mais bientôt l'ennemi s'apercevait que la cavalerie n'était pas seule, et son élan en était sensiblement affaibli. Il s'arrêta et fit néanmoins bonne contenance, bien qu'il fût dans la portée de nos armes. Le colonel déploya une compagnie de Zouaves à droite, lança les tirailleurs de la cavalerie au trot, et entama ainsi l'action. L'Artillerie put, en même temps, se mettre en batterie sur une éminence, d'où elle envoya quelques obus, qui, dirigés habilement par le lieutenant Owitz, dispersèrent les groupes, et y causèrent un désordre extrême.

Le goum ennemi combattit néanmoins pendant quelque temps encore en se retirant sur son convoi, qu'on apercevait au loin ; il essaya même de se reformer autour du drapeau ; mais une charge vigoureuse des deux escadrons de Hussards le rompit définitivement et acheva sa déroute.

La nuit ayant obligé le colonel à faire cesser la poursuite, et le convoi l'ayant rejoint, il établit son camp sur place.

Dans le combat de Kheneg-Souez, qui, pendant près d'une heure, fut d'une certaine vivacité, les pertes de l'ennemi furent, autant qu'on put en juger, d'une trentaine de tués et blessés. De notre côté, nous eûmes deux tués, et quatre blessés, dont un officier et un cavalier du goum.

Au moment où commençait l'action, les éclaireurs rentraient, et apprenaient au commandant de la colonne qu'ils avaient trouvé les populations rebelles campées, et dans la sécurité la plus complète, à l'est d'El-Abiodh-Sidi-Ech-Chikh. Seulement, après ce qui venait de se passer, le colonel ne pouvait plus espérer les y surprendre ; car il était évident que Sid Ahmed-ould-

Hamza avait dû leur expédier des cavaliers bien montés pour leur donner l'éveil.

Le lendemain matin, 2 avril, la colonne se remettait en marche sur El-Abiodh, où elle arrivait à trois heures du soir. Elle y trouvait le goum ennemi occupé à faire boire ses chevaux. Le colonel lança sur lui la cavalerie, qu'il fit soutenir par le bataillon du 17e d'infanterie qui marchait sans sacs ; la poursuite fut poussée jusqu'à près de six kilomètres, dans les dunes qui s'étendent au sud des ksour d'El-Abiodh. Un des cavaliers rebelles fut tué dans cette escarmouche.

Le colonel apprit des habitants des ksour (1) que le rassemblement qu'il venait de combattre était déjà en marche vers le Nord, et en avant d'El-Khedheur, où il avait passé la nuit du 31 mars au 1er avril, lorsqu'il avait été avisé de la marche de la colonne sur ses campements : deux cavaliers, porteurs de lettres de Sid Ahmed et de Sid El-Ala, avaient reconnu les traces de nos troupes entre El-R'açoul et Cheriâa, puis, après s'être assurés de leur direction, ils étaient revenus à toute vitesse sur leurs pas pour informer le marabouth de leur découverte. Le goum ennemi avait tourné bride aussitôt, et s'était dirigé à marches forcées sur Souez, en passant par le col de Mâmoura.

Les ksariens faisaient également connaître au colonel que la Zaouïa et son entourage s'étaient enfuis dans la direction de Benoud, et que les Oulad-Zyad, les Oulad-Moumen et les fractions des Thrafi campés avec eux s'étaient retirés sur Asla et Msif.

Le colonel passa à El-Abiodh les deux journées du 3 et du 4, autant pour donner à la colonne le repos dont elle avait besoin, que pour gêner les rebelles en occupant leur ksar, et les obliger à diviser leurs forces. Pendant la première nuit, les grand'gardes échangèrent quelques coups de fusil avec des gens qui venaient puiser de l'eau aux puits les plus éloignés. Dans la nuit du 4 au 5, entre deux et trois heures du matin, des troupes

---

(1) El-Abiodh-Sidi-Ech-Chikh se compose de cinq ksour s'élevant autour de la koubba de Sidi Ech-Chikh, et très rapprochés l'un de l'autre.

d'hommes à pied, trompant la vigilance — peu active — des grand'gardes, venaient, à deux reprises différentes, troubler le repos du camp par une fusillade assez vive, mais tout à fait inoffensive.

Pendant son séjour à El-Abiodh, le colonel de Colomb écrivait à Sid Mohammed-ben-Eth-Thaïyeb, pour lui faire connaître les intentions du général Deligny, et pour l'engager à se rendre lui-même à son camp, ou à lui envoyer un homme sûr à Chellala, où il lui annonçait devoir être le 15. Un nègre du ksar de l'Ouest se chargea de porter cette lettre à destination.

Plusieurs raisons déterminaient le colonel à se diriger sur Chellala : d'abord, le désir de communiquer plus facilement avec Sid Mohammed-ben-Eth-Thaïyeb, la nécessité de tirer de Bou-Semr'oun Sid Ahmed-El-Tedjini et Sid Mohammed-ben-Rian, qui n'y étaient plus en sûreté, et dont la position devenait de jour en jour plus critique, donner satisfaction aux demandes instantes du mokaddem Rian-ben-El-Mecheri, qui marchait avec la colonne, accompagné de son second fils, et qui renouvelait sans cesse sa prière au colonel de sauver son seigneur et son fils aîné, compromis pour notre service, enfin, l'espoir d'amener la dissolution du goum que la colonne venait de combattre, et de rompre l'alliance des Oulad-Zyad et des Oulad-Moumen avec les Oulad-Sidi-Ech-Chikh, en menaçant les campements des deux premières tribus.

Le 5 avril, le colonel allait établir son bivouac au-dessus de l'Arba-et-Tahtani; le 6, il se dirigeait sur Chellala en passant par les vallées de Douïs. Il trouvait devant lui un goum de 4 à 500 chevaux des Oulad-Zyad et des Oulad-Moumen. Pendant toute la matinée, ce goum marche sur le flanc droit de la colonne, occupant des crêtes éloignées d'où il envoyait une fusillade inoffensive, à laquelle elle ne répondit pas.

A trois heures, la colonne dressait ses tentes sur la rive gauche de l'ouad Dir'em. Le camp venait à peine d'être installé, que l'ennemi était aperçu, à trois ou quatre kilomètres au nord-ouest, allumant des feux, et paraissant faire ses préparatifs de bivouac pour la nuit. Le colonel l'envoya inquiéter par ses quelques cavaliers de goum, dans l'espoir que les rebelles ne manquéraient pas de leur donner la chasse, et qu'ils pousseraient la poursuite jusque dans la portée de nos armes. C'est, en effet, ce qui arriva.

Le colonel partit alors au trot avec les deux escadrons de Hussards, lesquels étaient soutenus par deux compagnies du 1er Bataillon léger d'Afrique (commandant Duhousset), et longea un pli de terrain qui dérobait son mouvement à l'ennemi; arrivé à hauteur de son flanc gauche, le colonel fit brusquement à droite, et lança ses deux escadrons sur les cavaliers rebelles, qu'ils fusillèrent à bonne portée et mirent en pleine déroute.

Le goum des Oulad-Yakoub, soutenu par les Hussards, et sachant l'infanterie à proximité, revint à la charge et montra beaucoup de vigueur. Poursuivi pendant près d'une heure, l'ennemi se retira en désordre dans la direction d'Aïn-Tazina, abandonnant sur le terrain les cadavres de six de ses cavaliers, parmi lesquels celui de Meçdoud-ould-Bou-Guerba, khalifa de l'ex-kaïd El-Hadj-Ahmed-ben-Amor.

Dans cette escarmouche, le kaïd des Oulad-Yakoub-ech-Cheraga, Zir'em, fut blessé légèrement au flanc gauche, et le kaïd Achour eut un cheval tué sous lui.

Le 7, le colonel se portait sur Chellalat-edh-Dhahrania. Dans la matinée, le goum ennemi se montrait de nouveau sur des hauteurs très éloignées; il se dirigeait vers Asla. Il ne reparut plus de la journée. A trois heures, le colonel établissait son camp devant le ksar de Chellala, sur les eaux de l'Aïn-Amar.

Dans la soirée, le nègre d'El-Abiodh, que le colonel de Colomb — on se le rappelle — avait envoyé à Sid Mohammed-ben-Eth-Thaïyeb, lui revenait avec des lettres de ce personnage et des kaïds des Thrafi, adressées l'une au général commandant la province, les autres au capitaine Burin, commandant supérieur de Géryville, et au colonel commandant la colonne lui-même. Quelques-unes de ces lettres étaient écrites en français par un renégat établi depuis quelques temps à Figuig. Sid Mohammed-ben-Eth-Thaïyeb écrivait qu'il faisait tous ses efforts pour réunir les Thrafi; il ajoutait qu'il demandait qu'une colonne se portât sur Mor'ar pour l'aider à les ramener, et pour protéger, contre les Oulad-Sidi-Ech-Chikh, leur retour vers le Nord.

Le colonel de Colomb recevait l'avis, pendant la nuit, que Sid El-Ala, revenu de Sidi-El-Hadj-Ed-Din par El-Abiodh-Sidi-Ech-Chikh et les Arbaouat, et ayant rallié en passant le goum de son neveu, était venu établir son camp à Chellalat-el-Gueblira, où il avait été rejoint par les contingents que la colonne avait battus la veille sur l'ouad Dir'em. Le colonel n'hésita pas à se porter à sa rencontre pour le combattre.

La colonne se met en mouvement le 8 avril à huit heures du matin. Le 1er Bataillon léger d'Afrique, auquel le colonel rappelle très opportunément qu'il y a un an à pareil jour que quarante-trois des siens ont été massacrés au combat d'Aouïnet-Bou-Beker, marche sans sacs en tête de colonne.

En débouchant du Kheneg-Eth-Thrad, passage assez étroit entre les deux Chellala (1), la colonne put apercevoir les cavaliers

---

(1) Les deux Chellala dont il est question ici sont distantes l'une de l'autre de 6 kilomètres environ. La *Chellalat-edh-Dhahrania*, ou du nord, est située au nord-ouest de la *Chellalat-el-Gueblia*, ou du sud.

Plus d'une fois, depuis le mois de juin 1846, époque à laquelle les visita la première colonne française, sous les ordres du vaillant colonel Renault, dont la bravoure chevaleresque était déjà légendaire en Algérie, à différentes reprises, disons-nous, nos soldats eurent l'occasion de bivouaquer sous les murs de ces ksour. Les gens de la Chellala du nord n'ont point encore oublié que leur refus d'ouvrir les portes de leur ksar, que l'émir Abd-el-Kader venait de quitter, à la colonne Renault leur coûta 60 tués et un certain nombre de blessés. Cette leçon leur a profité, sans doute; car, depuis cette sanglante aventure, il ne leur est point venu à l'idée d'essayer de nous résister.

Nous-même, avons dressé souvent notre tente dans les jardins des deux Chellala : la première fois, entre autres, en avril 1853, lors de l'expédition dirigée par le colonel Durrieu, commandant la subdivision de Mascara, sur les Hamcïan-Chafâ, expédition qui fit tomber entre les mains du khalifa Sid Hamza-ould-Sidi-Bou-Beker, l'une des plus formidables razias qui se soient faites dans le Sahra algérien : 35,000 moutons, 3,000 chameaux et un butin considérable.

Nous voulons dire quelques mots sur le passé et sur la position de ces ksour, dont les environs ont été plusieurs fois le théâtre d'actions de guerre assez sérieuses.

La *Chellala du nord* est assise sur la pente occidentale d'un bassin très étroit formé par le Djebel-Brahim au sud, et par le Djebel-

ennemis, au nombre de 2,000 environ, rangés en assez bon ordre sur le bord du plateau rocheux de Smaîh-el-Hadjar, leur aile gauche appuyée aux murs du ksar; 5 ou 600 fantassins

---

R'oundjaïa au nord. Le R'oundjaïa, qui s'aperçoit de très loin, semble un gigantesque tumulus, ou un immense vaisseau dont la quille serait en l'air.

Chellala occupe l'angle sud-ouest de ce bassin. Ses jardins sont généralement groupés au pied et au nord du ksar ; quelques-uns seulement sont épars dans la plaine. Ces jardins, dans lesquels on compte une centaine de palmiers à peine ne produisant que des dattes médiocres, donnent des légumes de toute espèce, et sont complantés d'arbres fruitiers assez nombreux et de bonne venue, grâce à l'emploi du fumier, que les Chellaliens conservent précieusement dans de petites huttes destinées à recevoir les ordures et les détritus du ksar.

Chellala est riche en eaux : on n'y compte pas moins de huit fontaines ou sources.

Le grès affleure à chaque pas, particulièrement aux abords du ksar, où il apparaît en blocs d'un volume considérable.

Comme tous les ksour de notre Sahra, Chellala est pourvue d'une enceinte qui, par exception, est en assez bon état. D'une petite place publique entourée de larges bancs en pierre, se détachent quatre rues, dont la plus longue, étroite et tortueuse, et en partie voûtée, aboutit à une porte percée à l'angle sud-ouest de l'enceinte.

Chellala du nord est un des ksour les mieux bâtis de notre Sud algérien. Exceptionnellement, les maisons y sont construites en maçonnerie, au lieu de l'être en briques crues séchées au soleil. Elles ont, pour la plupart, un étage supérieur qui est habité pendant la saison d'été.

Le ksar est dominé, au sud, par un petit mamelon couvert de tombeaux, au milieu desquels il s'en trouve un que les Chellaliens assurent être celui de Lella Fathima, la fille du célèbre marabouth Sidi Ahmed-ben-Ioucef, le poète satirique de Miliana. A quelques pas au sud de ces tombes, dans un petit vallon, on vous montre l'élégante koubba renfermant le tombeau de Sidi Mohammed-ben-Sliman, le père de l'illustre et vénéré Sidi Ech-Chikh.

Aux pieds du saint homme, se déroulent de nombreux vergers remplis d'arbres fruitiers, de légumes, de céréales et de bouquets de palmiers. Là coule une très belle source, qui est désignée sous le nom d'Aïn-el-Hanech.

A l'ouest de Chellala, s'élèvent deux constructions d'une maçonnerie massive et grossière : l'une est dédiée à Sidi Abd-el-Kader-el-Djilani, et l'autre à Sidi Abd-el-Djebbar-ben-Ali-ould-Moulaï-Eth-Thaïyeb. Ces deux monuments sont commémoratifs ; le second mar-

étaient embusqués au-dessous d'eux dans les jardins et dans les anfractuosités de l'escarpement.

Le colonel prescrivait au convoi, placé sous la garde du ba-

---

que le point où le saint marabout Sidi Abd-el-Djebbar dressa jadis sa tente.

Dans la plaine, près des jardins, s'élève un *Mekam* commémoratif d'une visite que fit aux Chellaliens, à la fin du siècle dernier, l'illustre Sidi Ahmed-ben-Mohammed-et-Tedjini, le fondateur de l'ordre religieux qui porte son nom, et dont le siège est le ksar d'Aïn-Madhi.

Chellala compte des *khouan* (frères, affiliés) des quatre ordres religieux suivants : Sidi Abd-el-Kader-el-Djilani, Moulaï-Eth-Thaïyeb, Tedjini, Sidi Ech-Chikh.

L'industrie et le commerce des Chellaliens sont les mêmes que ceux des autres ksour de notre Sud algérien, la fabrication des tissus. Les Thrafi et les Rzaïna, qui emmagasinent dans ce ksar, fournissent la laine, et les femmes en confectionnent des tissus, dont fournisseurs et travailleurs partagent le produit.

Le ksar de *Chellalat-el-Gueblia*, ou du sud, est bâti sur un plan légèrement incliné, terminé par un large banc de roche quartzeuse d'une épaisseur considérable. Les couches de grès sur lesquelles il s'élève forment, avec le sol, un angle d'environ quarante degrés ouvert au nord, et sont coupées presque à niveau de ses murailles. Une centaine d'hommes pourraient, au besoin, s'abriter sous ces roches relevées.

Trois sources d'une eau abondante et limpide sourdent du milieu de ces roches.

A l'est, les bancs de grès sont plus larges et plus épais : aussi, l'accès du ksar, de ce côté, présente-t-il d'assez sérieuses difficultés.

La forme du ksar de Chellala du sud est à peu près quadrangulaire. La face septentrionale de l'enceinte est défendue par trois tours carrées formant bastion au milieu et au centre. La porte s'ouvre sur la face est du ksar.

La Chellala du sud est moins importante, sous tous les rapports, que sa voisine du nord ; elle compte une centaine d'habitants au plus, bien que son étendue pourrait en comporter davantage.

Près de la place, s'élève une très modeste mosquée qui ne rappelle en aucune façon celle de Cordoue ; les rues sont infectes ; on peut en dire autant des habitations, lesquelles sont bondées d'immondices destinées à fumer les jardins.

Au pied des roches sur lesquelles s'élève le ksar, se développent les jardins ou vergers ; au delà une plaine aride qui se continue jusqu'aux abords de la Chellala du nord. Ces jardins sont très étendus relativement au chiffre de la population : on y cultive le figuier,

taillon du 17e d'infanterie, de trois compagnies de Zouaves, et du goum, aux ordres du commandant d'Arguesse, de prendre pour point de direction la position occupée par Sid El-Ala, qu'il tournait par la droite avec le Bataillon d'Afrique, une compagnie de Zouaves, l'Artillerie, et les deux escadrons de Hussards.

Se sentant menacés par ce mouvement, les cavaliers ennemis rompirent leur ordre et se précipitèrent en foule à la rencontre de la colonne d'attaque; mais le commandant Duhousset, enlevant son bataillon avec beaucoup de vigueur, gravit audacieusement l'escarpement sous leur feu, établit solidement ses tirailleurs sur le plateau, et repoussa ainsi au loin le gros des rebelles. Cependant, 300 ou 400 d'entre eux, faisant un long détour sur la droite de la colonne, descendirent dans la plaine avec l'intention évidente de la tourner et d'inquiéter ses derrières. Mais le mouvement de l'ennemi n'ayant pas échappé au commandant de Galliffet, des Hussards, il fit un à-droite avec ses deux escadrons, repoussa les rebelles, et les contraignit à se rejeter sur le plateau après un combat assez vif engagé à portée efficace.

Le colonel fit alors un changement de front à gauche pour s'avancer dans la direction du nord, où étaient rassemblées les principales forces de l'ennemi. La gauche de notre ligne restait appuyée à l'escarpement rocheux, et la droite, se développant sur le plateau, était soutenue par la cavalerie, et par la compa-

---

le grenadier, la vigne, le prunier, l'abricotier, le pommier et le figuier de Barbarie. La culture des potagers sont la courge, le navet, l'oignon, le cumin, le poivron, l'ail, le tabac, la coriandre, le cresson alénois et la nigelle.

Les habitants de Chellala du sud sont *Cheurfa* par leur ancêtre Sidi Abd-er-Rahman, qui vint de l'Ouest, et qui fonda le ksar.

Chellala fut deux fois ruinée par les Zegdou (tribu pillarde du Marok), et une fois par sa voisine du nord.

A l'est du ksar, se trouve un *mekam* dédié à Sidi Ahmed-ben-Mohammed-et-Tedjini, le fondateur de l'ordre des Tedjana. Un peu plus loin, près des jardins, et au centre du cimetière, s'élève une petite construction assez mal entretenue: c'est le tombeau de Sidi Ben-Rian, qui fut précepteur dans la famille de Sidi Sliman, le grand-père de Sidi Ech-Chikh.

L'industrie de Chellala du sud est la même que celle de sa voisine du nord.

gnie de Zouaves, qui venait un peu en arrière En longeant l'escarpement, les tirailleurs dominaient les jardins, et y fusillaient à très courte portée les fantassins rebelles, lesquels étaient, en outre, gênés dans leur fuite par les murs de clôture des vergers. L'artillerie attelée, soutenue par une réserve, marchait à peu près au centre de la ligne, et toutes les fois qu'elle trouvait une bonne position et l'occasion favorable, elle se mettait en batterie, et envoyait des obus dans les groupes compacts de fantassins et de cavaliers, lesquels se pressaient tumultueusement autour de Chellala.

Pendant que le commandant de la colonne s'avançait ainsi, refoulant l'ennemi devant lui, un grand nombre de cavaliers rebelles repassaient sur sa droite, et y attaquaient furieusement notre cavalerie dont ils croyaient, sans doute, avoir facilement raison. Le commandant de Galliffet, obligé de charger pour dégager quelques-uns des Zouaves de la compagnie de soutien, qui, attardés sur la ligne de tirailleurs, s'étaient laissé cerner, l'intrépide commandant, disons-nous, fut enveloppé lui-même un instant; mais il se dégagea en se faisant jour à travers le cercle des assaillants, qu'il repoussa brillamment par des charges répétées, bien que ses Hussards eussent affaire, à ce moment, à un ennemi qui leur était trois ou quatre fois supérieur en nombre.

Maître du plateau, et ayant dépassé le ksar, le colonel s'aperçut que le convoi était assailli sur sa gauche par quelques centaines de cavaliers, maintenus à distance alternativement par le feu de nos tirailleurs, et par les charges des quelques hommes de goum qu'il avait laissés à sa défense avec le bataillon du 17e d'infanterie. Des hauteurs qu'il avait conquises, le colonel de Colomb fit envoyer au milieu des assaillants quelques obus qui produisirent un excellent effet, et qui leur firent lâcher prise instantanément.

Enfin, après trois heures d'un combat qui avait été très vif sur tous les points, la colonne n'avait plus un seul ennemi devant elle, et elle pouvait voir les derniers cavaliers rebelles disparaître dans la direction de l'Est, derrière les crêtes les plus éloignées.

La colonne n'avait pas perdu un seul homme ; 16 étaient blessés ou contusionnés. L'ennemi avait abandonné, dans les jardins, un grand nombre de cadavres de ses fantassins. D'après le chiffre de ces morts, et les rapports qui lui avaient été faits, le colonel de Colomb estimait les pertes des rebelles à une soixantaine de tués, et au double de blessés.

Le commandant de la colonne établit son camp, à une heure de l'après-midi, sous les murs du jardin de Chellalat-el-Gueblia, à proximité de l'eau ; mais dans la crainte qu'il ne fût inquiété, ou, tout au moins, tenu en alerte, pendant la nuit, par quelques tirailleurs de l'ennemi embusqués dans les jardins ou dans les rochers, il changea d'emplacement à six heures, et il alla dresser ses tentes dans la plaine, à 7 ou 800 mètres de son premier point d'installation.

Le colonel apprenait, le soir même, que Sid El-Ala avait établi son bivouac à Aïn-en-Nadja, à 10 kilomètres environ dans le nord-est du camp français. Si ses approvisionnements en vivres le lui eussent permis, le colonel de Colomb eût marché, dès le lendemain matin, aux rebelles ; mais, malheureusement, il n'était aligné en denrées de toute nature que pour trois jours, et quatre longues marches le séparaient de Géryville, c'est-à-dire de ses magasins. Il dut donc, à son grand regret, renoncer à toute attaque et se résigner à prendre, le lendemain 8 avril, la direction d'Aïn-Tazina.

Le colonel ne doutait pas qu'il ne dût être attaqué pendant sa marche : il prit donc ses dispositions en prévision de cette éventualité. Le nombre de ses chameaux haut-le-pied, étant suffisant pour lui permettre de faire porter les sacs de son infanterie, il n'hésita pas à en débarrasser ses fantassins. Il se mit en route le 9 au matin, sa troupe, bien allégée, avec le Bataillon léger d'Afrique en tête, deux compagnies de Zouaves sur son flanc droit, deux autres sur le flanc gauche, et, en arrière-garde, le bataillon du 17e d'Infanterie, troupe éprouvée, solide et très bien commandée par le chef de bataillon Louis qui, d'ailleurs, avait longtemps servi au 1er de Zouaves.

La colonne marchait à peine depuis une heure, ses tirailleurs déployés et prêts à recevoir l'ennemi, lorsqu'il se montra sur sa droite. Il entamait l'action aussitôt avec une furie extrême, et comme s'il eût voulu prendre sa revanche de son échec de la veille. Ses fantassins, profitant très habilement des moindres mouvements de terrain, engageaient un feu violent sur les tirailleurs de droite et sur ceux de l'arrière-garde. Quelques obus à balles, parfaitement envoyés au milieu des groupes les plus nombreux, calmèrent un peu la fougue des gens de pied, et les rendirent plus prudents et moins entreprenants.

Mais les cavaliers rebelles, pris subitement d'une sorte de frénésie guerrière, et comme honteux, eux les agiles, de ne pouvoir avoir raison d'une poignée d'hommes embarrassés d'un lourd convoi, se mirent à tournoyer vertigineusement autour des quatre faces du carré, qui a continué sa marche, vidant leurs fusils dans la masse, et allant s'abriter de son feu et recharger leurs armes dans les plis de terrain dont est haché le chemin parcouru par la colonne. Vingt fois ils se précipitent, comme des fauves blessés, et en poussant d'effroyables cris, sur les quatre faces de cette citadelle mouvante pour chercher à y faire brèche et à y jeter le désordre; mais ils se heurtent contre le calme et l'imperturbabilité de nos fantassins, qui, familiarisés déjà avec ce genre d'ennemi, tiraient sans se presser et sans perdre une seule balle.

Cette impuissance des rebelles ne faisait qu'accroître leur surexcitation et leur rage; dès lors leur audace, leur témérité ne connaissent plus de bornes : debout sur leurs étriers, la bride au *guerbous* de la selle, l'œil en feu, l'injure et l'écume à la bouche, la rage au cœur, le fusil tournoyant en l'air, ils se lancent en enfants perdus, et s'abattent comme une volée d'oiseaux gigantesques sur les faces du carré; mais ils y sont reçus par la mort, qui noie la sainte fureur de *Moudjehedin* (1) dans les flots de leur sang, et qui en fait des *Chohada*, des martyrs de la guerre sainte.

Il fallait pourtant en finir : exaspérés par cette lutte qui décime leurs guerriers sans profit pour leur cause, ivres de poudre, de bruit, de mouvement et de sang, les chefs des rebelles ont ré-

---

(1) Combattants pour la guerre sainte.

solu de tenter un suprême et décisif effort : Sid El-Ala, Ben-Naceur-ben-Chohra, et l'ex-agha Bou-Diça, — que nous connaissons déjà, — réunissent autour d'eux tout ce qui restait debout de ces valeureux cavaliers qui, depuis un an, combattent pour la foi. Sid El-Ala leur rappelle leurs glorieuses journées de poudre depuis qu'il avait levé l'étendard de la révolte, « et aujourd'hui encore, leur dit-il, il faut vaincre ; car, il n'y aura que de la honte pour les Musulmans qui désespèreront de la victoire et tourneront le dos au combat..... Il ne faut pas que nos femmes puissent nous jeter à la face le reproche d'avoir fui devant une poignée de Chrétiens. »

Puis, prenant la tête de la charge avec Ben-Chohra et Bou-Diça, Sid El-Ala, suivi d'une cinquantaine de cavaliers d'élite, se précipitait avec une impétuosité irrésistible sur l'une des faces du carré en marche : pareils à une trombe de fer et de feu, ces merveilleux cavaliers fondent sur la ligne des tirailleurs de gauche tenue par les Zouaves, qu'ils culbutent sur leur passage, et pénètrent dans le carré, où ils jettent le désordre. Le moment était critique ; mais le commandant de Galliffet a vu le danger : il enlève vigoureusement ses escadrons, se précipite sur les assaillants, les repousse et les rejette en dehors de la ligne des tirailleurs, lesquels, ayant repris leurs rangs, fusillent à leur tour les cavaliers de Sid El-Ala tant qu'ils restent dans la portée de leurs armes.

Cette dernière charge de Sid El-Ala lui coûte quelques-uns des meilleurs cavaliers qui suivaient sa fortune ; aussi, à partir de ce moment, l'attaque commença-t-elle visiblement à faiblir ; peu à peu le feu des rebelles diminue d'intensité, puis les dernières paroles de la poudre se perdent dans les sinuosités de la vallée où court l'ouad El-Hadj-Sidi-Sliman. Les rebelles avaient disparu. Le calme venait remplacer la tempête, et il ne restait plus d'autres traces du passage de l'ouragan que quelques cadavres dont les bernous blanc-sale se confondaient avec le sol, des chevaux errants traînant des selles vides sous leur ventre, et cherchant, la tête haute et la lèvre supérieure relevée, la direction perdue.

L'action avait duré près de quatre heures. Nous le répétons,

Jamais, depuis le commencement de l'insurrection, on n'avait vu les Arabes combattre de si près et avec autant d'audace et d'acharnement ; mais, fort heureusement, nos troupes étaient aguerries, et elles purent opposer à cette fougue, à cette impétuosité frénétique de l'ennemi, un calme, un sang-froid qui ne se démentirent pas un seul instant : imperturbables sous un feu violent et continu, ne se laissant émouvoir ni par les vociférations, ni par les charges furieuses de l'ennemi, ils marchaient à leur pas, ne tirant que très peu et à bonne portée, maintenant, autant qu'ils le pouvaient, les assaillants à distance, et cherchant à leur faire le plus de mal possible. Et il fallait certainement au colonel des troupes de cette valeur pour vaincre dans de pareilles conditions ; il fallait aussi au commandant de la colonne l'habitude de la guerre dans le Sahra, la parfaite connaissance du pays et celle du genre d'ennemi qu'il avait à combattre.

Le bataillon du 2e de Zouaves, engagé sur les deux faces latérales, et le bataillon du 17e d'infanterie, qui tenait l'arrière-garde, ont supporté les principaux efforts de l'ennemi. La compagnie des Voltigeurs de ce dernier bataillon, déployée en tirailleurs à l'extrême arrière-garde, s'est fait admirer de toute la colonne par son aplomb et sa solidité.

Le colonel de Colomb n'avait eu, dans cette affaire, qu'un homme tué et 17 blessés ou contusionnés, dont un officier, M. Guénard, lieutenant au 2e de Zouaves.

On estime les pertes de l'ennemi à 70 tués environ ; le nombre des blessés doit être plus considérable. On cite, parmi ces derniers, Ben-Naceur-ben-Chohra, l'ancien agha du Arbaâ, et notre irréconciliable ennemi. Un fanatique du nom d'El-Medjehed, qui se disait ancien cavalier de l'émir Abd-el-Kader, et qui jouissait d'une grande influence sur les rebelles, personnage que, pendant le combat, on remarquait toujours au premier rang vêtu d'un bernous rouge, avait fini par être abattu d'un coup de fusil dans les derniers moments de la lutte.

La colonne arrivait à Aïn-Tazina à midi, et y faisait une grande halte prolongée sans que l'ennemi essayât de l'inquiéter. Après avoir fait boire les animaux, la colonne se remettait en marche, et allait dresser ses tentes à 3 kilomètres ou delà des Dhaŷat-eth Thouadjen, qui étaient à sec.

Le 10, la colonne coucha à El-Khedheur, et, le 12 avril, elle rentrait à Géryville sans avoir revu l'ennemi.

Le marabouth Sid Ahmed-et Tedjini et Sid Mohammed-ben-Rian, qui, partis de Bou-Semr'oun pendant la nuit, avaient rejoint la colonne à Chellalat-el-Gueblia au point du jour, au moment où elle allait se mettre en marche, quittèrent le colonel, le soir même de son arrivée à Géryville, pour rentrer à Aïn-Madhi. Tedjin renonçait à employer au profit de notre cause une influence que méconnaissaient même ses *khoddam*, et Rian se déclarait impuissant à exercer le commandement des ksour de l'Ouest — qu'on lui avait confié — dans des conditions aussi défavorables.

Pendant cette campagne de dix-neuf jours, si courte et pourtant si remplie, dans les cinq rencontres qu'elle avait eues avec un ennemi nombreux et particulièrement audacieux, nos troupes s'étaient montrées admirables de constance, de dévouement et de bravoure. L'infanterie avait déployé dans les marches, dans les combats, l'entrain, le sang-froid et la solidité de vieilles troupes que ne terrifient plus les cris, les sauvages fureurs, la férocité de cette horde de fanatisés auxquels la guerre sainte ouvre les portes, dans l'autre vie, du séjour des jouissances sensuelles promises par l'Envoyé de Dieu. La cavalerie régulière a prouvé qu'engagée sagement, bien commandée, et manœuvrant sous la protection de l'infanterie, c'est-à-dire dans une zone relativement restreinte, elle pouvait lutter avantageusement contre les meilleurs cavaliers du monde. Tous, du reste, à quelques corps ou services qu'ils appartinssent, ont fait leur devoir pendant les cinq journées dont nous avons rapporté les émouvantes péripéties.

Parmi ceux qui s'étaient fait le plus particulièrement remarquer, le colonel commandant la colonne citait :

État-major de la colonne :

Le capitaine *Burin*, commandant supérieur du cercle de Géryville;

Le lieutenant *de Saint-Sauveur*, du 2e de Chasseurs d'Afrique, officier d'ordonnance du commandant de la colonne.

2e *de Zouaves :*

Le commandant *d'Arguesse ;*
Le capitaine adjudant-major *Lemontagner ;*
Le lieutenant *Guénard,* blessé ;
Le médecin-major de 1re classe *Germain ;*
Le sergent *Resse ;*
Le zouave *Keller,* blessé grièvement.

17e *d'Infanterie :*

Le chef de bataillon *Louis ;*
Le capitaine adjudant-major *Mollière ;*
Le capitaine *Grammont ;*
Le lieutenant *Louval ;*
Le grenadier *Guillaume,* blessé ;
Le fusilier *Perceveau,* idem.

1er *Bataillon d'Infanterie légère d'Afrique :*

Le chef de bataillon *Duhousset ;*
Le capitaine adjudant-major *Rodde ;*
Le médecin-major *Dumon.*

1er *de Hussards :*

Le chef d'escadrons *de Galliffet ;*
Les capitaines *Dupré* et *Vienne ;*
Les sous-lieutenants *de Léotaud* et *de Montfort ;*
Le maréchal-des-logis *Hermelin,* blessé ;
Le maréchal-des-logis-chef *Roussel,* qui, dans un moment critique, a mis pied à terre et offert son cheval au lieutenant *du Hautbourg,* qui venait d'avoir le sien tué sous lui.

En résumé, la sortie de la colonne de Géryville n'avait pas été sans produire des résultats sérieux ; nous allons le démontrer en rappelant les raisons qui l'avaient motivée.

L'insurrection s'était reconstituée peu à peu après la mort de Sid Mohammed-ould-Hamza, et son remplacement par son frère Sid Ahmed ; elle était même redevenue agressive. Au moment où la colonne de Géryville se mit en mouvement pour opérer une diversion en menaçant ses campements, elle était en marche vers le Nord, où, bien certainement, son apparition eût produit un trouble considérable, particulièrement chez les Harar, soumis récemment, voire même parmi les tribus du Tell. Les combats des 1er, 2, 6, 8 et 9 avril ont incontestablement déconcerté l'agression ; mais la résistance, il faut le reconnaître, est encore dans toute sa force, et il est à craindre que le mouvement proposé par les Oulad-Zyad, campés, à ce moment, dans l'Ouest, ne gagne les Hameïan-el-R'eraba, ceux-ci, bien que se tenant un peu à l'écart, ayant toujours eu, en effet, un penchant très prononcé pour la guerre sainte, et, pour les chefs de l'insurrection, des sympathies qu'ils ne se sont même jamais donné la peine de dissimuler.

Dans ces conditions, le commandant de la colonne de Géryville était d'avis qu'il y avait urgence à reprendre l'offensive, non-seulement pour profiter du mois de mai et de la première quinzaine de juin, époque pendant laquelle les troupes peuvent encore se mouvoir, sans trop de fatigue, dans les régions sahariennes ; mais encore pour ne point laisser à Sid El-Ala, et à ses dangereux auxiliaires Ben-Naceur-ben-Chohra et Bou-Diça, le temps de se réorganiser et de recruter de nouveaux adhérents à la cause de l'insurrection.

Nous voulons profiter de cette sorte de trêve tacite pour retourner dans la province d'Alger et y suivre les mouvements de la colonne Margueritte, que nous avons laissée campée sous les murs de Laghouath, où elle est établie depuis le 24 février. Nous avons dit précédemment qu'elle n'avait été appelée à exécuter aucun mouvement pendant le mois de mars. L'insurrection s'est, en effet, concentrée dans la province d'Oran, son foyer d'origine.

Nous avons rapporté plus haut que, dans les derniers jours de mars, le commandant de la colonne de Géryville avait fait connaître au colonel Margueritte, de son camp d'Aïn-Sidi-Amar, les projets présumés des Oulad-Sidi-Ech-Cheikh ; il l'avait informé en même temps de son intention de s'opposer à la marche des rebelles vers le Nord, au cas où ils tenteraient un mouvement dans cette direction. Au reçu de cet avis, le commandant de la colonne de Laghouath avait résolu de faire, dans la direction du sud-ouest, une diversion ayant pour objet de menacer les Oulad-Sidi-Ech-Chikh, et de leur donner des craintes pour leurs campements.

En conséquence, la colonne Margueritte quittait Laghouath le 2 avril, et allait camper au Kheneg.

Le 3, elle bivouaquait à moitié chemin d'El-Haouïtha, où la rejoignaient 800 cavaliers de goum.

Elle faisait séjour le 4 sur ce point.

Le 5, elle campait sous le ksar El-Haouïtha, où arrivait le goum des Oulad-Naïl, commandé par Sid Bel-Kacem-ben-El-Ahreuch, qui avait succédé à son frère Sid Cherif-ben-El-Ahreuch, ce vaillant bach-ar'a des Oulad-Naïl, qui fut tué par les siens, en défendant notre cause, le 13 octobre 1864.

La colonne bivouaque, le 6, sur l'ouad Guemen, le 7, à 4 kilomètres en deçà de Tadjrouna, et, le 8, à 1,500 mètres au delà d'El-Maïa, où elle faisait séjour le 9.

Le 10, la colonne continuait son mouvement, et allait camper sur l'ouad El-Meguerchi, où elle était obligée de creuser des puits dans le lit ensablé de la rivière.

Pendant la nuit, les goums de Ben-Naceur et de Sid Bel-Kacem-ben-El-Ahreuch poussent une reconnaissance dans la direction de l'ouad Seggar ; la colonne les suit à douze heures de marche.

Le 11, la colonne campe à Kert, où elle est encore obligée de creuser des puits.

La marche du 12 est extrêmement pénible, en ce sens qu'elle s'exécute dans le sable pendant presque tout son parcours. A midi, la colonne arrive sur l'ouad Seggar ; elle détruit, sur son passage, d'assez vastes champs d'orge qui sont la propriété des Oulad-Sidi-Ech-Chikh.

A droite et à gauche de la direction suivie, s'élèvent, dans la plaine de sable, deux immenses *gour*, dont l'un, celui du nord, cache le ksar de Brizina.

A cinq heures, la colonne arrivait à Sidi-El-Hadj-Ed-Din, petit ksar inhabité et de misérable aspect.

Le ksar de Sidi-El-Hadj-Ed-Din a deux koubba renfermant, l'une, la dépouille mortelle du saint qui lui a donné son nom, et l'autre, la cendre d'un marabouth également de la descendance de l'illustre Sidi Ech-Chikh, et mort en odeur de sainteté.

On remarque, tout près de la sépulture de Sidi El-Hadj-Ed-Din, une tombe récemment refermée ; on ne manque pas de dire, dans la colonne, que c'est celle de Sid Mohammed-ould-Hamza, mort, nous le savons, le 22 février, des suites des blessures qu'il avait reçues le 4 du même mois.

Le ksar est livré aux flammes ; mais les koubba sont respectées.

La colonne séjourne sur ce point le 13 pour y attendre la rentrée des goums, envoyés en reconnaissance.

Nos cavaliers indigènes avaient poussé une poursuite fort audacieuse jusqu'à 80 kilomètres au delà de l'ouad Seggar, et ils avaient fait, sur les biens du marabouth, une r'azia considérable ; aussi, ramenaient-ils un gros butin et un grand nombre de troupeaux de moutons et de chameaux.

La position de Sidi-El-Hadj-Ed-Din n'était plus tenable par suite des tempêtes de sable qui règnent, à cette époque de l'année surtout, dans ces régions ; la colonne se voyait contrainte de quitter cette position inhospitalière, et de remonter dans le nord-est. Aussi, le 14 avril, reprenait-elle péniblement la direction de Kert, point où elle arrivait dans la soirée.

Les hommes passent leur nuit à creuser des puits dans le sable, pour y trouver l'eau qui leur est nécessaire ; ils ne parviennent, après un long travail et de pénibles efforts, à obtenir que quelques suintements qui sont tout à fait insuffisants pour les besoins des hommes et des animaux.

La colonne rétrograde lentement, et par courtes marches, pendant les journées des 15, 16 et 17 avril, sur le ksar El-Maïa, prête à se jeter du côté de Brizina au cas où le colonel de Cotomb viendrait à réclamer son concours. Elle reprend définitivement, le 18, la direction de Laghouath, où elle rentrait le 26.

En prévision des chaleurs de l'été, qui n'allaient point tarder à se faire sentir dans cette région du Sud, la colonne mit à profit les jours de repos que, selon toutes les probabilités, allaient lui donner les derniers succès de la colonne de Géryville sur les rebelles, pour se construire un camp de gourbis sous les murs de Laghouath. Ces constructions, plus ingénieuses qu'impénétrables aux ardeurs implacables d'un soleil de feu, s'élevèrent comme par enchantement, et nos soldats furent au moins assurés d'un abri permettant de leur rendre à peu près supportables les chaudes et énervantes journées des longs étés du Sahra.

Laissons les colonnes de Laghouath et de Géryville dans leurs camps, jusqu'à ce qu'il plaise aux chefs des rebelles de les en faire sortir.

Nous avons dit, dans un de nos précédents chapitres, que le général Jusuf, rentré à Alger le 14 décembre 1864, après une expédition qui n'avait pas duré moins de quatre-vingt-quinze jours, sur lesquels il fallait compter soixante-dix jours de marche, nous disions que cet officier général, qui avait complètement pacifié sa province et réduit les tribus de son commandement à venir implorer notre pardon, et cela sans perdre un homme pour ainsi dire; nous disions que ce soldat de la conquête, qui avait laissé sa santé — de fer — dans les marches sans fin sous un soleil de plomb, avait été mal accueilli en haut lieu, lorsque, à sa rentrée à Alger, il était allé rendre compte de sa mission au Gouvernement général. Pendant qu'il se tuait pour le service du pays, ses ennemis avaient achevé de miner sa situation par un travail de termites; la calomnie avait fait son chemin; il suffisait, dès lors, de le pousser du doigt pour le renverser; et puis on était las de l'entendre nommer le *vaillant*, et, à l'exemple d'Aristide le Juste, il fallait qu'il fût banni. Ce ne fut pas chose facile tout d'abord; mais, à force d'insistance, on finit par arracher le décret d'expulsion à la faiblesse du chef de l'État, qui l'envoya — lui qui avait passé sa vie en Afrique — commander la division de Montpellier.

Cette décision fut un coup terrible pour le général Jusuf, qui espérait — et selon toute raison — terminer sa carrière sur cette terre d'Afrique où, pendant trente-cinq années, il avait si vaillamment combattu ; cette décision — tous ses amis le prévoyaient — était son arrêt de mort.

Il quittait l'Algérie le 8 avril 1865 : officiers de tous les corps, de tous les services et de tous les grades, fonctionnaires civils de toutes les administrations, ministres de tous les cultes et colons de toute la province, indigènes des villes et de la tente, gens de loi et du makhzen, tous se pressent pour faire leurs adieux au Général, qui ne cherche même point à dissimuler son émotion. Certes, ces témoignages de respect et de vive sympathie — toujours sincères quand il s'agit d'un départ — ont sensiblement adouci ce que ses regrets avaient de pénible et d'amer.

Moins d'un an après, le 16 mars 1866, le général Jusuf expirait sur la terre de France.

Quelques jours plus tard, le paquebot faisant le courrier rapportait sur cette terre algérienne où, comme il l'avait dit à son départ, il voulait reposer du sommeil éternel, la dépouille mortelle de celui qui avait été le général de division Jusuf, c'est-à-dire le plus brillant soldat de l'armée d'Afrique. Ah ! nous sommes bien ingrats et bien oublieux !

XII

La colonne d'observation d'Aïn-el-Oucera. — Panorama du pays autour d'Aïn-el-Oucera. — Physionomie d'un camp français dans le Sud algérien. — La colonne Arnaudeau quitte son camp d'Aïn-el-Oucera. — Opinion sur la division des étapes en deux marches. — Le délire de la soif. — La colonne établit son camp à Ksar-Charef. — Un tour d'horizon. — Le camp et ses abords. — Une forêt dépaysée. — Les gourbis artistiques. — Les Turcos et leurs constructions. — Le théâtre au camp. — La *sriba* du commandant des Tirailleurs, et les concerts orientaux. — Les almées mâles. — La colonne quitte Charef. — Elle va s'établir à Dar-Djelloul. — Le bordj de Djelloul. — Aspect du pays. — Le camp et ses constructions. — Les criquets. — La colonne quitte Dar-Djelloul. — Le camp de Boghar. — Coup d'œil sur la situation de l'insurrection dans la province d'Oran.

Nous avons dit, dans un des chapitres précédents, qu'avant de regagner le Tell, le général Jusuf avait établi, le 8 décembre 1864, une *colonne d'observation* sur le plateau où s'élève le caravansérail d'Aïn-el-Oucera, c'est-à-dire au centre des tribus récemment soumises du cercle de Boghar. Constituée à l'effectif de 1,800 hommes, cette colonne fut placée sous les ordres du colonel Arnaudeau, du 34ᵉ d'infanterie.

Dans la pensée que la description d'un camp français dans le Sahra algérien pouvait ne pas être sans intérêt pour le lecteur, nous avons résolu de donner la physionomie de celui d'Aïn-el-Oucera. Nous espérons qu'on ne nous fera pas un crime d'avoir employé la forme dite *légère* dans une publication aussi sérieuse que l'est la *Revue africaine*; cela nous reposera d'ailleurs de la monotonie des marches qui n'en finissent plus, des poursuites aussi efficaces souvent que l'est celle de la roue de derrière d'un véhicule par rapport à celle de devant; cela nous changera un peu de ce régime agaçant, irritant, énervant auquel sont soumis nos soldats guerroyant dans le Sahra, et n'ayant que trop rarement la douce satisfaction de frapper ailleurs que dans le vide.

Décrire un camp permanent français dans le désert, c'est dire l'ingéniosité de nos soldats, — des maîtres ès-débrouillage, — de braves gens qui transportent la vieille gaîté gauloise partout où ils font flotter notre glorieux drapeau, et qui se moquent de toutes les misères quand elles sont endurées pour le service et la grandeur de la patrie. Ce qu'il y a de certain, c'est que ce n'est jamais du spleen que meurt le soldat français, quelque peu réjouissante que soit la situation. Nous en donnons la preuve plus loin.

Quand on n'est pas du métier, il est assez difficile de se faire une idée bien précise de ce que c'est qu'un camp, et surtout un camp dans le Sahra, c'est-à-dire dans un pays inhabitable, dans une région qui, si l'on en croit les savants, fut un vaste océan qu'aplanirent, vers les premiers âges du monde, les flots roulants et les vagues irritées. Que sont devenues les eaux de cette mer?... Les Arabes prétendent — cette opinion n'a rien de scientifique — qu'elles ont été bues par les deux soleils qui, bien antérieurement à la venue du Prophète, avaient la mission de chauffer et d'éclairer, — le feu et la chandelle, — en se relevant toutes les douze heures, les trois parties du monde ; car Sidna Mohammed — que Dieu répande ses grâces sur lui et sur sa famille ! — veut bien en admettre trois, concession exorbitante pour cet opiniâtre unitaire.

Sur les réclamations pressantes des rôtis de cet âge primitif, Dieu aurait ordonné à l'ange Djebril (Gabriel) de passer sa manche sur la face d'un de ces soleils, lequel astre, dérayonné par suite de ce frottement angélique, aurait perdu sa chaleur, et serait devenu ce qu'aujourd'hui encore nous appelons la lune, un soleil froid.

Le camp d'Aïn-el-Oucera (1) est planté sur un vaste plateau

---

(1) Aïn-el-Oucera est située à 15 lieues au sud du poste de Boghar.

blanchâtre, qui se termine par des mouvements de terrain doucement ondulés ; à l'Est et à l'Ouest, l'horizon n'a d'autres limites que la calotte du ciel ; au Nord, il est borné par les Grin-el-Adaoura, les djebel Tarer'egred et Taguelza, la Sra Ech-Cheaou ; au Sud, par le djebel Tsaka, le pic d'Açalla, la gâda des Seba-Chaouaïa, le piton d'El-Loubiret-el-R'arbia, les Seba-Rous du djebel El-Khidher, El-Kebouria, les Rous du djebel Oukat, et, plus près, par le mamelon d'Es-Saïada.

L'ouad Aïn-el-Oucera, criblé de sources qui répandent leurs eaux sur un fond vaseux encombré de joncs, et peuplé de batraciens, a sa tête dans l'Est ; il vient s'infléchir en passant au pied du caravansérail, et va se perdre dans le Nord par un long canal.

La colonne d'Aïn-el-Oucera est donc campée sur un vieux fond de mer tigré de touffes de harmel, et tapissé d'une végétation étique, et encore, cette tapisserie est-elle due aux bons vents du Nord qui, depuis des siècles, se chargent de véhiculer sur leurs ailes des graines et du pollen qu'ils dérobent aux plantes du Tell ; quelques gouttes d'eau par là-dessus, et l'on est tout surpris de voir sortir de cette terre ingrate des pâquerettes, des mufliers, des soucis, des boutons d'or, et la plupart des charmantes et modestes petites fleurs de nos prés. Pendant quinze jours, c'est à se croire en pleins pâturages de Normandie. Mais tout cela vit bien moins encore que ce que vivent les roses : ce n'est qu'une apparition, qu'un mirage, un rêve rappelant la patrie et donnant la nostalgie : le *gueblî* (1) souffle, et, sous son haleine de feu, les fleurs se penchent, replient leurs pétales, se flétrissent et meurent. Au bout de quelques jours, le Sahra est jaune, râpé comme une vieille brosse de chiendent, comme un paillasson qui a été trop fréquenté.

Le camp d'Aïn-el-Oucera enveloppe trois des faces du caravansérail de ce nom, nord, ouest, sud ; ce dernier côté abrite sous sa muraille les tentes et les gourbis des *négociants* qui ont suivi la colonne dans l'intention d'en vivre. Chrétiens, Mzabites et Juifs composent l'ensemble de ces représentants du *cantinié-*

---

(1) C'est cet horrible vent du sud ou du désert que nous nommons *sirocco*.

risme. Ce quartier est généralement désigné par nos soldats sous le nom de *Coquinville*. Nous ne nions pas que cette désobligeante épithète ne soit fréquemment justifiée ; mais, en définitive, nous croyons que ces marchands sont honnêtes au même degré que tous les individus qui spéculent sur la bourse de leurs contemporains. Du reste, ce n'a jamais été, généralement, par le commerce en détail des allumettes chimiques, du savon et des boîtes de sardines, que nos parvenus du négoce, dont quelques-uns tiennent aujourd'hui le haut du pavé algérien, sont arrivés à dérider la capricieuse fortune, bien que, cependant, nous pourrions citer deux ou trois paires de millionnaires qui ont commencé avec deux bouteilles de pseudo-absinthe.

Quoiqu'il en soit, pour notre compte, nous n'hésitons pas à classer dans la série des hommes utiles ceux qui ne craignent point, bien que le métier n'en soit pas toujours sans danger, de traîner pour trente-cinq sous de denrées coloniales et autres, et avec l'espoir d'un gain plus que problématique, dans ces parages ingrats et déshérités ; nous ajoutons que nous n'éprouvons pas la moindre répugnance à les aider à faire fortune ; car, après tout, sans eux, nous risquerions fort d'en être réduits aux productions d'un pays qui ne produit rien.

Comme tous les camps d'Afrique, celui d'Aïn-el-Oucera est assis sur les quatre faces d'un carré. Chacun s'est ingénié pour souffrir le moins possible des rigueurs de l'hiver et de ses affreux vents d'ouest, et des chaleurs impitoyables de l'été et de ses atroces vents du sud : les tentes sont creusées à un mètre au moins, et enveloppées sur leur contour inférieur par un retranchement dont les arêtes sont couronnées de *metsnen (passerina hirsuta)*, cette précieuse et presque unique plante ligneuse du Sud mozen. Des constructions en maçonnerie, des caves, des réduits et des cuisines fouillés dans le tuf ; des gourbis charpentés de térébinthes et capitonnés de *metsnen* ; des sous-sol ténébreux suintant le salpêtre, pleuvant des scarabés noirs, et servant de repaires-abris contre les coups d'un vent embrasé ; des tubes (1) de puits artésien faisant l'office de cheminées, et don-

---

(1) Ces tubes provenaient d'un puits artésien qu'on avait essayé de

nant au camp l'aspect d'une ville du Nord de la France avec ses hauts-fourneaux ; des box pour enfermer les chevaux ; des puits — quelques-uns atteignent jusqu'à huit mètres de profondeur — forés par les soldats des divers corps, et donnant une eau ayant, à défaut d'autres qualités, la propriété d'être fortement purgative : telles sont les somptuosités offrénées dont jouissent jusqu'à l'abus les campés d'Aïn-el-Oucera. Ils semblent ne redouter qu'une chose, c'est que leur sybaritisme ne vienne à exciter l'envie de leurs contemporains.

De même que, dans leur prison, Pellisson et Latude entretenaient des relations on ne peut plus suivies avec des araignées et des rats, les campés d'Aïn-el-Oucera, emprisonnés dans l'immensité, se livrent avec un certain acharnement, pour se distraire, à l'éducation ou au perfectionnement des bêtes ou bestioles indigènes qui leur tombent sous la main ; — les Français ont un grand besoin de civiliser, et puis ils ne peuvent pas supporter que leurs facultés amatives restent en disponibilité ; — il n'est pas une tente qui ne soit pourvue ou d'une gazelle, ou d'une chèvre, ou d'un mouton, ou d'un chacal, ou d'une collection de tortues, ou d'un oiseau quelconque. Tout cela vit en assez bonne intelligence avec l'espèce si supérieure des bipèdes qui lui donne si généreusement la table et le logement. On trouve aussi, de temps à autre, dans les tentes, des vipères cornues et de gros et hideux scorpions noirs ; mais, est-ce bien utile de l'affirmer ? ce n'est pas en qualité d'invités qu'ils y ont été admis.

Nous l'avons dit dans le premier chapitre de ce volume, le caravansérail d'Aïn-el-Oucera est remarquablement solide et bien construit : c'est un carré dont les faces ont environ 70 mètres de longueur. Il est flanqué d'un bastion à chacun de ses angles ; son entrée est à l'est, et les pièces d'habitation, les magasins et les écuries qu'il renferme sont blindés. Aussi, l'incendie qu'allumèrent les insurgés dans la nuit du 13 au 14 août de cette

---

forer à Korirech, au sud du Zar'ez el-R'arbi, et que, dans les premiers jours de l'insurrection, les tribus rebelles avaient saccagé avant de quitter leur pays pour faire cause commune avec le marabouth Sid Mohammed-ould-Hamza.

année; ainsi que nous l'avons dit plus haut, ne produisit-il que des dégâts sans importance.

Le camp d'Aïn-el-Oucera n'est pas précisément, on le voit, un camp de plaisance, et il faut être éminemment Français, avoir au suprême degré l'amour de la France, et le sentiment du devoir profondément enraciné, pour rester plus de deux fois vingt-quatre heures sur ce point si affreusement dénudé, et, en même temps, si dépourvu de tout ce qui est nécessaire à la vie. Nous pensons être cru sur parole en avançant que cette ville de toile, ces trous de troglodytes ne rappellent en rien absolument les anciens camps de Compiègne. Les carrosses du roi, bourrés de resplendissantes beautés faisant, avec des yeux incendiaires, la revue des Gardes-Françaises ou d'un Royal N'Importe-Quoi, sont remplacés de temps à autre par des charrettes de rouliers portant, juchées sur leur bâche, des pécheresses terminées *retour* de Laghouath.

C'est pourtant un événement dans le camp que le passage de ces Madeleines plus ou moins repentantes. Dès qu'il en est signalé une à l'horizon, la nouvelle s'en répand avec la rapidité de l'éclair; on se porte en foule sur le front de bandière; on veut voir de près l'un de ces si rares spécimens de la plus belle moitié de l'espèce. Les compliments, les madrigaux, les élogies pleuvent serrés et drus quand la carriole arrive à hauteur des soupirants. La passante, qui, probablement, ne s'est jamais trouvée à pareille fête, triomphe sur toute la ligne, fut-elle laide comme Mirabeau au repos. Une femme !.... Mais cela fait éphéméride à Aïn-el-Oucera, et on en parle jusqu'à ce qu'il en passe une autre. On voit d'ici combien les régions sahriennes doivent être sympathiques à des *muliérolâtres* comme le sont les Français.

Au camp d'Aïn-el-Oucera, les distractions manquent absolument de coloris et de piquant : les officiers vont deux fois par jour à ce qu'ils appellent pompeusement *le Cercle*. Le Cercle se tient dans une des salles dévastées du caravansérail : on se borne, faute de littérature à se mettre sous l'œil, à y faire un cours d'absinthologie appliquée ; on y fait aussi un peu de politique algérienne. L'assemblée y est divisée en *Sudistes*, ou conservateurs du Sud, et en *Tellistes*, ou *abandonnateurs* des régions sahriennes. Nous devons avouer, bien qu'ayant toujours voté avec le premier de ces groupes, que celui des Tellistes formait une formidable majorité, quelque chose comme les neuf dixièmes et demi de l'assemblée ; mais cette disproportion s'expliquait par l'envie immodérée qu'éprouvaient ces derniers de revoir le Tell, et de rentrer en pays plus ou moins civilisé.

Bien que consciencieuse, l'opinion des Tellistes ne pouvait avoir d'influence sérieuse sur les décisions que devait prendre le Gouvernement (1) ; car on sentait trop qu'étant juges et parties, ils faisaient tout naturellement trop bon marché des principes et des intérêts de la politique algérienne. Il est évident que l'approche de la saison qui devait leur rappeler, une fois encore, ce qu'éprouvait saint Laurent sur son gril, déterminait sensiblement la couleur de leur vote. Du reste, nous ne parlons de cela que pour donner une idée des tendances funestes qui avaient envahi l'armée d'Afrique, la portion surtout qui opérait dans le Sud depuis un an.

Cette gaîté folle des officiers ne leur était pas absolument particulière ; les soldats *se désaltéraient* aussi d'absinthe et de qualité encore plus médiocre que celle dont faisaient usage leurs supérieurs, sous les tentes déguenillées des négociants de Coquinville ; en outre, ils jouaient aux quilles, au billard chinois, à la roulette, au petit-pot ; quelques groupes, réunis en cercle et assis par terre, pratiquaient le noble jeu du loto ; l'impresario-croupier qui dirigeait le jeu savait tous les numéros par leurs noms et prénoms. Mais ce n'étaient là que des distractions-matière ; ils avaient aussi leurs délassements de l'esprit : ainsi, le 16e de Chasseurs à pied et le 4e de Chasseurs à cheval se réunissaient, le soir, pour interpréter en chœur les chefs-d'œuvre des grands-maîtres. Le 34e d'Infanterie avait manifesté l'intention d'organi-

---

(1) La question de l'abandon du Sud algérien avait alors ses partisans, et ils étaient nombreux. Il est clair que cette opinion n'était soutenue que par les militaires qui avaient à séjourner dans cette région, ou par les gens qui n'entendaient absolument rien à la politique saharienne, et qui ignoraient que le Tell et le Sahra étant solidaires, il fallait, pour avoir la tranquillité et la sécurité dans le premier, occuper, ou, tout au moins, être le maître dans le second.

ser un théâtre; mais les événements ne lui laissèrent pas le temps de donner suite à cette idée si éminemment française.

Le commandant T....... (1), du 1er de Tirailleurs algériens,— un Sudiste celui-là, — avait fait construire auprès de sa tente une vaste *zriba* (haie) circulaire où, tous les soirs, — quand le temps le permettait, — ses Bédouins donnaient des concerts orientaux. Convaincu que la musique épure, nettoie les mœurs, moutonnise la férocité, et mène tout droit à la civilisation en prenant le sujet barbare par les oreilles, il n'avait pas voulu laisser péricliter la tentative dont il avait déjà fait l'essai ailleurs, et dont il persistait à attendre les plus surprenants effets. Il s'était empressé, dès son arrivée au camp d'Aïn-el-Oucera, disons-nous, de rétablir sa *zriba* et ses concerts nocturnes. Il avait choisi la nuit, prétendait-il, parce qu'elle invite au recueillement et qu'elle porte à la poésie, particulièrement quand il fait clair de lune; parce que, pendant la nuit, les sons harmonieux n'ont pas à lutter avec les bruits du jour; parce qu'enfin, la musique — celle des Arabes surtout — vous conduit tranquillement et sans effort jusqu'aux portes d'ivoire du temple du Sommeil.

Ces concerts étaient divisés en spirituels et en profanes : à droite, en entrant dans le cercle, les représentants du vieux parti religieux, les *meddaha*, côté des Croyants, accompagnés par la *guesba* (grande flûte taillée dans un roseau), chantaient les louanges des plus grands saints de l'Islam, particulièrement de Sidi Abd-el-Kader-el-Djilani, le sultan des saints, celui qui a un pied sur la terre et un autre sur la mer, de Sidi Abd-el-Kader qui a son tombeau et sept chapelles dorées à Baghdad, et cent mille *koubba* (chapelles) en pays musulman, de Sidi Abd-el-Kader, que n'invoquent jamais en vain ceux qui souffrent ou les infortunés que le malheur a mordus. Une fois monté, le joueur de *guesba* du parti religieux ferme les yeux, et pousse dans son roseau pendant un temps infini — curieux effet de la foi — sans reprendre haleine. Quand le cantique est terminé, le flûtiste l'indique en laissant tomber son air, à la façon du joueur d'orgue de Barbarie quand il lâche sa manivelle pour ramasser un sou,

---

(1) Depuis colonel.

témoignage d'admiration d'une locataire dilettante du septième étage; seulement, le musicien arabe ne s'interrompt pas; il relie, rattache adroitement sa chute finale au commencement de l'air nouveau qu'il entame, et il va comme cela jusqu'au moment où on le réveille de son épilepsie musicale.

La multitude indigène accompagne et soutient le chanteur par des claquements de mains parfaitement rhythmés; car il est à remarquer que, si les Arabes ne mordent pas à la ligne droite et au parallélisme, ils ont, en revanche, à un très haut degré le sentiment de la mesure.

C'est de l'autre côté, à gauche, en entrant, que se groupent les amateurs de musique profane : ici l'on chante l'amour et la guerre, l'amour avec ses plaintes, ses déchirements, ses frissons, ses défaillances, ses regrets, ses tourments, ses cuissons, ses joies, ses bonheurs, ses extases, ses désirs, ses fureurs, ses espoirs, ses déceptions, ses jalousies, ses folies, ses frénésies; tantôt, c'est à transporter d'aise un pigeon pattu; tantôt ce sont des colères à donner la chair de poule à un coq. Là c'est le *djouak* (petite flûte en roseau), aidé de la *gouïthra* (petite guitare), et soutenu par la *derbouka*, qui accompagne le chanteur. De ce côté, on n'entend que de voluptueuses chansons de Tunis ou d'Alger, celles sur l'accompagnement desquelles dansent les alméos de café ou d'ailleurs.

Le groupe des profanes est bien plus nombreux que celui des spirituels; le plaisir y est dans tous les yeux et dans tous les mouvements; parfois même, un Tirailleur se détache du groupe des auditeurs, se voile la face d'un mouchoir, se fait ceindre les reins d'une *foutha*, et saisissant au vol les foulards que lui jette l'assistance, il entame, aux claquements de mains des spectateurs, une de ces danses épicées où la moitié du corps roule sur les hanches, comme la meule supérieure d'un moulin arabe roule sur l'inférieure. Les musiciens s'exaltent et précipitent la mesure; la foule se met à l'unisson; les petites bougies s'élèvent à hauteur de l'endroit où se produit le mouvement de déhanchement du danseur, la mesure redouble de vitesse, les yeux s'allument et les dents se montrent, la contagion exerce ses ravages; les natures nerveuses imitent convulsivement les torsions de l'alméo mâle, jusqu'à ce qu'épuisée, éperdue, elle chancelle et s'affaisse sans se demander si, dans sa chute, elle sera récoltée par quelque charitable camarade. Mais, rassurons-nous, elle trouve toujours des bras pour la recueillir.

Au signal de la retraite, musiciens et chanteurs se taisent ; on ramasse les bouts de chandelles, et les groupes se dispersent et regagnent leurs tentes, en s'extasiant sur la puissance miraculeuse et la bonté de Sidi Abd-el-Kader, ou en se pâmant d'aise au ressouvenir des félicités charnelles dont les danseurs leur ont si fidèlement reproduit l'image.

Le commandant s'était proposé de fonder un Karagous pourvu de toute la limpidité des mœurs des civilisés, — *castigat ridendo mores;* — c'est par un Guignol amélioré qu'il espérait arriver à la transformation, à la rénovation, à la rédemption de la société musulmane : « Sous aucun prétexte, disait-il, je ne permettrai à mon Karagous-guignolisé de rosser le commissaire ; car cette familiarité blessante mène tout droit à la négation du principe d'autorité. Pourquoi, en France, se moque-t-on du gendarme ou du commissaire, et n'a-t-on pas toujours pour eux le respect qu'ils méritent ? C'est parce que, dès notre plus tendre enfance, nous assistons à l'immoral spectacle de Guignol rossant de coups de bâton cette variété de fonctionnaires répressifs. Respectons le commissaire; tout est là. »

Le commandant s'occupait aussi de la traduction de la *Tour de Nesle* en arabe vulgaire. « Il y a là, affirmait-il, d'excellents principes à mettre sous les yeux d'un peuple barbare, qui se figure que la femme doit, tout uniment, se borner à n'être que la mère de ses enfants. »

Quoiqu'il en soit, il y avait foule, quand le vent respectait les chandelles, aux *hadhra* des Tirailleurs.

Mais la distraction suprême, c'est le marché qui, depuis l'installation du camp, se tient tous les vendredis sous les murs du caravansérail ; malheureusement, ce désennui ne se reproduit qu'une fois par semaine. Dès le jeudi soir, on voit arriver des quatre points cardinaux les vendeurs et les acheteurs qui doivent former le personnel mercantile du lendemain : Mzabites et Juifs de Ksar El-Bokhari — que nous appelons *Boghari* —

avec des étoffes, des bernous, des gandouras, des abaïa, des baboudj, des bełr'a, des scubbath-cothurnes pour les femmes, des porte-monnaie arabes et ces mille produits qui composent la droguerie et la parfumerie indigènes; gens du cercle de Boghar, Oulad-Mokhtar, Bou-Aïch, Oulad Sidi-Aïça, Oulad Si-Mehammed, Oulad-Dhïa, avec des troupeaux de bœufs, de moutons, des toisons, des fldj, des chèvres, des ânes, des chameaux; des Oulad Mohani et des Abaziz avec du goudron; des Arbâa avec le fruit du palmier et du pain de dattes; des Kabils du Djerdjera, qui ont marché pendant onze jours pour venir échanger des cardes à laine primitives, — qu'ils confectionnent sur place, — et d'immenses plats coupés dans la rondelle d'un frêne séculaire, contre quelques sous ou une charge de laine.

Tout cela grouille, se coudoie, se traverse, se heurte, gesticule, crie, beugle, bêle, hennit, glouglotte, mugit; toute cette population pédiculeuse — quelquefois plus de six mille individus — commerce, transactionne, parle *douro* (la pièce de 5 francs), marchande, mesure et remesure, pèse, soupèse et repèse, paie avec regret, empoche avec volupté, se vole le plus possible.

Les Arabes du Sud ne croient pas encore au système métrique; ils n'acceptent la subdivision du mètre, dont se servent pourtant les Mzabites et les Juifs, qu'autant qu'elle est plus longue que leur *drad* (coudée); aussi, avant de conclure leur marché avec un enfant du Mzab ou d'Israël, comparent-ils soigneusement, en s'appliquant le demi-mètre sous l'avant-bras, ces deux sortes de mesures. Les Juifs emploient un moyen assez ingénieux pour marquer sur la cotonnade — quand ils vendent ce produit aux Arabes — le nombre de mètres ou de demi-mètres demandés par l'acheteur; ce peuple admirable, sans rival pour le commerce, pousse le génie jusqu'à utiliser même sa malpropreté : il fait son indication à la crasse en se passant l'index dans la bouche et ensuite sur la toile ; c'est indélébile.

Quelques déguenillés trouvent le moyen de se payer à déjeuner sans bourse délier : ils vont marchander du pain de dattes; à force de palper ce produit agglutinant, il leur en reste toujours quelque peu aux doigts. Il est inutile de dire qu'ils ne réussissent jamais à tomber d'accord sur le prix avec le vendeur;

ils se retirent alors, après avoir longtemps marchandé, en se léchant les mains jusqu'aux coudes, et, pareils aux frélons, ils s'en vont butiner ailleurs.

Les troupeaux de moutons sont entravés tête à tête et se faisant face comme un chapelet d'oignons, les cornes enchevêtrées les unes dans les autres ; les connaisseurs viennent leur tâter la toison du côté opposé à la tête. Ces infortunés représentants de l'espèce ovine restent dans cette désagréable position jusqu'à ce que marchands et acheteurs tombent d'accord sur le prix, et cela n'a pas lieu instantanément. Les bœufs, les chevaux, les mulets et les bourriquets présentent le spectacle de cette admirable résignation, si voisine de l'abrutissement, que l'islam impose même aux bêtes.

Tous ces négociants du Sud étalent leurs produits entre leurs jambes nues, hâlées, et poussant l'énergie de la coloration jusqu'au marron-foncé, absolument comme s'ils avaient pris un bain dans un tonneau de mélasse. Quelques-uns d'entre eux sont venus de vingt et trente lieues avec la perspective de réaliser un bénéfice de vingt-cinq centimes sur leurs marchandises ; mais le temps n'est rien pour l'Arabe ; il ne sait pas le compter, et la fatigue n'est pas grand'chose pour lui quand il voit miroiter quelques sous au bout.

Les gens de grande tente et du Makhzen viennent au marché à cheval ; ils s'arrêtent de temps à autre, quand ils rencontrent un cavalier de leur connaissance, pour lui demander des nouvelles et traiter la question politique du moment : accoudés sur le pommeau de leur selle, la main en l'air comme quelqu'un qui professe, ils se font mystérieusement, en s'assurant qu'ils ne sont pas observés, quelque importante communication sans doute, puis ils se quittent brusquement comme s'ils ne s'étaient jamais vus.

Il faut croire que, depuis le commencement de l'insurrection, il y a eu une singulière recrudescence religieuse dans le Sahra ; car tous les cous sont cerclés de chapelets, depuis celui à grains d'ivoire jusqu'à celui à grains de noyaux de jujubier sauvage.

L'élément féminin est représenté sur le marché du vendredi

par quelques femmes mariées et d'un âge rassurant pour la tranquillité de leurs maris ; il est difficile de voir quelque chose de plus ratatiné, de plus flétri que ces visages illisibles. Le vêtement de ces houris malpropres, lequel se compose de deux pièces de cotonnade retenues aux hanches par une ceinture cordée, et aux épaules par des boucles d'un métal indigent, s'ouvre généralement sur le côté droit, et produit un décolleté vertical qui, pendant la marche, peut se prolonger jusqu'à la cheville du pied. C'est trop, bien certainement. La coiffure de ces Sahriennes est pleine de complications : c'est un fouillis inextricable de linges sales, de lambeaux de foulard décolorés, de nattes de laine noire ou multicolore, de crins embroussaillés, et sans doute peuplés ; une corde en poil de chameau retient tout le système, et fixe en même temps le haïk, grand voile maculé d'impuretés se répandant le long du dos comme une cascade de café au lait. Une boucle de fer ou d'argent oxydé, ornée d'un morceau de corail brut, fixe ce vêtement au-dessous du menton ; des bracelets de corne, et des anneaux de pied de fer ou d'argent terni complètent la bijouterie de ces Sahriennes. Des brodequins-cothurnes, taillés dans la peau d'un chameau, et d'un assez bon stylo, chaussent ces dames d'une façon très pittoresque.

Les Sahriennes emploient, pendant l'été, pour ôter toute envie aux mouches de venir établir leurs campements sur leur visage, un moyen qui nous a paru plus ingénieux que coquet : il consiste à se faire une virgule de goudron sur le bout du nez. Cette ponctuation suffit, à ce qu'il paraît, pour éloigner ces agaçants diptères des environs de la goudronnée.

Vers trois heures de l'après-midi, le marché est terminé ; les Mzabites et les Juifs ont plié bagage, et les gens des tribus on repris le chemin de leurs campements.

Sur cet horrible plateau blanc-sale d'Aïn-el-Oucera, il n'y a que deux saisons, l'hiver et l'été ; pendant les mois de décembre, janvier et février, du froid, de la pluie et de la boue ; aussi, les quelques broussailles clair-semées de jujubier sauvage qui entouraient le camp eurent-elles bientôt disparu ; nos cuisines en plein vent avaient épuisé toutes nos ressources en combustible de cette nature dès la fin de mars. En avril, les corvées de bois n'avaient pas moins de douze kilomètres à parcourir pour trouver le combustible nécessaire à la cuisson des aliments, lequel consistait, avec le jujubier, en pistachiers atlantiques tout noueux, et n'ayant que la peau et les os, qu'on trouvait dans des *dhaïa* situées au sud et à l'ouest du camp. Il va sans dire que ces arbres, si précieux et en même temps si rares dans ces régions désolées, n'en eurent que pour quelques jours ; au bout de trois semaines, c'était fini : ces arbres séculaires, que personne n'avait plantés, qui donnaient un pan d'ombre de la largeur d'un bernous développé au voyageur fatigué, ou au berger à l'heure de la sieste ; ces arbres qui avaient abrité, contre les ardeurs d'un soleil de feu, de nombreuses générations de Nomades changeant de campements, ou allant en caravane, ces *bethoum* qui rompaient la monotonie du désert, et que nous-mêmes étions si heureux de rencontrer, eh bien ! nous passons à notre tour, et nous, — les civilisés, — qui n'avons que des anathèmes contre les indigènes que nous accusons de détruire nos forêts, bien que nous ne puissions jamais mettre la main sur un coupable, nous qui parlons sans cesse de reboisement, c'est-à-dire de faire l'œuvre de la nature, oubliant qu'il n'est point au pouvoir de l'homme de créer des forêts, et qu'il ne sait que les détruire, nous frappons de la hache ces vieux parasols, destinant leurs troncs contorsionnés à cet emploi vulgaire de faire bouillir la marmite. Ah ! nous sommes terribles avec notre besoin de manger chaud !

À la fin de mai, la position n'était plus tenable ; autant le froid y avait été rigoureux pendant les mois d'hiver, autant la chaleur y était devenue intense et insupportable au printemps. Si l'on ajoute aux inconvénients de cette situation l'impossibilité de s'y créer des abris, — les éléments indispensables pour la construction de gourbis manquant absolument, — les vents accablants du Sud soulevant incessamment des trombes de sable, les propriétés purgatives et débilitantes des eaux, l'invasion et la permanence des mouches et des sauterelles, on comprendra les misères dont souffraient les troupes stationnées sur ce point.

On ne saurait se figurer ce qu'est le supplice des mouches sur les Hauts-Plateaux et dans le Sahra. Nous voulons, pour en donner une idée, ainsi que de celui que nous infligèrent les sauterelles, reproduire quelques passages d'une lettre que nous écrivions, à cette époque, à un de nos amis :

« Nous sommes au 26 mai ; le soleil marque tout ce qu'il y a de plus midi. En nous hâtant, en engloutissant, nous avons réussi aujourd'hui à manger tout près de la moitié de notre déjeuner : un million de mouches qui, pourtant, sortaient de ripailler sur des détritus innommables, se sont, comme d'habitude, précipitées, pareilles à ces harpies fouilleuses des derniers mythographes, sur nos invariables et implantureux aliments. Nous avons bien un chasse-mouches suspendu en frise de théâtre à la traverse de la tente-popote, et qu'agite aussi consciencieusement que nonchalamment un nègre indigène de mon bataillon ; mais ces agaçants diptères s'en inquiètent autant que de l'an XL : ils vont, au contraire, s'y faire balancer quand ils sont repus.

« Après le déjeuner, nous nous mettons en quête, chaque jour, d'un gîte pour y cuver, pendant deux ou trois heures, les 55 degrés de chaleur que nous emmagasinons depuis dix heures du matin. Tantôt c'est sous le gourbi émaillé et à claire-voie de C... ; là, le soleil y est comme chez lui, et il y pleut des miettes de feuilles rôties à faire croire qu'on vous vide dans le dos le fond du cylindre-roulette d'une marchande d'oublies ; tantôt c'est dans la grotte souterraine de V..... ; les parois y sont de salpêtre et l'on y étouffe : des rhumatismes en conserve. Quant à rester sous sa tente, impossible ; au bout de deux heures, on y serait bon à manger. Souvent, on s'installe en plein soleil, avec la voûte bleue pour chachia. C'est dur, sans doute, mais c'est encore ce qu'il y a de mieux, de moins insupportable, veux-je dire.

« Mais, s'il fait chaud à Aïn-el-Oucera, en revanche, il y fait furieusement beau ; les ondes tremblottent à la surface du sol comme la vapeur d'un pot-au-feu en ébullition ; dans le fond du tableau, au sud, elles filent de l'est à l'ouest comme un goum fantastique lancé à une allure de ballade ; il semble, tant elles sont épaisses, qu'on pourrait les prendre avec la main. On dirait que la terre filtre par des fissures les vapeurs s'exhalant du séjour infernal.

« Les *atheucus sacrés*, de l'illustre maison des coprophages-bousiers, ont seuls, par cette énervante température, le courage de rouler leur boule, et nous passons des heures à admirer leur travail sisyphien criblé de péripéties et de déboires; notre bonheur — c'est féroce — est de multiplier les obstacles sur la direction de leurs magasins. Plus d'une fois, surtout lorsqu'ils travaillent deux, nous avons pu constater qu'ils seraient capables de nous en remontrer dans l'art de rouler des fardeaux. Il nous arrive quelquefois de les plaindre et de nous faire cette réflexion : et encore si, avec leur cuirasse noire, ils avaient, pendant la saison d'été, l'intelligence de ne travailler que dans la farine ! Mais là n'est pas leur ambition, sans doute; ils continuent tout bêtement l'œuvre de leurs ancêtres, et tout porte à croire que leurs descendants suivront longtemps encore les mêmes errements. Que voulez-vous ? Il faut bien en prendre son parti. Nous constatons que, dans tous les cas, c'est un scarabée bien précieux, et que, pour peu qu'on eût voyagé dans les ksour du Sud algérien, on n'avait plus à s'étonner du culte que professaient, à l'endroit de cet infatigable nettoyeur, les Égyptiens de l'antiquité.

« Toutes les ressources de notre imagination sont tendues, dans cette immensité étuvéenne, vers une seule et unique idée : chercher le moyen de nous procurer quelque fraîcheur. Seul, jusqu'à présent, de tout le camp, le capitaine de G., un Africain de l'année de la comète, je veux dire un bon, a obtenu un résultat de quelque efficacité ; du reste, de G. est un maître ès-confort : ainsi, il sait à peu près, même au mois d'août, rendre sa tente presque habitable en plein midi ; il a le sentiment des courants d'air agréables ; il se fait de l'air à moitié frais avec de l'air chaud ; il semble posséder l'art de se faire obéir du zéphyre et de la brise, et il respire assez commodément quand tout le monde étouffe et cuit dans ses sueurs. A l'aide de soulèvements, de troussements, d'ouvertures savamment combinés, il ventile sa maison de toile à pouvoir y rester retiré quand tous les autres fuient la leur. Il emploie aussi un mode d'excavation qui double l'espace intérieur de son habitation de toile ; il pourrait presque y donner un bal. Son système de couchage est aussi on ne peut plus ingénieux : cela se roule, et, en faisant quelque effort, on pourrait insérer le tout dans un canon de fusil. Il a des cantines-labyrinthes emmosaïquées de cases à les faire ressembler à la table d'un damier. Ses tabourets de campagne sont à dossier, et à condition qu'on n'ait pas le diable au corps, on a quelque chance d'éviter les effondrements; aussi, quand de G. reçoit une visite, ne manque-t-il jamais d'inviter le visiteur au calme et au maintien d'un équilibre suffisant.

« Au moment où je trace ces lignes, le camp est sens dessus dessous. Je vais voir ce que c'est. Je reprends la plume, après, toutefois, avoir renouvelé mon encre, que le soleil vient de me lamper. Voici ce que c'est : le feu vient de prendre spontanément à la litière d'halfa qui était sous les pieds des chevaux — idée de Roumi du commandant — du 4ᵉ de Chasseurs de France. En un clin d'œil, la flamme en a avalé deux cents mètres de long. Je te donne à penser si la file de chevaux, qui étaient entravés à la corde, cabriolaient en sentant la flamme leur courir sous le ventre et leur grimper aux jambes. Grâce à la rapidité des secours et à l'énergique dévouement de mes Tirailleurs, qui ont étouffé l'incendie sous le sable, l'escadron en sera quitte pour une dizaine de chevaux roussis, et deux autres qui, probablement, ne survivront pas à cet accident.

« Heureusement que nous avons les sauterelles — de l'ordre des criquets ou acridiens pèlerins — comme compensation à nos maux; autrement, je ne sais trop comment nous ferions pour y tenir. En effet, ces acridiens tapissent en ce moment le sol fauve du désert de leurs noirs escadrons; mais ils ne sont encore qu'à l'état de promesse, et il leur faut passer par deux métamorphoses pour arriver à l'état d'insecte *parfait*. Comme c'est humiliant pour l'homme, lequel, quel que soit le nombre de ses transformations, ne peut cependant point prétendre à cet état ! Il nous est réservé, sans doute, de voir croître et embellir ces intéressants orthoptères sauteurs, c'est-à-dire d'assister à leur prise de taille et d'ailes. En attendant, leurs foules sautillent, massées et presque en ordre, en marchant vers le nord, c'est-à-dire du côté du Tell, où le vert abonde; le vent leur est d'ailleurs on ne peut plus favorable. Nos tentes, nos lits de cantines en sont couverts d'une couche épaisse; nos marmites en sont littéralement remplies. C'est inouï ce que nous en avons déjà mangé ! »

Ce que nous venons de dire d'Aïn-el-Oucera suffit, pensons-nous, pour démontrer que notre installation sur ce point n'avait que très peu de chose de commun avec un camp d'agrément; or, la situation ne pouvait qu'empirer à tous les points de vue. Il y avait donc lieu de songer à nous éloigner de cet enfer, et de nous envoyer dresser nos toiles ailleurs. Il est évident que, si l'on eût laissé le choix de la direction à la colonne, elle se fût décidée sans grande hésitation pour le côté nord, c'est-à-dire le Tell; il était préférable, en effet, surtout pour une troupe qui avait déjà un an d'expédition dans l'halfa, d'aller se reposer sous les frais ombrages de la région relativement fortunée où fleurit l'oranger; mais la situation politique de notre Sud, ou plutôt de celui de la province d'Oran, ne permettait pas encore notre retour vers Capoue et ses enivrantes délices. L'impossibilité, disons-nous, d'abandonner le Sud à lui-même, et les raisons qui avaient déterminé l'établissement du camp d'Aïn-el-Oucera subsistant encore dans toute leur force, il fallut chercher un point qui, tout en répondant à certaines conditions stratégiques, présentât, en même temps, les ressources nécessaires pour qu'une colonne de 1,500 à 2,000 hommes pût y passer, le moins incommodément possible, les rudes mois de l'été sahrien.

Ksar-Charef, village arabe situé à deux marches à l'ouest de Djelfa, était le seul point de la subdivision de Médéa qui répondît aux conditions d'une installation estivale satisfaisante : il est sain, et il a du bois et de l'eau en abondance. Aussi, bien que ce mouvement laissât le pays découvert jusqu'à Boghar, le colonel Arnaudeau obtint-il d'y porter son camp.

La colonne quittait donc Aïn-el-Oucera sans trop de regrets, bien que, cependant, elle dût s'enfoncer davantage dans le Sud. Le 3 juin, elle s'éloignait de cet affreux et monotone terrain de campement, où elle avait séjourné pendant six mois, et allait bivouaquer à Bou-Sedraïa.

Le 4, elle faisait sa grande halte à Gueltet-es-Sthol, où elle était arrivée vers sept heures du matin par une chaleur accablante ; elle se remettait en marche à quatre heures de l'après-midi, et dressait ses tentes, à la chute du jour, sur un point sans eau, à quatre kilomètres au nord de Mesran.

Bien que ce système de scinder les marches ou étapes, dans la saison des chaleurs, ait ses partisans, nous persistons à dire qu'il présente moins d'avantages que d'inconvénients. En effet, pour ne point trop souffrir de l'élévation de la température, la colonne a dû se mettre en route, au plus tard, à quatre heures du matin, pour arriver à la grande halte vers sept heures, condition qui met la diane à trois heures du matin. Les hommes dressent leurs petites tentes, et c'est là, généralement, le seul abri sur lequel ils peuvent compter à la plupart des grandes haltes, dans le Sud algérien ; ils ne font donc là qu'une installation tout à fait élémentaire, et ils se reposent d'autant moins que presque tous sont pris pour les corvées d'eau — quand il y en a — et de combustible, quand ils n'en ont pas fait en route ; ils mangent la soupe, puis ils s'étendent sur le sol brûlant pour y passer les huit ou neuf heures que durera la halte. Vers une heure, si l'on veut se remettre en marche à quatre, ils font de nouveau la soupe pour la manger à trois heures, ce qui est trop tôt ; il ne faut pas compter la faire en arrivant au bivouac, car les hommes, fatigués de la seconde portion de l'étape, préféreront se coucher sans dîner que de l'attendre jusqu'à dix heures, surtout s'ils doivent se lever à trois heures du matin. D'ailleurs, cette seconde partie de la marche est d'autant plus pénible que les hommes n'ont point reposé, que le sac leur semble plus lourd, et qu'ils sont eux-mêmes alourdis par le repas qu'ils ont fait avant de se remettre en marche.

Nous nous sommes toujours bien trouvé de l'autre système, qui consiste à faire l'étape d'une seule traite, et en ne partant jamais avant quatre heures du matin, ce qui mettait la diane à trois heures. Nous arrivions, il est vrai, vers dix heures ; mais les hommes pouvaient s'installer définitivement, manger la soupe du soir à l'heure habituelle, se coucher de bonne heure, et reposer pendant sept ou huit heures de nuit. Ils avaient, en outre, le temps nécessaire pour mettre leurs effets de toute nature en état.

Sans doute, les marches dans le Sahra sont des plus pénibles et des plus fatigantes, soit qu'il faille marcher dans les touffes d'halfa ou dans des terrains sablonneux ; mais, en définitive, les chaleurs y sont aussi supportables que dans le Tell, en ce sens que ces grands espaces sont fréquemment traversés par des courants d'air qui en rafraîchissent très sensiblement la température. Ce qu'il y a de certain, c'est que les cas d'insolation sont moins fréquents dans le Sahra que dans le Tell. Nous ne prétendons pas établir, cependant, que le *guebli* — vent du désert — a quelque chose de commun avec la brise ; mais, enfin, il ne souffle pas toujours, et nous donne bien quelque répit.

Le 5, la colonne alla coucher aux Hadjour-el-Meleh, — les Rochers de Sel.

Pendant cette journée, la chaleur fut accablante ; une température d'étuve, et pas d'eau — même salée — sur le parcours de la colonne, pour humecter les petits bidons extérieurement. Aussi, l'abondance de café qu'ils contenaient atteignit-elle bientôt une température qui enlevait à ce breuvage toute vertu désaltérante. Un grand nombre d'hommes furent bientôt en proie au délire de la soif, qu'ils cherchaient à tromper en se mettant de petits cailloux dans la bouche, en mâchant des feuilles de *sedra* (jujubier sauvage), ou en broyant dans leurs dents des tiges d'halfa, moyens ne présentant qu'une efficacité dérisoire. L'effet de mirage, qui donnait à la sebkha du Zar'ez occidental se développant sur notre gauche, l'aspect d'un lac plein à déborder, venait encore augmenter le supplice des assoiffés, en les transportant par la pensée vers les grands fleuves, vers les riantes et belles rivières du beau pays de France. A ce spectacle tentateur, les sécrétions s'amoindrissent davantage, et les muqueuses, privées de mucus pour les lubrifier, se dessèchent de plus en plus. Dès lors, la bouche, la gorge, le pharynx, deviennent le centre de sensations étranges : on n'ose plus respirer, parce que le courant d'air de l'inspiration et de l'expiration contribue encore, en favorisant l'évaporation, à rendre sur ces points les membranes plus sèches encore. On arrive bientôt à l'hallucination ; on envie le sort de ces torturés de l'Inquisition qui étaient soumis à la question de l'eau ; on ne les plaint plus ; on trouve que la douzaine de pintes de liquide qu'on leur faisait absorber n'était pas la mer à boire, et qu'il n'y avait pas lieu de faire tant que cela la petite bouche quand l'excellent Tomas de Torquemada leur offrait, avec tant de sollicitude, l'occasion de se désaltérer. On se transporte encore par la pensée, quand la gorge vous arde, dans les grandes brasseries allemandes, où la bière coule à flots ; la liqueur blonde de Gambrinus est versée dans des choppes gigantesques ; on rêve de se noyer, non pas dans un tonneau de vin de Malvoisie, comme le duc de Clarence, mais dans un foudre de bière ; enfin, comme le roi Richard III d'Angleterre, qui, dans un moment où ses jambes lui étaient insuffisantes, s'écriait désespéré : « Mon royaume pour un cheval ! » modifiant son souhait, nous eussions dit volontiers : « Mon cheval pour un bock ! »

Le 6 juin, la colonne allait dresser ses tentes au sud du village européen de Djelfa, où elle faisait séjour le 7. Elle bivouaquait, le 8, à Bab-Aïn-Msâoud, et elle arrivait, le 9, devant Ksar-Charef, sa destination.

Le point choisi par le colonel Arnaudeau pour servir d'assiette à son camp, fut tout naturellement celui qu'avait occupé, au mois d'août de l'année dernière, la colonne Archinard. C'est un mamelon rugueux et rocailleux, dont la surface est affleurée par des bancs de roches, et qui s'épanouit en pente douce vers le nord, embrassé, à l'est, par les eaux de l'Aïn-el-Azria et de l'Aïn-Tiouelfin. Abrité contre les vents du Sud par les hauteurs boisées du djebel Ez-Zabech ; rafraîchi par sa forêt de pins d'Alep, de thuyas et de genévriers, et par les eaux de ses sources, qui lui font un collier de cristal ; égayé par la verdure des bois et par celle des jardins du ksar, le mamelon où fut assis le camp nous semblait, en le comparant à l'affreux plateau blanc-sale d'Aïn-el-Oucera, la délicieuse *Djenna* (le jardin, le paradis) que promet le Prophète, pour l'autre monde, aux Croyants qui auront pu à peu près justifier d'une vertu passable dans celui-ci. De l'eau courante et des arbres verts ! mais c'était splendissime !

Au sud et à l'est, un paysage du Tell, un frais décor dressé au milieu du désert par le machiniste divin ; une vaste ceinture ceignant le Sahra dans sa robe de couleur fauve ; une forêt avec des tourterelles qui roucoulent, des oiseaux qui *tuituitent* : c'était comme une fraîche ondée tombant du ciel après les rissolements de l'enfer.

Évidemment, en disant *forêt*, nous n'avons point l'intention d'établir de comparaison entre les baliveaux clair-semés du djebel Ez-Zabech et la haute futaie de la forêt de Fontainebleau ; mais, dans le Sahra, les appréciations doivent être minimantes, pour cette raison que quelques arbres rabougris contorsionnant çà et là dans les rochers y représentent une forêt ; de l'eau ne dérobant qu'à un millimètre de profondeur la vue des têtards qui y grouillent, c'est du cristal de roche ; de l'herbe piquée rare et courte dans une terre ingrate, c'est un gras pâturage ; par une température d'une quarantaine de degrés, on s'aborde en se disant : « Il fait bon ce matin ! » et l'on court revêtir ses habits de drap. Tout est relatif ici-bas ; c'est pourquoi Charef nous fit l'effet d'un Eden.

Si le camp de Charef n'était pas établi précisément selon les règles de la castramétation, il l'était — et cela valait mieux dans cette circonstance — suivant celles de la commodité ; on avait sacrifié, et c'était sans danger, les rigueurs de la ligne droite aux caprices de l'utilité et du bien-être. On ne se doute pas, dans le monde civil, combien il faut être fort pour s'écarter en quoi que ce soit, dans le monde militaire, des données qu'on appelle réglementaires, et pour oser chercher l'esprit de nos institutions et en laisser quelquefois la lettre de côté. Il est vrai que l'interprétation juste n'est pas à la portée de toutes les intelligences.

Si l'est et le sud nous rappelaient le Tell, l'ouest et le nord, en revanche, nous présentaient l'image la plus parfaite des régions désertiques : à l'est, au delà de Ksar-Charef, l'immensité se développait, pareille à une mer aux eaux bleu-foncé, jusqu'aux limites de l'horizon, et se rattachait aux sommets du djebel Harchet-ech-Cherguia, que noie une gaze bleuâtre vaporeusement indécise ; des roches poudrées de sel, et à base tapissée d'halfa, ajoutent encore à l'effet dont nous parlons, en nous montrant ces soulèvements comme des vagues à crêtes moutonnées. Quand, sous les ardeurs d'un soleil de feu, les ondes courent, frémissantes, à la surface du sol, l'illusion alors est complète, et Ksar-Charef, avec ses constructions blanchâtres et sa disposition en amphithéâtre, rappelle volontiers, aux hallucinés qui ont la nostalgie du Tell, Alger la bien-aimée, Alger, la ville des plaisirs faciles et des situations militaires particulièrement agréables; mais, nous le répétons, ce n'est là qu'une illusion, qu'un effet d'optique. Que le soleil vienne à s'éteindre dans l'ouest, la vérité toute nue vient nous montrer brutalement la réalité.

Dans la même direction encore, à l'horizon, des lignes dorées courent, du sud-ouest au nord-est, à mi-côte du versant oriental de la Harchet-ech-Cherguia: ce sont des dunes de sable apportées par les vents du sud, et qui se sont heurtées, impuissantes, aux flancs décharnés de cet obstacle.

On peut suivre, au loin, par la direction de la chaîne de collines qui le couvrent, à l'est, le cours de l'ouad El-Beïdha, qui prend sa source dans le djebel El-Eumour, et qui, après s'être nommé successivement ouad Thaguin, ouad Bet-Tin, ouad El-Ouerg, devient un affluent de droite du Chelif, en tombant dans le Nahr-Ouacel, tête de ce fleuve.

Au nord-ouest, les Gourin du Zar'ez, pareilles à un taureau gigantesque, éventrent le ciel de leurs redoutables cornes.

Au nord, le banc de sable de Zebart-el-Fatha fait une bordure d'or au lac salé de Zar'ez, vaste glace d'argent où le soleil se mire avec une coquetterie d'efféminé. Derrière le Zar'ez, le djebel Oukal, hérissé de gibbosités, s'allonge de l'est à l'ouest et va se relier au djebel El-Khidher, la montagne aux Sept-Têtes.

A l'est, le djebel Ouacheba, tacheté de quelques rares bouquets de thuyas et de genévriers, semble une panthère rasée dans les hautes herbes.

Il n'est point de spectacle plus splendide que celui que présentent, aux diverses heures du jour, le banc de sable de Zebart-el-Fatha et la Sebkhat-Zar'ez : c'est parfois comme un bouillonnement d'or en fusion menaçant d'un débordement la surface argentée du lac; par certains effets de lumière, l'or se calme et passe par les tons rose et aurore ; la sebkha devient bleu tendre; les montagnes, mystérieusement enveloppées de gaze, se fondent dans l'azur du ciel. Nous sommes obligés de convenir, malgré notre orgueil de mortels, que le Créateur a bien quelque talent en peinture.

Le Ksar-Charef s'élève, ou plutôt s'émiette, à six ou sept cents mètres à l'ouest du camp, sur un plateau blanc-sale horriblement dénudé et affreusement rocailleux ; la teinte de ses maisons se confond nécessairement avec celle du sol, puisque c'est le terrain même sur lequel s'assied le village qui a fourni la pierre et la terre qui ont servi à sa construction. Des vergers, clos de murs ébréchés, et dans lesquels on ne trouve que le figuier, le grenadier et l'abricotier, se développent au nord du ksar en une longue bande de verdure. Dans les carrés où les arbres fruitiers sont clair-plantés, les Abaziz ont jeté quelques poignées d'orge qui n'ont produit qu'un maigre rendement.

Les eaux de Charef sont remarquablement belles, et les contempler n'était pas la moindre jouissance des officiers de la colonne ; on s'asseyait sur les bords de la source principale, qui pleure par cinq ouvertures des larmes de cristal grosses comme le poing ; on admirait la limpidité du Haci-Tiouelfin, aux quatre sources bouillonnantes ; on suivait, l'œil rafraîchi, le cours de ces belles eaux que la couleur du sol sur lequel elles s'épandent fait paraître d'argent ; on écoutait avec plaisir leur gentil caquetage et leurs ricanements, et, pour peu qu'on s'isolât de ce qui vous entourait, on ne tardait pas à se croire transporté au bord d'un de ces charmants ruisseaux qui courent joyeux dans les prés fleuris de notre chère France. Jugez donc ! de l'eau claire dans le Sahra ! Mais aussi c'est une curiosité, et on se dérange pour aller voir cela.

L'Aïn-el-Azria, à l'est du camp, donne aussi des eaux qui ne sont pas à mépriser.

En résumé, Charef est un des meilleurs bivouacs de notre Sahra, et ce n'est pas sans raison que les Arabes l'appellent une *dàr mlîha*, une bonne demeure.

Dès le lendemain de l'arrivée de la colonne à Charef, les officiers avaient porté une cognée arboricide sur les pins d'Alep qui peuplent le djebel Ez-Zabech, et les malheureux conifères jonchent par centaines, comme des guerriers tombés sur le champ de bataille, le terrain où s'asseyait le camp. C'était à fendre le cœur de voir cet affreux carnage d'abiétinées, lesquelles pleuraient leurs cônes dans toutes les directions.

La conscience des abatteurs n'était pas sans gronder un peu ; mais ils cherchaient à se mettre d'accord avec elle en tâchant de se persuader à eux-mêmes que le pin d'Alep pousse aussi vite que le radis, et que, d'ailleurs, il ne pouvait y avoir grand mal à dévaster un pays qu'on allait, disait-on, bientôt abandonner. L'excuse n'était pas fameuse, mais c'est toujours comme cela quand le remords vous talonne. Du reste, il n'y avait point à hésiter ; il fallait nécessairement se mettre à l'abri contre les menaces d'une température qui n'est pas absolument à l'usage des organisations européennes.

Au bout de quelques jours, la forêt était dépaysée, et le plateau rocailleux de Charef était transformé, comme par l'effet d'un pouvoir magique, en une vaste oasis de pins d'Alep balançant leurs verts panaches au souffle des brises sahriennes.

Comme on était menacé de passer là l'été, chacun songea à s'abriter contre les chaudes caresses du soleil de cette région en formant un établissement solide, presque impénétrable aux rayons de l'astre, et de force à lutter avec les vents déchaînés du Sud. L'abatis que nous déplorons plus haut devait donc nous fournir les matériaux nécessaires à la construction des gourbis.

Dès le lendemain de l'installation du camp, disons-nous, ceux de nos officiers qui, comme Titus, craignent de perdre une journée, ceux qui, professant les doctrines de l'épicuréisme, recherchent toujours ce qu'il peut y avoir de bon dans une mauvaise situation ; ceux qui ont horreur de *la maison de toile*, mauvaise en hiver, inhabitable en été, et qui préfèrent plonger, en plein midi, leur crâne dévasté — dût-il virer au buis ou à l'ivoire ranci — dans la lumière ardente du grand chauffeur de notre planète ; ceux qui, affolés de verdure, dressent habituellement trois baliveaux ou un paquet d'arbustes étiques devant leurs tentes, et qui, poussant l'orgueil de l'horticulture jusqu'à la démence, n'hésitent pas à mépriser le jardinier d'Armide, Le Nôtre, et peut-être même Alphonse Karr, sous prétexte qu'ils n'ont jamais rien fait de pareil ; toutes ces catégories de *verdu-*

riers, disons-nous, s'efforçaient de trouer le rocher, de le tourmenter avec la barre à mine, de faire au sol, en un mot, un visage de variolé pour planter dans ses cicatrices les arbres qui devaient former la charpente, le squelette de leurs habitations.

Les destructions et les constructions continuèrent de plus belle les jours suivants; à chaque instant, surgissait un nouvel îlot de verdure; la bâtisse est contagieuse, et il ne restait plus guère n'ayant pas mis la main à la pâte que ces pseudo-spartiates qui ne mordent aux jouissances de ce monde qu'à huis-clos, mais qui y mordent, pourtant, et ferme.

Au bout de quinze jours, le camp de gourbis de Charef offrait le plus merveilleux coup d'œil qu'on pût imaginer : il y avait là de véritables œuvres d'art, et l'inouïsme de la chose, c'est que tout cela s'était fait avec rien, sans autres outils que des couteaux et les hachettes ébréchées des escouades. Le pin composait la charpente; le thuya et le genévrier formaient le clayonnage des parois; on capitonnait avec du romarin, et on couvrait avec de l'halfa. Quels ingénieux débrouillards que les Français !

Les gourbis des Tirailleurs algériens — des moutons dans une peau de tigre — n'avaient ni le fini ni le léché de ceux du 16º de Chasseurs à pied ou du 34º d'infanterie; ils ressemblaient volontiers à ces merveilleux soldats qu'on est convenu d'appeler les *enfants du désert* (1); tout cela, malgré les idées de rectitude que s'efforce de leur inculquer leur commandant T........, était construit avec un mépris candide de l'alignement, avec une indépendance absolue de principes à l'endroit de la ligne droite; — elle n'y figurait même pas pour mémoire; — tout cela était tour-

---

(1) Il est généralement admis par les journaux de France, voire même d'Algérie, que les Turcos sont des enfants du désert. Bien que cette qualification pittoresque donne un certain cachet d'étrangeté à ces intrépides soldats, et qu'il nous coûte énormément de saper une illusion qui a son demi-siècle, nous n'hésitons cependant pas à déclarer que tous les Tirailleurs algériens sont nés dans le Tell, à l'exception pourtant de ceux à qui le hasard fit voir le jour à Manheim, à Astrakan, à Turin ou à Concarneau ; mais nous ajouterons qu'on n'en fait plus comme ça. Il nous faut donc, à dater d'aujourd'hui, en prendre notre parti : — le prendra-t-on ? — il n'y a pas plus de *Tirailleurs du désert* que de lions de cette même région.

monté, hérissé, penché, désorienté. La forme dominante — il y en avait une — était celle d'un gibus sur lequel un myope se serait assis par mégarde ; quelques-uns de ces gourbis rappelaient assez l'idée d'un bonnet à poil qui aurait été exposé longtemps aux écoulements célestes, ou d'un chat faisant inopinément, dans un escalier, la rencontre d'un chien inconnu. Mais enfin, cela paraissait leur suffire.

Leur commandant gémissait à cœur tendre de cet état de choses, qui tranchait très désagréablement sur les élégantes constructions du camp. Il s'en consolait cependant, en songeant qu'un jour, — il ne savait pas au juste lequel, — les natures incultes dont les pères ont bâti la mosquée de Cordoue et l'Alhambra finiraient par faire quelque chose de suffisamment droit, quelque chose qui ne serait pas, comme aujourd'hui, un objet de risée pour leurs contemporains, dont plusieurs se flattent d'avoir appris la géométrie.

Les gourbis du 4e de Chasseurs à cheval restèrent, pour la plupart, à l'état de projet ou de carcasse. Les cavaliers de ce régiment paraissaient imbus de ce principe — ils étaient peut-être dans le vrai — qu'il ne faut jamais se presser lorsqu'il s'agit de travail. Les officiers, parmi lesquels on comptait de vieux Africains, savaient d'expérience, sans doute, l'instabilité des choses humaines, et ne voulaient pas risquer de travailler pour la postérité. Avaient-ils raison ? Avaient-ils tort ?.... L'avenir le démontrera.

Nous avons dit plus haut que le 34e d'Infanterie avait eu le projet de construire un théâtre au camp d'Aïn-el-Oucera ; le prompt départ de la colonne pour Charef avait fait échouer cet excellent dessein ; mais le caporal-impresario — un Parisien — s'était bien promis de reprendre son idée et de la mettre à exécution, si les Destins lui assuraient un mois de séjour sur ce point.

Il est évident que si, dans une réunion de trois Français, il se rencontre un Parisien, vous ne l'échapperez pas ; vous aurez un théâtre, fussiez-vous sur terre, sur mer, ou dans les airs, quand on aura trouvé le moyen de se maintenir et de faire ses quatre volontés dans cet élément. Trois Français ! mais c'est plus qu'il n'en faut pour jouer la *Chambre à deux lits!*

Les théâtres en campagne ont, croyons-nous, plus d'inconvénients que de véritables avantages; ils exercent, surtout dans le désert, une influence nostalgique sur les natures impressionnables, en ce sens que vous leur présentez des scènes de la patrie, que vous leur mettez sous les yeux, comme à cet infortuné Tantale, des images qui leur font sentir d'autant plus vivement les mille privations auxquelles elles sont assujetties. L'audition du *Ranz des Vaches* arrachait des pleurs aux *Cent-Suisses* et les portait à la désertion. Ainsi, au théâtre, il n'est presque point de pièces dans lesquelles l'amour n'ait un rôle. Croyez-vous qu'il soit sans danger de réveiller cela dans les armées en campagne, et surtout dans le Sahra ?

Quoiqu'il en soit, le caporal-impresario du 34e entreprit la construction de son théâtre; au bout de quelques jours, la charpente devant figurer la scène s'élevait dans les airs avec une hardiesse des plus provocantes pour les vents du Sud.

Le commandant du bataillon de Tirailleurs avait fait reconstruire sa *zriba* pour ses concerts orientaux, lesquels étaient toujours suivis avec un enthousiasme des plus persistants.

En définitive, le camp de Charef était tout uniment une merveille, mais une merveille qui avait le grand tort d'être à Charef, dans le Sahra, au lieu d'être à Saint-Maur, aux portes de Paris. Faire de la gloire ou de l'art à huis-clos ou entre hommes, cela manque de stimulant, et, pour le Français, là où le sexe enchanteur n'est représenté que par des cantinières qui ont roulé leurs glorieux tonnelets sur tous les champs de bataille de leur temps, l'enthousiasme a toutes les peines du monde à escalader le zéro du thermomètre de l'amour-propre artistique.

Mais l'installation du camp venait à peine d'être terminée, lorsque le bruit d'une incursion imminente de l'ex-agha Bou-Diça — que nous connaissons — sur les terres des Oulad-Mokhtar, tribu à laquelle il appartenait, et qu'il avait, prétendait-on, l'intention d'enlever et d'entraîner de nouveau dans la défection, vint obliger la colonne Arnaudeau à quitter son camp de Charef pour se porter là où sa présence paraîtrait utile.

Cette menace — vraie ou fausse — de Bou-Diça semblait causer une frayeur extrême aux tribus du cercle de Boghar, qui avaient leurs campements au nord de notre camp. Quelle que fût la valeur d'une nouvelle qui ne reposait que sur des bruits arabes, il convenait néanmoins de prendre une position qui rassurât ces tribus, et qui les mît, s'il y avait lieu, à l'abri des tentatives de ce transfuge; il fallait couvrir les Oulad-Mokhtar et les Rahman, qui paraissaient le plus directement menacés. Or, la position de Dar-Djelloul, située à trois marches au nord de Charef, près de Serguin, remplissait parfaitement le but qu'on se proposait, puisqu'elle gardait ces deux tribus nomades contre toute attaque ou toute tentative d'enlèvement venant de l'Ouest.

Le 26 juin, en même temps qu'il venait prendre le commandement de la colonne de Charef, le lieutenant-colonel Morand, du 34e d'Infanterie, qui remplaçait le colonel Arnaudeau, du même corps, désigné pour commander la colonne de Laghouath en remplacement du colonel Margueritte, se formait en colonne légère pour se mettre en marche dès le lendemain dans la direction du nouveau camp.

On avait signalé, dans la soirée de ce jour, la présence d'un fort parti de rebelles sur les eaux de Thaguin, où, s'il fallait en croire les on-dit, il serait venu boire dans la matinée.

Le lendemain, 27 juin, c'est-à-dire dix-huit jours après son arrivée à Charef, la colonne légère s'ébranlait, abandonnant ses merveilleux gourbis, et, probablement, pour jamais, et mettait le cap sur le Nord, en jetant un regard de regret sur sa ville de verdure, l'enfant de ses sueurs et de son incomparable génie. Elle allait bivouaquer sur les eaux de Hammiet-el-R'arbia, source thermale sourdant au pied d'un îlot situé au bord sud de la sebkha du Zar'ez occidental.

Cette particularité d'une source d'eau douce jaillissant dans le lit d'un lac salé se reproduit encore au nord-ouest de Hammiet-el-R'arbia, sur un îlot voisin de Mokthà-el-Djedian. Les Arabes donnent tout naturellement une origine merveilleuse à cette source, qu'ils nomment Hacï Sidi Aïça-Mahammed (le puits de Sidi Aïça-Mahammed).

Le 28, après avoir traversé un bras du lac salé, que les pluies de la veille avaient rendu boueux, la colonne prit la direction de Thaguin, et alla coucher, en appuyant à l'est, sur le r'dir de Feïdh-el-Hallouf.

C'est sur notre droite, à Mendjel, que, le 16 avril de l'année dernière, l'agha de la tribu des Oulad-Chaïb, En-Naïmi-ould-El-Djedid, assassina traîtreusement, au milieu des campements de cette tribu, son kaïd Djelloul-ben-Msaoud.

Après cet assassinat, que nous avons raconté dans tous ses détails dans la première partie de cet ouvrage, et pour échapper au châtiment qui l'attendait, l'agha En-Naïmi s'enfuit en entraînant les Oulad-Chaïb dans la défection.

C'est au nord de Feïdh-el-Hallouf que fut tué, le même jour, par Bou-Bekr-ould-El-Djedid, frère d'En-Naïmi, le lieutenant indigène Ahmed-ben-Rouïla, du bureau arabe de Boghar.

Une reconnaissance poussée par quelques mekhazni dans la direction des eaux de Thaguin, où l'on avait signalé, la veille, la présence d'un fort parti de rebelles, n'avait eu d'autre résultat que la constatation du passage récent de nombreux cavaliers sur ce point; mais rien n'avait démontré que ce fût un goum ennemi.

La colonne arrive à Dar-Djelloul le 29, après une marche longue et fatigante sur les plateaux rocailleux de la rive gauche de l'ouad Eth-Thouïl, et pose son camp sur les bords de la source thermale d'El-Khadhra, laquelle donne son nom à l'ouad qu'elle alimente de ses eaux.

C'est à une maison que fit bâtir, en 1860, le kaïd Djelloul-ben-Msaoud sur la rive droite de l'ouad El-Khadhra, que l'emplacement sur lequel est établie la colonne Morand doit son nom de Dar-Djelloul (*la Maison de Djelloul*).

Cette construction, dont la continuation fut arrêtée par la mort du kaïd des Oulad-Chaïb, Djelloul-ben-Msaoud, assassiné, comme nous l'avons dit plus haut, par l'agha En-Naïmi, promettait un développement monumental; elle devait avoir la forme de la maison moresque, c'est-à-dire se composer de quatre faces servant d'appui à des constructions s'ouvrant sur la cour. La face sud est seule terminée ; le goût n'en est pas irréprochable : c'est le style *gâteau de Savoie* adopté par les architectes français qui ont bâti la Chellala du cercle de Boghar. Deux tours-guérites — des poivrières du XIII° siècle — défendent les angles est et ouest de l'édifice, et lui donnent, de loin, l'aspect d'un castel des temps féodaux.

Dar-Djelloul, ruinée avant d'être achevée, c'est l'histoire de son infortuné fondateur, arrêté prématurément et violemment dans la vie par l'assassinat.

Bien que kaïd des Oulad-Châïb, Sid Djelloul était cependant étranger à cette tribu : il appartenait à une famille de marabouth des Oulad-Sidi-Aïça-El-Ouerg. Cette origine explique le choix de l'emplacement de son bordj sur le territoire de cette dernière tribu.

Le site où s'élève Dar-Djelloul séduit tout d'abord, surtout quand, venant du Sud, on a traversé la plaine affreusement rocailleuse qui s'étend entre les hauteurs dénudées qui se nouent au djebel Ben-Hammad, et le cours de l'ouad Bet-Tin.

L'abondance et la beauté de ses eaux, ses nombreux canaux d'irrigation marqués par des lignes d'herbes vertes, son petit bois si ombreux de figuiers et d'abricotiers, tout cela réjouit l'œil et le guérit de l'aride uniformité dont il a souffert. Mais ne nous éloignons pas trop des lieux arrosés par les sources. La chaîne de collines qui ferme notre ouest, en prenant successivement les noms de Kaf Aïn-El-Frithiça, de Bou-Chothaïba et de Kaf Aïn-El-Khadhra, est hideusement pelée : c'est une suite de rochers jaunâtres qui semblent avoir été émiettés par le marteau patient du casseur de pierres.

Cette chaîne à croûte brisée va se river, au nord, au djebel Arfouf, piton rocheux qui, à quelque distance, présente l'aspect d'une gigantesque mitre d'évêque, et au djebel Daoura, taillé en soufflet comme un accordéon.

Notre est est sans limites : c'est une vaste plaine tigrée de buissons de jujubiers sauvages et de maigres touffes d'halfa. L'ouad Bet-Tin ou Eth-Thouïl, qui reçoit toutes ses eaux, coule du sud au nord à deux kilomètres de Dar-Djelloul, et devient plus tard un affluent du Nahr-Ouacel, qui est le Haut-Chélif. Au loin, dans le sud-est, le djebel El-Khidher nous montre encore ses éternelles Seba-Rous, ses sept têtes de géants décapités. Notre sud est borné par le djebel Oukat et le djebel El-Meksem, qui se rattache aux collines de Thaguin.

Nous l'avons dit, les eaux sont très abondantes autour de Dar-Djelloul; les sources ont généralement leurs têtes dans l'ouest, au pied des contre-forts du djebel Ben-Hammad et du djebel Amar-ben-Khaddou. Trois de ces sources sont remarquables par le volume de leurs eaux : au sud, l'Aïn-el-Frithiça (1), qui s'échappe du pied du Kaf (rocher) de ce nom, et qui arrose quelques maigres vergers plantés d'abricotiers ; l'Aïn-el-Khadhra, qui sourd dans les figuiers, à l'ouest de Dar-Djelloul, par quatre bouches, et qui forme, au point de jonction de ces sources, un ruisseau qui, dans le Sud, peut parfaitement passer pour une rivière ; les sources de Serguin, ou Mserguin, au nord, présentent également un gros volume d'eau qui arrose les jardins de cet ancien ksar, et qui, en se divisant, va former une *dzira*, une île couverte d'une forêt de roseaux impénétrable. Entre les sources d'Aïn-el-Khadhra et de Mserguin, on trouve encore une fontaine, qui est bien inférieure aux autres sous le rapport du volume de ses eaux, mais qui leur est infiniment supérieure sous celui de leur qualité : c'est l'Aïn-el-Abadia, qui prend sa source au pied des derniers mouvements de terrain du Kaf Aïn-el-Khadhra.

Les eaux d'Aïn-el-Khadhra, nous l'avons dit, sont splendides; elles roulent leurs nappes tièdes, limpides comme du cristal, sur un lit de petits cailloux jaunes, verts et rouges. Tout le long de son parcours, le ruisseau est peuplé de crustacés-brachyoures et de cyprinoïdes, qui augmentent les maigres ressources des

---

(1) Diminutif de *forthaça*, teigneuse. Ce qualificatif se rattacherait, suivant les Oulad-Sidi-Aïça, à un fait légendaire qui aurait eu pour héroïne une femme affectée de cette maladie que les dermatologues appellent la *teigne*, affection d'ailleurs on ne peut plus commune parmi les indigènes des deux sexes.

Les Arabes emploient aussi le qualificatif *forthas* pour désigner un terrain aride et rocailleux.

popotes; il fourmille aussi de petits mollusques à coquille noire — pulmonées aquatiques — qui hérissent chacune des pierres du cours d'eau.

Malheureusement, les belles eaux d'Aïn-el-Khadhra sont fortement chargées de carbonate de chaux; aussi ont-elles à un haut degré la propriété de pétrifier les végétaux qu'elles rencontrent; elles agissent par incrustation et composent ordinairement une sorte de conglomérat formé de débris de roseaux, de branches de figuiers, des mollusques dont nous parlons plus haut, et de toutes les plantes qui naissent sur les bords du ruisseau. On rencontre ces pétrifications en grande quantité, surtout dans la dérivation qui est creusée entre le bouquet de figuiers et les ruines du Ksar Aïn-el-Khadhra, qu'on nomme aussi Ksar El-Kheurab.

La plupart des hauteurs voisines de Dar-Djelloul sont couvertes de constructions : au nord, les deux ksour Serguin, Ksar El-Ahmeur et Ksar Er-Ragouba, complètement ruinés, se confondent avec les rochers sur lesquels ils s'élevaient; à l'ouest, sur un piton, les ruines de Bou-Chethaïba; au sud, ruines sur l'Aïn-el-Frithiça. Tout près de Dar-Djelloul, sur un petit plateau qui domine la rive gauche de l'Aïn-el-Khadhra, un ksar de ce nom a fait place à la redoute Archinard, construction qui, ainsi que l'indique une pierre scellée dans le bastion de l'est, date du mois de septembre 1864 ; elle est l'œuvre d'un bataillon du 77e d'Infanterie (commandant Charles), qui faisait partie de la colonne que commandait alors le colonel Archinard, et rappelle l'expédition la plus ingrate, la plus pénible, la plus difficile, la plus longue qui ait été faite dans notre Sahra. En effet, pendant cinq mois, — de juillet à novembre, — la colonne Archinard, ainsi que nous l'avons dit dans un des chapitres précédents, n'eut pas un moment de repos : chargée, au milieu d'un pays insurgé, de l'importante mission des ravitaillements, et manquant absolument des moyens de transport spéciaux au Sahra ; les chameaux ; obligée de se servir de charrettes dans un pays sans routes, haché de ravins, bourrelé de dunes de sables, criblé de fondrières, impraticable dès que les voitures y avaient passé deux fois, défoncé par les moindres pluies ; contrainte, le plus souvent, de prendre sa direction en dehors des sentiers arabes, à travers les touffes d'halfa, en tâtonnant, sondant son terrain, parfois rebroussant chemin, se jetant à droite ou à gauche, guidé par un hardi pilote, Juan Mas, l'intrépide colon de Mesran, un homme d'entreprise et de ressources, un homme qui a rendu les plus grands services à la colonne Archinard, et qui lui a permis de faire l'impossible, et tout cela avec l'ennemi partout, ennemi harcelant, insaisissable, agaçant, et tout cela sous un soleil de plomb, pendant les mois d'été, sans eau ou avec de l'eau vaseuse et infecte, et tout cela avec des journées de marche de quinze à seize heures, à cause de la lenteur du convoi, lenteur amenée par des charrettes qu'il faut décharger et recharger dix fois dans une journée. Aussi, malgré les jurons des conducteurs, les coups de fouet aux bêtes épuisées ou qui se rebutent, le convoi s'allongeait-il outre mesure, et la queue n'arrivait-elle ordinairement au bivouac qu'à la nuit close. Et pourtant, tout cela reste ignoré, parce que cela se fait sans éclat, sans bruit, et sur un théâtre sans écho et vide de spectateurs. Ce sont pourtant là des services, et des meilleurs.

Tout est ruines et décombres autour du Dar-Djelloul ; les Oulad Sidi-Aïça-Mahammed ont repris la vie nomade et la tente ; ils ont abandonné la maison de pierre qui les clouait sur leurs rochers. En effet, sous la tente, on peut suivre les troupeaux sur leurs pâturages ; on se déplace suivant les saisons et on choisit son terrain ; on n'a point de murs à relever ; on n'a point à redouter la chute d'une terrasse ; avec la tente, la liberté, l'espace, le grand air. En présence de tous ces biens, les Oulad Sidi-Aïça-Mahammed n'avaient pas à hésiter entre l'habitation de poil et la demeure de pierre.

La *dxira* (l'île), avec sa forêt de roseaux, est délicieusement verte et d'une adorable fraîcheur ; c'est de la volupté, par les affreuses chaleurs qui, dès le matin, se font sentir à Serguin, d'aller s'étendre au bord des eaux sous une voûte formée par d'épais panaches de roseaux impénétrables aux rayons du soleil, avec des oiseaux qui se balancent sur leurs tiges flexibles en sifflant une berceuse. Ne quittons pas cette île bénie ; car, au delà de son périmètre, ce ne sont plus que des ruines, des roches brisées, des pierres à ne savoir où poser le pied, et une température étuvéenne.

Disons quelques mots de l'installation du camp.

L'Infanterie occupe trois des faces d'un carré ; le bordj Djelloul forme l'autre. Le 34ᵉ d'Infanterie tient la première face, sud, le 16ᵉ de Chasseurs à pied occupe la deuxième, ouest, et les Tirailleurs du 1ᵉʳ régiment forment la troisième, est. Les escadrons du 4ᵉ de Chasseurs de France, l'Artillerie et le Train campent dans l'intérieur du carré. L'Administration et ses magasins sont placés dans le bordj Djelloul.

L'ambulance a été construite sur la face nord de la redoute Archinard. L'État-major de la colonne a dressé ses tentes dans une clairière du bouquet de figuiers.

Les troupes sont sous la tente-abri.

L'Aïn-el-Khadhra, qui forme un gros ruisseau dès son point d'émergence, traverse le camp diagonalement, et y répand, avec une certaine fraîcheur, cette gaîté que donne, dans le Sud, la vue de l'eau courante.

On n'a pas oublié que nous sommes à la fin de juin, et que ce n'est pas précisément cette époque de l'année qu'on choisit pour faire des voyages d'agrément dans le Sahra. Dar-Djelloul, en effet, c'est un bain maure à ciel ouvert : dès cinq heures du matin, on y mijote au bain-marie ; à huit heures, on y cuit ; à dix heures et jusqu'à quatre heures du soir, on y rissole ; puis on y remijote jusqu'au coucher du soleil, pour retomber dans l'étuve jusqu'à dix heures du matin. Nous ajouterons qu'on ne se plaignait pas ; on se bornait à s'éponger le front toutes les cinq minutes, en regrettant le bon temps des guerres de M. de Soubise, où l'on attendait — de connivence avec l'ennemi — pour livrer bataille, le délicieux mois de mai, le mois des fleurs et des jolies brises, et où l'on remettait l'épée au fourreau dans les premiers jours de juin, en ajournant la suite des affaires au commencement de l'automne, après les chaleurs. On savait alors ce que c'était que les quartiers d'été et les quartiers d'hiver ; mais, en Algérie, nous avions changé tout cela ; il est vrai de dire que nos adversaires, les Arabes, se prêtaient mal à cette combinaison, d'autant mieux que le soleil est un de leurs plus puissants auxiliaires. Nous en prenions donc notre parti en songeant qu'il s'agissait ici des intérêts de notre chère et bien aimée France.

Cependant, sous les menaces de cette température tropicale, qui n'était pas encore arrivée à son maximum d'intensité, il fallut bien penser à se créer des abris ; ici on ne pouvait pas, comme à Charef, compter sur le bois ; il fallait faire cinq lieues pour trouver quelques arbres rabougris ; mais la Providence — qui pourvoit à tout, assure-t-on, — n'a pas manqué, dans la prévision, sans doute, de l'établissement d'un camp permanent à Dar-Djelloul, de faire pousser tout près, à Serguin, comme nous l'avons dit, une forêt de roseaux impénétrable comme les forêts de bois du Nouveau-Monde. C'est là une importante ressource ; car, avec des roseaux, ont peut fabriquer de superbes gourbis refusant impitoyablement l'entrée de toute demeure aux rayons du soleil ; le roseau est, en outre, très favorable aux œuvres d'art ; il se prête à toutes les combinaisons, à tous les caprices, à toutes les fantaisies. Aussi, comptions-nous sur des prodiges de la part des constructeurs que nous avions déjà vus travailler à Charef. Cependant, avec la menace d'instabilité qui se balançait au-dessus de leurs projets comme cette épée si connue sur la tête du flatteur de Denys de Syracuse, les échaudés de Charef, qui avaient été forcés d'abandonner leurs monuments juste au moment où ils venaient d'être terminés, avaient bien juré qu'on ne les reprendrait plus à se lancer dans des constructions gigantesques qui ne devaient servir — c'était supposable — qu'à loger des bédouins. Oui, mais serment d'artiste et de maçon n'a pas d'autre valeur que celui du malheureux qui a le goût de la boisson ; ici-bas, quand nous avons des aptitudes, nous en sommes les esclaves comme les vicieux le sont de leurs vices, et les habitués de leurs habitudes.. Il y avait là des matériaux pour la bâtisse, fatalement, les constructeurs devaient édifier, et c'est ce qui arriva.

Au bout de quelques jours, la forêt de roseaux était sensiblement tondue ; mais cette typhacée n'est pas un arbre, et plus on en coupe, au contraire, plus il en pousse. D'ailleurs, il y en avait une quantité tellement prodigieuse, qu'il n'était pas à craindre qu'on en vit de sitôt la fin. Dès qu'il y en eut assez de fauchés pour que partout on pût commencer les travaux, chaque corps se mit à l'œuvre.

Comme à Charef, l'Artillerie fit merveille : les gourbis des officiers furent des œuvres d'art du premier mérite, du meilleur goût. Les pavillons, établis sur des polygones réguliers, étaient d'une grande élégance rustique; ils tranchaient avec la sévérité des gourbis-baraques de la troupe, lesquels trahissaient pourtant des connaissances achevées en l'art de la charpenterie, et révélaient le corps savant.

La Cavalerie, qui s'était fait tirer l'oreille à Charef pour entreprendre ses constructions, s'était hâtée, au contraire, à Dar-Djelloul, de poser les bases de son installation; le gourbi-bonnet-de-police y avait été généralement adopté, à cause de la nature des matériaux de construction, et surtout de sa simplicité architecturale.

Les Tirailleurs avaient presque exclusivement adopté les gourbis cubiques ou à terrasse pour éluder les difficultés de la toiture; c'était, du reste, de l'architecture moresque, mais dans sa plus tendre enfance.

L'Infanterie de ligne, qui paraissait vouloir finir ses jours à Dar-Djelloul, avait bâti à chaux et à sable. Il est vrai que la pierre était à pied-d'œuvre. Un grand nombre d'officiers avaient des maisonnettes du modèle de celles qu'on trouve dans les boîtes de petits ménages à vingt-cinq sous : ce n'était pas absolument spacieux; mais il n'y faisait pas clair en plein midi. C'est ce que les officiers appelaient ménager les jours; il est vrai que, dehors, ils avaient de la lumière à en mettre à la Caisse d'Épargne, et cela sans trop s'exposer aux privations. Enfin, les maçonneries étaient à l'abri du renversement, et par les affreux vents du sud et de l'ouest qui règnent dans ces régions, les gourbis de roseaux n'offraient point assez de résistance pour se permettre cette prétention. Du reste, au bout de quelques jours de construction, ils affectaient des airs penchés qui dénotaient qu'ils n'étaient point de force pour lutter avantageusement avec le brûlant *guebli* et le fougueux *r'arbi*.

Comme tous les camps du Sud, celui de Dar-Djelloul man-

quait absolument de gaîté; les distractions les plus intenses
étaient des siestes de quatre heures sous les figuiers; — il n'y en
avait pas pour tout le monde; — c'était la pêche à la ligne
dans les eaux thermales d'El-Khadhra, avec les émotions vives
que donne aux fanatiques de l'halieutique cet exercice à bras
tendu. Quand un pêcheur prenait, après deux ou trois heures
d'un espionnage félin, un poisson — toujours du barbeau —
de la dimension d'un manche de grattoir, il rapportait triomphalement sa victime au camp, en le traversant par une diagonale, pour recueillir les bravos de la foule. L'heureux pêcheur
parlait pendant quinze jours des incidents et des péripéties qui
avaient marqué son opération avant que ça ne mordît sérieusement.

On avait aussi la chasse; mais l'état du pays — affirmait-on —
ne permettait de prendre ce plaisir qu'en famille. Nous devons
dire pourtant qu'on était autorisé à tuer tout gibier venant
s'aventurer dans un rayon de cent treize mètres du quartier-général. C'était, de cette façon, la cavalerie qui avait le monopole
de la chasse: la corvée de l'halfa, qu'elle était obligée d'aller
faire à cinq ou six kilomètres du camp, lui permettait le massacre de quelques malheureux léporidés mal en chair, et de pauvres perdicinées amaigries par les difficultés de gagner leur vie
dans les régions désertiques. Quant aux ganges, ils étaient méprisés, et ils ne s'en plaignaient pas. Ces gallinacés sont extrêmement nombreux dans le sud de Serguin: cela tient à leur
chance d'avoir été doués d'une chair particulièrement incomestible.

Le whist, ce jeu silencieux que jouent certainement les Ombres en attendant le vapeur qui doit les conduire de l'autre côté
des sombres bords, était aussi fort pratiqué sous le gourbi des
officiers.

Mais les criquets qui fréquentaient si volontiers notre camp
d'Aïn-el-Oucera, alors qu'ils n'en étaient encore qu'à leur troisième métamorphose, ont pris des ailes et sont arrivés à l'état
d'insectes parfaits. Nous les retrouvons achevant l'œuvre de destruction qu'ils avaient commencée il y a six semaines, et qu'ils
continueront jusqu'à leur mort, catastrophe qui, heureusement,

n'est pas éloignée ; car ils en sont à la période de l'accouplement ; les criquets femelles vont terminer leur mission ici-bas en déposant, d'ici à quelques jours, leurs œufs dans les sables.

Un immense essaim de ces orthoptères sauteurs vient s'abattre sur un abricotier gigantesque qui nous prêtait si généreusement l'ombre de son feuillage. Malgré nos cris, nos bruits discordants pour les chasser, l'arbre est dépouillé de ses feuilles en moins de dix minutes. Ajoutant l'insulte à leur œuvre dévastatrice, elles nous rejettent sur la tête le résultat de leur digestion ; car leur tube digestif n'est qu'un passage où les aliments ne s'attardent pas.

Le commandant de la colonne avait poussé activement les établissements d'utilité générale : c'est ainsi que le camp fut bientôt pourvu d'un four en briques pour la cuisson du pain, d'une ambulance en maçonnerie, et d'une immense piscine qu'alimentaient, par une dérivation, les eaux thermales d'Aïn-el-Khadhra. Des bains dans le Sahra, c'était merveilleux !

Enfin, quand tout le monde fut parfaitement installé, la colonne de Dar-Djelloul reçut l'ordre d'aller s'établir sous Boghar pour y passer le reste de l'été. Deux causes motivaient ce mouvement rétrograde. D'abord, le camp avait fini par devenir inhabitable : les chaleurs insupportables de l'été, et les propriétés laxatives de ses eaux avaient gravement compromis l'état sanitaire de la colonne Morand, laquelle s'égrenait de ses hommes comme un chapelet brisé ; il était donc urgent de placer les troupes qui la composaient dans d'autres conditions climatériques. D'ailleurs, la position de Dar-Djelloul avait beaucoup perdu de son utilité : Sid El-Ala se reposait ; on n'avait pas de nouvelles de Bou-Dica, qu'on savait ne pas pouvoir vivre de la vie des Sahriens, lui, l'habitué des villes, et surtout se passer de l'absinthe du Tell ; les inquiétudes des tribus du cercle de Boghar paraissaient dissipées ; les fidélités se refaisaient et se consolidaient ; la colonne pouvait donc sans danger remonter vers le Nord pour y prendre ses quartiers civilisés. Ce mouvement s'opérait dans le courant du mois d'août, et la colonne Morand allait s'installer dans la forêt de pins d'Alep qui est à quelques kilomètres de Boghar.

Nous rappellerons qu'une colonne d'observation, sous les ordres du général Liébert, avait été formée à Tniyet-el-Ahd dans les premiers jours de décembre 1864. De cette date au mois de juillet 1865, il ne se produisit aucun fait qui méritât d'être cité. Pourtant, le 20 de ce mois, quarante tentes des Beni-Lent et des Oulad-Oradj, travaillées activement par les émissaires du marabouth se laissèrent entraîner dans la défection et passèrent aux rebelles.

L'emplacement choisi par le lieutenant-colonel Morand pour y établir son camp réunissait toutes les conditions d'un bon bivouac d'été ; mais la distance de ce point aux magasins de la colonne — Boghar — et l'éloignement de l'eau, la nature des voies de communications qui y conduisaient, les rigueurs de l'hiver à cette altitude ; tous ces inconvénients ne permettaient pas de séjourner au delà du mois d'octobre sur les lieux où le colonel avait établi sa colonne ; c'était l'époque à laquelle les brouillards et les pluies commencent à faire leur apparition ; en novembre, les neiges blanchissent déjà les sommets voisins du point où s'assied Boghar, poste avancé qui, lui-même, nous le savons, est juché à plus de 1,100 mètres au-dessus du niveau de la mer.

Or, comme, selon toute probabilité, la colonne devait passer l'hiver dans ces parages, il y avait lieu de s'occuper le plus tôt possible de la recherche d'une position répondant à tous les besoins d'une installation sérieuse, c'est-à-dire, facilités de communications avec Ksar El-Bokhari, où l'on a établi un biscuit-ville, proximité de l'eau et du bois, altitude moyenne, température supportable, matériaux à pied d'œuvre pour les constructions projetées.

Le point d'El-Bordj, situé à 1,500 mètres au sud-est de Boghar, réunissait à peu près toutes les conditions du programme. Le lieutenant-colonel Morand y porta donc sa colonne dans le courant de septembre, pour y commencer sans plus de retard ses travaux d'établissement.

Mais retournons dans la province d'Oran, et suivons de près les menées des chefs de l'insurrection, qui, désorganisés à la suite des combats des Chellala, vont chercher à reconstituer leurs forces pour tenter de nouveau le sort des armes. Malheureusement pour eux, les tribus restées sous leurs drapeaux sont fatiguées, ruinées; elles n'ont plus la foi; elles ne voient pas la fin d'une guerre stérile, inefficace et sans issue. Quelques fidèles parlent même de soumission. Sid Ahmed-ould-Hamza et Sid El-Ala font tous leurs efforts pour ramener à eux les tièdes et les chancelants; ce sont les Hameïan et les Thrafi surtout qui sont l'objet de leurs tentatives de séduction, et qu'ils veulent gagner à leur cause. Tout l'été se passera à cette besogne d'embauchage, et ce n'est qu'au commencement de novembre qu'ils seront en mesure de reprendre les hostilités. Nous dirons dans le chapitre suivant ce qu'il advint de cette nouvelle levée de boucliers.

XIII

Le commandant de la colonne de Géryville se prépare à reprendre la campagne. — Caractère de Sid Ahmed-ould-Hamza. — Le marabouth essaie de reconstituer ses forces. — Sid Ahmed fait assassiner Bou-Bekr-ben-Zyan. — Défection des Hamofan. — Sid El-Ala reprend la direction des forces insurrectionnelles. — Les rebelles marchent vers le Nord. — Panique dans nos tribus des Hauts-Plateaux. — Mouvements de nos colonnes sur la ligne de ceinture du Tell. — Les colonnes Lacretelle et De Colomb à la poursuite du marabouth qui fuit dans le Sud-Ouest. — Les Hamofan sont atteints et réduits à faire leur soumission. — Poursuite des rebelles par le colonel de Colomb jusque dans la région de l'Eurg. — La colonne De Sonis bat un parti d'insurgés sur l'ouad-Seggar. — Trêve. — Brouillé avec son neveu Sid Ahmed, Sid El-Ala se retire à Aïn-Bou-Zeïd. — Sid Ahmed reconstitue ses forces en fantassins avec des Zegdou. — Sid Ahmed demande, mais en vain, le sultanat du Sud. — L'ex-agha Bou-Diça est tué par les Oulad-ben-Zeyan. — Le marabouth rentre en campagne. — Formation d'une colonne légère à Kheneg-el-Azir. — Elle marche à la rencontre de Sid Ahmed, qu'elle atteint sur la gâda de Ben-Aththab. — Combat furieux sur ce plateau. — Nous y faisons des pertes très sensibles. — L'ennemi est repoussé et poursuivi dans sa retraite sur l'Ouest. — La colonne rentre à Géryville.

Après avoir poussé jusqu'au mois de septembre 1865 le récit des faits qui ont eu la province d'Alger pour théâtre, il nous faut retourner en arrière, et reprendre la suite des évènements qui se sont produits dans celle d'Oran, le foyer de l'insurrection, après les combats des 1er, 2, 6, 8 et 9 avril, et la rentrée à Géryville de la colonne De Colomb.

Ce que nous avons oublié de dire, c'est que le colonel Margueritte, pendant sa marche sur Sidi-El-Hadj-ed-Din, avait failli enlever Sid Ez-Zoubir, le frère de Sid El-Ala, et une partie des Oulad-Sidi-Ech-Chikh ; mais que, trompé, malheureusement par ses guides, il avait manqué les campements de cet encle du jeune maraboulh Sid Ahmed-ould-Hamza, dont il n'avait pu razer que quelques tentes.

Nous avons vu que Sid El-Ala, revenu du Sud en toute hâte, avait rejoint Sid Ahmed à Chellala, et qu'il avait dirigé les bandes des rebelles dans les combats qu'elles livrèrent à la colonne De Colomb entre ce ksar et l'Aïn-Tazina. A partir de ce moment, Sid El-Ala reprenait la direction des forces insurrectionnelles.

Sans doute, ainsi que nous l'avons dit plus haut, les sérieuses rencontres des premiers jours d'avril entre nos troupes et les rebelles n'avaient pas été sans jeter un certain ahurissement, un désarroi assez sensible parmi les adhérents du jeune chef de l'insurrection, bien qu'en définitive, les défaites des Arabes ne soient jamais assez complètes, assez décisives pour permettre d'espérer que la paix en sera le résultat obligé. Aussi, le colonel de Colomb se hâta-t-il de refaire ses approvisionnements afin d'être en mesure de parer à toutes les éventualités, et de reprendre la suite de ses opérations si les rebelles faisaient mine de vouloir tenter quelque nouvelle aventure.

Dans la crainte que le commandant de la colonne de Géryville, dont ils connaissaient l'activité, ne se disposât à continuer la campagne, les maraboulhs mirent prudemment la Zaouïa en sûreté à Benoud, restant de leurs personnes avec les Oulad-Zyad et les Harar de Safi dans les environs de Chellalin.

Le jeune Sid Ahmed-ould-Hamza, qui n'avait alors que quatorze ans, était d'un caractère difficile : violent et tenace comme son frère Sid Sliman, tué à l'affaire des Aouïnat-Bou-Bekr, il faillit, à plusieurs reprises, compromettre sa cause par ses imprudences, et éloigner de lui même ses plus fervents adhérents, les Oulad-Zyad entre autres, qui avaient juré, au lit de mort de Sid Mohammed-ould-Hamza, de le soutenir et de le maintenir à la tête des forces insurrectionnelles. Journellement, c'étaient des orages, des conflits soulevés par le jeune et peu commode maraboulh, et que ses conseillers, qui ne reculaient devant aucune concession pour se conserver l'appui de la puissante tribu dont nous venons de parler, s'efforçaient, non sans peine, de calmer ou d'apaiser.

Les Oulad-Sidi-Ech-Chikh-Ech-Cheraga sont loin d'avoir renoncé à la lutte : leurs efforts vont dès lors se porter vers l'Ouest ; leur politique sera de gagner à tout prix les Hameïan et les Thraû à leur cause. Mais ceux-ci, maintenus par Sid Ech-Chikh-ben-Eth-Thaïyeb (1), le chef insoumis des Oulad-Sidi-Ech-Chikh-el-R'eraba, qui n'entend pas faire cause commune avec le chef des Cheraga, ses ennemis, et surtout prendre vis-à-vis d'eux un rôle d'infériorité, ne tiennent pas plus compte de leurs promesses que de leurs menaces, et s'enfoncent dans l'Ouest. Bou-Bekr-bou-Zian et El-Arbi-bel-Aradj furent les seuls qui consentirent à faire leur soumission à Sid Ahmed-ould-Hamza, et encore n'est-ce que la crainte d'être razés qui leur dicta leur détermination.

Ayant échoué de ce côté, les Oulad-Sidi-Ech-Chikh essayent d'entraver tout au moins les relations que Sid Mohammed-ben-Eth-Thaïyeb et Sid El-Hadj-Bou-Tkheil cherchent à nouer avec nous.

Ces deux hommes, d'une importance relativement considérable, nous faisaient, depuis longtemps déjà, des offres de soumission ; ils promettaient, en échange d'un commandement, de nous ramener les populations défectionnaires sur lesquelles s'exerçaient leur influence et leur action. Nous avions acquiescé à leur proposition ; mais les intrigues des marabouths vinrent les mettre dans l'impossibilité de tenir leur promesse. Sid Mohammed-ben-Eth-Thaïyeb et Sid El-Hadj-Bou-Tkheil furent donc réduits à nous revenir avec leur douar seulement. Nous dirons plus loin quelles furent les conséquences de leur soumission.

Les chefs de l'insurrection passèrent le mois d'avril, et une partie du mois de mai à empêcher les soumissions ; ils sentaient que l'esprit des populations qui suivaient leur fortune n'était plus avec eux, et que leur fidélité devenait de jour en jour plus

---

(1) Les deux branches des Oulad-Sidi-Ech-Chikh, les Cheraga et les R'eraba, sont divisées depuis 1854, c'est-à-dire depuis que Sid Hamza, le chef de la branche aînée, a été nommé khalifa du Sud.

Les Oulad-Sidi-Ech-Chikh-el-R'eraba ont leurs campements sur la frontière marokaine. Ils nous ont payé l'impôt pendant trois ans, de 1845 à 1848.

chancelante ; aussi faisaient-ils exercer une surveillance des plus actives pour maintenir sous leurs drapeaux les tribus qui, lasses d'une guerre sans profit et sans fin, cherchaient à les fuir ou à les abandonner.

La position sur la frontière du Marok, qu'avaient choisie les marabouths, leur permettait de refaire, en toute sécurité, leurs approvisionnements en grains dans le Tell marokain, voire même sur nos marchés par l'intermédiaire des Hameïan, bien décidés déjà à faire défection, et qui n'attendaient que le moment opportun pour passer à l'insurrection. Mais une nouvelle imprudence de Sid Ahmed-ould-Hamza vint retarder ce moment, et compromettre sa cause encore une fois. En effet, il s'en fallut de bien peu qu'une rupture ouverte ne se produisît entre le jeune et violent marabouth et les tribus qu'il traînait à sa suite.

Bou-Bekr-ben-Zyan et El-Arbi-ben-El-Oradj, nous l'avons dit plus haut, n'avaient fait leur soumission à Sid Ahmed que dans la crainte d'être razés ; c'était donc contraints, et à leur corps défendant, qu'ils subissaient les violences tyranniques de ce capricieux adolescent. Aussi, n'attendaient-ils que le moment favorable pour tenter d'y échapper, et rejoindre Sid El-Hadj-Bou-Tkholl et Sid Mohammed-ben-Eth-Thaïyeb.

Cette disposition de ces adhérents forcés n'avait point échappé à Sid Ahmed, qui leur montrait d'ailleurs la plus grande défiance, et qui les faisait étroitement surveiller. Dans la crainte qu'ils ne finissent par mettre leur projet de fuite à exécution, il ne trouva rien de mieux que de décider leur mort : il fit d'abord assassiner Bou-Bekr-ben-Zyan, méditant de réserver le même sort à Sid El-Arbi-ben-El-Oradj.

Cette froide cruauté, que le jeune marabouth n'avait même pas cherché à justifier par un prétexte quelconque, souleva un violent orage contre lui : tous les Thrafi et les Oulad-Zyad demandèrent que ce crime fût vengé ; ils allèrent même jusqu'à solliciter l'aman du général commandant la province d'Oran. Mais, encore une fois, l'entourage de Sid Ahmed-ould-Hamza réussit, après une apparence de satisfaction donnée à ces deux tribus, qui, en définitive, constituaient le principal élément des forces insurrectionnelles, il parvint, disons-nous, à calmer les esprits et à rétablir les affaires : les Thraîl consentaient à subir ce nouvel affront.

Ces faits se passaient dans le courant du mois de mai. Du reste, il faut bien le dire, ces menaces de soumission des tribus rebelles à l'autorité française n'étaient pas très sérieuses, et puis les chefs de l'insurrection savaient parfaitement que les Hameïan leur étaient acquis, et que, s'ils n'avaient point encore rompu avec nous, c'est parce que leurs approvisionnements sur nos marchés, pour la prochaine rentrée en campagne, n'étaient pas complètement achevés.

Quant aux tribus soumises du cercle de Géryville, elles montraient de bonnes dispositions : ainsi, les chefs indigènes de cette circonscription faisaient preuve d'un certain zèle ; leurs ordres étaient suffisamment obéis, et quand vint le moment de payer l'impôt arriéré et la contribution de guerre, ils s'exécutèrent, nous ne dirons pas avec enthousiasme, mais tout au moins sans récriminations et sans trop de *tirage*, pour nous servir de l'expression consacrée, ce qui ne voulait pas dire pourtant que cette soumission dût être éternelle.

En effet, dès le mois de septembre, et après un été des plus calmes, une vague inquiétude commença à se répandre dans ces tribus ; des bruits de cessation de la trêve, et d'une incursion prochaine des rebelles sur le territoire de nos tribus fidèles, étaient dans toutes les bouches ; on pressentait, en un mot, et dans un délai qui ne pouvait être éloigné, la reprise des hostilités. Il n'y avait rien de précis dans ces nouvelles qui nous arrivaient de tous côtés à la fois ; mais on sentait, nous le répétons, que le moment était proche, et qu'il nous fallait nous tenir sur nos gardes, aussi bien pour empêcher la défection des tribus restées dans le devoir, que pour parer aux tentatives des rebelles. Et nous avions raison ; car, à la fin de la première quinzaine de septembre, de nombreux *djtouch* ennemis rôdaient déjà autour de nos ksour, et poussaient leurs pointes jusque dans les environs de Géryville.

Pourtant, les rebelles s'en tenaient encore à la menace, et leurs excursions étaient plutôt des reconnaissances, des moyens d'entrer en relations avec les tribus soumises pour les entraîner dans la révolte, et les déterminer soit par l'intimidation, soit par des promesses ou des tentatives de séduction, à faire de nouveau cause commune avec les rebelles. Les Hameïan ne devaient pas tarder, du reste, à répondre au pressant appel des marabouths des Oulad-Sidi-Ech-Chikh ; ils allaient d'ailleurs y être contraints par des raisons d'intérêt qui n'étaient pas sans quelque valeur.

L'époque approchait, en effet, où les caravanes allaient se mettre en route pour le Gourara ; or, pour assurer leur retour, il était indispensable que les Nomades fussent en bons termes avec les Oulad-Sidi-Ech-Chikh, qui tenaient les routes de notre extrême Sud. Il valait donc mieux, à moins qu'on ne fût le plus fort, — et ce n'était pas le cas des Hameïan, — s'en faire des alliés que de s'exposer à se faire razer par ces difficiles voisins. Ce fut le parti auquel s'arrêtèrent les Hameïan, qui ne tardèrent pas à consommer leur défection.

Sid Mohammed-ben-Eth-Thaïyeb fut obligé de s'enfuir de nouveau au Marok. Quant à Sid El-Hadj-Bou-Tkheil, qui était campé au milieu des Chafâ, il dut les suivre malgré lui, et faire cause commune avec l'insurrection.

Sid Ahmed se trouva dès lors à la tête de forces relativement importantes. Aussi, dans les premiers jours d'octobre, se met-il en mouvement, accompagné de son oncle, Sid El-Ala, qui dirige les opérations, en prenant pour objectif les Hauts-Plateaux de la province de l'Ouest, avec l'intention de tenter quelque entreprise sur nos tribus du Tell, si nos colonnes veulent bien le lui permettre, ou lui en fournir l'occasion.

Nous allons nous-même nous transporter dans le Tell, et y attendre les évènements qui doivent être la conséquence de cette nouvelle incursion des bandes insurrectionnelles.

Le mouvement des rebelles — dont on exagérait le nombre au delà de toute vraisemblance — n'avait pas été sans jeter quelque trouble parmi nos tribus des Hauts-Plateaux, voire même parmi celles qui ont leurs campements à proximité de la ligne de ceinture du Tell. Il y avait lieu dès lors de les rassurer en prenant des mesures pour les garantir contre les coups de main de ceux qu'on continuait de désigner, par euphémisme évidemment, sous l'appellation de *dissidents*.

Nous avons dit, dans un précédent chapitre, que le lieutenant-colonel Morand avait porté sa colonne à El-Bordj, point situé à 1,500 mètres au sud-est de Boghar, et qu'il y avait, dans la prévision d'y passer l'hiver, commencé des travaux d'installation qui devaient permettre à ses troupes de s'y abriter contre les rigueurs de la température que comportent ses 1,100 mètres d'altitude.

Ces travaux étaient déjà fort avancés quand, au commencement d'octobre, le bruit se répandit tout à coup dans le Tell que Sid El-Ala, accompagné de son neveu Sid Ahmed-ould-Hamza, et suivi d'un mystérieux personnage, un marabouth marokain, du nom de Sid Mohammed-Moulaï-Kherzas, marchait, à la tête de 50,000 *hommes*, sur le Tell de la province d'Oran. On doutait d'autant moins de ce chiffre, aussi rond que respectable, qu'il était plus sensiblement absurde. La cause de cette sorte de panique, nous le savons, n'était autre que le mouvement des marabouths vers le Nord.

Informé, dès le 17 octobre, de la marche en avant et des projets présumés du chef de l'insurrection, le maréchal Gouverneur général avait immédiatement prescrit les mesures nécessaires pour couvrir les tribus et les points menacés, et particulièrement les débouchés du Tell: ainsi, toutes les colonnes occupant les postes avancés échelonnés sur la ligne de ceinture devaient faire un mouvement soit en avant d'elles, soit sur leur droite, c'est-à-dire vers le sud ou l'ouest. Ce mouvement d'appui s'effectuerait de Boghar à Sebdou. Par suite de ces déplacements, la colonne de Tiharet avait fait place à celle de Tnïyet-el-Ahd, qui, elle-même, avait été remplacée par celle de Boghar. L'extrême ouest avait opéré dans le même sens.

Or, il devenait urgent de boucher la trouée que laissait dégarnie le départ de la colonne Morand. Une nouvelle colonne, mise aux ordres du lieutenant-colonel Suzzoni, du 1er de Tirailleurs algériens, partait, à cet effet, de Blida le 19 octobre; elle arrivait à El-Bokhari le 24, et allait prendre, le lendemain 25, son installation au camp d'El-Bordj, où, nous l'avons dit, le lieutenant-colonel Morand avait commencé un baraquement en maçonnerie.

La colonne Suzoni se composait de deux bataillons du 1ᵉʳ de Tirailleurs algériens, d'un escadron du 1ᵉʳ de Chasseurs d'Afrique, d'une section d'Artillerie, et des divers Services administratifs.

La colonne d'observation sous Tnïyet-el-Ahd, aux ordres du général Liébert, prend, le 19 octobre, la dénomination de *Colonne d'observation de Miliana ;* elle est dirigée, le même jour, à marches forcées, sur Tiharet, où elle arrive le 21. Elle en repart le 22 pour aller s'établir à Aïn-el-Kebour, et s'opposer, dans cette position, aux tentatives de Sid El-Ala sur les Harar.

Sid El-Ala avait tenté son incursion sur le sud de Sebdou : le 10 octobre, il avait campé à Titen-Yahia, aux sources de l'ouad Mekerra, avec 12 ou 1,500 cavaliers, appuyés de quelques centaines de fantassins montés sur des chameaux. Le 22, il s'était établi, avec le gros de ses forces, à Aïn-Tagouraïa, dans le sud-est de Dhaïa. Mais, voyant le Tell si bien gardé, et surtout deux ou trois colonnes à ses trousses, il s'était hâté de replonger dans le Sud, où le poursuivait le général Lacretelle.

Sid El-Ala, on le voit, n'avait que médiocrement réussi dans son entreprise sur le Tell, qui était suffisamment couvert : ses succès se bornèrent à l'enlèvement de quelques troupeaux aux Djafra, du cercle de Dhaïa, troupeaux que cette tribu, appuyée par le colonel Péchot, parti de Saïda, leur avait repris après un combat assez vif. C'est dans une de ces mesquines entreprises que les Oulad-Zyad, qui marchaient avec les rebelles, perdirent leur chef aimé, Sid Ahmed-ben-Keroum, tué par les goums de Saïda.

Mais le moment était proche où la colonne de Géryville allait reprendre cette chasse au marabouth devenue légendaire dans les provinces d'Oran et d'Alger ; le colonel de Colomb, ce soldat valeureux des régions désertiques, cet intrépide et opiniâtre traqueur de Nomades dans le pays des Sables et de la Soif, et que les Romains n'eussent pas manqué d'honorer du surnom de *Deserticus*, allait recommencer cette poursuite effrénée, sans repos, ni trêve, des chefs de l'insurrection, et de ceux qui, soit de gré, soit de force, suivaient encore leur fortune.

Au premier avis de ses limiers de la marche des forces insurrectionnelles vers le Nord, le colonel de Colomb avait pris ses dispositions pour couper la route à Sid El-Ala, que ses tentatives avortées sur le Tell avaient obligé, nous l'avons vu plus haut, de battre en retraite dans la direction du sud-ouest. Avec les éléments dont il disposait, le colonel avait pu constituer une colonne solide, aguerrie et capable de résister à la succession d'efforts qu'il prévoyait avoir à lui demander. Pourvue de trente jours de vivres, cette colonne se mit en mouvement et quitta Géryville le 27 octobre; elle prenait une direction sud-ouest; un goum de 1,500 chevaux, dont 1,000 étaient fournis par les Harar, et 500 par les Djáfra et les Haçosna, marchait avec la colonne qu'il éclairait.

D'un autre côté, le général Lecretelle partait de Dhaïa dans les derniers jours d'octobre, et se lançait sur les traces de Sid El-Ala, qui fuyait avec une rapidité toute sahrienne dans le sud-ouest.

Pendant que Sid El-Ala marchait vers le Nord, Ben-Naccur-ben-Chohra s'était porté dans le nord-est de Géryville avec un fort parti de rebelles composé de cavaliers et de fantassins : son but était ou d'entraîner de nouveau dans la défection ou de razer, en cas de résistance, les tribus des Ahl-Stiten, des Oulad-Sidi-Tifour et des Makna; mais ces populations, retirées dans leurs montagnes, firent le même accueil aux offres de notre irréconciliable ennemi qu'à ses menaces et à ses tentatives d'attaque. Ben-Chohra insista d'autant moins, qu'il venait d'apprendre l'insuccès de la pointe de Sid El-Ala sur le Tell, et qu'il sentait que ce n'était rien moins que prudent de s'attarder dans une région qui pouvait lui être dangereuse. Il se hâta donc d'aller rejoindre le marabouth, qui, s'étant allégé des Hameïan, qu'il avait abandonnés pour pourvoir à sa propre sûreté, s'enfonçait dans le Sud, avec les Oulad-Sidi-Ech-Chikh, à une allure d'autant plus vive qu'il tenait essentiellement à éviter, pour le moment, du moins, la rencontre du colonel de Colomb.

Ainsi délaissés, les Hameïan durent eux-mêmes chercher à s'abriter contre notre atteinte; malheureusement pour eux, ils étaient joints le 8 novembre, sur l'ouad Bou-Redjem, à l'ouest du Chothth-el-R'arbi, c'est-à-dire sur le territoire marokain, par la colonne Lacretelle, qui razait impitoyablement les fractions des Hameïan-el-R'eraba — Djenba et Chafâ — qui avaient fait cause commune avec le marabouth. Ils payaient leur défection d'une vingtaine d'hommes tués, et de la perte de la plus grande partie de leurs troupeaux.

Le lendemain, 9 novembre, la colonne de Colomb tombait au milieu de la masse ahurie de cette importante tribu à Magroun, point situé au sud-ouest de la Sebkhat-en-Ndama, et lui infligeait, en hommes et en butin, des pertes tellement sensibles qu'elles déterminaient spontanément, de la part des Hameïan, des ouvertures sérieuses de soumission.

Le colonel de Colomb continue sa poursuite, harcelant sans cesse les Hameïan qui avaient échappé à ses coups et à ceux de la colonne Lacretelle : il les atteint, le 15 novembre, à El-Galoul, point situé entre le Djebel-Dough et le Djebel-El-Gueththar, leur tue une trentaine d'hommes, et ses goums achèvent de les razer aussi complètement que possible.

Ce nouveau châtiment les décide à demander l'aman, qui leur est accordé sous la condition qu'ils enverront sans retard leurs contingents à la colonne qui vient de les battre, et qu'ils combattront, à leur tour, les Oulad-Sidi-Ech-Chikh, qui les ont si lâchement abandonnés, après les avoir entraînés dans la défection.

Le 17 novembre, le colonel de Colomb arrivait devant le Ksar Aïn-es-Sflcifa ; il y séjournait pour donner quelque repos à sa troupe, et prenait ses dispositions pour continuer ses opérations contre les Oulad-Sidi-Ech-Chikh.

Le 29 novembre, le colonel de Colomb, qui avait réuni à ses goums les cavaliers des Hameïan-el-R'eraba, qu'il venait de soumettre, reprenait la poursuite des rebelles : il se portait, par des marches hardives et foudroyantes, sur l'oued En-Namous, qu'il descendait rapide comme un torrent qui renverse et détruit tout sur son passage, et pousse ainsi jusqu'à El-Aïzedj, à l'origine de la région de l'Eurg, le pays des Dunes. Le douar de l'ancien kaïd des Rzeïgat, et les Oulad-Aïça, appartenant aux Ar'ouath-Ksal, le douar du kaïd Yahya-ben-Zidan, des Mekna, sont surpris et enlevés avec leurs troupeaux.

Le 3 décembre, il fond sur l'importante tribu des Thrafi, qui s'enfuit et se disperse dans ces régions inhospitalières : comprenant que toute résistance est impossible, un grand nombre de douars de cette fraction, acculés aux limites du pays de la faim et de la soif, n'ont d'autre alternative que la mort ou la soumission. Les Mrazig, les Slamata, les Oulad-Zoyan, les Oulad-Aoun, les Beni-Okba, les Oulad-Srour, et une fraction des Oulad-Sidi-Ech-Chikh, représentée par Sid Ahmed-ben-El-Djoudi, sont réduits à subir le même sort. A Dhayat-Tirafsof, le colonel de Colomb opère une razia considérable, et oblige 460 tentes à implorer leur pardon ; puis, remontant par Bou-Aroua et El-Mengoub, il pousse impitoyablement devant lui des fractions rebelles, qu'il contraint à lui demander son aman.

Les goums de Hameïan se montrent les plus acharnés et nos plus actifs auxiliaires contre les Oulad-Sidi-Ech-Chikh et leurs anciens alliés ; ils trouvent, dans cette occasion, le double avantage de se venger de leur abandon par ces rebelles, et de se refaire, à leurs dépens, des pertes que nous leur avons fait subir dans les premiers jours de novembre dernier. Ils confirment ainsi leur rupture — nous ne dirons pas définitive, car, chez les Arabes, les volte-face ne durent qu'autant qu'elles ne sont pas dommageables pour leurs intérêts, — avec Sid Ahmed-ould-Hamza et Sid El-Ala, qui, nous le savons, les avaient entraînés, sans grande peine, il est vrai, dans la révolte et la désertion.

La colonne de Laghouath, sous le commandement du lieutenant-colonel de Sonis, avait fait un mouvement dans l'Ouest, à la fin d'octobre, dans le but de fermer aux insurgés la retraite qu'ils auraient pu chercher vers l'Est pour échapper aux colonnes de Colomb et Lacretelle ; elle s'est avancée, à cet effet, jusqu'à Sidi-El-Hadj-Ed-Din. Le 3 décembre, elle atteignait une fraction des Oulad-Zoyan à Beïga, sur la rive gauche de l'ouad Seggar, lui enlevait ses troupeaux, et l'obligeait de se rendre à merci.

Toutes ces opérations, si rapides, si vigoureusement et si habilement conduites, ont été exécutées par les goums, appuyées à distance par les colonnes auxquelles ils appartenaient. Du reste, nous l'avons déjà dit, quand les goums se sentent soutenus, ils combattent vaillamment, surtout quand ils flairent du butin au bout de l'aventure, ou bien lorsqu'il y a entre eux et leurs adversaires une affaire de sang ou de *nif* (1), et, dans le Sahra, la véritable et la meilleure politique est celle qui consiste à savoir faire naître ces sortes d'excitations, quand les événements ne s'y prêtent pas, ou lorsqu'ils tardent trop à les produire.

A la suite de ces opérations, la situation du cercle de Géryville s'était sensiblement améliorée : les chefs de l'insurrection et les Oulad-Sidi-Ech-Chikh étaient en fuite; les Thrafi, dont une grande partie était restée dans l'Ouest, faisaient savoir au colonel de Colomb qu'ils solliciteraient son aman dès que leurs caravanes seraient rentrées du Gourara, c'est-à-dire hors de danger. Du reste, les Thrafi n'avaient pas pris une part bien active dans le dernier mouvement de Sid El-Ala ; les Oulad-Zyad et d'autres fractions rebelles, poursuivies jusque dans la région de l'Eurg, avaient subi des pertes énormes, et ceux d'entre eux qui ne s'étaient pas soumis, avaient été razés et dispersés ou rejetés dans le *blad ech-charr* (le pays de la misère). Les Hamoïan, qui, après avoir fait leur soumission, avaient si rudement combattu leurs alliés de la veille, gardaient notre Ouest; enfin, d'assez nombreuses demandes d'aman ont été la conséquence de la pointe vertigineuse du colonel de Colomb, qui a balayé l'ouest et le sud de son commandement des éléments insurrectionnels qui l'avaient envahi.

Les chefs ou fractions de tribus du cercle de Géryville qui ont fait leur soumission sont les suivants :

Des Oulad-Zyad : douar des Mrazig, avec El-Hadj-Ahmed-ben-Bel-Kacem ;
Des Derraga-el-R'eraba : Oulad-Ben-Zyan, et le douar des Trial ;
Des Oulad-Srour : l'ex-kaïd Bou-Azza et son frère ;
Des Akerma : les douars des Oulad-Mouça ;

---

(1) *Nif*, au propre, signifie *nez*. Par extension, on donne à ce mot la signification d'*amour-propre*, de *susceptibilité*, de *point d'honneur*, d'*orgueil*, etc.

Les Oulad-Bou-Azza ;
Les Oulad-Bou-Douaïa-ben-Slama ;
Les Kouabis ;
La moitié des Amarna.

Telle était la situation de l'insurrection dans la province d'Oran à la fin de l'année 1865.

Nous avons indiqué plus haut les dispositions qui avaient été prises dans la province d'Alger lorsque, le 17 octobre, le bruit d'une incursion de Sid El-Ala dans le sud de Sebdou était parvenu au Gouverneur général ; des mesures de précaution avaient été ordonnées immédiatement pour couvrir le Tell, et le mettre à l'abri des surprises que pourrait tenter l'oncle du chef de l'insurrection ; la pointe si audacieuse de l'année dernière, qu'il avait poussée jusques Sidi-Ali-ben-Youb, l'avait mis en goût pour les affaires de surprise ; mais ce genre d'opérations ne se recommence pas toujours avec le même bonheur, et Sid El-Ala avait dû s'en apercevoir.

Nous avons dit que les colonnes placées dans le voisinage des postes établis sur la ligne de ceinture du Tell, avaient opéré chacun un mouvement sur leur droite, c'est-à-dire de l'est à l'ouest, pour fermer les débouchés du Tell sur le Sahra, et surtout la trouée de Dhaïa, qui paraissait plus particulièrement menacée.

C'est ainsi que la colonne Liébert avait été portée de Tnïet-el-Ahd à Tiharet ; celle du lieutenant-colonel Morand, de Boghar sur le premier de ces points, et que la colonne Suzzoni, formée rapidement à Blida, était venue remplacer à Boghar la colonne qui était établie à proximité de ce poste.

Ces mouvements s'étaient opérés, avons-nous dit, dans la seconde quinzaine d'octobre.

Mais, le danger passé, c'est-à-dire dès que Sid El-Ala eût repris, poursuivi par le général Lacretelle, et plus vite qu'il ne l'eût sans doute désiré, la direction de sa base d'opérations, les colonnes d'observation furent dissoutes, celle de Tiharet, le 12 novembre, celle de Boghar, le 21, et, enfin, la colonne de Tnïet-el-Ahd, le 24 du même mois.

Les colonnes de Dhaïa, de Géryville et de Laghouath étaient rentrées sur leurs points de stationnement ou d'observation.

Nous allons retourner dans le Sud de la province d'Oran, où l'action prochaine va se dérouler de nouveau avec ses péripéties sanglantes et ses poursuites effrénées, et, de la part des goums, avec l'âpreté impitoyable de la guerre au butin.

Malgré la dure leçon que venaient de recevoir les rebelles, l'apaisement était loin d'être fait dans les tribus qui avaient embrassé la cause des Oulad-Hamza ; sans doute toutes les fractions atteintes par nos colonnes avaient fait leur soumission, et les Hameïan étaient devenus — jusqu'à nouvel ordre, du moins, — nos fidèles auxiliaires ; mais l'influence de Sid El-Ala et des Oulad-Sidi-Ech-Chikh était encore toute puissante sur les tribus du commandement de Géryville qui appartenaient à l'ordre religieux de Sidi Ech-Chikh, et puis les populations châtiées par nos colonnes n'étaient point des tribus constituées; elles ne présentaient, au contraire, que des fractions plus ou moins importantes de celles qui marchaient encore avec les chefs des rebelles. Tout faisait donc présumer que ce silence de la poudre ne serait qu'une trêve, dont la durée était subordonnée au temps qu'exigeaient le recrutement de nouveaux adhérents à la cause des marabouths, et le réapprovisionnement des silos de l'insurrection.

Il existait d'ailleurs plusieurs causes de rupture inévitable de de cette trêve : ainsi, par exemple, les caravanes de nos populations soumises n'étaient pas rentrées du Gourara, et il était à craindre que les contingents ennemis ne cherchassent à leur couper la route. D'un autre côté, les fractions razées par les colonnes de Dhaïa et de Géryville s'étaient dispersées dans toutes les directions, abandonnant leurs troupeaux sur les points où elles avaient été rencontrées et mises en déroute par nos goums. Or, les Hameïan, qui avaient à cœur de rentrer dans leur bien, et de se refaire des pertes que nous leur avions fait subir, s'étaient remis en campagne pour leur propre compte après la rentrée des colonnes, et avaient réussi à faire un butin considérable en ramassant les épaves provenant des fractions rebelles que nous avions battues et dispersées.

Cette honnête opération des Hameïan, on le comprend aisément, ne fut pas précisément du goût des fractions rebelles qui en avaient été victimes ; aussi, cette expédition amassa-t-elle contre eux plus de haines qu'ils n'avaient recueilli de moutons ou de chameaux dans leurs sous-razias. Nous verrons bientôt quelles furent, pour les Hameïan, les conséquences de cette imprudente et indélicate agression.

Nous avons vu plus haut Sid Ahmed-ould-Hamza et Sid El-Ala, suivis des contingents des Oulad Sidi-Ech-Chikh, poursuivis d'abord par la colonne Lacretelle, et ensuite par le colonel de Colomb, abandonner les Hameïan à nos coups, afin de pouvoir prendre de l'avance et nous échapper pendant que nous serions occupés à les battre et à les razer. Cette tactique, renouvelée d'Hippomène semant des pommes d'or derrière lui pour retarder la course d'Atalante, avait pleinement réussi aux chefs des rebelles, qui, pendant que nous nous attardions à exécuter les Hameïan, étaient parvenus, par ce stratagème, à éviter notre atteinte, et avaient pu s'enfoncer tout à leur aise dans le Sud-Ouest.

Mais la division — et c'est là tout le secret de notre force — s'était mise bientôt entre les chefs de l'insurrection : c'est ainsi que Sid Ahmed-ould-Hamza, avec la Zaouïa, s'était retiré sur le Chothth Tigri, et que Sid El-Ala et son frère Sid Ez-Zoubir s'étaient dirigés vers l'Est, et avaient pris leurs campements à Haci Bou-Zeïd, non loin de la Dhayat-el-Habsa, sur les plateaux déserts des Habilat. Sid El-Ala paraissait avoir renoncé aux affaires ; nous avons tout lieu de croire que son intention était d'opérer pour son propre compte, c'est-à-dire en dehors de son neveu Sid Ahmed, qui, par son caractère difficile et son imprudence, avait failli, à plusieurs reprises, compromettre gravement la cause de la descendance de Sidi Ech-Chikh.

De son côté, le jeune marabouth avait cherché, pendant la première quinzaine de janvier 1866, à se recruter des adhérents ; ses efforts dans ce sens n'eurent point tout le succès qu'il paraissait en attendre ; il parvint cependant à réunir quelques centaines de cavaliers, qu'il installa sous sa main sur la rive gauche de l'ouad Msaoura, dans le sud de Figuig, autant pour les éloigner de notre action que pour qu'ils pussent se remettre, eux et leurs bêtes, des fatigues et des misères de la dernière campagne. Sid Ahmed voulait surtout déjouer le projet qu'avaient formé un grand nombre d'entre eux, las d'une guerre sans profit, de venir nous demander notre aman.

Mais un incident que le jeune marabouth n'avait pas prévu faillit compromettre la reconstitution des forces qu'il préparait pour tenter une nouvelle campagne contre nous : dès qu'il eût mis le pied sur le territoire marokain, les Douï-Mnia, qui n'ont point de préjugés, et pour lesquels la guerre sainte passe bien après la guerre au butin, se présentèrent en force pour signifier à Sid Ahmed les conditions auxquelles ils consentaient à accorder, à lui et à ses goums, un séjour de plus ou moins de durée dans leur pays.

Le marabouth fut bien obligé d'en passer par les exigences de ces bandits marokains, qui abusèrent vraiment de la situation : Sid Ahmed les combla de cadeaux pour en avoir la paix ; il lésina d'autant moins avec eux, qu'il comptait bien rentrer dans ses fonds en conviant ses adhérents à l'honneur de le rembourser des sommes que lui avaient extorquées, prétendait-il, les Douï-Mnia, — que Dieu les extermine jusqu'au dernier !

Cette communication ne fut pas, sans doute, du goût de tous ceux à qui elle était faite ; car quelques fractions abandonnèrent ce sultan dans l'embarras. Elles se disaient, non sans raison, qu'elles admettaient, — difficilement, il est vrai, — que la guerre ne leur rapportât rien, pour le moment, du moins, mais que, pour rien au monde, elles ne consentiraient à en faire les frais ; leurs principes, d'ailleurs, ne le leur permettaient pas.

Ces fractions dissidentes, qui appartenaient aux Oulad-Zyad et aux Thrafi, allèrent établir leurs campements sur l'ouad En-Namous, occupant ainsi la route du Gourara, c'est-à-dire le chemin des caravanes. Malheureusement, une partie de celles des Hamoïan et des Oulad-Sidi-Ahmed-el-Medjdoub avaient seules pu échapper à l'ennemi ; elles étaient rentrées dans les premiers jours de janvier. Restaient encore en route celles des Oulad-Ben-Zyan, des Mrazig et des Akerma. Le 25 de ce mois, elles achevaient de traverser les Eurg, et se jetaient de l'ouad En-Nemous sur l'ouad El-R'arbi pour dérober leur marche à l'ennemi. Par une circonstance fatale, ses contingents, qui, précisément, étaient en course à ce moment dans le but de chercher à reprendre aux Hameïan quelques-uns des troupeaux qu'ils leur avaient enlevés, reconnurent facilement le passage de ces caravanes, qu'ils joignirent près du djebel Tismert : « Nous ne voulons pas de mal à nos frères les Thrafi, dirent les cavaliers des rebelles aux *khebir* ou conducteurs des *gouafel* (1) ; mais livrez-nous tout ce qui appartient aux Hameïan. »

Sur le refus des conducteurs d'obtempérer à cette proposition, un combat, qui dura deux jours, s'engagea entre l'escorte de la caravane et les cavaliers des tribus razées. Les pertes des deux côtés en tués et blessés furent à peu près égales ; mais le résultat fut, en définitive, ce qu'il devait être : les caravanes furent enlevées, et nos fractions nouvellement soumises perdirent ainsi de six à sept cents chameaux chargés de dattes. Nous dirons cependant que tout ce qui appartenait au douar des Mrazig, lesquels n'étaient soumis que depuis le mois de décembre dernier, lui fut intégralement rendu.

Cette dernière circonstance semblait donner un certain caractère de sincérité aux démarches que faisaient auprès de nous les chefs principaux des Oulad-Zyad pour obtenir l'aman, démarches dont Sid Ahmed-ould-Hamza parvint à neutraliser l'effet et qu'il empêcha d'aboutir. Redoutant, et non sans raison, ces velléités de soumission qui se reproduisaient beaucoup plus souvent qu'il ne l'eût voulu, Sid Ahmed, pour y couper court, vint s'établir au milieu des Oulad-Zyad, leur affirmant, pour les regagner à sa cause, qu'il était lui-même en relations avec nous, et qu'il était sur le point d'obtenir pour lui, du Gouvernement français, le commandement du Sud, et, par suite, des avantages immenses pour ceux qui auraient suivi sa fortune : « Les Français, leur disait-il, doivent m'abandonner le Sud et se retirer dans le Tell ;

---

(1) Pluriel de *gafla*, caravane.

dès lors, les populations sahriennes qui viendront s'y approvisionner en grains ne seront plus soumises qu'au *hakk el-tnïya* (1). »
Les Oulad-Zyad n'hésitèrent pas un seul instant à croire, comme au Livre révélé, aux astucieuses paroles du jeune marabouth et au triomphe prochain de la cause musulmane. Il serait superflu d'ajouter qu'il ne fut plus question de soumission parmi ces populations aussi crédules qu'elles sont versatiles.

Quant à Sid El Ala, qui s'était bientôt lassé de sa retraite volontaire dans les sables de Haci-Bou-Zeïd, et qui avait besoin de faire de l'agitation, il avait lancé dans les passage de Metlili, pour y faire un peu de butin, un *r'zou* de Châanba, qui craignaient de se perdre la main dans une funeste oisiveté ; mais leur expédition ne fut pas heureuse : l'actif lieutenant-colonel de Sonis, commandant du cercle et de la colonne mobile de Laghouath, les surprit dans cette besogne de guerre sainte et les dégoûta, pour quelque temps, du moins, de ces pieuses entreprises. Pourtant, nous devons dire que Sid El-Ala fut plus heureux quelques jours après : il put, en effet, razer un douar des Makna, qui s'était attardé trop au sud, et cela malgré des ordres formels de remonter vers le Nord.

Dans les derniers jours de février, Sid El-Ala, qui brûlait du désir de se signaler par quelque action importante, et qui craignait surtout que le repos ne vînt détruire son prestige et le faire oublier, abandonna décidément sa retraite de Haci-Bou-Zeïd, et se rapprocha du ksar Sidi-El-Hadj-Ed-Din, guettant de là l'occasion de tenter quelque coup qui pût rétablir ses affaires, et lui rendre, sur les populations du Sud, l'influence qu'il se figurait avoir perdue. Malheureusement encore, le succès ne vint pas couronner ses efforts : le 1er mars, un goum d'une centaine de chevaux, formé de diverses fractions des Arbâa et des Oulad-Yâkoub, sous la conduite d'un de nos cheikh, Ahmed-ben-Sliman, des Zekaska, tomba à l'improviste sur le campement de Sid El-Ala, lui enleva une trentaine de tentes, environ sept cents

---

(1) *Le droit du col, du défilé.* C'était le droit d'entrée dans le Tel que, sous les Turcs, payaient les Sahriens pour venir s'y approvisionner en grains ou céréales.

chameaux, et y fit un riche butin. Notre goum avait eu affaire au marabouth en personne, qui, devant la vigueur de l'attaque, ne put qu'essayer de résister. Un de ses oncles, le cheikh Ben-Eth-Thahar, fut tué dans cette rencontre.

Ce coup de main, qui n'était pas de nature à relever les affaires de Sid El-Ala, produisit beaucoup d'effet sur les populations du Sud.

Nous disions plus haut que Sid Ahmed-ould-Hamza, dans le but de raffermir la fidélité quelque peu chancelante des Oulad-Zyad qui, nous le savons, s'étaient détachés de la cause du jeune marabouth, n'avait rien trouvé de mieux, pour les y ramener, que de leur affirmer que nous allions abandonner le Sud en sa faveur. Ce propos n'était pourtant pas absolument le produit de son imagination ; seulement, il prenait, dans cette circonstance, son désir pour la réalité. Il avait, en effet, écrit au général commandant la province d'Oran pour lui faire connaître qu'il était disposé à déposer les armes, mais à la condition que le commandement dont avait été investi feu son père, le khalifa Sid Hamza, lui serait rendu dans toute son étendue. Il prétendait, en outre, rester absolument indépendant dans le sultanat que nous lui aurions taillé dans notre Sahra. Enfin, ce que voulait ce jeune et ambitieux marabouth c'était se constituer un petit royaume sahrien, et être non point un chef soumis à la France, mais bien un allié traitant d'égal à égal avec nous. On n'a pas plus d'outrecuidance ou de naïveté.

Il était difficile au Gouvernement français d'admettre de pareilles prétentions ; il n'y avait d'ailleurs aucun intérêt, en ce sens que, d'abord, le jeune marabouth n'était pas plus de force à ramener la paix dans le Sud qu'à en garantir la sécurité, surtout si nous n'étions plus là pour l'appuyer de nos armes et de notre influence. Les prétendants au pouvoir, dans les deux branches de Sidi Ech-Chikh sont déjà nombreux, et ils ne peuvent qu'augmenter encore ; l'ordre de succession n'a donc chance que de se troubler davantage tous les jours ; car on pressent que, d'ici à un temps peu éloigné, quand les prétendants auront poussé, ou se seront produits, il ne sera tenu compte que médiocrement de la légitimité de la descendance, et l'on ne se souciera pas plus des droits de l'héritier de la *baraka* que de ceux du dernier *radï* (berger) de la tribu des enfants du saint d'El-Abiodh. En effet, on peut déjà prévoir que ce sera à qui des oncles, des frères, des cousins de l'héritier légitime de la puissance religie⸺ cherchera, en travaillant pour son compte, à se créer une in⸺ ce qui lui facilite la levée de quelques centaines de cavaliers sous prétexte de *djehad* (1), pour faire la guerre au butin. L'anarchie sera dès lors dans toutes les branches de la maison de Sidi Ech-Chikh, et ne nous en plaignons pas; car l'abondance des candidats à la *baraka* est précisément ce qui fera leur faiblesse, par cette raison qu'elle ne permettrait à aucun d'eux d'exercer une autorité sérieuse et de quelque durée sur les autres prétendants.

Le jeune chef de l'insurrection précise, nous l'avons vu, les conditions de la soumission; il ne demande rien moins que le commandement du vaste territoire, des nombreuses tribus et des ksour dont nous avions investi son père, Sid Hamza, en 1854 (2). Vraiment, cet adolescent ne doute de rien; d'abord le temps et les choses ont bien changé depuis douze ans: Sid Hamza nous avait conquis par les armes et par son immense influence religieuse les territoires et les populations dont nous lui avions confié le commandement, lequel, à ce moment, il pouvait seul exercer efficacement. Sans doute, nous l'avions fait fort; peut-être serait-il plus exact de dire que ce cadeau que nous lui faisions c'était lui qui nous l'avait apporté, et que nous ne lui prêtions, en définitive, que ce qu'il nous avait donné. Notre générosité, qu'on nous a tant reprochée en disant que nous avions grandi Sid Hamza outre mesure, s'en trouve donc sensiblement amoindrie.

Du reste, à la mort de cet illustre descendant de Sidi Ech-Chikh, en 1861, nous nous étions empressés de changer le titre de khalifa du Sud, que nous avions décerné à Sid Hamza, contre celui de bach-a'ra de Géryville, que nous donnions à son fils et successeur, Sid Bou-Bekr.

---

(1) Guerre sainte.

(2) Voir, pour plus de détails sur le khalifa Sid Hamza-ould-Sidi-Bou-Bekr, notre livre « *Les Français dans le Désert. — Journal d'une Expédition aux limites du Sahra algérien.* »

Sid Ahmed-ould-Hamza pouvait donc d'autant moins justifier ses prétentions que, depuis la mort de son frère Sid Mohammed, il n'avait été, pour nous, autre chose qu'un rebelle sous la direction de son oncle Sid El-Ala. Ces titres, on en conviendra, étaient bien insuffisants pour lui mériter une faveur de l'importance de celle qu'il demandait presque en vainqueur. Dans tous les cas, nous n'avions pas la moindre raison pour distraire, en faveur de qui que ce soit, la moindre parcelle de notre domaine sahrien. Sans doute il nous sera encore longtemps disputé, et il nous coûtera bien de lourds et sanglants sacrifices; mais une sérieuse, intelligente et progressive occupation de cette région de la poudre, un bon choix de nos agents, et une bonne organisation de nos forces auxiliaires, sans lesquelles nous ne pouvons rien, finiront par nous permettre d'y asseoir solidement notre domination, et par nous débarrasser, du moins dans l'étendue de notre bras, de ces turbulents Nomades dont la vie est le pillage, et la foi l'appétit du butin. Mais, nous le répétons, nous perdrons encore bien des têtes — et par notre faute — avant d'avoir atteint le but que nous avons l'air de poursuivre.

Il serait superflu de dire que les propositions qui avaient été soufflées à Sid Ahmed, par son entourage, furent accueillies comme elles le méritaient, c'est-à-dire par un refus catégorique.

Nous venons de voir que, lorsque pour retenir auprès de lui les Oulad-Zyad, dont les principaux chefs faisaient des démarches de notre côté pour obtenir notre aman, Sid Ahmed prétendait que, lui-même, était en pourparlers avec le Gouvernement français, auquel il avait fait ses conditions; nous venons, disons-nous, de démontrer que le jeune marabouth ne s'éloignait pas sensiblement de la vérité. Pour que les Oulad-Zyad ne pussent mettre en doute son affirmation, il avait tiré parti assez habilement de cette circonstance qu'un de ses serviteurs avait été autorisé à venir apporter ses dépêches à Oran, et de ce fait que des relations s'étaient nécessairement établies entre le commandant du cercle de Géryville et lui. C'était ainsi que le rusé jeune homme était parvenu à arrêter le mouvement vers nous de l'importante tribu et des douars qui s'étaient retirés snr l'ouad Msaoura, et au milieu desquels il était venu s'installer pour chercher à les détourner de donner suite à leur projet de soumission.

Furieux du mauvais accueil qui avait été fait à ses propositions, Sid Ahmed résolut de reprendre l'offensive. Brouillé, ainsi que nous l'avons dit plus haut, avec ses oncles Sid El-Ala et Sid Ez-Zoubir, le jeune maraboûth, devenu le chef réel de l'insurrection, devra désormais chercher ses conseils parmi les gens de son entourage. Il fit donc ses préparatifs pour reprendre la campagne.

Sid Ahmed avait appris par ses émissaires que les colonnes de Géryville, de Laghouath et de Biskra se disposaient à se porter dans le Sud-Ouest; il savait que des convois étaient dirigés vers ces postes avancés, et que des goums y étaient appelés; il en inféra qu'il se préparait un mouvement important dont ses conseillers ne se dissimulaient pas la gravité. Il sentait qu'il fallait tenter un suprême et dernier effort, non-seulement pour rétablir ses affaires, mais aussi pour réunir et maintenir autour de lui des forces d'une certaine importance. Or, comme il manquait de fantassins, il fit appel à ces tribus pillardes du Marok qui, sous la dénomination générale de Zegdou, firent autrefois de si fréquentes incursions sur le territoire de nos tribus du Sud-Ouest.

Sid Ahmed avait réussi à gagner à sa cause un millier environ de *traris* (1) appartenant aux Eumour, aux Oulad-Djerir et aux Douï-Mnia. Comme les intérêts de l'islam n'eussent été, pour ces sacripants, qu'un mobile ou un attrait tout à fait insuffisant, il leur avait promis la guerre au butin, et c'était sur nos tribus récemment soumises qu'ils comptaient en faire le prélèvement à leur profit. La cavalerie du maraboûth, qui s'élevait à l'effectif de cinq cents chevaux, était surtout fournie par les Oulad-Sidi-Ech-Chikh, les Derraga, les Oulad-Zyad restés insoumis, et par les fractions de tribus qui étaient encore attachées à la cause des Oulad-Hamza.

Il sembla à Sid Ahmed que le moyen le plus propre à préparer son action et à retarder notre attaque, était de jeter le désordre

---

(1) Gens de pied, fantassins.

dans nos tribus du Sud et des Hauts-Plateaux, afin d'empêcher la formation de nos convois, et d'entraver la concentration de nos goums. Son premier objectif était l'enlèvement du douar des Mrazig, fraction soumise des Oulad-Zyad, et le châtiment des Oulad-Ben-Zeyan, qui s'étaient détachés récemment du parti des Oulad-Hamza, et qui avaient demandé et obtenu notre aman depuis quelques jours seulement.

Le marabouth se chargeait des Mrazig ; il avait laissé au fameux Bou-Diça, notre ex-agha des Oulad-Mokhtar, en défection depuis le mois d'août 1864, le soin de le venger de l'abandon des Oulad-Ben-Zeyan.

L'enlèvement des Mrazig présentait d'autant moins de difficultés, qu'au lieu de porter leurs campements, ainsi que l'ordre leur en avait été donné, au nord du Chothth-ech-Chergui, ils étaient allés s'établir à Cheguig, point situé à 25 kilomètres à l'ouest de l'ouad Sidi-En-Naceur.

Le 13 mars, le marabouth était signalé dans la vallée de Souez.

Le 14, il était à Aïn-el-Ourak, se dirigeant sur le Djebel Megrès, au sud-ouest de Géryville. Dans cette position, il menaçait sérieusement la route de Saïda, par laquelle arrivait un convoi de vivres de 300 chameaux à destination du premier de ces postes, et dont l'escorte ne se composait que d'un bataillon du 87⁰ d'infanterie, et d'un escadron du 2ᵐᵉ de Chasseurs d'Afrique.

Le même jour, le colonel de Colomb, à qui ce convoi donnait, on le comprend, de sérieuses inquiétudes, ordonnait à deux compagnies du 2ᵐᵉ de Zouaves de se porter à Kheneg-el-Azir, pour renforcer l'escorte de ce convoi, qui devait arriver sur ce point le lendemain 15 mars.

Le colonel se mettait lui-même en route le 14, avec six compagnies du 2ᵐᵉ de Zouaves et un escadron du 1ᵉʳ de Hussards, pour protéger les campements des Mrazig contre les entreprises présumables de Sid Ahmed.

A huit heures du matin, il était à Anba. Il apprend là, par ses éclaireurs, que Sid Ahmed vient d'arriver à Zouïreg, point situé à 10 kilomètres au nord de Géryville, et que les Mrazig n'ont fait aucune difficulté pour se laisser entraîner par le marabouth.

Le colonel se porte aussitôt dans la direction de Zouïreg, où il espère rencontrer l'ennemi ; mais Sid Ahmed a quitté ce point depuis quelques heures seulement ; il se dirige, le lendemain 15, sur Kheneg-el-Azir, où il trouve le convoi attendu, qu'il est heureux de sentir en sûreté.

L'expédition de Bou-Diça (1) contre les Oulad-Ben-Zeyan ne lui avait pas réussi : ce brillant cavalier, ce haut et puissant chef saharien, frotté de civilisation à la surface, et que nous avions fait chevalier de la Légion d'honneur (2) pour les services qu'il nous avait rendus pendant la première phase de la répression de l'insurrection, ce preux des temps héroïques antéislamiques était venu échouer misérablement devant quelques pédiculeux défendant leurs maigres troupeaux. Il n'eut même pas la gloire de succomber dans la guerre sainte — ce dont il se souciait peu — et de la main du Chrétien. Il meurt d'une blessure honteuse, de celles qui ne sont pas admises par le Dieu unique et qui n'ont aucune valeur à ses yeux, de celles, enfin, qui ne donnent point rang de martyr à celui qui en est atteint, et qui, au lieu d'exhaler l'odeur du musc, ne répandent autour d'elles que la fétidité naissant de la putréfaction.

Les Oulad-Ben-Zeyan, qui, conformément aux ordres qu'ils avaient reçus du commandant de Géryville, s'étaient hâtés d'envoyer leurs troupeaux au nord du Chothth-ech-Chergui, se défendirent en outre vigoureusement contre l'attaque de Bou-Diça, dont le *rezou* ne parvint à leur enlever que quelques tentes et effets de peu de valeur. Vraiment, la mort de Bou-Diça n'était pas payée.

Nous avons laissé le marabouth marchant, le 14 mars, dans la direction du djebel Megrès, au sud-ouest de Géryville; le 15, il passait entre Kheneg-el-Azir et ce poste avancé, et allait enlever, à Cheguig, le douar des Mrazig, qui, ainsi qu'on l'avait rapporté au colonel de Colomb, n'avait opposé aucune résistance à

---

(1) Voir, sur ce personnage, la note du chapitre III de la IIe partie.

(2) Avait été radié des contrôles de l'Ordre après sa défection du mois d'août 1864, et avant d'avoir reçu la croix qui lui avait été décernée.

l'invitation que lui avait faite le marabouth de reprendre sa place au milieu des Oulad-Zyad, ses contribules.

Le lendemain 16, Sid Ahmed avait pu réunir ses contingents, et, se dirigeant vers le Nord, il traversait avec eux le plateau de Haci-Ben-Aththab, flairant quelque affaire de poudre et de butin, en quête d'une proie à jeter dans les griffes de ses avides fantassins.

Mais revenons au colonel de Colomb, qui, arrivé dans la soirée du 15, au bivouac de Kheneg-el-Azir, y trouvait campés, depuis quelques heures, le convoi attendu et son escorte.

Son convoi en sûreté, et sans inquiétude de ce côté, le colonel de Colomb résolut de se mettre sans retard à la recherche de Sid Ahmed, afin de faire avorter ses projets sur nos tribus soumises.

Le lendemain, 16 mars, et après avoir reçu les rapports de ses éclaireurs, le commandant de la colonne de Géryville prit ses dispositions pour couper au marabouth sa ligne de retraite sur le Sud-Ouest. Il laisse à la garde du camp de Kheneg-el-Azir et du convoi les six compagnies de Zouaves avec lesquelles il marchait depuis deux jours, et qui avaient besoin de prendre un peu de repos. Il forme une colonne légère avec les éléments suivants : un bataillon du 87e d'Infanterie, les deux compagnies de Zouaves qu'il avait envoyées, la veille, en renfort au convoi, un escadron du 2e de Chasseurs d'Afrique, et un autre du 1er de Hussards, une section mixte d'Artillerie de montagne de la 5e batterie du 2e régiment, et un détachement du 3e escadron du Train des Équipages.

L'effectif de cette colonne était, approximativement, de :

Officiers.	25
Troupe	800
Chevaux.	225
Mulets	26

Ces forces, bien qu'inférieures de moitié à celles qu'on attribuait au marabouth, étaient cependant suffisantes pour infliger à ses bandes une sévère leçon, s'il avait l'audace de les attendre en rase campagne. Souvent, depuis deux ans, nos soldats avaient eu raison de contingents qui leur étaient numériquement supérieurs, et dans des conditions autrement disproportionnées. Tout nous présageait donc le succès, et la petite colonne paraissait n'en pas douter. Malheureusement, nous n'avions pas compté sur le chapitre de l'imprévu, sur les incidents qui viennent dérouter toute combinaison humaine, tous les calculs que font les imprudents qui ne craignent pas d'escompter l'avenir, lequel pourtant ne saurait leur appartenir puisqu'il n'est point.

Le combat dont nous allons faire le récit, et dont les tristes péripéties ont donné lieu à tant d'amères récriminations, à une controverse si acerbe, à des accusations si dures, nous démontrera une fois de plus que les leçons du passé ne nous profitent pas toujours, et viendra encore donner raison — et nous sommes loin de nous en réjouir — à notre opinion relativement à l'emploi de la cavalerie française devant la cavalerie indigène.

Certes, nous ne voulons blesser personne, pas même la vérité : nous avons assez fréquemment fait la guerre dans le Sahra pour reconnaître qu'on n'y est pas toujours heureux, et que les sourires de la capricieuse déesse des combats ne sont pas exclusivement réservés aux forts et aux gens de cœur ; mais ce que nous savons aussi c'est que les insuccès et les désastres, dans la guerre d'Afrique, ont toujours été la conséquence de fautes militaires, de l'inobservation des principes généraux ou des règles particulières qui constituent la science des combats, et desquels il importe essentiellement de tenir compte selon le génie ou la tactique du peuple qu'on peut avoir à combattre, et ces règles sont d'autant moins à négliger ici que l'Arabe est loin d'être un ennemi à mépriser. En un mot, à la guerre comme au jeu, toute faute se paie ou se paiera. En Algérie, comme ailleurs, nous avons trop souvent compté sur notre chance ou notre bonheur, et nous n'avons pas toujours eu à nous en féliciter.

Nous allons en faire la preuve encore une fois, et, malheureusement, ce ne sera sans doute pas la dernière.

Nous sommes au 16 mars 1866. Il est six heures du matin; chacune des fractions de corps a pris la place qu'il lui a été assignée. L'ordre de marche est le suivant : l'infanterie, en colonne par pelotons, les deux compagnies de Zouaves en tête, l'artillerie, le bataillon du 87°, le petit convoi de mulets haut-le-pied, les cacolets; la compagnie de Voltigeurs forme l'arrière-garde. Les clairons sonnent la marche; la colonne s'ébranle; sa direction est le nord. Dès que la dernière compagnie est sortie du Kheneg, la tête s'arrête et l'infanterie se forme en carré : les Zouaves prennent la première face; le bataillon du 87° tient les trois autres côtés. L'artillerie, les mulets de munitions, de cacolets et de bagages sont au centre, dans l'ordre en colonne.

L'infanterie est sous les ordres du chef de bataillon Baudoin, du 87° de ligne.

La cavalerie, sous le commandement du chef d'escadrons de Séréville, du 1er de Hussards, et composée d'un escadron de ce corps, et d'un autre du 2° de Chasseurs d'Afrique, ne quitte le camp de Kheneg-el-Azir qu'à six heures et demie, attardée par une distribution d'orge à faire à l'escadron du 2° de Chasseurs d'Afrique, arrivé de la veille avec le convoi.

Les deux escadrons sont équipés à la légère et n'emportent avec eux que les vivres de la grande halte. Ils sont formés en colonne par pelotons.

Le commandant de la colonne marche avec la cavalerie, qui se maintient à 1,000 ou 1,500 mètres en arrière de l'infanterie.

Le soleil s'élève majestueusement au-dessus de l'horizon et vient foudroyer la colonne qu'il prend d'écharpe. La journée sera chaude. Déjà, les ondes vaporeuses du matin rampent en tremblotant à la surface du sol; c'est une mer d'ouate brune dont les vagues frissonnantes sont poussées, aux grandes allures, de l'est à l'ouest.

La colonne arrive d'une seule traite au pied de cette immense *gadda* (1), qui se développe, du sud au nord, sur une largeur de trente kilomètres, entre Kheneg-el-Azir et El-Khadhra, terrain de bivouac situé à la pointe sud du Chothth-ech-Chergui.

---

(1) Plateau, plate-forme dans le Sahra.

Ce plateau, qui a peu d'élévation, est pierreux, rocailleux ; il est couvert de maigres touffes de halfa et tapissé d'un *chih* (1) assez dru.

Après une première pause sur le seuil de la *gadda*, la colonne se remet en marche dans le même ordre.

La chaleur est bientôt accablante; le sol est brûlant; l'armoise, du désert, vigoureusement surchauffée, dégage, dans le milieu sans air que nous traversons, son odeur énergiquement aromatique, son âcre et pénétrant parfum qui vous prend à la gorge et au cerveau; les tiges vernissées de la halfa ont des miroitements et des tons soyeux éblouissants; la coupole céleste, sous laquelle nous sommes emprisonnés, est d'un azur immaculé et d'une limpidité désespérante.

La colonne, dont la marche s'alourdit sensiblement, est grave et silencieuse; les observations s'échangent à voix basse. Il est remarquable, d'ailleurs, que l'immensité, de même qu'un temple vide, inspire le respect, une sorte de crainte mystérieuse.

Après avoir parcouru douze kilomètres environ, la colonne faisait une deuxième pause; il était à peu près sept heures et demie. Tout à coup, un cavalier indigène, sorti on ne sait d'où, arrivait sur notre front à fond de train, debout sur ses étriers, le bernous rejeté sur l'épaule droite, et en indiquant de l'index et du médius allongés la direction du nord-est, s'écriait : « *Hahoum !... hahoum !* » les voilà !... ils sont là ! Et il passe en pointant sur notre cavalerie, avec laquelle se trouve le colonel de Colomb, pour lui rendre compte de sa mission.

A cette annonce, suivie d'une émotion d'autant plus nerveuse qu'on est en présence d'un ennemi qu'on ne voit pas, et dont on ne peut estimer les forces, nos fantassins dressent l'oreille, épinglent leurs fusils, ramènent leurs gibernes sur le devant, et ajustent leurs baïonnettes.

Nos cavaliers, qui ont reçu le même avis, sont arrêtés; ils mettent pied à terre, roulent leurs manteaux et amorcent leurs armes. Les escadrons sont prévenus de se tenir prêts pour le

---

(1) *Artemisia herba alba*. Armoise.

combat, puis ils prennent le trot, le colonel à leur tête, pour se porter à hauteur de l'infanterie; ils devront se maintenir ainsi en colonne séparée, et à environ 200 mètres de sa droite.

Le commandant de l'infanterie a voulu attendre les ordres du colonel avant de se porter en avant. A son arrivée, des dispositions sont prises pour marcher à l'ennemi, et la colonne reprend sa marche, qui est couverte par une section du 2ᵉ de Zouaves déployée en tirailleurs. Les cavaliers du goum, envoyés en éclaireurs, sillonnent le terrain en avant de la colonne, et se succèdent sans interruption pour venir apporter au colonel de Colomb des nouvelles de la position des bandes de Sid Ahmed, qu'ils signalent du geste un peu à droite de la direction suivie. Un pli de terrain les dérobe encore à la vue de nos soldats, qui ont reçu l'ordre de serrer sur la tête pour diminuer la profondeur de la colonne, présenter moins de décousu, et être prêt à toute éventualité d'attaque.

A peine avions-nous parcouru une distance de deux kilomètres, que nous nous trouvions en face du maraboutk : un immense cri de joie soulevait toutes les poitrines. Les contingents étaient là, à 5 ou 600 mètres, disposés dans un ordre d'une régularité douteuse. Les fantassins — 1,000 hommes environ — se développaient devant nous sur quatre rangs en une ligne allongée sensiblement serpentiforme, et témoignant de leur profond mépris pour l'ordre rectiligne. Les cavaliers — 500 *chevaux* — étaient groupés par pelotons — par paquets plutôt — sur une assez grande profondeur. Cette cavalerie était en position à la gauche et sur une ligne plus en avant que celle des gens de pied, et précisément en face de nos escadrons, dont l'effectif atteignait à peine 200 chevaux.

Dès que le commandant de l'infanterie eut aperçu les forces ennemies, il fit déployer en tirailleurs la seconde section de la compagnie qui était déjà en ligne. Mais le nombre des fantassins de Sid Ahmed paraissant augmenter d'instant en instant devant la gauche de nos tirailleurs, et la cavalerie se montrant plus nombreuse sur notre droite, le commandant Baudoin donna l'ordre à la 2ᵉ compagnie de Zouaves d'aller renforcer la 1ʳᵉ, qui était sur la ligne.

A ce moment, notre infanterie était disposée dans l'ordre suivant : les deux compagnies de Zouaves en tirailleurs, le bataillon du 87ᵉ en bataille, l'artillerie derrière lui, ainsi que le convoi, qui, nous le savons, ne se composait que de 20 mulets de cacolets et 2 de munitions d'artillerie.

Notre cavalerie, nous l'avons dit, était disposée par escadrons à 200 mètres sur la droite de l'infanterie. Sur l'avis transmis par le capitaine adjudant-major Hugot, du 87ᵉ, d'une tentative des fantassins de l'ennemi se dessinant sur le flanc gauche de la colonne, la compagnie de Voltigeurs se déployait en potence de ce côté.

Il n'y a pas à en douter, Sid Ahmed, traitant avec nous d'égal à égal, nous offre la bataille ; il ose nous attendre en rase campagne ; il singe — ce qui ne s'était pas encore vu dans le Sud depuis 1843 que nous y guerroyons — nos formations tactiques, et, peut-être, si nous ne nous hâtons d'attaquer, aura-t-il l'audace d'en prendre l'initiative. C'est à n'y plus rien comprendre. Sans doute, ses fantassins marokains jouissent sur notre frontière de l'Ouest d'une certaine réputation de bravoure ; sans doute, ils ont à un très haut degré l'amour des aventures de poudre et de sang, de la razia et de ses profits ; mais pourtant ces incorrigibles Zegdou n'ont point dû oublier que, depuis la fondation de Géryville en 1853, le commandant de ce poste avancé, alors le capitaine de Colomb, leur a donné lieu, à différentes reprises, de se repentir de leurs incursions sur notre territoire. Il n'y a pas, que nous sachions, dans ce souvenir, de quoi exalter leur audace plus qu'il ne convient, et leur donner un espoir immodéré de vaincre dans le combat qui se prépare. Du reste, comme le disent nos ennemis : « *Ou Allahou adlamou,* » de cela, Dieu seul sait ce qu'il en sera.

On peut pressentir, au mouvement qu'on remarque dans la cavalerie des contingents, qu'on s'y prépare soit à recevoir notre choc, soit à le prévenir en nous attaquant. Pourtant, cette dernière détermination serait tellement audacieuse que la pensée ne nous en vient pas, ou que, tout au moins, notre esprit ne se donne pas la peine de s'y arrêter. A ce moment, notre cavalerie elle-même, restée en l'air et isolée, ne paraît pas se préoccuper outre mesure de cette improbable éventualité.

Cependant, de l'autre côté, le mouvement, l'agitation s'accentuent : des groupes d'impatients se détachent du gros de leur troupe et gagnent quelque terrain en avant d'eux. Les chefs circulent dans les pelotons ; ils y donnent évidemment des ordres ou des instructions ; ils font des recommandations ; ils mettent le feu au cœur des Croyants, ou ils excitent les grossières convoitises de ceux que l'intérêt de l'Islam ne saurait toucher ; ils rappellent aux Oulad-Zyad, aux Derraga, aux Oulad-Sidi-Brahim et aux Oulad-Sidi-El-Hadj-Ahmed, qui composent presque exclusivement le goum ennemi, qu'ils sont les *Khoddam* de Sidi Ech-Chikh, et que l'intervention de ce saint vénéré ne saurait être inefficace, en ce jour surtout, qu'ils avaient pour auxiliaires les meilleurs et les plus braves fantassins du R'arb, des gens de cœur et de religion qui déjà ont infligé de bien sanglants affronts (1) au chef des Chrétiens qu'ils ont encore aujourd'hui devant eux. « Rappelez-vous, ô hommes, leur psalmodiait lentement de sa voix enfantine le jeune Sid Ahmed, qu'il y a deux ans, mon frère Sid Mohammed — que Dieu lui fasse miséricorde ! - a tué aux Chrétiens, sur le lieu même où nous allons les combattre dans un instant (2), cent de leurs meilleurs *Sersour* (3).

Debout sur leurs étriers, les chefs des Oulad-Zyad, parmi lesquels on remarque le chikh Ben-R'azi, parcourent les rangs des goums, ou longent leur colonne avec de grands gestes et le

---

(1) Nous savons que cette assertion n'est pas précisément l'expression de la vérité ; mais, chez les Musulmans, plus une cause est sainte, plus le mensonge est permis.

(2) Sid Ahmed fait ici allusion au malheureux combat livré, le 26 mai 1864, entre Aïn-el-Katha et Kheneg-el-Azir, par le général Martineau, à Sid Mohammed-ould-Hamza, et dans lequel les pertes de la colonne s'élevèrent à 77 tués et à 35 blessés. Ces pertes avaient été supportées presque entièrement par la cavalerie.

(3) Pour les Arabes, toute notre cavalerie n'est composée que de *Sersour* (Chasseurs). C'est l'expression générique par laquelle ils désignent nos cavaliers. Ce sont nos vieux régiments de Chasseurs d'Afrique, dont la réputation de bravoure était légendaire parmi les indigènes, qui la leur ont fournie, et ils ne l'ont point encore oubliée.

bernous flottant : ils semblent d'immenses oiseaux planant sur les contingents et les couvrant de leurs ailes.

Les drapeaux à bandes de soie rouge, jaune ou verte s'agitent sous l'impatience fiévreuse de ceux qui les portent. Les chevaux, couverts d'écume, sont maintenus à grand'peine par leurs cavaliers : ces nobles buveuses d'air, à la longue encolure, à la tête en marteau de foulon, amaigries par les fatigues et la faim, ont senti le froid du chabir sur leur flanc levretté ; elles ont frémi au contact des larges *rekab* de fer, et le bruit de ferraille, et les tintements des éperons sur les étriers leur ont mis le feu dans les veines et le diable au corps. Toute cette cavalerie piaffe, piétine, pétrit le sol sous ses pieds : c'est la flèche qui attend impatiente le coup de doigt de l'archer pour voler au but.

Devant le front des goums on distingue, au milieu des étendards, le chef de l'insurrection, le jeune marabouth Sid Ahmed-ould-Hamza, l'héritier de la puissance religieuse attachée à la descendance de Sidi Ech-Chikh, ce sultan des saints de notre Sud algérien. Cet adolescent, ce rebelle de quinze ans, monte une jument noire superbe et richement harnachée. Enveloppé dans ses bernous blancs, le chapelet au cou, il semble calme au milieu de cette agitation fiévreuse qui se produit autour de lui ; il a déjà toute la gravité du chef religieux, et c'est à peine s'il daigne encourager du regard ceux-là qui, peut-être, vont mourir pour sa cause. Après les quelques mots qu'on lui avait soufflés, et qu'il a jetés dédaigneusement à ses adhérents, il s'est renfermé dans un mutisme presque méprisant. C'est le droit divin qui ne doit rien aux hommes, lesquels ne seraient que des ingrats, des infidèles, s'ils ne s'estimaient heureux qu'il leur fournît l'occasion de cueillir la palme du martyre.

La colonne a été arrêtée ; des dispositions de combat sont prises sur notre aile gauche, qui semble plus directement menacée par les fantassins des rebelles. Sur notre droite, quelques groupes de cavaliers se sont rapprochés de nos escadrons ; mais ils n'ont rien de menaçant. Tout porte à croire pourtant que cette cavalerie, qui est en position devant la nôtre, et qui lui est supérieure de plus du double, a déjà combiné son mouvement et choisi sa proie; il ne faut pas nous le dissimuler, et cela ne s'était pas vu depuis les guerres avec l'Émir Abd-el-Kader, Sid Ahmed a l'insolence de nous attendre de pied ferme et de nous offrir le combat; mais nos escadrons ne paraissent pas s'en préoccuper plus qu'il ne le faut: ils ont le calme de la force; ils ne soupçonnent évidemment pas la possibilité d'une attaque autre que celle qui se produirait sur leur front; ils n'ont pas prévu cette hypothèse où, le mouvement de la cavalerie ennemie s'exécutant par leur flanc droit, notre infanterie, qui est déployée, ne pourrait leur être d'aucun secours, et qu'ils risqueraient de compromettre la droite en la mettant dans l'impossibilité absolue de faire usage de ses feux.

On comprend mal d'ailleurs la raison pour laquelle notre cavalerie est maintenue opiniâtrement en face de celle des rebelles; elle serait mieux à sa place à la gauche de la ligne, c'est-à-dire devant les fantassins de l'ennemi, lesquels, armés de mauvais fusils, voire même de *mathrak* (triques) ou de *guezazel* (massues), ne sont guère que de la canaille excellente à charger; et l'occasion est si belle et surtout si rare qu'on ne s'expliquerait pas, vraiment, pourquoi on n'en profiterait pas aujourd'hui.

Nous avons tout lieu de supposer que l'intention du commandant de la colonne, qui, évidemment, ne devait pas s'attendre à trouver les bandes de Sid Ahmed en position, et surtout paraissant vouloir tenir devant ses troupes; il est probable, disons-nous, qu'il voulait préparer l'action par ses tirailleurs et son artillerie, et charger ensuite fantassins et cavaliers mis en déroute par son feu. Nous ne pouvons former qu'un vœu, c'est que la cavalerie de Sid Ahmed lui laisse le temps de réaliser son programme, et qu'elle ne prenne pas l'initiative de l'attaque. Ce serait certainement audacieux de sa part, mais aussi ce serait bien tentant.

L'artillerie (capitaine Marsal), qui avait reçu l'ordre de diriger son feu sur la masse des fantassins de Sid Ahmed, s'était mise d'abord en batterie à une distance de 800 mètres de cette troupe; mais ayant été bientôt dépassée par notre infanterie, qui se portait rapidement en avant, les deux pièces durent suivre le mouvement au trot des mulets, les canonniers au pas de course, jusqu'à hauteur des tirailleurs, c'est-à-dire à 400 mètres environ des fantassins marokains.

Mais les clairons ont sonné le signal de commencer le feu aux deux compagnies de Zouaves déployées en tirailleurs. Soudain, la fusillade crépite sourdement dans l'immensité; on perçoit à peine ce cri sifflant de la balle que les Arabes rendent par l'onomatopée de *zouï*, et que l'espace étouffe. On remarque pourtant que l'allure du tir est assez précipitée : des langues de fumée floconneuse, et des nimbes d'ouate bleuâtre, qui semblent courir à la rencontre de la victime que vient de faire la balle pour la couronner de l'auréole des martyrs; ces signes, disons-nous, indiquent que l'action est engagée sérieusement. Le canon vient encore faire entendre sa voix dans ce concert que donne la Mort à son bénéfice.

A la vibration du bronze, l'ennemi, qui n'a pas encore répondu, semble se recueillir; il écoute les bruits de cet engin de destruction des civilisés, la foudre des mortels, qui, en définitive, n'est terrifiant que pour ceux qui ne sont point soutenus par la foi. Dans cette position, le canon parle six fois, sur lesquelles quatre seulement sont satisfaisantes pour.... nous : quatre fois, en effet, les projectiles pénètrent dans la masse compacte des fantassins ennemis, et y tracent un sillon sanglant; quatre fois s'élèvent des cris de joie partant de notre ligne de tirailleurs : « *Touché !* » s'écrient les nôtres remplis d'enthousiasme et d'espérance. Les Marokains y répondent par des cris et des malédictions.

Soudain, fantassins et cavaliers de l'ennemi s'ébranlent en poussant des cris de fauves, des vociférations, des hurlements qui semblent ne point appartenir à la gamme des sons humains. Les goums, trouvant l'occasion on ne peut plus favorable, en présence de notre cavalerie qui ne bouge pas, et qui s'est bornée à jeter un peloton en tirailleurs pour couvrir ses deux escadrons en colonne par pelotons; le goum, disons-nous, se détache de son infanterie, file comme un trait par une direction oblique, et en prenant très habilement du champ sur la droite de notre cavalerie pour se défiler des feux des tirailleurs; il a dépassé la droite des escadrons, dont il est à 1,000 mètres environ. On est tenté de croire qu'il fuit notre attaque, et notre cavalerie qui, sans doute, s'en croit débarrassée, ne songe pas à prendre les dispositions qu'exigerait ce mouvement si imprévu de l'ennemi, et elle a le plus grand tort; car elle pourrait avoir à s'en repentir. En effet, prenant un parti des plus audacieux, le goum fait subitement à droite, et se dirige à fond de train sur nos escadrons, qui, alors, essayent de faire face de ce côté pour le recevoir; mais ils n'en ont pas le temps; l'ouragan roule vers eux avec une vitesse vertigineuse; c'est une trombe vivante de 500 chevaux qui, dans quelques secondes, va s'abattre furieuse, irrésistible sur nos cavaliers, qui ne l'attendront pas.

Disons le mot, quelque pénible qu'il puisse être, notre cavalerie, prise de panique, lâche pied et se jette en désordre sur la droite du bataillon en bataille, dont elle gêne les feux et paralyse les mouvements. Le goum a pénétré dans cette masse affolée, et il accomplit son œuvre de sang et de carnage; le fusil ne peut rien dans cette cohue : c'est au pistolet et au yataghan à prendre la parole. Le commandant de la colonne, qui ne se ménage pas, essaie bien de donner des ordres; mais le mal est sans remède : nos cavaliers, si braves pourtant, et dont la réputation est faite, se ruent éperdus sur la droite du bataillon du 87e, qu'ils bousculent, renversent, piétinent. Sourds à la voix de leurs officiers et de quelques braves gens qui n'ont pas perdu la tête, ils ne songent qu'à fuir sans essayer la moindre tentative de résistance. Les officiers, qui font des prodiges de valeur, les rappellent au sentiment du devoir, de l'honneur : tour à tour ils les caressent et les injurient; mais c'est en vain. Des coups de sabre vont s'égarer sur des dos que, jusqu'ici, n'avait jamais vus l'ennemi. Des larmes de rage, de désespoir sont dans les yeux de ces vaillants, qui, dans cette funeste aventure, entrevoient le déshonneur, tout un passé glorieux flétri, perdu. Un courant de pensées amères traverse leurs cerveaux: oseront-ils reparaître devant leurs chefs, devant leurs camarades de régiment? Les journaux ne vont-ils pas apprendre à leurs familles, à la France entière qu'ils ont été indignes d'elles et du drapeau? Aussi, se jettent-ils dans la mêlée, qui est affreuse; ils veulent mourir puisqu'ils n'ont plus d'autre ressource; mais ce ne sera pas, au moins, sans avoir fait payer cher leur vie à l'ennemi. Dès lors, ils font boire à leurs lames du sang arabe à s'en soûler.

Le chef d'escadrons *de Séréville*, et le capitaine *de Joybert*, du 1er de Hussards, sont blessés; le sous-lieutenant *de Caraman*, du 1er de Chasseurs d'Afrique, gravement atteint, tombe engagé sous son cheval, qui est tué; il ne doit son salut qu'à son admirable sang-froid, qui lui permet, en abattant quelques cavaliers du goum à coups de revolver, d'attendre le secours des Zouaves, qui le dégagent. Le sous-lieutenant *Pepin*, du 1er de Hussards, se lance seul à la poursuite de groupes ennemis qui emportent du butin; son audace l'entraîne trop loin : s'apercevant que l'officier qui les poursuit est seul, les fuyards s'arrêtent et lui font tête. La partie est, dès lors, trop inégale : il succombera, mais ce sera après avoir chèrement vendu sa vie. Un magnifique exemple de dévouement se produit à ce moment : l'ordonnance du sous-lieutenant *Pepin* a aperçu son officier au milieu du groupe ennemi, et luttant seul contre vingt; il n'hésite pas, malgré l'inefficacité certaine de son aide, à s'élancer au secours de son lieutenant; mais, ce qui ne pouvait être douteux, il ne réussissait qu'à succomber à ses côtés.

Le maréchal-des-logis *Gay*, blessé, taille de son sabre ensanglanté dans les chairs bronzées qu'il rencontre dans la longueur de son bras.

Mais, pendant ce temps, notre infanterie n'est point restée inactive : le capitaine *Aubry*, du 2e de Zouaves, qui commande la compagnie en tirailleurs sur la droite de la ligne, et qui s'est aperçu du mouvement rétrograde de nos deux escadrons, rallie sa troupe déployée. Le commandant *Baudoin*, qui s'était porté à son bataillon, avait cherché à former ses grenadiers face droite, afin de fournir des feux de flanc de ce côté; ce n'est qu'à grand'-peine que ses voltigeurs parviennent à prendre la formation en potence pour résister à l'attaque des fantassins ennemis, qui, enthousiasmés de la bonne besogne de leurs cavaliers sur notre droite, n'ont point perdu leur temps; ils serrent de près notre gauche et montrent une audace extrême. Et pourtant, il est de la dernière urgence de former tout au moins les trois faces d'un carré; malheureusement, tous les efforts du commandant de l'infanterie échouent dans cette tentative, par suite de la confusion jetée dans la colonne par nos escadrons en désarroi.

Le goum ennemi, ivre de haine, de poudre et de sang, poursuit son œuvre; l'occasion que lui fournit aujourd'hui la fortune est trop rare pour la laisser échapper : c'est un ouragan déchaîné qui renverse et broie tout ce qu'il rencontre sur son passage; le sol, qui retentit sourdement sous les pieds des chevaux, en est ébranlé; il se tigre de flaques rouges que le soleil boit avec avidité. D'âcres odeurs de sueurs et de laine, de chaudes haleines et de sang se répandent dans l'air et nous prennent à la gorge, odeur de bêtes et de gens particulière au Sahra. Les rangs sont envahis, la colonne est tournée, l'artillerie est compromise; car, l'ennemi, qui est tombé sur les derrières de la section de soutien, est arrivé jusqu'aux pièces : un cavalier servant est blessé grièvement d'un coup de sabre, et trois cavaliers conducteurs sont fusillés à bout portant. Un groupe de cavaliers ennemis profite habilement de l'impossibilité de se défendre dans laquelle il a mis les conducteurs, pour enlever les deux mulets porteurs des caisses à munitions d'artillerie, qu'il pousse vigoureusement devant lui pour les mettre hors de notre atteinte. Le brigadier chargé de la surveillance de ces caisses tente désespérément, mais vainement, de reprendre les animaux qui avaient été confiés à sa garde.

Cette perte réduisait notre artillerie au silence, et cela au moment où son feu eût été des plus efficaces contre le gros des gens de pied de l'ennemi, qui, un instant, furent sous nos fusils, ramassés en désordre comme un troupeau de moutons.

Cette opération de l'enlèvement de nos munitions d'artillerie, nous sommes bien obligé de le reconnaître, eût suffit pour illustrer un soldat français. La demi-section de Zouaves de soutien, qui avait été renversée ou dispersée par l'irruption soudaine des cavaliers du goum sur les derrières de l'infanterie, n'avait pu s'opposer à l'enlèvement des mulets de munitions.

Notre artillerie avait tiré douze coups de canon seulement depuis le commencement de l'action.

Sur les 20 mulets du Train des Équipages, 14 de ces animaux, porteurs de cacolets ou des vivres des officiers de l'État-major de la colonne, ont partagé le sort des mulets de munitions de l'artillerie : ils ont été enlevés après une lutte furieuse, acharnée entre les conducteurs de ces animaux et les cavaliers du goum. Six de ces vaillants et modestes soldats du Train furent blessés, renversés et foulés sous les pieds des chevaux du goum ; un autre, le conducteur *Garnier*, trouva la mort dans le combat.

La 2ᵉ compagnie de Zouaves (capitaine *Lamothe*) était parvenue cependant à se former à droite en bataille pour protéger l'aile droite du bataillon du 87ᵉ d'infanterie. C'est à ce moment que la cavalerie ennemie chercha à l'envelopper ; mais le capitaine ayant fait former le cercle à ses deux sections, le goum ne put rien sur elles ; pourtant, le sergent *Genty* et le Zouave *Saby* furent tués à bout portant pendant cette formation.

Mais il fallait en finir ; il y avait urgence à remettre de l'ordre dans cette cohue, et du calme dans l'esprit de nos cavaliers ahuris, et qui, déjà, revenus à peu près dans leur bon sens, comprenaient toute la gravité de leur faute en voyant autour d'eux le champ de la lutte jonché de cadavres, dont la dernière attitude leur semblait une accusation. Les plaintes des blessés, dont quelques-uns avaient d'horribles blessures, leur paraissaient le cri de leur conscience de soldat, le reproche du manquement à leur devoir militaire. Une partie du goum avait déjà disparu dans l'ouest avec le maigre butin qu'il venait de faire ; d'autres cavaliers s'accrochaient à nos soldats comme le feu grégeois : c'était de la haine poussée jusqu'à la fureur ; des luttes corps à corps s'étaient engagées çà et là, et le couteau et les dents faisaient leur œuvre sourdement. On entendait comme des râles de bêtes fauves qu'on égorge. D'autres tournoient autour de nos cavaliers démontés, et les enlacent dans une spirale qui, à chaque pas, les rapproche de ces victimes abêties par cette sorte de fascination que donne la peur.

Les fantassins ennemis n'ont point réussi à tourner notre aile gauche ; la compagnie de Voltigeurs a fini, débarrassée de nos cavaliers, qui s'étaient jetés sur elle, par prendre la formation ordonnée, c'est-à-dire celle de face à gauche, et elle commence à fouailler de ses salves de feux de peloton ces fameux fantassins du Marok sur lesquels semblait tant compter Sid Ahmed-ould-Hamza. Il est temps que nous reprenions l'offensive, et que nous vengions dans le sang de ces Zegdou le sanglant affront que vient de nous infliger le goum des rebelles.

Les officiers de notre cavalerie auxquels leurs blessures permettent de se tenir en selle, et ceux qui n'ont pas été touchés, font tous leurs efforts pour rallier leurs escadrons; ils y parviennent sous la protection de l'infanterie; ils sont, enfin, reconstitués, et attendent des ordres pour aller prendre position dans l'ordre de combat.

Pendant la mêlée, le colonel de Colomb s'était porté, suivi de ses officiers, là où le danger était le plus pressant : homme de tête et de cœur, il n'avait cessé de donner des ordres clairs et précis partout où ils pouvaient être entendus et compris ; il s'était multiplié, et, l'épée à la main, il n'avait pas craint de s'exposer, avec beaucoup de crânerie et sans forfanterie, au milieu de la dangereuse mêlée où les balles amies et ennemies ne faisaient aucune distinction entre les corps où elles allaient se loger. C'est évidemment à lui que la colonne a dû son salut; il est vrai de dire que c'était à lui qu'incombait le périlleux et impérieux devoir de la sauver.

L'ordre à peu près remis sur la droite, il s'agissait de s'occuper de la gauche, qui était loin d'être délivrée des fantassins de l'ennemi, lesquels avaient à cœur, sans doute, de nous prouver leur valeur. Le colonel se porte au centre de la ligne formée par l'infanterie; les grenadiers et les voltigeurs du 87ᵉ font face à droite et à gauche, amorçant ainsi les deuxième et troisième faces d'un carré. C'est en cet instant qu'un des chefs de goum des rebelles, de taille élevée que grandissait encore le *medhol* orné de plumes d'autruche des guerriers du Sud de la province de Constantine, et montant une magnifique jument superbement harnachée; c'est à ce moment, disons-nous, qu'il pousse l'audace jusqu'à pénétrer dans les rangs de l'infanterie, où il fend, d'un formidable coup de yataghan, la tête d'un de nos fantassins. Stupéfaits d'une telle hardiesse, nos soldats ne songent même pas à lui en envoyer le prix.

La tribu des Chaânba était certainement représentée dans la cavalerie des contingents de Sid Ahmed ; car, pendant le combat, on les entendait psalmodier leur monotone chant de guerre.

Comme nous le disions plus haut, il était nécessaire d'en finir promptement avec les Zegdou du jeune maraboulh, qui devenaient de plus en plus pressants et qui, nous le répétons, voulaient, eux aussi, avoir leur journée de succès. Le colonel prend la direction de la ligne d'infanterie par le commandement : « Mes enfants ! à la baïonnette ! et plus un coup de fusil ! » La colonne s'ébranle et se rue, tout en cherchant à maintenir son ordre, sur cette foule hurlante, qui essaie un instant de faire tête à nos soldats, lesquels sont surexcités au delà de toute expression par la vue des morts et des blessés que nous a faits la cavalerie des contingents : c'est de la fureur de notre côté ; aussi nos baïonnettes s'en donnent-elles à cœur joie dans cette tourbe hideuse, dont un quart n'est armé que de yataghans, de couteaux, de massues ou de bâtons. Ils ne lâchent pas pied pourtant ; ils s'accrochent, se cramponnent aux baïonnettes qu'ils tordent ou retirent sanglantes de leurs poitrines. A la gauche surtout, qui est serrée de près par un groupe de fanatiques poussant d'horribles clameurs, les voltigeurs font d'excellente besogne : il y a là bien des corps troués, bien des crânes fracassés, et le sang bleu des Africains paie largement le généreux sang français que nous a coûté le moment de faiblesse de notre cavalerie.

Mais nos soldats ne se lassent pas de frapper ; leur ardeur a dépassé le niveau de la résistance ; leur sainte furie augmente d'intensité avec l'ivresse du sang. Les fantassins ennemis qu'ils ont abattus se roulent sous leurs pieds dans les convulsions d'une horrible agonie ; quelques-uns rampent comme des serpents et continuent leur œuvre en s'accrochant à leurs jambes qu'ils cherchent à déchirer à coups de dents ou d'ongles. Pourtant, on sent qu'ils se lassent d'une partie devenue si inégale, et que quelques-uns ont déjà désertée ; et puis leur cavalerie semble les avoir abandonnés à nos coups. Le colonel en profite pour ordonner la charge : les clairons sonnent à toute bouffée ; la ligne tout entière, les officiers en tête, se porte en avant et balaie tout ce qu'elle rencontre devant elle. A quelques fantassins ennemis qui s'attardent dans une résistance impossible, nos soldats donnent la satisfaction de mourir dans la guerre sainte, et en font ainsi des *chouhada* (1).

Ce mouvement a été décisif : les fantassins marokains ont repris, en fuyant, la direction de l'ouest.

Le colonel, qui, pour bien accentuer leur défaite, a résolu de les poursuivre, reconstitue la colonne et prend un nouvel ordre de marche, le carré. Les deux compagnies de Zouaves sont déployées en tirailleurs : la 1re en avant, la 2e sur le flanc droit; la compagnie — déployée — de grenadiers du 87e d'infanterie couvre le flanc gauche; celle des voltigeurs forme la quatrième face du carré de tirailleurs; les quatre compagnies du centre du même régiment marchent en colonne dans l'intérieur du carré.

Les deux escadrons de cavalerie, qui sont tout à fait reconstitués, prennent position dans l'ordre de marche et de combat : ils couvrent en flanqueurs la face gauche du carré.

Il importe, pour donner à la poursuite toute son efficacité, qu'elle soit entreprise sans retard. Le colonel fait ramasser promptement les blessés restés sur le champ du combat; on charge sur les chevaux disponibles et sur les mulets que l'ennemi nous a laissés ceux de ces blessés qui ne peuvent marcher, et ils prennent place dans le carré. Nous le répétons, cette triste besogne a dû se faire rapidement. Quant aux morts, le commandant de la colonne se réservait de revenir sur ses pas pour les enlever après avoir donné la chasse, à une distance suffisante, aux fantassins en fuite.

C'est donc dans l'ordre de marche que nous venons d'indiquer que la colonne se met aux trousses des *traris* marokains.

Pendant que la 1re compagnie de Zouaves de la première face poursuit de ses feux la queue des fantassins de l'ennemi, qui semblent s'attarder — prudemment — comme pour amuser la colonne, et l'entraîner le plus loin possible, sa cavalerie, qui,

---

(1) *Chouhada*, témoignants. On désigne ainsi les Musulmans qui sont morts en répétant la formule de l'Islam : « Je rends témoignage qu'il n'est point d'autre divinité que Dieu, et que Mohammed est l'Envoyé de Dieu. »

nous l'avons dit, paraît ne se préoccuper que médiocrement de leur sort, et qui les laisse poursuivre sans paraître s'en inquiéter, passe sur notre gauche, où elle se montre à une distance d'un kilomètre environ.

Le commandant de la colonne prescrivait à une compagnie du 87ᵉ de se porter à 6 ou 700 mètres en avant de nos flanqueurs de gauche, c'est-à-dire vers le sud, avec ordre de se maintenir à cette distance de la colonne. Cette compagnie échange, pendant sa marche, une assez vive fusillade avec un parti de cavalerie de l'ennemi, lequel, profitant des ondulations du terrain, s'avance, et presque impunément, jusqu'à 150 ou 200 mètres de la compagnie, décharge ses armes, et file à toute bride dans la direction du sud.

D'un autre côté, nos soldats, se rasant dans le sable, attendent félinement l'apparition d'un cavalier, et leur envoient leur balle. Cette mousqueterie n'a guère d'autre résultat que celui d'amener la prompte consommation des cartouches de cette compagnie. Son commandant en fait prévenir le colonel de Colomb, qui arrête la colonne et la poursuite des rebelles, lesquels, du reste, talonnés par nos soldats, ont fini par prendre du large et disparaître dans l'ouest.

Il était alors onze heures ; la température était devenue accablante. La colonne marchait et combattait depuis cinq heures sans qu'il lui eût été donné un instant de repos. Il devenait indispensable de faire une pause pour que les officiers et les soldats pussent au moins prendre quelque nourriture. Le commandant de la colonne ordonnait une halte d'une heure. Malheureusement pour les officiers de l'État-major de la colonne, les mulets portant leur déjeuner étaient passés à l'ennemi avec vivres et bagages ; ces infortunés officiers, parmi lesquels on comptait le commandant de la colonne, furent donc réduits à solliciter de leurs soldats les mieux pourvus une invitation à leur très maigre ordinaire. Leurs ressources en munitions de bouche n'avaient évidemment rien qui rappelât la profusion ; aussi leurs chefs durent-ils se contenter d'un demi-biscuit trempé dans quelques gouttes d'abondance de café, que leurs soldats parurent heureux de partager avec eux.

Quant à l'eau, il fallut s'en passer; on l'avait réservée pour les blessés, dont 55 avaient pu suivre la colonne soit à pied, soit sur les quelques mulets que nous avait laissés l'ennemi, ou sur les chevaux des cavaliers qui avaient été tués.

A midi, la colonne rétrogradait, et reprenait tristement la direction du terrain du combat. L'ordre de marche était le même, avec cette différence pourtant que la cavalerie avait pris place dans le carré.

La colonne marchait morne et silencieuse sous un soleil implacable; elle avait, évidemment, le pressentiment du spectacle qui allait s'offrir à sa vue, car le mouvement de retour des cavaliers ennemis vers le champ de la lutte ne lui avait pas échappé.

A une heure, la colonne débouchait sur le théâtre de l'action, où, faute de moyens de transport suffisants, elle avait dû laisser ses morts pour se mettre à la poursuite des fantassins ennemis. Nous n'essaierons pas de refaire l'horrible et nauséeux tableau qui se déroulait sous nos yeux. Il fallait bien s'y attendre; car, du moment que nous avions cru devoir abandonner nos morts sur le terrain — et c'est une résolution très grave avec les Arabes — pour courir, avec une infanterie fatiguée, avec une cavalerie décimée et démoralisée, avec une artillerie sans munitions, pour se mettre, avons-nous dit, sous un soleil accablant, et avec des estomacs vides, à la poursuite des fantassins marokains, contre lesquels nous ne pouvions absolument rien, et qui, même, pour nous amuser et nous entraîner le plus loin possible, semblaient affecter de ne pas presser outre mesure leur mouvement de retraite, et ne montrer d'autre soin que celui de se maintenir au delà de la portée de nos armes, tactique qui, évidemment, n'avait d'autre objet que celui de donner à leur cavalerie, qui n'avait pas été entamée, et qui se bouffissait de son succès, le temps d'aller achever, sur nos derrières, son œuvre de barbarie et de haine; il est clair qu'il n'était pas nécessaire de savoir lire dans le livre de l'avenir pour prévoir qu'il faudrait à l'ennemi le butin de la victoire, les dépouilles arrachées aux cadavres de nos morts; il fallait, en effet, à ces cavaliers de proie, des têtes de Chrétiens à montrer dans leurs douars pour exalter les Croyants; il leur fallait aussi des oreilles pour permettre à leurs femmes de s'en faire, à l'exemple de Hind, la fille d'Ottab, des colliers et des bracelets, et ce hideux trophée, ce témoignage du succès leur manquait; il fallait, enfin, à ces éperviers de carnage, les voluptés du vautrement dans le sang, des décapitations au couteau, de honteuses mutilations, des arrachements d'entrailles, des outrages aux cadavres encore chauds de la vie comme s'ils voulaient déshonorer même la mort. Comme ils seront fiers de pouvoir dire, avec des sourires féroces, à leur rentrée dans leurs douars : « Ces Chrétiens, dès l'aurore, nous leur avons souhaité le bonjour avec la mort, et nous les avons laissés en morceaux ! »

Voyez-les, cramponnés comme des vautours sur les cadavres des nôtres, et accomplissant, pleins de colère et de rage, ivres de vengeance, et la bouche foisonnante d'écume, leur œuvre de carnassiers !

Nous n'osons pas arrêter notre pensée sur cette hypothèse que, dans notre hâte de nous mettre à la poursuite des Zegdou, nous ayons pu laisser sur le terrain autre chose que des morts.

Le champ de la lutte est horrible : la colonne longe une traînée de cadavres. Le cœur nous monte à la gorge et nous étouffe. Une odeur pénétrante de chairs brûlées nous prend au cerveau et nous suffoque. La haine de ces sauvages s'est exercée de cent manières différentes; on sent là le travail, le chef-d'œuvre du génie du mal ; c'est le délire de l'impuissance, c'est la rage de n'avoir que des cadavres à donner à leurs couteaux, qui, évidemment, leur a dicté ces raffinements dans la destruction. Tous ces morts sont nus : là, c'est un corps affreusement mutilé; à côté, un autre est troué comme une cible; à quelques pas de celui-ci, c'est un visage haché, taillé, déchiqueté; il semble que ce cadavre ait servi de billot pour décapiter les autres ; plus loin, c'est un corps qu'ils ont rôti sur un lit de *chîh* (armoise) ; il n'est rien de plus épouvantable que ces chairs boursouflées, cette peau calcinée, scarifiée d'entailles au couteau comme les flancs d'un mouton qu'on a fait rôtir entier; nous ne savons rien de plus horrible que ces yeux vitreux sortis de leurs orbites, cette langue tuméfiée et pendante, ce crâne tondu jusqu'à la peau par le feu ; puis çà et là, des ventres béants pareils à des bouches d'outre, et vomissant leurs intestins; des crânes ouverts où la cervelle est encore frissonnante; des troncs consumés, des membres brisés, déchirés et comme mâchonnés; des entrailles fouillées jusqu'au fond des reins par la lame des yataghans; presque tous les cadavres sont décapités, et noyés dans des flaques d'un sang que l'ardeur d'un soleil brûlant noircit en le buvant. Tous ces corps, envahis déjà par la pâleur céracée de la mort, et singulièrement rapetissés par la décapitation, ne sont plus guère, pour la plupart, que des débris informes, méconnaissables, maculés d'une boue noirâtre pétrie de terre et de sang.

Ah ! que n'étaient-ils là ces prétendus philanthropes qui n'ont de larmes que pour nos ennemis, et qui nous reprochent les quelques fusillades que nous leur infligeons quand ils tombent armés entre nos mains ! Non, il n'y a pas à se le dissimuler, c'est une guerre à mort entre nous et ces populations dont rien ne nous rapproche, et dont, au contraire, tout nous éloigne, nous sépare. Il est impossible, d'ailleurs, que leur civilisation puisse jamais rejoindre la nôtre, et l'écart en est trop grand pour qu'il soit permis à l'optimisme, même le mieux disposé, d'espérer la réalisation de ce rêve, qui est marqué, certainement, de plus de générosité que de probabilité. Du reste, le khalife Haroun er-Rechid disait : « Vengeance est salut quand la générosité ne peut servir de rien ; » et nous sommes tout à fait de son avis.

La colonne releva ses morts, lesquels, pour les huit-dixièmes, ne purent être reconnus. Ils furent réunis sur le point de chargement et recouverts de manteaux de cavalerie ou de capotes d'infanterie; il avait fallu beaucoup de temps, par suite de la dispersion des cadavres sur le terrain, pour faire cette funèbre récolte. Plus d'une larme, témoignage d'une douleur muette, fut versée sur ces tristes et lamentables restes, qui, il y a quelques heures à peine, étaient des hommes pleins de vie et d'espoir; mais la Guerre, l'insatiable déesse, aux sanglants appétits toujours inassouvis, les avait dévorés sans prendre le moindre souci de la douleur et des pleurs de leurs mères.

Quelques cadavres et des blessés de l'ennemi étaient restés sur le terrain du combat; ces blessés l'étaient tous mortellement. Il eût été humain de mettre fin à leurs souffrances; mais nos soldats étaient mal disposés, à ce moment, pour faire de l'humanité à l'égard de leurs sauvages et féroces ennemis : ils se vengèrent en laissant la vie à ceux qui ne pouvaient échapper au trépas; ils voulaient qu'ils eussent tout le temps de goûter à la mort. Quant à leurs funérailles, c'est un soin qu'ils laissaient aux hyènes et aux oiseaux de proie.

De son côté, l'ennemi avait aussi été fort maltraité, et ses fantassins avaient fait des pertes très sensibles; ce fait donne la raison pour laquelle Sid Ahmed n'avait pas tiré un meilleur parti du succès de sa cavalerie, succès bien certainement inespéré. Il est incontestable qu'il avait très habilement profité d'une faute, et montré beaucoup d'audace en tournant notre cavalerie, et en fondant sur elle avec une impétuosité qui n'était même pas nécessaire, puisque nos escadrons, pris très tard en flagrant délit de formation, ne l'attendaient pas. On se rend difficilement compte de la disposition vicieuse de notre cavalerie ; car, malgré sa valeur incontestable quand elle est bien et opportunément engagée, c'eût été plus que de la témérité de sa part d'attendre, de pied ferme, avec ses 200 chevaux, la charge de 500 paires de rênes de la réputation des Oulad-Zyad et des Derraga. Il y a eu là une faute capitale, et dont la panique de nos escadrons a été la terrible et triste conséquence.

Sans doute nous savons faire la part de ces accidents de la guerre; mais c'est aux chefs à les prévoir, et à en tenir compte, tout au moins dans une large mesure, afin de les rendre, s'ils se produisent, le moins désastreux possible. Dans la douloureuse affaire d'aujourd'hui, en raison des si singulières dispositions que le commandant de la cavalerie prétendait avoir prises, il était difficile que les choses se passassent autrement. Mais nous nous appesantirons d'autant moins sur ce lamentable sujet, qu'officiers et soldats ont payé plus cher ce moment de faiblesse. Nous serions bien heureux que cet échec nous servît au moins de leçon; nous avouerons pourtant que nous n'y comptons que médiocrement; il est probable, en effet, qu'incorrigibles comme nous le sommes, nous ferons longtemps encore de désastreuses écoles dans ce pays.

Avant d'aller plus loin, nous voulons examiner, au point de vue militaire, la valeur du reproche qui a été fait au commandant de la colonne d'avoir abandonné ses morts sur le champ du combat, pour se mettre à la poursuite des fantassins de Sid Ahmed-ould-Hamza, abandon qui avait permis aux goums ennemis de revenir sur les derrières de la colonne, et d'y accomplir l'horrible besogne que nous savons. Nous dirons tout d'abord que l'acte reproché n'emprunte sa gravité qu'au caractère particulier et aux mœurs du genre d'ennemi que nous avons à combattre en Algérie. Nous ne traiterons donc que du principe qui a dû prévaloir dans le cas dont nous nous occupons, et qui a décidé le commandant de la colonne à agir comme il a cru de son devoir de le faire.

Il est hors de doute qu'après ce qui venait de se passer, la détermination du commandant de la colonne était la seule qu'il convenait de prendre : il ne pouvait pas, lui qui les avait battues si souvent, laisser les bandes du marabouth sur un succès ; il importait surtout de ne pas les laisser maîtres du champ de la lutte ; il était indispensable, au contraire, de reprendre une vigoureuse offensive et de les rejeter au loin. Il était de stricte nécessité qu'ils se crussent battus, et la meilleure preuve du succès est surtout dans la poursuite de l'ennemi, le vaincu étant, incontestablement, celui des deux adversaires qui fuit ou qui se retire devant l'autre.

Il est clair que, si l'ennemi n'avait pas été poussé au loin avec du plomb ou la baïonnette dans les reins, surtout après la ténacité, l'audace qu'il avait montrées, la lutte était à recommencer, et dans les plus mauvaises conditions pour nous, qui n'étions pas encore remis, il s'en faut, du sanglant accident de tout à l'heure. Il était également urgent de rendre du moral à la cavalerie, de lui faire reprendre confiance en elle, et de lui prouver que le commandant de la colonne la jugeait digne de réparer sa faute, puisqu'il lui en offrait les moyens. Tout, la nécessité aussi bien que les principes de la guerre, prescrivait au colonel de Colomb d'opérer comme il l'a fait. Notre *Ordonnance sur le Ser-*

vice des Armées en Campagne, ce chef d'œuvre du général de Préval, à l'article traitant des « Devoirs des Officiers et des Sous-Officiers pendant le combat, » ne dit-il pas, à propos des blessés restés sur le champ de bataille, qu' « il n'y a lieu de pourvoir à leur sécurité, ou de s'occuper d'eux, qu'*après la décision de l'affaire*, le premier intérêt, comme le premier devoir, étant d'assurer la victoire, qui, seule, peut garantir aux blessés les soins nécessaires. »

D'un autre côté, il n'était pas possible au colonel de Colomb, bien qu'il dût nécessairement revenir sur le terrain du combat, de laisser du monde sur ce point, une de ses deux compagnies de Zouaves par exemple ; il n'avait pas trop de toutes ses forces en infanterie pour espérer avoir raison de celles de l'ennemi, et puis une seule compagnie au milieu de cette vaste *gadda* de Ben-Aththab, eût été bien aventurée, en présence surtout de la cavalerie des rebelles, qui n'avait pas souffert, et qui ne pouvait être bien loin. En effet, nous le savons, pendant que la colonne, déjà assez éloignée du terrain du combat, poursuivait les fantassins marokains, elle avait reparu à 12 ou 1,500 mètres sur notre gauche, que flanquait notre cavalerie. Supposant au goum ennemi l'intention de recommencer la manœuvre qui lui avait si bien réussi, le colonel, nous l'avons dit plus haut, avait prescrit à la 4e compagnie du 87e de se porter à 700 mètres sur la gauche de la colonne, et de se maintenir à cette distance pendant la marche pour la couvrir de ce côté. Il est évident que cette démonstration de l'ennemi n'avait d'autre but que de distraire notre attention et de masquer ses projets; pendant que nous étions occupés à tirailler avec le parti de cavaliers qui venait de paraître sur notre gauche, le gros du goum pouvait se porter sur le terrain du combat, s'y livrer en toute sécurité à sa hideuse besogne sur les cadavres, et s'y pourvoir de trophées.

L'intention des rebelles n'avait pas dû, certainement, échapper à l'expérience du commandant de la colonne, et peut-être eût-il été bon de cesser là la poursuite et de revenir sur nos pas ; car nous avions un sérieux intérêt à empêcher l'ennemi de prélever sur les cadavres de nos soldats des preuves non équivoques de notre insuccès.

En définitive, puisqu'il était impossible d'opérer autrement que l'a fait le colonel de Colomb, il fallait en prendre son parti, quelles qu'en dussent être les conséquences.

Nous avons cru devoir donner quelque développement à notre discussion sur cette affaire, qui, rapportée avec plus ou moins de bonne foi, ou de connaissance des exigences de la guerre, par des esprits malveillants ou des ignorants, avait fini par donner lieu, dans l'armée d'Afrique, à une légende représentant le commandant de la colonne de Géryville sous un caractère qui était bien loin d'être le sien, et sous un aspect qui n'avait rien de ressemblant.

En résumé, nos pertes avaient été énormes, surtout en raison de l'effectif de la colonne, qui ne dépassait pas 800 hommes; elles se décomposaient ainsi qu'il suit :

Tués.

Officiers . . . . 1 } 42
Troupe 41

Blessés.

Officiers . . . . 4 } 55
Troupe 51

Décidément, la *gadda* de Ben-Aththab ne nous valait rien : 119 tués et 90 blessés en deux fois, c'était réellement du gaspillage de chair humaine, et beaucoup plus que n'en pouvait supporter notre réputation militaire. Aussi nous garderons-nous bien d'ajouter à ce lamentable martyrologe les 150 tués du 30 septembre 1864 à Aïn-el-Beïdha, et les 75 du lendemain à El-Kheidher. Seulement, aujourd'hui, nous avons la consolation de penser que la funeste issue du combat de la *gadda* de Ben-Aththab n'était point imputable au commandant de la colonne; mais bien à un de ces accidents qui, souvent, viennent déconcerter la science et les plus sages combinaisons. Il y a lieu de reconnaître cependant que la disposition vicieuse de la cavalerie n'a pas été étrangère à l'issue de cette déplorable affaire.

Après avoir chargé ses 42 cadavres sur les chevaux de pareil nombre de cavaliers qu'il avait fallu démonter, la colonne se remit en marche pour regagner le camp de Kheneg-el-Azir, son point de départ du matin. Les hommes gravement atteints étaient montés sur des mulets ou des chevaux disponibles ; ceux qui pouvaient marcher suivaient à pied le funèbre cortége.

Vers six heures et demie, c'est-à-dire à la nuit close, la tête de la colonne atteignait le bivouac de Kheneg-el-Azir. Le lieutenant-colonel de La Ville-Hervé, qui était resté à la garde du camp avec six compagnies de Zouaves, et l'ordre formel de n'en laisser sortir qui que ce soit, avait parfaitement entendu la canonnade du matin et les feux de mousqueterie de la journée. Retenu à son poste par un ordre précis, et sans nouvelles de la colonne, les cavaliers que lui avait expédiés le colonel de Colomb ayant été tués ou pris par les rebelles, le lieutenant-colonel était dans une inquiétude mortelle. Il n'avait eu connaissance des tristes résultats du combat que quelques minutes avant l'arrivée de la colonne. Quoiqu'il en soit, il avait réuni ses six cents Zouaves sur le front de bandière par lequel devaient déboucher les troupes, et, faisant présenter les armes aux restes mutilés de ceux qui, le matin, avaient quitté le camp heureux de l'espoir de rencontrer l'ennemi, il rendait ainsi les honneurs suprêmes à ces glorieuses victimes de la guerre que la civilisation a entreprise contre la barbarie. Cette scène, pleine de grandeur, impressionna au plus haut degré la colonne et les Zouaves, lesquels semblaient regretter de ne point avoir pris leur part de cette terrible fête de la poudre.

Devant l'impossibilité de les reconnaître, la distribution des cadavres se fit aux détachements d'après le nombre des hommes qu'ils avaient perdus. Chacune des fractions de corps fit creuser une fosse pour recevoir ces martyrs obscurs de la cause sainte qu'a embrassée la France il y a de cela trente-six ans, et dont elle poursuit le triomphe avec la sublime et chevaleresque générosité qui est dans les traditions de notre pays.

L'artillerie enterra ses morts au centre du camp ; le 87e, les Chasseurs d'Afrique et les Hussards, en avant de chacune des quatre faces du carré. Cette sombre besogne nous séparait pour l'éternité de nos compagnons d'armes, auxquels nous n'avions à donner pour linceul que les ombres de la nuit.

Si cela peut être une consolation pour leurs mânes, nous leur dirons que leurs féroces ennemis firent de sérieuses pertes dans cette sinistre journée : en outre des cadavres qu'ils avaient laissés sur le terrain, ils comptaient parmi leurs morts le fameux chikh Ben-R'azi, des Oulad-Zyad, dont nous avons parlé plus haut, ainsi que quatre des chefs de cette tribu et de celle des Derraga. On a su plus tard que les fantassins marokains avaient été fort maltraités, et que le nombre de leurs blessés avait été considérable.

Il y aurait injustice et ingratitude à laisser dans l'oubli les noms des glorieux soldats — car nous ne pourrions admettre que la gloire fût étroitement renfermée dans les limites du succès — qui se sont fait plus particulièrement remarquer dans cette journée du 16 mars. Nous citerons donc, avec les commandants des détachements auxquels ils appartiennent :

2ᵉ *Bataillon du* 87ᵉ *d'Infanterie.*
(M. le chef de bataillon BAUDOIN, commandant l'Infanterie.)

M. le médecin-major SUQUET : a été admirable de bravoure, de sang-froid, de dévouement et d'humanité. Pendant qu'il pansait un brigadier-fourrier du 2ᵉ de Chasseurs d'Afrique, et qu'il luttait pour le soustraire aux mains d'un cavalier ennemi qui essayait de le décapiter, M. le Dʳ *Suquet* reçut un coup de sabre sur la tête, et un coup de feu dans la main gauche. (Le cavalier arabe a été tué par un grenadier du 87ᵉ, qui l'en a ainsi débarrassé.) Son cheval lui a été enlevé, ainsi que ses cantines d'ambulance, pendant que, malgré ses blessures, il continuait de panser les blessés.

M. le capitaine-adjudant-major HUGOT, qui a eu un cheval tué sous lui, et dont les vêtements ont été troués de balles. Il s'est montré brillant et calme en même temps dans le combat, et il a transmis et fait exécuter les ordres du commandant de l'Infanterie avec une remarquable précision.

M. le sous-lieutenant JUILLIEN, commandant la compagnie de Voltigeurs, qui a été engagé pendant toute la durée du combat, et qui a dirigé sa troupe avec une remarquable et intelligente bravoure.

M. le capitaine VA, des Grenadiers, également engagé dès le commencement de l'action, a fait preuve d'une rare énergie.

M. le lieutenant DE SAINT-MAURICE, de la 4ᵉ compagnie : a maintenu l'ordre dans sa compagnie au moment du mouvement de recul des escadrons. A parfaitement et énergiquement dirigé sa compagnie pendant la poursuite. A contenu les cavaliers ennemis qui tentaient une attaque sur la gauche et à 700 mètres de la colonne. Officier de cœur et de mérite.

LEBOUCHER, adjudant-sous-officier. Soldat de vigueur et de sang-froid ; a rendu de grands services au commandant de l'Infanterie en transmettant ses ordres. A été plein d'élan dans la charge à la baïonnette.

Les sergents de Grenadiers LANDSPERGER et POMMARET, anciens et excellents sous-officiers, ont maintenu la droite de la ligne au moment où les deux escadrons se repliaient sur le bataillon.

Le grenadier LOICHON, qui a tué le cavalier ennemi qui venait de blesser le Dʳ Suquet.

Le clairon VAZIN, soldat intrépide : a sonné vigoureusement la charge au moment où le bataillon se précipitait à la baïonnette sur les fantassins ennemis.

Les soldats BAILLE, MAILLET et BOUCHER (Victor), 1ʳᵉ compagnie, tous trois blessés, sont néanmoins restés à leur rang. *Baille*, soldat d'une grande énergie, avait une balle dans la cuisse ; *Maillet*, un coup de sabre sur la tête ; *Boucher*, une balle dans le bras droit.

Le sergent CALFORNIE a montré un élan entraînant dans la charge à la baïonnette.

Le soldat REINE (2ᵉ compagnie), blessé grièvement d'un coup de feu au pied, a néanmoins gardé son rang et a continué à combattre.

Le fourrier PIERONI, blessé d'un coup de sabre au-dessus de l'œil droit, a montré beaucoup de vigueur.

Le sergent BERP a été admirable d'entrain.

Le soldat DENGALY (3ᵉ compagnie), blessé à la tête, a continué de combattre. Très brave et très énergique soldat.

Le soldat RAYNAUD, blessé au front, tombé au milieu des cavaliers ennemis, qui cherchent à l'assommer à coups de massue, parvient à se dégager et à rejoindre son bataillon en s'accrochant à l'étrier d'un Chasseur d'Afrique, qui passait auprès de lui.

Le sergent BLANDIN (4ᵉ compagnie), blessé d'un coup de feu à la main, continue de combattre et de diriger sa demi-section.

Le sergent MARCHÉ, s'est montré remarquablement énergique.

Les soldats Schuster et Cormenier, le premier, blessé à la main, le second, à la tête, ont continué de combattre, donnant ainsi l'exemple de l'énergie et de la bravoure.

Les soldats Wanguistein et Servais, se sont montrés de vigoureux soldats pendant toute l'action.

Le sergent Gras (Voltigeurs), le caporal Roches, le clairon Compère et le voltigeur Feuillet, ont fait preuve d'un remarquable élan dans la charge à la baïonnette.

Dans les 1re et 2e compagnies du 1er bataillon du 2e de Zouaves.
(M. le capitaine Aubry, commandant le détachement.)

Le Commandant de l'Infanterie de la colonne cite tout particulièrement :

M. le capitaine Aubry, qui a été continuellement engagé, et qui a dirigé les deux compagnies de Zouaves avec vigueur et intelligence.

M. le capitaine *Aubry*, cite à son tour :

M. le capitaine Lamothe, qui, par son remarquable sang-froid, son courage et l'à-propos de sa manœuvre, a empêché, en couvrant la droite du bataillon, que la retraite des deux escadrons entraînât des conséquences désastreuses pour l'Infanterie.

M. Guénard, lieutenant, remplissant les fonctions d'adjudant-major auprès du commandant de l'Infanterie, a montré une énergie et un entrain très remarquables.

M. Girard, sous-lieutenant, a su enlever sa troupe, et lui communiquer la vigueur dont il est si remarquablement doué.

M. Maillet, sous-lieutenant, a pu tenir tête, formé en cercle, à un groupe considérable de cavaliers ennemis qui s'étaient rués sur sa section.

Le clairon Hébert, détaché près du commandant de l'Infanterie, l'a suivi au pas de course pendant toute la durée de l'action, toujours prêt à exécuter les sonneries ordonnées.

Le caporal Chère, a rapporté à la compagnie le zouave Schmitt, mortellement blessé.

Dans le 1er escadron du 1er de Hussards
(Capitaine DE JOYBERT.)

et le 1er escadron du 2e de Chasseurs d'Afrique
(Capitaine VILLATTE.)

(M. le chef d'escadrons DE SÉRÉVILLE, commandant la Cavalerie.)

Dans l'escadron du 1er de *Hussards*, le commandant de la Cavalerie cite :

M. le capitaine commandant DE JOYBERT, qui, bien que blessé grièvement au premier choc, n'a pas quitté le commandement de son escadron avant de l'avoir reconstitué, et n'est descendu de cheval que lorsqu'il ne lui fut plus possible de se tenir en selle.

M. le capitaine DAUVERGNE, qui, au moment où les escadrons se ralliaient, organisa avec intelligence et énergie une ligne de tirailleurs protégeant le ralliement.

Dans l'escadron du 2e *de Chasseurs d'Afrique*, le commandant de la Cavalerie cite :

M. le sous-lieutenant RIQUET DE CARAMAN, qui, en cherchant à rallier son peloton, fut atteint d'une balle dans la cuisse, et tomba sous son cheval, qui était frappé mortellement. Cet officier, qui fit preuve d'un admirable sang-froid, se défendit à coups de revolver. Sa situation était des plus critiques au moment où il fut dégagé par des Zouaves.

Le maréchal-des-logis GAY, qui fut blessé en ralliant sa fraction.

Le maréchal-des-logis BONNET, qui n'a cessé de rester auprès de son capitaine-commandant blessé, et qui l'a aidé avec beaucoup d'énergie à rallier l'escadron.

Le hussard MAJESTÉ-CHENS, ordonnance de M. le sous-lieutenant PEPIN, qui, voyant son officier blessé et entouré de cavaliers ennemis, s'élança des rangs pour lui porter secours, et tomba à ses côtés mortellement atteint.

Dans la 1re section mixte de la 5e batterie du 2e d'Artillerie.

(M. le capitaine MARSAL, commandant le détachement.)

Le capitaine commandant le détachement cite :

Le maréchal-des-logis Ribot et le cavalier-conducteur Kanokart, tous deux blessés, qui se sont fait remarquer par leur courage et leur sang-froid.

Dans le détachement du 3ᵉ escadron du Train des Équipages.
(Maréchal-des-logis Lecorunillier, commandant le détachement.)

Le Commandant du détachement cite :

Le conducteur Garnier, qui s'est fait tuer bravement en défendant le convoi.

Six cavaliers-conducteurs avaient été blessés et foulés aux pieds des chevaux de l'ennemi dans la même circonstance.

La colonne de Colomb quittait Kheneg-el-Azir le lendemain, 17 mars, et rentrait à Géryville pour s'y reconstituer, et reprendre au plus tôt la poursuite du marabouth Sid Ahmed-ould-Hamza, et de ceux de ses partisans qui avaient pris part à l'affaire de la *gaâda* de Ben-Aththab. Il y avait là du sang français à venger, et la vengeance ne devait pas se faire attendre.

Par son arrêté — à peu près aussi tardif qu'il devait être inefficace — du 20 mars 1866, le Gouverneur général frappait de séquestre les propriétés et tous les biens appartenant à la famille des Oulad-Sidi-Bou-Bekr, des Oulad-Sidi-Ech-Chikh, et, notamment, aux héritiers de Sid Sliman et de Sid Mohammed-ould-Hamza, ainsi qu'aux rebelles Sid Ahmed-ould-Hamza, et à ses oncles Sid El-Ala et Sid Ez-Zoubir-ould-Sidi-Abou-Bekr.

Toutes les sommes principales échues, les intérêts desdites sommes, les loyers et fermages, et généralement tout ce qui serait dû à ces chefs de l'insurrection, devra être versé dans la caisse du Domaine.

XIV

Le colonel de Colomb se met à la poursuite de Sid Ahmed-ould-
Hamza et reprend l'offensive. — Il surprend les campements de
Sid Ech-Chikh-ben-Eth-Thaïyeb au nord de Figuig. — Combat
d'El-Menaouarat. — La colonne de Sonis à Ksar Sidi-El-Hadj-Ed-
Din. — De nombreux douars font leur soumission. — Combat
d'El-Mcharoug. — Désorganisation des forces insurrectionnelles.
— Le colonel de Sonis bat les rebelles sur l'ouad El-R'arbi, à Ras-
el-Mcharoug, dans les Eurg, et à Garet-el-Guefoul, sur l'ouad En-
Namous. — Trêve. — Les Châanba-Mouadhi demandent l'aman.
— Situation des rebelles sur le territoire marokain. — Sid Ech-
Chikh-ben-Eth-Thaïyeb et la branche cadette des Oulad-Sidi-Ech-
Chikh (el-R'eraba). — Sid Sliman-ben-Kaddour raze une fraction
des Hameïan. — Les Hameïan reprennent l'offensive et poussent
jusqu'à l'ouad Guir. — Sid Hamza-ould-Abou-Bekr, héritier de
la *baraka*. — Les rebelles réclament la protection de Sid Sliman-
ben-Kaddour contre les Marokains. — Bilan des forces insurrectionnelles. — Incursions des rebelles campés près de Figuig. — Les
ksour des Chellala et de Bou-Semr'oun razés par les Eumiour et
les Beni-Guil. — Les Hameïan razés à El-Aagueur par Sid Ahmed
et Sid Sliman réunis. — Sid Ahmed abandonné par un grand
nombre de ses adhérents. — Sid El-Hadj El-Arbi-ben-Ech-Chikh,
nommé khalifa du kaïd d'Oudjda, est investi du commandement
des tribus du Sud marokain. — Soumission de Sid Sliman-ben-
Kaddour et des tribus rebelles réfugiées au Marok. — Les Hameïan-Chafâ et les Mahia razés par Sid Ahmed à Aïn-Ben-Khelil.
Revanche des Hameïan à Dhayet-Moula-Djemâa et à Dhayet-Bou-
Gourin. — Le colonel Colonieu devant Figuig. — Mort de Sid
Ahmed-ould-Hamza à Tafilala. — Son frère Sid Kaddour-ould-
Hamza lui succède, et prend la direction des forces insurrection-
nelles. — Trêve.

Nous avons dit, dans le chapitre précédent, que le colonel de
Colomb, jaloux de venger le sang répandu dans la journée de
Ben-Aththab, était rentré sur ses magasins de Géryville, le
17 mars, pour y refaire ses approvisionnements, et se remettre

sans retard à la poursuite du marabouth Sid Ahmed-ould-Hamza.

Quatre colonnes devaient coopérer, d'une manière plus ou moins active, à ce mouvement offensif, celles de Géryville, de Laghouath, de Bou-Sâada et d'El-Hadjira.

Trois jours avaient suffi au colonel de Colomb pour réunir ses goums et ses moyens de transport, et donner un peu de repos à sa colonne, qu'il avait reconstituée solidement dans la prévision d'une campagne de quelque durée. Alignée à quarante jours de vivres, et suivie d'un goum de 1,500 chevaux, la colonne mobile quittait Géryville le 21 mars, et prenait une direction sud-ouest.

Le colonel de Colomb était le 26 sur les puits d'En-Nâama, où le rejoignaient les goums des Hamoïan-el-R'eraba. Apprenant, sur ce point, que les rebelles avaient quitté El-Benoud, et s'étaient retirés vers l'ouest, le colonel modifiait sa direction et se portait, par El-Megroun et Taousra, vers El-Mader, avec l'intention de se rabattre ensuite sur le sud, et de mettre ainsi, entre sa colonne et celle du lieutenant-colonel de Sonis, le marabouth Sid Ahmed-ould-Hamza et les contingents marokains qui avaient pris part à l'affaire de Ben-Aththab.

Le 30 mars, les goums du colonel de Colomb surprenaient, par une marche rapide, les campements de Sid Ech-Chikh-ben-Eth-Thaïyeb, établis à El-Menaouarat, au nord de Figuig : douze douars, dont cinq des Oulad-Sidi-Brahim et sept des Oulad-Sidi-El-Hadj-Ahmed, tribus groupées habituellement autour du chef des Oulad Sidi-Ech-Chikh-el-R'eraba, composaient l'ensemble des populations réunies, à ce moment, sur ce point du territoire marokain.

La tribu des Oulad-Sidi-Brahim fut razée avec d'autant plus de facilité que ses cavaliers n'étaient point encore rentrés de leur expédition de Ben-Aththab. Ceux des Oulad-Sidi-El-Hadj-Ahmed, revenus de la veille seulement dans leurs campements, ont opposé une vive résistance à nos goums des Harar et du Djebel-el-Eumour; mais leurs douars n'en ont pas moins été enlevés après un combat des plus acharnés. Toutes les tentes, avec le butin qu'elles contenaient, 1,200 chameaux et 3,000 moutons, sont restés au pouvoir de nos cavaliers.

Les deux tribus attaquées avaient perdu, en outre, dans cette

affaire, 27 hommes, parmi lesquels on comptait des chefs de
toutes importantes. Nos pertes n'avaient été que de quatre cavaliers tués, deux des Harar et deux du Djebel-el-Eumour.

Le colonel de Colomb continuait son mouvement vers le sud
par l'ouad El-Hallouf, où il espérait trouver la Zaouïa de Sid
Ahmed-ould-Hamza et le gros de ses partisans; mais le jeune
marabouth s'était hâté de se porter plus au sud et de se réfugier
sous les murs de Figuig, avec les Oulad-Zyad et les Ar'ouath-
Ksal, qui purent se disperser et échapper ainsi à notre atteinte.
Divisés en trois groupes, ces rebelles se fractionnèrent dans
l'ordre suivant : une partie suivit Sid Ahmed dans sa fuite; une
autre se dirigea sur Figuig par une route plus à l'ouest; enfin, la
troisième prenait la direction de l'est et allait s'établir sur
l'ouad El-R'arbi; mais, menacé par la colonne de Laghouath
(lieutenant-colonel de Sonis), qui, prête à combiner son action
avec celle de Géryville, s'était portée sur l'ouad Seggar, en
avant de Sidi-El-Hadj-ed-Din, cette troisième fraction de rebelles
remontait vers le nord, et, finalement, de crainte d'accident, se
résignait à se rendre à Géryville pour y faire sa soumission.

Ce groupe, assez important, se composait des douars dont les
noms suivent :

Oulad-Zyad	Oulad-Bellal; Douar El-Teurch; Douar El-Mathla.	
Derraga-ech-Cheraga .	Douar Chalif; Douar Gouafel; Douar Gouanem.	
Harar	Douar El-Arouci, Oulad-Bella . . . , Chelaounia . . . , Soualla . . . . ,	Oulad-Zyan-ech-Cheraga. Oulad-Zyan-el-R'eraba.
Oulad-Azza	Rzeïgat.	
Oulad-Mâlla	Oulad-El-Helali; El-Açaïda.	

L'état de ses approvisionnements et de ses moyens de transport ne permettant pas au colonel de Colomb de pousser plus au sud, il s'était décidé à remonter vers le nord-ouest, où il espérait pouvoir tenter quelque nouveau coup de main sur les campements de Sid Ech-Chikh-ben-Eth-Thaïyeb, qui lui avaient été signalés dans la direction du Chothth-Tigri. Le colonel se portait rapidement vers Mâzzer, *ôgla* située au milieu de ce Chothth. Le 13 avril, laissant son camp sous les ordres du commandant de La Ville-Hervé, du 2º de Zouaves, le colonel de Colomb, que les renseignements de ses éclaireurs venaient de fixer sur la présence à El-Meharoug, point situé en plein territoire marokain et à 20 kilomètres de notre frontière de l'Ouest, de nombreuses populations insurgées, s'était élancé, avec une colonne légère et ses goums, dans la direction nord-ouest qui lui avait été indiquée.

Après avoir marché pendant la journée et la nuit du 13 au 14 avril, le colonel était arrivé dans les traces d'une émigration considérable qui, prévenue de son approche, avait levé ses campements, et fuyait devant lui aussi rapidement que le lui permettaient ses impedimenta. Mis aux trousses de cette opulente proie, nos goums l'eurent bientôt jointe : ils fondirent sur elle avec cette irrésistible impétuosité qu'ils apportent toujours dans la guerre au butin, lui tuèrent du monde, et lui enlevèrent 2,500 chameaux chargés de tentes et de bagages, 20,000 moutons et une centaine de chevaux.

L'attaque avait été tellement foudroyante, que nos goums n'eurent qu'un seul tué et trois blessés.

L'émigration atteinte se composait de douars appartenant aux Oulad-Abd-el-Kerim, aux Rzaïna, aux Oulad-Zyad, aux Akerma, aux Harar et aux Oulad-Sidi-Ech-Chikh-el-R'eraba.

Les douars des quatre dernières de ces tribus avaient quitté Figuig au moment où le colonel de Colomb était arrivé en vue de cette oasis. Ils étaient remontés vers le nord-ouest en passant par Mour'al et Aïn-ech-Chaïr, et n'avaient rejoint que depuis la veille l'émigration razée à El-Meharoug.

A la suite des brillants coups de main du 31 mars à El-Menaouarat, et du 14 avril à El-Meharoug, qui avaient complètement désorganisé les fractions de tribus qui suivaient encore la fortune de Sid Ahmed-ould-Hamza, ces populations se dispersèrent et s'enfoncèrent dans le Sud par petits groupes de tentes, afin de ne point trop attirer notre attention par des agglomérations importantes qui, nécessairement, eussent amené nos colonnes sur les points où elles avaient établi leurs campements. La colonne de Géryville n'avait donc plus autour d'elle aucun groupe de populations ou de contingents rebelles qui valût la peine de la mettre en mouvement.

Les insoumis, c'était présumable, devaient bientôt se lasser de cette existence de ruine et de misère, et tout portait à croire qu'ils ne tarderaient point à se décider à venir nous demander l'aman. Aussi, la colonne de Colomb reprenait-elle la direction de Géryville, où elle rentrait à la fin d'avril, après quarante journées de marches des plus pénibles et des plus audacieuses poussées jusque sous les murs de Figuig, dans les sables de la frontière du Marok, pour laquelle le colonel de Colomb ne montra — nous devons le reconnaître — qu'un respect dépourvu de toute exagération, professant cette sage maxime qu'un ennemi de l'espèce de celui à qui nous avons affaire est bon à combattre et à battre partout où il nous est possible de l'atteindre, surtout que l'occasion n'en est pas toujours aussi fréquente que nous pourrions le désirer.

Mais revenons à la colonne de Laghouath, que nous avons laissée sur l'ouad Seggar, prête à se porter là où son concours ou son action pouvait être nécessaire.

Le lieutenant-colonel de Sonis, qui se trouvait campé le 15 avril auprès de Ksar Sidi-El-Hadj-Ed-Din, ayant reçu de ses éclaireurs des renseignements précis sur la position de quelques douars insoumis dans les Eurg (dunes), s'était porté, avec sa cavalerie régulière et ses goums, sur les r'dir de Bou-Aroua, lieu de bivouac de l'ouad El-R'arbi, où il était arrivé le 18 dans la nuit. Il avait laissé en arrière le gros de sa colonne et son convoi. Après avoir donné quelques heures de repos à sa cavalerie, il avait lancé en avant une partie de ses goums, celle qui appartenait à la tribu des Arbaâ. Ce *djich* tombait sur les campements des insoumis le 19 au matin, leur tuait 10 hommes, et leur prenait 400 chameaux et quelques centaines de moutons.

Les douars ainsi razés, et au milieu desquels se tenait Sid El-Ala, appartenaient aux Oulad-Sidi-El-Arbi, aux Oulad-Sidi-Eth Thahar, fractions des Zoua, et aux Chaanba-Mouadhi d'El-Goleâa. Ils s'enfuirent jusqu'au Haci Ech-Chikh, dans les Eurg, d'où ils étaient bientôt délogés par la seconde portion du goum, qui, pendant que la première se portait en avant, avait renouvelé sa provision d'eau.

Cette seconde partie du goum continuait la poursuite des rebelles, qu'elle menait battant jusqu'à Ras-el-Meharoug, après leur avoir enlevé, le 20 avril, 275 chameaux et fait 11 prisonniers.

Le goum rentrait le 22 dans l'après-midi, avec ses prises, au camp d'El-Mengoub, sur l'ouad El-Benoud, où s'était établi le lieutenant-colonel de Sonis pour surveiller les mouvements des insurgés groupés autour de Sid El-Ala.

Ce point de Ras-el-Meharoug, situé au sud des Habilat, est distant de 22 lieues du camp d'El-Mengoub.

Bien qu'il ne fût guère probable que Sid El-Ala séjournât longtemps à Ras-el-Meharoug, le colonel de Sonis n'hésita pas cependant à se porter sur ce point. Cette combinaison lui permettait, d'ailleurs, de reprendre le contact avec les bandes insoumises, attendu que, ne pouvant, faute de ressources, s'avancer davantage dans le sud, elles étaient contraintes de se jeter dans l'ouest, pour y trouver de l'eau et des pâturages en quantités suffisantes pour les besoins des troupeaux qu'elles traînaient derrière elles.

Le soir même du 22, la colonne de Laghouath, formée du goum, de la cavalerie régulière, et de 300 Zouaves et Chasseurs à pied montés sur des *mehara* (1), se portait, par une direction sud, sur le point où le goum avait laissé Sid El-Ala et son monde. Après avoir marché toute la nuit et le jour suivant, le colonel de Sonis arrivait, le 23 avril, à six heures du soir, à Ras-

---

(1) Pluriel de *mehari*, dromadaire de selle.

El-Meharoug. Comme il fallait s'y attendre, Sid El-Ala avait décampé dès le matin de ce jour, et pris — on le reconnut à ses traces — la direction de l'ouad En-Namous, à l'ouest.

Le 24, le goum, appuyé par la colonne légère, se remettait à sa poursuite avec une ardeur extrême : il razait, en route, une caravane revenant du Gourara, chargée d'approvisionnements de toute nature destinés à Sid El-Ala, et qui s'était jetée malencontreusement dans les jambes des chevaux de notre cavalerie irrégulière.

Le goum joignit les insoumis, le 25, vers Garet-el-Guefoul, sur l'ouad En-Namous, et mettait en fuite ces populations, qui lui abandonnaient un butin considérable. Sid El-Ala parvenait à s'échapper ; mais sa tente était enlevée, avec ses bagages, le bernous qui lui avait été remis lors de son investiture en qualité d'ar'a d'Ouargla, une grande quantité de bijoux de prix appartenant à ses femmes, sa selle de parade, de très riches vêtements, et le cachet de son frère En-Naïmi-ould-Bou-Bekr, tué, il y a quelques années, à notre service. De nombreux troupeaux de moutons et 450 chameaux étaient restés également au pouvoir de notre cavalerie irrégulière.

Réduites à la plus extrême misère, et dans un dénûment des plus complets, les malheureuses populations qui, de gré ou de force, étaient restées attachées à la fortune de Sid El-Ala, se dispersèrent dans toutes les directions. Quelques fractions se résignèrent à demander l'aman ; d'autres se réfugièrent sur le territoire marokain.

Par suite de la fatigue des animaux et du manque d'eau, le produit de la razia ne put être ramené au camp que fort incomplet : un grand nombre de chameaux et de moutons moururent de soif et d'épuisement, et jalonnèrent de leurs restes la route parcourue par le goum : 250 chameaux et 1,000 moutons seulement purent atteindre le camp.

Après ce brillant avantage, le lieutenant-colonel de Sonis n'ayant plus, dans la région où il opérait, d'agglomérations ennemies de quelque importance devant lui ou à sa proximité ; les pertes que sa colonne et celle du colonel de Colomb avaient infligées aux chefs de l'insurrection étant, d'ailleurs, sinon décisives, du moins assez sérieuses pour que Sid Ahmed-ould-Hamza et son oncle Sid El-Ala ne puissent, de quelque temps, reprendre les armes, le lieutenant-colonel de Sonis regagnait le Ksar Sidi-El-Hadj-ed-Din, où il arrivait le 29 avril.

Après être restée quelque temps encore dans ces parages, la colonne de Sonis reprenait, dans le courant de mai, la direction du poste avancé de Laghouath, auquel elle appartenait.

A partir de mai 1866, c'est-à-dire après deux années d'une guerre presque incessante, de combats ininterrompus, de surprises, et — il faut bien le dire — de quelques fautes qu'il nous eût été facile d'éviter; depuis le premier acte de ce drame sanglant qui commence le 8 avril 1864, par la destruction de la colonne Beauprêtre aux Aouïnet-Bou-Bekr, pour finir — plus heureusement cependant — à Garet-el-Guefoul, nos colonnes allaient pouvoir prendre un peu de repos, et réparer leurs forces tour à tour affaiblies soit par la température énervante des étés sahariens, ou par les froids pénétrants des nuits glaciales de l'hiver, soit par les privations de toute nature : mauvaises conditions de l'alimentation et moyens par trop élémentaires de couc... du biscuit pétri et de l'eau saumâtre ou boueuse pour .. arr..ure; la terre ou le sable — qui vaut moins — pour cou... puis de longues et fatigantes marches dans la halfa ou sur le sol fuyant et aveuglant des sables; journées sans fin aux monotones horizons, sans autres visages de civilisés que les nôtres et rien que les nôtres, et c'est bien insuffisant, et puis aucune — ou très rarement — des satisfactions du combat : un ennemi qui nous glisse entre les doigts, et qui profite habilement et impitoyablement de nos fautes, et les deux années de poudre et de sang que nous venons de parcourir nous ont, malheureusement, donné la preuve que les désastreuses leçons que nous avons reçues dans ce pays jamais ne nous ont été profitables; nous avons fait l'expérience à nos dépens que la discipline, les savantes manœuvres et les armes de précision des civilisés n'ont pas toujours raison du désordre, des combinaisons primitives, des fusils à canons de fer-blanc, des couteaux ou des triques de la barbarie.

La Nature est essentiellement conservatrice ; il est évident que notre incurie, nos légèretés et nos négligences sont les moyens de conservation et de défense des populations restées en arrière de la civilisation et du progrès ; il est, en effet, facile à comprendre que si, à nos savantes tactiques, à nos puissants moyens de destruction, nous ajoutions encore le mépris de la mort, les qualités guerrières et la fluidité que possèdent nos ennemis à un si haut degré, les malheureux seraient voués, et sans rémission, à une prompte et foudroyante destruction. Il y a donc à peu près équilibre entre les forces opposées. Seulement, le succès final sera infailliblement à nous; car, nous sommes aussi le nombre.

C'est donc grâce à la lassitude et à la misère des populations rebelles qui suivaient le marabouth, que nous allons jouir d'une sorte de trêve qui aura la durée nécessaire à la reconstitution des forces insurrectionnelles et des moyens d'action de notre ennemi. Ce serait folie évidemment que de croire à une paix définitive dans ce pays, et avec des populations *ingouvernées*, en état perpétuel d'anarchie et sans autre frein que l'épuisement de leurs ressources. En supposant qu'elles y auraient du goût, elles n'ont, d'ailleurs, aucun intérêt à se soumettre, la soumission ne pouvant entraîner pour elles d'autres effets que la perte de leur liberté et l'obligation du paiement de l'impôt.

Du reste, la guerre est l'état normal pour le Sahrien éloigné de notre action, et la guerre dans l'acception la plus malsaine du mot, la guerre au butin, c'est-à-dire le vol, la razia, les coups de main, les trahisons. Le but n'est rien moins que noble et sacré; car, pour l'homme du Sud, l'objet de la conquête se borne ordinairement à la capture d'un troupeau de moutons ou de quelques chameaux ou bien encore à celle de quelques *r'eraïr* (1) de dattes prélevées à coup de fusil sur les caravanes.

Gardons-nous donc de nous endormir — comme nous ne sommes que trop disposés à le faire — dans une fausse sécurité; soyons toujours vigilants si nous ne voulons pas être surpris, — et les surprises nous sont toujours désastreuses ; — inscrons-

---

(1) Pluriel de *r'erara*, grand sac de laine et poil pour le transport des dattes ou des grains.

nous bien dans l'intellect que l'ennemi veille constamment, qu'il nous guette félinement, et qu'il nous prépare trop souvent un funeste réveil. Ne perdons pas de vue qu'avec le Sahrien, il ne saurait y avoir que des trêves, qu'il en est toujours le maître, et qu'il ne nous les dénonce que par la razia, l'incendie, l'assassinat, et prenons-en une bonne fois notre parti que, de longtemps, de très longtemps, cette situation ne pourra être sérieusement modifiée; c'est là un mal avec lequel nous sommes condamnés à vivre, et contre lequel il n'est que des palliatifs.

L'effet des derniers combats livrés aux gens de Sid Ahmed et de Sid El-Ala par les goums — car nos succès un peu importants sont toujours obtenus par les goums — des colonels de Colomb et de Sonis a été décisif : ces rebelles ont perdu la cohésion, le groupement qui leur avait permis de tenter, et non sans quelque succès, des incursions sérieuses sur les territoires de nos tribus soumises. C'est en vain que Sid Ahmed s'efforce de retenir autour de lui ses fidèles adhérents; c'est vainement qu'il s'agite pour conserver à sa cause quelques maigres contingents: il ne rencontre partout que lassitude, dégoût et mauvais vouloir. Ses plus chauds partisans n'ont plus ni foi, ni ressources; les derniers coups qui les ont atteints leur ont enlevé l'une et les autres. Du reste, des mesures sont prises pour prévenir et déjouer toute tentative d'attaque ou d'entraînement de nos tribus soumises.

Les populations nomades du cercle de Géryville sont rattachées provisoirement aux cercles limitrophes du Tell, où a été constitué un makhzen solide et d'une grande mobilité. Il résulte de cette combinaison que la colonne de Géryville se trouve débarrassée du souci de la protection de ces tribus, et qu'elle dispose de toute sa liberté d'action pour le cas où il y aurait lieu de frapper un coup relativement décisif, ou de repousser dans les meilleures conditions une agression de ces tribus pirates qui, profitant de la non-délimitation de notre frontière de l'Ouest, laquelle limite ne dépasse pas, en effet, le Ksar Aïn-Es-Sfeifa, prétendent n'appartenir ni à la France, ni au Marok. Quoiqu'il en soit, de quelque temps du moins, Sid Ahmed-ould-Hamza ne sera en état de reprendre la campagne.

Quant aux oncles du jeune maraboulh, Sid El-Ala et Sid Ez-Zoubir, la dernière défaite qui leur a été infligée sur l'ouad En-Namous, et qui les a réduits à la misère et à l'impuissance, semble leur faire regretter d'avoir cédé aux conseils de leur orgueil, lesquels en ont fait des traîtres et des ingrats. En effet, la France les avait comblés de biens, et cependant ils n'ont répondu à ses bienfaits que par la rébellion et le massacre de nos soldats. Dans le courant du mois d'avril, ils tentent quelques démarches auprès du commandant de Géryville; ils n'attendent, prétendent-ils, qu'une occasion favorable pour faire leur soumission; mais leur insupportable vanité se révèle jusque dans leur faiblesse : leurs prétentions sont exorbitantes, et ils ne demanderaient certainement pas davantage si, pendant ces deux années de révolte, de tueries et de trahisons, ils nous avaient servis avec la plus inaltérable fidélité. Mais l'autorité française reçoit les avances de Sid El-Ala, de cet instigateur de l'insurrection, comme elles le méritent : elle n'écoutera ses propositions qu'autant qu'elles seront formulées sans conditions, et qu'il se remettra entièrement entre ses mains et à sa discrétion.

Pour ce qui est des tribus de l'est du cercle de Géryville, elles commencent à sentir le poids de leurs fautes; elles se promettent bien de ne plus reprendre les armes — jusqu'à nouvel ordre, du moins, — contre nous, et de ne plus répondre aux appels des maraboulhs, de ces fauteurs de troubles, de ces agitateurs qui substituent leur propre cause à celle des intérêts de l'Islam. Les Châanba d'El-Goléda, dont le commerce avec nos oasis d'Ouargla, de Metlili et du Mzab manque absolument de sécurité, envoient au commandant de Géryville un de leurs principaux notables, Brek-ben-Aïça, pour solliciter son aman; mais ce n'était là encore qu'une soumission conditionnelle; car, ils ne demandaient rien moins que de conserver dans leur ksar ce même Sid El-Ala dont nous venions de repousser les inacceptables propositions. Celles des Chàanba-Mouadhi subissent le même sort, c'est-à-dire qu'elles sont rejetées impitoyablement.

Dans l'Ouest, les populations rebelles, bien que réduites à la plus extrême misère, n'ont cependant fait encore que quelques démarches isolées et timides en vue de leur soumission. Sans doute, elles ne demandent pas mieux que de rentrer sur leurs territoires pour s'y refaire des pertes qu'elles ont subies pendant ces deux années de guerre, de poursuites, de razias ; il est facile de s'apercevoir qu'elles soupirent après l'*dafia*, qui est la paix, la tranquillité, le bien-être, la santé des gens et des bêtes, et qu'elles préféreraient tous ces biens à un état de guerre dont elles n'entrevoient pas la fin. Aussi, combien regrettent-elles les dix années de repos que leur avait données le khalifa Sid Hamza, et son fils le bach-ar'a Abou-Bekr. Plus d'une fois, elles ont tenté de fuir et de rentrer sur leurs terres ; mais constamment sous l'œil méfiant du marabouth, et surveillées de près par ces Oulad-Sidi-Ech-Chikh, et par les rebelles les plus compromis, les malheureuses populations se trouvent retenues contre leur gré, et par la crainte d'être dépouillées des quelques troupeaux qu'elles sont parvenues à conserver, sous la main de Sid Ahmed-ould-Hamza. Nous ajouterons que la situation, sur le territoire marokain, de ces rebelles malgré eux est devenue absolument insupportable : en effet, au début de l'insurrection, les contingents insurgés étaient, aux yeux des tribus marokaines ou indépendantes voisines de notre frontière, des combattants de la guerre sainte ne leur demandant qu'une hospitalité qu'alors ils pouvaient leur payer en argent ou en cadeaux ; mais aujourd'hui que la misère et le malheur les ont visités, ce ne sont plus que des hôtes incommodes, gênants, vivant sur leurs eaux et leurs pâturages sans les en indemniser autrement que par la promesse de leur reconnaissance, genre de rétribution que ces grossiers Marokains n'apprécient que médiocrement, et dont ils se sentent, d'ailleurs, tout à fait incapables de se contenter. Pour eux, ces infortunés Algériens ne sont plus dignes aujourd'hui de la moindre considération ; aussi, les harcèlent-ils sans relâche, les pillent-ils sans plus de remords que s'ils fussent de simples Chrétiens, et font-ils, en un mot, tout ce qu'ils peuvent pour en débarrasser leur territoire.

Or, cette situation était devenue intolérable pour nos populations rebelles, et Sid Ahmed manquant de l'influence nécessaire sur les tribus marokaines pour les amener à modifier leurs mauvaises dispositions à l'égard de ses infortunés adhérents, ceux-ci cherchèrent d'un autre côté la protection qu'ils ne trouvaient point auprès du chef de la branche aînée des Oulad-Sidi-Ech-Chikh, et que, d'ailleurs, il était incapable de leur donner. En présence, disons-nous, de cette impuissance de Sid Ahmed-ould-Hamza, ils songèrent à s'adresser à Sid *Sliman-ben-Kaddour*, l'un des neveux du chef de la branche cadette des Oulad-Sidi-Ech-Chikh, celle des R'eraba, ou de l'Ouest, le fameux Sid Ech-Chikh-ben-Eth-Thaïyeb (1), dont la tribu était devenue ma-

---

(1) La branche cadette des Oulad-Sidi-Ech-Chikh — les R'eraba — allant entrer en scène, et prendre une part prépondérante, parallèlement à la branche aînée — les Cheraga — dans nos affaires du Sud, nous croyons utile d'en dire quelques mots, afin d'éviter au lecteur de tomber dans la confusion à l'égard des personnages qui joueront un rôle plus ou moins marqué au cours de notre récit.

Nous savons que le fondateur de la famille des Oulad-Sidi-Ech-Chikh fut un marabouth (*) vénéré et de grande réputation religieuse, qui mourut en odeur de sainteté en l'an 1630 de notre ère, et dont les restes mortels furent déposés à El-Abiodh, point où ses enfants et ses serviteurs religieux lui élevèrent une magnifique koubba (**), et qui prit, dès lors, le nom d'El-Abiodh-Sidi-Ech-Chikh.

Or, le saint marabouth avait laissé onze enfants, dont six fils : Sidi El-Hadj Abou-Hafs, Sidi Mohammed-Abd-Allah, Sidi El-Hadj Abd-el-Hakem, Sidi Ben-Ed-Din, Sidi Ben-Ech-Chikh, Sidi Abd-er-Rahman. Ces six fils se partagèrent la succession spirituelle et temporelle de leur père vénéré ; mais l'accord ne régna pas longtemps entre eux : leurs discordes incessantes menaçant de s'éterniser, ils prirent le sage parti de se séparer. Une partie de la postérité du saint s'était établie autour de son tombeau et avait fondé le ksar d'El-Abiodh. Elle continuait, néanmoins, à vivre de la vie nomade, c'est-à-dire sous la tente, le ksar n'étant habité que par les *Abid*, esclaves nègres que le saint avait affranchis et auxquels, dans une pensée de défiance à l'égard de ses enfants et de ses descendants, il avait, par ses dernières volontés, confié la garde de sa dépouille mortelle.

L'autre partie de la descendance de Sidi Ech-Chikh se rendit dans l'Ouest, où elle fonda des Zaouïa. Cette seconde portion, plus nombreuse que la première, se vit bientôt obligée, à la suite de graves dissentiments, de se diviser elle-même en deux fractions, dont l'une

(*) Voir la légende du saint marabouth Sidi Ech-Chikh dans notre livre : « *Les Saints de l'Islam.* » — II° partie. — « *Les Saints du Sahra.* »

(**) Celle-ci a été détruite par la colonne Négrier le 15 août 1881.

rokaine par notre faute, et par suite de la résidence habituelle de son chef sur le territoire du sultan du R'arb.

Sid Sliman, alors âgé de vingt-six ans, et dont l'ambition

---

suivit le fils aîné de Sidi Ech-Chikh, Sidi El-Hadj Abou-Hafs, et l'autre son troisième fils, Sidi El-Hadj Abd-el-Hakem. Mais cette division ne suffit pas encore pour amener la paix parmi les turbulents et difficiles descendants du saint d'El-Abiodh; la question du partage et de la répartition du produit des offrandes religieuses faites par les *Khoddam*, déjà nombreux, de cet ami de Dieu, n'avait pas tardé à amener de nouveau la discorde parmi les descendants de Sidi Abou-Hafs et de Sidi Abd-el-Hakem. Nous dirons que ces dons et offrandes constituaient déjà à ces deux familles un revenu d'une certaine importance, une grasse prébende.

Pour mettre un terme à cet état de choses, et faire cesser les querelles d'intérêt dont les offrandes étaient ou la cause ou le prétexte, les deux partis décidèrent qu'il en serait fait trois parts : deux parts seraient attribuées à la postérité d'Abou-Hafs, qui composait la branche aînée des Oulad-Sidi-Ech-Chikh; l'autre devait appartenir à la branche cadette, c'est-à-dire à la descendance d'Abd-el-Hakem.

La conséquence de cette réglementation fut tout naturellement la division des deux Zaouïa; elle décidait, en même temps, la troisième fraction, celle qui s'était établie autour d'El-Abiodh, près du tombeau du saint, à se fondre dans les deux branches, lesquelles ne pouvaient manquer de devenir bientôt des rivales irréconciliables.

La branche aînée, celle d'Abou-Hafs, établit sa Zaouïa à l'est du tombeau de l'ancêtre commun. La descendance d'Abd-el-Hakem installa la sienne à l'ouest. Cette disposition déterminait la dénomination de ces Zaouïa : la première fut désignée sous l'appellation de *Zaouïet-ech-Cherguïa*, ou de l'est; la seconde par le nom de *Zaouïet-el-R'eraba*, ou de l'ouest. De là la division des deux branches des Oulad-Sidi-Ech-Chikh en *Cheraga* et en *R'eraba*.

Il est inutile d'ajouter que l'histoire de ces deux fractions de même origine ne nous montre qu'une suite, une série de rivalités, de compétitions, de tueries, alternées de périodes de paix ou de trêves plutôt, d'alliances et de trahisons, de querelles sanglantes et de réconciliations plus ou moins sincères, la balle sifflante ou le poison muet. Cela dura ainsi jusqu'au traité de Lalla-Mar'nia du 23 août 1845 entre la France et le Marok, convention qui divisa en deux parties la puissante agglomération des Oulad-Sidi-Ech-Chikh de l'Est et de l'Ouest.

Il va sans dire que la clause du traité de 1845 qui concernait les Oulad-Sidi-Ech-Chikh vint jeter un certain trouble dans les deux fractions de la descendance du saint marabouth d'El-Abiodh, lesquelles traitaient habituellement soit avec le gouvernement marokain,

n'était plus un mystère pour les membres de la branche cadette des Oulad-Sidi-Ech-Chikh, possédait toutes les qualités d'un hardi et vigoureux chef de partisans, et aspirait au moment de

soit avec le bey d'Oran pour le chef de la Régence d'Alger, selon que la partie du territoire qu'elles occupaient relevait du sultan du R'arb ou du pacha d'Alger. Fort embarrassés dans cette circonstance, et trouvant, avec quelque raison, que la clause dont ils étaient l'objet manquait de clarté, les chefs des deux fractions envoyèrent à Fas (Fez) une délégation pour demander des explications sur la situation nouvelle que leur faisait ce singulier traité. Le gouvernement marokain répondit aux envoyés avec une certaine loyauté — il est vrai que la dure leçon d'Isly était encore toute récente — que, vivant sur un territoire ayant appartenu aux Turcs (d'Alger), ils étaient tout naturellement les sujets de la France qui avait pris leur succession. En effet, l'article 5 du traité du 10 septembre 1844, qui fut signé un mois après la bataille d'Isly, est ainsi conçu :

« 5. — La délimitation des frontières entre les possessions de Sa
» Majesté l'Empereur (*) des Français et celles de Sa Majesté l'Em-
» pereur du Marok, reste fixée et convenue conformément à l'état de
» choses reconnu par le gouvernement marokain à l'époque de la
» domination des Turcs en Algérie. »

Les Oulad-Sidi-Ech-Chikh se résignèrent — lentement, il est vrai, — à devenir des sujets français. Ils attendirent jusqu'en 1846 pour faire des ouvertures de soumission. En avril 1847, les deux tribus réunies se portèrent sur le passage de la colonne Renault, entre Sidi-El-Hadj-ben-Ameur et les Arbaouat, pour y protester de leur dévouement à la France; elles offrirent un cheval de gada, et payèrent 14,000 francs d'amende que leur infligea le général Renault pour avoir manqué à leur promesse de 1846. Les impôts furent régulièrement payés pendant les années 1847 et 1848.

A cette époque, le chef de la branche aînée, celle des Oulad-Ech-Chikh-ech-Cheraga était Sid Hamza-ould-Abou-Bekr; celui des Oulad-Sidi-Ech-Chikh-el-R'eraba était Sid Ech-Chikh-ben-Eth-Thaïyeb.

Il n'était pas difficile de prévoir que l'ambiguïté du traité de 1845, qui se prêtait si facilement à toutes les interprétations, ne manquerait pas de nous susciter des embarras, eu égard surtout à la mauvaise foi traditionnelle des Arabes, et que les Oulad-Sidi-Ech-Chikh s'empresseraient de profiter du peu de clarté et de précision de ce document pour échapper à notre domination, aussi bien, d'ailleurs,

(*) Il était d'usage, depuis François Iᵉʳ, que, dans tous les actes politiques passés avec les princes mahométans, les rois de France prissent le titre d'Empereur.

pouvoir les employer utilement, ne fût-ce que dans l'intérêt et au profit de sa propre cause; aussi, n'hésita-t-il pas un seul instant à saisir l'occasion que semblait lui offrir la fortune de jouer

---

qu'à celle du sultan marokain Moula Abd-er-Rahman. Nous voulons en donner une idée.

En novembre 1848, Ech-Chikh-ben-Eth-Thaïyeb, le chef des R'craba, envoya une députation à Oran pour être fixé définitivement, prétendait-il, sur la situation de sa tribu par rapport à la France. Or, il paraît qu'à Oran, on était encore moins bien fixé sur cette question de limites que les délégués de Ben-Eth-Thaïyeb; il s'ensuivit que le général d'Arbouville, qui commandait la province par intérim, montra visiblement, dans sa réponse aux envoyés, une hésitation qui n'échappa point à ces rusés Sahriens; ils avaient compris que nous n'étions pas bien sûrs de nos droits sur les populations qu'ils représentaient. Aussi, Sid Ech-Chikh-ben-Eth-Thaïyeb résolut-il de tirer parti de notre si singulière indécision relativement à la situation politique et géographique des Oulad-Sidi-Ech-Chikh-el-R'craba, dont il était le chef.

Repoussé, pour ainsi dire, par la France, sachant, d'un autre côté, que le gouvernement marokain ne le réclamait pas, Ben-Eth-Thaïyeb n'hésita pas, lui, à se faire une position indépendante : dans les premiers jours de 1849, il fit répandre, assez adroitement, le bruit que le sultan du Marok l'avait nommé khalifa du Sud de ce pays. Comme les souverains du R'arb ne s'occupaient guère de leurs sujets sahriens qu'au moment de la perception de l'impôt, les prétentions du chef des R'craba avaient chance de réussir.

Sid Ben-Eth-Thaïyeb avait quatre frères : Sid Sliman, Sid Abou-Hafs, Sid Mohammed et Sid Kaddour. Non satisfait de la part qu'il s'était faite, le prétendu khalifa du Sud résolut d'arrondir sa petite souveraineté. A cet effet, il appela ses frères auprès de lui dans le but de s'en faire des auxiliaires pour la réalisation de cette honnête combinaison. Il entama ses opérations par les Hameïan-ech-Cheraga, dont il réussit, autant par la force que par la ruse, à enlever deux importantes fractions. Il fut moins heureux auprès des Hameïan-el-R'craba, qui paraissaient mal disposés à favoriser et à seconder ses visées ambitieuses. En présence de son insuccès sur ces Hameïan de l'Ouest, ses voisins, Sid Ech-Chikh-ben-Eth-Thaïyeb modifia son système de recrutement : il tomba sur leurs caravanes en retour du Gourara, et les raza radicalement.

Réduits à la plus extrême misère, les Hameïan-el-R'craba n'hésitèrent plus à admettre qu'il était écrit qu'ils devaient suivre leur nouveau Seigneur, du moins jusqu'à ce que le Maître des Mondes en eût décidé autrement. Pourtant, en attendant ce moment fortuné, les Hameïan se plaignirent très énergiquement au commandant de la

un rôle qui le mit en évidence, en accordant son patronage aux populations qui le sollicitaient, démarche dont il était, d'ailleurs, singulièrement flatté. Quelques coups de main heureux sur les

---

province d'Oran de la façon dont Ben-Eth-Thaïyeb les avait traités. Des représentations furent adressées par le gouvernement français au sultan Moula Abd-er-Rahman, qui s'empressa de blâmer sévèrement la conduite de celui qui s'intitulait son lieutenant. Il est bon d'ajouter que cette sorte de désaveu fut d'autant plus prompt, que le colonel Maissiat, commandant la subdivision de Mascara, avait dirigé, au commencement de 1849, une expédition contre les Rzaïna, l'une des fractions des Hameïan-ech-Cheraga qui avaient prêté l'oreille aux séditieuses excitations du chef des Zoua-el-R'eraba. Surpris par la rapidité du mouvement de la colonne française, les Rzaïna étaient rentrés dans le devoir et la soumission.

Mais de nouveaux désordres s'étant produits, à l'instigation de Sid Ben-Eth-Thaïyeb, dans cette partie du Sahra aussitôt après le passage de la colonne Maissiat, le général Pelissier, commandant la province d'Oran, avait cru devoir s'y porter lui-même avec une colonne forte de 2,300 hommes et de 460 chevaux, et de deux sections d'artillerie de montagne. Deux autres colonnes, aux ordres du général de Mac-Mahon et du colonel Mellinet, fournies par les subdivisions de Tlemsen et de Sidi-bel-Abbès, coopérèrent à cette expédition en s'établissant sur les positions d'Aïn-Ben-Khelil et d'El-Aricha.

Les raisons qui motivèrent cette expédition étaient les suivantes : les Hameïan-el-R'eraba, joints à quelques fractions des tribus sahriennes du Marok, avaient formé, dans le sud-ouest de la province d'Oran, incités par le marabouth Sid Ech-Chikh-ben-Eth-Thaïyeb, un foyer d'hostilité qui menaçait de s'étendre rapidement si l'on ne prenait de promptes et énergiques mesures pour en arrêter le développement. Il y avait donc urgence à diriger de ce côté des forces relativement imposantes, et dont le général Pelissier, avons-nous dit, prendrait lui-même le commandement.

La mise à exécution du projet du général commandant la province d'Oran était hâtée par la défection du kaïd El-Mebkhout, des Hameïan-el-R'eraba insoumis, lesquels étaient venus insulter, le 26 février 1849, le poste de la vigie de Dhaya et par la révolte simultanée de deux fractions des Hameïan-ech-Cheraga, dont l'une, celle des Oulad-Zyan, avait tué son kaïd, Ben-Omar, qui essayait d'arrêter le mouvement de défection.

Le plan de campagne du général Pelissier se réduisait à jeter les Harar et les Hameïan-ech-Cheraga, tribus fidèles du sud-est de la province d'Oran, sur les fractions insoumises, qu'elles pousseront devant elles jusqu'à soumission complète.

Cette colonne ne comptait pas moins de 1,600 cavaliers de goums

tribus marokaines qui les dévoraient mirent un terme, pour quelque temps du moins, aux exigences de ces avides et inhospitalières voisines. Mais ces infortunés dissidents ne tarderont

---

du Tell et du Sahra, aux ordres de Kaddour-ben-El-Mokhfi, ar'a des Bordjïa, et d'Abd-el-Kader-ben-Daoud, ar'a de Tiharet; 240 fantassins des Harar et des Atba marchaient avec les goums.

La colonne Pelissier se mettait en mouvement le 11 mars. Le 21, elle campait à Bir-En-Nâama ; elle séjourne sur ce point jusqu'au 4 avril. Un vent violent du sud soulevant des trombes de sable, et qui ne dure pas moins de neuf jours, s'élève vers dix heures du matin pour ne tomber qu'au coucher du soleil.

A partir du 22, des reconnaissances fournies par les goums sont envoyées dans toutes les directions : elles sont commandées par El-Hadj El-Mokhtar, a'ra des *Khiala* (cavaliers du Bureau arabe) de Mascara, par Kada-ben-El-Hachemi, ancien a'ra d'Abd-el-Kader, et par El-Miloud-ben-El-Kharroubi, ancien *Siaf* (officier des Réguliers) de l'Émir.

Le 24 mars, Sid Sliman-ben-Eth-Thaïyeb, frère de Sid Ech-Chikh, le chef des insoumis, et qui marche avec la colonne, rentre d'une reconnaissance sur El-Abiodh-Sidi-Ech-Chikh.

La colonne arrivait, le 6 avril, à Thyout, que ses habitants ont abandonné depuis quelques jours : effrayés par notre pointe sur El-Galoul, les Hameïan avaient évacué leur ksar sans prendre le temps d'emporter leurs approvisionnements. Aussi, est-il trouvé rempli de blé, d'orge, de dattes et de butin. Pour punir les Hameïan, et les gens de Thyout, chez lesquels ils emmagasinent, de leur persistance dans l'insoumission, le général Pelissier permet aux troupes et aux goums de fouiller le ksar, lequel est promptement débarrassé du butin qu'il renfermait.

Le 9 avril, le Ksar Aïn-Es-Sefra fait sa soumission.

Le 12 avril, la colonne arrive sous le Ksar Mor'ar-et-Tahtani, qu'elle trouve également abandonné. Il est aussi livré aux troupes et aux goums. On en fait ensuite sauter l'enceinte et les maisons qui y restaient encore debout. Les arbres fruitiers des jardins sont coupés; trois cents dattiers subissent le même sort. Les soldats mangent avec plaisir les têtes de ces palmiers, lesquelles composent une nourriture très saine et très agréable au goût.

Toutes les nuits, des maraudeurs viennent tirer des coups de fusil sur nos postes avancés.

Le 15 avril, la colonne vient camper sous le Ksar Mor'ar-el-Foukani, qu'on fait sauter par la mine. Comme Mor'ar-et-Tahtani, ce ksar avait été abandonné par sa population. Les arbres fruitiers tombent sous la scie passe-partout ou sous la hache.

Une reconnaissance des *dskeur* (fantassins) sur le piton qui domine

pas à voir leur situation empirer et devenir intolérable ; car, nos Hameïan soumis vont, à leur tour, les attaquer et les resserrer ainsi entre deux périls des plus menaçants.

---

la gorge au sud, est attaquée par une centaine d'insoumis embusqués dans les rochers. Des dispositions sont prises pour dégager nos gens de pied et pour donner la chasse aux agresseurs, qui s'enfuient sans attendre nos soldats.

Le 18 avril, les gens du Ksar Thyout, qui se sont rendus à discrétion, rentrent chez eux. Leur djemâa vient en corps, entre Aïn-el-Adjadj et Aïn-es-Sefra, recevoir les conditions de l'aman que leur avait accordé le général commandant la colonne.

Le 20 avril, la colonne arrive devant Aïn-es-Sficifa qui, comme les autres ksour, est vide de sa population. Il est fouillé par des corvées régulières, qui y trouvent de l'orge et du blé qui sont livrés au comptable des Subsistances militaires pour les besoins de la colonne. Le butin et les dattes sont distribués aux goums.

Des distributions de dattes sont faites à la troupe à titre de gratification. La ration est de 500 grammes.

La djemâa d'Aïn-es-Sficifa est au camp depuis le 23 avril ; elle annonce comme prochain le retour des habitants du ksar ; ils seraient déjà rentrés si les Eumour, à qui ils avaient demandé asile, ne s'opposaient à leur départ.

Le 29 avril, le goum du Tell était licencié ; il en est de même des 220 fantassins des tribus.

Pendant que la colonne Pelissier marchait sur les ksour du Sud-Ouest, qu'il détruisait, et dont il amenait les populations à composition, le général de Mac-Mahon s'était porté, par une marche rapide, jusqu'au Chothth des Mehaïa, en suivant le Chothth-el-R'arbi dans toute sa longueur. Cette pointe avait pour objet de surprendre quelques douars des insoumis qui avaient été signalés sur ce point.

La colonne Pelissier était dissoute le 3 mai. Le général s'était rendu de sa personne à la colonne de Tlemsen, campée à Aïn-Ben-Khelil, et rentrait dans le Tell avec elle.

La colonne de Sidi-Bel-Abbès, sous les ordres du colonel Mellinet, de la Légion étrangère, reste en observation à El-Aricha.

Cette longue et lointaine expédition, dont l'itinéraire avait déjà été parcouru en 1847 par la colonne du général Cavaignac, avait eu pour résultats de couper court brusquement à la défection des tribus du Sud-Ouest, laquelle menaçait de se propager et de s'étendre, de refouler les insoumis de Sid Ech-Chikh-ben-Eth-Thaïyeb loin de leurs territoires, de leur imposer ainsi de dures et ruineuses privations, et de les forcer à demander aux tribus marokaines une onéreuse hospitalité ; enfin, de montrer encore une fois aux popu-

Au mois de septembre, Sid Sliman-ben-Kaddour, voulant continuer son rôle de protecteur des fractions rebelles qui l'avaient appelé à leur aide, se mit à la tête de 200 chevaux des Thrafi,

---

lations sahriennes qu'il n'est point de contrées, si reculées qu'elles soient, qui puisse échapper à notre action.

Nous avons dit plus haut qu'en présence des violences exercées sur les Hameïan-el-R'eraba par Sid Ben-Eth-Thaïyeb, qui avait razé leurs caravanes en retour du Gourara, des représentations avaient été adressées par le gouvernement français au sultan Moula Abd-er-Rahman, et que ce souverain, qui savait ce qu'il en coûte de se brouiller avec la France, s'était empressé de désavouer Sid Ben-Eth-Thaïyeb et de blâmer sa conduite. L'apparition de la colonne Pelissier sur la frontière marokaine avec des forces imposantes avait démontré au sultan du R'arb que nous étions bien déterminés à faire respecter nos traités et conventions avec lui relativement à ce qu'on appelait son empire. Il attira donc, sous un prétexte quelconque, Sid Ben-Eth-Thaïyeb à Faz, où il le retint prisonnier.

Rendu à la liberté sous conditions quelques mois après, le chef des Oulad-Sidi-Ech-Chikh-el-R'eraba, dégoûté, sans doute, de la politique militante qui lui avait si mal réussie, il s'était résigné, pour son compte personnel, à vivre à l'écart en attendant des temps meilleurs, sans cesser pourtant de nous être des plus irréconciliablement hostile, et de nous créer des embarras toutes les fois que l'occasion s'en présentait. Quoiqu'il en soit, Sid Ben-Eth-Thaïyeb ne se trouve mêlé directement à aucune action de guerre de 1849 à 1864, c'est-à-dire durant une période de quinze années.

Mais à partir du mois de mai de cette dernière année, c'est-à-dire quelques jours après la défection et la mort du chef — de fait — de la branche aînée des Oulad-Sidi-Ech-Chikh, Sid Sliman-ould-Hamza, tué au combat d'Aouïnet-Bou-Bekr, Sid El-Hadj El-Arbi, l'un des fils de Sid Ben-Eth-Thaïyeb, à qui il en coûtait, sans doute, de ne point se mêler aux affaires d'eau trouble qu'avait provoquées son cousin, reprit la suite des intrigues qu'avait cessées, ostensiblement du moins, son vénérable père. Nous rapporterons plus loin ce qu'il en advint.

Nous avons dit plus haut que Sid Ech-Chikh-ben-Eth-Thaïyeb avait quatre frères : Sid Sliman, Sid Abou-Hafs, Sid Mohammed et Sid Kaddour. Les deux premiers sont encore, croyons-nous, de ce monde ; Sid Mohammed et Sid Kaddour sont morts, le premier, dans le bach-aghalik de l'renda, le second, à la suite d'une blessure qu'il reçut dans la défense d'une caravane qu'il conduisait à Faz. Sid Kaddour laissait quatre fils, dont l'un, Sid Sliman, né en 1840, jouera un certain rôle au cours de ce récit.

٭ Sid Ben-Eth-Thaïyeb, le chef de la branche cadette des Oulad-

et vint razer les Oulad-Sidi-Ahmed-el-Medjedoub ; mais les Hameïan, mis en éveil par ce coup de main tout à fait inattendu, montèrent à cheval à leur tour, et allèrent inquiéter

---

Sidi-Ech-Chikh avait cinq fils : Sid El-Hadj El-Arbi, Sid Sliman, Sid Mâmmar, Moula-Ferah, et Sid Allal.

Ainsi que nous le disions plus haut, le fils aîné de Sid Ben-Eth-Thaïyeb, Sid El-Hadj El-Arbi, reprit la suite des affaires de son père, en provoquant la défection des Oulad-Sidi-Brahim et de 700 tentes des Thrafi ; il s'était adjoint, dans cette opération, son cousin Sid Sliman-ben-Kaddour, qui s'essayait à la vie politique et qui avait alors vingt-quatre ans. Mais Ben Eth-Thaïyeb qui, déjà, avait pu apprécier le caractère ambitieux et aventureux de son neveu, et qui redoutait de lui voir prendre, à son détriment, un ascendant trop considérable sur les Zoua de l'Ouest, influence qui pourrait ébranler son autorité, Sid Ech-Chikh, disons-nous, s'empressa de reprendre le titre et de faire œuvre de sultan, en cherchant à enlever les Hameïan-Djenba. Mais le gouvernement français protesta à nouveau auprès de l'Empereur du Marok contre les agissements de Sid Ben-Eth-Thaïyeb, qui fut, encore une fois, appelé à Faz pour y donner — il s'en doutait bien — quelques explications sur ses manœuvres à l'égard de nos tribus soumises. Mais le rusé marabouth, qui n'a point oublié l'accueil que lui avait fait le sultan marokain en 1849, et qui n'est que médiocrement disposé à reprendre les chaînes de la captivité, se dispense de se rendre à l'appel de son souverain.

Le sultan marokain n'insista point ; mais il n'oublia pas non plus ; il sait bien que l'occasion de se faire obéir finira, tôt ou tard, par se présenter. En effet, au commencement d'octobre de cette même année 1861, le fils aîné de Sid Ben-Eth-Thaïyeb avait l'imprudence de se rendre dans l'âmala d'Oudjda pour y acheter des grains : il y était immédiatement arrêté et incarcéré. Dès que son père eut connaissance de cette arrestation, il envoya son second fils, Sid Sliman, à Faz, pour y réclamer l'élargissement de son frère ; mais Sid Sliman ne réussit pas dans cette négociation : loin de voir les portes de la prison s'ouvrir pour son frère, il était lui-même retenu comme otage dans les fers où gémissait son aîné Sid El-Hadj El-Arbi.

Cette double arrestation amena Sid Ben-Eth-Thaïyeb à composition : il fut pris spontanément d'un beau zèle pour notre cause, et, renonçant à ses projets sur nos Hameïan-Djenba, il venait nous offrir ses services et son dévouement, que, fidèles à nos traditions, — nous sommes si heureux et si flattés de nous croire idolâtrés par nos ennemis, — nous acceptâmes avec enthousiasme.

A la suite d'une entente avec les gouvernements de l'Algérie et du Marok, Sid Ech-Chikh-ben-Eth-Thaïyeb fut nommé, en mars 1867, khalifa d'Oudjda (Marok) pour les tribus du Sud, et son fils aîné, Sid

l'ennemi par une pointe audacieuse qu'ils poussèrent jusqu'à l'ouad Guir. Enhardis par quelques succès de ce genre, les Hameïan prirent du goût pour ces sortes d'aventures, et ils ne laissèrent plus un moment de repos aux insoumis répandus sur la frontière du Marok.

En résumé, depuis la rentrée des colonnes de Géryville et de Laghouath sur leurs points de campements, il ne s'est produit aucun fait saillant valant la peine d'être rapporté. Affaiblis et désorganisés, les rebelles se sont prudemment éloignés de notre frontière, et c'est à peine si, sur les bords de l'ouad Guir, où ils ont établi leurs campements, ils parviennent à trouver quelque sécurité.

Aujourd'hui, ils restent sourds aux appels du marabouth Sid Ahmed-ould-Hamza, qui, de crainte que l'inaction n'amoindrisse

---

El-Hadj El-Arbi, désigné pour le seconder, était remplacé dans sa prison par deux autres de ses frères. Le gouvernement marokain, qui n'avait pas la confiance aussi facile que nous, et qui connaissait de longue date la versatilité et l'ambition du vieux Ben-Eth-Thaïyeb, était bien aise d'avoir des otages sous la main pour le maintenir dans les limites des conventions stipulées entre les deux gouvernements.

Telle est, au commencement de 1867, la situation de la branche cadette des Oulad-Sidi-Ech-Chikh. Nous allons voir bientôt les Zoua de l'Ouest se poser sérieusement en concurrents de ceux de l'Est, et chercher à jouer un rôle prépondérant dans la revendication d'une influence que les premiers puiseront bien plutôt dans leur énergie et leur valeur personnelle, que dans leur droit familial ou religieux. Selon l'expression arabe, l'un d'eux surtout, le marabouth Sid *Sliman-ben-Kaddour*, neveu et rival de Sid Ben-Eth-Thaïyeb, se nommera *de sa force*, c'est-à-dire qu'il arrivera, par sa vigueur et son habileté, à supplanter le chef des Oulad-Sidi-Ech-Chikh-el-R'eraba, et à annihiler ses descendants directs; Sid Sliman transportera ainsi le pouvoir de fait, au détriment des héritiers légitimes, dans la branche cadette des Zoua-el-R'eraba. Pourtant, il trouvera un rival dans la branche aînée, un usurpateur, comme lui, des droits du chef de la famille à laquelle il appartient.

Les renseignements qui précèdent étaient indispensables pour permettre au lecteur de suivre, sans trop d'efforts, les diverses phases et les péripéties de la lutte engagée, depuis 1864, entre nous et les Oulad-Sidi-Ech-Chikh des deux branches.

son prestige, voudrait de nouveau tenter le sort des armes. Ce qu'il redoute surtout, c'est l'ascendant qu'ont donné à Sid Sliman-ben-Kaddour, son cousin, les quelques coups de main plus ou moins heureux qu'il avait tentés sur nos Hameïan soumis; il sentait qu'il pouvait devenir pour lui, par la suite, un rival dangereux. Ses partisans ne lui avaient-ils pas déjà fait l'affront de le lui préférer, et de lui attribuer une puissance et une énergie qu'ils semblaient lui dénier, à lui, le possesseur légitime — de fait — du pouvoir religieux qui est attaché à la descendance directe de son saint ancêtre, l'illustre Sidi Ech-Chikh.

Avant d'aller plus loin, nous ferons remarquer que, si nous n'attribuons pas le titre d'héritier légitime de Sid Ech-Chikh à Sid Ahmed-ould-Hamza, c'est que cette qualité appartient, en réalité, à Sid Hamza, né en 1859, et fils d'Abou-Bekr, mort en 1862, empoisonné, dit-on, par une des femmes de son père, Er-Rebiha-bent-Rabah, à l'instigation des Zoua-ech-Cheraga, qui désespéraient de l'entraîner dans le mouvement insurrectionnel qu'ils avaient prémédité, tandis que son frère, Sid Sliman-ould-Hamza, qui était entièrement entre les mains des Abid Sidi-Ech-Chikh, devait, dans leur pensée, se prêter plus aisément à ce qu'ils attendaient de son grossier et brutal fanatisme, c'est-à-dire à se faire l'aveugle instrument du parti religieux, dont il partageait, d'ailleurs, toutes les idées, et surtout la haine contre notre domination. Nous savons qu'en effet, il levait l'étendard de la révolte deux ans après la mort de son frère Abou-Bekr, dont il s'était déclaré le successeur.

Sid Hamza-ould-Abou-Bekr — qui porte les mêmes noms que son grand-père — est donc l'héritier légitime de la *baraka* (1),

---

(1) La *baraka*, c'est la bénédiction, ce sont les faveurs du ciel, c'est, en un mot, la puissance miraculeuse qui a été attribuée à un saint marabouth, et qui passe, par héritage, de mâle en mâle, à sa descendance directe, quand elle s'est montrée digne, bien entendu, de cette précieuse faveur. D'après la légende, le chef de la famille des Oulad-Sidi-Ech-Chikh aurait en sa possession un *khatem* (bague, sceau) mystérieux qui serait l'insigne de son pouvoir religieux, et la marque du commandement des Oulad-Sidi-Ech-Chikh; il serait éga-

le chef de la famille des Oulad-Sidi-Ech-Chikh-ech-Cheraga. Ses oncles, Sid Sliman, Sid Mohammed et Sid Ahmed-ould-Hamza, qui, successivement, se sont emparés du pouvoir, n'ont pu l'exercer légalement qu'au nom du jeune descendant direct de Sidi Ech-Chikh. Il est vrai de dire qu'au moment de la défection de Sid Sliman-ould-Hamza, son oncle, en 1864, le fils d'Abou-Bekr n'était âgé que de cinq ans.

Le jeune Sid Hamza est donc le chef de droit de la maison de Sidi Ech-Chikh, et de l'ordre religieux dont ce saint vénéré a été le fondateur. Quant à Sid Ahmed-ould-Hamza, son oncle, il ne saurait être autre chose que le chef militaire de la branche aînée.

L'ascendant qu'a su prendre Sid Sliman-ben-Kaddour, dans l'Ouest, sur les rebelles qui, jusqu'à présent, avaient suivi la fortune de Sid Ahmed, aura infailliblement pour conséquence de retarder leur soumission. Se sentant soutenus par un chef jeune et vigoureux, ils reprendront quelque courage, et l'espoir, pour le jour où ils se décideront à rentrer sur leurs territoires, d'obtenir des conditions d'aman moins sévères ou moins dures. Ils auraient actuellement, dit-on, leurs campements sur l'ouad Guir, ralliés, le plus petit nombre, autour de Sid Ahmed, les autres, à la main de Sid Sliman-ben-Kaddour. Quant au vieux

---

lement détenteur du livre où sont inscrites les formules de l'initiation aux rites de l'ordre religieux dont le saint d'El-Abiodh a été le fondateur.

Cet anneau, qui ne serait rien moins que celui au moyen duquel le grand Soleïman (Salomon), le fils de Daoud (David), commandait aux génies, il n'a été donné à aucun des enfants d'Adam de le voir, pas même à son détenteur, et pour cette excellente raison qu'il brille d'un tel éclat que le téméraire qui oserait porter son regard sur cet éblouissant et merveilleux bijoux, perdrait la vue instantanément. Pourtant, il aurait été fait exception à la règle en faveur du gendre du Prophète Mohammed, le khalife Ali, puisqu'il en donne la description dans un de ses poëmes: il se composerait de deux triangles superposés formant une étoile à six rais. Quoiqu'il en soit, personne, chez les Oulad-Sidi-Ech-Chikh des deux branches, ne se permettrait de douter de l'existence de cet anneau, qui pourtant n'est visible qu'avec les yeux de la foi, et tous les *Khouan* de l'ordre sont convaincus qu'il est actuellement en la possession du jeune Sid Hamza-ould-Abou-Bekr, que, tout naturellement, ils considèrent comme leur seul et véritable chef religieux.

Sid Ech-Chikh-ben-Eth-Thaïyeb, il se serait retiré au sud de Tafilala, laissant le commandement de la fraction des Oulad-Abd-el-Kerim qui suivait sa fortune, et des Rzaïna de Mouça-ben-Kouïder à son fils Moula Ferah, qui a dressé ses tentes sur le cours inférieur de l'ouad Guir, à Oglat-Bou-Allala.

Sid Ez-Zoubir est allé rejoindre son neveu Sid Ahmed. Sid El-Ala a dû quitter El-Goléa pour satisfaire à la condition d'aman qui avait été imposée aux Châanba-Mouadhi; il se serait retiré sur l'ouad Mguidem à la suite d'une razia importante opérée sur ces Châanba par les Mkhalif de Laghouath.

Au commencement de l'année 1867, la plupart des tribus qui avaient pris part à l'insurrection étaient rentrées dans le devoir; les seules fractions qui restaient groupées autour des chefs rebelles étaient les suivantes :

Oulad-Zyad-el-R'eraba	350	tentes.
Oulad-Zyad-ech-Cheraga	300	—
Derraga . . . . . { Brahimia . . . . . . Oulad-Bou-Douaïa . }	200	—
Oulad-Malla	100	—
Oulad-Abd-el-Kerim	220	—
Oulad-Sidi-Ech-Chikh-Zoua	300	—
Oulad-Aïça	150	—
Oulad-Moumen	200	—
Graridj	100	—
Rzeïgat	300	—
Rzaïna	250	—
Total . . .	2,470	tentes.

Comme nous l'avons dit plus haut, ces populations, qui se sont enfoncées dans le Marok, sont réunies autour des marabouths Sid Ahmed-ould-Hamza et Sid Sliman-ben-Kaddour, qui, craignant de se voir abandonnés par les fractions des tribus qui constituent ostensiblement les forces insurrectionnelles, font tous leurs efforts pour les maintenir sous leurs drapeaux. Mais ces tenaces insoumis ne sont pas au bout de leurs maux; car, les tribus marokaines, sur le territoire desquelles ils sont établis, abusant de l'obligation dans laquelle ils se trouvent de réclamer leur hospitalité, se montreront de jour en jour plus exigeantes, et leur feront payer cher l'asile qu'ils sont réduits à solliciter de leur impitoyable cupidité. Pour arriver à les satisfaire, il ne restera d'autres ressources à nos populations rebelles que de lancer, sur notre territoire, des bandes de maraudeurs ou des partis de cavaliers et de fantassins pour y faire quelque butin.

L'oasis de Figuig est devenue le refuge de tous les bandits qui n'ont pu suivre le marabouth Sid Ahmed, ainsi que de ceux qui préfèrent opérer pour leur propre compte; mais cette hospitalité que leur donnent les Figuiguiens n'est pas plus gratuite que celle que vendent à nos fractions rebelles les tribus marokaines des environs de l'ouad Guir. Pour permettre aux coupeurs de routes de s'acquitter envers eux du droit d'asile qu'ils prélèvent sur leur bourse, les gens de Figuig les arment et leur fournissent des munitions de guerre et de bouche, au moyen desquelles cette bande de gueux vient chaque jour faire du butin sur nos tribus soumises voisines de la frontière marokaine; ils poussent même leurs pointes sur notre territoire jusqu'à une très grande distance de leur base d'opérations : ce sont de véritables expéditions qui ne laissent ni repos, ni tranquillité à nos ksour, et auxquelles participent tous les sacripants qui emmagasinent dans l'oasis. Il serait superflu d'ajouter que les gens de Figuig partagent, avec les capteurs, le butin ramassé dans ces honnêtes entreprises.

Dans les premiers jours de janvier, une bande de ces maraudeurs, sortie de Figuig, s'était avancée dans l'Est jusqu'au-delà des Arbaouat, au sud et à deux marches de Géryville; mais, rencontrés par nos cavaliers et les fantassins de Stiten au Kheneg-Bou-Djellal, ils furent attaqués vigoureusement, et payèrent leur audacieuse opération de huit tués et d'un blessé.

En présence de ces incursions répétées, qui enlevaient toute sécurité à nos tribus du Sud de la province d'Oran, le gouvernement français avait manifesté l'intention formelle d'organiser une expédition contre Figuig, ce rêve depuis si longtemps caressé par les commandants du poste avancé de Géryville. Mais les préoccupations politiques changèrent subitement la direction des esprits, qui se tournèrent du côté de l'Europe, de sorte que les préparatifs qui, déjà étaient fort avancés, furent arrêtés et, finalement, abandonnés.

A cette même époque, c'est-à-dire en janvier, Sid Ahmed-ould-Hamza s'était transporté avec sa tribu, les Oulad-Sidi-Ech-Chikh-ech-Cheraga, en un point du territoire des Oulad-Djerir appelé El-Bechar, au sud d'Aïn-ech-Chaïr. Le jeune marabouth se proposait de tenter une incursion sur les terres des Hameïan avec le concours des Douï-Mnia et des Beni-Guil, toujours prêts, habituellement, quand il s'agit de faire la guerre au butin, et il avait chargé son frère, le mulâtre Sid Kaddour-ben-Hamza (1), — dont il n'a point encore été parlé, — de se porter au milieu de ces tribus marokaines pour chercher à les gagner à sa cause, et à les décider à prendre les armes. Mais la guerre sainte n'étant pas un appât suffisant pour déterminer ces tribus montagnardes — qui savent compter — à risquer leur vie pour la défense d'intérêts dont les profits sont, à leurs yeux, des plus problématiques, refusent nettement de se mêler des affaires de Sid Ahmed et de lui prêter leur appui.

Dans les derniers jours de janvier, 150 fantassins des Eumour et des Ar'ouath, réfugiés à Figuig, apparaissent subitement dans les environs des ksour d'Aïn-es-Sefra et de Thyout, et s'emparent de deux troupeaux de moutons appartenant à ces ksariens ; mais ceux-ci se mettent, sans retard, à la poursuite de ces maraudeurs, les atteignent, et les obligent à abandonner leurs prises en laissant trois des leurs et des armes sur le terrain.

Vers cette époque, les Châanba d'El-Goleâa, fatigués d'une situation politique et d'un état des plus préjudiciables à leurs intérêts commerciaux, et en présence de l'insécurité des routes de

---

(1) Sid Kaddour-ben-Hamza, le cinquième des fils de Sid Hamza, est né vers 1853 de la négresse esclave Mbarka-bent-Yaïch ; par suite, il n'est point de la descendance légitime de Sidi Ech-Chikh, et il est inhabile à hériter de la puissance spirituelle et temporelle dont sont appelés à jouir les descendants directs du saint marabouth, l'ancêtre des Oulad-Sidi-Ech-Chikh.

Metlili, du Mzab et d'Ouargla, renouvelèrent leur offre de soumission. L'aman leur fut accordé sous la condition de verser sans délai au Trésor, par l'intermédiaire d'Ali-Bey, le nouveau chef qui venait de leur être imposé, une *lezma* (1) de 1,000 fr.

Dans l'ouest du cercle de Géryville, de graves dissensions s'étaient élevées entre les Oulad-Zyad insoumis et les tribus marokaines des Oulad-En-Nacour. Pour s'entretenir la main, sans doute, ces deux tribus avaient, depuis quelque temps, pris l'habitude de se razer alternativement. Leurs goums avaient fini par en venir aux mains, et le succès final était resté aux Oulad-Zyad, qui, dans un combat décisif, avaient enlevé les troupeaux de chameaux de leurs adversaires, dont sept de ceux-ci étaient, en outre, restés sur le carreau.

La rude leçon donnée, dans le courant de janvier, par nos cavaliers et les gens de Stiten aux deux *djiouch* qui avaient eu la témérité de s'avancer jusqu'au Kheneg-Bou-Djelal, rendit, pour quelque temps du moins, la tranquillité à nos ksour de la province d'Oran; sans doute, les maraudeurs, qui, après tout, luttaient pour l'existence, n'avaient pas tout à fait renoncé à chercher à gagner leur vie; mais ils n'étaient point inquiétants. Cette situation se continua jusque dans les premiers jours de mars. Malheureusement, elle vint bientôt se modifier très défavorablement pour nos tribus soumises.

Le 15 mars, 1,200 hommes des Eumour et des Beni-Guil apparaissent soudainement sous les murs des deux Chellala, et, après une lutte inégale, et à laquelle ils n'étaient pas préparés, les gens de ces ksour sont battus et razés aussi radicalement que possible : tous leurs troupeaux sont enlevés, ainsi que les tentes et leur contenu appartenant aux Nomades campés à proximité du théâtre de l'action.

Le même jour, les gens de Bou-Semr'oun subissaient le même sort, et leurs troupeaux suivaient la même direction que ceux des Chellaliens. Les fantassins de ce ksar se mettent à la poursuite des Marokains; mais ils tombent dans une embuscade que ceux-ci leur avaient tendue sur l'ouad El-Malah, où ils perdent

---

(1) Genre d'impôt auquel sont soumises les populations du Sahra.

13 hommes tués, tandis que 80 autres sont désarmés et réduits à une simplicité de costume des plus primitives.

Quelques jours après, les rebelles, conduits par Sid Ahmed et Sid Sliman-ben-Kaddour, qui s'est décidément rallié au chef effectif de la branche aînée, tentaient une nouvelle entreprise sur notre territoire. Les marabouths campaient, le 23 au soir, à El-Anba, au nord du ksar d'Aïn-es-Sficifa ; suivant la route de Taousra, ils se portaient rapidement sur les puits d'El-Aagueur, où ils arrivaient le 25 au matin, et où ils surprenaient une partie des Bekakra (Hameïan-Chafâ), le douar Mekid (Oulad-Khelif), et un douar des Mekhaoulia (Hameïan-Djenba).

Un fort contingent de rebelles, sous les ordres de Sid Sliman-ben-Kaddour, s'avançait, le même jour, jusque sur les eaux d'El-Fekarin, où étaient campés trois douars des Beni-Mekhaoula. Ceux-ci, qui avaient été avisés de la marche de l'ennemi, s'étaient empressés de plier leurs tentes et de réunir leurs troupeaux, et s'étaient mis en route vers l'Est ; atteints par le *r'ezou* de Sid Sliman, leurs cavaliers essayèrent de faire tête à l'ennemi ; mais, très inférieurs en nombre à leurs adversaires, ils durent céder à la force après une lutte opiniâtre qui leur avait coûté une vingtaine de leurs cavaliers, parmi lesquels ils comptaient leur valeureux kaïd. De son côté, le goum de Sid Sliman avait fait des pertes très sensibles.

Après leur fructueuse opération, les contingents ennemis se réunirent à Aïn-el-Fekarin, et y séjournèrent jusqu'au 27 mars au matin ; puis ils reprirent la route du sud et se dirigèrent sur les ksour. Le 1er avril, ils se présentaient devant Asla, Chellalat-edh-Dhahrania, Chellalat-el-Gueblia et Bou-Semr'oun, ramassant les quelques troupeaux qui avaient échappé à leur première razia, et imposant des contributions de guerre relativement fortes aux habitants de ces ksour. Les gens de la Chellala du nord essayèrent bien de résister ; mais, après une dernière lutte où ils perdirent trois hommes, ils furent réduits à se soumettre, et à payer à Sid Ahmed-ould-Hamza une somme de 1,000 francs. La Chellala du sud fut taxée à une contribution de guerre de 500 francs, et le ksar de Bou-Semr'oun, qui avait également, et avec si peu de succès, essayé de nouveau d'une résistance qu'il avait déjà payée si chère, fut imposé à la somme de 2,000 francs.

Pendant qu'ils étaient sur notre territoire, les rebelles razèrent deci delà quelques troupeaux qui leur tombèrent sous la main ; ils rentrèrent ensuite sous Figuig, qu'ils quittèrent bientôt pour se porter sur l'ouad Guir, où ils prirent leurs campements d'été. La tranquillité se rétablit, dès lors, autour de nous, et à la faveur de cette situation, dont ils avaient tant besoin, nos ksariens purent, enfin, faire leurs maigres récoltes sans être inquiétés.

Quelque temps après, un coup funeste était porté à la puissance et à l'influence de Sid Ahmed-ould-Hamza : ce jeune et difficile marabouth venait, encore une fois, de compromettre la cause qu'il représentait par une de ces violences irréfléchies qui, déjà, lui avaient aliéné l'affection d'un grand nombre de ses adhérents. Sans s'enquérir s'il avait affaire à un ami ou à un ennemi, le cupide jeune homme, qui avait jusqu'à l'excès l'amour du butin, n'avait point hésité à razer les troupeaux du kaïd Mohammed-ould-El-Hadj-Ahmed, des Oulad-Abd-el-Kerim, tribu dont 220 tentes marchaient sous ses drapeaux ; c'était aussi odieux que maladroit. Ainsi qu'il fallait s'y attendre, l'effet de cette mauvaise action n'avait pas tardé à se faire sentir : le marabouth était abandonné de la plus grande partie de ses adhérents des Rzaïna, des Oulad-Abd-el-Kerim et des Oulad-Mâlla. Ces tribus se réfugient auprès de Sid Ech-Chikh-ben-Eth-Thaïyeb, le chef de la branche cadette des Oulad-Sidi-Ech-Chikh, et vont grossir les contingents de Sid Sliman-ben-Kaddour, qui, désormais, saura exploiter habilement la position que lui a faite si maladroitement son cousin, Sid Ahmed-ould-Hamza.

Sur ces entrefaites, des négociations sérieuses se renouaient entre les gouvernements français et marokain ; leur but était la recherche des moyens permettant de porter un coup décisif à l'insurrection, et de faire rentrer dans l'obéissance les tribus marokaines, que les chefs des rebelles trouvaient toujours prêtes lorsque leur concours leur était demandé pour une affaire de poudre ou de razia sur nos tribus soumises ; souvent même, nous le savons, elles avaient opéré pour leur propre compte, et razé avec le même entrain leurs amis et leurs ennemis; peu leur importait, en effet, pourvu qu'il y eût du butin à recueillir au bout de l'opération.

Sid El-Hadj El-Arbi, le fils aîné de Sid Ech-Chikh-ben-Eth-Thaïyeb, nous l'avons dit dans une des notes qui précèdent, était détenu depuis longtemps dans la ville marokaine d'Oudjda; le gouvernement de Sa Majesté cherifienne pensa que, pour arriver au but qu'il poursuivait, il serait d'une bonne et habile politique de placer à la tête des turbulentes et rapaces tribus de la frontière, un homme qu'elles connussent et qui jouit, par le fait de son origine, d'une influence religieuse incontestée — bien qu'en définitive, elles fussent composées de Croyants de qualité tout à fait inférieure — dans la contrée où l'illustre Sidi Ech-Chikh comptait de nombreux *khoddam*. Sid El-Hadj El-Arbi fut donc désigné pour aller prendre, à Figuig, avec le titre de khalifa du kaïd d'Oudjda, le commandement des populations sahriennes de la frontière orientale du Marok, les Oulad-Djerir, les Beni-Guil, les Douï-Mnia, les Eumour et les Ahl-Figuig. Ce nouveau chef s'engageait solennellement à maintenir dans l'obéissance les tribus que son gouvernement mettait à sa main, et à s'opposer à tout mouvement offensif sur notre territoire, qui serait tenté par les rebelles établis dans l'étendue de son commandement.

L'effet de cette mesure ne tardait pas à se faire sentir avantageusement : les Beni-Guil entrent en relations avec l'autorité française; ils veulent vivre en paix désormais avec nos tribus de l'Ouest; les rebelles viennent se grouper autour de Sid Ben-Eth-Thaïyeb et de son neveu Sid Sliman-ben-Kaddour, et Sid Ahmed-ould-Hamza ne compte bientôt plus autour de lui que quelques douars des Ar'ouath-Ksal. Sid Sliman, qui a compris que son heure d'entrer en scène était arrivée, nous fait ses premières ouvertures de soumission.

Vers le 10 octobre, Sid El-Hadj El-Arbi-ben-Ech-Chikh arrivait à Figuig et prenait possession de son commandement; sans plus tarder, il faisait appel aux sentiments d'union et de concorde des populations marokaines dont l'administration et le gouvernement lui ont été confiés, et il cherchait à les grouper autour de lui. Mais, nous regrettons de le dire, son appel est peu écouté, et ses tribus y répondent on ne peut plus froidement et sans le moindre enthousiasme, bien que, pourtant, il s'efforce de faire ressortir à leurs yeux les avantages qu'ils doivent retirer de vivre en paix avec nous. A vrai dire, ces amateurs convaincus du bien d'autrui n'y ont qu'un médiocre intérêt, puisque, il faut bien le reconnaître, ils ne vivent que de rapine et de pillage, et que ce sont là à peu près leurs seuls moyens d'existence.

Quant à nos fractions rebelles, Sid El-Hadj El-Arbi les engage à se tenir en repos, et à se dispenser de toute agression sur les tribus soumises de notre territoire. Toute tentative de désordre de leur part sera réprimée sans retard on ne peut plus rigoureusement. Cette menace n'a pas été, évidemment, sans les faire quelque peu réfléchir; aussi, dans la crainte de se trouver, à un moment donné, enserrés entre les rigueurs de Sid El-Arbi et les nôtres, renoncent-elles à nous inquiéter et à tenter de nouvelles incursions sur notre territoire.

Mais bientôt fatiguées d'un état qui menace de s'éterniser, prises du mal du pays, et ne voyant dans la situation anormale qu'elles se sont faite que la ruine et la misère; comprenant que leur position au milieu de tribus marokaines qui ne les supportent que difficilement, et qui leur font payer beaucoup trop chèrement leur maigre hospitalité, ne peut que devenir de jour en jour plus précaire, nos tribus rebelles songent sérieusement à nous faire leur soumission. Heureuses de saisir l'occasion qui se présente de rentrer sur leurs territoires, elles se sont groupées autour de Sid Sliman-ben-Kaddour, qu'elles ont reconnu solennellement pour chef, en l'engageant à nous demander notre aman aussi bien pour elles que pour lui.

La fortune qu'il convoitait depuis si longtemps s'offrait donc à Sid Sliman-ben-Kaddour dans de merveilleuses conditions: se voyant déjà revêtu de l'autorité que sa défection avait arrachée au rebelle Sid Sliman-ould-Hamza, et qui allait infailliblement passer, en sa faveur, de la branche aînée à la branche cadette des Oulad-Sidi-Ech-Chikh, sentant que le moment approchait où il allait jouer un rôle prépondérant, l'ambitieux Sid Sliman n'hésita plus à demander l'aman pour lui et pour ses adhérents : il adressait sa demande, le 10 novembre 1867, à l'autorité française, qui l'accueillait favorablement, ainsi que celle des fractions rebelles qui l'avaient reconnu pour chef.

L'année 1868 s'ouvrait sous d'heureux auspices : Sid Sliman-ben-Kaddour se présentait en personne, le 11 janvier, à Géryville, pour confirmer sa demande d'aman et ses propositions de soumission; il ramenait avec lui les fractions des Oulad-Abd-el-kerim et des Rzaïna qui avaient abandonné Sid Ahmed-ould-Hamza pour se rallier à lui. Il est inutile d'ajouter que, par cette démarche, Sid Sliman avait complètement rompu avec le chef de la branche aînée.

Mais le jeune marabouth Sid Ahmed n'avait point renoncé à la lutte, et la conduite de son cousin à son égard, de son allié de la veille, lui avait inspiré, au contraire, l'idée de se venger de ce qu'il appelait sa trahison. Il avait donc réuni autour de lui toutes les fractions qui étaient restées fidèles à sa cause, entre autres, les Oulad-Sidi-Ech-Chikh-ech-Cheraga, tribu qui constituait le fond le plus solide et le plus sûr du personnel insurrectionnel, et qui était demeurée inébranlablement attachée au chef de la famille de la branche aînée, à laquelle, du reste, nous savons qu'elle appartenait. Dès qu'il se sentit en mesure de le faire avec succès, c'est-à-dire dans le courant de janvier, Sid Ahmed fondit sur les Hameïan-Chafâ et sur les Mahïa, campés dans les parages d'Aïn-Ben-Khelil, les raza complètement, et fit sur ces deux fortes tribus un butin considérable. Il eut même, un instant, l'espoir de surprendre les Thrafi; mais une marche rapide de la colonne de Géryville sur Asla, où se trouvait le gros des forces du marabouth, vint déjouer ses projets et le contraindre à la retraite.

Les Hameïan, qui s'étaient soumis avec une facilité extrême à leur heureux vainqueur, s'empressèrent, à l'apparition de la colonne de Géryville, de retirer leur soumission à Sid Ahmed, et de nous la rendre sans la moindre difficulté. Cette manœuvre est, d'ailleurs, très familière aux Hameïan qui, placés à proximité des tribus pillardes de la frontière du Marok, sont continuellement exposés à leurs coups, et cela sans pouvoir leur rendre le réciproque. Ils reçurent l'ordre d'établir leurs campements près de Géryville, afin d'être à l'abri d'une nouvelle incursion de l'ennemi.

Cette fraction des Hameïan-Chafâ, après avoir subi des pertes très sensibles, avait eu plusieurs de ses douars dispersés; quelques-uns s'étaient réfugiés au sud du pâté montagneux des ksour voisins de notre frontière de l'Ouest. Ces débris de douars étaient rencontrés par Sid Sliman-ben-Kaddour au moment où, fidèle à sa parole, il venait se ranger sous notre autorité; il les rallia, ainsi qu'une fraction des Mahia qui avait été entièrement dépouillée de ses biens, et les ramena à Géryville.

Les Hameïan ayant été réorganisés, il fut décidé que cette tribu serait mise à même de prendre, avec le concours de nos moyens d'action, sa revanche sur les bandes de Sid Ahmed. Une pointe dans les parages de Figuig ayant été autorisée par le Gouvernement général, la colonne de Géryville, aux ordres du lieutenant-colonel Colonieu, s'était mise en mouvement le 1er mars dans la direction du sud-ouest.

Les contingents du marabouth avaient été signalés du côté d'Aïn-el-Malah, cherchant, selon toute probabilité, à surprendre les Thrafi, tentative qui, depuis longtemps, entrait dans les combinaisons de Sid Ahmed-ould-Hamza. Nos goums, aux ordres de Sid Sliman-ben-Kaddour, rencontrent les rebelles, le 3, à Dhayet-Moula-Djemâa; ils les attaquent furieusement, les culbutent, les défont d'une manière complète, leur enlèvent un drapeau et 350 chameaux chargés de vivres et de bagages, et leur tuent 150 hommes dont leur chef, Sid Mammar-ben-El-Djedid, qui, en l'absence de Sid Ahmed, son cousin et beau-frère, commandait, en qualité de khalifa du marabouth, les contingents des insoumis.

Après ce sanglant et désastreux échec, les débris de la colonne ennemie, qui, avant le combat, était forte de 250 chevaux et de 350 fantassins, reprirent, dans le plus grand désarroi, la direction de leurs campements. Mais ils n'étaient point encore au bout de leurs maux; car, à la nouvelle de leur défaite, l'ar'a de Sebdou, qui était posté, avec son goum, à Aïn-Ben-Khelil, se mettait à leur poursuite, leur coupait la retraite, et achevait leur ruine en les dépouillant de tout ce qu'ils avaient pu sauver du désastre en chevaux, vivres et moyens de transport. Un grand nombre de ces malheureux succombèrent en route, avant d'avoir pu regagner le territoire marokain et leurs campements.

Après ce succès de nos goums, la colonne, qui les appuyait à distance, poursuivit son chemin dans la direction d'El-Galoul, où Sid Sliman infligeait un sérieux échec aux Beni-Guil, à Dhayet-Bou-Gourin, en leur enlevant 20,000 moutons.

De ce point, la colonne se portait sur le territoire des Eumour, dont les chefs, terrifiés, s'empressèrent, pour éviter le sort des bandes de Sid Ahmed, de nous faire leur soumission, et de nous demander l'aman, lequel leur était accordé sous d'assez dures conditions, que leur qualité de Marokains nous obligeait à rendre immédiatement exécutoires.

La colonne Colonieu faisait son apparition, le 1er avril, sous les murs de Figuig, où elle était accueillie sinon sans hostilité, du moins avec une froideur des plus significatives. Aussi, le commandant de la colonne crut-il devoir se dispenser de demander l'entrée de l'oasis, devant laquelle, pourtant, il campa pendant deux jours. Nos troupes reprenaient la route de Géryville, le 3 avril; elles passaient, le lendemain 4, à Ich, ksar marokain que, jamais jusqu'alors, aucune colonne française n'avait eu l'occasion de visiter. C'est pendant la marche sur Ich que disparut le capitaine Morin, de la Légion étrangère, qui avait eu l'imprudence de s'éloigner hors de vue de la colonne pour chasser : c'était une tête de plus à ajouter à celles que, depuis 1830, notre incorrigible insouciance, notre oubli des règles les plus élémentaires de la prudence, nous ont fait laisser entre les mains de notre implacable ennemi, et, malheureusement ce ne sera pas, sans doute, la dernière.

Le 10, la colonne campait sous Chellala-edh-Dhahrania; elle était, le 15 avril, de retour à Géryville, après quarante-six jours de marche.

A partir de ce moment, une sécurité inespérée régna dans toute l'étendue de notre Sud. Il est vrai de dire qu'une disette affreuse sévissait au Marok comme elle s'était fait sentir, d'ailleurs, en Algérie, de 1867 à 1868. Dès lors, les rebelles et les tribus pillardes de la frontière marokaine, dépourvus de toutes ressources, et dans l'impossibilité de constituer des approvisionnements pour entrer en campagne, se virent contraints de s'abstenir de toute démonstration ou incursion sur notre territoire.

Nous ajouterons que la leçon que leur avait donnée Sid Sliman-ben-Kaddour entrait bien, probablement, pour quelque chose aussi dans cette réserve inaccoutumée de nos infatigables et opiniâtres ennemis.

Nous avons vu que Sid Ahmed-ould-Hamza avait été la première victime de la volte-face de son cousin Sid Sliman, qui, décidément, avait levé le masque dès que l'occasion s'en était présentée. Il faut dire que son jeune cousin lui faisait la partie belle en désaffectionnant de sa cause, par sa maladresse et la difficulté de son caractère, ses partisans les plus dévoués, les *khoddam* les plus convaincus, les plus fanatiquement croyants de son illustre et saint ancêtre, le vénéré Sidi Ech-Chikh, lesquels, non contents de l'abandonner, allaient encore grossir les rangs de celui qui devait devenir son rival, et qui, d'ailleurs, malgré ses défauts, possédait de sérieuses et solides qualités qui manquaient absolument au jeune chef de l'insurrection.

La terrible journée de Dhayet-Moula-Djemâa avait, d'ailleurs, porté le dernier coup à son influence, et au prestige qu'il tirait de sa naissance et de sa situation de chef, sinon de droit, du moins de fait de la branche aînée des Oulad-Sidi-Ech-Chikh, et bien qu'il n'assistât pas de sa personne à cette sanglante équipée, et qu'il n'y fût représenté que par son khalifa, qui y trouva la mort, la responsabilité ne lui en incombait pas moins tout entière. Quoiqu'il en soit, tout portait à croire qu'il ne lui serait pas facile de relever de sitôt les affaires de l'insurrection, qu'il avait si gravement compromises. Et puis, d'ailleurs, nous le répétons, Sid Ahmed s'était fait de nombreux ennemis, même autour de lui; nous ajouterons qu'il était devenu gênant aussi bien pour ses partisans que pour ceux qui, aujourd'hui, marchaient sous les drapeaux de Sid Sliman-ben-Kaddour, lequel brûlait du désir de faire passer, à son profit, le pouvoir dont avait joui la branche aînée entre les mains de la branche cadette des Oulad-Sidi-Ech-Chikh, et sans tenir le moindre compte du chef de la famille de ceux de l'Ouest, Sid Ech-Chikh-ben-Eth-Thaïyeb, et il venait de donner des preuves non équivoques de ses ambitieuses combinaisons en combattant Sid Ahmed, et en faisant subir un effroyable échec à ce chef de la descendance du saint vénéré d'El-Abiodh.

Aussi, le bruit qui se répandit, dans le courant d'octobre, de la mort de Sid Ahmed-ould-Hamza à Tafilala ne surprit-il personne. On prétendit bien que c'était le choléra qui avait tué ce vigoureux jeune homme de dix-sept ans ; mais on avait trop besoin de sa disparition pour que le doute sur la cause qui avait amené sa fin prématurée ne se mît point dans les esprits, et ne fît pas accuser ceux à qui sa mort pouvait profiter d'avoir un peu facilité cette radicale et définitive solution.

Sid Ahmed-ould-Hamza laissait deux très jeunes fils, dont se chargeait leur oncle Sid Kaddour-ould-Hamza.

L'héritier légitime du pouvoir religieux, le chef de la maison de Sidi Ech-Chikh et de la tribu des Oulad-Sidi-Ech-Chikh de l'Est, nous l'avons dit plus haut, était Sid Hamza-ould-Abou-Bekr (1), le petit-fils de Sid Hamza, le vainqueur du cherif

---

(1) Sid Abou-Bekr était le fils aîné de Sid Hamza, le khalifa du Sud, mort à Alger en 1861. Il s'était signalé par la capture, dans les Eurg, de l'ancien cherif d'Ouargla, Sid Mohammed-ben-Abd-Allah. Il succéda à son père, avec le titre de bach-ar'a de Géryville, en décembre 1861 ; mais il mourut subitement en 1862, empoisonné, prétend-on, et c'est probable, par la Zaouïa. Cette mort violente semblait donner à la prédiction du cherif Mohammed-ben-Abd-Allah, qui, en 1853, alors que Sid Hamza se préparait à aller le combattre, lui écrivait : « Renonce à ton projet insensé, ô Hamza le renégat! sans quoi, toi et les tiens mourrez damnés et de mort violente. » Nous avons vu, au cours de ce récit, que cette sinistre prédiction s'est réalisée avec une fatale exactitude : en effet, après Abou-Bekr empoisonné, Sid Sliman était tué à l'affaire du 8 avril 1864, Sid Mohammed était blessé mortellement, le 4 février 1865, à celle de Garet Sidi-Ech-Chikh, et Sid Ahmed, le quatrième fils de Sid

d'Ouargla en 1853, et notre khalifa du Sud, décédé à Alger en 1861. Aujourd'hui, le jeune Sid Hamza, né en 1859, n'est âgé que de neuf ans. Aussi, son oncle Sid Kaddour, le cinquième fils de Sid Hamza, a-t-il profité de cette circonstance pour s'emparer du pouvoir, et se poser en chef de l'insurrection, bien qu'il dût être, pour une double raison, exclu de cette situation par son sang de descendance d'abord, et par ce fait qu'il est le fils d'une négresse, Mbarka-bent-Yaïch, condition capitale qui le rend inhabile à hériter le pouvoir religieux, et les prérogatives qui sont attribuées de mâle en mâle aux descendants de Sidi Ech-Chikh.

Quoiqu'il en soit, et en raison du jeune âge de son neveu, le mulâtre Sid Kaddour-ben-Hamza était accepté comme chef des forces insurrectionnelles, et il en prenait la direction. Le jeune Sid Hamza-ould-Abou-Bekr est auprès de lui, et partage la vie agitée de cet énergique et opiniâtre rebelle.

Sid Kaddour, aidé de son oncle Sid El-Ala, notre irréconciliable adversaire, n'a pas perdu de temps pour faire l'essai du pouvoir qu'il s'est attribué, et qui, d'ailleurs, lui a été confirmé par les Oulad-Sidi-Ech-Chikh-ech-Cheraga : l'oncle et le neveu font tous leurs efforts pour stimuler le zèle religieux des *khoddâm* de Sidi Ech-Chikh; mais ils s'agitent dans le vide : les ressources épuisées, la misère, la ruine, la lassitude d'une existence tourmentée où le vainqueur de la veille est le vaincu du lendemain; ce sont là des raisons suffisantes pour expliquer la force d'inertie qu'opposent les anciens partisans des Oulad-Hamza aux appels pressants des chefs de l'insurrection; et puis aujourd'hui, il y a division — notre force à nous — entre les deux branches, et les Oulad-Sidi-Ech-Chikh sont fort embarrassés pour reconnaître l'élu de Dieu : l'un a le pouvoir religieux, c'est vrai; mais l'autre a la force, ce qui, même aux yeux du Très-Haut, est infiniment préférable.

Hamza, mourait empoisonné à Tafilala. Nous ne pouvons prévoir quel sera le sort de ses deux autres fils, Sid Kaddour et Sid Ed-Din; mais l'existence accidentée et périlleuse, qui est la leur, pourrait bien leur préparer la même destinée qu'à leurs aînés.

Il est manifeste, d'ailleurs, que le Dieu unique ne paraît pas disposé à mettre de sitôt un terme aux maux de ses serviteurs, bien que, pourtant, ils combattent — ils en sont convaincus — dans son sentier droit depuis près de cinq années. Enfin, que sa volonté soit faite ! Il est grand ! Il est puissant ! — C'est incontestable ; — mais, peut-être, n'est-il pas suffisamment généreux.

Ce qu'il y a de plus certain aujourd'hui, c'est que les plus zélés, les plus fanatiques d'autrefois, font la sourde oreille à toutes les excitations des apôtres de l'insurrection ; quelques-uns — les hypocrites — les ajournent à des temps meilleurs, quand ils se seront refaits de leurs fatigues, et lorsque Dieu leur aura rendu les biens qu'ils ont consacrés si inefficacement à son service.

Sid Kaddour, qui reconnaît l'impuissance de ses adhérents, n'insiste pas davantage, et se range à leur avis qu'il faut attendre des temps meilleurs, qui, s'il plaît à Dieu ! ne sont peut-être pas très éloignés. Aussi, l'année 1868 s'achève-t-elle dans le calme le plus absolu.

XV

Sid Kaddour-ould-Hamza et Sid El-Ala réconciliés, préparent un coup de main sur la tribu des Arbaâ, de Laghouath. — Le Makhzen de cette tribu prend une position défensive au sud de ce poste avancé. — Conférence à Ksar-Charef entre le colonel de Sonis et le chef de l'annexe de Djelfa, à qui il prescrit de réunir le goum des Oulad-Naïl. — Les rebelles ont envahi et razé le Djebel-el-Eumour. — Les colonnes du Tell prennent leurs emplacements pour en fermer les débouchés. — Les forces insurrectionnelles partagées en trois détachements sous les ordres des trois marabouths. — Le Makhzen des Arbaâ en reconnaissance sur Tadjrouna. — Composition de la colonne de Laghouath. — Elle se met en mouvement et va camper à Er-Recheg. — Une double méprise. — La trahison du marabouth d'Aïn-Madhi. — Le chaouch Rousbach. — Les bandes des trois marabouths devant Aïn-Madhi. — Les rebelles offrent le combat à la colonne, qui a pris position à Oummed-Debdeb. — Les rebelles sont battus et mis en déroute avec de grandes pertes. — La colonne, allégée, se met à la poursuite des rebelles, qu'elle pousse jusqu'à Brizina. — Retour sur Aïn-Madhi et arrestation de Sid Et-Tedjini. — Rentrée de la colonne à Laghouath. — Sid Sliman-ben-Kaddour tombe sur les campements de Sid Kaddour-ould-Hamza à El-Mourra, sur l'ouad Guar, et les raze à fond. — Convention d'Oglet-es-Sedra avec Sid Ech-Chikh-ben-Eth-Thaïyeb.

Mais la trêve ne devait pas être de longue durée : les chefs des rebelles avaient besoin, pour ne point être oubliés de leurs adhérents, et pour ne rien perdre de leur prestige, de rechercher l'agitation et le bruit, et de renouer des intrigues, afin de pouvoir pêcher en eau trouble. Sid Kaddour-ould-Hamza tenait surtout à faire ses preuves, et à témoigner qu'il n'était point indigne d'exercer le pouvoir qu'il s'était attribué, sans même qu'il eût été un seul instant question de l'héritier légitime, le jeune Sid Hamza-ould-Abou-Bekr, alors âgé de dix ans.

Dès la première quinzaine de janvier 1869, des renseignements venus de divers côtés nous apprenaient que Sid El-Ala et son neveu, Sid Kaddour-ould-Hamza, s'étaient réconciliés et rapprochés, et qu'ils paraissaient méditer de reprendre la campagne de concert, et de tenter une incursion sur le territoire du cercle de Laghouath.

Bien que ce ne fussent là encore que des bruits arabes, il était bon, néanmoins, de s'en préoccuper; du reste, à l'attitude, aux airs embarrassés et mystérieux de quelques-uns de nos chefs indigènes, et de certains notables du sud des cercles de Laghouath et de Géryville, on pouvait reconnaître à ces signes précurseurs la formation de l'orage, et il était prudent, dès lors, de prendre les dispositions nécessaires, sinon pour le conjurer, du moins pour s'en garantir; il importait surtout de ne pas nous laisser surprendre.

Bien que fait depuis longtemps déjà à ces bruits de *harka* (1), l'actif et vigilant commandant du cercle de Laghouath, le lieutenant-colonel de Sonis, avait pressenti, à la concordance des nouvelles qui lui venaient de l'Ouest avec celles qui lui étaient transmises par le kaïd des Chanba, Sliman-ben-El-Msâoud, que le projet des rebelles était de tenter un coup de main sur la tribu des Arbaâ, qui alors avait ses campements dans les environs du Mzab. Aussi, ordonnait-il à cette tribu de remonter, sans retard, vers le nord et de se grouper en masses assez compactes, assez solides, pour pouvoir opposer une résistance sérieuse au cas où les rebelles tenteraient de les attaquer.

Le colonel de Sonis prescrivait, en même temps, au Mahkzen de cette tribu de se réunir au sud de Laghouath, et de prendre position sur un point qui lui permît de protéger efficacement les populations campées dans cette direction.

Pour être bien fixé sur l'esprit et les dispositions, ainsi que sur les besoins des tribus de l'annexe de Djelfa, et, particulièrement, de l'importante agglomération des Oulad-Naïl, le colonel de Sonis avait invité le chef de cette annexe, le capitaine Saint-

---

(1) *Harka*, mouvement; par extension, expédition, entreprise de guerre des tribus.

Martin, à se rendre à Ksar-Charef, afin de conférer avec lui sur la situation, et recevoir ses ordres relativement aux mesures et dispositions qu'il avait décidées.

Le colonel de Sonis trouvait, le 25 janvier, le capitaine Saint-Martin au rendez-vous qu'il lui avait assigné, c'est-à-dire à Charef : il lui ordonnait de réunir, sans retard, le Makhzen des Oulad-Naïl, et de l'envoyer camper à El-Houadjel avec trente jours de vivres. Le chef de l'annexe rentrait le lendemain 26 à Djelfa, et s'occupait sur le champ de faire exécuter les ordres qu'il avait reçus du commandant du cercle, lequel arrivait lui-même le 27 à Laghouath.

Il recommandait de nouveau aux Arbaâ de presser leur mouvement de retraite vers le nord, et ordonnait à leur Makhzen de prendre position à Tilr'emt.

Avant sa rentrée à Laghouath, le colonel de Sonis avait visité le parc de Tadmit, et il avait pu y constater que l'équipage de chameaux de la colonne mobile était en parfait état. Il avait donné des ordres pour que le personnel des chameliers auxiliaires (1) pût être rendu à Laghouath au premier signal.

La colonne mobile de Laghouath avait, en outre, reçu l'ordre de se tenir prête à partir, et toutes les dispositions propres à assurer son mouvement avaient été prises et exécutées.

Mais les faits venaient bientôt confirmer l'exactitude des nouvelles de l'ennemi qu'avait reçues le colonel de Sonis : les rebelles avaient commencé leur mouvement. Le Gouverneur général en donnait ainsi connaissance, par dépêche télégraphique du 28 janvier, aux commandants des divisions, subdivisions et cercles de la province d'Alger.

Cette dépêche était conçue en ces termes :

« Le général commandant la province d'Oran annonce, ainsi
» qu'il suit, l'apparition des Oulad-Sidi-Ech-Chikh. Les dissi-

---

(1) Le détachement de chameliers auxiliaires de la colonne mobile de Laghouath se composait de Tirailleurs algériens du 1er régiment. Il campait habituellement sur les pâturages de Tadmit, point situé à deux marches au nord de Laghouath.

» dents, divisés en trois colonnes, qu'on dit assez fortes, après
» avoir razé cinq douars du Djebel-Amour, se sont dirigés
» vers le Nord avec l'intention d'attaquer les Harar. Les Makh-
» zen de cette tribu et de l'aghalik de Frenda ont dû quitter la
» position avancée qu'ils occupaient, et se replier sur leurs cam-
» pements appuyés aux montagnes des Beni-Mensour.

« Les goums du Djebel-el-Eumour ont eu un engagement
» dont on ignore encore l'importance. On dit que l'agha Ed-
» Din a été blessé au bras.

« Je n'ai pas encore de nouvelles de Géryville. »

Une seconde dépêche, datée du 20 janvier et émanant de la même source, confirmait les renseignements qui précèdent :

« Les forces placées sous le commandement de Sid El-Ala, de Sid
» Kaddour, et du fils de Sid Ech-Chikh-ben-Eth-Thaïyeb, sont
» évaluées à 600 chevaux, accompagnés de nombreux fantassins
» et de beaucoup de chameaux. Jusqu'à présent, rien ne m'auto-
» rise à penser que les Harar traitent avec l'ennemi; seulement,
» ayant été isolés de Géryville et du Djebel-Amour, dont les
» goums se sont repliés sur Thaguin, ils n'osent pas s'avancer
» vers le Sud, et se bornent à couvrir leurs campements, adossés
» à la zone montagneuse qui s'étend depuis les sources de la
» Mina jusqu'à Goudjila. »

Enfin, le général commandant la subdivision de Miliana adressait, le 30, la dépêche suivante au général commandant la division d'Alger :

« Les dissidents, conduits par Si Kaddour-ben-Hamza, Sid
» El-Ala, et le fils de Sid Ech-Chikh-ben-Eth-Thaïyeb, ont razé
» quelques douars des Oulad-Sidi-Brahim et des Oulad-En-
» Naccur (Djebel-Amour), et un douar des Oulad-Iâkoub-el-
» Arbaâh aux environs d'El-Beïda. Ils descendraient l'ouad-
» Thaguin à la poursuite de l'agha du Djebel-Amour, qui ap-
» puie au nord avec ses campements, son goum et une partie des
» Oulad-Khelif. »

Le gouverneur général ajoutait :

« Tout d'abord, MM. les lieutenants-colonels Colonieu et de
» Sonis ont reçu, chacun de leur côté, l'ordre de mettre en
» marche vers le Nord les colonnes de Géryville et de La-
» ghouath, de manière à fermer la retraite à l'ennemi.

» M. le lieutenant-colonel Cerez, avec la colonne de Tiaret,
» s'est porté à Ras el-Mina pour couvrir Tiaret et Frenda.

» Les colonnes de Tlemsen et de Sidi-Bel-Abbès s'apprêtent à
» faire mouvement.

» Dans la province d'Alger, des ordres ont été donnés pour
» la concentration immédiate de deux colonnes ; l'une, sous Bo-
» ghar, l'autre, à Tnïyet-el-Ahd.

» M. le général Marmier, qui doit prendre le commandement
» de la première de ces colonnes, a quitté Médéa hier, avec deux
» compagnies de Zouaves, se portant sur Boghar pour juger par
» lui-même de la situation, et prendre les premières dispositions
» en attendant l'arrivée des troupes.

» La colonne de Tnïyet-el-Ahd, placée sous les ordres du
» commandant supérieur du cercle, M. le chef de bataillon
» Trumelet, ira s'installer à Aïn-Toukria.

» Des éclaireurs ont été lancés, dès hier, par MM. les géné-
» raux Liébert et Marmier, et par le commandant Trumelet,
» pour surveiller l'ennemi, et s'assurer de sa direction et de ses
» projets. »

Une troisième dépêche, du 3 février, émanant du général
commandant la division d'Alger, donnait les renseignements
suivants :

« Le cercle de Boghar reste calme. On ne signale rien jusqu'à
» Thaguin, et la plupart de nos tribus restent massées au nord
» du Nahr-Ouacél. Les éclaireurs envoyés par M. le général
» commandant la subdivision de Miliana n'avaient rien ren-
» contré. Mais les dissidents avaient fait une razia à Aïn-el-Beïdha,
» et après une pointe sur le Nord-Est pour entraîner les Oulad-
» Naïl, ils avaient dessiné un mouvement de retraite vers le

» Sud-Ouest. Les Adjalat avaient fait défection, et l'agha Ed-
» Din-ben-Yahya, du Djebel-Amour, avait dû se rabattre, avec sa
» zmala et une partie de sa tribu, vers Djelfa et Gueltet-es-
» Sthel.

» Dans la province d'Oran, la colonne de Géryville s'est portée
» le 1ᵉʳ février au matin dans la direction du Djebel-el-Eumour.

» Sid Sliman-ben-Kaddour est parti, dans la nuit du 28 au
» 29 janvier, pour aller chercher et razer, dans le Sud-Ouest, la
» zmala de Sid Kaddour-ould-Hamza. »

Voici, en résumé, ce qui s'était passé : vers le 25 janvier, un parti de cavaliers des rebelles avait été rencontré, sur la rive sud du Chothth-ech-Chergui, par une patrouille des Harar, qui, à la suite d'une escarmouche, avait perdu deux hommes. On pressentait, dans la province d'Oran, une tentative d'incursion sur notre territoire de la part de celles de nos populations qui avaient émigré au Marok.

D'un autre côté, Sid El-Ala, à la tête de forts contingents, était tombé, le 27 janvier, de grand matin, sur les Oulad-En-Naceur (Adjalat), en un point du Djebel-el-Eumour nommé Rabah-Sidi-Bel-Kacem.

L'ar'a Sid El-Hadj Kaddour-ould-Es-Sahraoui avait eu une partie de son goum engagée avec les éclaireurs de l'ennemi. Des deux côtés, il y avait eu des morts.

A la suite de l'invasion de sa montagne par les rebelles et de la défection des Oulad-En-Naceur, l'ar'a Ed-Din, qui n'a jamais essayé de défendre son pays, s'était borné à l'évacuer, et à se replier sur Charef avec celles des tribus qui n'avaient point abandonné sa cause.

Les populations de l'ouest de Djelfa, affolées de panique, s'étaient portées, en toute hâte et dans un grand désordre, vers l'Est, ou sous le canon du chef-lieu de l'annexe.

Le 28, les rebelles détruisaient le télégraphe entre Frenda et Géryville.

En apprenant, le même jour, qu'un parti de 600 cavaliers avait été signalé à Sidi-Ali, au sud des Alyat, se dirigeant vers l'Est, le commandant du cercle de Boghar s'était porté sur Chellala avec un goum de 150 chevaux. D'un autre côté, le lieutenant-colonel Colonieu marchait, avec la colonne de Géryville, sur les traces des rebelles, auxquels on prêtait l'intention d'opérer leur retraite vers le Sud par le Kheneg-el-Meleh et El-Maïa.

Le kaïd des Oulad-Oumm-Hani, Kouïder-ben-Athiia, qui avait été envoyé à Charef pour s'assurer, par lui-même, de la situation d'Ed-Din, annonçait que cet ar'a du Djebel-el-Eumour avait quitté Aïn-el-Hadjar, avec tout son monde, pour se porter plus à l'est, à Touaz, et que les trois marabouths, Sid El-Ala, Sid Kaddour-ould-Hamza et Sid El-Hadj El-Arbi (1), le fils aîné de Sid Ech-Chikh-ben-Eth-Thaïyeb, étaient à la tête de nombreux contingents ennemis qui se portaient vers le Sud.

Le kaïd El-Khaouli-ben-Ez-Zafrani, des Oulad-Ech-Chikh, du cercle de Boghar, confirmait la nouvelle qu'un fort parti de rebelles, commandés par Sid Kaddour-ould-Hamza, avait pénétré dans le Djebel-el-Eumour, razé les Oulad-En-Naceur, et culbuté les goums des Oulad-Iakoub-el-Arbaâ à Mr'ira. S'il fallait s'en rapporter aux Arabes relativement à l'estimation des forces dont disposent les marabouths, les contingents qu'ils traînent à leur suite seraient considérables ; cependant, et tout en faisant la part de l'exagération des Sahriens, tout porte à croire que ces forces sont relativement importantes.

Le 29, les éclaireurs du colonel de Sonis lui rapportaient que les rebelles avaient été rencontrés, la veille, descendant l'ouad Sebgag à hauteur du Djebel-el-Aleg et paraissant se diriger vers Thaguin.

Le lendemain, 30, ils étaient à l'ouest de ce dernier point.

On pouvait conclure, de l'ensemble de ces divers renseignements, que les forces des rebelles étaient partagées en trois dé-

---

(1) Ce Sid El-Hadj El-Arbi, nous nous le rappelons, avait été nommé, par l'Empereur du Marok, khalifa de l'Amel d'Oudjda, et s'était établi à Figuig pour y surveiller les agissements des tribus pillardes de la frontière de l'empire du R'arb, et de ceux de nos rebelles qui avaient émigré dans ce pays. Le pouvoir de Sid El-Hadj El-Arbi n'avait pas tardé à être méconnu, et il n'avait rien trouvé de mieux que de faire cause commune avec les chefs de l'insurrection, les Oulad-Sidi-Ech-Chikh de la branche aînée.

tachements ayant à leur tête, ainsi que nous l'avons dit plus haut, Sid El-Ala, Sid Kaddour-ould-Hamza et Sid El-Hadj-El-Arbi-ben-Ech-Chikh ; que les rebelles, venant du Marok, avaient pénétré sur notre territoire en passant entre le Chothth-Ech-Chergui et Géryville, et qu'après avoir razé quelques tribus du Djebel-el-Eumour, ils s'étaient dirigés vers le Nord, d'abord, pour tâter les Harar et chercher à les entraîner dans la défection ; puis, grâce à l'ar'a Sid El-Hadj-Kaddour-ould-Es-Sahraoui, cette tentative n'ayant pas eu le succès qu'en attendaient les rebelles, ils s'étaient rabattus sur le Djebel-el-Eumour, dont ils occupaient tous les défilés.

Dès que le lieutenant-colonel de Sonis eut pu démêler les projets des chefs de l'insurrection et se rendre un compte à peu près exact de la situation générale, il fit partir, le 28 janvier au soir, pour Tadjrouna, El-Akhdhar-ben-Mohammed (1), le vaillant et dévoué chef du Makhzen, avec l'ordre de rassembler en toute hâte tout ce qu'il pourrait trouver de cavaliers des Arbaâ, et de rayonner autour de son point d'installation par une chaîne d'éclaireurs, disposée sur une circonférence à mailles assez serrées pour qu'ils pussent se grouper facilement en cas de danger, et présenter, à un moment donné, une force suffisante pour ne point risquer d'être entamés.

El-Akhdhar quittait Laghouath à six heures du soir, suivi de deux cavaliers, et accompagné des kaïds Aïça-ben-Naïdja, des Oulad-Zyan, et Kaddour-ben-Abou-Bekr, des Oulad-Sidi-Abd-Allah. Il arrivait avant le jour à Ksar El-Haouïlha, et y réunissait vingt-trois mekhazni qui avaient leurs campements aux environs. Il écrivait, en même temps, aux différentes zmala du Makhzen restées à Tilr'emt et au puits de Zelbacha pour les

---

(1) El-Akhdhar-ben-Mohammed, fils de l'ancien kaïd des Mâmmera, Mohammed-ben-Eth-Thaïyeb, et surnommé l'*Inglis* (l'Anglais), à cause de la couleur de ses cheveux, qui sont d'un blond ardent, est un brillant entraîneur de goums. Il a rendu à la cause française, dans le Sahara, d'excellents et remarquables services. El-Akhdhar, qui est très sympathique à tous ceux qui l'ont approché, et qui n'a point les préjugés de sa race, est en même temps le dévouement personnifié, et sa fidélité, depuis qu'il nous sert, ne s'est jamais démentie.

presser de le rejoindre, et il continuait sa route sur Tadjrouna, où il campait le 29 au soir.

Le premier soin du chef du Makhzen fut d'envoyer des éclaireurs à El-Menïa, Aïch-el-Khirdim, El-Maïa, El-Meguerchi et à la Khenigat-el-Melch. La journée du 30 fut employée à ces reconnaissances, lesquelles eurent pour résultat de constater que les rebelles n'avaient pas encore paru sur ces différents points.

Le 31, au matin, El-Akhdhar, suivi de ses vingt-trois cavaliers, quittait Tadjrouna, avec l'ordre de rallier la colonne de Sonis dans les environs d'Aïn-Madhi.

Il est inutile d'ajouter qu'à la première nouvelle de l'incursion des rebelles, le commandant supérieur du cercle de Laghouath avait ordonné toutes les mesures de prudence que comportaient les circonstances, c'est-à-dire qu'il avait prescrit la rentrée dans ce poste du camp des travailleurs de Moktha-el-Ouosth, et qu'en même temps qu'il tenait au courant de la situation les gardiens des caravansérails du cercle, il les engageait à prendre, sans retard, les précautions qu'exigeaient les conditions d'isolement dans lesquelles ils se trouvaient.

Le colonel de Sonis ralliait, en outre, sur Laghouath, l'équipage de chameaux de Tadmit; il organisait son convoi, alignait sa colonne en vivres de toute nature jusqu'au 15 février inclus, et se mettait en mouvement le samedi, 30 janvier, à une heure de l'après-midi.

La colonne mobile, constituée au moyen de ses meilleurs éléments, était composée de la manière suivante :

DÉSIGNATION DES CORPS	OFFICIERS	TROUPE	CHEVAUX	MULETS	CHAMEAUX	OBSERVATIONS
État-major de la colonne.	6	2	8	»	»	
2ᵉ Bataillon léger d'Afrique	2	142	»	»	»	
1ᵉʳ de Tirailleurs algériens	18	475	5	»	»	
1ᵉʳ de Chasseurs d'Afrique	5	90	103	»	»	
1ᵉʳ de Spahis................	4	61	68	»	»	
3ᵉ d'Artillerie...............	1	59	9	32	»	Avec deux bouches à feu de 4 de montagne rayé.
2ᵉ du Génie................	»	11	»	11	»	
2ᵉ Esc. du Train des Équip.	2	41	8	52	»	
Ambulance.................	2	10	»	»	»	
Administration..............	1	6	1	»	»	
TOTAUX..............	41	900	202	95	»	
Makhzen et Goum........	»	31	31	»	»	
Équipage de chameaux { Spahis.........	»	10	11	»	860	Avec les tonnelets pour le transport de l'eau.
Équipage de chameaux { Tirailleurs.....	»	50		»		
Équipage de chameaux { Chameliers....	»			»		
Équipage de chameaux { Sokhkhrara (convoyeurs)..	»	165	»	»		
TOTAUX du Makhzen et de l'équipage de chameaux.	»	256	42	»	860	

Les malingres, les mauvais marcheurs, c'est-à-dire la portion la moins active de la colonne de Laghouath, sont laissés dans ce poste pour en assurer le service et la défense, ainsi que pour la garde du camp (1), lequel se trouve établi à une distance de 1,500 mètres de la place.

---

(1) Cet établissement, qu'on nommait *le camp des Castors*, et qui était construit en briques séchées au soleil, était une véritable merveille d'architecture. Là, le génie artistique de nos officiers et de nos soldats avait élevé la science du débrouillage et de l'ingéniosité jusqu'à ses dernières limites : vastes constructions à coupoles d'une élégance audacieuse, et pouvant abriter une compagnie, pagodes somptueuses à toits retroussés en pied de marmite, vastes rotondes avec vérandas, écuries pouvant abriter les chevaux de tout un escadron. Chacun a mis son goût, ses idées, son caprice dans ces constructions. Malheureusement, les matériaux de construction n'étaient pas garantis

Le 30 janvier, la colonne se mettait en mouvement à midi, prenant une direction ouest, et allait bivouaquer à Er-Recheg, sur la rive gauche de l'ouad-Mzi, à 24 kilomètres de Laghouath.

Le colonel de Sonis apprenait, dans la nuit, que les rebelles avaient campé à El-Khadhra, ksar du Djebel-el-Eumour, qu'ils se portaient sur El-R'icha, et qu'une forte partie de leurs goums occupait le difficile défilé d'Er-Reddad, menaçant ainsi le ksar d'Aïn-Madhi.

Sid Ahmed-et-Tedjini (1), qui, déjà, laissait pressentir combien sa fidélité était peu assurée, avait informé le colonel de Sonis de l'enlèvement d'une partie de ses troupeaux de moutons et de chameaux par des coureurs de l'ennemi. Il ajoutait que la population du ksar, aidée par quelques cavaliers des Arbaâ, avait pu reprendre les moutons; mais que les chameaux étaient restés entre les mains des rebelles. Le marabouth prétendait, en outre, manquer de poudre, et il priait le colonel de lui envoyer des cartouches.

Les gens de Tadjmout — mais ceux-ci mieux résolus à défendre leur ksar — demandaient aussi des munitions.

Le commandant de la colonne engageait les marabouths — ils sont deux frères — à tenir dans leur ksar, que ses hautes murailles garantissaient contre toute attaque de la part des rebelles. Le colonel ajoutait qu'il était campé à Er-Recheg, c'est-à-dire à une journée de marche d'Aïn-Madhi, qu'il se mettrait en marche le lendemain, et que ses forces, s'il en était besoin, lui permettaient de barrer le passage aux bandes de l'ennemi;

---

contre la pluie, et l'hiver exceptionnellement pluvieux de 1868-1869 vint délayer, sous l'action de l'eau, ces constructions si originalement artistiques, lesquelles finirent par s'effondrer, et bientôt les superbes monuments qui composaient cette ville bizarre, due à l'art libre, à l'art-caprice, n'étaient plus que des ruines boueuses irréparables.

(1) Nous avons fait connaissance, dans la première partie de cet ouvrage, avec ce haut personnage, le chef actuel de l'ordre religieux dont il porte le nom. Nous nous rappelons que cet illustre et noir marabouth passe pour être le produit de Sid Mohammed-es-Sr'ir-et-Tedjini, et d'une négresse qu'il avait admise à l'insigne honneur de partager sa couche.

que, néanmoins, il donnait des ordres pour qu'il lui fût envoyé, sans retard, de Laghouath — où le capitaine du génie Gripois avait été laissé pour commander le poste en son absence — un petit approvisionnement de 4,000 cartouches pour fusils à silex, qu'il destinait aux gens des ksour d'Aïn-Madhi et de Tadjmout.

Le dimanche, 31, la colonne continuait sa marche dans la direction de l'ouest. Le colonel laissait à son bivouac d'Er-Recheg le 1er escadron du 1er de Spahis, avec ordre d'y attendre les cartouches qui avaient été demandées à Laghouath ; dès leur réception, cet escadron devait rallier, sans retard, la colonne en marchant dans ses traces. Mais reconnaissant l'urgence de mettre, le plus promptement possible, les gens de Tadjmout et d'Aïn-Madhi en état de se défendre, le colonel prélevait, sur sa réserve de munitions destinées à son goum, 4,000 cartouches qu'il expédiait sur ces deux points. Il confiait l'escorte de ce petit convoi de munitions au 1er escadron du 1er de Chasseurs d'Afrique.

Le capitaine commandant *de Montaut-Brassac*, sous les ordres duquel était placée l'escorte, et avec lequel marchait le lieutenant *Durand*, chef du Bureau des Affaires indigènes de Laghouath, suivi de quelques Spahis ayant pour mission d'éclairer la marche de l'escadron, le commandant de l'escorte, disons-nous, devait d'abord passer à Tadjmout, où il déposerait les cartouches destinées aux gens de ce ksar ; il se porterait ensuite sur Aïn-Madhi pour y faire la même opération, et rejoindrait la colonne à son prochain bivouac. Quant au chef des Affaires indigènes, il devait se renseigner sur l'état des esprits, rassurer les tièdes, raffermir les chancelants, et engager les populations à opposer une résistance énergique aux tentatives des rebelles sur leurs ksour.

En raison de la proximité des goums de l'ennemi, qui avaient été signalés, nous l'avons dit plus haut, comme occupant le défilé d'Er-Reddad, lequel donne accès dans le massif montagneux des Eumour, le colonel de Sonis se maintenait, au moyen de ses cavaliers, en communication avec l'escadron de Spahis qu'il avait laissé à Er-Recheg pour y attendre le convoi de munitions, et avec celui qu'il avait envoyé à Tadjmout, lequel, selon ses premiers ordres, devait, sa mission remplie, se diriger sur Aïn-Madhi pour y satisfaire à la demande de cartouches qu'avait faite Sid Ahmed-et-Tedjini.

Mais, sentant qu'il eût été plus qu'imprudent de laisser, dans les conditions actuelles, l'escadron de Chasseurs d'Afrique achever sa mission, c'est-à-dire s'éloigner de la colonne à une distance qui n'eût point permis à celle-ci de lui porter aide et protection en cas d'une rencontre avec l'ennemi, qu'on disait très nombreux et dont on ignorait au juste la position, le colonel de Sonis, qui ne croyait, d'ailleurs, que médiocrement au manque de poudre dont se plaignait le marabouth d'Aïn-Madhi, prit le parti d'ordonner au capitaine de *Montaut* de rallier la colonne dès qu'il aurait déposé à Tadjmout les cartouches destinées à la défense de ce ksar.

En arrivant à hauteur du Guern-El-Haouïtha, le colonel de Sonis apprenait que le ksar de ce nom, situé à très peu de distance sur la gauche de la colonne, dont il n'était séparé que par une chaîne de rochers formant une sorte de muraille verticale, était investi par un goum ennemi dont il était difficile, en raison du manque de concordance des renseignements, d'apprécier — même approximativement — la force effective. Ce qui paraissait à peu près certain, c'est que les habitants d'El-Haouïtha avaient essayé de défendre leur ksar, qu'un des leurs avait été tué, et qu'ils avaient réussi à mettre leurs troupeaux à l'abri des tentatives de l'ennemi, en les poussant sur cette sorte de *gdada* rocheuse qui couvre le ksar du côté du nord.

Dans ces conditions, c'est-à-dire avec l'ennemi sur son flanc gauche et sur ses derrières, le colonel ne pouvait s'éloigner davantage, sans inconvénient, de l'escadron de Spahis laissé à Er-Recheg, lequel, à un moment donné, pouvait être attaqué par des forces bien supérieures à celles dont il disposait. Dans tous les cas, ses communications avec la colonne risquaient fort d'être compromises.

Grâce à son approvisionnement de deux jours d'eau portée par l'équipage de chameaux, le colonel de Sonis était libre d'établir son bivouac là où il lui convenait de s'arrêter. Il résolut donc de dresser ses tentes en un point sans eau nommé Mderreg-Marron.

Les escadrons du 1er de Chasseurs d'Afrique et du 1er de Spahis ne tardèrent pas à rejoindre la colonne sur le lieu de son bivouac.

Après avoir pris les dispositions nécessaires pour la défense du camp au cas où il serait attaqué, le colonel de Sonis montait à cheval avec la cavalerie pour pousser une reconnaissance dans la direction d'Aïn-Madhi. Il marchait depuis quelque temps, lorsqu'il découvrit un parti d'une trentaine de cavaliers qui, paraissant sortir de ce ksar, se dirigeait à toute bride vers El-Haouïtha. Le colonel se portait à sa rencontre, dérobant la marche de ses escadrons en longeant le pied des mouvements de terrain qui accidentent le sol entre ce dernier ksar et celui d'Aïn-Madhi.

Tout à coup, les escadrons et le goum signalé se trouvent en présence, et le colonel, qui avait ordonné de le charger, allait l'aborder, lorsqu'il reconnut que ces prétendus ennemis n'étaient autres que les Arbaâ du Makhzen que commandait El-Akhdhar. Le colonel n'avait eu que le temps d'empêcher le feu de nos cavaliers, auxquels, fort heureusement, il avait ordonné de ne tirer qu'à bout portant.

Cet incident n'avait pas été sans jeter quelque gaîté, aussi bien de notre côté que de celui de nos braves alliés.

Voici ce qui s'était passé : El-Akhdhar et ses mekhaznia avaient quitté Tadjrouna dès le matin de ce jour, se dirigeant sur Aïn-Madhi, où, nous nous le rappelons, le colonel de Sonis leur avait donné rendez-vous. Ayant aperçu de loin une foule considérable dans l'immense plaine qui sépare ces deux ksour, El-Akhdhar et son monde n'avaient pas douté que ce ne fussent la colonne, le convoi, et les goums des Arbaâ et des Oulad-Naïl qui l'avaient rejointe sur ce point : les vingt-trois cavaliers du Makhzen, suivant leur chef, étaient ainsi arrivés jusqu'à un kilomètre d'Aïn-Madhi. Revenus alors de leur erreur, ils avaient pris le galop avec l'intention de pénétrer dans le ksar et de porter secours à Sid Ahmed-et-Tedjini, qui, dans leur pensée, pouvait en avoir besoin.

Mais arrivés aux portes du ksar, et ayant interrogé un berger, qui leur dit être un des gardiens des troupeaux de Sid Kaddour-ould-Hamza, ils en avaient appris que les marabouths d'Aïn-Madhi avaient fait leur soumission aux Oulad-Sidi-Ech-Chikh, et que Sid El-Ala se trouvait, en ce moment même, dans la maison de Sid Ahmed-el-Tedjini.

Interrogés à leur tour par des cavaliers des rebelles, qui leur avaient supposé l'intention de venir faire leur soumission, les Arbaâ avaient pensé que ce n'était peut-être pas le moment de les détromper, et de les faire revenir de leur erreur; pourtant, ils jugèrent qu'il ne serait pas prudent de trop s'attarder à vouloir convaincre les cavaliers ennemis de la solidité de leur conversion; aussi, se hâtèrent-ils de tourner bride, et de prendre la direction de Laghouath à une allure assez intense pour donner des doutes à leurs interpellateurs sur leurs véritables intentions; quelques instants après, ces derniers étaient fixés et se réunissaient pour leur donner la chasse; ils les poursuivirent pendant quelque temps, puis, désespérant de les atteindre, ils renoncèrent à leur entreprise, et reprirent la route d'Aïn-Madhi.

Cette trahison des marabouths d'Aïn-Madhi parut au colonel de Sonis d'autant moins pardonnable, qu'ils savaient que sa colonne était tout près, qu'elle dégagerait facilement leur situation si elle était quelque peu compromise, que, contrairement à ce qu'ils lui avaient écrit, la poudre ne devait pas leur manquer, et qu'enfin les murailles d'Aïn-Madhi, qui avaient résisté victorieusement pendant huit mois au siège régulier que leur avait fait subir en 1838 (1) l'émir Abd-el-Kader, étaient d'une solidité capable de défier toutes les attaques de Sid El-Ala et de ses bandes, fussent-elles aussi nombreuses que les grains de sable du désert; ces murailles, qui, aujourd'hui, sont en bien meilleur état que du temps où son illustre père les défendait contre le fils de Mohi-ed-Din, leur permettaient d'attendre, en toute sécurité, l'issue des événements: ils n'avaient simplement qu'à fermer les portes de leur ksar pour être à l'abri de tout danger, et les marabouths étaient d'autant moins fondés à craindre pour leurs troupeaux, que, d'après la propre déclaration de Sid Ahmed-el-

---

(1) Nous avons fait le récit de ce siège dans le chapitre IV de cet ouvrage.

Tédjini, les coureurs de l'ennemi lui en avaient déjà razé une grande partie, ses chameaux, entre autres.

Rentré au camp avec les escadrons et le Makhzen, le colonel place en vedette, aux angles du carré, quatre des cavaliers des Arbaâ. Il réunit ensuite les officiers de la colonne pour les mettre au courant de la situation, et leur donner ses instructions pour le cas très probable où la colonne serait attaquée dans la journée du lendemain.

Bien que les attaques de nuit ne soient guère dans les habitudes des Arabes, surtout de ceux du Sud, le colonel de Sonis prenait néanmoins des mesures défensives en vue de cette éventualité : ainsi, il faisait entourer ses grand'gardes d'un retranchement improvisé, et il indiquait à leurs commandants la façon dont il les ferait appuyer, et la manière dont elles devraient se replier si, ce qui n'était pas probable, elles étaient obligées d'avoir recours à ce moyen extrême de conservation.

Ce qui était le plus à redouter, dans cette circonstance, c'était le désordre qu'aurait pu produire dans le camp, pendant la nuit, les chameaux de l'équipage, et surtout les chameliers auxiliaires, c'est-à-dire *les sokhkhara*, lesquels avaient été réquisitionnés un peu au hasard dans les ksour au moment du départ de la colonne. Le colonel para à ce danger en ordonnant de faire coucher les chameaux, et en les entravant de telle sorte qu'il leur fût impossible de se lever ; il prescrivait, en même temps, aux chameliers de se coucher auprès de leurs animaux, et il les prévenait d'avoir à observer le silence le plus absolu.

A la nuit tombante, un cavalier pénétrait dans le camp au galop de son cheval : c'était le chaouch du marabouth Sid Ahmed-et-Tedjini. Il mettait pied à terre et se présentait fort ému à la tente du colonel, sollicitant la faveur d'en être entendu : il venait, disait-il, de la part de son seigneur Ahmed, exprimer au commandant de la colonne toute la peine que ressentait son maître d'avoir dû se soumettre aux Oulad-Sidi-Ech-Chikh.

« Sidi Ahmed avait craint, ajoutait le chaouch, de voir ses arbres fruitiers coupés, ses jardins dévastés par les *monafguin*, les insurgés, — que Dieu les extermine ! — C'est là le seul motif qui l'a déterminé à la soumission... Sidi Ahmed désire savoir ce que tu penses de sa conduite dans cette circonstance qui a été plus forte que sa volonté. »

Le colonel répondit au chaouch Rousbach : « Dis à ton seigneur le marabouth d'Aïn-Madhi que, s'il a fait sa soumission à l'ennemi, sa conduite ne peut être considérée autrement que comme une trahison, et cela quand bien même il conviendrait d'attribuer à la peur, ou à tout autre sentiment inavouable, son impardonnable détermination. Dis à Sid Ahmed, ajoutait le colonel, qu'il est regrettable pour lui qu'il ne se soit pas inspiré, dans cette occasion, du souvenir de la conduite de son père, Sid Mohammed-et-Tedjini, qui, bien qu'ayant eu, pendant de longs mois, toutes les forces de l'Émir Abd-el-Kader à ses portes, avait cependant refusé énergiquement de les lui ouvrir, et de lui faire sa soumission. Dis encore à Sid Ahmed que la colonne de Laghouath se mettra en marche au point du jour, et qu'avec l'aide de Dieu, elle campera, après l'avoir culbuté, sur le terrain que l'ennemi lui aura abandonné.... Si j'ai un conseil à donner aux marabouths, et sans préjuger la manière dont leur trahison sera appréciée par le gouvernement, c'est de chercher à racheter leur faute par une conduite absolument opposée à celle qu'ils ont tenue à notre égard, me réservant, toutefois, d'agir envers eux d'après la façon dont ils auront agi eux-mêmes au cours des évènements qui vont, inévitablement, se produire dans ces parages. »

A l'inquiétude et à l'embarras montrés par le chaouch Rousbach, le colonel de Sonis avait compris qu'il ne lui avait avoué qu'une partie de la vérité, et que la trahison des marabouths était plus complète encore que le commandant de la colonne ne l'avait supposée tout d'abord. En effet, le colonel apprit, plus tard, que les marabouths d'Aïn-Madhi, loin de songer à repousser les rebelles, avaient, au contraire, offert l'hospitalité à Sid El-Ala et à Sid Kaddour-ould-Hamza dans les murs de leur ksar, que les chameaux qui leur avaient été enlevés par les coureurs ennemis leur avaient été restitués, qu'il avait été parfaitement convenu entre les marabouths et les chefs de l'insurrection que ces derniers mettraient à leur disposition 500 de leurs chameaux pour transporter la Zaouïa d'Aïn-Madhi dans l'Ouest. En outre, le matin du 31 janvier, à l'heure du *fedjeur* (point du jour), Sid Ahmed-et-Tedjini, sous le prétexte de venir à la rencontre de la colonne, était monté à cheval et avait été visiter, dans le défilé d'Er-Reddad, ses serviteurs religieux, lesquels formaient un groupe important du goum ennemi. Les Oulad-Zyad avaient offert un cheval et une mule de *gada* au chef de l'ordre dont ils étaient les khouan ou affiliés. Aussi, les portes du ksar d'Aïn-Madhi leur avaient-elles été toutes grandes ouvertes, pour qu'ils pussent venir prier, tout à leur aise, sur le tombeau du saint fondateur de l'ordre des Tedjadjna.

Il était tellement évident que, dans cette circonstance, les marabouths d'Aïn-Madhi avaient joué un double jeu, et le chaouch Rousbach en redoutait à ce point les conséquences pour ses maîtres et pour la population de leur ksar, qu'il suppliait le colonel de Sonis de le retenir dans son camp, prière que rejeta le commandant de la colonne, qui désirait que sa réponse parvînt sans retard à Sid Ahmed-et-Tedjini.

La colonne se mit en marche le 1er février dès la pointe du jour.

Il n'y avait pas à en douter, une rencontre avec l'ennemi était inévitable. Pendant la nuit, le chef de l'insurrection avait rappelé tous ses contingents et ses cavaliers dispersés dans le Djebel-el-Eumour; il avait même replié ses éclaireurs, afin de se présenter devant nous avec tous ses moyens. Du reste, Sid El-Ala, à qui ses 3,000 cavaliers et ses nombreux fantassins étaient montés à la tête en comparant ses forces au millier d'hommes à peine dont se composait la petite colonne de Laghouath, laquelle, au milieu de ces grands espaces, noyée dans cette immensité, paraissait, en effet, ne présenter rien de bien redoutable pour les rebelles. Sid El-Ala, disons-nous, grisé par l'espoir d'un succès qu'il affectait de croire des plus certains, avait annoncé aux Croyants, dans Aïn-Madhi même, dans la ville sainte par excellence, que notre ruine, cette fois, ne faisait pas l'ombre d'un doute, que le Dieu unique le lui avait révélé lorsqu'il était en prière sur le tombeau du vénéré Sidi Mohammed-et-Tedjini : « Je veux les enlacer, avait-il dit, et les étouffer dans mes forces. » Il ajoutait volontiers qu'après avoir détruit la colonne, il se proposait de marcher successivement sur Laghouath, Djelfa et Bou-Sâada, qui ne pouvaient manquer de s'empresser de leur ouvrir leurs portes.

Bien que Sid El-Ala escomptât peut-être un peu témérairement son triomphe, ces propos, sa jactance n'en avaient pas moins mis le feu au cœur de ses trop crédules adhérents, et tel était l'effet produit sur l'imagination des Sahriens par cette marche rapide des rebelles, par cette foule désordonnée qui se soûlait de son propre bruit, qu'un certain nombre de nos vieux serviteurs, de ceux qui, depuis de longues années, sont attachés à notre cause, sinon par affection, du moins par tous leurs intérêts, ne doutaient point — ils l'ont avoué plus tard — de la destruction de la colonne.

Son convoi de plus de 800 chameaux, nous le répétons, n'était point sans donner de sérieuses préoccupations au colonel de Sonis. En effet, traîner, à la suite d'une colonne de moins d'un millier de combattants, un pareil nombre de ces indispensables animaux, n'est pas précisément une petite affaire, surtout s'il y a chance de combat. Les chameliers auxiliaires, particulièrement, pouvaient devenir la cause de désordres difficilement réparables. Ainsi, les sokhkhara qui marchaient avec la colonne avaient été réquisitionnés, nous l'avons dit plus haut, à la hâte, en quelques heures seulement, dans les ksour les plus voisins de Laghouath : sans armes, sans discipline, prompts à la panique ou à la trahison, pillards, embarrassants, criards et bruyants, c'étaient là de tristes auxiliaires dans les conditions difficiles où se trouvait la colonne, et surtout en raison de sa faiblesse numérique. Il est tout naturel qu'ils dussent donner un grand souci au commandant de la colonne, lequel, dans cette affaire, n'était point assez riche pour laisser quoi que ce soit au hasard.

Il est incontestable pourtant que cette organisation d'un équipage de chameaux, qui a été constitué ou entretenu par les prédécesseurs du colonel de Sonis dans le commandement supérieur du cercle de Laghouath, et qu'il a augmenté progressivement et maintenu dans un excellent état de conservation ; il est certain, disons-nous, que cet équipage d'un entretien facile, d'une mobilité parfaite, nous a rendu d'excellents services depuis sa création par le commandant Du Barail (1), et son perfectionnement par le chef d'escadrons Margueritte, cet initiativiste si complet sous tous les rapports. Cet équipage de l'État nous a, en effet, soustrait aux conséquences du mauvais vouloir ou de la défection des tribus chez lesquelles se faisait la réquisition, et à la merci desquelles nous nous trouvions en temps de troubles ou d'insurrection. Nous ajouterons que les animaux fournis étaient, généralement, en mauvais état ou trop jeunes, et, par suite, peu propres au service de transports auxquels on les employait, et les propriétaires de ces animaux y trouvaient d'autant plus leur compte, que les chameaux qui périssaient pendant l'expédition pour laquelle ils avaient été réquisitionnés leur étaient payés au prix de tarif, c'est-à-dire beaucoup plus qu'ils ne valaient. Du reste, dès que ces chameaux traînaient un peu la jambe, les convoyeurs, — ne pas confondre avec les propriétaires, — qui, dans le Sahra, ne mangent pas de viande tous les jours, s'empressaient de les abattre pour en manger la chair.

L'équipage des chameaux de Laghouath avait permis au colonel de Sonis de mobiliser sa colonne en moins de quarante-huit heures, et de n'employer à ses transports que des animaux de choix parfaitement équipés et outillés, c'est-à-dire munis de tonnelets, de chaînes, de cordes de chargement, et de bâts d'un modèle moins rudimentaire que ceux dont font usage les Arabes du Sud algérien, et qui ne sont que des instruments de torture pour ces malheureux dromadaires.

Quoiqu'il en soit, afin de parer au désordre pouvant résulter de la nature et de l'étendue du convoi, le colonel de Sonis pres-

---

(1) Cet équipage de chameaux avait été créé, avec l'autorisation du maréchal Randon, alors Gouverneur général de l'Algérie, par le commandant Du Barail, le premier commandant supérieur de Laghouath. Les éléments en avaient été constitués au moyen de 200 bons chameaux, qu'il avait été autorisé à prélever sur la razia qu'il avait faite, en 1854, sur les Oulad-Oumm-el-Akhoua, tribu des Oulad-Naïl.

Géryville avait également son équipage de chameaux appartenant à l'État.

crivait les mesures suivantes : 1o le silence le plus absolu était recommandé à tout le monde, et, particulièrement, aux chameliers, lesquels étaient menacés des peines les plus sévères ; les chameaux étaient placés hanche à hanche, et de façon à occuper le moins de terrain possible, enfin, la colonne était formée en carré.

Le détachement du Bataillon d'Afrique fut déployé sur la première face ; le bataillon de Tirailleurs occupait les trois autres côtés.

Les troupes étaient échelonnées sur les faces du carré par petits groupes (quarts de section), formant ainsi, selon l'expression du commandant de la colonne, autant de blockhaus dont les feux pouvaient se croiser ou converger, au besoin, sur les points qui seraient le plus particulièrement menacés. Une section de Tirailleurs était spécialement chargée de la garde des bouches à feu et des munitions.

Cette section marchait habituellement à hauteur de la première face, entre deux détachements du Bataillon d'Afrique commandés par un sous-lieutenant ; elle était placée sous les ordres du commandant de l'Artillerie.

Le petit détachement du Génie devait également concourir, au besoin, à la défense des bouches à feu.

Dans l'intérieur du carré, se trouvait une colonne du centre composée de :

1° La section de Tirailleurs, marchant à hauteur de la première face, et chargée de la garde des pièces ;
2° L'Artillerie ;
3° L'Ambulance ;
4° Le Train des Équipages.

L'escadron de Spahis était formé en colonne par demi-peloton sur la droite de la colonne du centre, en dedans et parallèlement à la deuxième face du carré ; les sections de la cavalerie se maintenant à hauteur des vides laissés entre les fractions de l'Infanterie.

L'escadron de Chasseurs d'Afrique était placé dans le même

ordre à gauche de la colonne du centre, et parallèlement à la troisième face.

Le colonel de Sonis avait été prévenu, pendant la nuit, par ses espions, que toutes les forces des rebelles se trouvaient réunies devant Aïn-Madhi, sous les ordres de Sid El-Ala, Sid Kaddour-ould-Hamza, et Sid El-Hadj El-Arbi-ben-Ech-Chikh.

Interrogé sur le chiffre approximatif des forces de l'ennemi, le chaouch Rousbach répondait que Sid El-Ala avait affirmé à Sid Ahmed-et-Tedjini que le camp d'Aïn-Madhi comptait 6,000 cavaliers et 3,000 fantassins. Faisant la part de l'exagération arabe, et sachant que les chefs des bandes sudiennes ne se préoccupant que médiocrement de la force des effectifs, si variables d'un jour à l'autre, qui suivent leur fortune, le colonel réduisait ces chiffres à 3,000 cavaliers et à un millier de fantassins ou gens de pied. Dans ces conditions, il n'y avait pas place pour l'action de sa cavalerie régulière, dont la force effective n'était que de 150 sabres. Comme il fallait s'y attendre, en raison de la lenteur habituelle des Oulad-Naïl, leurs goums n'avaient pas encore rejoint la colonne. Du reste, peut-être valait-il mieux qu'il en fût ainsi; car, en présence de forces indigènes ennemies aussi disproportionnées, notre goum eût été pour nous, pendant l'action, beaucoup plus embarrassant qu'utile; dans ces conditions, il se pouvait très bien aussi ou que, selon l'expression des Arabes du désert, « ils donnassent leurs omoplates à l'ennemi, » ou qu'ils passassent de son côté.

Il convenait d'ajouter à nos deux escadrons de cavalerie les vingt-trois mekhaznia amenés par El-Akhdhar, cavaliers extrêmement audacieux et très vigoureux qui, soit pour le service des reconnaissances, soit pour celui des renseignements, pouvaient nous être des plus précieux, surtout dirigés par El-Akhdhar-ben-Mohammed, le plus intelligent, le plus brave et le plus dévoué de nos serviteurs.

Dans cette circonstance, ces braves gens se montraient dévoués jusqu'à la sublimité : quand, la veille du combat, ils rejoignirent la colonne après avoir donné en plein goum ennemi, au milieu de cette fourmilière de cavaliers et de fantassins grouillant dans la vaste plaine d'Aïn-Madhi, quand ils eurent mesuré de l'œil cette foule bruissante, ivre d'avance d'un triomphe qu'elle croyait certain, les cavaliers d'El-Akhdhar, éblouis par ces masses que le désordre semblait décupler, ne doutèrent pas un seul instant que la petite et chétive colonne à laquelle ils appartenaient ne fût *mangée* en un clin d'œil. Quoiqu'il en soit, ils étaient revenus — ces fidèles — pour partager son sort.

Aussi, après avoir raconté au colonel de Sonis leurs impressions à cet égard, après lui avoir rapporté gravement, sans peur ni forfanterie, ce qu'ils avaient vu dans la plaine d'Aïn-Madhi, terminèrent-ils leur récit en lui serrant la main, et en lui disant avec le calme de la foi et de la résignation : « Nous mourrons demain à côté de toi ! »

Avons-nous besoin de faire remarquer que ce sont des Musulmans qui parlent ainsi à un Chrétien, des Musulmans qui vont combattre contre leurs frères, contre leurs coreligionnaires, contre des soldats de la guerre sainte ? Et cet acte sera d'autant plus sublimement méritoire de la part de Croyants aussi convaincus que le sont les Arbaâ, qu'ils n'ignorent pas que, s'ils succombent dans cette journée du lendemain, ils compromettent, d'une manière irrémédiable, leur part du délicieux séjour des bienheureux. L'amitié et le respect auraient-ils donc aussi leur fanatisme même, parmi les Arabes ? Quoiqu'il en soit, un chef qui sait inspirer de pareils sentiments, et amener des Croyants à consentir de semblables sacrifices, est incontestablement un homme de grande valeur.

La colonne, avons-nous dit, présente la forme d'un vaste rectangle. Elle s'arrête fréquemment pour permettre au convoi de se tenir massé et parfaitement couvert, surtout par les faces latérales du polygone.

Vers huit heures, les éclaireurs signalent les rebelles : ils s'avançaient en assez bon ordre ; on pouvait déjà percevoir les cris aigus de leurs fantassins. A ce moment, la colonne se trouvait engagée dans une vallée profonde formée par des collines rocheuses, et s'ouvrant sur sa direction par un col de 50 à 60 mètres de largeur et d'un accès facile.

Une trentaine de cavaliers ennemis apparurent bientôt au sommet de ce col. Le colonel était prévenu, à ce moment, que toutes les forces des rebelles étaient réunies derrière une crête que devait franchir la colonne, et l'attendaient pour lui offrir le combat dans cette position. Il y avait là un danger auquel il était urgent de parer par un changement de direction. Pour donner le change aux rebelles, le colonel faisait continuer lentement son mouvement vers le col; il réunissait, en même temps, les commandants des divers détachements, et les prévenait d'avoir à faire faire à droite à leur troupe au signal de la charge qui leur en serait donné par les tambours et les clairons.

Le colonel laissa arriver sa troupe jusqu'à 60 mètres environ de la position de l'ennemi, puis, au signal convenu, la colonne exécutait son mouvement avec un ensemble parfait. En quelques minutes, la deuxième face du carré avait atteint les hauteurs, et les avait ensuite dépassées pour se former en bataille sur l'autre versant parallèlement aux crêtes de rochers. Les chameaux, poussés en avant par la troisième face, avaient pris leur emplacement sur les flancs de la hauteur. Le carré se trouvait formé, dès lors, sur les deux pentes de cette chaîne, et dans une position facilement défendable, en ce sens qu'elle commandait les deux vallées qui longeaient ses flancs. Le sommet de la chaîne présentait, en outre, cet avantage d'être terminé par une sorte de plateau de quelques mètres de largeur, lequel permettait au commandant de la colonne, qui s'y établit de sa personne, d'en embrasser l'ensemble, et de se rendre compte des mouvements de l'ennemi.

A neuf heures et demie, la colonne avait pris son ordre de combat. Les deux pièces de montagne sont mises en batterie sur le plateau dont nous venons de parler, et ouvrent leur feu sur les rebelles qui, à la suite du mouvement à droite de la colonne, se sont portés à 1,400 mètres en arrière, où ils se partagent en trois groupes ou détachements. Puis, tout à coup, les cavaliers ennemis s'ébranlent en hurlant, debout sur leurs étriers, le fusil haut, l'injure à la bouche; ils se précipitent, rapides comme la tempête, à l'attaque de la première face, à laquelle ils donnent l'assaut. Quelques obus à balles — dont aucune ne tombe à terre — fouaillaient en sifflant cette masse désordonnée, et y sèment la mort, sans pourtant en diminuer sensiblement l'élan.

Reconnaissant l'inefficacité de leur attaque sur le front du carré, ils se divisent de nouveau en trois fractions pour assaillir simultanément les trois autres faces. Chacune de ces attaques a son chef : celle de droite est commandée par Sid Kaddour-ould-Hamza, celle de gauche par Sid El-Ala, et, enfin, celle du centre par Sid El-Hadj El-Arbi-ben-Ech-Chikh.

Au signal de Sid El-Ala, les trois colonnes, pareilles aux vagues d'une mer en furie battant un écueil, se ruent avec une impétuosité extraordinaire à l'assaut de la position occupée par la petite colonne. On eût dit de larges masses de nuées orageuses entassées par étages, et poussées par une force irrésistible à l'escalade de la crête rocheuse du sommet de laquelle la colonne leur envoyait la mort. De nombreux fantassins ont suivi le mouvement de la cavalerie; ils apparaissent bientôt en avant de la quatrième face, et viennent s'embusquer dans les rochers à une centaine de mètres de cette face, d'où ils ne tardent pas à être débusqués par le commandant de cette portion du carré.

A ce moment, la colonne est aux prises avec les 3,000 cavaliers et le millier de fantassins de l'ennemi. D'un côté, la rage haineuse d'un fanatisme aussi impuissant qu'indiscipliné; de l'autre, le calme et le sang-froid d'une poignée d'hommes combattant sans colère, et sans autre mobile que le sentiment du devoir, et l'intérêt et l'amour de la patrie. Sans s'émouvoir de ces cris, sans se préoccuper du nombre des assaillants, elle répond aux attaques furieuses de l'ennemi par un feu d'une précision impitoyable. Il n'est rien de plus terriblement imposant que ce sommet en feu pareil à une réunion de hauts-fourneaux où, enveloppés dans un nuage de fumée, s'agitent silencieux les travailleurs de la mort.

Nous avons dit plus haut que l'élément indigène entrait pour près des deux tiers dans la composition de la colonne. En effet, sur les 900 hommes qui en formaient l'effectif, 500 appartenaient au 1er régiment de Tirailleurs algériens (1), et 68 au

---

(1) Le 2º bataillon (commandant Trumelet) avait perfectionné son instruction militaire au camp sous Laghouath, où il était arrivé

1er de Spahis. Cette considération plaçait la colonne de Laghouath dans des conditions particulières qui, à tout autre chef militaire connaissant moins la valeur des troupes indigènes, eussent pu inspirer d'autant plus de défiance qu'il s'agissait, pour elles, de combattre leurs coreligionnaires. Il convient de dire aussi que le 1er de Tirailleurs, qui avait combattu dans quatre parties du monde, ne le cédait à aucun régiment français pour la valeur, l'instruction militaire, la solidité, l'élan et l'amour de la France.

Ainsi que nous l'avons dit plus haut, la cavalerie régulière ne pouvant, par suite de sa faiblesse numérique et de la nature du terrain de la lutte, concourir à l'action autrement que par son feu, elle fut appelée à combattre à pied.

Mais les goums ennemis, avec leurs drapeaux flottants, ne se lassent point de frapper la poudre; malgré les vides qui se creusent dans cet amas de cavaliers, dans cette cohue en délire, malgré les selles qui se vident de leurs cavaliers, malgré les pentes qui s'encombrent de cadavres, malgré les injures des chefs aux tièdes et à ceux qui paraissent vouloir tourner le dos à l'ennemi, malgré le succès qui semble fuir, et cela bien qu'il ait été promis par Sid El-Ala, les rebelles ne songent point encore à déserter le combat. Vingt fois ils reviennent à la charge soit en masse, soit en échelons; mais chaque fois aussi ils sont arrêtés court, par les feux de salve et à volonté, à 100 mètres des faces du carré.

En présence de l'inutilité de leurs efforts, ils vont essayer d'une autre tactique : pendant qu'une partie des contingents occupera, par une fausse attaque, les trois premières faces sur

---

au mois de septembre 1868, par un travail incessant qui l'avait préparé à toutes les éventualités. Son commandant, qui fut nommé au commandement supérieur du cercle de Tnyiet-el-Abd, le 28 novembre de cette même année, l'avait également familiarisé avec la manœuvre du fusil Chassepot, dont les régiments indigènes venaient d'être pourvus, arme excellente, surtout si on la compare au fusil modèle 1857, et qui devait faciliter le succès de la journée du 1er février 1869, en doublant l'action et la confiance des troupes qui furent engagées dans cette glorieuse affaire.

leurs fronts, des groupes nombreux iront s'embusquer à proximité de la quatrième face, laquelle, par suite de la configuration du terrain, qui ne lui permet pas de serrer suffisamment, a dû laisser un vide très prononcé entre elle et les faces latérales. Aussi, les insoumis, à qui cette disposition vicieuse n'avait pas échappé, s'étaient-ils hâtés d'en profiter : ils se glissent, à la faveur des touffes de halfa et d'une dépression du terrain qui les couvrent, jusqu'à 300 mètres de cette quatrième face; ils mettent pied à terre, et ouvrent un feu assez vif sur cette partie isolée du carré, feu qui, en raison de la faible portée de leurs armes, n'est pas, heureusement, des plus meurtriers. Mais le commandant de la colonne a vu le danger, et pour s'opposer à leurs progrès de ce côté, il lance aussitôt sur le point menacé ses deux escadrons réguliers, lesquels débusquent les rebelles et les mettent en fuite.

Mis hors d'eux-mêmes aussi bien par les pertes qu'ils subissent, que par une résistance sur laquelle ils n'avaient pas compté, les chefs de l'insurrection veulent tenter un suprême et dernier effort pour essayer de contraindre la victoire à se déclarer en leur faveur : à cet effet, chacun des trois chefs de groupes réunit ses contingents, goums et fantassins, en arrière de la position, et Sid El-Ala, après avoir essayé de mettre le feu au cœur de ses adhérents, les lance une dernière fois à l'assaut du carré : à ce moment, le combat se trouve engagé furieusement sur ses quatre faces. Les bouches à feu sont portées rapidement de la première face sur la quatrième, qui est la plus vivement attaquée ; elles balaient tout ce qui se présente dans leur portée. Les fantassins de l'ennemi, poursuivis par les projectiles, font là des pertes très sérieuses. Ils ont décidément renoncé à la lutte, et s'enfuient à toutes jambes dans la direction d'Aïn-Madhi. Quelques obus lancés dans cette cohue en précipitent encore la fuite ; avec leurs bernous de nuance terreuse, ces *traris* déguenillés semblent des rochers vivants en mouvement : ce sont les collines du Psalmiste, qui, sous les éclats des projectiles, bondissent comme des béliers.

Mais les efforts des cavaliers viennent, encore une fois, se briser devant cette colonne silencieuse ; en effet, la poudre seule a la parole. Ce calme que rien ne trouble, ces armes surtout qu'on ne semble pas charger (1), et qui, pourtant, ne cessent d'envoyer la mort; il y a là, pour eux, quelque chose de sinistrement inexplicable, un mystère qui vient glacer leur fougue, refroidir leur enthousiasme. On sent qu'ils perdent la foi; leurs cris rauques et gutturaux sont étranglés et leur restent dans la gorge. Sid El-Ala a beau leur rappeler « les glorieuses journées d'Aouïnet-Bou-Bekr, d'Aïn-el-Katha, d'Aïn-el-Beïdha, et tant d'autres où le Dieu unique leur a donné la victoire, sa parole est inécoutée; ils restent sourds à ses appels. Il leur montre cette poignée de soldats dont la moitié sont leurs frères, et qui n'attendent qu'un dernier effort pour se joindre à eux et tourner leurs armes contre les Chrétiens. Oseraient-ils, eux les champions de l'Islam, reparaître sous leurs tentes, et se montrer à leurs femmes et à leurs enfants sans butin, sans trophées, sans têtes de Chrétiens à l'arçon de leurs selles? Quel est le signe auquel on reconnaîtra qu'ils ont combattu, eux qui, en ce jour, sont cinq contre un? Craindraient-ils de mourir dans la guerre sainte? Mais qui a peur de la mort, — ils le savent bien, — la mort le trouvera, eût-il une échelle à se hisser jusqu'aux cieux. Allons! les khoddam de Sidi Ech-Chikh! Allons! les maîtres du foie! Anéantissez cette javelée de *kouffar* (infidèles), et vous aurez mérité auprès de Dieu une belle et magnifique récompense. »

---

(1) Nous l'avons dit, c'était la première fois que nos soldats se servaient du Chassepot. Aussi, les rebelles, qui ne voyaient plus manœuvrer la baguette du fusil, mouvement qui apportait une grande lenteur dans le chargement de l'arme, et sur lequel ils comptaient pour arriver plus facilement et avec moins de danger sur nos fantassins; les rebelles, disons-nous, en étaient déconcertés à ce point, qu'ils ne doutèrent pas un seul instant qu'il n'y eût dans le maniement de ce fusil diabolique quelque manœuvre des *djenoun* (mauvais génies), et ils en furent d'autant plus troublés, nous ont avoué plus tard quelques-uns de ces rebelles qui depuis ont fait leur soumission, qu'ils avaient remarqué que la formule déprécatoire : — « *Bism Allah er-rahmani er-rahimi*, » — dont se servent les Musulmans pour conjurer les démons, n'était d'aucun effet sur la précision et la rapidité du tir de la colonne, ainsi que sur ses résultats désastreux sur leurs cavaliers. C'était, ajoutaient-ils, comme une grêle de plomb.

Mais pendant cette tentative de Sid El-Ala d'élever les cœurs de ses adhérents, la colonne ne perd pas son temps : elle fusille impitoyablement ces hordes qui s'attardent sous son feu ; l'Artillerie fauche des groupes entiers, et chevaux et cavaliers vont rouler pêle-mêle sur les pentes.

Vers dix heures et demie, le feu de l'ennemi s'est sensiblement ralenti sur les première, deuxième et troisième faces ; sur la quatrième, la fusillade continuait des deux côtés avec assez d'intensité : embusqués dans les rochers, et couverts par une dépression de terrain, les rebelles, défilés de nos feux, peuvent encore prolonger la lutte. Il fallait en finir avec cette dernière résistance : le commandant de la quatrième face (capitaine Maillard) lance une section (lieutenant Bergé) du 1er de Tirailleurs sur l'embuscade ; mais les cavaliers de l'ennemi ne se laissent pas aborder : ils sautent sur leurs chevaux, et disparaissent salués par quelques feux de salve qui précipitent leur allure.

A onze heures, fusils et canons se taisaient ; l'ennemi était en pleine déroute dans la direction d'Aïn-Madhi. Les abords de la position étaient jonchés de cadavres, de blessés que, dans leur hâte de se mettre à l'abri de nos coups, les rebelles n'avaient point tenté d'emporter ou de relever ; de nombreux chevaux — de nobles bêtes — avaient partagé, bien injustement à notre avis, le sort de leurs cavaliers, et gisaient sur le terrain éventrés, perdant leur sang par d'horribles blessures, ou se débattant dans d'affreuses convulsions. Ces 3,000 cavaliers, ces 300 fantassins, qui s'étaient promis de recommencer le massacre d'Aouïnet-Bou-Bekr, ce Sid El-Ala, qui devait nous écraser sous sa puissante main, toutes les forces, algériennes et marokaines, que traînent à leur remorque les chefs de l'insurrection, s'étaient évanouis sans avoir pu se donner la satisfaction d'entamer la petite colonne qu'ils devaient détruire, sans même avoir pu l'approcher à bonne portée de leurs armes.

Grâce à nos canons et au précieux fusil dont nous faisions l'essai à leurs dépens, arme merveilleuse de rapidité et de précision, qui nous a permis de tenir à distance cette foule furieuse et hurlante, grâce aux excellentes dispositions qu'a prises le colonel de Sonis, à son entente parfaite de la guerre dans le Sahra, et de la manière de combattre les populations des régions désertiques, grâce à sa brillante et audacieuse énergie, à sa bravoure chevaleresque, à la rapidité de ses conceptions et de l'exécution de ses résolutions, au choix heureux de sa position défensive, à la sûreté de son coup d'œil ; nous ajouterons que c'est grâce aussi à son remarquable sang-froid dans les moments difficiles, au prestige qu'il exerce aussi bien sur les indigènes que sur les troupes placées sous son commandement, à son héroïque prudence qui n'abandonne rien au hasard, à sa sévérité honnête et impartiale ; grâce à toutes ces causes, la victoire aujourd'hui est complète, et les corps de cent ennemis — morts ou blessés mortellement — gisants dans l'étendue du champ de la lutte, attestent que le succès, en Afrique, est toujours le résultat de l'application des règles immuables de la science militaire, et que nos désastres, dans ce pays, n'ont jamais été que la conséquence de leur oubli ou de leur non-mise en pratique.

En résumé, pendant ces deux heures de combat, la colonne de Laghouath n'avait eu que treize blessés, dont deux officiers, MM. *Théron*, lieutenant commandant la section d'Artillerie, et *Serraz*, capitaine commandant le détachement du 1er Bataillon léger d'Afrique.

Le commandant de la colonne constate, dans son rapport, que tout le monde a fait son devoir pendant l'action avec un calme admirable, et que le silence le plus absolu a été opposé aux hurlements, aux vociférations excitantes des bandes ennemies. Il ajoute qu'en raison de l'incomplet de la colonne en officiers, il avait accepté les services de trois jeunes officiers étrangers (1), dont l'un

---

(1) A cette époque, un certain nombre d'officiers appartenant aux armées suédoise et danoise, la plupart très distingués, étaient admis à faire une sorte de stage, particulièrement dans les Zouaves et dans les Tirailleurs algériens. Après avoir rempli, pendant quelque temps dans une compagnie, les fonctions de leur grade, ils terminaient généralement leur stage dans les services de l'État-Major. Nous avons pu constater que ces amis de la France n'étaient pas les moins zélés dans l'accomplissement des devoirs militaires qu'ils s'étaient imposés. Ils vivaient, d'ailleurs, absolument de la vie des officiers des corps où ils étaient employés.

M. *Schubert*, lieutenant dans l'Artillerie suédoise, était employé, depuis plusieurs mois déjà, dans la direction des Affaires d'État-Major du cercle. M. *Westrup*, lieutenant dans l'Artillerie danoise, avait bien voulu se charger de la transmission des ordres du commandant de la colonne. Quant à M. *Weydling*, sous-lieutenant dans l'Infanterie suédoise, il s'était modestement placé dans les rangs du Bataillon léger d'Afrique, et, armé du fusil d'un blessé, il avait très habilement exercé son sang-froid et sa remarquable adresse au détriment des rebelles.

Dans cette belle et glorieuse journée, ces trois vaillants officiers avaient représenté dignement, bravement les armées de Suède et de Danemark, nations si sympathiques à la France.

Tout en constatant que chacun a fait son devoir, le lieutenant-colonel de Sonis insiste néanmoins particulièrement sur la conduite honorable du lieutenant d'Artillerie *Théron*, qui, après avoir dirigé avec autant d'intelligence que de sang-froid le feu de ses pièces, et qui, bien que blessé assez grièvement d'une balle dans le genou, ne resta pas moins à son poste, appuyé sur l'épaule d'un de ses camarades, tant que ses forces lui permirent de conserver son commandement.

Le lieu où s'est livré le beau combat du 1er février se nomme *Oumm-ed-Debdeb*, point situé à mi-chemin du Guern-el-Haouïtha et d'Aïn-Madhi, c'est-à-dire à six kilomètres sud-est de ce dernier ksar.

A onze heures et demie, la colonne reprenait sa marche sur Aïn-Madhi, où elle arrivait une heure après. Le colonel ordonnait une halte devant le ksar, et sur l'emplacement même — selon sa promesse au chaouch des Tedjini — où l'ennemi avait passé la nuit.

La fuite des rebelles avait été tellement précipitée, qu'ils n'avaient point pris le temps de charger et d'emporter le produit des razias qu'ils avaient faites les jours précédents : butin et orge étaient restés sur le terrain de leur bivouac. Quant aux troupeaux provenant de leurs prises dans le Djebel-el-Eumour, ils les avaient dirigés, dès la veille, sur l'Ouest.

Du camp d'Aïn-Madhi, on pouvait apercevoir au loin les tourbillons de poussière que soulevaient les rebelles dans leur fuite désordonnée. On entendait également les coups de fusil des gens d'Aïn-Madhi, lesquels, après s'être préalablement précipités sur l'orge, les vivres et le butin abandonnés dans leur camp par les vaincus, s'étaient mis bravement à la poursuite de leurs amis de la veille, qui, pour eux, aujourd'hui, n'étaient plus que des chiens fils de chiens. Pourquoi aussi ces insoumis, qui prétendaient ne faire qu'une bouchée de la colonne de Laghouath, avaient-ils eu, au contraire, la faiblesse de se laisser battre aussi complétement ? Les Arabes ne reconnaissent qu'un maître, le succès, et cela se conçoit d'autant mieux que, pour eux, — et c'est là un article de foi, — « *en-nasr min Allah*, » le succès vient de Dieu.

Quant au ksar, il était silencieux et semblait inhabité ; en effet, personne ne se montrait ni aux portes, ni sur les terrasses. On sentait que sa population redoutait que la colonne ne tirât vengeance de sa trahison.

En arrivant sur le point où il avait décidé de faire une halte pour donner quelque repos à sa troupe, et pour prendre les dispositions nécessaires pour se mettre à la poursuite de l'ennemi, le colonel voyait venir à lui les deux Tedjini, Sid Ahmed et Sid El-Bachir, suivis d'une vingtaine de déguenillés armés de fusils plus ou moins sérieux. Les marabouths, qui redoutaient la juste sévérité du colonel de Sonis, étaient moins qu'à leur aise : la tête basse, l'air abattu et consterné, ce n'est qu'en tremblant qu'ils abordèrent le commandant de la colonne. Leur suite pédiculeuse, au contraire, semblait on ne peut plus heureuse de nos succès sur les rebelles en fuite. Ces enthousiastes après coup ne savaient dans quel langage chanter nos louanges. C'étaient là, évidemment, des compliments dont la victoire avait changé l'adresse ; mais les Arabes font cela avec si peu de vergogne, avec un cynisme si candide et si franchement dépouillé d'artifice, qu'on ne se sent vraiment pas la force de s'en indigner.

Le colonel installa son camp sans s'arrêter aux protestations embarrassées et à l'essai de justification que tentait Sid Ahmed-el-Tedjini. Sans doute, si le commandant de la colonne eût conformé ses actes à son appréciation de la conduite des marabouths d'Aïn-Madhi, il eût pris contre eux les mesures les plus sévères ; mais il préféra garder le silence, et leur laisser ignorer son opinion sur leurs agissements coupables, tout au moins jusqu'à ce qu'il eût reçu les ordres de l'autorité supérieure, à qui il en avait référé.

Le colonel de Sonis se mit donc en mesure de poursuivre les rebelles : il constitua une colonne légère et composa un convoi de sept jours de vivres. La majeure partie des approvisionnements et des bagages sont laissés au Haouch-es-Solthan, sorte de ferme pourvue d'une enceinte assez élevée, et située à 200 mètres environ du ksar d'Aïn-Madhi ; ce *bordj-haouch* a servi, à diverses reprises, de biscuit-ville aux colonnes ayant à opérer soit dans le sud de ce ksar, soit dans le Djebel-el-Eumour. Les blessés et les malingres de la colonne composent, sous les ordres d'un officier de Tirailleurs algériens, la garnison de ce dépôt, lequel doit être mis promptement en état de défense par les soins du service du Génie de la colonne.

Ainsi allégée, la colonne, après un repos de quatre heures, se mit en route à la chute du jour, marchant dans les traces des fuyards. Le colonel eut un instant l'idée de faire monter l'infanterie sur les chameaux du convoi ; mais l'insuffisance numérique de ces animaux ne lui permit de faire jouir de ce mode de transport que les hommes les moins robustes, les chameaux étant, d'ailleurs, chargés des havre-sacs de toute l'infanterie.

La nuit était sombre et froide ; tous feux ou bruits avaient été formellement interdits. La colonne dut être arrêtée fréquemment afin de maintenir l'ordre dans le convoi ; mais l'obscurité de la nuit ne permettant pas au colonel de continuer sa marche dans les conditions de prudence nécessaires ; il ordonna une halte d'une heure sur le r'dir d'El-Khebbeth pour y attendre le lever de la lune, et les rapports de ses éclaireurs, qui lui avaient signalé la marche d'un goum ennemi sur sa droite. Il profitait de cette halte pour faire distribuer une ration d'eau-de-vie à la troupe. A minuit, la lune paraissait, et la colonne reprenait sa marche.

A la pointe du jour, la colonne arrivait devant Tadjrouna. Le colonel apprenait là que les fuyards avaient voulu abreuver leurs chevaux aux puits de ce ksar, mais qu'y ayant été accueillis par la population à coups de fusil, ils avaient continué leur chemin dans la direction d'El-Maïa.

Il n'est point nécessaire d'affirmer qu'en continuant à marcher dans les traces des rebelles, et quelque légère que fût la colonne débarrassée de tout bagage, et les officiers eux-mêmes réduits à la tente-abri et au régime de la troupe, il est certain, disons-nous, que le colonel de Sonis n'avait pas la prétention de joindre des cavaliers lancés à l'allure de fuite, et des fantassins montés sur des *mehara* (dromadaires de selle) ; mais il était fondé à espérer que la colonne de Géryville, qu'il savait s'être portée au sud de ce poste, parviendrait à barrer le passage à cette foule en désarroi, et il comptait arriver à Sidi-El-Hadj-Ed-Din au moment où les rebelles, s'étant heurtés aux troupes du lieutenant-colonel Colonieu vers Brizina ou El-Abiodh-Sidi-Ech-Chikh, se rejetteraient, en toute hâte sur les points que nous venons de citer, et chercheraient à gagner le Marok par El-Benoud, El-Mengoub et les r'dir de Bou-Aroua. Le colonel de Sonis avait calculé qu'il se trouverait à Sidi-El-Hadj-Ed-Din au moment où se produirait ce mouvement de recul; il ne doutait pas que, dans ces conditions de manœuvre des colonnes de Laghouath et de Géryville, le succès ne dût être absolument certain.

Après une poursuite acharnée de dix-huit heures, le colonel de Sonis dressait ses tentes, le 2 février, au sud de Tadjrouna, en un point de l'ouad Zergoun nommé Haci-Belgaïs.

Les troupes, qui sont dépourvues de viande sur pied, en sont réduites à manger la chair des chevaux blessés que l'ennemi a abandonnés dans sa fuite.

Le 3 février, la colonne se dirigeait sur El-Maïa. Après y avoir fait sa provision d'eau, elle allait camper sur l'ouad Er-Reçan.

Les rebelles, nous le savons, dans la précipitation d'une fuite qu'ils n'avaient pas prévue, s'étaient vus dans l'obligation de laisser sur l'emplacement de leur camp d'Aïn-Madhi la totalité de leurs approvisionnements; aussi, en fait de provisions, n'avaient-ils guère que le contenu de leurs *mezoued*. Réduits à ne vivre que de viande, ce que témoignaient les débris semés sur la route qu'ils avaient suivie, ils n'avaient pas négligé, pour se ravitailler quelque peu, de piller, en passant, le ksar d'El-

Maïa, où, certes, en raison de sa pauvreté, ils n'avaient pas dû trouver des ressources en bien grande abondance. Leur route était également jalonnée de chameaux morts ou blessés, et l'on remarquait, entre Tadjrouna et El-Maïa, de nombreuses tombes récemment creusées où ils avaient enterré leurs morts.

Le 4, la colonne faisait sa grande halte sur les puits d'El-Meguerchi, et allait dresser ses tentes à El-Lahïet-ou-El-Habal.

Le plus grand désordre régnait parmi les fuyards, où personne ne commandait plus, et où chacun marchait pour son compte. Les chefs de l'insurrection avaient, ainsi que cela se passe toujours, pris de l'avance sur leurs bandes, dont ils ne se préoccupaient que médiocrement, laissant chacun se débrouiller et rejoindre ses campements comme il l'entendrait. Quelques groupes, pourtant, maintenaient leur compacité, et couvraient la fuite des gens de pied. Un des éclaireurs de la colonne, qui avait pu facilement pénétrer, pendant la nuit, au milieu du camp des rebelles, rapportait qu'on y parlait, en général, une langue qu'il n'avait pas comprise (1), et que toute cette cohue de fantassins paraissait très inquiète. Il ajoutait qu'il y avait parmi eux un grand nombre de blessés, dont il avait entendu les plaintes, que les troupeaux — ceux qu'ils avaient razés dans le Djebel-el-Eumour — ne pourraient certainement pas supporter longtemps les fatigues d'une marche aussi rapide.

Le 5, la colonne se portait sur Sidi-El-Hadj-Ed-Din. Pendant sa marche, les éclaireurs faisaient connaître au colonel que l'ennemi, après avoir cherché en vain de l'eau dans les r'dir de l'ouad Seggar, et craignant que les puits du ksar précité ne fussent comblés, s'était décidé à prendre la direction de Brizina, où il avait passé la nuit.

L'intrépide chef du Makhzen, El-Akhdhar-ben-Mohammed, qui, avec ses cavaliers, suivait les rebelles pas à pas dans leur retraite précipitée, avait confirmé ces nouvelles. Il ajoutait que,

---

(1) On y parlait, sans doute, la langue berbère, qui est celle des tribus montagnardes de la frontière du Marok, comme de toutes celles, d'ailleurs, qui habitent les montagnes, voire même certains ksour du Sud.

le 5 au matin, les bandes insurgées étaient encore à Brizina. Un des cavaliers des Arbaâ avait pu encore pénétrer dans leur camp, et déclarait y avoir entendu publier, de la part du marabouth Sid Kaddour-ould-Hamza, l'ordre à ses gens de se tenir prêts à partir aussitôt après la prière du *dhohor* (1). Dès lors, le colonel pouvait d'autant moins espérer joindre l'ennemi à Brizina que, sans aucun doute, sa présence à Sidi-El-Hadj-Ed-Din avait dû déjà être éventée. Malheureusement encore, le commandant de la colonne de Laghouath venait d'acquérir la certitude que celle de Géryville était encore, le 3 février, campée à El-R'açoul, et il lui était impossible de se mettre assez rapidement en communication avec le lieutenant-colonel Colonieu pour que, dans cette circonstance, son concours pût être de quelque efficacité. Du reste, et cette considération devait diminuer les regrets du colonel de Sonis, il est hors de doute que, si la colonne de Géryville se fût trouvée dans les parages de Brizina en temps opportun, les rebelles eussent franchi l'oued-Seggar bien plus au sud pour regagner leurs campements de l'Ouest. Dans tous les cas, ils eussent mis tous leurs soins à éviter la colonne Colonieu, et cela leur était facile.

La colonne de Sonis n'avait fait qu'une courte halte à Sidi-El-Hadj-Ed-Din et s'était dirigée sur Brizina. En arrivant dans ce ksar, une partie du goum d'El-Akhdhar rejoignait le colonel, et lui apprenait que l'ennemi avait décampé vers neuf heures du matin, c'est-à-dire avant le moment qui avait d'abord été fixé par Sid Kaddour-ould-Hamza. Il est clair que c'est la marche de la colonne sur Brizina qui avait fait devancer le départ des rebelles. Les éclaireurs ajoutaient que l'ennemi filait bon train sur El-Abiodh-Sidi-Ech-Chikh, direction qu'il avait donnée à ses troupeaux de razia vers deux heures du matin.

Il était d'impossibilité absolue à la colonne de Sonis de pousser plus loin la poursuite ; elle avait, d'ailleurs, une raison péremptoire pour arrêter là sa marche en avant ; c'était la situation de ses approvisionnents. En outre, le concours de la colonne de Géryville lui faisant défaut, elle risquait de se trouver isolée, et

---

(1) Vers le milieu du jour.

d'avoir, à un moment donné, à combattre des forces hors de toute proportion avec celles dont elle se composait. Du reste, la colonne de Sonis avait fait sa part; elle était, en outre, arrivée bien au-delà de la limite de la province à laquelle elle appartenait. Le colonel se décida donc, bien qu'à son grand regret, à reprendre la route de Laghouath.

Le cimetière de Brizina renfermait une vingtaine de tombes nouvelles, où les rebelles avaient déposé ceux de leurs blessés ayant succombé sur ce point.

Le 6 février, la colonne de Sonis reprenait la direction d'Aïn-Madhi. Les éclaireurs qui couvraient sa marche arrêtèrent sur la route d'El-Abiodh deux cavaliers de Brizina qui s'étaient tenus sur les derrières des rebelles pour les renseigner sur les mouvements de la colonne. L'un de ces hommes, malheureusement pour lui, montait une jument prise à un cavalier du Makhzen d'El-Ahkdhar dans l'une des expéditions de ces dernières années. Son propriétaire légitime la reconnut, et il rentra dans son bien d'une façon tout à fait inespérée.

La colonne arrivait devant Aïn-Madhi le 10 février.

Le marabouth Sid El-Bachir, le frère de Sid Ahmed-et-Tedjini, avait sollicité, le jour du combat, au moment du départ de la colonne pour l'Ouest, la faveur d'accompagner le colonel dans sa poursuite des rebelles; il voulait ainsi, disait-il, racheter, autant qu'il le pourrait, la conduite qu'il avait tenue dans les dernières affaires. N'ayant vu aucun inconvénient à satisfaire au désir exprimé par le marabouth, lequel, d'ailleurs, n'avait aucune responsabilité politique, puisque, en définitive, il n'était que le frère — plus ou moins légitime (1) — du chikh d'Aïn-Madhi, du chef de l'ordre religieux de Tedjini, le colonel avait accédé à la demande de Sid El-Bachir, qui avait, en effet, suivi la colonne.

Les instructions qu'attendait le colonel de Sonis au sujet de la conduite qu'il avait à tenir envers les deux marabouths, ne lui étaient point encore parvenues au moment de son arrivée

---

(1) Voir la première partie de cet ouvrage, chap. IV.

devant Aïn-Madhi. Pourtant, il croyait ne pouvoir différer plus longtemps l'exécution des mesures que lui conseillaient sa conscience, son devoir et son honneur de soldat à l'égard d'agents qu'il considérait comme des traîtres, et qui, dans sa conviction, eussent certainement pris part au massacre de la colonne si elle eût éprouvé un échec.

Le colonel réunit donc dans son camp les gens d'Aïn-Madhi et leurs chefs, Sid Ahmed et Sid El-Bachir-et-Tedjini, ainsi que les Arbaâ, lesquels ne s'étaient rendus que tardivement à la convocation qu'il avait faite de leur goum, et qui n'avaient rejoint la colonne que par groupes, et après le combat, dans sa marche vers l'Ouest.

Là, en présence de tous ces coupables, le colonel reprocha, dans les termes les plus durs, à Sid Ahmed-et-Tedjini d'avoir trahi notre cause, et il lui rappelait tout ce qu'il avait appris de sa conduite pendant les journées qui avaient précédé le combat d'Oumm-ed-Debdeb. Le colonel ordonnait ensuite l'arrestation de Sid Ahmed, de son frère Sid El-Bachir, et des quinze notables du ksar qui lui avaient été signalés comme s'étant le plus gravement compromis.

Le colonel de Sonis recevait, d'ailleurs, dans l'après-midi, les instructions qu'il attendait, lesquelles lui prescrivaient de se borner à l'arrestation du chikh d'Aïn-Madhi, contre lequel il devrait établir une enquête dont il soumettrait les résultats à l'autorité supérieure. Sid El-Bachir fut donc laissé à Aïn-Madhi pour y exercer le commandement et diriger les affaires de l'ordre.

La colonne reprenait, le lendemain 11 février, sa marche sur Laghouath, où elle arrivait le 12, après quatorze jours d'expédition. En effet, elle s'était mise en marche le 30 janvier en prenant la direction de l'Ouest. Le but de son commandant était de se porter rapidement, pour y établir son dépôt, sur le ksar d'El-Maïa; de ce point, la colonne, ainsi allégée, devait battre la grande plaine qui se développe entre le Djebel-el-Eumour et le Djebel-Thouïlet-el-Makna; elle surveillait, en même temps, les défilés d'Ouarren, d'Er-Reddad, d'El-Khirem, d'El-Aoudja et la Khangat-el-Malha, débouchés par lesquels devaient nécessairement passer les rebelles, avec les prises qu'ils avaient faites dans le Nord, pour sortir du massif d'El-Eumour. Rendue aussi mobile que possible, la colonne devait faire tous ses efforts pour leur couper les routes de l'Ouest, et leur reprendre les nombreux troupeaux, produit de leurs razias, qu'ils traînaient à leur suite, et qu'ils poussaient vers leurs campements du Marok.

Ce programme se trouva forcément modifié, dès le début, par suite des événements d'Aïn-Madhi, lesquels obligèrent la colonne à se porter sur ce ksar, où l'ennemi lui avait été signalé. Du reste, il faut bien le dire, enivré de ses succès sur nos tribus du Nord-Ouest, l'ennemi, qui se croyait sûr de vaincre, recherchait la rencontre, surtout avec une colonne aussi faible numériquement que l'était celle de Laghouath, et la preuve en est dans ce fait qu'il est venu au-devant de la colonne dans l'intention bien évidente de lui offrir le combat.

Le colonel de Sonis ne dissimule pas, dans son rapport, que ses préoccupations ont revêtu un certain caractère de gravité lorsque, ayant déjà connaissance des razias qu'avaient faites les rebelles sur nos tribus du Nord-Ouest, il apprenait que le marabouth d'Aïn-Madhi avait pactisé avec eux, et leur avait ouvert les portes de son ksar.

Cette trahison inattendue, alors que la colonne n'était qu'à une journée de marche du ksar, et qui semblait démontrer que, dans l'esprit du marabouth El-Tedjini, la colonne était vouée infailliblement à la destruction, ce fait, disons-nous, rapproché de l'absence des Arbaâ, de nos fidèles Arbaâ (1), et de la non-arrivée du goum des Oulad-Naïl, appelait toute l'attention du commandant de la colonne sur la gravité de la situation. Si nous ajoutons

---

(1) L'importante tribu des Arbaâ n'avait pas fait défection depuis le mois d'août 1861. Du reste, dans la circonstance d'aujourd'hui, si les Arbaâ n'avaient rejoint le colonel à Tadjrouna que le lendemain du combat, c'est-à-dire le 2 février, c'est parce que, très éloignés dans le Sud, il leur avait été matériellement impossible de rallier plus tôt la colonne.

Le goum des Oulad-Naïl, qui, habituellement, ne se presse pas lorsqu'il s'agit de se rendre aux appels du commandement, n'avait pas paru du tout.

à ces causes sérieuses d'inquiétude cette considération que le poste de Laghouath ne présentait que des moyens de défense fort incomplets, que, dans le cas d'un insuccès, les bandes insurrectionnelles pouvaient, par une irruption soudaine, jeter le désordre parmi les populations indigènes de ce poste et celles qui campent alentour, on comprendra facilement combien il importait de donner promptement des ordres pour la mise immédiate de l'oasis en état de défense. Aussi, le colonel de Sonis avait-il prescrit au capitaine du Génie *Gripois*, qui commandait en son absence, de mettre sans retard ce poste avancé à l'abri d'un coup de main ou d'une surprise. Grâce au zèle, à l'énergie et aux connaissances techniques de cet officier, Laghouath pouvait, au bout de quelques heures, braver toutes les forces des rebelles.

Le beau succès obtenu par la colonne mobile de Laghouath avait eu un grand retentissement dans toute l'Algérie, où, il faut bien le dire, on s'était singulièrement exagéré la situation. L'incursion subite des trois marabouths, et leur apparition inattendue sur les Hauts-Plateaux avaient répandu une sorte de panique dans le Te¹¹ des provinces d'Oran et d'Alger. Comme toujours, parce qu'à la suite des importantes razias effectuées en mars 1868 par Sid Sliman-ben-Kaddour sur les bandes de Sid Ahmed-ould-Hamza, lequel était mort empoisonné quelques mois après à Tafilala ; parce qu'à la suite de ces événements, disons-nous, nos ennemis nous avaient laissé quelque repos, nous n'avions pas manqué de nous bercer de cette illusion que l'insurrection était définitivement vaincue, et que nous pouvions sans danger nous endormir désormais sur nos deux oreilles.

C'est là une erreur dans laquelle nous retomberons encore souvent ; car notre profonde ignorance des affaires ne nous permet pas de les mettre à leur juste point de vue. Aussi, répéterons-nous ce que nous disions au commencement de cet ouvrage : « Pour nous, là où il n'y a pas de flamme, il n'y a pas de feu ; quand le calme est à la surface, la tempête ne saurait être au fond. Un volcan n'est un volcan qu'autant qu'il expectore sa lave ; enfin, quand on ne voit pas l'ennemi, il n'existe pas. »

Nous ne voulons pas nous faire à cette idée que l'Arabe saharien n'est jamais complètement vaincu, qu'il ne l'est que relativement, et qu'il n'est point d'ennemi plus tenace, plus patient, plus irréconciliable. Quand il a essuyé un échec sérieux, et qu'il a vu ses ressources très compromises, il reste en repos et se refait.

Nous prenons son inaction pour une impuissance irrémédiable; nous ne nous occupons plus de lui ; nous nous relâchons peu à peu de notre surveillance ; nous négligeons toute précaution ; puis, un beau jour, le Sahrien, qui n'a cessé de nous guetter, fond sur nos tribus, les raze ou les entraîne dans la défection, et nous, qui ne pensions plus à lui, qui le croyions définitivement battu, réduit, vaincu, nous nous réveillons d'autant plus en sursaut que la trêve a duré plus longtemps. De là surprise, panique, perte de tout sang-froid ; l'ennemi, qui ne perd pas son temps, en profite pour faire du butin sur nos tribus soumises, que nous ne sommes pas en mesure de protéger, pour assassiner quelques colons, piller quelques convois et en massacrer l'escorte quand elle est faible, et jeter le trouble non-seulement parmi les tribus du Sud, mais encore au milieu de celles du Tell. Quand nous sommes prêts à prendre l'offensive, les rebelles et leurs prises sont déjà loin.

La dépêche du 4 février, par laquelle le Sous-Gouverneur de l'Algérie rend compte au Ministre de la Guerre des résultats du combat d'Oumm-ed-Debdeb, témoigne, par son lyrisme et son exagération, de cet état des esprits au moment où l'on apprenait à Alger la nouvelle des succès de la colonne de Sonis :

« Le Sous-Gouverneur de l'Algérie au Ministre de la Guerre.

» Le colonel de Sonis vient de se couvrir de gloire, et de ren-
» dre un grand service au pays, en arrêtant l'ennemi à l'apogée
» d'un succès qui pouvait amener les plus graves conséquences.
» Voici les faits : les dissidents, après avoir réuni, le 31 janvier
» au soir, tous les contingents dispersés dans le Djebel-Amour
» et autour d'Aïn-Madhi, qui leur avait fait sa soumission, ont,
» le 1er février, à neuf heures du matin, présenté le combat à la
» colonne.

» L'ennemi avait environ 3,000 chevaux et 800 fantassins. Le colonel de Sonis, après avoir occupé une forte position, a combattu jusqu'à onze heures et demie.

« L'ennemi a été complètement battu ; il a laissé sur le terrain 70 morts, en a enlevé un grand nombre, et a eu beaucoup de blessés.

» A la suite de cette brillante affaire, les dissidents ont disparu, prenant la direction de l'Ouest.

« La population d'Aïn-Madhi, dont la conduite avait été si coupable la veille, a racheté sa faute, et, ayant à sa tête les deux marabouts Tedjini (1), a poursuivi les fuyards à coups de fusil.

« Le colonel de Sonis a campé sur le lieu même où les dissidents avaient campé le matin.

» Après trois heures de repos accordées à la troupe, il a dû partir en colonne légère, l'infanterie sur les chameaux (2), à la poursuite de l'ennemi.

» Dans cette affaire, il a eu deux officiers et neuf soldats blessés ; point de morts.

« La colonne de Laghouath était armée de fusils Chassepot.

» J'attends le maréchal après-demain. »

Mais il était écrit, sans doute, que cette incursion des rebelles devait, cette fois, leur être fatale. En effet, pendant que leurs contingents razaient les tribus du Djebel-El-Eumour, Sid Sliman-ben-Kaddour profitait habilement de cette circonstance pour se porter rapidement sur l'oued Guir, où campaient les populations dissidentes : parti de Géryville dans la nuit du 28 au 29 janvier, avec 200 hommes de son goum, il surprenait, le 5 février, à El-Mourra, les campements de Sid Kaddour-ould-Hamza et de ses adhérents, et, en l'absence de leurs contingents, il les razait de

---

(1) Sid El-Bachir seulement avait suivi la colonne.

(2) Telle avait été, en effet, la première intention du commandant de la colonne ; mais l'insuffisance de ses moyens de transport l'avait obligé à y renoncer.

la façon la plus complète. Il revenait avec un butin considérable, 2,000 chameaux et de nombreux troupeaux de moutons. Ainsi, pendant qu'ils étaient battus, comme nous le savons, à Oumm-ed-Debdeb, leurs biens tombaient entre les mains de nos goums du cercle de Géryville.

En récompense de cet important coup de main, Sid Sliman-ben-Kaddour était nommé, le 1er avril, agha de Géryville.

Dans le courant du mois de mai, Sid Ech-Chikh-ben-Eth-Thaïyeb, qui espérait obtenir, par notre entremise, l'élargissement de ses deux fils, que le sultan du Marok retient, ainsi que nous l'avons dit précédemment, en qualité d'otages, nous fait de nouvelles protestations de fidélité. Le moment était peut-être mal choisi pour qu'il pût espérer, de notre part, un accueil favorable à sa demande ; car nous n'avons pas eu encore le temps d'oublier que son fils aîné, Sid El-Hadj El-Arbi avait combattu contre nous à la journée d'Oumm-ed-Debdeb. Néanmoins, le Gouvernement, croyant trouver, dans cette combinaison, un moyen d'assurer la paix sur notre frontière de l'Ouest, resolut de profiter de l'occasion que faisait naître le vieux Sid Ech-Chikh pour, sous ses auspices, rapprocher de nos Hameïan les tribus marokaines voisines de notre frontière, avec lesquelles ils étaient en guerre incessante. Il sortit de là une sorte de convention, qui fut signée, le 23 juillet, à Oglet-es-Sedra, et par laquelle les Hameïan et les Sahriens marokains se jurèrent, sur le Livre, une amitié éternelle qui dura bien huit mois. En effet, ce traité fut suivi d'une trêve qui ne fut rompue, par le chef des Oulad-Sidi-Ech-Chikh-el-R'eraba, que dans le courant de mars 1870.

XVI

Causes déterminantes de l'expédition du Marok. — Le commandement en est confié au général de Wimpffen. — Combat d'El-Baharit sur l'ouad Guir. — Combat d'Aïn-ech-Chaïr. — Résultats de cette campagne. — Sid Sliman-ben-Kaddour nommé ar'a des Hameïan. — Mort de Sid Ech-Chikh-ben-Eth-Thaïyeb ; Sid Mâmmar le remplace à la tête des Zoua-el-R'raba. — La guerre avec l'Allemagne, et ses conséquences dans le Sud algérien. — Agitation dans le Sud-Ouest, et mouvement des colonnes dans cette direction. — Ouverture de négociations en vue de la soumission de Sid Kaddour-ould-Hamza, qui se joue de nous. — La colonne de Saïda va s'établir sur les puits de Tar'ziza. — Sid Kaddour réunit ses contingents au Kheneg-el-Hada. — La colonne du lieutenant-colonel des Méloizes se porte sur les puits d'El-Magoura. — Combat près d'El-Magoura. — Sid Kaddour rejeté dans le Marok. — Une harka de Sid El-Ala raze deux douars des Beni-Ouacin. — Sid Kaddour tombe sur les campements de son cousin Sid Mâmmar à Oglet-es-Sedra, et lui fait éprouver des pertes sérieuses. — Sid Kaddour essaie de gagner les Beni-Guil à sa cause. — Les colonnes se portent de nouveau en avant. — Deux fractions des Hameïan passent au marabouth. — Mouvement des colonnes mobiles. — Pointe audacieuse de Sid Kaddour entre les deux Chothth ; il raze les Beni-Mathar et les Hameïan-Zoua. — Nos colonnes se reportent au Nord pour couvrir les débouchés du Tell. — Sid Kaddour établit ses campements à El-Keroua, où il réunit des forces imposantes en vue d'une nouvelle incursion. — Il a l'imprudence de se dégarnir d'une partie de ses contingents, qu'il envoie en ravitaillement au Gourara. — Combat d'El-Mengoub, où Sid Kaddour essuie un revers important ; il est mis en pleine déroute. — L'ar'a Kaddour-ould-Adda complète cet échec en ramenant prisonnières les populations rebelles qui étaient attachées à Sid Kaddour-ould-Hamza.

L'année 1870 s'ouvrait dans le calme le plus parfait, dans la paix la plus profonde. Sid Kaddour-ould-Hamza, si radicalement razé par Sid Sliman-ben-Kaddour dans la nuit du 28 au 29 janvier 1869, et ses contingents si complètement défaits le 1er février par le colonel de Sonis, semblait avoir pris son parti des deux échecs qui lui avaient été infligés coup sur coup. Sid El-Ala, l'agitateur irréconciliable, l'homme de guerre de la famille, paraissait, las de ses insuccès, vouloir se retirer des affaires, et abandonner la direction de l'insurrection, dont, depuis six ans, il était la tête et le bras.

Quant à Sid Ech-Chikh-ben-Eth-Thaïyeb, trop vieux pour jouer désormais un rôle bien actif, il s'en tenait, en apparence du moins, aux termes de la convention d'Oglet-es-Sedra, laquelle avait cimenté la paix entre nos Hameïan et les turbulentes tribus marokaines de notre frontière du Sud-Ouest. Nous ajouterons que l'espoir d'obtenir du sultan du Marok, par notre intermédiaire, la liberté de ses enfants que, nous le savons, ce souverain retenait prisonniers à Fas, faisait prendre patience au chef des Oulad-Sidi-Ech-Chikh de l'Ouest, et le maintenait dans une sorte de repos fébrile qui, pourtant, on le sentait, ne pouvait se prolonger indéfiniment. S'il fallait ajouter quelque créance à des bruits qui nous arrivèrent du côté de l'Ouest pendant la première quinzaine de janvier, le vieux chef des Zoua-el-R'craba tenait des propos qui témoignaient chez lui d'un certain état d'irritation, que nos renseignements nous montraient comme devant, indubitablement, se traduire bientôt par un appel aux armes et la reprise des hostilités.

En présence de ces dispositions des tribus marokaines voisines de notre frontière, le Gouvernement de l'Algérie, qui, cette fois, ne voulait pas encourir le reproche de toujours se laisser surprendre, prit d'avance des mesures pour garantir nos postes avancés, et ceux de la ligne de ceinture du Tell contre les incursions probables de cette sorte de confédération de tribus pillardes, qui semblent placées en satellites autour de Figuig, et que nous avons trouvées si souvent devant nous. C'est ainsi que les colonnes mobiles des provinces d'Oran et d'Alger, campées sous les postes de la limite du Tell, allèrent prendre position en avant de ces postes, et sur les points des Hauts-Plateaux défendant les débouchés de la première de ces régions. La colonne mobile de Tnïyet-el-Ahd (commandant Trumelet), entre autres, fut portée, le 10 janvier, sur Aïn-Toukrïa, et établit son camp sur le plateau qui se développe au sud de la source.

Indépendamment de l'agitation qui se manifestait sur notre frontière de l'Ouest parmi les partisans de Sid Ben-Eth-Thaïyeb, Sid Kaddour-ould-Hamza, de son côté, se préparait, disait-on, à tenter un coup de main sur une de nos tribus fidèles des Hameïan-ech-Cheraga, les Oulad-Srour-Djenba. Ces bruits justifiaient donc suffisamment les mesures de précaution qui étaient prises pour protéger les débouchés du Tell. Pourtant, soit qu'il fût reconnu que le danger n'avait rien d'imminent, soit qu'on trouvât que les colonnes affectées aux postes de la ligne de ceinture du Tell en défendaient les accès aussi bien sous ces postes qu'en avant d'eux, tout ce que nous pouvons dire c'est qu'elles reprirent leurs positions en arrière vers la fin de janvier.

Cependant, on était généralement d'accord sur ce point, qu'il n'était pas sans danger de laisser subsister plus longtemps sur notre frontière de l'Ouest un foyer permanent de rébellion, alimenté par tous les pillards des tribus marokaines de la frontière, lesquelles ne reconnaissent que très modérément le pouvoir souverain du sultan du R'arb, et ne lui paient l'impôt que lorsque cela leur convient, et à la condition que les collecteurs appuient leur prétention d'encaisser sur la présence des troupes de Sa Hautesse Chériflenne, et encore faut-il qu'elles soient assez fortes pour exiger la réalisation de cette formalité. En définitive, ce genre d'expédition ne se pratique que très rarement, attendu que le succès n'est pas toujours au bout de cette entreprise fiscale. Les quelques tribus qui gravitent autour des oasis figuiguiennes, les Eumour, les Beni-Guil, les Oulad-Djerir et les Douï-Mnia, sont donc, en résumé, à peu près indépendantes.

Sous le collectif de Zegdou, les contingents de ces tribus marokaines se sont réunies de tout temps pour faire, sur les territoires voisins de leur pays, et particulièrement à l'Est, des incursions qu'ils ont poussées quelquefois jusqu'au Djebel-el-Eumour. Au cours de ce récit, nous les avons vues fréquemment, soit tomber sur celles de nos tribus qui sont voisines de leurs territoires, soit marcher contre nos colonnes comme auxiliaires des rebelles réfugiés dans leur pays. C'est parmi ces pillards surtout que les chefs de l'insurrection recrutaient leurs fantassins. Nous nous rappelons qu'au combat du 16 mars 1866, ils composaient, presque en entier, l'*infanterie* de Sid Ahmed-ould-Hamza.

Les insoumis de notre territoire trouvaient asile, moyennant tribut, sur les terres de parcours de ces bandits ; c'est là où les rebelles préparaient leurs coups de mains en toute sécurité, et d'où ils fondaient, avec leur concours, sur nos tribus fidèles, pour lesquelles ils étaient un objet d'incessantes alarmes. Le plus souvent, nos Hamcïan, placés dans l'alternative d'être razés, ou de se soumettre et de faire cause commune avec les insurgés, n'hésitaient pas — nous étions si loin — à adopter cette dernière combinaison. Malheureusement, cela ne leur réussissait pas toujours, en ce sens que, quelques jours plus tard, nos colonnes tombaient sans pitié sur ces infortunés Hamcïan, que nous accusions d'avoir fait défection. A la longue, ils finissaient par s'en consoler — heureux effet de l'Islam ! — en se disant qu'il était évidemment écrit qu'ils seraient razés.

Le Gouvernement acquit bientôt la certitude qu'un orage se formait sur notre frontière de l'Ouest, et qu'une sérieuse incursion des contingents marokains, auxquels devaient se joindre les rebelles qui avaient abandonné la cause de Sid Kaddour-ould-Hamza, se préparait activement, et avec des moyens d'action importants, à reprendre la campagne contre nos tribus soumises. Il entrait, disait-on, dans les projets de ces forces réunies de pousser, — s'il plaisait à Dieu ! — jusques sur les Hauts-Plateaux. Comme toujours, ces bandes ne semblaient pas douter du succès.

Or, le général de Wimpffen, qui avait échangé, l'année précédente, son commandement de la province d'Alger contre celui, bien plus important sous les rapports politique et militaire, de la province d'Oran, n'avait pas tardé à reconnaître la gravité de la situation ; il avait compris que la perpétuité de cet état de choses, qui paraissait sans solution satisfaisante, et qui, jusqu'à présent, n'avait servi qu'à démontrer plus clairement notre impuissance vis-à-vis des tribus marokaines, et à introduire la déconsidération de nos armes parmi des populations qui ne demandaient qu'à nous garder leur fidélité, à la condition, toutefois, que nous serions toujours en mesure de les protéger contre les attaques de leurs dangereux voisins, le général de Wimpffen, disons-nous, qui désirait mettre un terme à une situation aussi désastreuse pour notre domination et notre prestige que peu digne de notre pays, avait fourni au Gouverneur général un projet d'expédition dans l'Ouest, projet qui, dans sa pensée, devait, s'il était adopté, dégoûter à tout jamais les tribus pillardes du R'arb de leurs incursions sur notre territoire. La colonne expéditionnaire que le général de Wimpffen avait demandé à diriger en personne devait se composer de forces capables de porter un grand coup, et son effectif serait nécessairement proportionné à la haute position de l'officier général appelé à la commander.

Le projet du général de Wimpffen était de se porter au centre du pays occupé par les tribus ennemies et par les rebelles auxquelles elles donnaient asile, de les frapper là où il les rencontrerait, et de les poursuivre aussi loin que possible sur le territoire marokain. On crut devoir, dans la crainte de risquer un conflit avec le sultan du Marok, lui demander l'autorisation de franchir la frontière hypothétique de l'Empire du Couchant, et de pénétrer sur les terres du descendant du Prophète. Cette autorisation était d'autant plus facile à obtenir que, jusqu'ici, les commandants supérieurs de Géryville avaient toujours cru pouvoir s'en passer lorsque la poursuite de l'ennemi les obligeait de franchir la ligne fictive de démarcation qui est censée séparer les deux territoires, et que cette marque de déférence du commandant de la province d'Oran devait nécessairement flatter à un très haut degré un souverain qu'on n'avait pas habitué à de pareils égards. Nous ajouterons qu'il ne devait pas voir le moindre inconvénient à ce que nous nous chargions de châtier — si nous le pouvions — ses sujets du Sud-Est, lesquels, en raison de leur fluidité ou de l'inaccessibilité de leur pays, se rient impunément des menaces ou des poursuites du Makhzen impérial.

Le général de Wimpffen eut donc toute liberté de manœuvre pour opérer au delà de nos frontières, et s'enfoncer dans le sud-est marokain aussi profondément que pourrait l'entraîner la chasse qu'il avait l'intention de donner aux contingents ennemis.

Le projet d'expédition du général de Wimpffen est accepté par le Gouvernement, mais avec des restrictions qui devaient singulièrement en amoindrir les résultats : ainsi, il était interdit au général d'entreprendre quoi que ce soit contre les oasis marokaines, bien que pourtant elles fussent ou le quartier-général, ou les centres d'approvisionnements des rebelles ; il devait éviter toute rencontre avec les populations marokaines, et pourtant il avait ordre d'en exiger des otages ; enfin, il ne pouvait se rapprocher des ksours qu'autant qu'il n'avait pas à en craindre la résistance. Ce plan, il faut en convenir, n'était point de nature à faire naître des complications bien compromettantes entre le Gouvernement français et S. H. Cherifienne. Maintenant, une fois lancé, et c'était chose facile à prévoir, le commandant de la province d'Oran tiendrait un compte plus ou moins scrupuleux de ces singulières instructions, et c'est, en effet, ce qui arriva.

Quoiqu'il en soit, une expédition engagée dans ces conditions ne pouvait guère amener que des résultats à peu près négatifs ; car, à part l'avantage de montrer des forces françaises importantes aux populations marokaines, et celui d'apprendre le chemin de l'empire du R'arb à nos soldats, qui, du reste, en avaient déjà quelque idée, nous ne voyons pas ce qu'on pouvait bien espérer d'une expédition qui ne faisait que traverser le pays, sans y laisser d'autres témoins de son passage que les traces fugitives du pied de nos fantassins, vestiges qu'un coup de vent vient effacer le lendemain. Cette opération ne pouvait donc être qu'une reconnaissance qui avait sans doute son intérêt ; car il est certainement écrit que, tôt ou tard, le drapeau français flottera sur les oasis de Figuig, lesquelles, n'était l'extrême timidité de nos diplomates, nous appartiendraient certainement depuis longtemps. Ce ne sont pas d'ailleurs les bonnes raisons qui leur auraient manqué pour appuyer nos revendications de territoire de ce côté : le vague des traités de délimitation de notre frontière de l'Ouest nous en fournissait d'ailleurs une excellente occasion, et nous ajouterons que, depuis, les prétextes — en supposant que nous en eussions eu besoin — ne nous ont, malheureusement, pas manqué. Plus tard, — car nous avons trop attendu,

— nous serons évidemment obligés d'employer la force pour nous rendre maîtres d'un territoire que la diplomatie de 1845 pouvait si facilement nous donner. Et nous avons d'autant moins à craindre de l'opposition de la part du sultan du Marok, que, de son propre aveu, son autorité sur les populations de cette région est absolument nulle, et que, mainte et mainte fois, il s'est déclaré dans l'impuissance de faire respecter notre territoire.

Or, puisqu'il en est ainsi, il ne peut trouver mauvais que nous nous en chargions nous-mêmes, et il n'est pas d'autre moyen, pour arriver à ce résultat, que de nous emparer des oasis ou ksours qui donnent asile aux rebelles de notre pays, et qui servent de points d'appui et de magasins à nos ennemis. Il n'est donc, selon nous, que l'occupation permanente et définitive qui puisse rendre le repos et la sécurité à nos tribus de la frontière de l'Ouest, et l'histoire du pays, depuis le jour où nous avons mis le pied sur le territoire de la Régence d'Alger, démontre que c'est là le seul système qui nous ait réusi. Mettons-nous donc une bonne fois dans l'intellect que nous sommes fatalement voués à l'expansion, c'est-à-dire à l'occupation successive de tous les points — aussi bien au sud qu'à l'est et à l'ouest de nos possessions — qui feront obstacle à notre développement géographique : c'est là d'ailleurs une loi inéluctable, et à laquelle obéissent instinctivement et sans s'en rendre compte, les peuples civilisés dont les horizons sont bornés par ceux qui se sont attardés dans l'ornière de l'ignorance et de la barbarie.

Quels qu'eussent été la valeur et les talents militaires de son commandant, l'expédition du Sud-Ouest devait nécessairement être frappée de stérilité et rester inefficace ; car, nous le répétons, se borner à traverser le pays arabe, c'est bâtir sur le sable ; c'est ne rien laisser — pas même le souvenir — après soi. Aussi nous le répétons, ne ferons-nous de bonne politique de ce côté qu'en nous y établissant avec l'intention formelle d'y rester. En procédant ainsi, non-seulement nous assurons la sécurité de nos tribus sahriennes en les protégeant plus directement, plus opportunément, et nous ne laissons point à l'orage le temps de se former et de s'abattre sur elles, mais encore, en vivant au milieu d'elles, nous les habituons à notre domination immédiate ; nous avançons en même temps sensiblement nos affaires dans ces régions, et nous prenons, en cheminant en avant, de nouvelles bases d'opérations pour y remplir efficacement le rôle que les Destins nous ont assignés sur cette partie de la terre africaine.

Le général de Wimpffen quittait Oran le 15 mars ; sa colonne, fortement constituée, prenait pour objectif l'ouad Guir, cours d'eau très important du sultanat marokain sur lequel s'étaient réfugiées, ainsi que nous l'avons vu plus haut, celles de nos populations rebelles qui suivaient la fortune de Sid Kaddour-ould-Hamza et du vieux Chikh-ben-Eth-Thaïyeb, ou tout au moins de son fils Sid El-Hadj El-Arbi, qui, nous nous le rappelons, commandait une portion des contingents marokains au combat d'Oumm-ed-Debdeb.

Malgré ses quatre-vingt-dix ans, Sid Ben-Eth-Thaïyeb avait entamé les hostilités par une démonstration qu'il tenta, le 30 mars, à la tête des Beni-Guil, sur la colonne du colonel De La Jaille, à laquelle il offrit le combat près du Djebel-Bou-Gouz, à l'est d'Aïn-ech-Chaïr, chez les Beni-Guil-ech-Cheraga.

L'ouad Guir prend sa source dans les montagnes des Aït-Aïach, à l'ouest de la tribu des Beni-Guil ; il roule du nord-ouest au sud-est, et va se jeter dans l'ouad Zouzfana, au-dessus d'Igli, ksar des Douï-Mnia. A partir de ce point, les deux cours d'eau réunis prennent le nom d'ouad Es-Saoura. L'ouad Zouzfana a sa source dans le Djebel El-Maïz, au nord de Figuig.

Nos troupes n'avaient point encore parcouru cette région.

Le 10 avril, la colonne était à Guenathsa, ksar situé à la tête de l'ouad de ce nom, dans le pays des Douï-Mnia ; elle en partait le 11 pour se porter sur l'ouad Guir.

Le 14, elle arrivait sur ce cours d'eau en un point nommé El-Bahariat. Devant la colonne se développaient de vastes espaces qu'arrose l'ouad Guir de ses crues périodiques, particularité qui a valu aux rives de cette partie de l'ouad, de ce Nil en raccourci, le nom de « les petites Mers. »

La colonne se trouvait subitement en présence des contingents des Douï-Mnia, des Oulad-Djerir et des Eumour, lesquels s'étaient retranchés sur la rive droite du cours d'eau. Les dispositions défensives qu'avaient prises ces forces, que le général estime à

5,000 combattants, indiquaient clairement leur dessein d'accepter la lutte, et de tenter le sort des armes. En effet, l'ennemi avait pris position sur une ligne de dunes qui, reliées latéralement entre elles, et protégées sur leur front par des canaux d'irrigation, composaient un système de défense suffisamment bien entendu.

La journée du 14 fut consacrée à la reconnaissance des positions ennemies. Cette opération, vigoureusement et rapidement conduite, avait eu ce double résultat de permettre aux Douï-Mnia, qui n'avaient pas pris part au combat du 1er février 1869, d'apprécier la valeur de nos armes, dont aucune balle — comme ils le prétendaient des leurs, ne tombait à terre ; — en outre, et ils en étaient terrifiés, nos projectiles allaient les atteindre à des distances imprévues, et là où ils se croyaient absolument en sûreté. La reconnaissance avait, en outre, découvert un gué qui permettait d'aborder facilement la rive droite de la rivière.

Le lendemain matin, 15 avril, le général de Wimpffen arrêtait ses dispositions d'attaque : en même temps que des démonstrations, ayant pour but de diviser les forces des Douï-Mnia, seraient dirigées sur les extrémités de la ligne ennemie, les Zouaves du 2e régiment, sous la conduite du lieutenant-colonel Détrie, aborderaient, avec leur élan ordinaire, le centre de la position. Du reste, la menace de tout mouvement tournant suffit, ordinairement, pour déterminer la retraite des indigènes.

Au signal donné par le général, les trois colonnes d'attaque s'ébranlèrent, sous la protection d'un feu très vif d'artillerie, dans l'ordre qui leur avait été indiqué, et, malgré mille obstacles, fourrés impénétrables, fondrières dans lesquelles nos soldats avaient de l'eau jusqu'aux aisselles, feu nourri au commencement de l'action, la ligne des dunes fut vaillamment enlevée, et les contingents ennemis étaient mis en pleine déroute. Pourtant, quelques groupes de fantassins tentèrent des retours offensifs sur quelques points de la ligne des dunes ; mais il était visible qu'ils avaient perdu toute confiance dans le succès, et qu'ils ne combattaient plus que pour justifier leur ancienne réputation de guerriers.

Aux extrémités de la position, la lutte avait été assez vive :

sur la gauche, Sid El-Hadj El-Arbi, que les Douï-Mnia avaient désigné pour commander leurs contingents, et qui faisait de valeureux efforts pour les maintenir au combat, tombait au milieu des siens mortellement atteint d'une balle en plein front. Son sang payait celui de M. de Rodello, lieutenant au 4e de Chasseurs d'Afrique, qui venait de se faire tuer glorieusement au moment où il s'emparait du drapeau du goum ennemi.

Sur la rive droite, le général Chanzy refoulait vigoureusement les contingents qu'il avait devant lui, en menaçant leur ligne de retraite. Ils lâchaient prise après une tentative de résistance manquant d'opiniâtreté.

Entre quatre et cinq heures, ayant réuni en arrière de leur ligne de défense toutes les forces dont ils pouvaient encore disposer, les Douï-Mnia et les contingents alliés tentèrent une dernière attaque de la position que leur avaient enlevée les Zouaves du lieutenant-colonel Détrie dès le commencement de l'action; mais leurs efforts vinrent se briser encore une fois contre l'opiniâtre résistance de nos soldats. Vers cinq heures, convaincus de l'impossibilité de lutter davantage, deux fractions importantes des Douï-Mnia, les Oulad-Guiz et les Oulad-Bou-Anan, et celle des Oulad-Sidi-Aïça, des Oulad-Sidi-Ech-Chikh, faisaient leur soumission, et remettaient entre nos mains, à titre d'otages, onze de leur principaux chefs. Le reste des ennemis et des rebelles abandonnaient le champ de bataille, laissant derrière eux une partie de leurs tentes et de leurs troupeaux.

Le général de Wimpffen complétait, dans la journée du 16, en parcourant le pays, les résultats si heureux de la veille : toutes les fractions des Douï-Mnia, les Oulad-Sliman et les Oulad-Ioucef, se rendirent sans conditions. Ainsi, une population de plus de 16,000 âmes qui, grâce au concours de contingents étrangers, avait pu nous opposer près de 8,000 combattants, nous faisait sa soumission, acceptait les conditions qu'il nous convenait de lui imposer, et elle avait d'autant moins hésité à en passer par où nous voulions, qu'elle était d'autant plus pressée de nous voir évacuer son territoire.

Ce succès nous avait coûté :

TUÉS :

Officier	1	
Troupe	22	23

BLESSÉS :

Officiers	2	
Troupe	25	27

En s'avançant sur le territoire marokain, le général de Wimpffen avait déposé une partie de ses impedimenta à Bou-Kaïs, ksar situé entre Guenathsa et Aïn-ech-Chaïr, et dont il avait fait un poste militaire défendu par une garnison de 4 officiers et 170 hommes de troupe. Le commandement de ce poste important avait été confié à la vigueur et à l'intelligence de M. le capitaine Pamard, de l'arme du Génie. Comme l'avait prévu le général, cette petite garnison avait eu à se défendre, et elle l'avait fait avec succès, contre des forces de beaucoup supérieures à son effectif : du 9 au 21 avril, elle avait été vigoureusement attaquée, à deux reprises différentes, par les Marokains, lesquels payèrent cher, du reste, leurs infructueuses tentatives, tandis que la garnison, protégée par les murailles du ksar, que son commandant avait fait consolider et créneler, ne perdit que deux hommes seulement.

Le général de Wimpffen était de retour, le 17 avril dans la matinée, à son bivouac d'El-Bahariat.

Le 19, le commandant de la province d'Oran remontait vers le Nord pour se porter à la rencontre de la colonne De La Jaille, qui lui amenait un convoi de ravitaillement sur les puits d'El-Mengoub, lieu de bivouac situé dans le pays des Oulad-Brahim, au nord-est d'Aïn-ech-Chaïr.

La colonne De Wimpffen était, le 22, à Bou-Kaïs : le général recevait là le rapport du commandant du poste sur les deux attaques qu'avait supportées sa garnison depuis le 9 avril, jour de son établissement dans le ksar. Les auteurs des agressions dont nous parlons étaient les Beni-Guil et les Oulad-En-Naceur. C'est à l'instigation du vieux Sid Ech-Chikh-ben-Eth-Thaïyeb, qui, malgré son grand âge, dirigeait en personne leurs contingents, qu'ils avaient attaqué le biscuit-ville de Bou-Kaïs. Ce n'est qu'à l'approche de la colonne De Wimpffen que les rebelles, et leurs alliés avaient cessé leurs infructueuses opérations sur nos magasins, et qu'ils s'étaient retirés vers Aïn-ech-Chaïr.

Or, comme nous avions un compte sérieux à régler avec les tribus marokaines de notre frontière, lesquelles, tout en donnant asile à nos fractions rebelles, n'avaient cessé de prêter, depuis longtemps, un concours des plus actifs à Sid Kaddour-ould-Hamza et à ses prédécesseurs, et de faire ainsi cause commune avec les Oulad-Sidi-Ech-Chikh, le général de Wimpffen, qui ne se trouvait éloigné d'Aïn-ech-Chaïr que de 15 à 20 kilomètres, ne put résister à l'envie, toute naturelle d'ailleurs, — et bien que ses étroites instructions, ainsi que nous l'avons fait remarquer plus haut, lui interdissent toute collision avec les tribus marokaines, le général, disons-nous, ne voulut point laisser échapper l'occasion si favorable de chercher à châtier ces incorrigibles pillards, que, depuis quelques années surtout, nous retrouvions dans toutes les affaires de poudre et de sang dirigées contre nos tribus fidèles. Du reste, le général avait plus d'une bonne raison pour en agir ainsi : d'abord, les rebelles de notre territoire figuraient pour une bonne partie parmi les assaillants du ksar Bou-Kaïs ; en outre, il avait trop le sentiment de son devoir militaire, et le souci des intérêts algériens dans le sud-ouest de son commandement, pour passer à proximité des rebelles sans leur faire sentir, autant qu'il le pourrait, le poids de son bras vigoureux. Il résolut donc de frapper, laissant aux contingents marokains le soin de s'abriter de ses coups.

La colonne De Wimpffen se dirigeait donc, le 24 avant le jour, des puits d'El-Mengoub sur l'oasis d'Aïn-ech-Chaïr, qu'elle apercevait devant elle au lever du soleil.

Avant d'en arriver à l'*ultima ratio*, le général commandant la colonne voulut essayer de faire appel à la raison des défenseurs de l'oasis ; mais ses bons conseils, ce qu'il était facile de prévoir, ne furent pas accueillis favorablement ; les Arabes se font toujours d'ailleurs un point d'honneur d'avoir au moins leur journée de poudre, quelles qu'en dussent être les conséquences. Le général résolut donc d'employer la force pour amener les rebelles et les contingents marokains à composition.

Une première reconnaissance, exécutée dans la journée, permit de constater que l'oasis était enveloppée, sur trois de ses faces, par une forêt de dattiers des plus favorables à la défense. Quelques coups de canon tirés sur un ksar fortifié de cette oasis pour en tâter les défenseurs, purent leur donner une idée de l'habileté de nos artilleurs et de la puissance de nos moyens d'attaque.

Une partie de la journée du lendemain 25 se passa en négociations. Enfin, vers quatre heures de l'après-midi, tous les moyens de conciliation ayant échoué, et le général, dans un esprit d'humanité, ayant tenté, mais sans plus de succès, un suprême et dernier effort dans le but d'épargner à la population d'Aïn-ech-Chaïr les conséquences désastreuses d'un assaut, se vit dans la pénible obligation de donner le signal de l'attaque ; elle eut lieu en même temps sur quatre des points de l'oasis. Au bout de quelques instants, nos soldats, qui avaient déployé une vigueur extrême, en étaient les maîtres, et ses défenseurs se voyaient rejetés dans le ksar. Notre feu ne cessait qu'à la chute du jour.

L'approche de la nuit, les pertes de l'ennemi, et l'importance du succès obtenu, décidèrent le général de Wimpffen à ne pas pousser plus loin son action, certain que la leçon qu'il venait de donner aux Beni-Guil et aux rebelles qui faisaient cause commune avec eux, ne tarderait pas à porter ses fruits.

En effet, le lendemain 26 au matin, les gens d'Aïn-ech-Chaïr se présentaient à la tente du général pour lui faire leur soumission et en solliciter leur pardon : ils s'engageaient à vivre en paix avec celles de nos tribus qui étaient voisines de la frontière, et à refuser désormais tout appui aux Oulad-Hamza dans leurs entreprises sur notre territoire. Et pour prouver combien ils étaient sincères, — c'est là généralement la façon d'agir des indigènes, — ils s'empressaient d'informer le général, le lendemain 27, de l'approche d'un fort parti de Nomades, commandé par Sid El-Hadj El-Arbi, le fils aîné de Sid Ech-Chikh-ben-Eth-Thaïyeb, et ils lui offraient de se joindre à nous pour combattre leurs alliés de la veille, lesquels, du reste, ayant appris le résultat de la journée du 25, s'étaient hâtés de renoncer à leur projet d'attaque, et de reprendre au plus vite le chemin du désert.

Nos pertes, dans les journées des 24 et 25 avril, se décomposaient ainsi qu'il suit :

TUÉS :

Officiers 4
Troupe .... 12 } 16

BLESSÉS :

Officiers .... »
Troupe .... 130 } 130

La colonne De Wimpffen quittait Aïn-ech-Chaïr le 28 avril pour reprendre la route d'Aïn-Ben-Khelil, où elle arrivait le 7 mai. Elle regagnait ensuite le Tell, où chaque corps rentrait dans sa garnison. Une petite colonne avait été laissée provisoirement en observation sur le second de ces points.

La soumission des Douï-Mnia et la chute de l'oasis d'Aïn-ech-Chaïr ne laissèrent point d'avoir un certain retentissement parmi les tribus marokaines de notre frontière du Sud-Ouest. C'est, en effet, dans ce ksar que les tribus nomades de cette partie du territoire marokain emmagasinent leurs approvisionnements et déposent leur butin ; c'était de là également que les partisans des Oulad-Hamza tiraient leurs ressources les plus sérieuses, ressources qu'elles croyaient à l'abri de notre atteinte, en ce sens qu'elles se trouvaient en dehors de notre territoire. On pouvait donc espérer que cette expédition, que le général de Wimpffen avait dirigée avec une grande habileté, et son expérience de vieil Africain rompu à la guerre dans le Sahra ; il était donc permis d'espérer, disons-nous, que cette campagne aurait le résultat d'assurer, pour quelque temps du moins, la tranquillité dans le Sud de la province d'Oran : l'énergie de notre attaque, les pertes sérieuses qu'avaient éprouvées les contingents marokains, devaient, en effet, leur démontrer d'abord que nous pouvions les atteindre jusque chez eux, et que notre intention était de nous charger désormais de la police de notre frontière, et qu'en définitive, nos moyens d'action n'étaient pas absolument à mépriser ; cette expédition, répétons-nous, avait donc présenté des avantages réels, mais qui ne pouvaient être qu'incomplets, en raison surtout du programme dans les étroites limites duquel avait été renfermé le général de Wimpffen, et dont, il faut bien le dire, il n'a tenu qu'un compte relativement médiocre.

Aussi, cette paix, qu'on regardait comme devant être assurée pour longtemps, ne fut-elle, comme par le passé, qu'une trêve que les Marokains et les rebelles s'empressèrent de rompre dès qu'ils furent en mesure ou en état de rentrer en campagne. Et il en sera ainsi tant que nous n'aurons point pris le parti de nous établir solidement sur notre frontière du Sud-Ouest, et de fermer la vaste trouée qui sépare cette frontière de notre poste avancé de Géryville, lequel en est éloigné de plus de 200 kilomètres. Il y a bien longtemps que nous nous exerçons — vainement — sur ce thème ; il est vrai que, dans aucun temps, on n'a eu à reprocher à l'Administration française ses excès d'initiative, et que ce sont les événements — souvent trop tard malheureusement — qui toujours lui ont forcé la main.

Il paraît superflu de faire remarquer que, pendant cette campagne de deux mois, nos soldats se sont montrés ce qu'ils sont toujours, c'est-à-dire braves, patients, disciplinés, de bonne humeur ; qu'ils ont supporté sans se plaindre les fatigues de marches longues et pénibles dans les sables et la halfa, marches dont l'ensemble ne s'élève pas à moins de quatre cents lieues. Nous ne rappellerons pas la vigueur, l'élan qu'ils ont déployés dans les combats de l'ouad Guir et d'Aïn-ech-Chaïr, aussi bien que dans la défense du ksar-poste de Bou-Kaïs. En définitive, les pertes sérieuses qu'ils ont faites dans ces trois affaires attestent aussi bien l'énergie de leur attaque que celle de la résistance de l'ennemi. Cette campagne nous coûtait :

TUÉS :

Officiers .... 5 } 41
Troupe.................... 36

BLESSÉS :

Officiers 2   } 157
Troupe 155

Total des tués ou blessés... 198

L'ar'a de Géryville, Sid Sliman-ben-Kaddour, qui, déjà, nous avait rendu de bons services, et dont la proximité du commandement français gênait un peu les goûts autoritaires et ses dispositions à pressurer ses administrés, entreprit de démontrer à l'autorité française que sa présence au milieu des Hameïan, c'est-à-dire dans le voisinage de la frontière marokaine, dont les tribus paraissaient déjà avoir oublié les leçons que leur avait données récemment la colonne De Wimpffen, serait beaucoup plus utile qu'à Géryville, qui n'était pas menacé, et qui n'avait rien à redouter des incursions de l'ennemi. Ses raisons furent très goûtées ; aussi était-il nommé ar'a des Hameïan le 1er juillet 1870.

Sid Ech-Chikh-ben-Eth-Thaïyeb, qu'on prétendait âgé de quatre-vingt-dix ans, mourait à Figuig le 15 juillet. Ce vieux chef des Oulad-Sidi-Ech-Chikh-el-R'eraba, dont nous avons raconté plus haut la vie si agitée, et qui ne nous avait fait récemment des offres de soumission que pour nous disposer à intervenir auprès du sultan du Marok pour qu'il lui rende ses fils, qu'il retenait en qualité d'otages, passa la plus grande partie de sa longue existence sur le territoire marokain, toujours mêlé à des intrigues, tantôt donnant asile à nos rebelles et faisant cause commune avec eux, tantôt poussant les tribus de la frontière de l'Ouest sur nos populations soumises, toujours s'attachant, en un mot, à nous créer des embarras dans cette partie du Sahra.

Sid Mammar prenait, à la mort de son père, le commandement des Zoua-el-R'eraba. Le nouvel ordre de choses était d'autant plus favorable à nos intérêts, dans cette partie du Sud algérien, que l'héritier de Sid Ben-Eth-Taïyeb était, à ce moment, dans les meilleurs termes avec son cousin Sid Sliman-ben-Kaddour, alors notre ar'a des Hameïan ; cette liaison nous promettait tout au moins une trêve de quelque durée, et la paix pour les tribus de notre frontière de l'Ouest. Il eût été imprudent, sans doute, de croire à la pérennité de cette heureuse situation, surtout avec la mobilité d'esprit des indigènes, et l'état constant d'anarchie dans lequel vivent les populations du Sud-Est marokain ; mais, enfin, il y avait lieu de profiter de cette tranquillité, et de chercher à la maintenir le plus longtemps possible.

Malheureusement, la guerre avec l'Allemagne et nos effroyables revers allaient profondément modifier notre situation militaire en Algérie : la France, la nation *invaincue* jusqu'ici, ne pouvait manquer de perdre beaucoup de son prestige aux yeux des indigènes algériens, et le principe de notre autorité dans le pays devait s'en trouver très sensiblement affaibli. Les désastreuses journées de Wissembourg et de Frœschwiller, dans lesquelles nos régiments de Tirailleurs éprouvèrent des pertes si considérables, avaient eu un douloureux retentissement en Algérie ; les appels réitérés aux Spahis et aux Volontaires indigènes, les départs successifs des troupes permanentes, ainsi que des officiers expérimentés qui administraient les territoires militaires, et qui ne pouvaient être remplacés que par des officiers inconnus des indigènes, ignorants de la langue du pays, sans la moindre expérience des affaires, et, par suite, manquant absolument d'influence sur leurs nouveaux administrés, toutes ces causes, disons-nous, cette sorte d'abandon de l'Algérie, par ses forces vives, influentes et essentiellement actives, jetèrent un trouble profond, une sorte d'ahurissement parmi les populations algériennes, qui, dépourvues de *Kibla* (1) politique, ne surent plus dès lors de quel côté tourner leurs regards. Il n'est pas surprenant que, dans ces fâcheuses conditions, ne sentant plus ni le poids du joug administratif, ni celui du bras du commandement, il ne faut pas s'étonner, disons-nous, si les fauteurs de désordres, si nos irréconciliables ennemis, se hâtèrent de mettre tout en œuvre pour réveiller l'esprit de révolte, toujours en sommeil d'ailleurs, ou à l'état latent chez les indigènes musulmans, chez ceux même qui nous semblent les plus dévoués à la cause française.

Toutes les tribus du Tell et du Sahra furent vigoureusement travaillées par une armée d'émissaires qui s'abattirent sur le pays ; le khouan de tous les ordres religieux entrèrent en cam-

---

(1) La *Kibla* est le point vers lequel les Musulmans se tournent pour prier. C'est plus ou moins la direction de Mekka.

pagne pour souffler l'esprit de révolte dans le cœur des Musulmans ; c'était certainement le moment marqué par Dieu pour la délivrance de son peuple, qu'il avait suffisamment châtié sans doute. La persistance de nos désastres venait appuyer les dires de nos ennemis, et disposer nos populations à croire à la venue prochaine du *Moula es-Sâa*, à qui le Dieu unique, en permettant la destruction de nos armées, préparait évidemment les voies.

Pourtant notre vieux prestige, bien que fort entamé, survivait encore dans la masse des indigènes; ils ne pouvaient pas se faire à cette idée que la France, qu'ils ont toujours vue si puissante, que la France qui les a si souvent vaincus, en ait été réduite en si peu de temps à l'état misérable sous lequel on la leur représentait; bref, ils n'en étaient pas bien convaincus ; et ils savaient d'expérience qu'il est extrêmement imprudent de mettre le pied sur le lion abattu, si l'on n'est pas bien certain qu'il a cessé de vivre. C'est ce qui explique pourquoi les indigènes algériens ont tant tardé à lever l'étendard de l'insurrection : ils craignaient que le lion ne fût pas bien mort.

Quant aux rebelles du Sud-Ouest et aux tribus marokaines de la frontière, notre énergique ar'a des Hamoïan, Sid Sliman-ben-Kaddour, qui nous rendit d'éminents services pendant la guerre de 1870-1871, les maintint dans une crainte salutaire, et, bien que la province d'Oran fût presque entièrement dégarnie de troupes, elle put cependant, grâce à sa rude et brutale vigueur, et aux bonnes relations qu'il entretenait avec son cousin Sid Mammar-ben-Ech-Chikh, le chef de la branche cadette des Oulad-Sidi-Ech-Chikh de l'Ouest, traverser cette sinistre période sans que la paix et la sécurité fussent sérieusement troublées dans cette partie de notre territoire. Quel qu'eût été le mobile qui dirigea sa ligne de conduite dans ces douloureuses circonstances, nous n'en devons pas moins reconnaître que la fermeté du commandement de Sid Sliman nous a évité bien des embarras, alors surtout qu'il nous eût été si difficile, pour ne pas dire impossible, d'y parer ou d'y remédier.

Le maréchal de Mac-Mahon, Gouverneur général de l'Algérie,

était parti dans le courant du mois de juillet pour prendre le commandement de son corps d'armée sur le Rhin. Il avait été remplacé, pour faire son intérim, par le général Durrieu, Sous-Gouverneur général, lequel était appelé à Tours le 26 octobre, et remplacé par le général Walsin-Esterhazy, du cadre de réserve.

M. H. Didier était nommé Gouverneur général civil de l'Algérie le 31 octobre, et le général Lallemand commandant supérieur des Forces de terre et de mer.

Le général Litchlin remplace le général Walsin-Esterhazy le 8 novembre, en attendant l'arrivée du général Lallemand, qui débarquait à Alger le 10 du même mois.

M. le Gouverneur général civil Didier ne s'étant point rendu à son poste, et sa nomination ayant été annulée, il était remplacé par M. du Bouzet, préfet d'Oran, qui prenait le titre de Commissaire extraordinaire de la République en Algérie.

M. du Bouzet était remplacé, le 15 janvier 1871, par M. Alexis Lambert dans sa haute fonction de Commissaire extraordinaire de la République.

Malgré nos revers, et la qualité des troupes qui avaient remplacé celles de l'armée permanente d'Algérie, troupes ne se composant guère que de conscrits, ou de Mobiles ou Mobilisés non acclimatés, mal armés, et dont l'instruction militaire avait été à peine ébauchée ; malgré, disons-nous, ces fâcheuses conditions, l'année 1870 s'acheva sans encombre, et la paix put être maintenue dans le Sud-Ouest algérien. Il convient, nous le répétons, d'attribuer une bonne part de cet heureux état de choses à l'énergie quelque peu sauvage de notre ar'a des Hameïan, Sid Sliman-ben-Kaddour, et au besoin de se refaire qu'avaient éprouvé les rebelles à la suite de l'expédition du général de Wimpffen sur l'ouad Guir.

Malheureusement, les qualités de Sid Sliman-ben-Kaddour étaient gâtées par une cupidité, une rapacité extrêmes ; il rongeait ses administrés littéralement jusqu'à l'os : c'était la razia à l'intérieur, incessante et désordonnée, et cela indépendamment du détroussement des caravanes qui s'aventuraient à proximité de ses campements. Aussi, les Hameïan en étaient-ils arrivés à ce point de préférer à cette paix, que leur donnait leur ar'a, la razia de leurs désagréables voisins du Marok, parce qu'avec eux, ils pouvaient nourrir l'espoir de rentrer dans leurs biens par une opération du même genre, tandis qu'avec Sid Sliman, ce qui était perdu l'était à tout jamais. Nous ajouterons que ces infortunés Hameïaan n'avaient pas même la consolation de pouvoir se plaindre ; car, en réclamant, ils s'exposaient fort à s'attirer des désagréments et à aggraver leur situation.

Dans le courant de février 1871, Sid Sliman-ben-Kaddour, bien que nous fussions en paix avec les tribus marokaines de la frontière, arrêtait de sa propre autorité, et à son profit, une caravane des Eumour se rendant à Tlemcen pour y vendre 260 moutons, dont il s'emparait, et faisait jeter les marchands en prison. Il s'attribuait, en outre, une part léonine sur la somme de 225,000 francs versée entre ses mains par l'État en paiement des réquisitions qu'avaient fournies les Hameïan pour l'expédition de l'ouad Guir. Un notable de cette tribu, Djelloul-ould-El-Akhdhar, a la mauvaise idée d'appuyer les réclamations de ses contribuables ; il se réfugiait en même temps — prudemment — chez les Beni-Guil. Heureusement pour lui, il avait pu mettre en lieu sûr la plus grande partie de ses troupeaux, lesquels représentaient une valeur relativement importante. Grâce à cette précaution, Sid Sliman ne put mettre la main que sur quelques centaines de moutons, qu'il jugea convenable de s'approprier.

Sans doute, l'autorité française faisait bien tout ce qu'elle pouvait pour amener Sid Sliman à rendre gorge ; mais elle était obligée d'y mettre des formes et beaucoup de patience ; car elle avait besoin de ce fonctionnaire ; il le savait, et il en abusait. Il fallait fermer les yeux sur cet état de choses, remettant à des temps meilleurs le moment de se priver des services de ce singulier administrateur. Nous n'avions pas les moyens de faire de la justice et de la sévérité, et, en définitive, il était préférable, malgré ce qu'avaient de peu correct ses théories administratives, d'avoir Sid Sliman pour allié que pour ennemi.

Dans la nuit du 12 au 13 mars, un parti d'une centaine de fantassins appartenant aux Oulad-Zyad, aux El-Ar'ouah et à d'autres tribus rebelles, venait enlever les troupeaux des Arbaouat sur l'ouad El-Gouleïta : 30 *trarts* assez mal armés de ces deux ksour essayèrent de défendre leur bien. Après un combat assez vif, les insurgés parvinrent, malgré qu'ils eussent perdu cinq des leurs, à enlever les troupeaux capturés. Mais le kaïd Mohammed-ben-El-Miloud, informé de cette attaque pendant la nuit, part, à la tête de 50 fantassins, à la poursuite des maraudeurs, les atteint bientôt, les attaque vigoureusement, leur tue trois hommes et en blesse un certain nombre d'autres, et leur prend quinze fusils. Après avoir dispersé cette bande de maraudeurs, le kaïd ramène les troupeaux volés. Un seul Arbaouï avait été tué.

En présence de l'agitation qui régnait dans le Sud-Ouest, des troupes étaient parties de Tlemcen pour renforcer le poste de Sebdou, dont la colonne mobile était établie à El-Gor, point situé à l'est de ce poste.

On apprenait, vers le 20 mars, que le chef de l'insurrection faisait des offres de soumission. Tout invraisemblable que pût paraître cette nouvelle aux officiers quelque peu initiés à la question sahrienne, et connaissant le caractère de Sid Kaddour-ould-Hamza, ils y crurent cependant : « Avec la mobilité capricieuse du caractère des Sahriens, il faut s'attendre à tout, se disaient-ils, et il se pourrait bien que le fanatique brutal, violent, que le haineux, l'irréconciliable Sid Kaddour, lassé de ses insuccès, eût tenté quelque démarche pour se rapprocher de nous. » Pourtant, nous eussions été bien étonnés si cette demande d'aman avait été spontanée, et faite *de proprio motu* par cet opiniâtre adversaire.

En effet, nous apprenions plus tard que des ouvertures lui avaient été faites, dès le mois de décembre dernier, par le général de Mézange de Saint-André, commandant la province d'Oran, et qu'elles avaient été renouvelées récemment et appuyées par M. Alexis Lambert, Commissaire extraordinaire de la République en Algérie. Le Dr Warnier, si compétent dans les affaires algériennes, avait prêté aux négociateurs le concours de sa précieuse expérience et de son incontestable influence sur les populations indigènes.

C'est par l'intermédiaire de Sid Kaddour-ould-Adda, or'a des tribus sahriennes de la subdivision de Sidi-Bel-Abbas, et l'un de nos plus anciens et de nos plus dévoués serviteurs, que devait se traiter cette affaire. En effet, l'ar'a Sid Kaddour avait été autorisé par le général commandant la province d'Oran à se mettre en rapport avec le chef de l'insurrection, et à entamer avec lui des pourparlers en vue de sa soumission, dont les conditions devaient être débattues contradictoirement entre les deux parties.

Le Gouvernement de Bordeaux, tenu au courant, vers la fin de décembre, par M. le Commissaire extraordinaire Du Bouzet, des bases sur lesquelles on avait décidé de traiter, y avait donné son entière approbation, et chargeait M. le Commissaire extraordinaire d'adresser ses félicitations à l'officier général qui avait eu l'initiative de la pacification du Sud de la province d'Oran.

Il est inutile d'ajouter que les mesures militaires à prendre en vue de favoriser les négociations, avaient reçu l'approbation du général Lallemand, Commandant supérieur des Forces de terre et de mer.

Sid Kaddour-ould-Hamza avait accepté le rendez-vous demandé, et sa rencontre avec notre agent devait avoir lieu le 24 mars à Bou-Guern, à la pointe ouest du Chothth-ech-Chergui. Le chef des Oulad-Sidi-Ech-Chikh-ech-Cheraga devait être accompagné, disait-on, de Sid Sliman-ben-Kaddour; quant à l'ar'a Kaddour-ould-Adda, il serait assisté du lieutenant-colonel Gand et du commandant Marchand.

Sid Kaddour-ould-Hamza manqua au rendez-vous convenu. Il serait arrivé, dit-on, le 24 au soir, ou le 25 au matin, à Kheneg-el-Hada, dans le pays des Beni-Mathar du Marok, c'est-à-dire à une quarantaine de lieues à l'ouest du point fixé. Il aurait, prétendait-on, reçu en cadeau, des gens de cette tribu, un certain nombre de chameaux chargés de blé et d'orge, et, au lieu de se rendre au rendez-vous qu'il avait accepté, il se serait décidé à y établir ses campements pour y attendre la jonction des contingents qu'il avait convoqués, et avec lesquels son intention était, ajoutait-on, de se porter et de fondre soit sur les tribus du cercle de Sebdou, soit sur celles de Lalla-Mar'nia. Avisées des projets plus ou moins suspects du marabouth, quelques-unes de nos tribus se sont repliées, par mesure de prudence, vers le nord, dans la direction de ces postes.

Quant à l'ar'a Kaddour-ould-Adda, et au kaïd des kaïds R'alem-ould-El-Bachir, ils sont restés en observation à El-Aricha, sous la protection de la colonne établie sur ce point.

En présence de cette singulière attitude de Sid Kaddour-ould-Hamza, des mesures sont prises pour secourir nos tribus du Sud, garder les débouchés du Tell, et pour parer enfin à toute éventualité. A cet effet, une colonne mobile, commandée par le lieutenant-colonel Gand, a quitté Saïda pour se porter à la rencontre du chef de l'insurrection. Cette colonne, dont l'effectif général s'élève à 1,550 hommes, est composée de cinq compagnies des Mobiles de l'Allier, de six du Régiment Étranger, d'une compagnie du 1er Bataillon léger d'Afrique, d'un escadron du 2e de Chasseurs d'Afrique, et d'une section d'Artillerie de montagne.

La colonne rejoignait à Sfid 300 cavaliers des Hameïan, 200 de Saïda, 200 des Thrafi, et 200 de Frenda ; 400 chameaux des Hameïan, fournis par l'ar'a Sid Sliman-ben-Kaddour, forment le convoi.

Un convoi de 100 chameaux, également des Hameïan, était parti de Saïda, quelques jours après la colonne, pour la compléter à dix-sept jours de vivres de toute nature.

Par arrêté du Chef du Pouvoir exécutif, en date du 29 mars, le Vice-Amiral comte de Gueydon était nommé Gouverneur général civil de l'Algérie.

Il avait sous ses ordres le Commandant supérieur des Forces de terre et de mer.

On avait accueilli avec enthousiasme, en Algérie, la nouvelle des propositions de soumission qu'avait faites, affirmait-on, Sid Kaddour-ould-Hamza ; on exaltait les diplomates qui avaient été chargés de la conduite de cette affaire si délicate. En effet, pensait-on, la soumission de Sid Kaddour c'est la paix assurée à tout jamais dans notre Sud occidental; c'est la terminaison de cette guerre de sept ans dont nous n'avions pas l'espoir de voir la fin.

C'était là évidemment de la naïveté ; car, en supposant même qu'il entrât dans les combinaisons de ce rebelle de traiter avec nous de sa soumission, — et il n'y avait aucun intérêt, — il ne pouvait le faire que « *de sa selle,* » c'est-à-dire de sa personne seulement ; cette démarche n'engageait ni les autres membres de la famille des Oulad-Sidi-Ech-Chikh des deux branches, ni surtout ses adhérents, sur lesquels il ne pouvait maintenir son influence qu'à la condition de rester à leur tête, et cela d'autant mieux que Sid Kaddour n'était pas l'héritier légitime de la *baraka*, et que le pouvoir qu'il détient indûment appartient au jeune Hamza-ould-Abou-Bekr, son neveu. Du reste, il n'est pas douteux que Sid El-Ala, l'âme de l'insurrection, n'ait relevé, à son profit ou à celui du chef de la famille, le drapeau de la guerre sainte ; et, à son défaut, les Oulad-Sidi-Ech-Chikh de la branche cadette, Sid Sliman-ben-Kaddour lui-même, aujourd'hui notre allié, et qui, demain peut-être, sera notre ennemi, — car, avec les Arabes, il faut s'attendre à tout, — n'eussent pas manqué de profiter du passage de Sid Kaddour aux Chrétiens pour lui enlever le reste d'influence attaché au nom des Oulad-Hamza, c'est-à-dire aux Oulad-Sid-Ech-Chikh de la branche aînée. Nous n'avions donc pas plus d'intérêt à traiter avec Sid Kaddour que lui pouvait en avoir à nous faire sa soumission. Cette combinaison n'améliorait donc la situation en aucune façon, et il fallait ne le connaître que bien imparfaitement pour croire au succès des démarches tentées auprès de Sid Kaddour pour l'amener à composition. Et puis, d'ailleurs, toute convention avec ces fluides Sahriens, si légers de parole et de bonne foi, n'aurait pas la moindre chance de durée, ne présenterait pas la moindre garantie.

Les évènements antérieurs nous l'ont déjà démontré surabondamment, et nous aurons certainement l'occasion de faire de nouveau la preuve de cette opinion, que nous craignons d'autant moins de soutenir qu'elle repose sur une expérience qui date déjà de loin.

Bien que Sid Kaddour eût manqué au rendez-vous qu'il avait accepté, l'ar'a Kaddour-ould-Adda paraissait pourtant n'avoir point renoncé encore à l'espoir de nous ramener le chef de l'insurrection ; il en faisait évidemment une affaire d'amour-propre ;

car, on ne s'expliquait pas autrement cet entêtement de la part d'un chef indigène de son expérience et de son caractère. Il se reposait opiniâtrement à se rendre à l'évidence, et à reconnaître que Sid Kaddour nous jouait effrontément. En effet, bien qu'évitant toujours la rencontre de l'ar'a des tribus sahriennes de l'Ouest, Sid Kaddour ne se rapprochait pas moins peu à peu de la ligne de ceinture du Tell. Nos tribus de cette région ne s'y laissaient pas prendre; elles avaient deviné ses projets et se repliaient devant lui. Il en était même arrivé à menacer sérieusement Sebdou, et cela malgré la présence d'une colonne à El-Gor. Comme il craint que sa tactique ne soit éventée, il s'arrête et amuse Kaddour-ould-Adda, à qui il envoie de nouvelles propositions, et nous entamons, avec une candeur inexprimable, par l'intermédiaire de notre délégué, une autre série de négociations qui, probablement, auront le même résultat que les précédentes.

Mais notre confiance est tellement robuste, absolue, que nous ne nous doutons pas le moins du monde du jeu du rusé Sid Kaddour; nous ne devinons pas sa manœuvre; nous ne comprenons pas que son but est de se rapprocher de nos colonnes ou de nos postes, de s'éclairer sur notre situation, de chercher à surprendre, en longeant la frontière, soit nos colonnes, soit nos tribus fidèles, les Hameïan surtout, en démasquant subitement ses batteries. Et nous sommes d'autant moins excusables de nous laisser tromper de la sorte, que c'est la troisième ou quatrième fois, depuis moins d'un mois, qu'il emploie ce grossier stratagème. Déjà même, l'année dernière, il avait tenté d'arrêter ainsi, sous prétexte de soumission, les préparatifs de l'expédition qu'organisait le général de Wimpffen contre les tribus marokaines.

Il importe que nous soyons bien convaincus qu'on ne traite pas avec ces gens-là : on se contente de les battre quand l'occasion s'en présente, et l'on prend les mesures nécessaires pour mettre nos tribus à l'abri de leurs coups.

Pourtant, nous finissons par nous apercevoir, et à n'en plus douter, que Sid Kaddour-ould-Hamza cherche à endormir notre vigilance et se moque de nous; aussi, ordre est-il donné, le 5 avril, à la colonne du lieutenant-colonel Renaud d'Avène des

Méloizes, forte de 700 hommes d'infanterie, de 644 chevaux de cavalerie régulière, et d'une section d'artillerie, de se diriger vers les campements de Sid Kaddour, toujours établi au Kheneg-el-Hada, sur la frontière marokaine, point de rassemblement de ses contingents, et de porter son camp de Sidi-Djilali, chez les Beni-Snous, aux puits d'El-Magoura, dans la tribu des Oulad-En-Nhar.

Sid Kaddour, qui, sans doute, n'était pas prêt encore, n'avait point cessé de chercher à nous donner le change sur ses projets. En effet, deux marabouths, venus, le 3 avril, au camp de Sidi-Djilali, assuraient que les intentions du chef de la branche aînée étaient des plus pacifiques, et ils promettaient de faire connaître, le 6 ou le 7 au plus tard, la réponse définitive de Sid Kaddour aux propositions qui lui avoient été faites.

L'ar'a Kaddour-ould-Adda, qui ne voulait pas se reconnaître battu, et Sliman-ben-Kaddour qui, très probablement, ne se souciait que médiocrement de la soumission de son cousin, à laquelle il n'avait rien à gagner, étaient campés à Sidi-Yahya, au sud-ouest de Sebdou, en attendant les évènements. Des relations suivies existaient, disait-on, entre leur camp et celui de Sid Kaddour-ould-Hamza. Il ne serait pas étonnant que Sid Sliman, tout en paraissant d'accord avec l'ar'a de Sidi-Bel-Abbas, ne défît traîtreusement l'œuvre au succès de laquelle Kaddour-ould-Adda travaillait avec une ardeur digne d'un meilleur sort.

Mais le moment était proche où nos négociateurs et nous allions être fixés sur les véritables intentions du chef de l'insurrection.

La colonne de Saïda, forte de 897 hommes d'infanterie, de 242 chevaux du 2ᵉ de Chasseurs d'Afrique, et d'une section d'Artillerie de montagne, quittait ce poste, le 13 avril, pour se diriger sur les puits de Tar'ziza, point situé entre Ras-el-Ma et El-Aricha.

Le 17 avril, au matin, Sid Kaddour-ould-Hamza, décidé à jeter le masque, se mettait en marche à la tête de ses contingents. Informé de ce mouvement, le colonel des Méloizes, commandant la colonne, aperçut, en effet, l'ennemi défilant sur les plateaux faisant face à son camp, à une distance de cinq kilomètres environ des puits d'El-Magoura. La direction suivie était du sud-ouest au nord-est, c'est-à-dire la ligne même de communications de la colonne avec Sebdou par Sidi-Djilali.

Vers midi, le mouvement de l'ennemi s'étant tout à fait prononcé, le chef de la colonne donnait l'ordre au commandant Marchand de pousser une reconnaissance jusqu'aux plateaux avec les forces qu'il avait amenées d'El-Haçaiba (Magenta). Ce détachement se composait d'une compagnie du Régiment Étranger (capitaine *Kauffmann*), forte de 218 hommes, de deux escadrons (2ᵉ et 3ᵉ) du 1ᵉʳ de Chasseurs de France (capitaine *Mercier* et lieutenant *Boucher*), de quatre escadrons du 2ᵉ de Spahis (capitaine *François*), de la 5ᵉ section du 3ᵉ d'Artillerie, 11ᵉ batterie (maréchal-des-logis *Kœcherlin*), enfin, d'un détachement du 2ᵉ du Train des Équipages (sous-lieutenant *Pouchat*). L'effectif de cette petite colonne était de 500 hommes environ.

Cette reconnaisance quittait le camp à midi un quart, et prenait son point de direction sur la colonne des rebelles. Son aile droite était prolongée par les goums de Dhaya, Tlemcen et Saïda; l'aile gauche était flanquée par les goums et les fantassins des Hameïan.

L'ennemi continuait sa marche de flanc vers Sidi-Djilali, le commandant de la reconnaissance se dirigea sur un plateau s'élevant entre deux petites vallées commandées elles-mêmes, à droite et à gauche, par des hauteurs facilement accessibles. La proximité des rebelles ne permit pas au commandant de la colonne d'attendre qu'il en eût gagné le sommet pour prendre ses dispositions de combat; pressé par l'ennemi, il dut s'arrêter à mi-côte, c'est-à-dire dans une position des plus défavorables. Il fit porter la section d'artillerie à quelques pas en avant de la droite de l'infanterie, et commencer le feu.

Les premiers obus jetèrent tout d'abord un certain désordre au milieu de la cavalerie ennemie; plusieurs cavaliers et des chevaux furent atteints et tués; mais les rebelles se remettaient bientôt de leur émotion, et leurs pertes semblèrent les exalter davantage. En effet, s'encourageant par de grands cris, ils se ruèrent furieusement sur la petite colonne, qui reçut le choc avec un remarquable aplomb, les accueillant de ses feux parfaitement dirigés. Le drapeau de Sid Kaddour flottait au milieu de cette trombe de cavaliers.

Le goum, qui avait pour mission de couvrir la droite de la colonne, ne s'était pas cru obligé d'attendre l'effet de la charge des rebelles ; il n'avait pas hésité un instant à tourner bride : seuls, l'ar'a Kaddour-ould-Adda, — qui avait rejoint la colonne, et qui paraissait fixé sur le succès de ses négociations, — le kaïd des kaïd R'alem-ould-El-Bachir, et quelques autres chefs indigènes tinrent bon, et ne suivirent pas le mouvement rétrograde de leurs cavaliers affolés. Pour comble de malheur, ce goum, cette tourbe enfiévrée de terreur, et sans doute très disposée à la trahison, se précipita à une allure torrentueuse sur notre cavalerie régulière, qui, à ce moment, exécutait un mouvement pour faire face à la charge ennemie ; tout naturellement, elle fut fortement ébranlée par le choc de cette canaille éperdue, sur laquelle elle hésita pourtant à faire feu. Il va sans dire que l'ennemi n'avait pas négligé de profiter de ce désordre, et qu'il avait pénétré dans les rangs mal reconstitués de notre cavalerie. Ce fut alors un affreux pêle-mêle, où roulèrent, confondus dans un épais nuage de poussière, goums amis et ennemis, — rien ne se ressemble tant, — Spahis et Chasseurs, entraînés dans la direction du camp. Tout ce monde fut bientôt hors de vue, et il eût été difficile de prévoir où s'arrêterait cette foule désordonnée.

Le commandant de la reconnaissance restait sur son plateau avec 308 hommes seulement (218 du Régiment Étranger), 20 Artilleurs et 70 Chasseurs. Grâce à la solidité de l'infanterie et au sang-froid de l'artillerie, leur feu avait empêché ce déplorable accident de se transformer en désastre : un feu bien nourri et bien dirigé avait permis à cette petite troupe non-seulement de repousser avec succès les charges de l'ennemi, mais encore de lui infliger des pertes très sérieuses.

Mais la reconnaissance, qui avait eu le plus grand tort de s'engager, surtout dans d'aussi mauvaises conditions, n'était pas au bout de ses efforts ; car les fantassins ennemis, qui n'avaient pas été entraînés, arrivaient en ligne à leur tour : ils occupaient le sommet du plateau que la colonne n'avait pu couronner, et dirigeaient, de cette position dominante, un feu assez violent sur son front, pendant qu'une partie de ces fantassins, embusqués dans les touffes de halfa dont était couverte, sur sa gauche, la pente de ce même plateau, fusillaient presque impunément la partie de la ligne en position de ce côté.

La petite colonne avait ainsi à soutenir sur son front et sur son flanc gauche l'attaque d'un millier de fantassins ennemis, qu'elle parvint pourtant à tenir en respect par ses feux de mousqueterie. L'Artillerie envoyait en même temps quelques boîtes de mitraille quand l'ennemi se groupait en nombre suffisant pour valoir un coup de canon.

Mais le combat qui entraînait au loin les deux escadrons de l'aile droite, lancés dans le tourbillon qu'ils formaient avec une partie des goums ennemis, avait complètement découvert le flanc droit de la ligne, vers lequel se dirigeaient de nombreux cavaliers : attaqué de tous côtés, le commandant de la colonne entreprit de former une sorte de carré plus ou moins régulier, avec de larges intervalles ; une des faces dut gravir la pente du plateau pour en occuper le sommet ; l'escadron de Chasseurs formait la quatrième face. Les deux pièces d'artillerie se tenaient dans l'intérieur du carré afin de pouvoir se porter sur les points d'où l'on pourrait tirer efficacement sur des rassemblements ou des groupes importants.

Pendant plus d'une heure, et sans qu'il lui fût laissé un moment de répit, le carré est harcelé sur ses deuxième et quatrième faces par la cavalerie, et sur ses première et troisième faces par les fantassins de l'ennemi.

Le goum des Hameïan, qui était en position sur la gauche de la colonne, l'avait abandonnée dès le commencement de l'action ; les gens de pied de cette tribu avaient, au contraire, très bien tenu, suivant la section du sous-lieutenant *Groff*, qui avait pour mission d'enlever le sommet du plateau, et de s'y maintenir dans toutes les phases de cette périlleuse entreprise.

Maîtresse de cette position, qui commandait tout le terrain environnant, l'Infanterie put, tout à son aise, fouailler de ses feux la cohue des fantassins ennemis rejetés dans l'étroite vallée qui longeait le pied du plateau, et entassés les uns sur les autres. Pendant un instant surtout, les rebelles firent des pertes sensibles ; aussi se hâtèrent-ils de prendre la fuite vers l'ouest dans un désordre qui n'était pas de nature à faciliter le déblaiement de la vallée, et qui les maintint sous notre feu plus longtemps, certainement, qu'ils ne l'auraient voulu.

Le goum des Hameïan, qui, d'abord, avait abandonné la colonne, était revenu au combat lorsqu'il s'était aperçu que nos affaires prenaient une meilleure tournure : il se précipita avec une irrésistible ardeur sur la masse des fuyards, qu'il abattait à coups de massue, de sabre, et de fusil ou pistolet. Le goum leur donnait la chasse assez loin du champ du combat, et jalonnait sa route de leurs blessés et de leurs morts. Quelques cavaliers se bornaient à les déshabiller avec une singulière habileté : saisissant le bernous par le capuchon en même temps que la gandoura, en un tournemain, ils mettaient le malheureux *terras* dans la tenue élémentaire des Adamites.

Le terrain de la lutte était bientôt déblayé des bandes rebelles ; on n'apercevait plus, au bout de quelques instants, que des cavaliers isolés errant au loin dans la plaine, et cherchant à retrouver leurs morts.

Après un repos d'une heure sur le terrain de l'action, le commandant de la reconnaissance reprenait le chemin du camp.

Le commandant *Marchand* se loue beaucoup du sang-froid et de la décision montrée par la compagnie du Régiment Étranger, qui, bien que composée en grande partie de jeunes soldats, avait, conduite par de vigoureux officiers, exécuté ses mouvements et ses feux avec le calme et l'aplomb d'une vieille troupe.

La cavalerie (2ᵉ escadron du 1ᵉʳ de Chasseurs de France et 3ᵉ escadron du 2ᵉ de Spahis), dans laquelle notre goum, ramené par celui de l'ennemi, avait en fuyant jeté le désordre et beaucoup souffert ; obligés de combattre corps à corps dans un pêle-mêle confus, et dans les conditions les plus défavorables et les plus disproportionnées, nos cavaliers ont fait des pertes cruelles ; les capitaines commandants *Mercier*, du 1ᵉʳ de Chasseurs de France, et *François*, du 2ᵉ de Spahis, avaient trouvé la mort dans cette sanglante aventure ; le 1ᵉʳ escadron de Chasseurs comptait en outre 15 tués, 2 disparus et 6 blessés ; l'escadron de

Spahis perdait 8 tués et avait 6 blessés ; un grand nombre de chevaux étaient tués ou blessés et d'autres avaient disparu.

Les pertes de Sid Kaddour-ould-Hamza, lequel avait eu un cheval tué sous lui, étaient certainement des plus sérieuses ; mais il serait difficile de les estimer, même approximativement. Pourtant, s'il faut en croire la version arabe, il aurait eu près de 200 tués et un grand nombre de blessés. Parmi les morts, se trouvaient 63 chefs de tentes des Beni-Guil, Doui-Mnia, Oulad-Sidi-Aïça et Oulad-Bou-Douaïa-Zoua. Ces derniers auraient perdu, en outre, 15 de leurs cavaliers les plus marquants.

Certes, ce combat est loin d'être irréprochable sous le rapport des principes ; il y a eu là une suite de fautes graves contre les règles les plus élémentaires de la tactique à employer dans les combats contre les cavaliers sahriens : encore une fois, dispositions vicieuses relativement à la place que doivent occuper les goums (1) dans l'ordre de bataille, et à leur emploi contre l'en-

---

(1) Nous n'avons eu que trop fréquemment déjà à constater ce fâcheux emploi des goums, et leur disposition vicieuse dans l'ordre de bataille. Pour manier efficacement ces bandes sans discipline, sans cohésion, souvent amies de l'ennemi, pour en tirer un bon parti, il faut une expérience de la guerre en Afrique — dans le Sahra particulièrement — que, malheureusement, nous n'avons plus guère ; il faut que les commandants de colonnes aient une grande habitude du maniement de ces foules, et que celles-ci, par contre, aient une confiance illimitée en eux, et surtout qu'elles les connaissent et en soient bien connues.

C'est là, incontestablement, une force précieuse que nous aurions le plus grand tort de négliger ; car, sans elle, il ne saurait être d'expédition sérieuse dans le Sud algérien, où, réduits à nos lourds moyens de civilisés, nous ne pouvons jamais faire autre chose que de la guerre défensive. En définitive, ce sont toujours les Arabes qui nous attaquent ; ils le font quand cela leur convient, sur le point qu'ils ont choisi et à leur heure, et jamais de la vie nous ne les atteindrions, si nous ne chargions nos goums de leur donner la chasse.

Aussi leur rôle est-il l'attaque, et l'attaque seulement et nous pouvons être bien certains qu'ils lâcheront pied si nous la leur laissons attendre de pied ferme. Chez les Arabes, le succès appartient, neuf fois sur dix à l'attaquant, et chaque page des annales de ce pays nous en fournit la preuve. La cavalerie arabe — cavalerie légère par excellence — n'offre pas la moindre résistance au choc d'une cava-

nomi ; même observation pour ce qui concerne la cavalerie française ; combat engagé dans de mauvaises conditions, c'est-à-dire avant de s'être emparé des positions dominant le champ de la lutte. On se demande surtout pourquoi le commandant de la

---

lerie similaire, que, d'ailleurs, elle n'attend jamais : dès que la cavalerie qui est en face d'elle s'ébranle, celle qui est en position tourne bride, et nous avons, dès lors, grand'chance, si elle est à proximité de la colonne, pour que, en fuyant, elle jette le trouble et le désordre soit dans nos escadrons réguliers, soit dans les rangs de notre infanterie, qui, dès lors, ne peut plus faire usage de ses armes, et de là à un désastre, il n'y a pas loin.

Cet état de choses tient surtout à la pitoyable composition de nos goums, lesquels sont dépourvus de l'ombre même d'une organisation quelconque : c'est, le plus souvent, un ramassis de khammas juchés sur des chevaux hypothétiques qui ne leur appartiennent même pas, et qui leur ont été confiés par leur maître et seigneur, lequel ne tient pas le moins du monde à se faire crever la peau pour les Chrétiens, et préfère laisser toute la gloire des expéditions de guerre à ses *rdian*, ses gardiens de bestiaux, à la canaille enfin.

A quoi bon d'ailleurs ces goums de 1,500 à 2,000 chevaux, surtout pour une colonne de 7 à 800 hommes ? Quels services peut-on attendre de ces foules pédiculeuses, encombrantes, désordonnées, mal armées, pitoyablement outillées, peu meurtrières pour leurs coreligionnaires quand elles les atteignent, et par trop ménagères de la poudre et du plomb que leur a fourni le Baïlik français, munitions qu'elles réservent trop souvent pour une meilleure occasion, celle, par exemple, où il s'agira d'entreprendre de nous faire repasser la mer. Et nous devons nous estimer bien heureux, quand, escomptant notre défaite à la suite de ces paniques préméditées, elles ne finissent pas par piller notre convoi.

Nous le répétons, il est incontestable que nos plus grands succès dans le Sahra, nous les devons aux goums de cette région ; nous en avons eu souvent la preuve, notamment, depuis le commencement de l'insurrection, le 4 février 1865, à la journée de Garet-Sidi-Ech-Chikh, et le 23 décembre 1871, à l'affaire d'El-Mengoub. Mais il faut dire que, dans ces deux mémorables journées, il y avait pour stimulants, du côté des assaillants, des haines et du sang, des vengeances à satisfaire, et la conquête en perspective d'un riche et plantureux butin. C'est à nous à profiter de ces bonnes occasions quand elles se présentent, et notre politique doit s'attacher à les faire naître quand elles se font trop attendre. Dans toute guerre, les alliés — ceux surtout qui sont disposés à faire le gros de la besogne — ne sont jamais à dédaigner. Pour être un peu machiavélique peut-être, ce principe

colonne, qui s'est aperçu, dès le matin, du mouvement de l'ennemi dans la direction de ses communications avec Sebdou, on ne s'explique pas, disons-nous, pourquoi, ne se préoccupant que médiocrement de cette situation, assez grave pourtant, il attend

---

n'en est pas moins bon à retenir en Afrique, la terre classique de la foi punique.

Surtout, ne perdons point de vue ce sage conseil d'un maître, d'un expert dans la guerre contre les Nomades, le regretté général Yusuf (*) : « Il faudrait écrire des volumes si l'on voulait énumérer « les reproches mérités par les goums, et les opérations qu'ils nous « ont fait manquer; je répète cependant qu'ils peuvent rendre de « bons services si l'on sait les employer : au lieu d'un goum de « 1,500 à 2,000 cavaliers, troupe toujours confuse, et qui fournira « d'autant plus d'espions à l'ennemi qu'elle comptera un plus grand « nombre d'hommes, un commandant de colonne doit en prendre « quelques-uns seulement dans chaque tribu, choisir les plus influents, « les plus riches ; dès lors, il aura sous sa main une centaine de ca- « valiers qui pourront lui être fort utiles. »

Il est clair que ce qui nous manque, c'est un corps de *cavalerie irrégulière*, un *corps de Makhzen* qui serait recruté dans chacune des tribus à cheval du Sud algérien, et divisé par circonscriptions de région, et, dans chaque circonscription, par tribu. Le nombre des cavaliers à fournir serait proportionnel à celui de ses *foursan* (**). Il faudrait, bien entendu, renfermer la sélection en bêtes et gens dans les limites les plus étroites, et de façon à n'admettre, dans ce Makhzen, que l'élite des cavaliers de la tribu, hommes et chevaux de tête, et dont l'âge ne devrait pas dépasser quarante ans pour les simples cavaliers. Il va sans dire qu'ils seraient rigoureusement astreints au service personnel.

Chaque subdivision porterait le nom de la tribu qui la fournit.

Hommes et chevaux seraient immatriculés sur des contrôles qui seraient tenus — dans le corps de Makhzen du Sud — par le Chef de Bureau des Affaires indigènes de la circonscription militaire de laquelle relèvent les cavaliers incorporés.

Les chefs de ce Makhzen, lesquels seraient pris, autant que possible, parmi les aghas, les kaïds et les cheikhs de fractions administratives, seraient nommés par le commandant de la division militaire. Ils recevraient un titre de nomination. L'autorité qui les nomme aurait qualité pour les révoquer.

Ces cavaliers de Makhzen seraient convoqués une fois au moins

(*) *De la Guerre en Afrique.*

(**) Hommes de cheval, bons cavaliers.

pour agir jusqu'à midi, c'est-à-dire jusqu'au moment où Sid Kaddour a réuni toutes ses forces sous sa main. On voudrait savoir pourquoi, au lieu de marcher à l'ennemi avec toute sa colonne, le lieutenant-colonel des Méloizes se borne à envoyer — et trop

---

chaque année pour être inspectés, au chef-lieu de la subdivision de région, par son commandant militaire.

Ils pourront être convoqués pour le service d'expédition toutes les fois qu'il en sera besoin. Le commandant de la circonscription militaire pourra ne convoquer, pour le service d'expédition, qu'une partie du Makhzen de chaque tribu, afin que, dans le cas où l'opération se prolongerait, on pût faire relever la première série par la seconde. Dans tous les cas, les fractions et les tribus marcheront à tour de rôle.

Chaque cavalier aurait droit à l'orge pour son cheval du jour de son arrivée constatée au lieu du rassemblement.

Le commandant de la colonne emploierait ces cavaliers aux genres de services que comportent le mieux leurs aptitudes spéciales.

Comme le recommande le général Yusuf, le goum ne devra jamais être trop nombreux ; mieux vaut, en effet, la qualité que la quantité. Dans tous les cas, son effectif ne devra jamais dépasser celui de la colonne à laquelle il est adjoint. Nous pensons qu'on pourrait fixer la proportion des cavaliers du goum au quart de l'effectif de la colonne. En effet, ce chiffre dépassé, ces auxiliaires sont un embarras, et peuvent être un danger.

Il est bien entendu que le Makhzen du Sud ne serait employé que dans cette région.

Ce n'est pas une raison parce que le Tell est rattaché tout entier à l'administration civile, pour que l'autorité se prive, dans cette région, des services que peuvent, à un moment donné, rendre les cavaliers indigènes.

Dans le pays tellien, les goums seraient organisés en Makhzen comme dans le Sahra, avec cette différence qu'ils seraient administrés par les fonctionnaires civils de leurs circonscriptions, lesquels seraient chargés de l'immatriculation des hommes et des chevaux, et de la tenue des contrôles. Ce service serait centralisé par le commandant militaire au chef-lieu de la subdivision territoriale.

Dans les cas de marches ou d'expéditions, ces goums seraient rattachés aux escadrons territoriaux de Chasseurs d'Afrique, et placés sous les ordres des capitaines commandants de ces escadrons. Ils seraient astreints à une inspection annuelle du capitaine commandant de l'escadron auquel ils sont rattachés.

La sélection, pour le recrutement de ces cavaliers, serait des plus sévères, afin que la composition de ce Makhzen, en hommes et en

tardivement — une reconnaissance beaucoup trop forte pour reconnaître, et trop faible pour combattre, eu égard à l'importance numérique des forces dont devait nécessairement disposer le chef de l'insurrection.

---

chevaux, soit irréprochable et que les indigènes s'estiment très honorés de compter dans ses rangs.

Nous n'admettons point les gens de pied dans notre organisation, par cette raison qu'ils ne nous ont jamais rendu aucun service, qu'ils ont toujours lâché pied devant la cavalerie, attendu qu'à leurs yeux, l'homme de cheval — qui les méprise souverainement — est un être qui leur est infiniment supérieur. Du reste, cette opinion n'est pas particulière aux indigènes algériens : elle a été partagée par tous les peuples à l'âge de l'état féodal.

Nous n'avons pas eu la prétention de traiter, dans toute son étendue, cette intéressante question, laquelle exigerait des développements qui ne seraient point à leur place dans notre livre. Nous avons voulu seulement jeter les bases d'une organisation qui s'impose depuis trop longtemps déjà, et dont la solution nous eût épargné bien des regrets et de lamentables désastres. Il y a urgence de se mettre à la besogne, et d'abandonner des errements qui ont fait leur temps, et qui ne sont plus en harmonie ni avec notre organisation militaire, ni avec les progrès qu'a fait la science des armes depuis notre dernière guerre. Tirons parti de toutes nos forces, nous ne demandons pas mieux ; mais tirons-en le meilleur parti possible.

Il est encore un autre service algérien qui a le plus grand besoin d'être organisé : nous voulons parler de celui des réquisitions et des *sokhkhara*, ou convoyeurs, lequel, bien qu'il soit des plus mal faits, nous coûte cependant des sommes considérables.

Nous nous bornons, pour le moment, à appeler l'attention de l'autorité compétente sur cette intéressante question.

Nous ne quitterons point ce sujet sans dire un mot de la question des *guides*, que les commandants de colonne dans le Sud sont obligés d'employer pour parcourir les espaces sahariens. Depuis quarante ans que nous guerroyons dans le Sud, les guides ont amassé bien des méfaits à leur compte : le fait est que le sort de la colonne est presque absolument entre leurs mains, et que les opérations les mieux combinées peuvent échouer par leur faute, soit que, pour donner le temps à la tribu menacée de s'échapper, ils fassent faire à la colonne des détours insensés, soit qu'ils fassent prévenir les rebelles de la marche de nos troupes et de leur objectif. Que d'exemples n'avons-nous pas eu de la trahison de nos guides! Pourquoi ne pas organiser un service de renseignements au chef-lieu de chaque cercle, et créer un corps de guides ou de *rekkas* (courriers) pour le

Nous ne voulons pas relever toutes les fautes commises dans cette circonstance ; on pourrait nous répondre, d'ailleurs, que le principal c'est que l'ennemi ait été battu, et qu'en définitive, le résultat nous a été favorable, puisque nous avons arrêté sa marche vers le Nord, et que nous lui avons fait éprouver des pertes très sérieuses. Nous n'en disconvenons pas; mais nous ajouterons que ce succès aurait pu nous coûter moins cher, — 27 tués et 12 blessés, — et que le triomphe, si la compagnie du Régiment Étranger et la section d'Artillerie ne se fussent montrées aussi valeureuses, pouvait parfaitement se transformer en désastre.

Après cet échec, Sid Kaddour avait repassé la frontière au Kheneg-el-Hada avec les débris de ses bandes, et s'était provisoirement établi sur les eaux d'Oglet-es-Sedra, chez les Beni-Mathar du Marok.

Le Sud de Sebdou reprenait son calme peu à peu, et les tribus de ce cercle qui s'étaient réfugiées sous la protection de ce poste rentraient sur leur territoire et y rétablissaient leurs campements. Les Hameïan s'apprêtaient également à reprendre le chemin de leur pays. Une surveillance des plus actives serait d'ailleurs exercée sur la frontière de l'Ouest par le kaïd des Oulad-En-Nahr, pour la protéger contre les incursions des maraudeurs marokains.

On prétend, du reste, que l'Empereur du Marok avait fait signifier à Sid Kaddour d'avoir à se retirer du côté d'Aïn-ech-Chaïr, s'il ne voulait y être contraint par la force. En effet, le

---

service des colonnes ou de la correspondance, corps qui serait rétribué en raison des services qu'il nous rendrait? Nous pourrions alors ne pas exposer nos colonnes soit à voir manquer leurs opérations, soit à tourner sur elles-mêmes pendant toute une journée, ou bien à mourir de soif.

Ce que nous voudrions voir également entre les mains de tout commandant de colonne, c'est une carte-itinéraire de toutes les lignes d'eau du Sud (rivières, sources, puits, r'dir, etc.), avec une légende des ressources en eau, combustible, fourrages, etc. existant à proximité de ces eaux. Ce travail, qui est tout entier à faire, nous rendrait les plus grands services, et nous permettrait soit de nous passer de guides, soit de pouvoir tout au moins contrôler leurs renseignements.

chef de l'insurrection aurait quitté ses campements de l'Oglet-es-Sedra le 3 mai, et se serait enfoncé dans le Sud-Ouest.

La colonne mobile d'El-Haçaïba (Magenta), qui avait pris part au combat d'El-Magoura sous les ordres du commandant Marchand, rentrait à son ancien campement le 5 mai.

La sécurité était également rétablie dans le cercle de Géryville, et les tribus montraient les meilleures dispositions. A la date du 24 mai, les Thrafi avaient exécuté, au nord du Chothth-ech-Chergui, le mouvement qu'ils avaient été autorisés à faire dans cette direction.

Nous savons que l'Empereur du Marok détenait, en qualité d'otages, dans les prisons de Fas, depuis plusieurs années, deux des fils de Sid Ech-Chikh-ben-Eth-Thaïyeb. Quelque temps avant la dernière incursion de Sid Kaddour-ould-Hamza, le Sultan marokain les avait rendus à la liberté. Mais fort irrité de la part qu'ils avaient prise dans le combat du 17 avril dernier, il avait mis en mouvement une partie de son Makhzen pour les poursuivre, les ressaisir et les emprisonner de nouveau. Les fugitifs, croyait-on, se seraient dirigés vers l'âmalat Theza, à l'ouest de Kheneg-el-Hada.

Dans les premiers jours de juin, Sid Kaddour, revenu chez les Beni-Guil, multipliait ses démarches auprès d'eux pour les décider à reprendre les armes, et à tenter quelque aventure sur nos tribus de l'Ouest. Il attendait, prétendait-il, des renforts du Sud qui lui permettraient de mettre en ligne des forces suffisantes pour opérer avec quelque chance de succès. Les Beni-Guil, qui avaient encore tout frais à la mémoire la journée d'El-Magoura, dans laquelle, nous le savons, ils avaient perdu un nombre assez élevé de leurs guerriers, rejetèrent les propositions de Sid Kaddour, qui, faute d'alliés, se voyait obligé de remettre à des temps plus heureux l'agression qu'il avait méditée. Il était alors campé à Matharka, au nord du pays des Beni-Guil-ech-Cheraga, lesquels avaient leurs campements sur l'ouad Sidi-Ali ; quant aux Douï-Mnîa, ils étaient établis sur l'ouad Guir.

Il est un fait certain, c'est que le prestige de Sid Kaddour-ould-Hamza a été profondément atteint par sa défaite d'El-Magoura, et par les difficultés qu'il a éprouvées dans ses rapports avec les populations marokaines relevant du commandement de l'âmel d'Oudjda, et placées sous l'autorité d'El-Hadj-Mohammed-ould-El-Bachir. On assure que, pourtant, le Sultan du Marok aurait autorisé Sid Kaddour à s'approvisionner de grains sur tous les marchés de ses Etats ; mais qu'il lui avait interdit, par contre, toute tentative d'incursion sur notre territoire. Nous ajouterons qu'on attachait d'autant moins d'importance à cette interdiction, qu'on savait le Sultan du R'arb absolument impuissant pour la faire respecter, tout aussi bien d'ailleurs que l'amel d'Oudjda et les hauts fonctionnaires de la frontière de l'Est de cet Empire.

Pendant tout le mois de juin, les Hameïan sont restés groupés à l'est d'El-Aricha ; leur ar'a Sid Sliman-ben-Kaddour est campé sous les murs du bordj, avec la plus grande partie de ses goums.

Le 3 juillet, un *djich* de 300 chevaux, commandé par Sid El-Ala, — qui avait décidément renoncé à ses idées de soumission, — tombait sur deux douars des Beni-Ouacin, du cercle de Lalla-Mar'nia, campés près de la frontière, et les razait. Le goum, aidé des Spahis du poste, s'est mis à la poursuite des pillards, et leur a repris quelques bestiaux. Cette agression nous avait coûté six hommes tués. Quant à Sid El-Ala, qui en était réduit, pour vivre, aux exploits des coupeurs de route, il avait perdu trois hommes, et laissé un prisonnier entre nos mains.

A la même époque, Sid Ez-Zoubir, son frère, était chez les Beni-Isguen (ouad Mzab), et se montrait disposé, affirmait-on, à entrer en pourparlers avec nous et à faire sa soumission. Il faut dire que nous avions cessé de nous laisser prendre à cette éternelle plaisanterie. Pourtant, nous ne devons pas dissimuler que des négociations étaient entamées entre l'ar'a des Hameïan, Sid Sliman-ben-Kaddour, les fils de Sid Ech-Chikh-ben-Eth-Taïyeb et les Beni-Guil, dans le but d'arriver à rétablir les bonnes relations qui existaient autrefois, sur cette partie de la frontière, entre eux et les Hameïan. Il est évident que les Marokains ne désiraient tant ce rapprochement que pour pouvoir tout à leur aise entraîner cette dernière tribu dans l'insoumission. Ces tentatives furent déjouées, et Sid Sliman fut invité à cesser toute négociation de ce genre avec nos ennemis.

Ne tenant qu'un compte médiocre des injonctions du Sultan du Marok, Sid Kaddour-ould-Hamza s'était peu à peu rapproché de notre frontière. Dans le courant de juillet, il était venu établir ses campements à El-Mridja, chez des Beni-Mathar du R'arb. Sid Mammar-ben-Ech-Chikh, qui avait refusé de se joindre à lui, était campé à Oglet-es-Sedra, au sud du premier de ces points. Quoiqu'il en soit, la présence de l'agitateur à deux pas de notre frontière causait de vives inquiétudes aux populations méridionales des cercles de Lalla-Mar'nia et de Sebdou ; aussi, pour les rassurer, dut-on prendre des mesures défensives dans les parties menacées de notre territoire. C'est ainsi que le goum de Sebdou reçut l'ordre d'occuper le col de Sidi-Djabeur, et d'observer la plaine de Miciouïn, au sud d'Oudjda. Ces dispositions avaient pour but d'éviter les surprises de la part des rebelles et de leurs alliés réunis autour de Sid El-Ala et du chef de l'insurrection, rassemblements dont le chef marokain de l'*âmala* (1) ne se préoccupait que très modérément, malgré les ordres formels de son sultan. Aussi, pour rapeller à ce fonctionnaire les conventions passées à diverses époques entre l'autorité française et le Sultan Maughrebin, le général commandant la subdivision de Tlemcen demanda-t-il une entrevue à l'âmel d'Oudjda et au chef des Beni-Znacen.

Les Hameïan avaient quitté leurs campements des environs d'El-Aricha pour se porter plus à l'est, à Ras-el-Ma, dans le cercle de Dhaya. Ce déplacement les met à l'abri des surprises de l'ennemi ; un cordon d'éclaireurs surveillant la frontière leur donne une sécurité qui, bien que relative, n'en est pas moins — tellement ils y sont peu habitués — très appréciée.

Mais Sid Kaddour n'avait pas pardonné à son cousin Sid Mammar-ben-Ech-Chikh de n'avoir point répondu à son appel lorsqu'il lui avait demandé son concours pour envahir notre territoire. Pour se venger de ce qu'il appelait son abandon, Sid Kaddour

---

(1) *Amala*, province, territoire, division militaire et administrative. L'Empire du Marok est divisé en *âmalat* ou gouvernements.

surprenait ses campements, le 3 août, à l'Oglet-Es-Sedra, et lui infligeait des pertes très sérieuses. Deux des frères de Sid Mammar, El-Hadj-El-Arbi et Sid Sliman-ben-Ech-Chikh, sont tués dans cette journée, si fatale aux chefs des Zoua-el-R'eraba.

A dater de ce jour, Sid Mammar devient l'ennemi mortel de son cousin Sid Kaddour. Aussi, sollicite-t-il de l'autorité française la faveur d'amener sur notre territoire sa famille et ses adhérents, et de les installer au milieu de nos tribus. Il nous demandait, en outre, l'autorisation de joindre ses goums aux nôtres lorsque l'occasion se présenterait de combattre Sid Kaddour. Nous verrons plus loin qu'il ne la laissa pas échapper. Il s'établit auprès des Hameïan.

La razia exécutée par Sid Kaddour sur les campements de son cousin a eu un certain retentissement dans nos tribus des cercles de Tiharet et de Géryville, et particulièrement chez les Harar et dans le Djebel-El-Eumour, où s'était produite une certaine agitation. Mais l'arrivée d'un renfort important à la colonne de Tiharet avait remis quelque calme dans les esprits des tribus de ce cercle.

Les Hameïan, qui étaient campés à Ras-el-Ma et à Titen-Yahya, ont transporté leurs tentes sur les puits de Tar'ziza, au sud-est de Sebdou.

Après la razia exécutée sur Sid Mammar, Sid Kaddour était allé établir ses campements à Tafrata, où il refaisait ses approvisionnements. Il paraît n'avoir pas renoncé à son projet d'incursion sur notre territoire. Ce qui semblerait donner une certaine vraisemblance à cette opinion, c'est qu'il a quitté ce point vers le milieu de septembre pour aller se réinstaller à El-Mridja, et tenter de là son coup de main après les pluies, car, en ce moment, les r'dir sont à sec. On assurait, d'un autre côté, que, grâce à l'insistance de notre agent diplomatique auprès du sultan marokain, le gouvernement de Fas avait prescrit aux commandants des amalat de la frontière de s'opposer à toutes les entreprises de Sid Kaddour, voire même, au besoin, de s'en emparer. Mais nous savons ce que valent ces prescriptions ; nous ne trouvons de ce côté — nous en avons fait trop souvent l'expérience — qu'impuissance ou complicité.

Sid Mammar-ben-Ech-Chikh, qui, nous l'avons dit plus haut, s'était réfugié au milieu de nos Hameïan après la razia dont il avait été victime, a quitté notre territoire pour rentrer dans la tribu des Beni-Guil.

Sid Kaddour, qui n'a pas abandonné ses projets d'incursion, a quitté El-Mridja pour reprendre, dans le courant d'octobre, ses campements de l'Oglet-es-Sedra. Il chercherait, dit-on, à ramener les Beni-Guil à sa cause. Pour prévenir te surprise de ce côté, et empêcher les Hameïan de céder aux tentatives de Sid Kaddour sur leur fidélité, qui n'avait rien d'inébranlable, les colonnes d'El-Aricha et de Dhaya se portent en avant des campements de cette tribu pour les couvrir, et pour surveiller surtout les agissements du chef de l'insurrection à l'égard de ces populations, que leurs aspirations — opposées à leurs véritables intérêts — entraînent avec tant de force vers leurs coreligionnaires.

Quant aux Harar, campés dans le Nadheur, au sud de Tiharet, ils sont là abrités contre la contagion insurrectionnelle.

Les gens du Djebel-El-Eumour sont enfin rentrés dans leurs montagnes, où ils n'ont jamais su se défendre, quelle qu'ait été l'importance des forces de l'assaillant.

Une bande de coureurs des Beni-Guil a passé la frontière; elle a enlevé quelques troupeaux de moutons à nos gens, et leur a tué trois hommes.

Sid Kaddour se montre de plus en plus menaçant: un convoi, qui devait partir de Sebdou pour se rendre à El-Aricha, a dû renforcer son escorte dans une notable proportion. On craint que l'agitateur ne parvienne à entraîner les Mehaïa dans la défection.

Notre ar'a des Hameïan, Sid Sliman-ben-Kaddour, devient décidément impossible non-seulement pour sa tribu, mais encore pour les tribus voisines de ses campements: il *mange* ses administrés gloutonnement, brutalement; or, comme il ne connaît point l'art de « plumer la poule sans la faire crier, » des plaintes incessantes contre son mode d'administrer arrivent de toutes parts jusqu'aux oreilles de l'autorité, laquelle devient impuissante pour y donner satisfaction, et faire justice aux trop nombreuses victimes des spoliations reprochées à notre agent. C'est, en effet, le vol élevé à la hauteur d'une institution, et considéré comme moyen légal de répression pénale. Cette intolérable situation ne pouvait durer plus longtemps sans compromettre gravement nos intérêts dans le Sud de la province d'Oran, et sans nous aliéner l'esprit des populations qui souffraient des exactions de Sid Sliman-ben-Kaddour. Aussi, le 17 novembre, Sid Abou-Bekr, kaïd des Mehaïa, arrivait-il inopinément à Tlemsen, et réclamait-il du maire de cette place un permis pour se rendre auprès de M. le Gouverneur général, et se plaindre à ce haut fonctionnaire d'une razia de 500 chameaux opérée sur ses administrés par l'ar'a des Hameïan, Sid Sliman-ben-Kaddour.

Une Commission d'enquête, que M. le général Dastugue, commandant la subdivision de Tlemsen, était appelé à présider, se réunissait à Sidi-Bel-Abbas pour faire la lumière sur les faits d'exactions et de concussions imputés à Sid Sliman-ben-Kaddour.

A la suite de graves dissentiments survenus entre cet ar'a et ses administrés, quelques fractions des Hameïan, représentant le tiers de cette nombreuse tribu, faisaient défection et allaient rejoindre Sid Kaddour-ould-Hamza. Deux de nos colonnes, l'une d'El-Aricha, et l'autre de Dhaya, étaient immédiatement parties pour se mettre à la poursuite des fractions défectionnaires, et empêcher que le reste de la tribu ne suivît ce dangereux exemple.

Le 10 novembre, la colonne d'El-Aricha était à Oglet-en-Nadja, à la pointe est du Chothth-el-R'arbi; celle de Dhaya, sous le commandement de M. le colonel Le Toullec, campait à Bou-Guern, à l'ouest du Chothth-ech-Chergui. Un bataillon du 55e d'infanterie avait remplacé à El-Aricha la colonne qui s'était portée à Oglet-en-Nadja. Le rôle de ces deux colonnes était surtout, nous l'avons dit, de couvrir les campements des Hameïan restés fidèles contre une incursion imminente de Sid Kaddour, et de les préserver de la contagion insurrectionnelle.

Le goum des Thrafi avait été réuni, et porté, sous les ordres du commandant supérieur du cercle de Géryville, sur les puits d'El-Frathis, près d'El-Galoul, sur la frontière même du Marok.

Les deux colonnes avaient appris, en arrivant sur les points que nous avons cités plus haut, que les fractions qu'elles poursuivaient avaient déjà opéré leur jonction avec Sid Kaddour-ould-Hamza. Ce dernier s'était, du reste, rapproché, depuis quelques jours, de notre frontière de l'Ouest, d'abord, pour faciliter la défection des Hameïan, et pour profiter des renforts et des renseignements que lui apporteraient celles des fractions des Hameïan qu'il avait conquises à sa cause.

La jonction achevée, Sid Kaddour se porte rapidement vers le Chothth-el-R'arbi, qu'il prolonge au sud, passe audacieusement, dans la nuit du 10 au 11 novembre, entre nos deux colonnes qui tiennent le détroit formé par les deux chothth, et pousse dans le nord jusqu'à Ras-en-Nouala, à 30 kilomètres au sud d'El-Haçaïba (Magenta), et jusqu'aux puits d'El-Merhoum, à 45 kilomètres au sud-ouest de Saïda ; il raze sur son chemin les Beni-Mathar du cercle de Dhaya, et les Hameïan-Zoua de Sid Sliman-ben-Kaddour.

Sid Kaddour-ould-Hamza repasse le Chothth-ech-Chergui à El-Kheidher, dans la journée du 13, et reprend en toute hâte, avec le produit de son audacieuse expédition, le chemin de ses campements du Sud-Ouest.

Nos colonnes mobiles se sont immédiatement rapprochées du Tell, où Sid Kaddour ne les avait pas attendues, et, combinant leurs mouvements avec ceux de nos goums, allèrent occuper des positions permettant de rendre la tranquillité à nos populations des Hauts-Plateaux, ainsi qu'à celles de la lisière du Tell, que la foudroyante incursion de Sid Kaddour avait quelque peu terrifiées. Ces colonnes occupèrent les positions suivantes : celle de Saïda s'établit à Tafraoua ; celle de Dhaya sur l'ouad El-Mouïlah, près de Ras-el-Ma ; celle de Sebdou à El-Aricha.

Les fractions des Hameïan restées fidèles sont campées à Kersoutha et à Souïridjat, à l'ouest et non loin de Ras-el-Ma.

Dans les derniers jours de novembre, une reconnaissance des goums de Géryville surprenait un groupe de Hameïan insurgés en flagrant délit de razia de troupeaux appartenant aux tribus de ce cercle. La reconnaissance leur enlevait tout le butin qu'ils avaient fait, et leur tuait deux cavaliers.

Au commencement de décembre, on parlait beaucoup, dans nos tribus du Sud, d'une entente qui se serait faite entre les

Oulad-Sidi-Ech-Chikh, d'une part, et les Oulad-Mokran fugitifs et le cherif Bou-Choucha, d'Ouargla, de l'autre. Mais les progrès que faisaient, dans le Sahra, les colonnes de la province de Constantine, à la poursuite des membres de la famille du bach-ar'a de la Medjana qui avaient pu leur échapper, ainsi que la mauvaise situation des affaires de Bou-Choucha, enlevaient toute valeur à ces bruits.

Sid Kaddour était campé, dans les premiers jours de décembre, à El-Kheroua, au sud-ouest d'El-Abiodh-Sidi-Ech-Chikh, avec des forces que des renseignements évidemment exagérés portaient au chiffre de 1,600 cavaliers et de 2,000 fantassins. De son lieu de campement, le chef des rebelles lance des coureurs sur celles de nos tribus qui en sont les plus voisines. Il vient, dit-on, d'envoyer au Gourara une caravane de ravitaillement qu'il a dû faire escorter par une grande partie de ses forces ; par suite, ses campements se trouvent à peu près dégarnis de défenseurs. Aussi, semble-t-il que le moment est on ne peut plus favorable pour essayer contre lui un mouvement d'ensemble qui serait exécuté par nos contingents indigènes, soutenus par nos colonnes mobiles. C'est, en effet, la combinaison qui vient d'être adoptée, et les préparatifs, poussés activement, permettront de mettre nos colonnes en mouvement sous peu de jours.

Il y a tout lieu de croire que Sid Mammar, le chef des Oulad-Sidi-Ech-Chikh de l'Ouest, qui, probablement, n'a pas oublié la razia que lui a fait subir son bien aimé cousin, le 3 août dernier, à Oglet-Es-Sedra, et qui a juré de se venger, ne laissera pas échapper l'occasion de marcher sur Sid Kaddour, en longeant la frontière du Marok, dès qu'il aura connaissance de la mise en mouvement de nos contingents.

L'expédition ayant été décidée, nos goums, appuyés à distance par les colonnes mobiles de Dhaya, Sebdou, Géryville et Laghouath, — cette dernière avait ordre d'aller prendre position à Brizina, d'où elle devra couvrir la division d'Alger du côté du Sud-Ouest, et de prêter, s'il en est besoin, un utile concours aux troupes d'Oran ; — nos goums, disons-nous, étaient lancés dans la direction des campements de Sid Kaddour, qu'ils attaquaient, le 23 décembre, dans les environs d'El-Mengoub, c'est-à-dire à

40 kilomètres environ au sud d'El-Benoud, et non loin du champ du combat où avait été tué son frère, Sid Mohammed-ould-Hamza, le 4 février 1865 ; ils les assaillaient avec une remarquable vigueur, et, après une heure de combat, mettaient les contingents ennemis en pleine déroute, après leur avoir tué environ 150 cavaliers.

Un butin considérable est tombé entre les mains de nos gens, ainsi que deux drapeaux et le cachet de Sid Kaddour, qui, blessé, s'échappe à grand'peine et presque seul.

Sid El-Ala avait également reçu une blessure, mais elle ne présentait aucun caractère de gravité.

Le lieutenant-colonel Gand, qui continuait à appuyer nos goums avec sa colonne, arrivait, le 25 décembre, à El-Mengoub, où il recevait la soumission d'un grand nombre de fractions de tribus qui marchaient avec Sid Kaddour, et qui avaient sollicité notre aman.

Sid Kaddour-ould-Adda avait continué, avec ses goums, la poursuite du chef de l'insurrection, qui fuyait dans le Sud-Ouest. L'ar'a des tribus sahriennes atteignait les populations qui suivaient la fortune de l'agitateur ; il parvenait à les cerner et à les pousser vers la colonne, dont le commandant devait leur faire connaître sa décision.

La femme de Sid Kaddour et l'un de ses fils, le jeune Mohammed (1), étaient parmi les prisonniers.

Les douars rebelles qui sont tombés entre les mains de Kaddour-ould-Adda formaient environ douze cents tentes. Sid Kaddour-ould-Hamza et Sid El-Ala, nous le répétons, se sont enfuis avec quelques cavaliers seulement et dans le plus grand dénûment. Le premier, abandonné par la majeure partie de ses partisans, s'est retiré près de Tabalkouza, entre El-Guellâa et Timmimoun. On le dit découragé, fatigué de cette longue lutte, et on ajoute qu'il ne serait pas éloigné de faire sa soumission. Nous

---

(1) Le jeune Mohammed-ould-Kaddour a été placé au Lycée d'Alger en qualité d'élève.

Sid Kaddour a trois autres fils, dont l'un, Sid Hamza, habiterait chez l'ar'a des Harar-ech-Cheraga. Les deux plus jeunes vivent auprès de leur père.

n'en croyons rien ; car ce n'est pas après avoir été battu qu'il pourrait songer à nous faire des propositions dans ce sens ; il n'ignore pas que nos conditions lui seraient d'autant plus défavorables, que c'est à un vaincu qu'elles seraient imposées.

Les tentes ramenées de leur longue émigration au Marok ont été replacées sur le territoire de leurs tribus respectives. Quant à la famille de Sid Kaddour et aux Oulad-Sidi-Ech-Chikh-ech-Cheraga, ils ont été internés dans le cercle de Maskara. Les Zoua-el-R'eraba tombés entre nos mains dans cette belle journée d'El-Mengoub, — dont le succès est encore une fois entièrement dû à nos goums, — ont été envoyés, les uns dans le bach-ar'alik de Frenda, les autres dans la province de Constantine.

Sid Mammar-ben-Ech-Chikh avait pris, avec ses contingents, une part très active dans le combat d'El-Mengoub. Sa vengeance était satisfaite.

XVII

L'administration des Hamcïan est enlevée à Sid Sliman-ben-Kaddour, qui conserve son titre d'ar'a. — Il demande à se fixer dans le Tell, et va établir ses campements dans la plaine d'El-Mlatha. — Sid Mâmmar demande à retourner au Marok et devient notre ennemi. — Rapatriement sur leurs territoires des tribus en défection. — Expédition du général de Galliffet sur El-Guellâa. — Sid Sliman-ben-Kaddour abandonne ses campements de la plaine d'El-Mlatha et reprend la route du Marok. — Razia de Sid Kaddour sur l'ouad Ech-Cherida. — Il exécute une seconde razia sur des douars de la tribu des Thrafi, de concert avec Sid Mâmmar, redevenu notre ennemi ; mais nos gens les atteignent à Nefleh ; Sid Mâmmar et trente-sept cavaliers sont tués, Sid Sliman blessé, et les troupeaux repris par les Thrafi. — Sid Allal, le plus jeune et le dernier des fils de Sid Ech-Chikh-ben-Eth-Thaïyeb, succède à son frère comme chef de la branche cadette. — Razia exécutée par les Châanba sur les Braber. — Sid Sliman interné à Meknès. — Le jeune Sid Hamza-ould-Abou-Bekr vient nous faire sa soumission ; il est interné à Maskara ; quelque temps après, il retourne auprès de son oncle Sid Kaddour. — Razia exécutée par Sid Ed-Din et Sid Hamza sur les Derraga, au sud de Brizina. — Attaque d'un convoi du Train des Équipages. — Entrevue entre le général commandant la subdivision de Tlemcen et un envoyé marokain. — Les menées de Sid Bou-Amama-ben-El-Arbi autour de Mor'ar-et-Tahtani. — Situation du personnel insurrectionnel au 1ᵉʳ janvier 1881. — Conclusions.

Depuis longtemps, nous l'avons dit, Sid Sliman-ben-Kaddour n'était plus possible à la tête des Hamcïan. Nous avons vu que, pour se mettre à l'abri de ses actes tyranniques et de ses exactions, le tiers des fractions de cette tribu avait fait défection. Tous les jours, s'élevaient des plaintes qu'adressaient à l'autorité ses administrés pour qu'on les délivrât de leur ar'a, qui les *mangeait* atrocement. Comme il nous avait rendu des services importants dans des temps difficiles, le Gouvernement général, qui, pourtant, ne lui avait ménagé ni les conseils, ni les avertissements, dans l'espoir qu'il en tiendrait compte, hésitait encore à s'en débarrasser. Mais il arriva un instant où il ne fut plus possible de reculer devant une mesure de rigueur qui s'imposait impérieusement. En conséquence, à la date du 19 décembre, le Gouverneur général décidait que Sid Sliman-ben-Kaddour conserverait son titre d'ar'a, mais qu'il n'exercerait plus aucune autorité sur les Hameïan. C'était la position de disponibilité, en usage dans l'armée, qu'on introduisait dans la hiérarchie des chefs ou fonctionnaires indigènes. Comme le Gouvernement croyait de son intérêt de l'avoir bien plutôt pour ami que comme ennemi, il y avait regardé à deux fois avant de le révoquer purement et simplement.

Sa disgrâce lui enlevant toute l'autorité, tout le prestige qu'il tenait de sa situation officielle, et sa position vis-à-vis de ses anciens administrés étant devenue, par suite, des plus difficiles et des plus dangereuses, en raison des inimitiés que lui avaient values ses façons brutales et arbitraires d'exercer le commandement, Sid Sliman demanda l'autorisation de se fixer dans le Tell, faveur qui lui fut accordée sans difficulté. La plaine d'El-Mlatha, au sud de la sebkha d'Oran, lui fut assignée pour l'établissement de ses campements. A son retour de l'expédition d'El-Mengoub, à laquelle il avait pris part à la tête du goum des Hameïan, il se rendit au lieu qui lui avait été fixé.

Il était facile de prévoir que lui, Sahrien, ne supporterait pas longtemps cette existence inactive et incolore, — cet emprisonnement dans les montagnes du Tell, — qu'il s'était imposée avec l'arrière-pensée évidente d'y attendre des jours meilleurs ; son goût, ses aptitudes pour le commandement absolu, pour les aventures de guerre, devaient le rappeler irrésistiblement, à la première occasion, dans la région des oasis, c'est-à-dire là où la poudre parle encore, là où l'homme de cœur ne reconnaît d'autre maître que la Destinée.

C'est sur ce fait que se terminait l'année 1871.

Nous avons dit que Sid Mammar-ben-Ech-Chikh, qui avait à venger sur Sid Kaddour-ould-Hamza la razia de ses campements de l'Oglet-es-Sedra, avait pris, le 23 décembre dernier, une part des plus brillantes à l'affaire d'El-Mengoub. N'ayant plus rien à redouter, — de quelque temps du moins, — des entreprises de son cousin, lequel avait été repoussé dans l'extrême Sud et abandonné de ses adhérents, Sid Mammar, disons-nous, exprima, au retour de cette expédition, le désir de reprendre le chemin du Marok avec ses contingents; mais ces derniers appartenant à des familles algériennes en défection depuis 1849 et 1864, le Gouvernement ne pouvait accueillir favorablement la demande du chef de la branche cadette. Mécontent de cette décision de l'autorité française, il se retirait au Marok en nous accusant d'ingratitude, bien que nous n'ignorions pas que c'était l'envie seule de se venger de Sid Kaddour qui l'avait fait notre allié. Sid Mammar redevenait donc notre ennemi. Il n'y avait rien à faire à cela !

Au commencement de l'année 1872, les colonnes mobiles du Sud occupaient les points suivants : la colonne de Djelfa était campée à Ksir-el-Haïran ; celle de Laghouath à Brizina ; les colonnes de Saïda et de Dhaya s'apprêtent à remonter vers le Nord ; la colonne de Géryville effectue son mouvement de retour, en ramenant les prises faites par nos goums dans la journée du 23 décembre.

La colonne de Laghouath quittait Brizina le 13 janvier, avec la mission de parcourir le Mzab, et de se diriger ensuite sur El-Guelâa pour fermer la route du Touat aux rebelles qui voudraient s'y réfugier.

La colonne de Djelfa s'est portée sur Metlili. Son approche de cette oasis a déjà décidé les rares partisans de Sid Kaddour qui y ont provisoirement établi leurs campements, à se retirer du côté d'El-Guelâa, où, d'ailleurs, ils ne tarderont pas à être atteints soit par les troupes du général De La Croix, à la poursuite des Oulad-Mokran de la Medjana, soit par la colonne de Laghouath, qui a pris, nous l'avons dit, cette direction.

Le mouvement de concentration sur Géryville des tentes rebelles tombées entre nos mains à la journée d'El-Mengoub ne s'effectue pas, en raison du mauvais temps, avec toute la rapidité désirable. Dès que leur réunion sera terminée, ces populations seront dirigées sur des camps définitifs, d'une surveillance facile, et aussi éloignés que possible de la frontière de l'Ouest.

Les tribus sahriennes qui avaient fait défection en 1864 et plus tard, et qui, jusqu'ici, avaient suivi la fortune des Oulad-Hamza, rentrent peu à peu sur leurs territoires. Ces fractions sont, généralement, dans un état de misère qui, certainement, n'a pas été sans peser fortement sur leur détermination de rentrer dans leur pays. Nous voudrions être certain que cette longue et pénible épreuve leur aura servi de leçon.

Sid El-Ala, ainsi que cela lui est arrivé après chacun de ses échecs, fait courir le bruit qu'il ne serait point éloigné de faire des offres de soumission, ou plutôt de traiter avec l'autorité française. Cette fois, pour donner, sans doute, plus de vraisemblance à sa proposition, il s'est mis en relations avec le kaïd de Metlili et des personnages importants de Laghouath, qui seraient chargés de traiter cette affaire avec le Gouvernement général, lequel, d'ailleurs, sait à quoi s'en tenir sur ces velléités périodiques de l'oncle très actif du chef de l'insurrection. Ces démarches, qui n'ont d'autre but que de lui permettre de se rapprocher sans danger de nos tribus, et de les travailler tout à son aise pendant les négociations, ne sont pas plus sérieuses aujourd'hui que précédemment.

Les tentes des fractions sahriennes ramenées sous notre autorité à la suite des dernières opérations dans le Sud-Ouest, ont été réunies au nord du Chothth Ech-Chergui. La colonne mobile de Saïda, réinstallée à Tafraoua, facilite le rapatriement et le groupement de ces tentes.

La colonne de Djelfa s'établirait à Metlili vers la fin de janvier. Les Châanba-Berazga sont campés aux environs de ce ksar.

Ahmed-Bou-Mezrag-El-Mokrani, le chef de la famille des Oulad-Mokran, et le frère du bach-a'ra de la Medjana, l'instigateur de l'insurrection du Tell, tué le 5 mai dernier sur l'ouad Souflat, dans la subdivision d'Aumale, Bou-Mezrag, disons-nous, poursuivi par la colonne De La Croix, et perdu dans le désert au sud d'Ouargla, est tombé, le 20 janvier, entre les mains d'une reconnaissance du goum commandée par le chef de bataillon

Rose. C'est là le dernier acte de ce long drame qui n'a pas duré moins d'une année.

Sid Kaddour, disait-on, s'était rendu au Gourara dans le courant de février ; il n'aurait avec lui que quelques cavaliers. Ce voyage indiquerait des intentions de rapprovisionnement.

Nos tribus de l'Ouest ayant appris que les populations marokaines formant la confédération des Beni-Guil avaient offert l'hospitalité à Sid Kaddour-ould-Hamza, ont craint un instant que la reconstitution de ses forces ne lui permît prochainement une incursion sur leur territoire. Ce qui paraît certain, c'est que le chef de l'insurrection, oubliant son échec du 23 décembre dernier, cherche à recruter, par ses émissaires, des adhérents parmi les populations indigènes qui l'avaient suivi, et qui ont été rapatriées à la suite du combat d'El-Mengoub. Pourtant, nous devons dire que ces sytpômes de mouvement ne présentent rien d'inquiétant, pour le moment du moins.

Des négociations avaient été entamées, en vue d'amener leur soumission, entre le commandement et les fractions de tribus rebelles qui s'étaient retirées à El-Guelâa. Ces fractions avaient brusquement, dans le courant du mois d'août, cessé leurs relations avec nous. On croyait pouvoir attribuer cette cessation des pourparlers à la préparation d'un mouvement offensif contre nos tribus fidèles. Cependant, les Oulad-Sidi-Ech-Chikh n'ont point discontinué de correspondre avec nous en leur nom personnel. Quoi qu'il en soit, nous n'attendons, de ce côté, aucun résultat satisfaisant ; car tout porte à croire que ces négociations, qui traînent tant en longueur, n'ont d'autre but que de nous amuser, et de leur permettre de prolonger sans danger leur séjour à El-Guelâa. C'est là une tactique à laquelle nous commençons à nous habituer.

Les derniers courriers du Sud ont confirmé le retour, le 6 septembre, de Sid Kaddour à El-Guelâa. Ils ont également donné la nouvelle de l'enlèvement, par une tribu marokaine, d'un convoi de ravitaillement des Châanba qui avaient fait cause commune avec le cherif Bou Choucha ; de son côté, Sid Kaddour, qui avait besoin de s'entretenir la main, et, en même temps, de se ravitailler à bon marché, surprenait également et razait une caravane de cette tribu. Il était bien entendu que tout ce qui n'était pas de ses amis avait, à ses yeux, rang d'adversaire ou d'ennemi, et devenait bon à piller et à razer.

La mésintelligence paraît s'être mise entre Sid Kaddour, son frère Sid Ed-Din et ses oncles; mais c'est sans importance, et il ne nous faudrait pas trop fonder sur cette brouille des espérances d'affaiblissement du parti insurrectionnel; car lorsqu'il s'agit de tenter, contre nous ou nos tribus fidèles, quelque aventure promettant d'être fructueuse, la paix entre eux est bientôt rétablie, quitte à se brouiller de nouveau après l'affaire.

Il est hors de doute cependant que Sid Kaddour est aujourd'hui dans une période de découragement; car il se sent abandonné par la plus grande partie de ses adhérents, lesquels sont fatigués de la guerre; il a subi des pertes importantes dans ses biens et ses troupeaux, et les revenus de la Zaouïa sont réduits à peu de chose: la foi s'en va, d'ailleurs, parmi les khoddam de son saint ancêtre, et les riches offrandes ne pleuvent plus avec la même abondance qu'autrefois dans l'escarcelle de l'ordre. C'est à peine s'il parvient à constituer les approvisionnements en grains nécessaires à la nourriture des quelques fidèles qui sont restés attachés à sa cause. Aussi, ne serait-il pas éloigné, affirme-t-on, de chercher à gagner la Tunisie, et de se retirer — momentanément du moins — des affaires dont il a la direction. Il avait songé un instant, paraît-il, à reprendre ses offres de soumission; mais il avait compris que l'autorité française ne serait plus disposée, probablement, à se laisser jouer avec autant de candeur que l'année dernière.

Il est évident que le vide se fait autour de lui, et que son parti se désagrège sérieusement; les populations qu'il entraînait à sa suite, et qu'il maintenait, même par la violence, sous ses drapeaux, ne forment plus qu'un vœu, celui de se rapprocher de nous, et la preuve en est dans ce fait que les dernières tentes des Nomades restés sur le territoire marokain, viennent d'envoyer des délégués à Géryville pour y traiter de leur rapatriement.

Il est bien certain que la situation s'est sensiblement améliorée, et que nos tribus sahariennes vont pouvoir goûter quelque repos et reconstituer leurs biens; il ne faudrait pas croire cependant que c'est là la paix définitive, et que notre Sud est désormais à l'abri des incursions des Oulad-Sidi-Ech-Chikh ou des tribus marokaines voisines de notre frontière. Ce qui s'est passé dans ces régions, si bouleversées depuis 1864, nous démontre qu'il nous est sage et prudent d'être vigilants, et de ne compter que sur une trêve susceptible d'être rompue d'un moment à l'autre.

Les négociations entamées avec les Oulad-Sidi-Ech-Chikh insoumis se poursuivent — mais vainement — pendant les derniers mois de l'année 1872; l'autorité française y met une patience digne d'un meilleur sort. Elle n'est pas de force, d'ailleurs, pour lutter avec des diplomates aussi retors que le sont les Arabes, et particulièrement les Sahriens.

Pourtant, les délégués des Oulad-Sidi-Ech-Chikh-ech-Cheraga, sous la direction de Sid Ed-Din-ould-Hamza (1), le frère cadet de Sid Kaddour, arrivent à Alger le 4 janvier 1873. Ils viennent d'Oran, où le général commandant la division leur a notifié les conditions d'aman imposées aux membres de cette famille de rebelles, ainsi qu'à leurs adhérents. Ils retournent à Metlili pour les faire connaître aux intéressés. Un délai de trois mois leur a été accordé pour prendre une décision.

Nous n'avons pas parlé de l'expédition du général De La Croix, commandant la division de Constantine, dirigée, l'année dernière, dans le Sud de son commandement, contre les insurgés qui avaient suivi la fortune du chérif Bou-Choucha. En effet, le général, dépassant Ouargla, avait battu les partisans de cet agitateur, qui opérait pour son compte particulier, — à Temezguida et à Aïn-eth-Thaïyba. C'est ainsi qu'il avait obtenu la soumission d'une partie des Mkhadma et des Chaânba. Les chaleurs de l'été l'avaient empêché de pousser jusqu'à El-Gueliâa, où s'étaient ré-

---

(1) Sid Ed-Din est le sixième et dernier fils de Sid Hamza-ould-Abou-Bekr. Il est né vers 1817. C'est la première fois qu'il apparaît sur la scène politique, et qu'il est appelé à jouer un rôle d'une certaine importance. C'est un personnage fort incolore et des plus insignifiants.

fugiés les derniers débris de l'insurrection de la province de l'Est.

Notre silence s'explique par ce fait que nous ne nous occupons que des rebelles marchant sous la bannière des chefs des Oulad-Sidi-Ech-Chikh, lesquels n'ont eu rien de commun, dans ces dernières années, avec l'instigateur de la révolte du Sud-Est, le prétendu chérif Bou-Choucha. Pourtant, ainsi que nous l'avons vu plus haut, les insoumis de la province de Constantine, — Châanba et Mkhadma, — s'étant réfugiés à El-Guelâa, avaient fini par faire quelque peu cause commune avec les rebelles du Sud-Ouest, lesquels s'étaient retirés en partie sous cette oasis à la suite du combat d'El-Mengoub.

Ce voisinage devenait évidemment compromettant pour le ksar d'El-Guelâa, qu'il nous était facile d'atteindre, et qui, vraisemblablement, ne pouvait tarder d'avoir la visite de nos colonnes, lesquelles y étaient appelées d'ailleurs instamment par les fractions soumises de leurs propres tribus, qui demandaient à être protégées contre les attaques auxquelles elles étaient exposées. Ce n'est donc point sortir de notre sujet que de dire quelques mots de l'expédition que va diriger le général de Galliffet sur ce repaire d'insurgés.

La colonne expéditionnaire se réunissait à Biskra vers le milieu de décembre 1872 ; elle se composait d'une compagnie du 3ᵉ bataillon d'Infanterie légère d'Afrique, de trois compagnies du 1ᵉʳ de Tirailleurs algériens, d'un escadron du 3ᵉ de Spahis, et d'une pièce de montagne. Son effectif était de 700 hommes environ. Dans cette circonstance, notre intervention devait, autant que possible, être pacifique.

Parti de Biskra le 20 décembre, le général de Galliffet arrivait à Touggourt le 30 du même mois, et à Ouargla le 8 janvier 1873. Au-delà de cette oasis, toute l'infanterie devait être transportée à dos de chameaux. La colonne se remettait en marche, le 11 janvier, avec quarante jours de vivres, un équipage d'eau de 1,000 tonnelets de cinquante litres, et de 1,400 *greb* (outres) d'une contenance moyenne de quinze à vingt litres. Chaque chameau, monté par un fantassin, était chargé de deux de ces outres.

Le général s'était fait précéder d'une proclamation aux insoumis, dans laquelle il leur promettait l'aman, sous l'obligation de payer une contribution de guerre dont il se réservait de fixer le chiffre et les conditions.

Ses renseignements sur la route directe ne lui paraissant pas suffisamment précis, le général, arrivé à Haceï-el-Hadjar, prit une direction ouest pour aller rejoindre la route de Metlili à Bel-Rer'aouï, point où se trouvent des puits très abondants. La colonne avait atteint ce lieu de bivouac le 17 janvier, et y faisait séjour; elle se remettait en marche le 19, et arrivait à El-Guelâa le 24.

La colonne avait trouvé, à Haceï-el-Hadjar, les Châanbet-el-Mouadhi, qui étaient venus au devant d'elle pour lui faire leur soumission.

Les Arabes sédentaires d'El-Guelâa accueillirent la colonne avec cet enthousiasme bruyant dont ils sont si prodigues quand ils n'ont pas la conscience bien nette, ou lorsqu'ils ont beaucoup à se faire pardonner. Quant aux rebelles, repoussés par les gens du Touat, qui craignaient de se compromettre en leur donnant asile, ils se résignèrent à demander l'aman. Le 20 février, les Mkhadma et le reste des Châanba firent leur soumission. Les Oulad-Sidi-Ech-Chikh rebelles suivirent leur exemple; Sid El-Arbi-ben-En-Naïmi, un de leurs chefs de tentes les plus influents, voulant prouver au général la sincérité de sa soumission, lui offrait de se mettre à la tête des forces dont il disposait, pour donner la chasse à ceux des insurgés qui n'étaient point encore rentrés dans le devoir.

Peu rassurés par la présence d'une colonne française à El-Guelâa, les gens d'Aïn-Salah, ksar du Tidikelt distant d'El-Guelâa de plus de 350 kilomètres, qui ignoraient les projets du général de Galliffet, lui firent annoncer, par l'intermédiaire de leur djemâa, leur intention de lui envoyer leur *gada* (1).

---

(1) Le mot *gada* indique l'action de conduire un cheval par la bride. *Joud gada*, cheval de soumission.

L'amende qui fut imposée aux insoumis qui venaient d'obtenir l'aman, ainsi que les contributions arriérées, furent payées sur-le-champ sans difficultés.

Sa mission étant terminée, le général se disposa à revenir sur Ouargla en prenant la route directe, celle du Haceï-el-Hadjar. Il quittait El-Gueliâa le 1er février, et rentrait à Ouargla le 7, ayant franchi en sept jours les 307 kilomètres qui séparent ces deux points.

Cette opération, parfaitement et vigoureusement conduite par le général de Galliffet, produisit le meilleur effet sur les populations de ces régions, et eut un grand retentissement au loin dans le sud de l'oasis d'El-Gueliâa, c'est-à-dire dans toute l'étendue du Touat, et jusque dans la vallée de l'ouad Msaoud.

A la date du 15 janvier, la tranquillité était complète sur la frontière de l'Ouest et dans le Sud. Sid Kaddour-ould-Hamza était toujours campé dans les environs de Gourara, attendant — patiemment — le résultat des négociations entamées avec l'autorité française par son frère Sid Ed-Din, le personnage le plus effacé de la famille.

Les Nomades de la province de l'Ouest jouissent, dans leurs quartiers d'hiver, d'une sécurité complète. Un membre influent de la tribu des Oulad-Sidi-Ech-Chikh-el-R'eraba, Sid El-Moradj, frère de Sid Sliman-ben-Kaddour, a envoyé à Maskara un de ses parents pour traiter directement, avec l'autorité française, de sa soumission et de celle de ses proches. Il est clair que cette démarche n'a rien de sérieux.

Le bruit courait, à la fin de janvier, que Sid Kaddour-ould-Hamza cherchait à se rapprocher des Deui-Mnia.

Sid Ed-Din-ould-Hamza et les autres délégués des Oulad-Sidi-Ech-Chikh-ech-Cheraga ont quitté Laghouath le 14 janvier pour retourner à El-Gueliâa. Il leur a été accordé, nous l'avons dit, un délai de trois mois pour se soumettre aux conditions qui leur ont été dictées.

L'attitude indécise des chefs des Oulad-Sidi-Ech-Chikh oblige nos tribus soumises à se tenir sur leurs gardes; quoiqu'il en soit, à la fin de février, le calme règne dans tout notre Sud. Les caravanes parties pour Figuig et le Gourara n'ont pas été inquiétées. Les convoyeurs arrivant de ce dernier point rapportent que Sid Kaddour était campé à l'ouest d'El-Mguidem.

Dans la nuit du 11 au 12 avril, l'ex-ar'a des Hameïan, Sid Sliman-ben-Kaddour, qui avait été autorisé à s'établir dans le Tell, abandonnait ses campements de la plaine d'El-Mlatha, dans l'ar'alik d'Aïn-Temouchent, et disparaissait avec sa femme, ses enfants, et les membres de la famille de Sid Mammar, son cousin, qui campaient avec lui. Il s'était dirigé vers le Marok, avec l'intention probable de reprendre sa vie aventureuse et de nous susciter des embarras. Il était facile de prévoir que cette énergique et active nature ne s'éterniserait pas dans un repos antipathique à son tempérament, et incompatible avec son amour du bien d'autrui. On comprenait qu'il serait prudent et utile de le faire surveiller.

Cet incident est l'objet, parmi les indigènes, de commentaires très divers. Il n'a pas causé, dans le Tell, une trop vive émotion; mais il a impressionné assez vivement les populations sahariennes, lesquelles s'habituaient déjà aux bienfaits et aux douceurs de la paix. Il est évident que nous allons être obligés de redoubler de surveillance à l'égard des tribus rentrées d'émigration l'année dernière, et de les faire remonter vers le Nord, afin de les soustraire aux tentatives de séduction ou d'enlèvement que, sans aucun doute, Sid Sliman va exercer sur elles quand il aura réuni des forces suffisantes pour entrer en campagne.

Quelques jours seulement après la fuite de Sid Sliman, des tribus de l'Ouest, qui avaient remarqué le passage sur leur territoire d'éclaireurs des Douï-Mnia, s'étaient hâtées de grouper leurs campements et de prendre des mesures de surveillance. On faisait courir le bruit, en même temps, dans le Sud, que le chérif Bou-Choucha avait fait des démarches, auprès des Oulad-Sidi-Ech-Chikh, pour les amener à agir contre nous de concert avec lui. Ses propositions, ajoutait-on, auraient été on ne peut plus mal accueillies. Quoiqu'il en soit, dans le courant de mai, les Nomades se sont, par prudence, rapprochés de Laghouath.

Nous avons dit plus haut que Sid Ed-Din-ould-Hamza et les délégués des Oulad-Sidi-Ech-Chikh de l'Est s'étaient présentés à Alger, dans le courant de janvier, pour connaître les conditions de l'aman qu'ils étaient venus solliciter, et qu'un délai de trois mois leur avait été donné pour faire connaître leur résolution ; or, ce délai étant expiré, Sid Ed-Eln adressait au Gouverneur général une lettre dans laquelle il l'informait, à la date du 21 mai, que ses contribules n'avaient pas encore pris de décision relativement à leur soumission, mais que lui persistait, pour son propre compte, dans l'intention qu'il avait manifestée. Aussi, une lettre d'aman vient-elle de lui être adressée pour lui permettre d'effectuer son retour sur notre territoire.

Le général Chanzy avait succédé au vice-amiral de Gueydon dans le Gouvernement général civil de l'Algérie.

Le reste de l'année 1873 se passe sans incident présentant quelque intérêt.

L'année 1874 commence dans le calme le plus parfait. Cependant, les tribus de l'Ouest étaient prises de vagues inquiétudes que rien pourtant ne semblait justifier ; mais nos populations du Sud avaient si peu l'habitude de vivre en paix pendant une année, qu'il leur semblait que l'*dafia* (1) dont elles jouissaient depuis quelques mois ne pouvait tarder d'être troublée ; elles ne voyaient pas d'où viendrait l'agitation ; mais pourtant elles la pressentaient.

En effet, le 11 mars, Sid Sliman-ben-Kaddour, qui n'avait point encore donné signe de vie depuis qu'il s'était enfui de ses campements d'El-Mlatha, tombait tout à coup et comme la foudre sur nos tribus campées, sans se garder, aux environs de l'ouad Ech-Cherlde, au sud de Géryville ; il les raze et s'enfuit rapidement dans l'Ouest, en poussant devant lui les troupeaux et le butin qu'il avait capturés.

Encouragé par le succès, Sid Sliman voulut recommencer une expédition qui lui avait coûté si peu d'efforts ; le 13 juin, il fond, à la tête des insoumis qu'il a réunis sur la frontière marokaine,

---

(1) C'est le bien-être, l'état de paix, d'ordre, de tranquillité, de sécurité.

sur des douars des Thrafi campés sur les bords du Chothth-Ech-Chergui, et il fait là un butin assez considérable. Mais nos gens, lancés à sa poursuite, l'atteignent à Nefich, au sud du Djebel El-Malha, où s'engage un combat des plus acharnés. Sid Mammar-ben-Ech-Chikh, le chef des Zoua-el-R'eraba, qui était redevenu notre ennemi, y est tué, ainsi que 37 cavaliers des rebelles. Sid Sliman est blessé; son drapeau est pris; son convoi reste entre nos mains. Le reste des bandes de notre ex-ar'a est dispersé dans la montagne, et tous les troupeaux enlevés aux Thrafi sont ramenés.

Ce succès nous coûtait deux kaïds et quatre cavaliers tués, et dix blessés.

A leur tour, nos Hamoïan, conduits par le capitaine Mohammed-ben-Daoud, sont lancés sur les douars ennemis de la frontière du Marok, les surprennent, et font sur eux un butin considérable.

Sid Allal-ben-Ech-Chikh-ben-Eth-Thaïyeb, né en 1862, devient, par la mort de son frère Sid Mammar, le chef de la branche cadette des Oulad-Sidi-Ech-Chikh; mais il n'en a que le titre. Sid Sliman-ben-Kaddour en est le chef effectif: il exerce une sorte de régence qu'il s'est attribuée *de sa force*. Sid Allal se trouve d'ailleurs dans une situation identique à celle de son cousin Sid Hamza-ould-Abou-Bekr, dont l'oncle Sid Kaddour-ould-Hamza paraît disposé à prolonger la tutelle indéfiniment.

Dans le courant de l'année, le cherif marokain Sid El-Hadj-Abd-es-Selam-el-Ouazzani, chef de l'ordre des Thaïbia ou de Moulaï Eth-Thaïyeb, personnage de grande influence sur les populations marokaines de notre frontière, ainsi que sur les tribus khoddam de Sidi-Ech-Chikh, s'était chargé, d'accord avec l'autorité française et le Gouvernement de l'Ouest, de la mission assez délicate de persuader aux Oulad-Sidi-Ech-Chikh qui étaient restés fidèles au drapeau de Sid Sliman-ben-Kaddour, de consentir à leur internement sur le territoire marokain. Pour le moment, ils ne voulurent prendre aucun engagement de ce genre, et Sid Sliman, qui n'était pas encore décidé à terminer là son existence aventureuse, demanda à réfléchir avant de prendre une détermination qu'il pourrait regretter plus tard.

C'est au mois d'août que s'opéra la magnifique et périlleuse razia dirigée par les Châanbet-Berazga (de Metlili) et les Châanbet-el-Mouadhi (d'El-Guelâa) contre les Braber, au sud de Tafilelt (1). Bien que cette expédition se soit faite en dehors de notre action, et qu'elle n'ait eu pour motif qu'une de ces vengeances, une de ces représailles de tribu à tribu, si fréquentes dans les régions dépassant la longueur de notre bras, nous croyons pourtant devoir en dire quelques mots, d'abord parce qu'elle a été exécutée par des tribus qui sont à notre main, et ensuite parce qu'elle a eu pour raison déterminante une agression des Braber, qui avaient fait cause commune avec les Oulad-Sidi-Ech-Chikh rebelles pour envahir notre territoire.

En effet, au commencement de l'année 1875, quelques fractions des Braber et des Oulad-Moula, marchant de commun accord avec les Oulad-Sidi-Ech-Chikh-ech-Cheraga insoumis pour faire la guerre au butin sur nos tribus fidèles, avaient attaqué par surprise les campements des Châanba établis sur l'ouad Zergoun, c'est-à-dire sur nos pâturages, leur avaient enlevé des troupeaux et tué deux de leurs hommes.

Quelque temps après, une autre bande, composée de Braber et d'Oulad-Moula, venus par le pays de Figuig et par le sud des oasis de la province d'Oran, était tombée, près d'El-Kocceïba, et non moins traîtreusement que la première fois, sur un groupe de Châanba d'El-Guelâa, lui avait enlevé 80 chameaux et tué trois hommes. D'autres griefs, laissés impunis, mais qu'ils n'avaient point oubliés, d'autres agressions, disons-nous, qu'il convenait d'ajouter aux deux dernières attaques, déterminèrent les Châanbet-Berazga et les Châanbet-el-Mouadhi d'organiser, de

---

(1) M. le capitaine Coyne (aujourd'hui chef de bataillon), attaché au Service central des Affaires indigènes du Gouvernement général de l'Algérie, a publié, en 1881, un récit des plus intéressants de cette aventureuse expédition dans l'extrême Sud marokain, sous le titre : « Une Ghazzia dans le Grand Sahara. » Ne pouvant mieux dire que M. le capitaine Coyne, qui est un maître ès-choses arabes, nous avons trouvé plus commode de lui emprunter — en l'écourtant à notre grand regret — son attachante narration, persuadé que nous sommes que le lecteur n'y perdra rien.

concert, une expédition qui aurait pour but d'aller régler cette affaire avec les Braber, et de leur infliger, dans leur pays même, une leçon dont ils garderaient le souvenir.

Quelques cavaliers des Zoua des Oulad Sidi-Ech-Chikh, habitant Metlili et El-Guelâa, et passionnés pour la guerre au butin et les sanglantes équipées, sollicitèrent leur admission dans le *djich* expéditionnaire.

La colonne, composée de 380 cavaliers à cheval ou à mehari, quittait El-Guelâa le 19 août, — par la fraîcheur, — et prenait une direction sud-ouest. D'un commun accord, les Châanba des deux ksour confiaient le commandement de l'expédition à Sid Ahmed-ben-Ahmed, réputé pour sa rare énergie, sa valeur de cavalier et d'homme de poudre, son expérience consommée des choses de la guerre, et sa parfaite connaissance du pays où les Châanba devaient opérer.

Les journées des 21 et 22 août furent consacrées à l'organisation de la colonne, laquelle fut divisée en quatre groupes de force égale, et dont chacun eut son chef. Cette organisation devait rester la même pendant toute la durée de l'expédition.

Arrivé, le 24 août, aux Haclan-el-Ahmeur, le chef du *djich* décida qu'on y passerait les journées des 25 et 26 août pour faire reposer les chameaux. Pour se conformer à un ancien usage, les Châanba égorgèrent trois chameaux près des puits, sacrifice qui ne pouvait manquer d'appeler les faveurs divines sur l'entreprise qu'allaient tenter les Châanba.

La colonne avait pour guide un homme des Châanbet-el-Mouadhi, nommé Bel-Kacem-ben-Saïd, vieux routier n'ayant pas moins de quatre-vingts ans.

Le 2 septembre, la troupe arrivait sur les bords de l'ouad Es-Saoura, lequel prend son nom à Igli, chez les Douï-Mnîa. Le 6, elle était en vue du ksar El-Ougarta. Comme, à partir de ce point, on était en pays ennemi, Sid Ahmed-ben-Ahmed prit des dispositions de combat.

La lutte s'engage, en effet, et le résultat est défavorable aux gens du ksar, — Braber et Zenata, — qui, au bout de quelques minutes, avaient sept hommes tués. Ils demandent l'aman, qui leur est généreusement accordé; aussi, pour leur en témoigner leur reconnaissance, viennent-ils égorger aux pieds des vainqueurs un mouton et une chèvre. Ils fournissent, en outre, des guides à la colonne.

Les Chàanba arrivent, le 7, sous les murs du ksar des Ze-r'amra, qui ne fait aucune résistance. Le chef du *djich* exige de ces ksariens cinq jeunes gens, qui conduiront sa colonne dans le voisinage des campements des Oulad-Moula et des Braber.

Le 10 septembre, une reconnaissance, qui avait reçu l'ordre de s'emparer du Haceï-el-Guicia, aperçut deux hommes qui venaient y abreuver un troupeau de trente chamelles. A un signal donné, les Chàanba entourent la dhaya, tuent l'un des hommes, s'emparent de l'autre, ainsi que des trente chamelles. Ces attaqués étaient des Braber.

Le 11, la colonne continue sa marche; on n'est pas loin de l'ennemi : Sid Ahmed-ben-Ahmed forme sa troupe en ordre de combat.

Le 12, le *djich* campe à l'ouad Tafilelt; il se dissimule dans le lit de la rivière, et va camper sur sa rive droite. Les éclaireurs ont signalé des traces de troupeaux de moutons et de chameaux.

Le 13, la colonne se dirige sur l'Oglet-Kesdis, et campe auprès de ses puits.

Une reconnaissance rentre poussant devant elle environ 3,000 moutons, et les quinze femmes qui les gardaient, ainsi que leurs ânes, leurs bagages, etc.

Au coucher du soleil, une autre reconnaissance ramenait 50 chamelles, qu'elle avait razées, près de l'ouad Ed-Draa, sur des gens des Aït-Khebbech. Les cavaliers de la reconnaissance leur avaient tué quatre hommes, dont ils rapportaient les fusils.

Mais il y avait lieu d'agir promptement si l'on ne voulait être prévenu par les Braber, et avoir à lutter contre des contingents considérables. Il n'y avait donc pas de temps à perdre pour prendre les dernières dispositions.

Ahmed-ben-Ahmed réunit les principaux personnages de la colonne en une sorte de conseil de guerre, et leur exposa ses vues. A son avis, il fallait organiser sans retard trois petites colonnes qui opèreraient à l'est et à l'ouest, et qui, quel que soit le résultat obtenu par chacune d'elles, devraient reprendre immédiatement la route d'El-Guelâa. On attendait le retour des éclaireurs pour décider les mesures définitives.

Ses propositions ayant été adoptées, le commandant de l'expédition s'occupa, dès qu'il eût reçu les rapports de ses *chouaf*, de régler les détails de l'opération : chacun des chefs de détachements fut muni des instructions relatives au rôle qui lui était assigné dans le plan général des mouvements à exécuter. Le point de rendez-vous, pour chacune des trois colonnes, sa mission remplie, fut fixé sur l'Oglet-Kesdis, où l'on devait attendre trois jours pleins le résultat des opérations.

Les trois colonnes se mirent en marche le 15 septembre au matin. Dans la soirée du 17, les deux détachements qui avaient opéré sur l'ouad Ed-Draâ ramenaient 70 chamelles enlevées aux Oulad-Moula. Ces deux troupes n'avaient éprouvé aucune perte. Le 18 septembre au soir, la troisième colonne ramenait 170 chamelles chargées de tentes, de tapis et d'objets de campement, qu'elle avait razés sur diverses fractions brabères de la grande et riche plaine de Mader. Elle avait tué trois hommes à l'ennemi.

Dans la soirée de ce jour, quand tous les détachements furent rentrés, Sid Ahmed-ben-Ahmed réunit de nouveau les notables de la colonne afin de donner ses ordres pour le retour. Il fut décidé que les prisonniers seraient mis en liberté. Le départ fut fixé au 19 septembre. Comme il n'était pas sans danger de reprendre, pour le mouvement de retraite, la route suivie à l'aller, il fut décidé qu'on marcherait d'abord sur Tabelbelt, et qu'arrivé en ce point, on s'inspirerait des circonstances pour déterminer la direction qu'il serait préférable de prendre pour retourner sur El-Guelâa.

Le 19, de grand matin, la colonne se mit en marche en piquant vers le sud-est. Il y avait lieu de ne pas s'attarder dans ces parages; car les tribus razées ne pouvaient manquer de se mettre à la poursuite des Châanba. Le *djich* marcha jusqu'au lendemain sans s'arrêter. A trois heures pourtant, Sid Ahmed fit donner un peu de repos à sa colonne, et, au jour, le 20, elle reprit sa marche dans la direction primitive.

A cinq heures du soir, on arrivait aux ksour de Tabelbelt. Le commandant de la colonne apprenait sur ce point qu'une caravane venant du Tafilelt, conduite par des gens des Oulad-Moula et des Aït-Mohammed, et composée de 40 chameaux porteurs d'un chargement important, avait traversé Tabelbelt trois jours auparavant, se dirigeant sur le Soudan par la route de Taoudni.

C'était une trop bonne occasion de compléter le produit de la razia, pour la laisser échapper. Il fut donc décidé qu'on choisirait 40 cavaliers pour tâcher de s'emparer de cette caravane. Le commandement de ce *r'zou* était donné à Sid Abd-el-Kader-ben-Ahmed. Cette petite troupe se mettait en route le 21 septembre avec la colonne; elle s'en séparait dans la sebkha de Tabelbelt pour aller tenter son audacieuse et périlleuse entreprise. Le gros du *djich*, sous les ordres d'Ahmed-ben-Ahmed, s'enfonça dans les *eurg* (dunes), où il campa.

Le lendemain 22, les Châanba continuèrent leur chemin dans les dunes, et y campèrent de nouveau.

Le 23, au matin, au moment où ils chargeaint les chameaux pour le départ, ils aperçurent, à une certaine distance derrière eux, une troupe d'environ 250 cavaliers et 150 fantassins, qu'ils jugèrent devoir être des ennemis. Ils les évitèrent en se jetant rapidement dans les *eurg*; malheureusement, ils ne trouvèrent pas d'eau. Bêtes et gens souffrirent fort de cette privation.

Le 24 septembre, la situation ne s'étant pas modifiée, les gens de la colonne reprochèrent à Sid Ahmed de les avoir conduits dans une direction où ils ne pouvaient que mourir de soif. Les animaux se traînaient péniblement, et avaient toutes les peines du monde à mettre un pied devant l'autre. Néanmoins, il est décidé qu'on marchera toute la nuit.

Comme, selon le dire du guide, on devait apercevoir, au point du jour, les montagnes du Kheneg de l'ouad Es-Saoura, desquelles on ne serait pas éloigné de plus d'une journée de marche, Ahmed-ben-Ahmed détache 20 cavaliers à mehari pour aller chercher de l'eau à Aïn-ed-Deheb. Une jument meurt de soif en route. Mais, pour comble de malheur, la source n'a presque plus d'eau, et la petite troupe y trouve à peine de quoi boire. Elle rejoint la colonne le 26 septembre, mais sans apporter d'eau, à son campement du Kheneg.

Quant à la colonne, elle avait marché toute la nuit. Le 25 au matin, elle apercevait les montagnes du Kheneg, mais très loin, et, pour y arriver, il fallait traverser l'immense sebkha d'Aïn-ed-Deheb. Hommes et bêtes étaient exténués, à bout de forces ; les gosiers étaient brûlants ; quelques cavaliers, affaiblis par la soif, avaient perdu connaissance ; on les attacha sur leur mehari pour empêcher leur chute. Un désastre était imminent, et il y avait urgence de prendre un parti pour y parer.

A neuf heures du matin, l'énergique Sid Ahmed, qui sentait tout le poids de sa responsabilité, arrête la colonne : il choisit 60 hommes parmi les plus vaillants et les plus vigoureux, et leur donne ses meilleurs mehara. Chacun d'eux est muni de quatre *greb*; ils ont pour mission d'aller chercher de l'eau au Kheneg de l'ouad Es-Saoura, et de revenir en toute hâte au-devant de la colonne. Ces braves gens partent au galop de leurs mehara dans la direction du salut. Quant à Sid Ahmed-ben-Ahmed, il choisit 100 hommes à mehari parmi les plus valides de ceux qui lui restent, et les charge, sous son commandement, de faire l'arrière-garde de la colonne et de relever ceux qui tombent ; ils auront la plus grande attention surtout de ne laisser personne en arrière. Ces dispositions prises, cette troupe assoiffée s'engage dans la sebkha, une véritable fournaise.

Vers cinq heures, les 60 hommes qui avaient été envoyés à l'eau rejoignaient la colonne : il était remis à chaque groupe soixante outres d'eau, et tout le monde pouvait boire à sa soif, et reprendre des forces pour continuer la route. La colonne arrivait sur les bords de l'ouad Es-Saoura vers neuf heures du soir.

Ces cavaliers, qui se seraient crus déshonorés de revenir les mains vides, avaient rencontré sur les rives de l'ouad Es-Saoura, un troupeau de 200 moutons et 2 ânes gardés par quatre bergers des Douï-Mnia, qui s'étaient enfuis à leur approche : les Châanba louaient Dieu de mettre ainsi le bien sur leur chemin, et s'emparaient sans hésiter du bienheureux troupeau, quoiqu'ils ne fussent pas en guerre avec les Douï-Mnia. Nous devons dire cependant, pour rendre hommage à la vérité, que, sur la réclamation du propriétaire de ce troupeau, Sid Ahmed-ben-Ahmed le fit indemniser de la perte de ses moutons.

Le commandant du *djich* se félicitait d'autant plus de n'avoir point cédé à l'avis de ceux de ses cavaliers qui prétendaient que la colonne devait exécuter son mouvement de retraite par le chemin de l'aller, qu'il apprenait à El-Ksabi qu'au moment où ils partaient de Tabelbelt, il y avait au ksar El-Ougarta une colonne de 1,000 cavaliers et d'environ 3,000 fantassins appartenant aux tribus des Braber et des Aït-Atta, qui attendaient les Châanba au passage pour leur livrer combat.

Le 27 septembre, la colonne quittait le Kheneg, et se dirigeait sur le Ksar-Cherouïn, où elle arrivait le lendemain.

Le 29, les Châanba continuaient leur route dans la direction de l'Aougrout, où Sid Ahmed avait donné rendez-vous à Sid Abd-El-Kader-ben-Ahmed, lequel commandait le *r'zou* qui avait pour mission de razer la caravane qui se dirigeait sur le Soudan.

Au coucher du soleil, la colonne principale arrivait aux ksour de Deldoul, où elle était très bien reçue par la population. Le 30, elle bivouaquait à Charef, où elle trouvait le détachement d'Abd-el-Kader-ben-Ahmed, lequel avait parfaitement réussi dans son expédition sur la caravane en route pour le Soudan, bien que, cependant, elle eût sur lui trois journées d'avance. Cinq des conducteurs de cette *gafla* avaient été tués ; les autres s'étaient enfuis. La caravane des 40 chameaux tombait dès lors entre les mains des Châanba, qui l'avaient ramenée à Charef.

Reformée au complet, la colonne se reposait dans l'Aougrout pendant les journées des 1ᵉʳ et 2 octobre, et quittait Charef le 3. Elle continuait sa route le lendemain et les jours suivants ; enfin, elle arrivait le 10 octobre à El-Guelida, où les Châanba du Metlili restèrent pendant trois jours les hôtes des Châanbet-el-Mouadhi.

Cette audacieuse expédition, — le chef-d'œuvre du genre, — si merveilleusement conduite par Sid Ahmed-ben-Ahmed, et qui avait duré cinquante-trois jours — et quels jours! — ne coûtait aux Châanba que deux juments mortes de soif ou d'insolation dans la rozia d'El-Mader, et dans les curg de l'Aïn-ed-Deheb. En revanche, ils s'étaient amplement indemnisés des dommages que leur avaient fait subir les Braber et les Oulad-Moula, lesquels, en définitive, et quoi qu'ils en disent pour justifier leurs représailles, ne leur avaient tué que trois hommes, et enlevé que quelques troupeaux de moutons et de chameaux. En effet, si nous récapitulons les résultats de leur expédition, nous trouvons que leurs prises se décomptent dans les proportions suivantes :

    Moutons 3,200
    Chameaux. 360

plus un butin considérable.

Ils avaient tué, en outre, vingt hommes à l'ennemi.

La vengeance des Chàanba était donc aussi complète que possible ; il faut dire que ce ne fut pas sans peine qu'ils obtinrent ce résultat.

Mais revenons aux Oulad-Sidi-Ech-Chikh.

L'année 1875 s'écoule dans la paix et dans la tranquillité, et nos tribus du Sud-Ouest peuvent se refaire des maux d'une guerre qui, pour ainsi dire, a été incessante depuis 1864.

Le chérif Sid Abd-es-Selam-El-Ouazzani, le chef de la confrérie des Thaïbia, personnage dont nous avons parlé plus haut, n'avait point cessé ses efforts auprès des chefs des Oulad-Sidi-Ech-Chikh, et de Sid Sliman-ben-Kaddour en particulier, pour les amener, par la persuasion, à renoncer à la guerre, et à vivre en paix désormais avec nos tribus du Sud-Ouest. Après bien des pourparlers et des hésitations, Sid Sliman finit cependant par se laisser convaincre, et par céder au conseil que lui donnait Sid El-Hadj-Abd-es-Selam de se rendre auprès de l'empereur du Marok, lequel ne voulait point se brouiller avec la France, et tenait fort à ne fournir à ce pays aucun prétexte justifiant son désir d'envahir la terre des chérifs. Sid Sliman se rendit donc, dans le courant de 1876, auprès du sultan du R'arb, qu'il assura de sa soumission à ses ordres, et de son intention bien arrêtée de ne tenter, à l'avenir, aucune entreprise contre les tribus du territoire algérien. Le Gouvernement marokain fixait à Sid Sliman Meknès pour résidence ; plus tard, il était autorisé à établir ses campements dans les environs de Fas,

Nous voudrions croire que Sid Sliman-ben-Kaddour se contentera longtemps de cette situation, et qu'il ne sera pas repris tôt ou tard de la nostalgie des grands espaces sahriens, et de la passion des périlleuses aventures de la guerre ou butin.

L'année 1877 s'ouvre sous des auspices inquiétants : en effet, les graves évènements qui se déroulent dans la Turquie d'Europe, et les complications au milieu desquelles se débat l'Empire ottoman, ne sont pas sans éveiller l'attention des populations indigènes, particulièrement sur la frontière du Marok. Pourtant, jusqu'à présent, aucune manifestation ne s'y est produite. Quoiqu'il en soit, des mesures sont prises pour surveiller les démarches et agissements des émissaires étrangers dont on signale la présence dans le Sud-Est marokain, et dont le but évident est d'exciter le fanatisme musulman.

Dans le courant de janvier, l'âmel d'Oudjda, prétendant agir en vertu d'ordres du Cabinet de Fas, avait lancé un détachement de cavaliers de son makhzen pour percevoir, au nom de son souverain, un tribut chez les Hameïan-Djenba du cercle de Sebdou, population sur laquelle le Gouvernement marokain a fait valoir autrefois des prétentions que nous n'avions pu admettre.

Informé de ce fait, notre Ministre plénipotentiaire à Thandja (Tanger) fit sans retard des représentations au sultan du R'arb relativement à cette violation de notre frontière; aussi, le désaveu formel de l'âmel d'Oudjda ne se fit-il pas attendre. Ce fonctionnaire était même menacé de révocation si le fait incriminé se renouvelait.

Dans le courant de février, l'agitation causée dans le Sud par les évènements de Turquie avait atteint un degré menaçant pour la tranquillité de nos tribus voisines de la frontière marokaine ; il était urgent de prendre des dispositions sérieuses pour rassurer nos populations, et prévenir toute incursion des rebelles et de leurs auxiliaires marokains sur notre territoire.

Des colonnes mobiles furent mises en mouvement dans les provinces d'Oran et d'Alger. La colonne d'Oran, commandée par le général Flogny, de la subdivision de Tlemsen, et forte de 2,400 hommes, se composait de trois bataillons d'infanterie, deux escadrons de cavalerie, et quatre pièces d'artillerie de montagne ; elle partait d'El-Aricha le 15 février avec la mission de visiter les ksour du Sud-Ouest, les deux Chellala, Asla, Thyout, les deux Mor'ar. Elle suivait l'itinéraire parcouru par la colonne du général Carteret-Trécourt en 1875.

La colonne d'Alger, sous les ordres du général de Loverdo, de la subdivision de Médéa, se composait de deux compagnies de Tirailleurs algériens (120 hommes), d'un peloton de Spahis, de cavaliers du goum, d'un détachement du Train des Équipages, et de chameaux chargés de tonnelets pour le transport de l'eau. Cette colonne, partie de Laghouath le 12 février, visitait le Mzab, le ksar de Metlili et le pays des Châanbet-Berazga, et poussait jusqu'à Ouargla pour asseoir l'autorité du kaïd qui venait d'être donné à cette oasis.

Cette démonstration suffit pour arrêter les projets des fauteurs de désordres, et pour rassurer les populations de notre Sud. A la fin de mars, les colonnes mobiles rentraient dans leurs camps.

L'année se passa sans qu'on fût obligé d'exécuter d'autres sorties.

En 1878, le calme continuait à se maintenir dans notre Sud, et l'on n'avait à y signaler que quelques faits de maraude sans importance tentés par des coupeurs de routes, dont c'était là d'ailleurs toute l'industrie.

Nous avons dit que le jeune Hamza-ould-Abou-Bekr, né en 1859, était l'héritier légitime du pouvoir religieux et le chef de la famille des Oulad-Sidi-Ech-Chikh-ech-Cheraga, et qu'il vivait auprès de son oncle Sid Kaddour-ould-Hamza. Au commencement de 1878, c'est-à-dire lorsqu'il eût atteint sa majorité, il se brouilla avec son parent, qui détenait indûment, nous le savons, le pouvoir effectif. Quelques dissentiments entre l'oncle et le neveu, quelques froissements d'amour-propre avaient été sans doute la cause de cette mésintelligence. La situation s'aggrava à ce point, que le jeune Hamza en arriva à rompre avec Sid Kaddour, dont il quitta furtivement les campements pour se rapprocher de nous. Il espérait que l'autorité française lui tiendrait compte de cette démarche toute spontanée, et qu'il serait plus heureux que ses oncles dans ses offres de soumission : il se présentait, en effet, à Géryville, le 15 février 1878, et nous demandait l'aman. Le commandant supérieur de ce poste le dirigeait sur Maskara, et lui remettait une lettre de présentation pour le général commandant la subdivision.

Pour démontrer qu'il n'était point compromis, et qu'il ne pouvait être confondu avec les chefs de l'insurrection, ses parents, il alléguait assez habilement qu'il n'était âgé que de quatre ans quand se produisirent les évènements de 1864 ; il ajoutait qu'il ne pouvait donc être rendu responsable des faits accomplis pendant son enfance, et même plus tard, puisque c'était son oncle, Sid Kaddour, qui s'était emparé du pouvoir et qui persistait à le détenir à son préjudice. S'il venait à nous, ajoutait le jeune et rusé Cheïkhi, c'est qu'il avait été séduit par la bienveillance et la générosité de l'autorité française, à laquelle il se livrait avec confiance et sans arrière-pensée, se résignant d'avance aux destinées qu'elle voudrait bien lui faire, et se soumettant entièrement aux conditions qu'elle croirait devoir lui imposer.

On ne laissait pas ignorer au jeune marabouth qu'il lui fallait renoncer à habiter Géryville, et qu'il ne pourrait, de quelque temps, du moins, être investi d'un commandement dans notre Sahra.

Il est clair que ces dispositions de l'autorité à son égard ne durent être que médiocrement de son goût ; néanmoins, il ne laissa rien voir du mécontentement qu'il en éprouvait. Quand, au bout de quelques mois, le jeune Sahrien s'aperçut qu'on ne voulait rien faire pour lui, et qu'on ne paraissait lui savoir aucun gré, lui tenir aucun compte de l'acte de soumission auquel il s'était décidé, quand il se mit à comparer cette existence si renfermée des villes du Tell, à celle si large, si active, si aventureuse de la région des oasis, il fut pris bientôt de la nostalgie du désert, et il ne songea plus qu'à regagner le pays où il avait laissé sa famille et ses fidèles serviteurs, pour reprendre avec eux les chasses dans l'immensité et les sanglantes équipées contre les Chrétiens.

Il demanda l'autorisation de faire une tournée parmi les tribus du cercle de Géryville, pour y recueillir de la générosité des khoddam de son saint ancêtre quelques dons en argent dont il avait le plus pressant besoin : en effet, à Maskara, il vivait exclusivement des libéralités du Baïlik, c'est-à-dire du Gouvernement. Sa demande ayant été agréée, le 8 octobre, le jeune Hamza s'empressa, au lieu de se diriger sur Géryville, de regagner en toute hâte les campements de Sid Kaddour, établis à ce moment sur l'ouad Guir. Du reste, on lui avait fait connaître, dès le principe, que, s'il n'était pas satisfait de ce que lui offrait l'autorité française, c'est-à-dire l'*dafia* et la *horma*, — la paix et la considération, — il était parfaitement libre de retourner auprès des siens.

L'année 1870 s'ouvre dans le calme et la tranquillité, et aucun indice ne fait prévoir que la paix puisse être troublée, de quelque temps du moins. Sid Kaddour est toujours sur l'ouad Guir, et les rapports de nos espions n'indiquent de ce côté aucun de ces mouvements précurseurs d'une incursion en préparation. Au reste, Sid Kaddour n'est point en état de reprendre la campagne de sitôt; il n'a pu encore reconstituer ses approvisionnements, et son personnel insurrectionnel se réduit aujourd'hui à quelques fractions encore insoumises des Oulad-Sidi-Ech-Chikh.

Le général Chanzy, Gouverneur général civil de l'Algérie depuis 1873, est nommé ambassadeur à Saint-Pétersbourg ; il quitte l'Algérie, où il avait, pendant les six années de son gouvernement, rendu d'excellents services, dans les derniers jours du mois de février.

Il est remplacé, dans ces hautes fonctions, et avec le même titre, par M. Albert Grévy, — frère de M. le Président de la République, — qui débarque à Alger le 28 avril.

Le général Saussier, qui est nommé commandant du 19e corps d'armée, accompagne le Gouverneur général civil, et prend possession de son commandement. La nomination de l'énergique et vaillant général est accueillie on ne peut plus favorablement aussi bien par l'armée d'Afrique que par la population coloniale, qui n'ont point oublié les excellents services qu'il a rendus à la cause algérienne pendant la période insurrectionnelle de 1871.

Un arrêté du Gouverneur général, en date du 12 mai, rétablissait, en Algérie, l'unité d'administration, en s'annexant la partie du service des Affaires indigènes qui était restée entre les mains de l'administration militaire.

Cet arrêté était ainsi conçu :

« ARTICLE UNIQUE. — Le service des Affaires indigènes, ressortissant à l'Administration centrale, est détaché de l'État-Major général, et placé sous la direction immédiate du Gouverneur général civil. »

Une insurrection éclatait, le 2 juin, dans les montagnes de l'Aourès ; la tribu des Oulad-Daoud en donnait le signal. Cette agitation était promptement réprimée.

Le 27 septembre, un r'zou d'une quarantaine de cavaliers marokains et de rebelles réfugiés au Marok, franchissait la frontière par l'ouad El-Mogoura, et tombait, vers huit heures du soir, entre El-Aricha et Sebdou, et à 12 kilomètres de ce premier point, sur un convoi de quatre prolonges du Train des Équipages conduites par huit soldats de cette arme, sous les ordres d'un maréchal-des-logis. Deux soldats du Train sont tués, et sept mulets enlevés par les maraudeurs. Le maréchal-des-logis et six des soldats sont parvenus à se sauver avec quatre mulets, et à gagner Sebdou.

Le commandant du poste d'El-Aricha, informé tardivement de cette agression, se met en route, le lendemain 28, avec vingt hommes du Bataillon d'Afrique et quelques Spahis, et se porte sur le point où l'attaque avait eu lieu ; il y trouvait les deux prolonges, et les cadavres mutilés des deux soldats du Train, qu'il faisait transporter à son camp.

Saisi sans retard du fait, le Gouvernement marokain ordonnait qu'il nous fût donné dans le plus bref délai pleine et entière satisfaction.

Une colonne, commandée par le général Louis, et composée d'un bataillon d'infanterie, de six escadrons de cavalerie régulière, d'une batterie d'artillerie, et d'un millier de cavaliers de goum, était formée un mois après l'accident que nous venons de rapporter, et se mettait en marche le 1ᵉʳ novembre, avec la mission de parcourir le pays situé entre Tlemsen, Sebdou et la frontière du Marok, et de s'opposer, le cas échéant, à toute agression de la part des rebelles, lesquels se sont rapprochés récemment d'El-Mridja, point situé à l'ouest d'El-Aricha, de l'autre côté de la frontière marokaine.

Il avait été également décidé que le général Louis recevrait, sur un point du parcours de la colonne qu'il déterminerait, les excuses du représentant de l'empereur du Marok, à propos de l'enlèvement du convoi dont nous avons parlé plus haut, ainsi que la somme qui avait été convenue pour indemniser les familles des victimes de cet acte de brigandage.

Cette rencontre entre le général commandant la subdivision de Tlemsen et l'envoyé marokain a été fixée au 19 novembre; elle aura lieu devant Sebdou, où le général Louis avait ramené sa colonne. Pour donner plus de pompe à cette entrevue, tous les chefs indigènes de cette région seront réunis à la colonne, campée en avant de ce poste.

A l'heure indiquée, l'envoyé du sultan du Marok, Sid Abd-es-Selam-Baïès, escorté du khelifa de l'âmel d'Oudjda et d'une suite nombreuse, arrivait sur le lieu du rendez-vous, où l'attendait le représentant de la France. Après les présentations d'usage, l'envoyé exprimait, de la part du sultan, les regrets qu'il avait éprouvés à la nouvelle de l'acte de brigandage commis sur notre territoire par un certain nombre de sujets marokains, ainsi que sa ferme résolution de s'opposer à toute agression sur les tribus de notre frontière de l'Ouest. Il ajoutait que le plus vif désir de S. M. Cherifienne était de continuer à entretenir de bonnes relations avec la France. L'envoyé affirmait que son seigneur et maître le sultan avait déjà, d'ailleurs, donné des ordres pour faire rechercher les coupables, lesquels seraient punis rigoureusement...., si, toutefois, il était possible de mettre la main dessus, aurait pu ajouter l'ambassadeur.

Sid Abd-es-Selam remettait ensuite, entre les mains du général Louis, la somme de 19,000 fr., montant de celle qui devait être payée par son Gouvernement tant à titre d'indemnité pour les familles des deux soldats tués, que pour réparation du dommage matériel résultant de l'attaque de notre convoi.

Le général Louis prenait acte de cette déclaration de l'envoyé, et acceptait, au nom du Gouvernement français, la réparation offerte par le sultan du Marok, dont le délégué quittait Sebdou le lendemain, 20 novembre, pour reprendre le chemin d'Oudjda.

La rectification de notre frontière de l'Ouest, et l'annexion pure et simple d'une partie des repaires de ces brigands, vaudraient infiniment mieux, nous le répétons, que toutes les promesses de l'impuissant sultan marokain; mais il sera dit que nous laisserons toujours échapper l'occasion d'entrer franchement dans notre voie, la seule qui, pourtant, soit susceptible de nous donner la solution cherchée depuis quarante ans, c'est-à-dire la paix et la tranquillité sur notre frontière du Sud-Ouest. Certes, nous ne doutons pas un seul instant que le Gouvernement de l'Empire de l'Ouest ne livre à notre justice, si nous l'exigeons, quelques-uns de ses sujets; c'est là la partie du programme la plus facile à remplir; car, à défaut des vrais coupables, il remettrait plutôt entre nos mains, tant il a à cœur de tenir sa parole, les premiers venus de ses fidèles Marokains. Mais on conviendra volontiers, pensons-nous, que nous serions bien plus certains de donner satisfaction à la justice, si nous nous chargions de faire nous-mêmes la police de notre frontière. Comment avons-nous détruit la piraterie en 1830 ? C'est en nous emparant du repaire de ces audacieux écumeurs des mers, qui, depuis trois cents ans, tenaient en échec les flottes du monde entier. Serions-nous dégénérés à ce point qu'il nous fallût attendre l'expiration de trois autres siècles pour nous emparer du repaire de ces écumeurs du désert ? Et pourtant, on en conviendra, cette seconde tâche ne comporte que des difficultés qui sont bien loin de pouvoir être comparées à celles qu'a présentées la conquête d'Alger. Il ne saurait y avoir là, d'ailleurs, de question internationale. Dans tous les cas, nous laisserions crier les gouvernements qui trouveraient mauvais que nous prissions les précautions ou garanties nécessaires pour protéger efficacement nos tribus frontières.

A la même date du 19 novembre, une colonne, sous les ordres du général Delatour d'Auvergne-Lauragais, commandant la subdivision de Médéa, quitte Laghouath pour visiter les oasis du sud de cette subdivision, Metlili et Ouargla en particulier, où, depuis quelque temps, régnait une certaine agitation. Cette colonne était composée de 802 Zouaves, de 275 Tirailleurs algériens, de 100 Spahis, d'une batterie de montagne, de 1,000 cavaliers de goum, et de 1,000 chameaux de convoi.

Dans les premiers jours de décembre, Sid Ed-Din-ould-Hamza, qui n'avait pas profité de la lettre d'aman qu'il avait sollicitée, et son neveu, le jeune Sid Hamza-ould-Abou-Bekr, le transfuge de Maskara, composent, avec les Zoua-ech-Cheraga, une *harka* de la force d'une centaine de cavaliers et de trois cents fantassins à *mehara*, et se mettent en mouvement avec Brizina pour objectif. Leur marche est si habilement dissimulée depuis Beni-Goumi, — chez les Douï-Mnia, — leur point de départ, qu'ils réussissent à surprendre et à razer, le 17 décembre, aux environs de Brizina, un millier de chameaux appartenant aux cavaliers du makhzen des Derraga. Il faut dire que ceux-ci, avec l'insouciance qui est habituelle aux Nomades, avaient, malgré les ordres donnés par le commandant supérieur du cercle de Géryville, l'actif, l'expérimenté, le brillant et énergique chef de bataillon Fossoyeux, laissé descendre leurs chameaux au sud et à proximité de Brizina, négligeant de se couvrir et de prendre les précautions les plus élémentaires, bien que la recommandation leur en soit renouvelée chaque fois qu'ils ont à conduire leurs troupeaux sur les pâturages de l'ouad Seggar.

On a bien essayé de traiter de la restitution de ces animaux avec un cousin du sultan du Marok, qui, sur la plainte de l'autorité française, avait été envoyé à Oran pour faire une enquête sur cette affaire ; mais il est peu probable que cette négociation aboutisse, ou tout au moins que sa solution soit prochaine.

L'année 1880 s'ouvre dans le calme le plus parfait. Nos tribus du Sud-Ouest ont déjà oublié l'expédition de coupeurs de routes entreprise, le 17 décembre dernier, sur le makhzen des Derraga, par Sid Ed-Din-ould-Hamza et le jeune Hamza-ould-Abou-Bekr, son neveu. Triste début, pensent-elles, pour le descendant en ligne directe de l'illustre et vénéré Sidi Ech-Chikh, pour le chef légitime des Oulad-Sidi-Ech-Chikh-ech-Cheraga ! Elles applaudissent d'autant moins à ce coup de main, qu'elles commençaient à apprécier les bienfaits de la paix, qui ne leur étaient plus guère connus que de nom depuis longues années.

Pourtant, à la fin de janvier, des bruits d'une prochaine incursion que voudrait tenter Sid Kaddour-ould-Hamza avaient pris une certaine consistance. D'après des renseignements qui semblaient présenter quelque précision, le chef de l'insurrection aurait réuni d'importants contingents aux environs de Karzaz, sur l'ouad Es-Saoura, dans le pays des Braber ; on ajoutait qu'il se proposait, avec le concours des contingents de cette tribu marokaine, de pénétrer sur notre territoire par deux points différents. Sans attacher plus d'importance qu'il ne convenait à ces bruits qui, nous le savons de reste, entrent dans la tactique des chefs de l'insurrection, lesquels ne veulent pas se laisser oublier, nos populations n'en étaient pas moins inquiètes, et elles avaient besoin d'être rassurées. Aussi, le commandement prenait-il sans retard des mesures pour parer à toute éventualité : les goums des Thrafi et des Harar recevaient l'ordre de se porter immédiatement sur les points stratégiques qu'ils doivent occuper en cas d'alerte ; ils étaient soutenus en arrière par les makhzen d'Aflou, de Frenda et de Saïda. Les mêmes précautions étaient prises dans le Sud de la division d'Alger.

On commençait déjà à s'occuper sérieusement, à ce moment, parmi nos populations de la région des ksour du Sud-Ouest, d'un saint marabouth vivant dans la retraite et la prière, et sans cesse en communication avec le Dieu unique, qui, ajoutait-on, n'avait rien à lui refuser. Souvent déjà, on avait eu la preuve qu'il possédait le don des miracles, et qu'il savait lire dans l'avenir ; enfin, il exerçait une influence prestigieuse considérable sur les populations de la frontière du Sud-Ouest, et cette influence s'accroissait, disait-on, de jour en jour. Les Oulad-Djerir et les Eumour, entre autres, ne voyant en lui qu'un *Ouali*, c'est-à-dire un saint, un ami de Dieu, ont, dans sa parole, une confiance sans bornes, et le font l'arbitre de leurs différends. A sa voix, les haines s'apaisent, le couteau rentre dans sa gaine, la poudre est muette; les gens des ksour l'ont aussi en grande vénération, et ne doutent point de son pouvoir surnaturel.

A l'exemple de ses congénères, ce marabouth se serait d'abord fait bien humble, bien détaché des biens de ce monde; ses bernous sont sordides, enloqués, comme ceux d'un deroueuch ; tout son temps se passe en pratiques religieuses et en prédications, et la foule se précipite sous sa parole ardente et inspirée. Et il n'en saurait être autrement ; car il annonce aux populations que l'heure de la délivrance est proche, et il en sait quelque chose, puisqu'il est au mieux avec le Dieu unique, lequel n'a point de secrets pour lui. Quoiqu'il en soit, le saint marabouth est prudent; il ne veut point se brouiller avec l'autorité française avant que son œuvre soit arrivée à maturité. Pendant quelque temps, il se fera bien humble, — l'humilité sied bien aux saints, — et il fera en sorte que ses pieuses incitations ne dépassent pas, jusqu'à nouvel ordre, la portée des oreilles des vrais Musulmans.

Ce saint homme, qui se pose en réformateur des mœurs, — grosse besogne en pays arabe! — et qui prêche la pratique de la vertu, a choisi l'oasis de Mor'ar-et-Tahtani pour en faire le siège de ses prédications, et y fonder une zaouïa qu'il prétend modestement substituer à celle de l'illustre et vénéré Sidi Ech-Chikh, laquelle, d'après lui, aurait fait son temps. Il a d'ailleurs de grandes idées; il n'aspire à rien moins qu'au suprême pontificat dans le Sahra, en fondant dans l'ordre religieux secondaire des Bou-Chikhïa ou de Sidi Ech-Chikh, les grandes confréries, si répandues dans le Marok et dans le Sud algérien, des Kadirïa, ou de Moulaï Abd-el-Kader-el-Djilani, des Ouazzania ou Thaïbia, ou de Moulaï Et-Thaïyeb, et des Tedjadjna, ou de Sidi Ahmed-et-Tedjini.

Tout ce qu'on sait de cet homme, qui, pourtant, n'est pas un étranger, puisqu'il appartient à la tribu des Oulad-Sidi-Ech-Chikh-el-R'eraba, et qu'il a des relations de parenté dans les Oulad-Sidi-Et-Tadj et dans les Oulad-Sidi-Ben-Aïça, tribus qui ont leurs campements à l'est du ksar de Thyout, tout ce qu'on en sait, disons-nous, c'est qu'il est le fils de Sid El-Arbi, homme d'une obscurité absolue, et qu'il a épousé la fille de son oncle, Sid El-Menoueur-ben-El-Heurma, individualité d'une certaine importance, et originaire de l'une des oasis de Figuig. Dans le pays, on n'est pas d'accord sur le véritable nom de notre personnage : tandis que les uns l'appellent Sid Bou-Amama-ben-El-Arbi-ben-El-Heurma, les autres le nomment Sid Mohammed-El-Bou-Chikhi, ou Sid Mohammed-ben-El-Heurma. Dans le Sud-Ouest, on le désigne habituellement par le surnom de Sid Bou-Amama (l'homme au Turban).

La propagande que font ses parents et ses initiés, qu'il a groupés autour de sa zaouïa, lui amènent de nombreux *ziarin* (visiteurs), qui ne manquent pas de lui laisser quelque cadeau ou offrande, en échange des bénédictions divines que le saint homme s'est plu à distribuer. Aussi, grâce à cette sorte de prébende, qui a atteint les proportions les plus copieuses, la situation matérielle et financière de Sid Bou-Amama commence-t-elle à devenir des plus supportables, surtout pour lui qui a fait vœu de pauvreté, vœu qui, probablement, dans son esprit, n'avait rien d'éternel ; car si l'on en croit quelques-uns de ses contribules, il aurait renoncé, depuis longtemps déjà, au bernous rapetassé et pédiculeux du deroueuch, pour revêtir le bernous *sousti* ou de fine laine d'une blancheur immaculée.

Mais l'influence toujours croissante de ce personnage, dans la région des ksour et dans le sud-ouest de Géryville, n'avait point échappé à l'attention du commandant supérieur de ce poste, qui n'avait pas manqué d'entourer ce marabouth d'une étroite surveillance, et de se faire rendre compte fréquemment de ses faits et gestes et des trames qui pouvaient s'ourdir autour de lui. Malgré la discrétion avec laquelle cette surveillance était exercée, Sid Bou-Amama finit par s'apercevoir que l'attention de l'autorité française avait été éveillée et qu'on l'observait. Le rusé marabouth comprit qu'il fallait payer d'audace en allant au-devant du péril, et chercher à gagner la confiance du commandement dont il dépendait par des protestations de dévouement et de fidélité. Pour prouver jusqu'à quel point pouvaient être poussées ses bonnes dispositions à notre égard, il proposait de nous tenir au courant des desseins des rebelles réfugiés au Marok, et de nous livrer leurs secrets.

L'exagération même de ces propositions aurait suffi pour mettre l'autorité en garde contre la duplicité ou la diplomatie de Sid Bou-Amama, et pour la faire douter de la sincérité de ses protestations, en supposant toutefois qu'elle y eût eu toute confiance. Quoiqu'il en soit, elle lui laissa croire qu'elle recevrait volontiers ses communications, et qu'elle lui en tiendrait compte.

Sid Bou-Amama retourna à Mor'aï, convaincu qu'il était extrêmement facile d'endormir la vigilance de l'autorité française, et de la frapper de cécité politique; aussi, pour la confirmer dans ses bonnes dispositions à son égard, lui faisait-il parvenir mystérieusement, de temps en temps, quelques renseignements qui, lorsqu'ils présentaient quelque importance, comme ceux, par exemple, de la razia du 17 décembre dernier, aux environs de Brizina, lui arrivaient toujours trop tard pour qu'elle pût en faire son profit.

Trop intelligent pour croire que le commandement serait longtemps sa dupe, et comprenant que ses menées, qu'il ne se donnait même plus la peine de dissimuler, ne pouvaient manquer de provoquer prochainement l'intervention de nos colonnes dans ses affaires, Sid Bou-Amama songea qu'il n'avait pas de temps à perdre, s'il tenait à mettre en sûreté les biens et les richesses qu'il tenait de la piété des Croyants, et particulièrement des khouan de l'ordre de Sidi Ech-Chikh, dont il avait pris la direction suprême; il prépara donc des moyens de transport qui, en cas de besoin, devaient lui servir pour expédier tout ce qu'il possédait sur Figuig, et mettre ses richesses à l'abri d'un coup de main.

Ces faits se passaient vers la fin de l'année 1879.

En 1880, il fut, un instant, sérieusement question de donner satisfaction aux officiers qui avaient exercé un commandement dans le Sud de la province de l'Ouest, et qui avaient étudié l'histoire et les besoins de cette région; cette satisfaction, que réclamaient leur expérience et leur désir de rendre plus rares les incursions des Nomades, et d'en atténuer sensiblement les effets, c'étaient la création et l'occupation de postes fortifiés dans le voisinage de la frontière du Marok, afin de surveiller de près et de tenir en bride les turbulentes tribus établies le long de cette frontière. Le premier de ces postes serait établi près de Thyout, sur un point restant à déterminer. Or, cette création était décidée en principe, et l'on n'attendait plus que le vote, par la Chambre des Députés, du crédit nécessaire pour réaliser cette utile et indispensable création. Une colonne mobile, qui, d'ailleurs, après avoir servi à la protection des travaux du poste, devait s'y établir en permanence, avait déjà reçu l'ordre de se tenir prête à partir pour Thyout au premier signal. Malheureusement, le crédit ne fut pas voté, et cette création urgente était ajournée.

Quoiqu'il en soit, Bou-Amama, qui avait été informé de ces projets, lesquels ruinaient complètement son industrie, se crut sérieusement menacé. Pour parer ce coup, le marabouth, qui avait décidément jeté le masque, redouble d'efforts et de propagande pour chercher à soulever nos tribus fidèles et à déterminer leur défection ; de nombreux émissaires furent lancés par lui dans toutes les directions, et particulièrement dans la partie de la province d'Oran comprise entre les chothth et l'extrême Sud. Mais l'appel du saint homme, qui, du reste, ne passe pas pour un homme de poudre, ne fut pas aussi entendu qu'il l'eût désiré : nos tribus soumises firent la sourde oreille, et les propagandistes en furent généralement pour leurs frais.

Sid Bou-Amama-ben-El-Arbi en profita pour se réfugier sur le territoire marokain, résolu qu'il était à attendre des jours meilleurs.

Le commandement de Géryville redoubla de surveillance sur la région des ksour et sur la frontière de l'Ouest.

M. le Gouverneur général de l'Algérie, à ce moment à Paris, recevait, le 2 février 1880, l'ambassadeur marokain au Palais de l'Élysée. M. Albert Grévy avait auprès de lui M. le général Saussier, commandant le 19e corps d'armée ; M. le colonel Petitjean, commandant la Gendarmerie d'Afrique ; M. le Préfet d'Alger, et plusieurs autres fonctionnaires civils.

L'ambassadeur du Marok adressait au Gouverneur général les paroles suivantes :

« Monsieur le Gouverneur général,

» Vous avez bien voulu inviter les ambassadeurs de Sa Majesté l'Empereur du Marok à visiter, à leur retour, l'Algérie, cette France africaine dont nous sommes les voisins.

» Je suis heureux de pouvoir vous en remercier aujourd'hui verbalement, et de vous renouveler, M. le Gouverneur général, l'assurance du concours empressé que vous trouverez toujours auprès de Moulaï Haçan, pour le règlement de toutes les questions qui peuvent intéresser votre Gouvernement et le Marok. »

Le Gouverneur général répondait :

« Monsieur l'Ambassadeur,

» L'Algérie, au nom de laquelle j'ai eu l'honneur de vous adresser l'invitation que vous avez bien voulu rappeler, sera heureuse de recevoir votre visite; elle vous fera, comme la métropole, l'accueil le plus cordial.

» Notre voisinage immédiat en Afrique, l'obligation de veiller ensemble à la sécurité de notre frontière, établissent entre le Marok et l'Algérie des rapports constants. Je me félicite d'avoir recueilli directement, de votre bouche, la nouvelle assurance du concours empressé que Sa Majesté Cherifienne apportera toujours pour le règlement de toutes les questions qui peuvent intéresser nos gouvernements.

» Je vous remercie, Monsieur l'Ambassadeur, de votre démarche et de l'occasion qu'elle me fournit de vous offrir personnellement l'expression de ma déférence et de ma sympathie. »

Cette entrevue ne fut pas sans quelque efficacité; car il est permis, croyons-nous, de lui attribuer la cessation des préparatifs de l'incursion qu'avait méditée Sid Kaddour-ould-Hamza. Tout ce que nous pouvons dire, c'est qu'il fut interdit formellement aux Douï-Mnia, par le sultan du Marok, de coopérer, avec les rebelles algériens réfugiés sur leur territoire, à toute agression tentée contre nos tribus fidèles.

La mission Flatters, chargée des études préliminaires du grand transsaharien, s'organise à Ouargla. Solidement constituée et remarquablement composée à tous les points de vue, elle paraît réunir à un haut degré les meilleures conditions de succès.

L'année 1880 se termine dans un état parfait de paix et de tranquillité. Soit que l'interdiction faite aux tribus de la frontière du Marok par le sultan Moulaï Haçan ait été pour quelque chose dans cette situation, soit qu'il convienne de l'attribuer au manque de ressources et à la perte de l'influence des chefs de l'insurrection, de Sid Kaddour en particulier, si maltraité à l'affaire d'El-Mengoub, laquelle a été le signal de son abandon par les populations insoumises qui suivaient sa fortune, tout ce que nous pouvons dire, c'est que ce rebelle, qui paraît réduit à l'impuissance, n'a pas donné suite aux projets d'incursion qu'on lui avait prêtés.

Nous voudrions espérer que cette heureuse situation se maintiendra longtemps encore ; mais comme, en définitive, les leçons du passé ne nous permettent guère d'y compter d'une façon bien absolue, il nous sera prudent de ne pas nous relâcher en quoi que ce soit de la surveillance à laquelle nous obligent la versatilité, la mobilité d'esprit des indigènes, et leur goût bien prononcé pour la guerre au butin et les aventures de poudre et de sang. Ne perdons pas de vue surtout que les populations de la frontière marokaine seront toujours pour nous, et quoi que nous fassions, des adversaires irréconciliables, et qu'il conviendra, si nous voulons atténuer, dans la limite du possible, les effets de ce fâcheux état de choses, de prendre à leur égard des mesures dont nous avons déjà parlé au cours de ce récit, et dont nous dirons encore quelques mots plus loin.

En résumé, la situation du personnel insurrectionnel, à la date du 1er janvier 1881, est la suivante :

Sid Kaddour, le cinquième fils de notre ancien khalifa du Sud, Sid Hamza-ould-Abou-Bekr, et âgé de trente-six ans environ, chef effectif de l'insurrection.

Sid Ed-Din, sixième fils du khalifa Sid Hamza, et âgé de trente-trois ans.

Sid Hamza, fils d'Abou-Bekr, et petit-fils de l'ancien khalifa Sid Hamza. Ce jeune homme, âgé de vingt-deux ans, est le chef spirituel et nominal de la tribu des Oulad-Sidi-Ech-Chikh-ech-Cheraga, ou branche aînée, et l'héritier légitime de la *baraka*, ou puissance religieuse qui avait été attribuée à son saint ancêtre, l'illustre et vénéré Sidi Ech-Chikh.

Il vit auprès de Sid Kaddour, lequel, nous le savons, détient indûment le pouvoir effectif au préjudice de son neveu.

Sid Kaddour et Sid Hamza, l'oncle et le neveu, ainsi que Sid Ed-Din, ont leurs tentes, à la date citée plus haut, aux environs du ksar Igli (Marok). Ils campent habituellement avec les Douï-Mnia, c'est-à-dire dans les environs des ksour des Beni-Abbas, des Beni-Goumi, et des ouad Guir et Es-Saoura.

Sid Kaddour et Sid Ed-Din n'ont jamais fait d'offres sérieuses de soumission. Le premier, nous le savons, nous a leurrés, ainsi que l'ar'a des tribus sahriennes, Sid Kaddour-ould-Adda, qui a cru longtemps pouvoir nous le ramener. Il avait, en effet, simulé le désir de se rapprocher de nous; mais — nous l'avons reconnu un peu tard — c'était là un stratagème, une ruse de guerre pour entrer plus facilement, et sans éveiller notre défiance, en relations avec les Hameïan, et chercher, après les avoir gagnés à sa cause, à les entraîner dans la défection.

Quant à Sid Ed-Din, c'est là un personnage sans importance, tout à fait incolore, et qui n'a joué, jusqu'ici, qu'un rôle absolument effacé. Nous nous rappelons que, sur sa demande, il lui avait été envoyé une lettre d'aman dont il s'est dispensé de profiter. Il n'a à son actif de guerre que la razia d'un millier de chameaux qu'il a exécutée le 17 décembre 1879, et de concert avec son neveu Sid Hamza-ould-Abou-Bekr, au sud du ksar de Brizina.

Sid El-Ala-ould-Abou-Bekr, âgé de soixante ans environ, et frère de l'ancien khalifa Sid Hamza, a été et est encore l'individualité la plus marquante du personnel insurrectionnel : instigateur de la révolte en 1864, homme de guerre d'une certaine valeur et d'une rare audace, nous l'avons toujours trouvé devant nous dans les combats que nous avons livrés dans le Sud algérien pendant ces seize dernières années. Il a exécuté sur notre territoire, et jusque dans le Tell, des pointes d'une témérité inouïe, et qui eussent suffi pour illustrer un général européen, et les hardies et sanglantes journées de Sidi-Ali-ben-Youb, de Haci-Ben-Aththab et d'Aïn-el-Beïdha, en 1864, sont là pour attester que nous avions en Sid El-Ala un adversaire qui n'était certes pas à mépriser, bien qu'en définitive, nous lui ayons fait quelquefois la partie belle. Si ce peut nous être une consolation, nous ajouterons qu'à plusieurs reprises, nous avons eu notre revanche sur ce rude champion, et que, plus d'une fois, il a dû nous payer cher les morts qu'il nous avait faits.

Sid El-Ala campe habituellement chez les Douï-Mnia, avec Sid Kaddour, son neveu.

Quant à Sid Ez-Zoubir-ould-Abou-Bekr, le frère du précédent, il est mort en 1879 au Gourara. Il n'avait pris qu'une part sans importance aux faits insurrectionnels.

Quelques tentes seulement des Oulad-Sidi-Ech-Chikh-Ech-Cheraga sont rentrées sur notre territoire après avoir obtenu l'aman. Les fractions de cette tribu qui sont restées campées avec les marabouths sont celles des Oulad-Sidi-El-Arbi, — fraction dont sont originaires Sid Kaddour, Sid Ed-Din et Sid Hamza, — et les Oulad-Sidi-Lasghem. Nous ajouterons que ces fractions n'ont jamais manifesté l'intention de se soumettre, et tout porte à croire qu'elles continueront longtemps encore à suivre la fortune des Oulad-Hamza.

Pour ce qui est des Zoua-el-R'eraba, ou de la branche cadette, dont quelques-uns étaient tombés entre nos mains à la journée d'El-Mengoub (23 décembre 1871), ils avaient été internés, les uns dans le bach-ar'alik de Frenda, les autres dans la province de Constantine.

Ces tentes ont été rapatriées en 1878, sur le désir qui en avait été exprimé par le Gouvernement marokain. Quelques-unes, sur leur demande, ont été autorisées à habiter les ksour du cercle de Géryville, où elles avaient des jardins.

Les Oulad-Sidi-Ech-Chikh de l'Ouest, rentrés sur le territoire marokain, campent dans le sud de l'âmala d'Oudjda. Quelques-uns d'entre eux ont rejoint Sid Allal, le quatrième fils de Sid

Ech-Chikh-ben-Eth-Thaïyeb décédé en 1870, et le chef nominal de la branche cadette. Sid Allal est né en 1862.

Sid Sliman-ben-Kaddour, nous l'avons dit, s'est rendu, sur les conseils d'El-Hadj-Abd-es-Selam-el-Ouazzani, le chef de l'ordre de Moulaï Eth-Thaïyeb, auprès du sultan du Marok, qui lui a assigné Meknès pour résidence. Il n'est pas douteux que notre ancien ar'a des Hameïan ne quitte ses campements du Marok, comme il s'est enfui de ceux de la plaine d'El-Mlatha en 1873, lorsqu'il trouvera une occasion favorable pour reprendre encore une fois sa vie d'aventures et de razias, et cette éventualité est d'autant plus probable que, né en 1840, ce hardi chef de partisans est aujourd'hui dans la force de l'âge, et qu'il a une soif ardente de pouvoir, de butin et de renommée.

Quant à Sid Bou-Amama-ben-El-Arbi, cette puissance nouvelle, ce saint dangereux qui compte déjà de nombreux adhérents dans la région des ksour de l'Ouest et parmi les populations marokaines, il y aura lieu de le surveiller de près, et surtout de ne point perdre de vue les mokaddem qu'il entretient dans les tribus du cercle de Géryville, néophytes ardents se livrant à une propagande des plus actives et des plus efficaces. Il y a, de ce côté, un danger d'autant moins à négliger, qu'il prend son point d'appui sur la religion, et qu'il tend à substituer une influence nouvelle à celle de la famille des Oulad-Hamza, laquelle a considérablement amoindri, depuis quelques années, le prestige plusieurs fois séculaire de la maison de Sidi Ech-Chikh, c'est-à-dire du fondateur de l'ordre des Chikhïa, dont Sid Bou-Amama se prétend aujourd'hui le seul et unique chef.

Cette trêve de neuf ans, que nous pourrions, à la rigueur, considérer comme la fin de la guerre dans le Sud-Ouest algérien, si cette guerre pouvait jamais avoir une fin, cette sorte de paix tacite nous engage, bien que les chefs de l'insurrection des Ou'ad-Sidi-Ech-Chikh des deux branches paraissent, jusqu'à présent, peu disposés à la signer et à la rendre définitive, ce long temps d'arrêt, disons-nous, nous décide à poser ici le terme de cette longue période d'agitation, de tueries et de bouleversements dont nous avons essayé de raconter les péripéties. A défaut d'autre mérite, ces notes auront eu celui de grouper dans leur ordre chronologique, et de réunir sous la main des historiens de l'avenir des documents qu'on trouverait difficilement ailleurs, et que nous pouvons d'autant plus certifier exacts, que nous avons eu la fortune d'être quelque peu acteur dans quelques-uns des drames sanglants que nous racontons, et que, pour les autres, nous nous sommes renseigné aux sources les plus authentiques, ce qui nous était d'autant plus facile que la plupart des commandants de colonne qui se sont plus ou moins illustrés dans ces guerres, ont été ou nos camarades, ou, tout au moins, nos contemporains dans l'armée d'Afrique. La connaissance parfaite du pays qui a servi de théâtre à l'insurrection depuis 1864, nous a permis d'en suivre la marche pour ainsi dire jour par jour, et de guider le lecteur à travers les grands espaces — la mer de halfa — qui s'étendent, du nord au sud, de la ligne de ceinture du Tell aux ksour d'Ouargla et d'El-Guelâa, et, de l'est à l'ouest, de l'ouad Souf à l'ouad Guir.

Nous avons voulu également apporter une preuve de plus à la démonstration que nous avons essayée dans un des livres de notre jeunesse militaire (1), et convaincre de cette vérité ceux qui pourraient en douter, que la guerre dans le Sahra est la chose la plus misérable, la plus pénible, la plus fatigante, la plus énervante, la plus irritante, la plus abrutissante, la plus antipathique au caractère et au tempérament français, la plus férocement périlleuse, la moins entraînante, la plus dépourvue de stimulants qu'on puisse imaginer ; c'est celle dans laquelle il faut dépenser le plus de dévouement, le plus d'abnégation, déployer le plus d'énergie et de force morale, le plus d'amour de la patrie.

Nous avons voulu qu'on sût ces choses, et, pour cela, nous n'avons eu qu'à laisser la parole aux faits. Il nous a paru équitable — si peu autorisé que nous pussions l'être — d'élever un monument à notre armée d'Afrique, à celle qui a commencé la conquête du Sahra, et à celle qui l'achève, et de faire ressortir

---

(1) *Les Français dans le Désert.* — *Journal d'une Expédition aux limites du Sahra algérien* (Ouargla).

la valeur et les mérites de nos anciens camarades — des reclus dans l'immensité, la plus pénible des reclusions, — qui ont passé les plus belles années de leur existence militaire dans ces régions inhospitalières, entre un ciel de feu et un sol de sable brûlant, entre le couteau ou la balle de l'Arabe fanatisé. Nous ferons connaissance avec ceux de ces officiers — des ignorés de la masse — qui se sont illustrés dans ces guerres incessantes, et nous pourrons apprécier dès lors la valeur des services qu'ils ont rendus au pays.

Notre livre présentera, en outre, cette utilité de faire connaître le personnel insurrectionnel, chefs et soldats, les populations que nous avons et que nous aurons longtemps encore à combattre, les régions qu'elles habitent, les points qui servent habituellement de théâtre aux actions de guerre, les routes ou lignes d'eau, les lieux de bivouac avec leurs ressources, les oasis, les ksour avec leurs défenses. Nous y apprendrons la manière de combattre des Sahriens, cavaliers et fantassins, leurs ruses, leurs stratagèmes, leur politique, et nous y trouverons d'excellentes leçons par les faits et par l'expérience, leçons dont nous pourrons profiter, et qui nous permettront de modifier, selon les cas, nos méthodes tactiques dans le sens de celles de l'ennemi que nous pouvons rencontrer devant nous. Peut-être ces leçons-pratiques nous rendront-elles plus énergiquement prudents, et nous disposeront-elles à nous bien pénétrer de cette vieille maxime que la science de la guerre a des règles générales immuables, quelles que soient les conditions de temps, de peuples et de lieux auxquelles on les applique, règles qu'il est toujours imprudent et blâmable de négliger, et que la tactique, au contraire, se modèle sur celle des peuples qu'on peut avoir à combattre, quel que soit le degré de leur civilisation. Nous laissons aux résultats le soin de démontrer la cause de nos succès ou de nos échecs, et la juste part des uns et des autres revenant aux responsabilités. Nous n'avons pas perdu de vue un seul instant que nous sommes l'histoire, et que l'honnêteté de l'historien ne peut s'établir que par l'exactitude, l'impartialité, la sincérité. Nous avons horreur d'ailleurs de l'éloge banal et uniforme qui, trop souvent, a été la règle de nos bulletins, et nous avons reconnu, au cours de notre récit, que, malheureusement, nous n'avions pas à enregistrer que des succès, ou ce que nous appelons volontiers de *belles affaires*. Nous avons pensé que notre armée d'Afrique, assez riche d'ailleurs de sa vraie gloire, n'avait rien à perdre dans cette méthode d'exposer les faits, qu'ils eussent été heureux ou malheureux.

Nous formons instamment ce vœu, et avec cette ardente affection que nous avons toujours vouée à nos soldats, c'est de voir cesser ce gaspillage de leur sang si précieux que, trop souvent, et par une sorte de générosité chevaleresque, ils versent avec autant de désintéressement que d'inutilité. Avoir le mépris de la mort quand il y va du salut du pays, c'est là le fait d'un grand cœur ; mais c'est, au contraire, d'une complète insanité de donner sa vie, c'est-à-dire un bien qui appartient à la patrie, quand ce suprême sacrifice est non-seulement inutile, mais encore nuisible à la cause que nous défendons : il y a, en effet, dans ce dernier cas, gain pour l'ennemi, et, par contre, perte pour le pays.

C'est en nous pénétrant bien de cette vérité, que nous verrons cesser ces sanglantes hécatombes dont les autels se rencontrent à chaque pas sur le sol africain, voie sacrée que, depuis 1830, la France jalonne des ossements de ses enfants, et sans même — trop souvent — nous laisser la consolation de les savoir tombés selon les règles de l'art, et frappés par un ennemi scientifiquement digne d'eux et de leur réputation, tant de fois séculaire, de vaillance et d'intrépidité dans les combats.

TABLE DES SOMMAIRES

PREMIÈRE PARTIE

I

Préliminaires. — Les fils de Sid Hamza-ould-Sidi-Abou-Bekr et les Oulad-Sidi-Ech-Chikh. — Le bach-ar'a Sid Sliman-ould-Hamza. — Sa défection. — Commencement des hostilités. — Destruction du détachement du lieutenant-colonel Beauprêtre. — Marche de l'insurrection. — Défection de l'ar'a En-Nâimi-ould-El-Djedid et des Oulad-Châib. — Affaire de Tagguin.................. 1

II

Dispositions militaires. — Rassemblement de troupes sous le ksar El-Bokhari. — Constitution de la colonne expéditionnaire du Sud dans la plaine d'Ez-Zobra. — Le camp des goums. — Le général Yusuf harangue les goums de Médéa et de Boghar. — Cavaliers français et cavaliers arabes. — Mise en mouvement de la colonne. — Physionomie du pays parcouru. — La végétation. — Le bivouac de Bou-Kouzzoul. — Bribes d'histoire. — Le bivouac d'Aïn-el-Ousra. — Le bivouac de Gueltet-es-Sthol. — Les feux de halfa. — Le bivouac de Hadjeur-el-Melch. — Le gîte de sel. — Djelfa. — Bivouac de l'oued Es-Sedeur. — Aïn-el-Ibel. — Bivouac d'El-Mokhtâ-Bou-Zian. — Les vipères cornues. — Le bivouac et la koubba de Sidi-Makhlouf. — Le Djebel-el-Milok. — Le goum des Arbaâ. — Le puits de Metlili. — Ras-el-Aïoun. — Entrée de la colonne dans Laghouath............................... 30

III

Le ksar de Laghouath. — Son histoire. — Les Ahlaf, les Oulad-Serghin et les Oulad-Aïça. — Les Ahlaf font appel au bey d'Oran Mohammed-el-Kebir, qui chasse les Oulad-Serghin. — Ces derniers s'allient aux Oulad-El-Hadj-Aïça et battent les Ahlaf. — Ceux-ci ressaisissent le pouvoir. — Le chef du parti des marabouths fait appel à l'Émir Abd-el-Kader, qui lui envoie des secours. — Les Ahlaf sont chassés de Laghouath par les Oulad-El-Hadj-Aïça. — L'Émir rend le pouvoir au chef des Ahlaf. — L'Émir envoie un de ses khalifas avec des forces régulières pour occuper Laghouath. — Les Beni-Laghouath se révoltent, battent et chassent le khalifa d'Abd-el-Kader. — Le chef du parti des marabouths, El-Hadj-El-Arbi, cherche en vain à reprendre le pouvoir. — Il est battu par Ahmed-ben-Salem et Tedjini. — El-Hadj-El-Arbi est tué à Ksir-El-Haïran. — La colonne du général Marey à Laghouath. — Prédiction du marabouth Sidi-El-Hadj-Aïça. — Ahmed-ben-Salem reçoit l'investiture de la France pour le khalifalik de Laghouath. — Le cherif d'Ouargla et la prise de Laghouath. — Situation de l'insurrection dans la province d'Oran. — État de la province d'Alger. — Plan de campagne. — Marche de la colonne Yusuf dans l'Ouest. — Le ksar de Tadjmout. — Son histoire. — Mauvais esprit des gens de ce ksar. — Essai de l'emploi du dromadaire pour transporter l'infanterie. — Les opérations de la colonne Deligny dans la province d'Oran. — La colonne du général Yusuf vient camper sous Aïn-Madhi....... 61

IV

Le ksar d'Aïn-Madhi. — Sid Mohammed, son fondateur. — Ses disciples et la révélation. — Fondation du ksar. — Pillards et sultans. — Naissance d'Ahmed-ben-Mohammed-et-Tedjini. — Il fonde un ordre religieux. — Prise d'Aïn-Madhi par le bey d'Oran, Mohammed-el-Kebir. — Expédition du bey Otsman sur Aïn-Madhi. — Reconstruction des murailles d'Aïn-Madhi. — Mort d'Ahmed-ben-Mohammed-et-Tedjini. — Son fils aîné, Sid Mohammed-el-Kebir, lui succède. — Le bey Haçan dirige une expédition sur Aïn-Madhi. — Siège d'Aïn-Madhi. — Le bey Haçan contraint de lever le siège. — Tedjini bat le bey de Tithri venu pour assiéger Aïn-Madhi. — Tedjini bat un parti de Zegdou. — Expédition de Tedjini sur Mâskara. — Il est trahi par les Hachem, et battu par le bey Haçan. — Tedjini est tué et sa tête est exposée sur l'une des portes d'Alger. — Sid Mohammed-es-Sr'ir lui succède. — Vues d'Abd-el-Kader sur le Sahra. — L'Émir recherche vainement l'alliance de Tedjini. — L'Émir raze les troupeaux de Tedjini et ceux des Madhiens. — Tedjini envoie un miâad à l'Émir. — Abd-el-Kader vient poser son camp devant Aïn-Madhi. — Tedjini refuse de se présenter à l'Émir. — Investissement du ksar. — Force des assiégeants et des assiégés. — Attaques du ksar. — Exigences de l'Émir. — Trêve. — Abd-el-Kader demande à être admis, avec son armée, dans la mosquée du ksar pour y prier. — Sa demande est repoussée. — Reprise de la lutte. — Négociations infructueuses d'El-Hadj-Mosthafa. — Canonnade sans résultat. — L'Émir appelle auprès de lui Mohammed-ben-Nouna. — Canonnade et assauts. — Les assiégeants sont repoussés. — Mines et contre-mines. — Tedjini consent à traiter. — Conditions de la reddition de la place. — Tedjini et les défenseurs du ksar l'évacuent. — L'Émir y entre avec son armée et le démantèle. — Tedjini se rend à Laghouath, et l'Émir retourne dans le Tell. — Tentatives du khalifa El-Hadj-El-Arbi sur Aïn-Madhi. — Il est battu et rejeté dans Tadjmout. — Tedjini relève les murailles d'Aïn-Madhi. — Expédition du général Marey sur Laghouath. — Tedjini lui fait sa soumission. — Le lieutenant-colonel de Saint-Arnaud à Aïn-Madhi. — Le général Pélissier fait une visite à Tedjini dans son ksar. — Mort de Tedjini. — Le kaïd Rian prend la tutelle de son successeur. — Mort du fils de Tedjini. — Rian à la recherche d'un héritier de Tedjini. — Un nègre bourricotier est reconnu comme l'héritier légitime du dernier Tedjini. — Son arrivée à Aïn-Madhi. — Enthousiasme des khoddam de l'ordre de Tedjini. — Portrait de Rian. — Ses fils. — Situation du ksar d'Aïn-Madhi et de ses murailles. — Aïn-Madhi extérieur et intérieur. — Le tombeau de Sidi-Ahmed-ben-Mohammed-et-Tedjini. — Le palais des Tedjini. — La dhifa. — L'horizon.. 92

V

La colonne quitte Aïn-Madhi. — Le bivouac d'El-Guemantha. — Le Sud. — L'ouad Mzi. — L'ar'a Ed-Din. — Fourrage sur les terres d'Ed-Din. — Marche de l'insurrection dans la province d'Oran. — Un camp de gourbis. — Les concerts en plein air. — Reconnaissance du capitaine Bourceret dans le pays des Ghemantha. — Arrivée à dos de chameau d'un bataillon du 42ᵉ d'infanterie. — Nouvelle organisation de la colonne. — Espoir de rencontrer l'ennemi. — Retour sur Aïn-Madhi. — La mort du maréchal duc de Malakoff. — Marche sur Tadjerouna. — Le bivouac de Bled-el-Atheuch. — Tadjerouna. — La razia des orges des rebelles. — Le bach-ar'a Ben-Yahya. — Une tempête. — Stratégie. — Combat contre les

Ghemantha. — Bruits sinistres. — La colonne Liébert appelée dans le Tell. — Les sauterelles. — Retour sur Aïn-Madhi. — Les dépouilles des vaincus. — Colonne légère. — Les éplucheurs de nez. — Le défilé d'Er-Reddad. — Sidi El-Hadj-Aïça et les Oulad-Yâkoub-er-Rabaâ. — Le supplice de la soif. — Le bivouac d'El-Mâdjiba. — Les abords d'El-R'icha. — Le ksar d'El-R'icha. — La vieille El-R'icha. — Les Ahl El-Eumour demandent l'aman. — Les gâda de l'ouest et de l'est. — Situation des rebelles dans la province d'Oran. — Retour sur Aïn-Madhi. — Razia sur le ksar El-Maïa. — L'ar'a Ed-Din dans notre camp. — Un festin de vautours. — Retour au bivouac des Ghemantha. — Le Guebli. — Le bivouac d'Aïn-el-Milok. — Retour à Laghouath. — Témoignage de satisfaction du Ministre de la Guerre. — La dhifa de moutons. 148

VI

Le bivouac de Sidi-Makhlouf. — Situation de l'insurrection dans la province d'Oran. — Le bivouac de Tadzmit. — Revirement. — Le bivouac de l'ouad El-Fekaïrin. — Les céréales des Oulad-Naïl. — Le ksar des Znina. — Les coprophages-bousiers. — Le bivouac d'El-Ar'ziz. — Sid Ech-Cherif-ben-El-Ahreuch et les chefs des Oulad-Naïl. — Les oreilles coupées. — L'insurrection dans le Tell et dans le Sahra de la province d'Oran. — Les lièvres. — Le ksar Charef. — Une Naïlia. — Le mirage. — La sebkha du Zar'ez occidental. — Une gazelle. — Deux têtes de mort. — Tagguin. — La prise de la zmala d'Abd-el-Kader. — La colonne Marey en 1841. — L'insurrection dans la province d'Oran. — La Tnïyet-el-Hamra. — Le pays de Ben-Hammad. — Le ksar Ben-Hammad. — Les Ahl Ben-Hammad d'autrefois. — Fondation du ksar Ben-Hammad. — Attaque de la gâda. — Les femmes de Ben-Hammad. — Le champ du combat — L'oasis de Chellala — But de la restauration de Chellala. — Convocation des tribus du cercle de Boghar. — Les douars et les temps bibliques. — Les chevaux caparaçonnés et les palanquins. — Le bivouac d'Aïn-el-Oureg. — La tribu des Bou-Aïch. — La manne. — La rose de Jéricho. — Châbounia. — Les déserteurs du goum. — Nouvelles de l'insurrection dans la province d'Oran. — Fanthazïa des gens d'El-Bokhari. — Les parts de razia. — Ksar El-Bokhari. — Le poste avancé de Boghar. — Prise et destruction du Boghar d'Abd-el-Kader. — Occupation de Boghar. — Les Oulad-Anteur. — La colonne expéditionnaire est dissoute... 193

SECONDE PARTIE

I

Situation générale du Sud algérien après les opérations du printemps. — Les colonnes de la province d'Oran ramenées vers le Tell. — Opinion du commandant de cette province sur la situation des rebelles dans son commandement. — État réel des forces insurrectionnelles. — Tentative du marabouth Mohammed-ould-Hamza sur Frenda. — Le but du chef de l'insurrection. — Mouvement de la colonne Péchot sur Frenda. — Les forces des insurgés sur l'ouad Souf-Sellem. — Mauvaise disposition des tribus telliennes de l'est de la province d'Oran. — Situation politique de la province d'Alger, et mauvais esprit de ses populations sahriennes. — Les causes générales et particulières de la continuation du mouvement insurrectionnel. — Nos illusions relativement aux indigènes musulmans. — Quelle doit être notre ligne de conduite à leur égard. — Quelques vérités sur les officiers chargés de l'administration des indigènes... 1

II

De la nécessité pour le marabouth de reprendre l'offensive et de continuer la lutte. — Les causes de sa démonstration sur le Tell. — Parallèle entre la cavalerie française et celle des Sahriens. — Notre infériorité en matière d'équitation. — Organisation de la résistance dans la province d'Alger. — Formation de deux colonnes d'observation. — Elles sont portées sur la Chellala du cercle de Boghar et sur Aïn-Toukria. — Le cercle de Boghar couvert par les Arbaâ établis à Thaguin. — Mise en marche des deux colonnes pour leur destination. — Leurs premiers mouvements en avant. — La colonne Archinard se porte sur Ksar-Charef et s'y établit. — Défection des Arbaâ. — Formation d'une troisième colonne à Boghar pour couvrir le Tell. — Défection des tribus du cercle de Boghar. — Sac et incendie des caravansérails de la route de Laghouath. — Assassinat de MM. d'Esguilles et Mollard. — Trahison des spahis détachés au caravansérail d'Aïn-el-Ousra, qui assassinent trois

Européens et livrent cet établissement aux rebelles. — La colonne Archinard se porte sur Djelfa. — Position des tribus insurgées. — Opération combinée sur Sebâïn-Aïn. — Les Bou-Aïch attaquent le camp d'Aïn-Toukria. — Le général Yusuf prend la direction des opérations. — Formation d'une colonne d'observation dans l'Ouanseris. — Situation de l'insurrection à la fin d'août............ 22

III

Ravitaillement de la colonne Archinard et du poste de Djelfa. — La colonne d'escorte du convoi donne la sépulture aux victimes de la tuerie du caravansérail d'Aïn-el-Ousra et de ses abords. — Un parti de rebelles vient tirailler sur le camp à Gueltet-es-Sthol. — Les rebelles attaquent la colonne dans le défilé de ce nom ; ils sont repoussés. — La colonne de Boghar rencontre à Aïn-Malakoff la colonne de Djelfa, à qui elle remet son convoi. — Situation des tribus défectionnaires du cercle de Boghar. — Opérations dans le Nadhor de Tiharet. — Attaque de la colonne de Bou-Sâada par les Oulad-Madhi. — Marche de concentration sur Chellala. — La colonne Archinard est attaquée par les rebelles sur les puits d'Ogletez-Zâfran. — Le sous-lieutenant Wyndham est blessé mortellement par l'ex-ar'a Bou-Diça. — Incendie par les rebelles de la bergerie de Tadzmit et du caravansérail de Sidi-Makhlouf. — Les rebelles sont chassés de Thaguin. — La colonne Archinard rallie la colonne Yusuf à Chellala. — Choix de Serguin pour l'établissement d'un biscuit-ville. — Les colonnes Yusuf et Archinard se portent sur ce point. — Elles y sont rejointes par la colonne Liébert.. 51

IV

La colonne de Serguin se rend en ravitaillement à El-Bokhari. — Les courriers et les moyens de transport. — Les colonnes Yusuf et Liébert se dirigent sur El-Beïdha. — Elles abandonnent la direction d'El-Beïdha pour prendre celle de Znina. — Les populations rebelles se sont portées dans la direction de Tadjmout. — Le maréchal de Mac-Mahon est nommé Gouverneur général de l'Algérie en remplacement du maréchal Pélissier. — Sa proclamation aux Indigènes, Arabes et Kabyles. — La colonne Yusuf se dirige sur Tadjmout, où l'attend, prétend-on, le marabouth pour lui offrir le combat. — Le général porte sa colonne sur Laghouath pour l'y ravitailler. — Une colonne légère revient sur Tadjmout, où a reparu le marabouth. — Escarmouche entre les troupes de la colonne et les rebelles. — La colonne reprend son camp sous Laghouath. — Le général Yusuf se porte sur Djelfa. — La colonne Liébert est chargée de l'évacuation du dépôt de Dar-Djelloul. — Arrivée à Djelfa du convoi escorté par la colonne Archinard. — Troubles dans les Zouar'a de la province de Constantine. — Arrestation des meneurs. — Combat chez les Arbâoun. — Défection des tribus du nord de la subdivision d'Aumale et du cercle de Bou-Sâada. — Ces tribus sont battues à Tnïyet-er-Rih et sur l'ouad Dermel. — Elles se réfugient dans le Djebel Es-Sahri, et dans les montagnes du sud du Zar'ez oriental............... 67

V

Situation de l'insurrection dans la province d'Oran pendant l'été 1864. — Emplacements des colonnes d'observation. — Ne pouvant rien tenter dans la province d'Alger, le marabouth et Sid El-Ala repassent dans celle d'Oran. — Sid El-Ala est signalé sur le Chothth Ech-Chergui. — Le général Jolivet porte sa colonne de Tafraoua sur El-Kheidher. — Il apprend que Sid El-Ala a traversé le Chothth et se porte vers le nord. — Il prend des dispositions pour marcher à sa rencontre. — Sur la foi de faux renseignements, le général organise une colonne légère, et se porte, par une marche de nuit, sur les puits de Bedrous dans l'intention d'y surprendre Sid El-Ala. — N'ayant point trouvé trace du chef de l'insurrection, il traverse le Chothth dans la pensée de rencontrer Sid El-Ala sur la rive nord. — Il n'y trouve que les R'zaïna, qu'il envoie prendre leurs campements sous la redoute d'El-Kheidher. — Le général prend la direction d'El-Kerch. — Le vent brûlant du désert souffle avec violence. — Brisée de fatigue, énervée par une température accablante, et mourant de soif, la colonne s'allonge d'une façon dangereuse pour sa sécurité. — Impatient d'arriver aux puits d'El-Beïdha, le général se porte en avant avec sa cavalerie. — Embusqué derrière les collines d'El-Beïdha, l'ennemi fond soudainement et impétueusement sur la cavalerie. — Un parti de rebelles se porte sur la queue de la colonne, massacre les hommes restés en arrière, et enlève les bagages. — Le lendemain, la colonne, démoralisée, regagne le camp d'Aïn-el-Hadjar. — Nouveau désastre à El-Kheidher.................. 91

VI

Évacuation du biscuit-ville de Dar-Djelloul. — La colonne Yusuf se porte sur l'ouad Medjeddel. — Battus dans deux rencontres successives, les rebelles de la province de Constantine pénètrent dans celle d'Alger par les gorges de Gaïga. — Ordre au colonel Guiomar de constituer une colonne à Djelfa, et de se porter sur la ligne de retraite des rebelles. — Avis donné au général Liébert de la direction suivie par les insurgés. — Organisation d'une colonne légère dont le commandement est donné au colonel Margueritte pour être lancée sur l'immigration ennemie. — Affaire d'El-Atheuf-el-Mekam ou d'Aïn-Malakoff. — Le général Yusuf rejoint les trois colonnes à Aïn-Malakoff, et rentre avec elles à Djelfa. — La colonne Liébert rappelée dans le Tell. — Escarmouches autour de Djelfa. — Mort du bach-ar'a des Oulad-Naïl, Sid Ech-Cherif-ben-El-Ahreuch... 107

VII

Sid El-Ala gagne à sa cause les tribus des Hauts-Plateaux de l'Ouest, et menace le Tell du cercle de Dhaïa. — La colonne Jolivet se réorganise et se porte à Titenyabïa pour couvrir le poste de Dhaïa, et fermer ce débouché du Tell aux rebelles. — Rencontre de la colonne Jolivet et des contingents de Sid El-Ala, en retour de la pointe audacieuse de ce dernier sur Sidi-Ali-ben-Youb. — Combat de Titenyabïa. — Sid El-Ala, battu, replonge dans le Sud. — Pendant que la colonne Jolivet se porte dans la direction de Sidi-Ali-ben-Youb, Sid El-Ala se retire dans celle du Djebel El-Beguira. — Remarques sur la pointe de Sid El-Ala dans le Tell. — Quelques mots sur ce chef de l'insurrection. — Rentrée de la colonne Jolivet à Saïda. — Évacuation de la redoute d'El-Kheidher. — Sid El-Ala regagne ses campements. — Le général Deligny opère dans le cercle de Géryville. — Premières soumissions. — La colonne Yusuf se dirige sur Tadzmit, où la présence du marabouth lui a été signalée. — Fausses démonstrations de la part des rebelles. — Les populations rebelles chassées successivement des eaux et pâturages de la vallée de l'ouad Mzi. — Les tribus du cercle de Boghar, et quelques-unes des Oulad-Naïl, viennent faire leur soumission au général Yusuf. — Désagrégation des forces du marabouth. — Le calme se refait dans le sud des cercles de Tniyet-el-Ahd, de Boghar, d'Aumale, et autour de Bou-Sâada. — La colonne Yusuf se rend à Laghouath pour s'y ravitailler. — Coup de main sur les Oulad-Sidi-Aïça-el-Adeb, qui amène leur soumission. — Situation politique des trois provinces à la fin d'octobre 1861... 127

VIII

Le général Yusuf entre en relations avec le commandant de la province d'Oran. — Il décide qu'il se portera à proximité du Djebel El-Eumour pour pouvoir pénétrer dans ce massif avec le général Deligny. — Panique des tribus du Sud du cercle de Tnïyet-el-Ahd. — La colonne Liébert se porte, pour le protéger, sur la position d'Aïn-es-Sfah. — La colonne Yusuf va camper sous Aïn-Madhi. — Elle pénètre dans le Djebel El-Eumour par le défilé d'Er-Reddad. — La colonne Yusuf, se portant sur Taoufala, est arrêtée par une crue subite de l'ouad El-Megatel. — Soumission du Djebel El-Eumour. — Évacuation de ce massif, et retour de la colonne sur Aïn-Madhi. — La colonne va camper sur la rive gauche de l'ouad Mzi. — De nombreuses tentes demandent l'aman. — La colonne va s'établir à Ras-el-Aïoun, puis, plus tard, à Er-Reg. — Nombreuses demandes de soumission. — Le général Yusuf se porte sur Tadjerouna, où se trouvent réunies les colonnes Deligny et Martineau. — La colonne Yusuf rentre à Laghouath. — Le général Deligny se porte sur l'ouad Zergoun, qu'il trouve évacué par les rebelles. — Extrêmes difficultés de parcours que rencontre le convoi amené à Djelfa par le général Ducrot. — Expédition du général Ducrot sur les Oulad-Brahim-Sahri. — Soumissions nombreuses dans la province d'Oran........................ 149

IX

État des affaires dans la province d'Alger à la fin de novembre 1864. — Une colonne de 1,500 hommes est reconnue suffisante pour y maintenir la situation. — Le commandement en est donné au colonel Margueritte. — Le général Yusuf remonte vers le Nord avec le reste des troupes de la colonne. — Des colonnes d'observation sont établies à Aïn-el-Ousra et à Tnïyet-el-Ahd. — Résultats des opérations des colonnes de la province d'Alger. — Deux mots sur le général Yusuf. — Le général et ses troupes regagnent le Tell. — La colonne Margueritte ravitaille la colonne Deligny à Tadjerouna. — Expédition du général Deligny sur l'ouad Zergoun. — Il obtient la soumission de plusieurs tribus rebelles. — Marches et opérations de la colonne Margueritte.................... 174

X

Situation de l'insurrection dans la province d'Oran au commencement de l'année 1865. — Le général Deligny vient s'établir à Géryville, où il prépare ses opérations d'hiver. — Il y reçoit la soumission des tribus voisines. — Menacé par les colonnes Deligny et Margueritte, le marabouth, privé de ses contingents, se réfugie dans le Djebel-Tismert. — Le général Deligny se porte, par une marche rapide, sur les campements des rebelles, qui prennent position entre l'ouad El-R'arbi et l'ouad En-Namous. — Physionomie du pays. — L'oasis de Benoud. — Le général prend les devants avec les goums et trois escadrons de cavalerie régulière. — Il surprend, par une marche rapide, la deïra du marabouth et les campements des rebelles. — Combat de Garet-Sidi-Ech-Chikh. — Le marabouth y est blessé mortellement. — Les contingents rebelles sont battus et razés par nos goums. — Soumission de quelques tribus. — Mort de Sid Mohammed-ould-Hamza chez les Oulad-Zyad. — Son jeune frère, Sid Ahmed-ould-Hamza, lui succède. — Sid El-Ala est battu, au sud d'Ouargla, par les goums de Touggourt. — En apprenant la mort de son neveu, il accourt dans l'Ouest. — Le général Deligny revient sur Géryville, où il organise une colonne mobile, qu'il place sous les ordres du colonel de Colomb. — Marches et opérations de la colonne Margueritte dans la province d'Alger. — Cette colonne stationne sous Laghouath pendant le mois de mars. — Reprise des hostilités dans la province d'Oran.................. 188

XI

Les forces insurrectionnelles se reconstituent et se groupent autour du marabouth mourant. — Il leur fait jurer, devant sa mère, qu'ils vengeront la mort de Sid Sliman et la sienne, et qu'ils soutiendront son frère et successeur, Sid Ahmed-ould-Hamza. — Les tribus restées fidèles aux Oulad-Hamza. — Retour de Sid El-Ala de son infructueuse mission dans le Sud. — Mouvement des rebelles vers le Nord. — Sid Ahmed-et-Tedjini à Bou-Semr'oun. — Tentative d'assassinat sur la personne de Sid Mohammed-ben-Rian. — Mise en mouvement de la colonne de Géryville. — Combat de Kheneg-Souez. — La colonne se dirige sur El-Abiodh-Sidi-Ech-Chikh, où elle séjourne. — Combat de l'ouad Dir'em. — La colonne se dirige sur Chellala. — Combat de Chellalat-el-Gueblia. — Combat entre Chellala et Aïn-Tazina. — Rentrée de la colonne à Géryville. — Mouvements de la colonne mobile de Laghouath. — Le général Yusuf est appelé au commandement d'une division militaire en France. — Sa mort. — Sa dépouille mortelle rapportée en Algérie.................................. 201

XII

La colonne d'observation d'Aïn-el-Ousra. — Panorama du pays autour d'Aïn-el-Ousra. — Physionomie d'un camp français dans le Sud algérien. — La colonne Arnaudeau quitte son camp d'Aïn-el-Ousra devenu inhabitable. — Opinion sur la division des étapes en deux marches pendant la saison des chaleurs. — Le délire de la soif. — La colonne établit son camp à Ksar-Charef. — Un tour d'horizon. — Le camp et ses abords. — Une forêt spontanée. — Les gourbis artistiques. — Les Turcos et leurs constructions. — Le théâtre du camp. — La *sriba* des Tirailleurs et leurs concerts orientaux. — Les almées mâles. — La colonne lève son camp de Charef, et va s'établir à Dar-Djelloul. — Le bordj de Djelloul. — Physionomie du pays. — Le camp et ses constructions. — Les criquets. — La colonne quitte son camp de Dar-Djelloul. — Le camp de Boghar. — Coup d'œil sur la province d'Oran...... 230

XIII

Le commandant de la colonne de Géryville refait ses approvisionnements, et se prépare à reprendre la campagne. — Les marabouths mettent la Zaouïa en sûreté à Benoud. — Caractère de Sid Ahmed-ould-Hamza. — Intrigues des chefs de l'insurrection pour arrêter la défection de leurs adhérents. — Ils reconstituent péniblement leurs forces. — Sid Ahmed fait assassiner Abou-Bekr-ben-Zyan. — Défection des Hameïan. — Bruits d'incursion. — Sid El-Ala reprend la direction des forces insurrectionnelles. — Les rebelles marchent vers le Nord. — Panique dans nos tribus des Hauts-Plateaux. — Mouvements des colonnes sur la ligne de ceinture du Tell. — Les colonnes Lacretelle et de Colomb à la poursuite du marabouth. — Les Hameïan sont atteints et réduits à faire leur soumission. — Le colonel de Colomb poursuit les rebelles jusque dans la région de l'Erg, les bat, et les contraint à se soumettre. — La colonne de Laghouath bat un parti de rebelles sur l'ouad Seggar. — Moment de trêve. — Sid El-Ala se brouille avec son neveu Sid Ahmed, et se retire à Haci-Bou-Zeïd. — Sid Ahmed reconstitue ses forces en fantassins avec des Zegdou. — Sid Ahmed demande, en vain, le sultanat du Sud. — L'ex-ar'a Bou-Diça est tué par les Oulad-Ben-Zeyan. — Le marabouth entre en campagne. — Formation d'une colonne légère à Kheneg-el-Azir. — Elle marche à la rencontre de Sid Ahmed, qu'elle rejoint entre Aïn-el-Katha et Haci-Ben-Aththab. — Combat furieux sur la gâada. — Nous y faisons des pertes très sensibles. — L'ennemi est repoussé et poursuivi dans sa retraite sur l'Ouest. — La colonne rentre à Géryville.. 271

XIV

Le colonel de Colomb se met à la poursuite de Sid Ahmed-ould-Hamza et reprend l'offensive. — Il surprend les campements de Sid Ech-Chikh-ben-Eth-Thaïyeb au nord de Figuig. — Combat d'El-Menaouarat. — La colonne de Sonis à Ksar Sidi-El-Hadj-Ed-Din. — De nombreux douars font leur soumission. — Combat d'El-Meharoug. — Désorganisation des forces insurrectionnelles. — Le colonel de Sonis bat les rebelles sur l'ouad El-R'arbi, à Ras El-Meharoug, dans les Eurg et à Garet El-Guefoul, sur l'ouad En-Namous. — Trêve. — Les Châanba-Mouadhi demandent l'aman. — Situation des rebelles sur le territoire marokain. — Sid Ech-Chikh-ben-Eth-Thaïyeb, et la branche cadette des Oulad-Sidi-Ech-Chikh (el-R'eraba). — Sid Sliman-ben-Kaddour raze les Oulad-Sidi-Ahmed-el-Medjdoub. — Les Hameïan reprennent l'offensive, et poussent jusqu'à l'ouad Guir. — Sid Hamza-ould-Abou-Bekr, héritier de la *baraka*. — Les rebelles réclament la protection de Sid Sliman-ben-Kaddour contre les Marokains. — Bilan des forces insurrectionnelles. — Incursion des rebelles campés près de Figuig. — Les ksour des Chellala et de Bou-Semr'oun sont razés, et mis à contribution par les Eumour et les Beni-Guil. — Les Hameïan razés à El-Aagueur par Sid Ahmed et Sid Sliman réunis. — Sid Ahmed abandonné par un grand nombre de ses adhérents. — Sid El-Hadj-El-Arbi-ben-Ech-Chikh est nommé khalifa de l'âmel d'Oudjda, et reçoit le commandement des tribus du sud-est marokain. — Soumission de Sid Sliman-ben-Kaddour et des tribus rebelles réfugiées au Marok. — Les Hameïan-Chafâ et les Mehaia razés par Sid Ahmed à Aïn-Ben-Khelil. — Revanche des Hameïan à Dhayet-Moula-El-Adjem et à Dhayet-Bou-Gourin. — La colonne Colonieu devant Figuig. — Mort de Sid Ahmed-ould-Hamza à Tafilelt. — Son frère Sid Kaddour-ould-Hamza prend la direction effective des forces insurrectionnelles. — Trêve... 326

XV

Réconciliation de Sid El-Ala avec son neveu Sid Kaddour-ould-Hamza. — Ils préparent un coup de main sur la tribu des Arbaâ, du cercle de Laghouath. — Le colonel de Sonis prescrit au makhzon de cette tribu de se réunir sur un point défensif au sud de ce poste avancé. — Conférence à Ksar-Charef entre le colonel de Sonis et le chef de l'annexe de Djelfa, qui reçoit l'ordre de réunir le makhzen des Oulad-Naïl. — Les rebelles dans le Djebel El-Eumour. — Emplacements des colonnes du Tell. — Panique des populations de l'ouest de Djelfa. — Les forces des rebelles divisées en trois détachements. — Les trois marabouths. — Le makhzen des Arbaâ en reconnaissance sur Tadjmount. — Composition de la colonne de Laghouath. — Elle se met en mouvement et va bivouaquer à Er-Recheg. — Une méprise du makhzen d'El-Akhdhar. — La trahison du marabouth Sid Ahmed-et-Tedjini. — Le chaouch Rousbach. — Les bandes des trois marabouths devant Aïn-Madhi. — Ordre de marche de la colonne de Sonis, à laquelle les rebelles offrent le combat. — La colonne prend position. — Combat d'Oumm-ed-Debdeb. — Les rebelles sont battus et mis en déroute après avoir éprouvé de grandes pertes. — La colonne, allégée, se met à la poursuite des rebelles, et pousse jusqu'à Brizina. — Retour sur Aïn-Madhi. — Arrestation de Sid Ahmed-et-Tedjini. — Rentrée de la colonne à Laghouath. — Sid Sliman-ben-Kaddour tombe sur les campements de Sid Kaddour-ould-Hamza à El-Mourra, sur l'ouad Guir, et les razie complètement. — Sid Ech-Chikh-ben-Eth-Thaïyeb nous assure de sa fidélité, et signe avec nous, à Oglet-es-Sedra, une convention qui a pour objet la réconciliation des Hamcïan avec les tribus marokaines de la frontière... 365

XVI

Causes déterminantes de l'expédition du Marok. — Le commandement en est confié au général de Wimpffen. — Combat d'El-Bahariat, sur l'ouad Guir. — Combat d'Aïn-ech-Châïr. — Résultats de cette campagne. — Sid Sliman-ben-Kaddour nommé ar'a des Hamcïan. — Mort de Sid Ech-Chikh-ben-Eth-Thaïyeb ; Sid Mâmmar le remplace à la tête des Zoua-el-R'eraba. — La guerre avec l'Allemagne, et ses conséquences dans le Sud algérien. — Agitation dans le Sud-Ouest, et mouvement des colonnes dans cette direction. — Ouverture de négociations en vue de la soumission de Sid Kaddour-ould-Hamza, qui se joue de nous. — La colonne de Saïda va s'établir sur les puits de Tar'ziza. — Sid Kaddour réunit ses contingents au Kheneg-el-Hada. — La colonne du lieutenant-colonel des Méloizes se porte sur les puits d'El-Magoura. — Combat près d'El-Magoura. — Sid Kaddour rejeté dans le Marok. — Une harka de Sid El-Ala razie deux douars des Beni-Ouacin. — Sid Kaddour tombe sur les campements de son cousin Sid Mâmmar à

Oglet-es-Sedra, et lui fait éprouver des pertes sérieuses. — Sid Kaddour essaie de gagner les Beni-Guil à sa cause. — Les colonnes se portent de nouveau en avant. — Deux fractions des Hameïan passent au marabouth. — Mouvement des colonnes mobiles. — Pointe audacieuse de Sid Kaddour entre les deux Chothth ; il raze les Beni-Mathar et les Hameïan-Zoua. — Nos colonnes se reportent au Nord pour couvrir les débouchés du Tell. — Sid Kaddour établit ses campements à El-Keroua, où il réunit des forces imposantes en vue d'une nouvelle incursion. — Il a l'imprudence de se dégarnir d'une partie de ses contingents, qu'il envoie en ravitaillement au Gourara. — Combat d'El-Mengoub, où Sid Kaddour essuie un revers important ; il est mis en pleine déroute. — L'ar'a Kaddour-ould-Adda complète cet échec, en ramenant prisonnières les populations rebelles qui étaient attachées à Sid Kaddour-ould-Hamza 408

XVII

L'administration des Hameïan est enlevée à Sid Sliman-ben-Kaddour, qui conserve son titre d'ar'a. — Il demande à se fixer dans le Tell, et va établir ses campements dans la plaine d'El-Mlatha. — Sid Mâmmar demande à retourner au Marok et devient notre ennemi. — Rapatriement sur leurs territoires des tribus en défection. — Expédition du général de Galliffet sur El-Gueliâa. — Sid Sliman-ben-Kaddour abandonne ses campements de la plaine d'El-Mlatha et reprend la route du Marok. — Razia de Sid Kaddour sur l'ouad Ech-Cheriâa. — Il exécute une seconde razia sur des douars de la tribu des Thrafi, de concert avec Sid Mâmmar, redevenu notre ennemi ; mais nos gens les atteignent à Nefich ; Sid Mâmmar et trente-sept cavaliers sont tués, Sid Sliman blessé, et les troupeaux repris par les Thrafi. — Sid Allal, le plus jeune et le dernier des fils de Sid Ech-Chikh-ben-Eth-Thaïyeb, succède à son frère comme chef de la branche cadette. — Razia exécutée par les Châanba sur les Braber. — Sid Sliman interné à Meknès. — Le jeune Sid Hamza-ould-Abou-Bekr vient nous faire sa soumission ; il est interné à Maskara ; quelque temps après, il retourne auprès de son oncle Sid Kaddour. — Razia exécutée par Sid Ed-Din et Sid Hamza sur les Derraga, au sud de Brizina. — Attaque d'un convoi du Train des Équipages. — Entrevue entre le général commandant la subdivision de Tlemcen et un envoyé marokain. — Les menées de Sid Bou-Amama-ben-El-Arbi autour de Mor'ar-et-Tabtani. — Situation du personnel insurrectionnel au 1ᵉʳ janvier 1881. — Conclusions 454

ALGER. — TYPOGRAPHIE ADOLPHE JOURDAN.

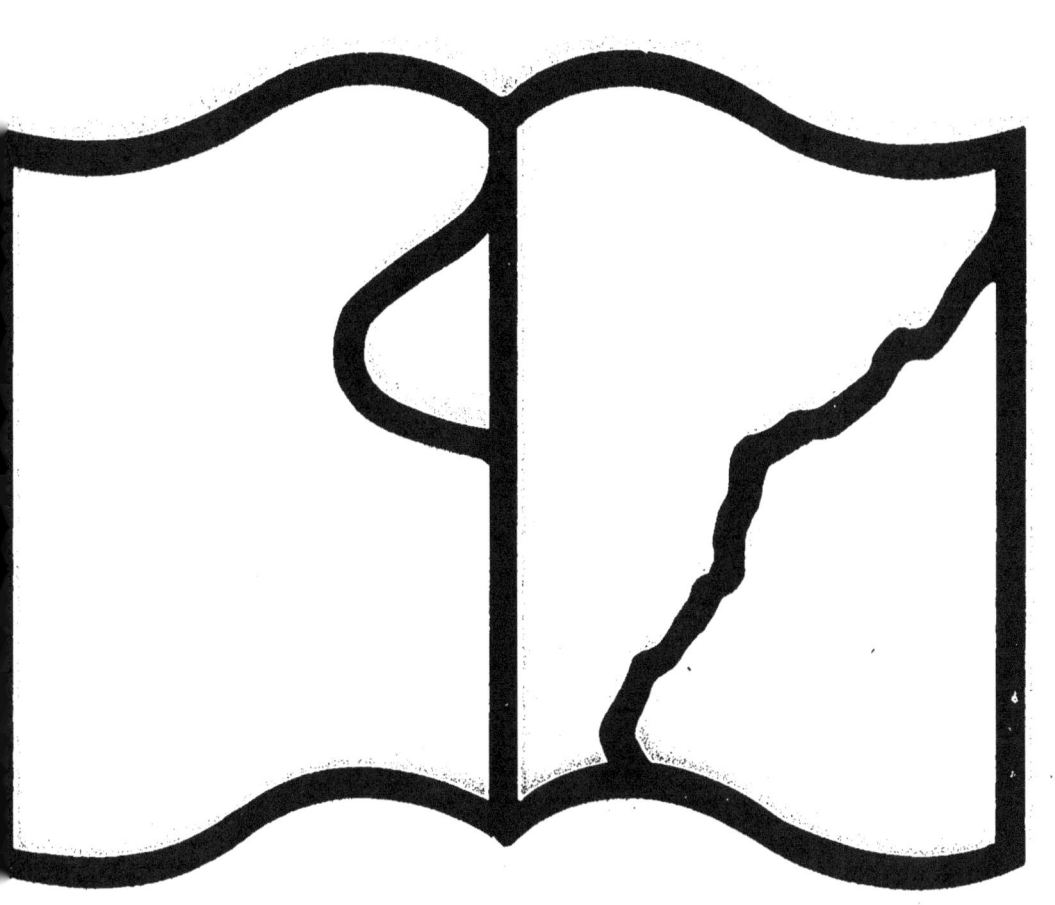

Texte détérioré — reliure défectueuse

NF Z 43-120-11